China-Japan Economy and Cooperation

中日经济与中日合作

逯新红◎著

中国经济出版社
CHINA ECONOMIC PUBLISHING HOUSE
·北京·

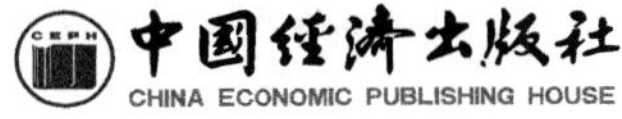

图书在版编目（CIP）数据

中日经济与中日合作／逯新红著．
—北京：中国经济出版社，2018.10
ISBN 978-7-5136-5466-1

Ⅰ.①中… Ⅱ.①逯… Ⅲ.①对外经济合作—研究—中国、日本 Ⅳ.①F125.531.3

中国版本图书馆 CIP 数据核字（2018）第 269785 号

责任编辑　闫明明
责任印制　巢新强
封面设计　任燕飞

出版发行　中国经济出版社
印 刷 者　北京九州迅驰传媒文化有限公司
经 销 者　各地新华书店
开　　本　787mm×1092mm　1/16
印　　张　38
字　　数　672 千字
版　　次　2018 年 10 月第 1 版
印　　次　2018 年 10 月第 1 次
定　　价　150.00 元
广告经营许可证　京西工商广字第 8179 号

中国经济出版社 **网址** www.economyph.com **社址** 北京市西城区百万庄北街 3 号 **邮编** 100037
本版图书如存在印装质量问题，请与本社发行中心联系调换（联系电话：010-68330607）

目 录

上篇 中日经济与金融

第一章 全球变化及大国关系 …… 3

第一节 全球经济格局正在发生重大历史性变化 …… 3

第二节 全球金融稳定面临十大风险 …… 7

第三节 逆全球化势头在全球范围内上升 …… 18

第四节 新科技革命方兴未艾 …… 31

第五节 全球治理面临挑战 …… 35

第六节 中美关系重要磨合期 …… 59

第二章 中日经济现状及热点分析 …… 80

第一节 中国经济运行新特点、新趋势、新机会 …… 80

第二节 推动中国经济高质量发展 …… 89

第三节 扩大中等收入者比重面临的主要问题和政策建议 …… 112

第四节 积极防范和化解企业高杠杆债务风险 …… 119

第五节 降低企业融资成本 …… 125

第六节 日本经济深陷长期结构性困境 …… 140

第七节 安倍经济学政策效果评估 …… 143

第八节 日本新版经济增长战略前景及对中国的影响 …… 159

第九节 日本实施负利率政策效果分析 …… 162

第十节 日本提高消费税的影响 …… 165

第三章 中日金融现状及热点分析 …… 170

第一节 人民币均衡汇率预测 …… 170

第二节 人民币与美元、欧元 …… 205

第三节　日元汇率波动 …… 232
第四节　日本债务风险分析 …… 271
第五节　利率和汇率市场化中的风险控制 …… 289
第六节　构建合理的收益率曲线 …… 304
第七节　稳步推进人民币资本项目可兑换 …… 307
第八节　人民币国际化进程加快 …… 324
第九节　资产价格波动预警指数 …… 345
第十节　粤港澳大湾区金融核心区 …… 422

下篇　中日经贸合作

第四章　日本经贸治理经验及对中国的启示 …… 449
第一节　日本《前川报告》及其对中国的启示 …… 449
第二节　日本《国民收入倍增计划》及效果 …… 452
第三节　日本对外援助经验 …… 455
第四节　日本国土规划改革经验 …… 467
第五节　从日美贸易摩擦看中美贸易摩擦 …… 471
第六节　日、美、德房地产改革经验 …… 476

第五章　中日经济合作领域探索 …… 509
第一节　中日政经关系明显改善 …… 509
第二节　中日经贸合作重点领域 …… 512
第三节　加强双边合作应对贸易保护主义 …… 514
第四节　加强“一带一路”和第三方市场合作 …… 516
第五节　加强中日韩经贸合作 …… 517
第六节　适时启动加入 CPTPP 谈判 …… 521

附　录 …… 539
附录一　2017—2018 年全球经济形势分析与展望 …… 541
附录二　2017—2018 年日本经济形势分析与展望 …… 572
附录三　2018 年中日经贸合作新趋势 …… 589

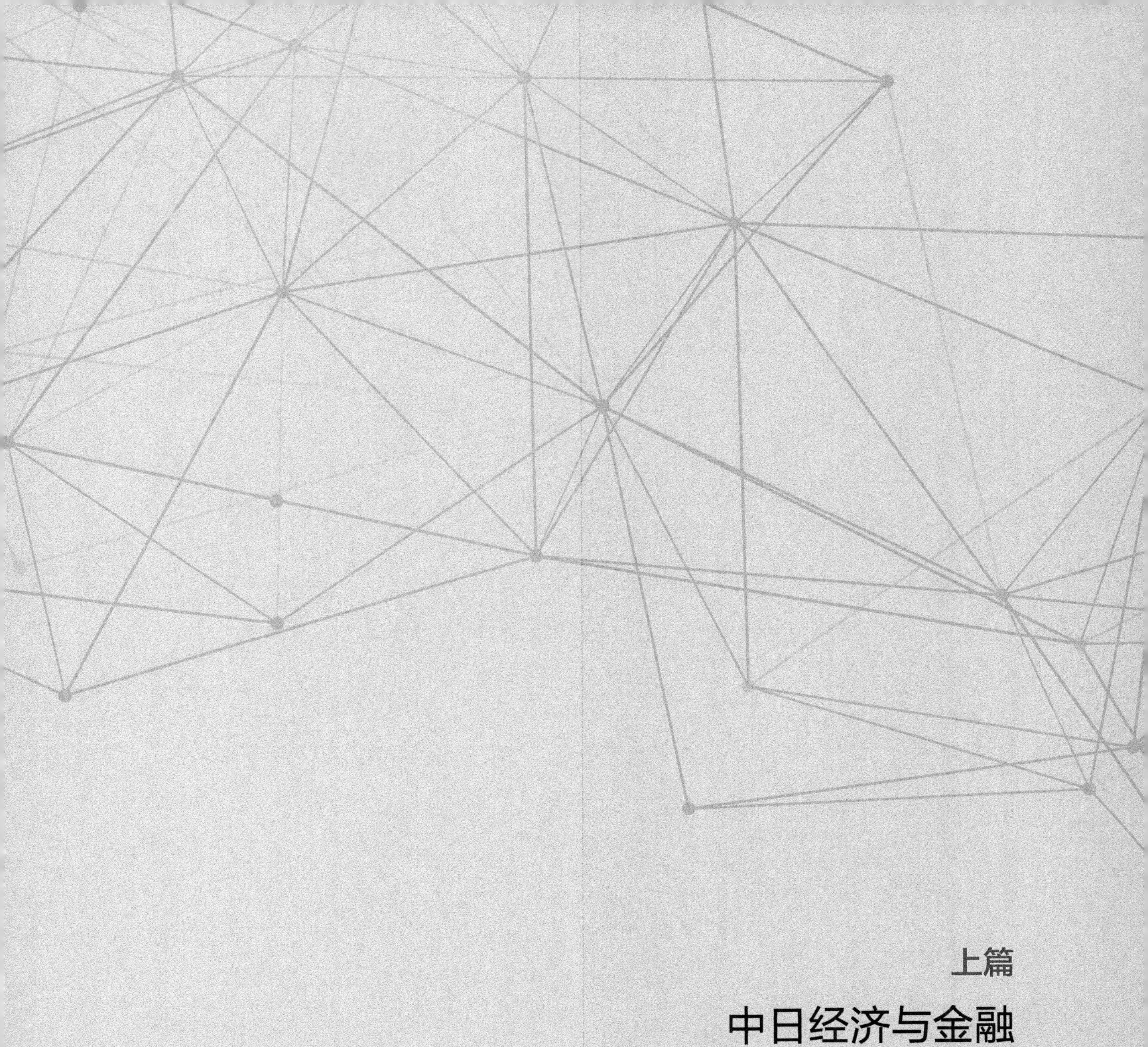

上篇

中日经济与金融

第一章　全球变化及大国关系

第一节　全球经济格局正在发生重大历史性变化

当前全球化发展处于十字路口，去全球化的风险在显著上升，本轮复苏成为世界历史上最缓慢的一次，全球经济格局正在发生重大历史性变化。全球格局的变化可能是10年期结构性变化，或71年期全球治理体系的变化，甚至是500年期现代化模式的变化。

一、全球经济格局调整中的中国经济

经济全球化是中国谋划发展所要面对的时代潮流。2015年中国提出要继续开放发展，融入世界经济，提出要牢固地树立和落实“创新、协调、绿色、开放、共享”五大理念，推动形成开放型经济的新体制。

当前中国所面临的国际和国内形势总体上有利因素更多，但是风险与挑战不容忽视。一是国际力量对比正在发生前所未有的积极变化，新兴市场国家和发展中国家的崛起，这是前所未有的积极变化。二是世界经济逐渐走出国际金融危机的阴影，但世界范围内保护主义严重，国际经贸规则出现政治化、碎片化的势头，世界经济还没有找到全面复苏的新引擎。三是中国在世界经济和全球治理中的分量迅速上升。四是中国开放进入“引进来”和“走出去”更加均衡的阶段。

在这样一个大格局、大变局之下，中国作为一个人口最多的发展中国家，结合中国“两个一百年”奋斗目标，如何把握机遇，在新的格局下发挥好中国作用，既为中国的发展也为世界的发展发挥作用，那就是习近平同志讲到的：“20年前甚至15年前经济全球化的主要推手是美国等西方国家，今天中国反而被认为是世界贸易和投资自由化便利的最大推手。积极主动同西方国家形形色色的保护主义做斗争，

要主动顺应世界发展潮流，不但发展壮大自己，而且引领世界发展潮流。”

二、去全球化风险显著上升时期的中国经济

全球化红利明显大幅下降。经济全球化分为三个阶段：第一个阶段是1990—2001年，全球人均国内生产总值（GDP）的年均增速为2.7%；第二个阶段是2002—2008年，全球人均GDP增速为8.8%；第三个阶段是2009—2015年，全球人均GDP增速下降到1.1%。可以看到，这一轮全球化是从全球开放红利普遍享有转变到全球非理性繁荣，然后转变到现在全球化红利明显大幅下降的新时期。国际贸易作为世界经济增长的引擎熄火，全球投资规模仍然低于金融危机前的2007年，全球资本流动出现从新兴市场国家流向发达国家的拐点性变化，造成很多国家货币贬值、美元债务上升、经济卷入结构性风险，全球新科技革命尚未有效提高供给端效益，全球产能过剩等，这些变化意味着全球经济进入调整的新阶段。全球化发展处于十字路口，其未来趋势可能会继续，也可能会逆转。

经济全球化总的趋势没有变，进入减速转型新阶段。生产力最重要的生命力是科技革命，科技革命产生的分工体系是扩大交换、推动国际投资、推动经济增长的源泉。上一轮科技革命推动国际分工的深化、细化已经接近尾声，作为经济全球化最大加速器的中国经济进入新常态，导致全球经济贸易减速。以互联网技术为核心的新技术革命不断拓展网络经济新空间，新型跨国公司形成新的国际分工体系，中国正在发挥作为经济全球化的重要力量，经济全球化的新型微观组织互联网平台企业正在形成，人民币参与全球资源的配置取得一定进展，这些因素共同推动全球经济进入转型新阶段。

要更好地衔接全球化和区域经济一体化的关系。全球化并没有结束，多边的、高标准的区域经济一体化可能会成为新时期全球化的一种主要方式。发达国家新的贸易规则将中国排除在外，中国将面临巨大的挑战。中国应进行适应性调整，要立足长远谋划未来应对全球化重要的战略和政策，构建开放型经济新体制，培育国际竞争新优势，培育新的增值功能动力。

世界经济也需大力推动供给侧结构性改革。去全球化表现在冷战结束以后，全球贸易一体化、金融一体化、生产一体化的全球循环系统出现中断，由过去的贸易管制进入资本管制。新科技革命没有带来实质性的、供给侧的技术进步，凯恩斯主义政策已经走到了尽头。因此，全球经济也需要推动供给侧结构性改革。

未来全球化应走向包容。前一时期经济全球化的重大缺陷是缺乏普惠性、共享性，利益分配不均衡，新一轮全球化未来转型趋势是要走向普惠贸易和共享经济。全球化走向包容是对现有全球治理体系一个彻底的翻盘。全球格局的变化至少是71年全球治理与改革长周期的变化，甚至可能是500年这一轮现代化的反思和重塑。重新构筑以发展为主题的全球化理念，对世界治理体系、治理理念、治理规则是一个重大挑战，需要新兴市场和发展中国家在下一步全球治理体系中发挥重要作用才能解决。中国要承担更多的国际责任，尤其是在周边国家发挥重要作用，与周边国家奠定重要的制度性框架，如中国东盟“10+1”、中国上海合作组织、中日韩自贸区等，这是中国走到今天不可回避的问题。

三、世界历史上复苏最缓慢阶段下的中国经济

这次危机复苏是历史上最缓慢的一次。导致全球经济复苏长期乏力的主要因素包括：全球劳动参与率下降和老龄化加速，削弱了全球劳动力供给；新技术革命尚未取得突破性进展；全球化步伐相对放缓；全球资本配置效率下降；全球范围分工弱化等。

全球经济复苏乏力，外贸引擎动力削弱。世界经济下行风险加大，国际货币基金组织（IMF）两次下调世界经济增长预期，提出多种因素，包括英国“脱欧”导致的经济不确定性和可能带来的负面影响。第二季度除美国增长1.6%之外，其他主要经济体表现艰难，欧元区增长1.6%，低于第一季度增速，日本微弱增长0.2%，巴西、俄罗斯分别为-0.5%和-0.9%。根据2016年1—7月的统计数据，中国仍然是世界货物贸易第一大国，且比重还稍微增加，但是进出口总值按照人民币计价是-3%。这与过去外贸增长高于全球增速1.5~2倍形成一个鲜明的反差，确实反映了全球的需求低迷、保护主义抬头等一系列因素，导致外贸作为经济全球化的重要引擎动力大大削弱。

全球经济掉入长期停滞陷阱的风险加大。全球经济增速处于国际金融危机之后最低水平并存在继续下行的可能性，贸易额下降幅度之大历史少有，跨境直接投资不容乐观，不足以支撑经济回升，世界经济掉入长期停滞陷阱的风险上升。

全球经济复苏乏力既有结构性也有周期性因素。经济危机过去8年，全球经济复苏如此乏力的因素如果是周期性的原因，最好的策略就是等待，等待经济从谷底走向复苏、走向繁荣。然而全世界已经等待了8年，经济仍未有显著起色，全球

GDP 的增长 2016 年按照 IMF 的数据是 3.1%，相比 2002—2008 年的 4.5%，1/3 的外需消失了。如果是全球结构性的原因，结构性的原因是不会随着周期性因素变化而变化的，谁等，谁就会走向死亡；全球等，全球经济就会一步一步走向“硬着陆”。也可能存在一些其他比周期性、结构性更加复杂的原因。全球油价大幅度波动、政策隐忧、全球债务率上升，全球经济系统性、区域性、制度性和不确定性风险加大，导致全球经济恢复乏力，全球缺少有效需求，全球潜在增长乏力，全球的风险明显大于机遇。

中国应积极促进世界经济增长。应坚持鼓励创新，为世界注入新动力。加强“一带一路”和国际产能合作，加强基础设施建设第三方合作，以加快全球范围内技术扩散进程，加快全球经济增长。充分发挥亚投行、金砖国家银行等国际金融机构的作用，提高全球范围内资本配置效率，促进全球经济增长。

四、全球经济格局发生重大历史性变化背景下的中国经济

世界格局正在发生重大历史性变化。全球经济格局的重大历史性变化可能是 2008 年国际金融危机以来持续 10 年的全球结构性调整变化的影响，也可能是两次世界大战结束以来持续 71 年的全球治理体系改革变化的影响，甚至可能是前工业化或工业化以来持续近 500 年的世界经济格局重大历史性变化的影响。

英国“脱欧”是影响全球经济走势和格局演变的一个新变数。英国“脱欧”自身要付出巨大的经济增长迟滞和失业增加的代价，欧盟的区域经济一体化将遭受重创，成为全球经济增长新的不确定性因素。对中国经济而言，短期影响人民币海外离岸市场，但从长期来看，英国“脱欧”对英镑、欧元的地位都会造成较大冲击，这对于提升人民币在全球金融体系中的作用和影响力是一个重要机遇。

今后的全球经济格局仍将加快演变。全球化以来，新兴经济体比重在全球的地位不断上升，发达国家则相对下降，这是全球经济格局演变的一个重要特征。上一个 500 年，西方主导世界经济规则、主导世界经济格局的历史，已经开始走向结束。未来 500 年，可能是东方或世界各国共同管理、共同治理，共同推进全球发展。英国“脱欧”将对全球格局演变产生非常重要的影响，欧盟经济地位下降，中国地位相对提升，对中国的长期机遇远大于可能受到的损害，但全球经济格局加快演变的趋势不会发生改变。

采取渐进方案解决全球经济格局重塑问题。全球主要经济体的经济位次发生

重要变化，世界经济格局和世界经济秩序面临重塑，需要构建合作、和平、发展的国际环境，对全球经济格局所出现的问题，建议采取渐进的方法、有限的目标来解决。

中国成为负责任全球大国还有相当长的路要走。中国要努力取得全球市场和全球规则的领导力或主导力、全球经贸调整责任的担当者和领导者，可能需要两个一百年以上的时间。在全球进入风险可能大于机遇的情况下，中国首先要做好自己的事情，其次要积极参与全球治理，积极地承担全球公共产品的供给责任，积极地推动深度融入世界的两个“轮子”：“一带一路”和全球自贸区战略。通过这些有限的目标和能力，逐步推动世界经济走向强劲、平衡、可持续和包容性增长，这是我们所努力的方向。面向未来的变化，中国应充当推动世界经济的动力或者“火车头”，要强调创新式的改革和开放，包括制度上、文化上、技术上和理论上的创新。

第二节　全球金融稳定面临十大风险

一、全球经济金融形势面临四大分化趋势

（一）全球主要经济体增速明显分化

一是主要发达经济体经济增速分化明显，主要表现为“美扬、欧缓、日衰”。2014 年下半年以来，美国经济复苏势头越来越强劲。2011—2014 年，美国国内生产总值（GDP）增速分别为 1.6%、2.3%、2.2% 和 2.4%，失业率也由金融危机时期的 9.6% 降至目前的 5.5%。2015 年第一季度，美国经济尽管受到极端天气、美元走强及亚洲需求不旺的影响，出现了季节性放缓迹象，但是，由于美国 GDP 增长 70% 是由消费拉动，强劲的就业增长、家庭财务状况改善以及汽油价格下跌都有利于消费上升。预计 3 月美国可能新增 25 万个就业岗位，失业率保持在 5.5% 的低点。从经济景气指数来看，3 月服务业采购经理人指数（PMI）上升至 59.2，为 2014 年 8 月以来最高水平，4 月美国消费者信心指数高达 95.9，服务业增长已经逐步取代工业制造业，与居民消费共同成为美国经济增长的主要动力。可见，随着国内需求上升，尤其是消费支出上升，美国经济将继续领跑其他经济体。欧元区受欧洲债务问题困扰，经济增速自 2011 年第一季度同比增长 2.95%，一度下滑至 2013 年 3 月同比萎缩 1.24%，直到 2013 年第四季度欧元区经济才恢复增长。当前欧元区

经济增长仍然受通货紧缩、企业和个人实际债务负担上升等一系列因素困扰，不排除2015年欧债危机可能卷土重来。日本经济则在后金融危机时期三次陷入经济衰退，分别为2011年第三季度、2012年下半年和2014年下半年。“安倍经济学”作为政客经济学，对经济只起到临时性刺激作用，将重创日本经济，日本有可能进入第三个衰退十年。2015年1月，国际货币基金组织（IMF）大幅上调对美国经济增长的预测，同时下调对欧元区和日本经济增速的预测，三大经济体2015年经济增速预计为3.6%、1.2%和0.6%，美国经济将延续以显著高于欧元区和日本以及全球经济（3.5%）的速度增长的趋势。

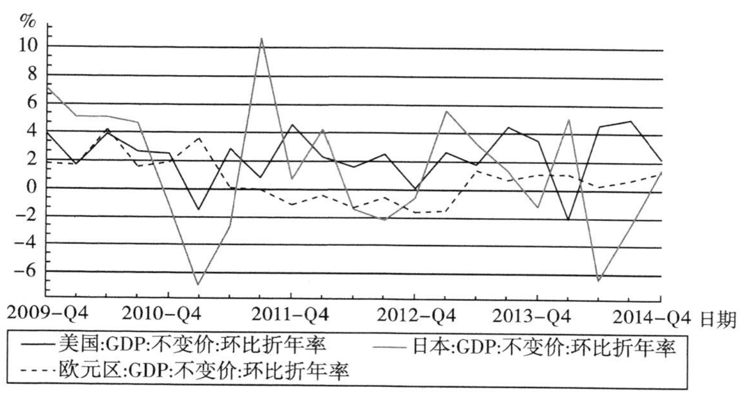

图1-1　美国经济领先于欧元区和日本经济复苏进程

资料来源：Wind资讯。

二是新兴经济体的增长继续呈现分化趋势，部分国家面临严峻的结构性改革挑战。印度经济增速上扬，世界银行预计，2015年印度GDP增长将达到6.4%，除此之外，东盟五国（印度尼西亚、新加坡、泰国、马来西亚和菲律宾）的GDP增速也将达到5.2%，其他新兴经济体经济增速基本下行。中国经济增速放缓，世界银行预测2015年中国经济增速为7%，相比此前预测下调了0.2个百分点。巴西、俄罗斯、墨西哥、沙特阿拉伯、南非经济下滑，尤其是巴西和俄罗斯两大经济体在大宗商品和能源价格大幅下挫的影响下陷入困境，2014年两国经济增长已经停滞，2015年将陷入衰退。

表1-1　2013—2016年主要新兴经济体经济增速（%）

国别	2013年	2014年	2015年	2016年
俄罗斯	1.3	0.6	-3.0	-1.0
中国	7.8	7.4	6.8	6.3

续表

国别	2013 年	2014 年	2015 年	2016 年
印度	5.0	5.8	6.3	6.5
东盟五国	5.2	4.5	5.2	5.3
巴西	2.5	0.1	0.3	1.5
墨西哥	1.4	2.1	3.2	3.5
沙特阿拉伯	2.7	3.6	2.8	2.7
南非	2.2	1.4	2.1	2.5

注：东盟五国指新加坡、马来西亚、印度尼西亚、菲律宾和泰国。

资料来源：国际货币基金组织。

总体而言，新兴市场国家仍然面临结构性改革的重大挑战。从内部看，新兴经济体正值经济增速换挡期、经济社会转型期和社会矛盾多发期，普遍面临出口拉动型增长模式难以为继，传统产业竞争力弱化，新产业和新增长点尚未确立，产业发展失衡导致结构性通胀等诸多问题。新兴经济体在保持利率、汇率稳定，控制财政赤字的同时，还要解决劳动力改革、基础设施投资和养老金改革等结构性问题。从外部看，发达国家凭借其在全球经济金融中的主导优势，不仅通过宽松货币政策、国际金融市场操作等宏观政策，对本国经济和世界经济产生影响，而且还通过贸易、金融等渠道对其他国家造成冲击，这等于发达经济体把经济危机变相转嫁给了新兴经济体，加剧了新兴经济体经济金融体系的不稳定性，使得新兴经济体面临“保增长”和“防风险”政策的两难选择。

（二）全球的货币政策明显分化

当前日本央行和欧洲央行继续采取宽松货币政策以刺激经济增长，随着美联储首次加息政策临近，发达国家之间货币政策分歧加剧。日本央行在 2013 年 4 月启动量化宽松，并在 2014 年 10 月扩大了宽松规模，希望通过“超级 QE”来实现 2% 的通货膨胀率。实践证明，通过大量印钞和举债以拉抬日本经济的“安倍经济学”正在走向灾难，日元持续贬值对日本经济的积极效应不断弱化，消极作用不断凸显，日本经济可能陷入“滞涨”困境。2015 年，欧元区步入全面宽松货币政策，以刺激经济增长，缓解欧元区通缩风险。2015 年 1 月，欧央行正式启动欧版 QE，实施更大规模的资产购买计划，从 3 月起每个月购买 600 亿欧元债券，持续到 2016 年 9 月，总规模预计 1.08 万亿欧元，但是在希腊债务和财政整顿、欧元区财政联盟等结构性问题仍未解决的前提下，欧央行 QE 政策的前景仍不容乐观。此外，发展中国家的货币政策都在发生演化，全球货币政策分化明显。

（三）全球主要金融市场明显分化

全球汇率市场分化加剧，美元一枝独秀，进入强势升值周期，其他货币处于阶段性贬值态势。2014 年广义美元指数涨幅达 10%。随着美国经济复苏节奏加快及美联储加息预期增强，2015 年美元继续保持升值态势。而非美元货币则对美元加速贬值，包括主要经济体货币和新兴市场货币。欧元在欧版 QE 政策的推动下大幅贬值，2014 年贬值幅度高达 13%。由于欧元区经常账户的盈余难以平衡金融账户赤字，预计 2015 年欧元将持续贬值态势。日元在“安倍经济学”的推动下持续贬值，2012 年 10 月至今，日元对美元大幅贬值 33%；若 2015 年 10 月继续上调消费税，加税将对货币政策产生冲击，将继续推动日元持续贬值。新兴市场货币普遍对美元贬值。2014 年，巴西雷亚尔对美元汇率下跌 10.1%，阿根廷比索下滑 23.8%，墨西哥比索降至四年来最低水平，下跌幅度为 11.7%，人民币对美元汇率贬值 2.5%，贬值幅度低于其他货币。随着美国经济强劲复苏和美元强势升值，预计 2015 年新兴市场货币仍将处于阶段性贬值趋势。

发达经济体债券市场分化扩大，美欧分化趋势更为明显。2013 年之前，美债和欧债收益率基本保持一致。随着美欧经济复苏和货币政策的分化加剧，美国和欧洲主要国债收益率开始出现分化。2014 年，尽管美债收益率也处于下降通道，但德国的下降速度明显高于美国。2015 年，随着美欧货币政策分化进一步扩大，美欧国债收益率将持续分化趋势。

（四）股票市场走势和国际大宗商品市场走势明显分化

2015 年第一季度全球股市高涨，最高市值曾达到 70 万亿美元，47 个国家股市中有 14 个国家的股指创历史最高纪录。例如，东京股指 15 年来首次突破 2 万点；德国股指也创历史最高水平，2011 年德国私人持有股票比重占 8%，到目前为止上升到 17%；俄罗斯股指于 4 月 2—8 日一周内反弹 10%，流入股市的资金达到 6760 万美元，而 2014 年俄罗斯股指大幅下跌 45%。2015 年以来全球股指涨幅最大的是中国，中国股指在一年内上涨 89%。4 月 13 日开始，中国 A 股市场从一人一个账户上升到上限 20 个。到目前为止，沪深两市自然人股票市值已经占到整个市值的 90%。

股票市场不断高涨的同时，大宗商品价格则出现断崖式下跌。如铁矿石，根据汇丰银行 4 月 14 日的报告，铁矿石价格已经跌破 50 美元，目前铁矿石价格已低于 1/3 矿产商的边际成本。原油价格 2014 年以来已出现 11 轮下降，3 月 31 日每桶油价下降到 47.6 美元阶段性低位，尽管近期原油价格已回升到 60 美元/桶，但上涨的动力仍然不足。黄金价格 2015 年第一季度下降 12.5%，跌掉 164 美元，买入价 1193 美元，卖出价 1194 美元。此外，铜、棉花、粮食的价格都出现下跌。

（五）应对全球经济金融分化新趋势的政策储备

为应对全球经济金融形势分化，我国应形成以下政策储备：一是短期内适度放宽财政货币政策，加快重大项目安排和进度；二是采取有效措施，减少消费过度外溢，逐步实现消费成为经济增长的主要动力；三是加快推进“一带一路”战略；四是创新对外开放新格局，通过“走出去”化解产能过剩；五是借鉴“高铁经验”，开创中国品牌和高端制造创新新局面；六是加大能源和大宗商品储备，掌握定价权；七是推动国际贸易投资规则制定和全球经济治理改革。

1. 短期内宏观经济政策的调整

一是适度调整财政和货币政策。从财政政策看，中国中央和地方政府债务总水平占国内生产总值（GDP）的比重不到 50%，2014 年财政赤字率仅为 2.1%，在二十国集团（G20）国家基本处于最低水平，也远远低于全球平均水平。因此，中国继续实施积极的财政政策空间很大，中央政府可考虑发行长期高铁建设专项债券、长期水利工程建设债券，更有效地解决铁路、水利工程建设的融资问题。与此同时，从货币政策看，当前我国通胀压力不大，一年期存款基准利率已下调至 2.5%，一年期银行同业拆借利率都在 4.5% 以上，同时存款准备金率接近 20%，通过下调基准利率和存款准备金率以稳定经济增长的空间较大。

二是加快重大投资项目安排和进度。2014 年下半年以来，中央政府陆续批复了一大批基础设施、铁路、水利、生态、环保、4G 网络等重大项目，投资规模达 10 万亿元，其中 2015 年投资将超过 7 万亿元。未来一个时期，中央政府督促这些重大项目的落地，加快资金支持和进度安排。如有必要还可提前实施“十三五”时期计划安排，并已做好可行性研究和各类前期评估的重大项目，以此作为经济平稳增长的“压舱石”。

2. 采取有效措施，减少消费过度外溢，逐步实现消费成为拉动经济增长的主要动力

近年来，我国境外购物、海外代购、赴境外就医和求学成为潮流，将居民的大量购买力释放到境外。据统计，每年我国超过 50% 的高端消费在境外完成，这既损失了大量税收，也丧失了大量的高端商业就业机会。当前，我国十分有必要创新贸

易和商业模式，在北京、上海等大都市地区建立自由贸易试验区，在一定区域内实行境外高端日用消费品免税政策，对以展销国内消费者需求大的国外日用消费品的大型购物场所，在用地指标、通关环节等方面给予政策支持，方便国内消费者在境内购买国外产品。与此同时，加快完善基础设施，使全国主要大都市区和主要旅游目的地成为全民购物天堂。与此同时，加快医疗健康产业、教育的对外合作，降低合作门槛，采取市场化的合作模式，使得国民在境内即可获得国际水平的医疗、教育机会。

3. 加快推进“一带一路”战略实施

“一带一路”战略将从根本上改变沿线国家的增长格局，使之成为全球经济稳定增长的重要新亮点。应从以下几个方面积极推进该战略的实施。一是加强“一带一路”战略对外宣传工作，利用领导人高访、各部门重大活动、中外媒体、智库合作等，借机深入阐释“一带一路”的深刻内涵和积极意义，就共建“一带一路”达成广泛共识。二是与沿线主要国家签署合作框架。与部分国家签署共建“一带一路”合作备忘录，与一些毗邻国家签署地区合作和边境合作备忘录以及经贸合作中长期发展规划。研究编制与一些毗邻国家的地区合作规划纲要。三是加快推动重大项目建设。加强与沿线有关国家的沟通磋商，在基础设施互联互通、产业投资、资源开发、经贸合作、金融合作、人文交流、生态保护、海上合作等领域，推进一批条件成熟的重点合作项目，以对沿线国家起到示范效应。四是完善政策措施。中国政府统筹国内各种资源，强化政策支持。推动亚洲基础设施投资银行筹建，发起设立丝路基金，强化中国—欧亚经济合作基金投资功能。推动银行卡清算机构开展跨境清算业务和支付机构开展跨境支付业务。积极推进投资贸易便利化，推进区域通关一体化改革。五是积极发挥地方政府在“一带一路”建设中的作用。各地方政府应根据中央对各地在“一带一路”战略中的定位，加快制定各省市的实施方案，同时各地可以“一带一路”为主题举办国际峰会、论坛、研讨会、博览会，这对增进理解、凝聚共识、深化合作将起到重要作用。

4. 创新对外开放新格局，通过“走出去”逐步化解产能过剩

从全球看，由于不同国家资源禀赋、经济发展阶段、生产力发展水平差别巨大，某些行业的产能在一国可能显著过剩，但从某一国际区域来看并不过剩。应进一步扩大对外投资合作，鼓励优势企业以多种方式“走出去”，优化制造产地分布，消化国内产能。建立健全贸易投资平台和“走出去”投融资综合服务平台。推动设立

境外经贸合作区，吸引国内企业入园。按照优势互补、互利共赢的原则，发挥钢铁、水泥、电解铝、平板玻璃、船舶等产业的技术、装备、规模优势，在全球范围内开展资源和价值链整合；加强与周边国家及新兴市场国家的投资合作，采取多种形式开展对外投资，建设境外生产基地，提高企业跨国经营水平，拓展国际发展新空间。

当前，应以“一带一路”战略为契机，结合近期中国与哈萨克斯坦签署钢铁、有色金属、平板玻璃等产能合作的成功经验，制定一系列支持政策和配套措施。在支持企业“走出去”和产业转移方面，金融机构应通过积极发展内保外贷、外汇及人民币贷款、贸易融资、国际保理等综合金融服务，支持企业对外承包工程，扩大对外投资合作，带动国内技术、装备、产品、标准和服务的出口，从而有序地向境外转移过剩产能。从发达国家经验看，中国应尽快设立支持过剩产能向海外转移的专项产业投资基金，鼓励优强企业“走出去”。按照“投资但不控股，引导但不干预”的原则，通过国家直接注资参与产业投资基金的发起设立，同时给予适当的财政补贴，积极吸引社会资本投资产业投资基金。

5. 借鉴高铁“引进来”和自主集成创新的成功经验，开创中国品牌和高端制造新一轮创新局面

中国经济增长的内在动力，关键还是自主创新能力的提升。中国高铁是在传统铁路产业的基础上，博采多国高铁技术之长，有效利用后发优势，在引进的基础上通过自主集成创新发展起来的。在这一过程中，我们始终坚持“以我为主”的方针，将原始创新、集成创新、引进消化吸收再创新有机结合起来，在较短时间内研发了具有世界先进水平的高铁成套技术，形成了中国高铁技术标准体系，实现了铁路技术装备的现代化。除了“引进来”，国家还统筹国内有关科技资源，建立了以企业为主体，科研院所、相关高校协调创新的合作模式，形成了从高铁基础理论研究、应用技术研究、综合试验到成果应用的完整链条，有力地推动我国高铁技术创新。总之，高铁“引进来”和自主创新相结合的重大工程和集成创新经验，对于我国当前正在积极推进的大飞机制造、汽车产业自主创新、大型海洋装备制造产业和计算机芯片及操作系统都具有重要借鉴意义。

6. 加大能源和大宗商品海外储备，掌握全球定价权

当前，全球大宗商品和能源价格进入下行通道，这对中国是难得的机遇。中国的石油和天然气的对外依存度分别是60%和34%，铝、铁矿石、铜等的对外依存度为50%～70%，我国每年铁矿石、原油、有色金属等重要的大宗商品的实际消费量

超过 30 亿吨。随着城镇化的推进、“一带一路”战略的实施和消费结构的升级，未来我国对大宗商品的需求空间仍然十分巨大。因此，我国应该利用大宗商品市场进行调整的良好机遇，增加低成本大宗商品和能源储备。

与此同时，中国还应利用这一机遇提高大宗商品市场的定价权。我国企业可以加大“走出去”和“逆周期”布局市场的力度，加快引入海外市场资金参与国内商品市场，输出全球定价影响力。国家需要加大对这些企业的支持力度，并购国际资源型企业，努力培育有国际竞争力的企业。最后，中国还可大力发展国内商品交易市场，增强国内市场价格的国际影响，努力使其升级为基准价格，同时引入海外市场的资金参与国内交易，从市场资源和规则等方面入手，真正提升在大宗商品市场的掌控力和话语权。

7. 掌握国际贸易投资规则话语权，推动全球经济治理改革

全球经济治理机制是全球经济稳定增长、金融市场健康发展的制度保障。有效的全球治理机制不仅应反映 21 世纪全人类面临的共同问题和困境，还应体现发展中国家实力的变化。中国应积极参与世界银行、国际货币基金组织（IMF）、世界贸易组织（WTO）、二十国集团（G20）等全球经济治理机制改革，推动 WTO 框架下自由开放、公平公正的贸易规则体制建设，推动国际货币金融体系改革，积极争取人民币在 2015 年加入特别提款权（SDR）货币篮子，督促美国批准 IMF 份额改革决议。与此同时，中国还应与全球共同合作，加快推进亚洲基础设施投资银行、金砖国家银行等多边金融机构的创立发展，创造性地借鉴亚洲开发银行、美洲开发银行和非洲开发银行以及世界银行的成熟经验，在环保标准、信息披露、反腐机制等方面争取做到公正公开，成为全球经济和金融治理机制的正能量。

在贸易投资规则制定和区域经济一体化方面，首先，中国应对跨太平洋伙伴关系协议（TPP）、中美双边投资协定（BIT）和服务贸易协定（TISA）等全面多边贸易和投资协定持开放态度，只有积极参与国际贸易投资规则谈判，才能积极影响规则的制定，更为重要的是，高水平、高标准的贸易投资规则符合中国自身产业结构调整和升级的要求。其次，应加快推进以区域全面经济伙伴关系（RCEP）、亚太自贸区为主导的区域自由贸易协定（FTA）谈判，当前 RCEP 成员国的分歧较大，日本、韩国谈判的标准较高，而印度则更多地关注发展问题，中国应充分发挥地区大国作用，弥合各方分歧，使 RCEP 成为亚太地区一体化的重要路径。同时，应积极启动 2014 年亚太经济合作组织（APEC）北京峰会确立的亚太自贸区（FTAAP）谈判，争取涵盖 21 个亚太地区经济体的早期收获，最终实现建立亚太自贸区的目标。

二、全球金融稳定面临十大新风险

2017 年以来，随着美联加息节奏总体符合市场预期、新兴市场前景改善，特别是中国经济趋稳和大宗商品价格触底回升，英国启动“脱欧”谈判对市场造成的冲击很快平息，荷兰大选尘埃落定，提升了投资者的风险偏好，国际资本流动转向新兴经济体，新兴市场资产价格有所反弹，全球金融市场趋于稳定。然而，影响未来金融市场稳定性的潜在风险不容忽视。2017 年，全球金融稳定将面临十大新风险。

（一）美联储加息节奏及幅度仍将影响投资者信心和全球资本流向

短期来看，美联储承诺 2017 年三次加息，基本符合市场预期。中长期来看，随着美国经济复苏加快，美国将进入加息通道，可能加快加息步伐和幅度，这将持续影响全球投资者对市场的判断和投资意愿。

（二）以美元计价国家的债务风险加大

随着美国经济强劲复苏，2012 年以来，美元汇率再次进入上行通道，特别是 2014 年 11 月美联储正式退出量化宽松货币政策之后，以及 2017 年的“特朗普经济学”带动美元进一步升值。美元升值，以美元计价的债务偿还成本上升，加大了一些国家特别是新兴市场国家的美元债务偿还压力。

（三）全球资本流动格局发生转变

全球 FDI 在 2012—2014 年连续三年呈下滑趋势，2015 年，全球资本流动出现拐点性变化，流入发达经济体的 FDI 规模首次超过发展中国家，带来了全球资本市场的剧烈波动。联合国贸发会议最新的《全球投资趋势监测报告》数据显示全球投资规模大幅下降，2016 年全球外国直接投资流量约为 1. 52 万亿美元，同比下降 13%。其中，发达经济体在全球外国直接投资流量中所占份额由 2016 年的 55% 进一步提升至 57%，流入亚洲发展中经济体的外国直接投资大幅下降，发展中经济体外国直接投资流入量 2016 年总体下降了 20%，约为 6000 亿美元。尽管贸发会议预测在世界经济缓慢复苏、全球贸易增速有所加快的背景下，2017 年全球投资有望出现反弹，预计增长 10% 左右，但投资规模仍低于 2007 年，尚未恢复到危机前的水平。

（四）亚洲爆发金融危机风险加大

受自身债务上升、本币贬值、美元升值、美联储加息和资本外流等众多因素影响，亚洲债务风险隐患加大。IMF 预测，2017 年亚洲一般政府债务比例将由 2016 年的 97.2% 上升至 100.1%，大大超过 60% 的国际警戒线，2017 年东亚债务风险进一步加大趋势明显。此外，东盟五国、新兴和发展中亚洲的一般政府债务比例也存在上升风险。要注意防范可能出现的类似于 1998 年的亚洲金融危机。

（五）新兴市场企业债风险加大

按照 BIS 关于非金融领域的全球债务三大部门：一般政府债、非金融企业债、家庭部门债务占 GDP 的比重来看，2007—2015 年，全球一般政府和非金融企业都在增加杠杆，债务占 GDP 的比重不断提高。其中，发达国家一般政府债务增速高于新兴市场经济体，新兴市场企业债风险加大趋势明显。金融危机之后，发达国家的私人部门已开始逐步去杠杆，但新兴经济体的杠杆却迅速增加。从家庭部门债务占 GDP 的比重来看，全球家庭部门债务占 GDP 的比重由 2010 的 51.74% 缩小至 2015 年的 50.41%。其中，发达国家这一比重逐步减小，新兴市场经济体却继续增加。IMF 指出，亚洲特别是中国和韩国的企业债务风险加大，中国香港、马来西亚、新加坡、泰国的家庭负债风险加大，高债务水平将制约财政措施的空间。

（六）全球负利率政策风险加大

金融危机以来，为刺激经济，多数国家纷纷采取量化宽松货币政策和低利率政策，对世界经济的复苏起到了一定的推动作用。然而，世界经济复苏仍然乏力，2016 年以来，欧日等主要国家继续加码量化宽松，甚至采取了负利率政策，就目前来看，政策效果尚未显现，并没有达到预期的效果。负利率政策导致资金大量进入金融市场，加快了资金“脱实向虚”，导致实体经济持续低迷；资产价格逆势上涨加大了资产泡沫的风险。同时，负利率政策驱使逐利资本流向新兴市场，推升了新兴市场资产价格泡沫。

（七）德银风险或引发欧元区新一轮的危机

中欧双方共同面对着以美元计价金融资产剧烈震荡带来的风险，这将增加双方金融系统的不稳定性。例如，当前德意志银行面临典型的外部冲击，如何应对美国罚款 140 多亿美元，这个问题如果最终不是德国和法国政府达成妥协，或者德意志银行与美国政府达成妥协的话，对德意志银行市场的声誉和它的经营会造成重大冲击。德意志银行购买了大量的美元计价债券和美国资产，美国金融界发行的资产，如果发生风险的话，损失有可能超过 5000 亿美元。德意志银行总资产目前是 2 万亿美元，位居全球前列，是具有系统重要性的金融机构。如果说引发风险，德国政府不救助，德意志银行也不参与救助，那么有可能引发欧元区新一轮的危机，进而可能成为引发全球金融系统性风险的导火索。

（八）国际油价大幅波动将增加全球金融体系的不稳定风险

近年来，国际油价大幅波动导致石油美元的剧烈波动，石油美元从国际资本市场特别是新兴资本市场大幅撤资，加剧了全球金融市场的波动。目前，在全球经济增速放缓的大背景下，国际石油需求增长依旧疲弱；受西方解除对伊朗制裁、新能源开发、化石能源效率提升、美国时隔40年再次向海外出口原油、市场份额之争等因素影响，国际石油供给依然过剩。如果需求不够、新能源生产加快、限产协议不能遵守、委内瑞拉扩产、美元升值、美联储多次加息、地缘政治风险加大等事件发生，将进一步增加国际油价的不确定性。其中，英国“脱欧”、地缘政治风险等因素将增加国际油价向上的压力；美国加息、美元升值的因素将增加国际油价向下的压力，这两种因素相互抗衡将导致国际油价剧烈波动，国际油价可能出现大起大落现象。如果没有发生上述现象，国际油价波动可能是个平缓过程。

（九）“特朗普经济学”增加了全球金融市场的不确定性

特朗普在货币政策上反对低利率，这将给美联储的加息节奏带来更大的不确定性。特朗普经济政策的不确定性，将扰乱美联储的货币政策，增加全球金融市场风险，同时也增加了未来美国经济政策方向的不确定性，可能带来美国债务和赤字螺旋式上升风险，进一步增加全球金融风险。

（十）英国“脱欧”谈判将对全球金融稳定产生冲击

英国启动“脱欧”谈判之后，每一轮谈判都将对全球金融市场产生冲击。英国“脱欧”谈判的不确定性，使得银行业可能成为受到冲击最大的行业，迫行各个银行提高与“脱欧”相关的项目投入，银行业将面临成本上升和规章趋向复杂的局面。伦敦作为全球金融中心之一，英国“脱欧”的不可预见性将对全球金融稳定造成冲击。

第三节　逆全球化势头在全球范围内上升

一、经济全球化步入关键的十字路口

国际金融危机以来，全球化发展处于十字路口，其未来趋势可能会继续，也可能逆转。全球化进程受到国际贸易萎缩、全球资本流动发生拐点性变化、新科技革命尚未成为世界经济增长的动力、全球产能过剩加大贸易摩擦冲突风险等消极因素冲击，未来全球化趋势值得关注。

（一）全球化发展处于十字路口

从经济全球化发展3个阶段的特征来看，经济全球化推动了国际贸易的迅速发展，提高了世界范围内配置资源的效率，为各国经济提供了更为广阔的发展空间。第一阶段是1870—1913年，以殖民主义体系下的全球贸易为特征的传统的全球化模式。第二阶段是1950—1973年，社会主义和资本主义两大世界经济阵营跨国合作的二元化时代。第三阶段是1990年至今，以跨国公司为主导的现代经济全球化时期。现代经济全球化发展也可以分为3个阶段。第一阶段是1990—2001年，是以冷战结束、世界贸易组织（WTO）成立为标志的全球化高速推进时期，美国等发达经济体获得了最大的全球化红利。第二阶段是2002—2008年，以中国加入WTO为标志的全球化高潮时期。第三阶段是2009年至今，全球化处于十字路口，未来全球化趋势是去还是留，即未来全球化趋势可能会继续还是逆转，有待进一步观察。

1. 国际贸易作为经济增长动力进一步减弱

通过比较1870年以来的世界经济增速与全球贸易增速可以发现，全球化时期，经济增长最快，贸易增长更快，贸易增速要高于经济增速；非全球化时期或全球化“退步”时期，经济增速放缓或衰退，贸易增速更慢，贸易增速要低于世界经济增速，这说明贸易是世界经济增长的引擎。例如，全球化第一阶段1870—1913年，全球GDP增速为2.1%，全球贸易增速为3.4%；全球化第二阶段1950—1973年，全球GDP增速4.9%，全球贸易增速为7.9%，全球贸易增速显著高于全球经济增速；全球化第三阶段，1990年至今的现代经济全球化的前两个阶段也显著表明了这一特征。然而，非全球化阶段或者全球化“退步”阶段，贸易增速显著低于世界经济增

速。根据 IMF 和 WTO 的最新预测，2016 年世界经济增速为 3.1%，全球贸易增速为 2.8%，这意味着全球贸易增速将连续 5 年（2012—2016 年）低于世界经济增速。

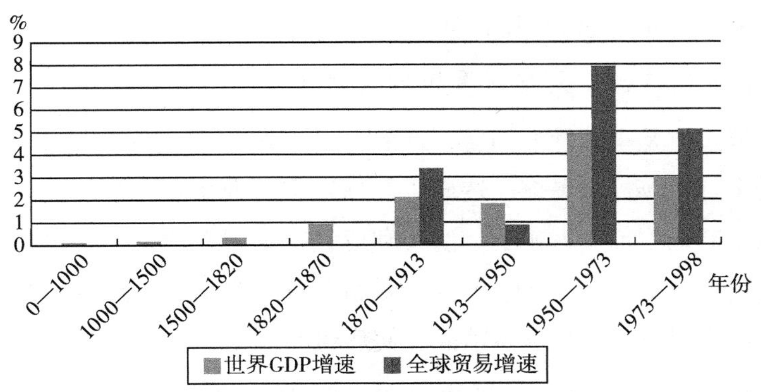

图 1－2　世界 GDP 增长率和贸易增速

资料来源：安格斯·麦迪森．世界经济千年史［M］．北京：北京大学出版社，2003.

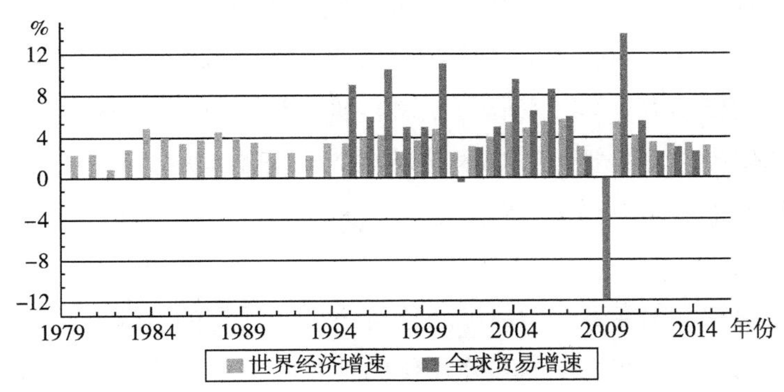

图 1－3　过去 5 年世界贸易增速低于 GDP 增速

注：世界经济增速：IMF，全球贸易增速：WTO。

资料来源：Wind 资讯。

2. 国际资本流动格局正在发生变化

全球资本流动发生拐点性变化。全球 FDI 在 2012—2014 年连续 3 年呈下滑趋势，2014 年出现 11% 的降幅。2015 年，全球资本流动规模 1.76 万亿美元，但低于国际金融危机前的水平。其中，流入发达经济体 9620 亿美元，流入发展中经济体 7650 亿美元，流入发达经济体的 FDI 规模首次超过发展中国家。全球资本流动的拐点性变化，带来了全球汇率、利率、价格的剧烈波动。

3. 世界新科技革命带来的影响

科技进步是世界经济增长的加速器。当今世界，新技术革命正在孕育兴起，新技术革命将加速带动产业变革，对世界经济格局产生重大影响。然而，以“互联网+”等技术为代表的第四次工业革命并未有效提升全要素生产率，并未扩大有效需求，新技术革命尚未成为世界经济增长的动力。

4. 全球产能过剩加大贸易摩擦冲突风险

本轮产能过剩是全球性的问题，首要原因是2008年美国次贷危机和房地产泡沫崩溃引发的全球市场需求萎缩，造成了全球很多行业出现过剩。例如页岩油气，美国的库存在不断地增加；铁矿石，澳大利亚铁矿石开采能力已经过剩；全球汽车市场也在趋于饱和，等等①。全球产能过剩加大贸易摩擦，导致以邻为壑、贸易保护主义抬头，将会引发贸易战、货币战，使疲弱的全球经济形势进一步恶化。

（二）世界经济格局动态轮换带来的机遇和挑战

世界经济格局处于动态轮换之中。全球化改变了全球的分工模式、贸易模式和经济格局。特别是国际金融危机以来，世界经济力量对比发生了此消彼长的变化，世界经济格局处于动态轮换之中。2008年国际金融危机之前，发达经济体是引领世界经济增长的主要动力；2008年国际金融危机之后，新兴经济体特别是中国为世界经济缓慢复苏做出了巨大贡献，成为拉动世界经济增长的主要动力。2015年之后，世界经济增长的主要动力再次向西方发达国家转移。中国的崛起使得世界经济格局发生了重大变化。

全球治理机制深刻变革。国际金融危机之后，现有的全球治理体系不能有效应对全球挑战，出现了一些无序的和碎片化的现象。全球治理体系在对国际货币基金组织、世界贸易组织和世界银行这三大多边经济协调机构进行调整和改革的同时，需要进行框架外协调。包括推动G20成为世界经济治理机制的主要平台，推动以WTO为主的多边贸易体制，反对贸易保护主义，推动国际经济体系改革，推动经济全球化向普惠、包容发展，使发展成为主题。

国际经济格局和国际经济秩序重塑带来机遇和挑战。随着国际经济格局的动态调整和国际经济秩序的艰难重塑，中国应科学地认识其变化特点，准确把握发展机遇，应对挑战，争取在未来的全球经济合作、竞争中建立更大的比较优势。

（三）中国如何成为开放型经济大国

中国应积极推动全球化向前发展。中国要发展，要顺应全球化发展潮流，积极

① 发改委：产能过剩是世界性问题，各国均有责任［EB/OL］. 中国经济网，2016-08-16. http://finance.ifeng.com/a/20160816/14756364_0.shtml.

推动和参与全球化发展，实现世界各国的共同繁荣。一方面，要主动参与全球治理，作为发展中经济大国应负起促进全球经济加速发展的国际使命，积极推动国际体系机制变革、联合国改革、G20 机制建设、世行和 IMF 改革等，完善世界经济、政治秩序，提升发展中国家在国际社会中的话语权。积极参与国际经济开发建设，如“一带一路”战略和亚投行的创建，逐步成为国际经济发展的新引擎。另一方面，要加强中国与世界的合作，为世界提供更多中国机遇，包括市场机遇、投资机遇、绿色机遇和对外合作机遇等。

加快构建更高水平的开放格局，发展更高层次的开放型经济。以周边为基础加快实施自由贸易区战略，形成面向全球的高标准自由贸易区网络。积极推进“一带一路”，中国东盟自贸区“升级版”、区域全面经济伙伴关系协定（RCEP）、中韩、中澳、中欧以及亚太自贸区等多双边贸易投资协定等区域合作机制。发展更高层次的开放型经济，协同推进战略互信、经贸合作、人文交流，推进双向开放，提高边境经济合作区、跨境经济合作区发展水平等。

积极参与全球经济治理。中国作为全球最大的新兴市场国家和世界经济增长的重要引擎，应积极参与全球经济治理，在世界经济舞台上发挥更大的作用。国际社会对中国也充满期待，2016 年 G20 杭州峰会，中国为促进世界经济增长发出中国倡议、提出中国方案。

积极参与全球贸易规则的制定。中国作为发展中国家的代表，应积极参与全球贸易规则的制定，增强在贸易谈判中的主导权。

加强全球宏观经济政策协调。经济发展趋势的分化与复苏的“不均衡”，加剧了世界经济的不平衡，使未来面临更大的复杂性和更多的不确定性。中国应呼吁各国加强全球宏观经济政策协调，对内推进结构性改革，对外加强国际合作，促进全球经济重回健康增长轨道。

二、未来全球化应走向包容

2015 年，德国爆发反对《跨太平洋伙伴关系协定》（TTIP）的数十万人大游行，英国“脱欧”事件、美国“特朗普现象”等表明去全球化风险显著上升，全球化进程遭遇新贸易壁垒挑战，去全球化之势迅速发展。未来全球化发展趋势应走向何方？

（一）现代经济全球化缺乏普惠性

全球化红利明显大幅下降。现代经济全球化分为 3 个阶段：第一阶段是 1990—

2001 年，全球人均 GDP 为 4000～5000 美元，年均增速为 2.7%；第二阶段是 2002—2008 年，全球人均 GDP 为 5000～9000 美元，年均增速高达为 8.8%；第三阶段 2009—2015 年，全球人均 GDP 为 9000～10000 美元，年均增速低至 1.1%。从全球人均 GDP 增速变化可以看到，这一轮全球化是从全球开放红利普遍享有，转变到全球非理性繁荣，然后转变到现在全球化红利明显大幅下降的新时期。

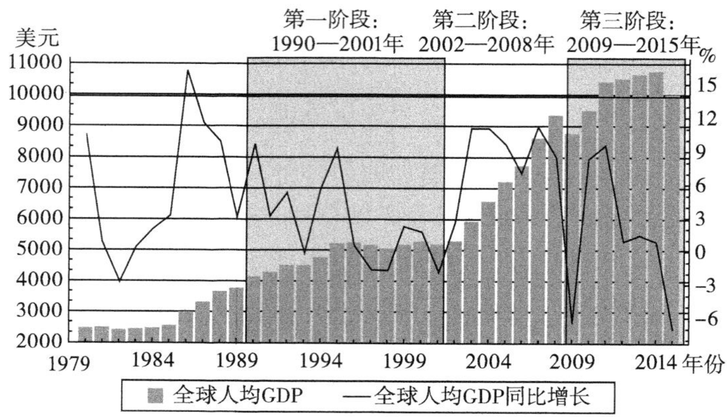

图 1-4　经济全球化时期全球人均 GDP 高速增长

资料来源：Wind 资讯，世界银行。

全球化利益分配不均，未能有效提升部分群体的福祉。现代经济全球化是西方国家引导推动的，西方国家自然被认为是全球化的最大受益者。然而，随着全球化的发展，特别是 2008 年国际金融危机以来世界经济复苏长期乏力，引发了各国对全球化利弊的反思。有观点认为，发展中国家特别是中国是全球化的最大受益者，中国、印度等新兴大国利用全球化挤占了发达国家市场；而对发达国家则是弊大于利，认为制造业和服务业向低成本的新兴市场转移加剧了本国中低收入阶层的失业，并未有效改善西方中低收入阶层的收入水平，导致西方发达国家贫富差距持续扩大；金融全球化转移了发达国家的国内资金，新兴市场国家的廉价商品击垮了本国的中小企业。德国爆发反对 TTIP 的数十万人大游行，担心以美国为主导的 TTIP 将会使欧洲利益受损；英国“脱欧”事件的根源之一在于欧盟政策缺乏普惠性；“特朗普现象”反映了美国贫富差距持续扩大的后果，这些事件都反映了全球化利益分配的不平衡。在这种思潮下，发达国家贸易保护主义抬头，去全球化呼声高涨。

（二）去全球化风险显著上升

全球经济陷入停滞的风险加大。2016 年世界经济复苏步伐放缓，呈现低速不均衡复苏特征，需求依然乏力，国际贸易增长前景不乐观，全球经济陷入“广泛停滞”的风险加大。IMF 预测，2016 年全球国内生产总值（GDP）增长率仅为 3.1% 左右，发达经济体经济增速为 1.8%，美国、欧洲、日本经济增速将分别达到 2.2%、1.6% 和 0.3%，均低于早前预期。新兴市场与发展中经济体整体增速下滑程度较大，2015 年新兴市场与发展中经济体经济增长 4%，连续 5 年经济增速大幅下滑。尽管 2016 年预期增长 4.1%，但远低于 2010—2015 年 5.4% 的平均增速。巴西、俄罗斯陷入衰退，使这些国家财政收入、就业出现严重困难，推迟了结构改革进程，也使复苏势头蒙上了阴影。

英国“脱欧”加大去全球化风险。英国“脱欧”公投结果显示，苏格兰、北爱尔兰、伦敦等精英阶层城市明确选择“留欧”，英格兰、威尔士的其他地区等民众阶层基本支持“脱欧”，显示了明显的阶级和贫富差距。英国“脱欧”的主要原因是难民及非法移民问题和欧盟体制缺陷问题，根源则在于全球化带来的利益和风险极度不匹配，可以说英国“脱欧”标志着全球化的倒退。英国“脱欧”所带来的多米诺骨牌效应，将加大对全球经济金融的深远影响，加大去全球化的风险。

（三）未来全球化应走向包容

全球化进入转型新阶段。从 20 世纪 90 年代开始的现代经济全球化浪潮，使全球生产要素流动达到了前所未有的规模。全球经济、金融快速发展，国际分工降低商品价格，促进企业向成本更低的地区投资，增加了当地的就业机会。但随着全球化的发展，全球化逐渐进入失衡状态。特别是国际金融危机以来，国际贸易作为世界经济增长的引擎动力减弱，全球贸易增速连续 5 年低于世界经济增速；全球投资规模仍然低于危机前的 2007 年，全球资本流动出现从新兴市场国家流向发达国家的新变化，造成很多国家货币贬值、美元债务上升、经济卷入结构性风险；全球新科技革命尚未有效提高供给端效益，全球产能过剩等，这些变化意味着全球经济进入全球经济调整的新阶段。总体来看，经济全球化总的趋势没有变，而是进入减速转型新阶段。以互联网技术为核心的新技术革命不断拓展网络经济新空间，新型跨国公司形成新的国际分工体系，中国正在发挥作为经济全球化的重要力量，经济全球化的新型微观组织互联网平台企业正在形成，人民币参与全球资源的配置取得一定进展，这些因素共同推动全球经济进入转型新阶段。

未来全球化应走向普惠贸易和共享经济。全球化发展应让发展成果惠及处于全球价值链、供应链、产业链不同位置上的国家，共享发展机遇，其未来趋势应走向普惠贸易和共享经济，而不是过度资本化、虚拟化，应努力缩小贫富差距。然而，新一轮全球化过程中，包括中国在内的多数发展中国家并没有参与机会，发达国家主导的 TPP（《跨太平洋伙伴关系》）、TTIP 等高标准的全球贸易规则重构将大多数发展中国家排除在外，使得发展中国家不能分享全球化红利，进一步加剧南北失衡。为此，一方面，应重视发展中国家的发展，提高其自身的能力建设，向发展中国家提供经济和技术援助，推动发展中国家消除贫困和缩小发展差距；另一方面，全球治理结构改革和全球规则重构应体现更多的包容内涵，发展中国家应积极参与其中，提高发展中国家的代表性和发言权。

全球化背景下的中国选择。大型的高标准的区域经济一体化将成为新一轮全球化的主要方式，发达国家的新贸易规则将中国排除在外，中国应进行适应性调整以应对挑战，要更好地衔接全球化和区域经济一体化的关系。一方面，积极参与全球治理，承担更多的国际责任，尤其是在周边国家发挥重要作用。G20 杭州峰会首次将发展问题置于全球宏观政策框架的首位，这对于实现全球包容性增长具有重要意义。另一方面，加快构建开放型经济新体制，培育国际竞争新优势，培育经济增长新动力，积极融入全球化发展新进程。目前，中国正在积极倡导的“一带一路”倡议是全球化发展的一个全新尝试，其核心理念是更加开放、更加包容、更加公平地参与全球化，使发展成果惠及沿线所有国家，强调无论是强国、弱国、大国、小国还是发达国家和发展中国家，都能够共享经济增长的成果。

三、本轮全球化带来的问题及其根源分析

本轮全球化带来了资本逐利性、金融与实体的脱离等问题。究其根源包括利益分配失衡、外部性补偿缺失、利益集团政治经济博弈、国与国之间的矛盾等。未来全球化发展需完善国际规则。

（一）本轮全球化带来的问题

1. 利益分配失衡

跨国公司与中小企业利益分配不平衡加剧。跨国公司是全球化最大的受益者，而中小企业获利较小。麦肯锡报告显示，全球 10% 的上市公司产生了 80% 的利润，年营收超过 10 亿美元的公司占全球企业营收的近 60%，市值相当于所有企业的 65%。亚太经济合作组织（APEC）的研究显示，中小企业占 APEC 经济体企业总数的 97%，提供超过 50% 的就业岗位，在大部分国家国内生产总值（GDP）中占比为 20% ~50%。但是，中小企业群体在 APEC 成员国直接出口中的占比仅为 35%。

劳动与资本矛盾加剧。全球化优化了生产要素的全球配置，但有失公允的经济金融制度扩大了资本与劳动收益的差距。贫富差距扩大是经济全球化发展不平衡的本质表现，由此引发的各种社会矛盾加大了普通民众对全球化的不满。一方面，大资本以资本集中兼并和联合的形式剥夺中小资本，进一步加速资本积累，使财富越来越集中到少数资本家手中；另一方面，国际投机巨头利用资本优势、金融衍生产品和制度法规空隙，获取大量附加值，加之合法避税，导致大量财富向少数人集中。

全球不公平和贫富分化趋势仍在加剧。在全球化时代，开放、市场化、科技创新创造的巨大财富和福利，被华尔街、伦敦城的金融寡头以及房地产、建筑等相关部门瓜分，不仅普通百姓、年轻人、小企业未能从增长中得到公平参与和分享成果的机会，就是大跨国公司的实体部门、发达国家的中产阶级和公共部门人员从中获取的利益也很有限，全球不公平和贫富分化加剧。据有关统计，当前世界基尼系数为0.7左右，超过了公认的0.6“危险线”。

2. 金融与实体脱离

金融全球化背景下形成的实体经济与虚拟经济的进一步偏离是导致各种危机的根源，这一矛盾内生于资本的本性，也内生于全球化的形成过程。随着经济一体化和金融全球化的发展，以及金融创新加速全球金融投资和虚拟资本的膨胀，金融资本取代产业资本居于全球主导地位，金融资本自身的增值效应及其获利空间和速度远远超出实体经济，大量资金投向股市、房地产等领域，推升股指、催生房地产金融泡沫，导致金融和实体严重脱节，成为国际金融危机产生的重要原因之一。

金融对实体经济的“抽血”加剧了金融和实体的矛盾。金融的本质是服务实体经济，是经济发展的“血液”和重要支撑。全球金融危机之后，为刺激经济复苏，美、欧、日等主要国家采取量化宽松货币政策，并采取多种方式向企业注入流动性。然而由于缺乏优质企业和新的实体产业，实体经济并没有吸纳到所需的充裕资金，大量资金在金融体系内自我循环，不仅加大了金融体系的风险，还进一步加重了实体经济的融资困难。与实体经济缺乏资金的情况相反，金融和房地产两大领域出现资产泡沫，非实体经济聚集过多的发展资源，虚拟经济与实体经济脱节现象严重。资金持续“脱实向虚”和过度金融化，使得金融并未对实体经济实现“输血”，反成“抽血”，严重削弱了实体经济的发展基础，进一步加剧了金融和实体的矛盾。

（二）全球化问题的根源分析

1. 资本逐利性

全球化带来的经济发展不平衡和收入不平等源于资本逐利的本性。经济全球化是与资本扩张相伴发展的客观历史进程，追逐利润或剩余价值是资本全球化的内在根本动力。在市场竞争和优胜劣汰法则驱动下，资本运作具有高度选择性，资本逐利的特性使得资本选择那些利润丰厚的“全球城市”周围，影响着就业和收入分配，进而形成积累的自行增值。这种积累过程与政府的债务危机和削减公共支出的压力相结合，导致国与国之间、一国内部各社会阶层之间在经济上出现越来越严重的分化，两极分化的矛盾、产业资本与金融资本的矛盾、世界性与民族性的矛盾、世界格局的多极与一极的矛盾、全球主义与民族主义的矛盾等，经济、政治、思想文化方面的矛盾也应运而生，导致反全球化思潮的兴起。

资本逐利扩大南北差距和全球失衡。资本逐利性使得发达国家将资本投向经济发展潜力大、资源禀赋丰富和劳动力廉价的发展中国家，特别是亚洲国家。一方面，把制造业转移到成本更低的发展中国家，导致发达国家自身制造业萎缩、工人失业；另一方面，迫使发展中国家压低工人待遇，造成世界范围内的贫富悬殊。在这个过程中，发展中国家确实得到了发展，通过勤劳致富有了一定规模的社会储蓄，但为寻求资本保值增值，发展中国家又将巨大的财富投向发达国家。这样，世界发展的利润大部分被发达国家带走，实际上形成储蓄和出口在发展中国家，利润和福利在西方发达国家的世界经济格局。从而进一步扩大南北差距，加大全球分配不公，整个社会出现巨大失衡。

2. 外部性补偿缺失

经济全球化导致微观经济活动外部性的国际化。经济外部性分为正外部性和负外部性。正外部性是某个经济行为个体的活动使他人或社会受益，而受益者无须花费代价，这种“搭便车”行为导致正外部性产品的供给不足。例如，科技成果是一种外部性很强的公共物品，若缺乏有效的激励机制会导致这种产品供给不足。负外部性是某个经济行为个体的活动使他人或社会受损，而造成外部不经济的人却没有为此承担成本，对外部性造成的损害没有赔偿，如环境污染、气候变化、资源短缺、人口与贫困、经济危机以及恐怖主义。

当前全球层面的外部性治理存在四种困境。一是面临全球外部性补偿机制缺失引致全球治理激励不足的困境。二是面临世界政府困境，国际社会没有超国家主权的世界政府，不能统一实施外部性治理。三是面临全球税困境，没有世界政府或国际机构可以征收全球税，例如，碳税的征收至今仍遭到很多国家的反对。四是面临全球产权困境，全球公共资源的产权无法明晰。

探索建立外部性补偿制度。负外部性损害了全球利益，导致全球公共产品缺失和公平缺失现象，需要国际合作探索建立外部性补偿制度。具体来讲，国际制度改革方面，应改革现有的发达国家主导的国际制度，增加新兴经济体在国际制度投票权、成员资格以及人事配备等方面的代表性，以解决全球治理需求加大与国际制度供给不足这一全球性问题。国际组织应充分发挥促进国际合作与协调的作用，管理全球公共产品，调解国际争端，制定和实施国际规则。非政府组织应发挥其对各国政府决策和国际组织决策的影响力作用，引导公众舆论，监督政府与国际组织的行为。大国合作应充分利用影响力和执行力及示范效应，实现全球负外部性的自主治理。在国家层面，外部性治理手段包括政府管制、法律手段、一体化等措施。

3. 利益集团政治经济博弈

不同利益集团之间的博弈是西方国家政治经济生活的一大特色。随着经济全球化的发展，利益集团为赢得更多利益，利用自身的财力和经济影响力，通过政治捐献、游说、公开运动、影响选举、停止合作等各种方式和途径对政府施加压力，进而使本国政府做出有利于自身集团利益的决策。

带有利益集团色彩的民主制度与自由民主精神背道而驰。在本轮全球化进程中，突出特点是，带有利益集团色彩的民主制度与自由民主精神背道而驰。例如，美国的民主制度带有明显的“金钱政治”和集团利益色彩，这与其标榜的自由民主精神背道而驰。尽管欧洲实现了人口自由流动，然而欧洲没有实现财政和福利政策的统一，导致福利留在本国，加重了本国负担。希腊人去德国工作，税收和消费留在德国，部分社会福利责任却留在希腊，给希腊政府带来负担。

4. 国与国之间的矛盾

各国内部经济结构调整并没有跟上全球结构变化的步伐。经济全球化是社会生产力发展的客观要求，有利于生产要素在全球范围内的优化配置，加强经济技术合作与贸易投资合作，是不同国家、不同地区相互依存度不断提升的历史过程。2008年国际金融危机之后，伴随着全球经济持续低迷，西方民众反全球化思潮高涨，全球化进程遭遇逆风。国际产业链和价值链出现重构，各国在产业链中的地位和分工发生变化，然而各国内部经济结构调整并没有跟上全球结构变化的步伐，导致国与国之间的分化加剧。

按照比较优势的原则，产业将根据生产成本梯次进行转移。各国应根据各自产业发展情况和生产成本高低，主动调整产业结构。但有些国家因受自身经济发展阶段、政治因素和社会因素的影响，难以及时调整，未能跟上全球结构调整的步伐，造成经济减速或发展停滞，进一步拉大国与国之间的分化，加剧全球失衡。

（三）未来全球化发展需完善国际规则

全球国际规则面临重构。随着全球化的发展，世界经济格局发生巨大变化，现行的全球治理机制和国际规则体系不能有效应对新挑战；为加强自身竞争优势，发达国家和发展中国家都积极参与国际规则重构，争取全球经济治理的制度性权力，全球经济秩序进入结构重塑、规则重构阶段。

国际规则制定权中的博弈将长期持续。近年来，由于多哈回合谈判停滞不前，美国等发达经济体已经开始通过新的超级区域自由贸易协定来构建新型贸易投资规则，主要新兴经济体也开展了区域或双边贸易协定的谈判。但是很多发展中国家没有参与任何当前的区域或双边贸易协定谈判，这可能导致它们进一步被排除在全球产业链和价值链之外，对发展造成严重不利影响。新一轮全球化进程，发达国家和发展中国家在国际规则制定权中的博弈将长期持续，高标准的对外开放的国际贸易投资规则仍是大势所趋。

四、未来全球化发展的五个特点

当前，全球化进程遭遇了波折，主要是由当前的治理体制和经济结构同全球化深入发展不相适应造成的。这仅是全球化历史进程中的曲折和回调，未来 5 ~ 10 年全球化仍将处于调整期。在此期间，全球化将呈现一些新内涵、新特征和新趋势。

（一）未来全球化应走包容共享道路

缺乏普惠性是当前全球化问题的最大软肋。一是全球化红利明显下降。世界银行数据显示，在现代经济全球化的三个阶段中，基于购买力平价的全球人均国内生产总值（GDP）增速呈现先升后降的趋势，1990—2001 年的年均增速为 5.0%，2002—2008 年为 5.8%，2009—2015 年为 3.6%。同时，国际货币基金组织（IMF）数据显示，全球人均实际 GDP 增速在这三个阶段分别为 3.2%、4.5% 和 3.3%。这一轮全球化是经历全球开放红利普遍享有，转变到全球非理性繁荣，然后转变到全球化红利明显下降的新时期。二是全球化利益分配不均，未能有效提升部分群体的福祉。现代经济全球化是西方国家引导推动的，西方国家自然被认为是全球化的最大受益者。然而全球化并未有效改善西方中低收入阶层的收入水平，导致西方发达国家贫富差距持续扩大，西方兴起反全球化思潮。

共享包容应是未来全球化的新方向。全球化发展应让发展成果惠及处于全球价值链、供应链、产业链不同位置上的国家，共享发展机遇，其未来趋势应走向包容共享，而不是过度资本化、虚拟化，应努力缩小贫富差距。

中国倡导的人类命运共同体理念得到越来越多的认同。中国在全球化发展中扮演着积极的建设性角色，主动参与全球经济治理改革，提出以合作共赢为核心的人类命运共同体理念，为全球治理提出中国方案。通过“一带一路”倡议的实施，人类命运共同体理念获得国际社会越来越多的支持和响应，广大发展中国家和严肃的学者认为这是一条可行的道路。2017 年，中国企业共对“一带一路”沿线国家直接投资 144 亿美元，占同期总额的 12%，较上年提升了 3.5 个百分点。

（二）区域经济一体化是未来全球化发展的重要方向

全球化多边体系面临改革和调整。国际金融危机之后，现有的全球治理体系不能有效应对全球挑战，出现了一些无序和碎片化现象。国际货币基金组织（IMF）和世界银行（WB）需要进行调整和改革，世界贸易组织（WTO）面临停摆，在一定程度上反映了各方利益诉求的不一致，将制约多边贸易体制的快速发展。

区域化规则对全球性规则有更多替代。多哈回合陷入僵局以来，区域性贸易协定成为大国应对经济全球化的重要手段。以自由贸易区、自由贸易协定、共同市场、货币联盟等为形式的区域经济合作与一体化发展迅猛，各种区域经济合作与贸易投资一体化机制与安排层出不穷。尤其是在区域性大国的主导下，超大型区域集团如 TPP、TTIP 与 RCEP 正在塑造全球经济一体化格局。

区域经济一体化是未来全球化发展的推动力。近年来，各大区域一体化进程加快推进。虽然有英国“脱欧”影响，但欧盟经济一体化进程仍在进一步推进。2016 年东盟共同体建成，成为推动东盟经济一体化的新起点。太平洋联盟和南方共同市场这两大拉美区域组织不断加强合作，推动拉美经济一体化进程。东部和南部非洲共同市场（简称“科迈萨”）作为非洲成立最早、最大的次区域经济组织，在推动非洲区域一体化和成员国发展方面取得了积极进展。海湾阿拉伯国家合作委员会（简称“海合会”）在推动海湾经济一体化方面取得了显著成绩。

（三）新兴经济体成为推动全球化的主力军

新兴经济体 GDP 占世界经济的比重上升。全球化改变了全球的分工模式、贸易模式和经济格局。新兴市场和发展中国家 GDP 占世界经济的比重由 2007 年的 28.4%上升到 2016 年的 38.72%，2016 年新兴市场和发展中国家对世界经济增长的贡献率（汇率法）为 65%，远高于发达经济体对世界经济增长的贡献。假设新兴经济体以每年 3.8%的速度增长，20 年后新兴经济体的经济增速将翻一番。未来全球化进程中，发达国家可能会逐渐丧失领导的地位，新兴经济体的崛起成为新的趋势。

新兴经济体多方面参与全球化实践并不断发挥影响力。新兴经济体主动参与全球治理，改变了由七国集团（G7）/八国集团（G8）主导的格局，二十国集团（G20）机制、金砖国家机制提升了发展中国家在国际社会中的话语权。以发展中国家主导的国际经济组织与制度安排，如"一带一路"建设、亚投行和金砖国家银行的创建，逐步成为国际经济发展的新引擎。

（四）服务贸易成为全球贸易的重要引擎

服务贸易较快发展是新一轮产业转移的突出特点。随着全球经济服务化进程加快，服务贸易发展推进了全球自由贸易的进程。一是全球服务贸易成为全球贸易增长的重要引擎。2005—2015 年 11 年间，全球服务贸易年均增速快于同期货物贸易增速 1.5 个百分点，全球货物贸易的 30%是服务贸易带动的。二是服务贸易规模和占比不断提高。目前服务贸易增加值实际已占到全球贸易的 50%左右。三是服务贸易发展拥有巨大潜力。新兴经济体的加快发展，将进一步释放服务贸易的潜力。

服务贸易对全球贸易投资新规则的影响加大。服务贸易将影响和决定全球和区域自由贸易的进程及格局。一是服务贸易成为多边、双边贸易协定的重要内容，无论是区域全面经济合作伙伴关系、中日韩自贸区等多边自贸谈判，还是中美、中欧等双边投资协定谈判，相当一部分都涉及服务贸易。二是自由贸易进程越来越依赖于服务业双向市场开放。当前自由贸易主要障碍已不是或主要不是货物贸易领域的关税，而是服务贸易投资领域的监管、非关税壁垒以及市场的开放度，直接影响全球投资及相关联的双边、多边自由贸易进程。三是服务贸易对全球形成贸易投资新规则的影响越来越大。当前服务贸易在双边区域贸易投资谈判中的分量越来越重，最大难点也是服务领域对等的市场准入等问题。

（五）数字经济成为全球化新动力

数字经济有望成为新一轮经济全球化的增长点。在传统互联网基础上，大数据、物联网、云计算、区块链、人工智能加速兴起，可以预见，以信息化与产业化深度融合为特点的数字经济，将引领新一轮产业创新，推动经济全球化向前发展。根据中国信息通信研究院发布的《中国数字经济发展白皮书（2017）》，目前全球22%的GDP与数字经济紧密相关，数字经济拉动经济增长的作用越发明显，发展数字经济已成为全球共识。

数字企业巨头将成为未来经济全球化的重要力量。数字企业在推动全球经济融合和全球化发展过程中贡献巨大。如美国的苹果、谷歌、微软、亚马逊、脸书5家公司总市值合计达3.33万亿美元，占美股市值总额的7.8%，包揽2017年全球市值最高公司前5位，阿里巴巴位列第9位。

跨境电商向下一代国际贸易发展。数字经济推动了全球贸易体制重构，阿里巴巴提出的eWTP（全球贸易平台经济）适应了这一需求，为全世界提供了一个以互联网为基础的全球贸易平台，进一步促进经济全球化向更加普惠和包容发展。2017年中国“双十一”一天内通过电商平台销售额高达2540亿元。

第四节 新科技革命方兴未艾

一、新一轮世界科技革命和产业变革孕育兴起

当前，新一轮世界科技革命和产业变革孕育兴起，若干基础科学领域正在或有望取得重大突破性进展。生物、信息、材料、能源等技术广泛渗透融合，带动了以绿色、智能、泛在为特征的群体性技术革命。创新活动全球部署，创新资源全球流动，全球经济格局深度调整，国际竞争日趋激烈。新一轮科技革命和产业变革将深刻影响人类的生产方式、生活方式，当代全球科技竞争出现许多新特点，科技实力决定了国家和民族的未来，这为我们国家发展和民族复兴提供了难得的历史机遇。经过改革开放40年，我们积累了坚实的物质基础，已具备从以要素驱动、投资规模驱动发展为主，向以科技创新驱动发展为主的良好条件。

当前，美国遏制中国高科技产业发展，欧盟设立外资收购审查机制，欧盟和日本要求和美国一道，向WTO投诉中国“涉嫌歧视性的技术专利许可规定”，中国通过跨国并购和对外投资国外高新技术企业和初创企业获取国外先进技术和品牌的途径将变得越来越难。中国只有通过提升自主创新能力，营造良好的创新环境，通过创新驱动，提高科技进步贡献率，才能推动落实高质量发展。

二、提升我国科技自主创新能力的几点建议

当前，外部环境发生明显变化的背景下，构建新型科技自主创新体制机制是建设现代化经济体系的命门，亟须尽快构建中国特色科技自主创新体制机制，推动落实高质量发展。

（一）我国具备科技自主创新能力跃升的基础

科技自主创新国际竞争力已进入稳定上升期。2017 年全球创新指数显示，我国在全球 130 个经济体中排名第 22 位，比 2016 年提高 3 位，比 2015 年提高 6 位。在商业成熟度、知识与技术产出方面排名靠前，在研发公司全球分布、商业企业研发人才、专利申请量和与知识产权相关领域等方面表现优异。

研发强度不断提高。近年来，我国科技经费投入持续增长。2017 年研发强度（研发经费总额与国内生产总值之比）为 2. 12%，并呈现明显的区域梯度特征。东部省市的研发强度已超过经合组织（OECD）2. 4% 的平均水平和欧盟 15 国 2. 08% 的平均水平，具有自主创新能力的大学、科研院所、创新型企业、关键共性技术和公共技术服务平台正在涌现。中西部省份正在步入科技创新积蓄待发的积累阶段，一些中心城市正形成自主创新产业集群、大学集群。

（二）制约我国科技自主创新能力跃升的三大短板

抢占未来发展先机的能力不足。长期“跟跑”形成的对标式、跟随型思维惯性，在重大科学和技术创新问题上原创思想、原创能力不足；以全球视野谋划科技开放合作能力不足；引领全球科技发展的准备不足。国内外技术、资金、人才等创新要素集聚和融合不够，创新要素协同性需要进一步强化。特大城市聚集创新资源的同时，各项成本持续上升提高了创新创业门槛。

科研成果转化率低于国际水平。2017 年我国发明专利申请量和授权量居世界第一，有效发明专利保有量居世界第三，但专利转化率不到 10%，低于国际水平。科技成果高效转化仍存在不少“堵点”：各类创新主体之间的产学研结合不够通畅，创新政策与财税金融产业政策不协调、不配套，有关政策落实不到位。

官产学研协同创新的体制机制有待完善。官产学研合作仍停留在技术转让、合作开发和委托开发等低层次的合作上，共建研发机构和技术联盟等高层次合作较少，政府主导关键技术、核心技术研发作用有待加强；“四大支柱”协同创新联动不畅，

即大学提供基础研究支撑，科研院所提供应用研究支撑，政府提供关键共性技术支撑，企业提供市场化商业化支撑；相关产权关系和利益分配不明晰，激励机制不到位，风险管理机制不健全，协同合作科学运行机制尚未建立。

（三）推动科技自主创新的政策建议

优化国际合作战略布局，着力颠覆性科技创新。欧美可以封杀成熟技术，但封杀不了颠覆性技术。一是通过在海外设置触点的国际合作方式，寻找或培育欧美还没有来得及封杀的具有颠覆性的科技创新项目和企业技术。例如，浙江省在美国硅谷设立美国浙江创新中心，旨在将国外先进的科技人才和科创项目对接中国，落地浙江，推动双方在人才、技术、资本等方面的合作。二是通过资本融合掌握科技发展前沿。鼓励创业投资机构投资国外种子期和初创期企业，支持通过并购重组，培育拥有自主知识产权和国际竞争力的大型企业集团。

加快构建军民科技协同创新体系。在美国高科技产业发展过程中，实施一系列国防科技产业政策，建立强大的国防科技工业体系的同时，带动民用高科技产业发展。借鉴美国经验，加快构建我国特色军民融合体系：一是充分发挥军工国有企业“黄金股”作用，提高关键核心技术竞争力和控制力；二是从国家安全与发展大局出发，构建军民科技协同创新体系，促进军民科技资源共享共用；三是强化军事需求牵引，促进国防科技民用转化，同时最大限度地实现民为军用，着力打造一批军民科技融合的龙头工程、精品工程，搭建军地资源共享平台、管理平台、服务平台，推动军民重大基础设施、重点实验室、国家重大科研设施的军民共用，打破壁垒促进科技创新要素军地双向流动。

构建中国特色的自主创新生态体系。推动建立以科技创新为核心，产业链、创新链、资金链和政策链深度融合，“政产学研资”紧密合作的创新生态体系，构建“企业集聚＋产业链分工合作＋研发机构集群化发展”的科技创新网络体系，实现技术创新上中下游的对接与耦合，提高科技成果的转化。一是提升综合研发效率。提升研发投入的使用效率、质量效益。二是服务传统产业转型升级。没有夕阳产业，只有夕阳技术，传统产业需要通过技术改造全面提升质量、提升档次，不断进步，提高效益并降低污染等。三是政府致力于解决共性公共技术和核心关键技术研发问题。如研究推广江苏经验，设立产业基金建立公共技术研究院；借鉴德国经验，完善科研创新体系，设立政府研究机构主导关键技术与核心技术研发。四是搭建科研成果转化平台，重点支持核心技术研发的重大项目，政府帮助引进先进装置，促进创新企业集群。例如，广东东莞市引进我国迄今最大的国家重大科技基础设施——中国散裂中子源（CSNS），从2007年建设到2018年正式使用十几年期间，实验室周边逐渐聚集了大量相关研究机构和企业，形成了一条完整的CSNS产业链和创新生态体系。

构建跨境创新网络。打造全球化开放式创新链。当今世界的科技、研究和创新活动越来越多地呈现跨地域、跨学科、跨领域合作的特征，需要开放创新、营造跨境创新网络，同时也具有高度竞争、高度动态变化和高度复杂性系统网络特征，单一企业和地方不具备独立完成重大创新活动的能力，需要构建跨境创新网络。因此，围绕产业链部署创新链，围绕创新链完善资金链，强化科技同经济对接、创新成果同产业对接、创新项目同现实生产力对接、创新链与人才链在全球范围内对接，构建全球共商共建共享的创新网络体系。

借鉴美德经验培育创新环境。一是借鉴“硅谷”模式，构建国际科技创新中心，推动大学科研团队与产业联姻，营造创新环境和创新文化为企业创新注入强大活力。构建具有广泛包容性的创新理念，推崇创业、宽容失败、鼓励冒险的社会文化观念，激发创新和奋斗精神。聚集高等院校和科研院所，提升知识和技术的密集程度，构建“财富—人才—科技成果”的良性循环产出机制。充分利用风险投资推动高科技企业成长并实现产业化，研究数据显示，风投对美国经济贡献的投入产出比为1∶11，而对于技术创新的贡献，则是常规经济政策的3倍。二是借鉴德国“政产学研”科研创新体系，设立政府研究机构主导关键核心技术和共性技术研发。围绕企业需求，制定创新任务，适时调整合作方向，科研资金50%来自联邦，50%由各州共同提供。德国四大协会中，弗劳恩霍夫协会是欧洲最大的应用科学研究机构，是德国工业4.0战略的发起单位，下设72家研究所和其他独立研究机构，拥有25000多名科研人员和工程师，年度研究经费23亿欧元。

优化自主创新的社会环境。一是科学设计高技术企业采购标准。现有采购标准通常以公司营收和人员规模而不是以技术创新性来评选产品。创新型公司通常会由于规模或人员数量问题，被排除在外，或在招标过程中被传统观念的专家否决。建议放宽高技术企业市场准入门槛，鼓励企业CIO/技术决策者多从技术角度选择创新产品。二是引导国内企业消费习惯，重视基础软件，尊重自主知识产权，更多地使用中国软件。国内企业长期重视应用和人力服务，不认可通用和基础软件的价值。基础软件通常需要巨大的研发投入，回报周期长，如果不愿出资购买基础软件，国产基础软件的空间就比较小。需要引导企业客户了解基础软件的巨大研发投入，以及增大对核心技术和知识产权的认可。

第五节　全球治理面临挑战

一、全球治理体系面临的风险与挑战

国际金融危机之后，现有的全球治理体系不能有效应对全球挑战，出现了一些无序的和碎片化的现象。全球治理体系在对以国际货币基金组织、世界贸易组织和世界银行三大多边经济协调机构进行调整和改革的同时，需要进行框架外协调。当前全球治理体系存在如下风险，需要积极管控，多加防范。

（一）全球金融治理架构严重缺失导致系统性风险

当前全球金融与货币体系中没有像 WTO 这样的机制性框架，当出现冲突时难以有效地进行风险管理和危机治理。首先，以美元为主导的国际货币体系和资本体系存在着明显的利益不对称情况，发达国家实施货币宽松政策时，资本出于逐利的目的，从发达国家流向发展中国家，引发发展中国家资产价格的上涨和跨境资本大规模流入，而当发达国家收紧货币流动性，提高利率时，又出现资本的逆流和资本大规模的流出，这就是所谓的全球金融周期。其次，在 2008 年国际金融危机中那些“大而不能倒”的金融机构受到了救助，但是这会进一步滋生“道德风险”。再次，主权债务重组问题。目前，全球主权债务风险上升，但是全球针对主权债务重组并没有一个有效的重组方案和治理的模式。最后，长期融资问题。一方面，全球处于流动性过剩的局面，资本要寻求投资回报；另一方面，全球又缺乏为长期基础设施融资提供有效的融资渠道，这导致长期资产结构的错配，全球对于长期发展融资和公共产品融资并没有一个有效的金融制度设计。

（二）全球贸易治理碎片化与区域贸易协议分散化阻碍全球贸易增长

国际金融危机以来，全球贸易增长放缓，贸易创造能力下降，多边贸易谈判进展受到阻碍，而各类区域贸易协定也导致全球贸易合作变得更为分散化。当前，全球范围内有 3000 多个双边自由贸易协议，这导致全球市场变得更加割裂、分散。此外，令人担忧的是，全球贸易保护主义重新抬头，从而抑制了世界贸易的进一步增长，如何构建新的全球贸易治理体系，促进全球更加开放的贸易与投资尤为重要。

（三）全球投资保护主义盛行

当前，新兴经济体的海外投资会遇到来自发达国家的“安全审查”，特别是高技术领域的一些政府监管，以威胁国家安全为理由来阻止外来投资，形成投资保护主义。同样，以基础设施投资为例，在国外投资基础设施被视为触及国家安全领域。一些中资企业到澳大利亚投资基础设施，如港口等，也遭到澳大利亚政府的抵制，从完善全球治理的角度看，应该加快启动全球多边投资协定谈判进程。

二、发挥 G20“全球经济治理合作平台”的作用①

（一）G20 推进全球治理改革任重道远

如何在全球治理的重大议题上凝聚智慧、形成决策、共同行动，是 G20 中国峰会的重要议题之一。G20 中国年相关问题，包括 G20 与可持续发展议程、全球贸易振兴计划、全球投资协议、全球价值链、全球治理改革前景和 G20 机制建设等若干重要议题值得调研，为杭州 G20 峰会提供强有力的智力支持。

1. 全球治理改革是走出当前困境的关键环节

2016 年，国际社会面对的一个基本现实，即全球化和科技革命造就了一个相互依存的“地球村”，你中有我、我中有你、利益攸关。然而，这个“地球村”却缺少有效的全球治理架构，缺少有效的宏观政策协调机制，缺少有效的公共产品供给体系，缺少有效的全球贸易投资开放的体制框架，缺少有效的促进全球创新发展的动能机制。“失控”的“地球村”扩大了贫富差距，产生了全球温室气变效应，扩大了能源无序消费，加剧了文明之间的冲突和对抗。

2016 年 6 月 23 日，英国举行了“脱欧公投”。结果表明，有 51. 9% 的投票人支持“脱欧”。即英国至少有一半以上的投票人支持“去欧洲经济一体化”，认为欧洲经济一体化给他们带来的损失大于收益。如何解决好利益可能受损的人口从开放、增长和发展中获益，是推动全球治理改革的一项重要任务。

在这种情况下，全球化可能有两个不同的前途：一个是光明的前途。国际社会，尤其是 G20 成员应当积极行动起来，在创新增长蓝图、结构性改革优先领域、指导原则与指标体系、全球贸易增长战略、全球投资决策指导性原则、反腐败 2017—2018 年行动计划、2030 年可持续发展议程行动计划、推动绿色金融发展、巴黎气候协定生效等方面取得重大进展。另一个是黑暗的前途。我们生活在一个相互依存的“地球村”，但主要“村民”之间的利益诉求差异较大，规则缺少强制执行机制，全

① 本节研究背景是为 2016 年 G20 杭州峰会对策研究，研究时间为 2016 年。

球公共议题缺少连续性，很容易陷入以邻为壑、对抗冲突、四分五裂的发展困境。

G20 作为开展全球经济治理合作的重要平台，有责任为世界经济实现强劲、平衡、可持续、包容性增长和发展做出不懈的努力和贡献。世界对 G20 中国年充满期待，期待中国能够在促进全球可持续发展、扩大全球贸易投资开放、推动全球经济创新发展和全球价值链合作、全面深化全球治理改革等方面，提供中国智慧，给出中国建议，做出中国贡献。同时，G20 的相关议题和建议中，存在从激进方案到渐进方式的各种不同选择。英国“脱欧公投”的结果表明，无论在英国、欧洲还是在世界其他地区，都存在着广泛的分歧和利益冲突。在这种情况下，全球治理改革的宏大目标应采取渐进方式，确定有限目标，寻求达成分阶段的“满意解”，逐步完善全球治理结构和体系。

G20 中国年将以“创新、活力、联动、包容”为主题，推动不同国家和地区、不同界别和组织、不同利益诉求方的代表集聚一堂，共同探讨“地球村”通向未来之路。历史经验告诉我们，最终所取得的结果并不重要，重要的是广泛参与、不断交流和凝聚共识的过程。通过不断的探索、成功与失败，通过 G20 成员之间及与非成员代表之间的不断沟通，最终达成相互了解和信任，制定同舟共济的全方位国际合作方案。

2. G20 中国年在行动

G20 **与可持续发展**。G20 大力支持联合国《2030 年可持续发展议程》，并在 2016 年制订行动计划，使 G20 的工作与《2030 年可持续发展议程》更好地衔接，有利于落实全球发展新议程、促进 G20 转型并将发展问题提上全球议程。然而，落实可持续发展目标仍面临诸多风险和问题。当前世界经济潜在产出增长率预期下降，全球贸易萎缩，国际金融市场动荡，全球贸易投资体制对发展问题的忽视，G20 的作用被边缘化的风险上升，发展中国家自身能力建设和结构问题突出，发达经济体与大型新兴经济体之间竞争关系的出现，地缘政治风险加大等，都增加了落实可持续发展目标的难度。

落实可持续发展目标的路径选择。G20 落实可持续发展目标的路径包括将发展问题纳入全球议程，推动可持续发展议程与各国发展战略对接；创新增长模式，发掘世界经济增长新动力；推动全球经济金融治理改革，提高新兴市场和发展中国家的代表性和发言权；促进全球贸易和投资增长，构建世界更高层次的开放型世界经济；落实全球发展新议程，推动包容、联动式发展；推进三方合作战略，实现合作共赢；保持发展中国家和地区的地缘政治稳定。

G20落实可持续发展目标的政策建议。G20杭州峰会应为世界发展提出中国建议，包括继续发挥好联合国的领导作用；推动落实可持续发展议程；促进发达国家应及时兑现承诺，履行义务，增强对不发达国家的援助实效；消除贸易壁垒，扩大对发展中国家的市场准入；加强发展中国家自身的能力建设。

全球贸易振兴计划。对当前全球贸易疲软原因的探究：一是世界经济复苏乏力导致贸易增长艰难前行。二是全球贸易投资体系加速重构，区域化加快推进，将对世界贸易秩序带来重要而深远的影响。三是全球结构性因素导致贸易失速。四是新科技革命动能尚未对有效供给、生产率增长和全球价值链产生显著影响。五是贸易保护主义阴霾不散，尤其是全球产能过剩严重增大了全球贸易摩擦和贸易冲突。六是大宗商品价格持续下行导致净贸易额缩水。

实施贸易振兴计划应对全球贸易疲软。一是改善全球贸易治理。G20成员共同努力，维护多边贸易体制在促进全球贸易发展中的主导地位，推动建立G20贸易投资合作机制，实现G20贸易部长会机制化。二是降低贸易成本。提升全球贸易便利化水平，将全球贸易成本降低15个百分点。三是强化贸易政策和产业政策协调，增强各成员国之间产业和贸易的互补性发展。四是坚决遏制和反对贸易保护主义。五是推动普惠贸易。六是致力于全球范围的科技合作创新。

全球投资协议。建立全球投资协议框架的必要性。全球投资已经成为进行国际化生产、优化全球资源配置的重要手段，是全球经济增长重要的驱动力量。由于长期滞后的国际投资协调机制，始终缺少一个全面的制度安排，至今也没有一个类似世界贸易组织的协调管理机构。由此带来的问题是多方面的，例如，国际投资体制已经到了庞大复杂而难以运转的地步；国际投资争端解决机制的合法性危机日益突出；传统国际投资协定的投资促进功能严重不足。

建立全球投资协议的可能路径：一是采用世界贸易组织（WTO）的“诸边”模式，构建普遍性多边投资规则。二是推动建立长期基建投资规划对接，成立基础设施投资二十国集团（II20）。以推动发达国家和新兴市场国家之间的基础设施建设对话为宗旨，优化资源配置，建立长期的基建投资规划对接，促进国际产能合作，打造高效的基建国际发展机制。三是推动高标准投资协定谈判，增强在国际投资体系中的话语权。四是渐进整合已有的国际投资协定，如跨太平洋伙伴关系协定（TPP）、跨太平洋贸易和投资伙伴关系协定（TTIP）及区域全面经济伙伴关系（RCEP）等涵盖140项双边投资协定（BITs）的超大型自由贸易协定，采用“开放性区域主义”的立场，促进国际投资体制的体系化并形成普遍性投资规则。要建立全球公平投资规则体系，提高以发展为基础的投资便利化程度，推动全球新兴市场和发展中国家的投资更加开放，承接全球产业投资转移，融入全球供应链体系，在新一轮分享全球投资中促进技术外溢和知识外溢效应的实现。

中国应积极促进全球投资协定的制定及落实。中国应借助2016年G20峰会主席国优势，将自身的优势项目元素融入全球投资协议的制定中，引导协议设置导向，如将“一带一路”融入全球投资协议框架的制定之中。

G20框架下全球价值链与国际产业合作。全球价值链对国际经贸产业格局、国际贸易与投资规则带来巨大的影响与挑战，促进全球价值链合作有助于解决全球贸易低增长问题，提升全球经济体生产力、改进资本和技术的错配、扩大全球软硬件基础设施投资。

G20主要经济体参与全球价值链情况的评估。当前，G20和全球主要经济体生产关联不断加强，中国成为全球经济体中中间品贸易和贸易增加值最大的国家，发达经济体以前向方式参与全球价值链，而新兴经济体则以后向方式参与全球价值链，新兴经济体在全球价值链中低端徘徊，但转型升级趋势明显。

推进G20框架下全球价值链合作倡议。一是积极构建全球价值链导向的开放包容性政策体系。这是促进全球价值链高水平合作的核心。二是以降低成本为切入点，减少关税壁垒和非关税壁垒以及贸易保护政策，提升全球价值链合作水平。三是加大全球软硬基础设施建设，提升价值链参与水平。四是构建基于全球价值链的大中小企业伙伴计划，促进中小企业融入全球价值链。五是推动G20与亚太经合组织（APEC）对接。六是在G20框架下考虑将全球价值链的贸易投资规则推广到多边层面。

全球治理改革前景和G20机制建设。从目前全球治理改革前景看，一方面，国际组织直接促进了国际协调与合作，各种国际组织蓬勃发展，给全球治理改革注入了新活力；另一方面，国际组织在许多特定问题领域的决策和立法对国家主权行使构成了直接或间接的限制，又给全球治理改革带来很多不确定因素。

积极推进G20机制建设。实现G20机制建设可以考虑“三步走”方略：一是着力促进G20协商机制的有效性，强化G20决策—执行功能之间的传导机制，使G20峰会达成的协议和共识最大限度地得到落实。二是重视议题设置的实质性成果，要具有延续性和可操作性。三是妥善处理与美国、G7及金砖国家等双多边关系。

中国推动G20机制建设的作用。中国作为2016年G20峰会主办国，议题设置应强调在G20框架内进一步加强宏观经济政策协调，把促进增长和就业作为核心任务，促进G20从危机应对机制向全球经济治理长效机制转变，推动落实G20《布里斯班行动计划》和全面增长战略。

（二）G20 推动全球治理需寻求渐进方案

G20 作为开展全球经济治理合作的重要平台，其成员涵盖世界主要经济体，总人口占全球 2/3、国土面积占全球 60%、贸易额占全球 80%、国内生产总值（GDP）占全球 85%，G20 有责任为世界经济实现强劲、可持续、平衡增长做出不懈努力。当前，全球经济分化与复苏的“不均衡”性趋势，加剧了世界经济发展的不平衡，使未来面临更大复杂性和不确定性风险。G20 推动全球治理需寻求渐进方案，可以从“创新、改革、开放、发展”四条路径推进。推动全球治理体系改革，应遵循渐进原则，发挥创新在经济发展中的重要作用，寻找推动国际贸易和投资整体开放的可行性方案，推动落实全球可持续发展新议程并将发展问题纳入全球议程，采取“中 + 美 + 3”五国方案渐进解决 G20 机制化问题。

1. 推动全球治理需寻求渐进方案

现行全球治理体系是在以美国为首的西方发达国家主导下形成的，缺乏一定的代表性和公正性。然而，随着全球化的发展，全球面临的挑战不断增多，现行全球治理体系不能有效应对全球挑战，出现了一些无序的和碎片化的现象，如 2008 年全球金融危机、欧债危机、英国“脱欧公投”、核武器问题等，全球治理体系亟须改革以应对全球新常态。

推动全球治理改革的方案有两种。一种是激进方案，希望解决全球所有的问题，希望这些议题越全越好，越多越好，越深刻越好。但从英国“脱欧公投”事件来看，实际上解决全球性问题可能需要更长的时间、更多的准备、更充分的交流。另一种是建议采用一些渐进的方案，设定有限的目标，不是寻求最优解，而是寻求满意解。通过一些有限的目标、有限的议题，成熟一个推进一个，不追求最优的方案，而是追求改善的方案，一步一步向前推动全球治理体系改革。

2. 渐进方案的路径选择

全球治理体系改革不可能一蹴而就，G20 应采取先易后难、循序渐进的方式，从“创新、改革、开放、发展”四条路径渐进推进。

创新深化全球结构改革和调整，培育世界增长新动力。创新在过去几十年的世界经济发展中起到了重要作用，推动世界经济从工业经济时代迈向知识经济时代。然而，与实体经济发展相比，金融、房地产发展得更快，经济的泡沫化、虚拟化严重，创新逐渐被遗忘，导致世界创新进程被 2000 年美国互联网经济泡沫危机和

2008 年全球金融危机打断。因创新而稳居世界领先地位的美国，1990 年以来其产业结构中高技术制造业的比重持续下降，2000 年以后，几乎在所有技术领域，美国的发明专利申请都大幅下降。进入 21 世纪智能世纪之后，多数政府重新认识到创新在经济增长中的重要性，希望通过创新支持实体经济发展。G20 应将创新作为挖掘世界经济增长新动力的重要途径。

深化全球治理改革，构建全方位国际合作新格局。良好的治理是世界经济增长和金融市场稳定的制度保障。G20 框架内发达国家和发展中国家平等参与、共同决策，是全球治理的未来趋势。G20 应继续推动全球经济治理改革，推动国际金融机构改革，完善国际货币体系，深化国际税收合作，构建更加公平、公正、开放的国际经济体系，增强新兴市场国家和发展中国家的代表性和发言权。具体包括加快国际货币基金组织改革，强化资源能源危机应对能力，加强亚投行、金砖银行等新兴多边开发机构与世界银行等既有机构的合作，推动全球能源治理新进程等。

推动全球贸易投资整体开放，构建世界更高层次的开放型经济。当前，全球贸易投资开放进程受阻。全球贸易增长放缓，贸易创造的能力也在下降，多边贸易谈判进展缓慢，全球贸易合作变得更为分散，主要是由于地区的自由贸易协议的达成。除此之外，还有 3000 多个双边的多元化的自由贸易协议，使全球市场变得更加割裂和分散化。另外，全球贸易保护主义重新抬头，贸易融资也变得更加困难，从而抑制了世界贸易的进一步增长。如何发挥国际贸易和投资对增长的推动作用，如何构建开放型世界经济，成为推动全球经济发展的重要议题。在此背景下，G20 能够做什么？全球期望 G20 中国峰会能够给出解决方案。

落实全球发展新议程，推动全球包容、联动式发展。发展问题始终是国际社会的核心关切，联合国《2030 年可持续发展议程》对世界各国的发展具有重要指导作用。该议程规划了未来世界发展的宏伟蓝图，旨在实现可持续发展与经济转型、经济增长的有机统一和相互促进，这需要国际社会的共同探索。G20 支持联合国倡议。2015 年 G20 峰会发布的《G20 领导人安塔利亚峰会公报》第 19 条称：《2030 年可持续发展议程》，包括可持续发展目标和《亚的斯亚贝巴行动议程》，为国际发展工作设定了一个转型、普遍、富有雄心的框架。G20 积极承诺落实其各项成果，核准《G20 和低收入发展中国家框架》，加强在发展领域的对话和参与，并在 2016 年制订行动计划，使 G20 的工作与《2030 年可持续发展议程》更好地衔接。可见，G20 的未来进程与《2030 年可持续发展议程》紧密结合，G20 目标与可持续发展目标高度契合。G20 应继续发挥其独特作用，为实现包容和可持续发展做出贡献，包括如何在低收入国家和发展中国家落实这些计划目标。

3. 渐进推进全球治理的新思路

借助 G20 中国峰会，中国可以设置有限的议题，从以下几个方面渐进推进全球治理。

应遵循渐进原则推动全球治理体系改革。G20 应继续发挥全球经济治理合作主要平台的作用，遵循渐进原则推动全球治理。面对当前全球经济广泛停滞的风险，以及去全球化和贸易保护主义抬头给未来经济带来的高度不确定性，建议 G20 敦促各国将加强合作、完善全球经济金融治理、推动国际经济金融机构改革、共同维护国际和平等议题作为优先议题，在 G20 峰会上进行讨论，寻求改善方案，为国际发展创造良好环境。此外，G20 应承担起应有的国际责任，寻求推进南北合作、拓展南南合作和加强同第三方合作的渐进方案。

强调创新在经济发展中的重要作用。一方面，G20 应突出创新在经济发展中的作用，引导各国开展符合自身实际的结构改革，加强供给端调整，提高生产要素配置效率，为提高生产率创造条件，促进生产要素和资源在全球范围内自由流动，为世界经济打造新的增长点。同时深化各国在创新、新数字经济等领域的全方位国际合作，扩大青年、妇女、小微企业参与创新的机会并分享创新成果。另一方面，各国在 G20 框架内应进一步加强宏观经济政策协调，避免因政策取向分化造成的负面外溢效应，促进全球经济重回健康增长轨道。同时加快区域组织一体化进程，通过域内优势互补提升整体竞争力。

研究推出国际贸易和投资整体开放的可行性方案。一是降低准入门槛，提高贸易投资便利化。当前，无论是比较畅行的区域自贸协定，还是一系列与投资贸易保护主义相关的高标准，如劳动保护、绿色环保，或者一些新的高标准的要求，实际上在很大程度上都提高了发展中国家和新兴经济体的准入门槛。二是重视欠发达国家的发展问题，对欠发达国家给予特殊待遇安排，增加它们参与全球贸易和投资的可能性；扩大基础设施投资，解决其瓶颈问题。三是 G20 应积极与 OECD 及其他一些常设组织开展合作，寻找新的解决方案，这样，基于新的研究和领导人会议的结果，才能够建立新的全球贸易和投资体系。例如，G20 是否可以提供一些原则，来重启多边贸易谈判，推动多哈回合谈判取得突破性进展，或者建立一些原则来处理贸易投资争端。四是采取有效举措，确保有关区域贸易谈判保持开放、透明、包容，最终融入多边贸易体制。恪守不采取新的保护主义措施的承诺，促进全球贸易投资大发展、大繁荣。

落实全球可持续发展新议程并将发展问题纳入全球议程。推动 G20 成员率先制定落实联合国可持续发展议程，带动全球范围内的包容、联动发展，促进各成员国在能效、粮食安全、就业等领域采取行动，为落实气候变化《巴黎协定》提供强有力的政治支持。同时将发展问题纳入全球议程，通过能力建设、技术转移、市场准入等方式，强化发展中国家造血功能，增强其发展的自主性。

渐进解决 G20 机制化争论的方案。我们建议采取“中 + 美 + 3”五国方案解决 G20 机制化或制度化争端，即中国、美国加上 3 个系统性重要国家，中国和美国作为永久的成员国，其他 3 个国家可随时调整，同时成立一个小型的非秘书处的工作局，从而把 G20 从应对机制变成一个长期可持续发展平台。国际上关于 G20 机制化的激进方案是建章立制，即建秘书处、建规则、建立全球治理的制度框架。这个方案设想是非常好的，但是最后实施会证明是非常困难的。第三种方案认为国际上已存在太多的机构，不用再建新机构，即 G20 不设机构，连小局都不设。但是，若不设任何机构，G20 将成为空谈的论坛，不能解决任何问题。试想如果没有专业的研究力量，无法进行有效的评估并向各国政府提供有影响力的建议，G20 将无法有效推动全球治理改革。

此外，G20 应敦促发达国家及时兑现承诺，履行义务，向发展中国家提供经济和技术援助，增强援助实效，不断提高发展中国家自主发展能力。同时消除贸易壁垒，扩大对发展中国家的市场准入，解决多哈回合谈判尚未解决的问题。此外，要加强南南合作，共同应对发展挑战。

（三）G20 落实可持续发展的路径选择

2015 年 9 月，联合国发展峰会正式通过《2030 年可持续发展议程》，呼吁国际社会在千年发展目标的基础上继续努力，将千年发展目标中未完成的事业在可持续发展议程中继续实践，直到所有目标都得以实现。可持续发展议程是千年发展目标的继承和升级。G20 作为全球经济治理合作的主要平台，支持联合国《2030 年可持续发展议程》，在推动落实可持续发展议程过程中，G20 将继续发挥其独特作用，为实现世界经济包容和可持续发展做出贡献，包括如何在低收入国家和发展中国家落实这些计划目标。中国作为世界上最大的发展中国家，应借助 2016 年 G20 杭州峰会平台，为世界发展提出中国建议，为全球经济可持续发展的实现提出可行性方案。

1. 从千年发展目标到可持续发展目标

从联合国千年发展目标的官方发展援助、市场准入、债务可持续性、获得可负担得起的基本药品和获得新技术五大核心领域指标完成情况来看，联合国千年发展目标成果显著，但并未完全实现，不平等状况仍然存在。《2030年可持续发展议程》是对千年发展目标的继承和升级，呼吁国际社会在千年发展目标的基础上继续努力，将千年发展目标中未完成的事业在可持续发展议程中继续实践，直到所有目标都得以实现。

联合国千年发展目标成果显著。2000年9月的联合国“千年峰会”通过了《联合国千年宣言》，承诺帮助全世界的贫穷人群在2015年之前改善生存和发展条件，并提出了一系列具体目标。联合国千年发展目标旨在解决贫困问题，并涉及健康、教育、性别差距、环境等问题。具体来看，8项千年发展目标分别是：消灭极端贫穷和饥饿，普及初等教育，促进两性平等和赋予妇女权利，降低儿童死亡率，改善孕产妇保健，与艾滋病病毒/艾滋病、疟疾和其他疾病做斗争，确保环境的可持续性，全球合作促进发展。这8项目标的进展通过21项具体目标和60项官方指标来监测。

2015年7月，联合国发布《千年发展目标2015年报告》。报告指出，国际社会在许多具体目标方面取得显著成绩，基本实现了将全球极端贫困人口减半、小学教育性别均等、将无法获取改善的饮用水水源的人口减半等具体目标。报告显示，生活在极端贫困中的人数从1990年的19亿降至2015年的8.36亿，其中大多数进展是在2000年后取得的。2015年发展中地区的小学净入学率达到91%，比2000年的83%有所提高，整体而言，已经实现消除小学、中学和高等教育中两性差距的具体目标。2015年全球91%的人口能够获取改善的饮用水水源，这一数据在1990年为76%。5岁以下儿童死亡率降低了一半以上，每千名新生儿的死亡人数从1990年的90人下降至43人，全球孕产妇死亡率下降了45%。在抗击艾滋病、疟疾和其他疾病等方面，2000—2013年，新感染艾滋病毒的人数下降了约40%。2000—2015年，有超过620万人避免死于疟疾。2000—2013年，预防、诊断和治疗结核病的干预措施拯救了约3700万人的生命。

联合国千年发展目标实施效果评估：不平等仍然存在。2015年9月，联合国发布《千年发展目标差距报告》①，从官方发展援助、市场准入、债务可持续性、获得可负担得起的基本药品和获得新技术五大核心领域对成绩和缺点进行了评估。报告显示，2000—2014年，来自发达国家的官方发展援助按实际值计算增加了66%，达到1352亿美元；债务方面，大部分重债务国负担有所减轻。但在向最不发达国家提供发展援助和消除发展中国家所面临的贸易壁垒方面，目标还远远没有达到。部分发展目

① 全称《千年发展目标8：全球发展伙伴关系评估——千年发展目标差距问题工作组报告》，千年发展目标差距问题工作组是一个机构间倡议，参与者包括联合国开发计划署在内的30多个机构和组织。

标尚未完全实现，包括各地区和各国之间的进展并不均衡，仍存在巨大差距。冲突仍然是人类发展的最大威胁，受冲突影响的国家通常面临的贫困率最高。截至2014年底，冲突已迫使近6000万人逃离家园。尽管妇女在议会的代表性增加，越来越多的女童入学，但性别不平等依然存在。妇女在获得工作、经济资产及参与私人和公共决策方面仍然面临歧视。尽管千年发展目标在消除贫困方面取得了巨大进展，但仍有8亿人生活在极度贫困中，遭受饥饿。来自最贫穷的20%家庭的儿童发育迟缓的可能性是来自最富有20%家庭的儿童的2倍以上，前者失学可能性是后者的4倍。在受冲突影响的国家，失学儿童的比例从1999年的30%增至2012年的36%。在环境方面，1990年以来，全球二氧化碳排放量增加了50%，此外，水资源短缺目前影响世界40%的人口，预计受影响人口还会增加①。全球约有1/3的人仍在使用未经改善的卫生设施。

表1-2　联合国千年发展目标实施效果评估

	联合国的具体目标	目标完成情况	实施效果评估
官方发展援助	承诺全球官方发展援助3260亿美元。官方发展援助额相当于国民总收入的0.7%和将国民总收入的0.15%～0.20%拨作对最不发达国家的官方发展援助	兑现1350亿美元。官方发展援助大幅增长了66%	发展援助委员会成员的总体成绩远远低于0.7%的具体目标。2014年，它们的官方发展援助总额共计相当于捐助国国民总收入的0.29%，交付差距为国民总收入的0.41%，或1910亿美元
市场准入（贸易）	结束多哈回合贸易谈判	多哈回合谈判仍未达成协议	多哈发展回合经过13年的谈判未能结束，反映出在实现千年发展目标8所设想的全球发展伙伴关系方面存在重大的差距
	抵制贸易保护主义	扩大对发展中国家的市场准入	2000—2014年，发展中国家出口免关税待遇的商品占比由65%提高到71%，最不发达国家的占比由70%上升到84%，南南贸易有所扩大。然而区域贸易协定不断激增，对多边贸易体制提出了挑战。贸易壁垒增加，发达国家降低了最惠国关税，市场准入优惠的价值减退。危机爆发以来采取的77%的保护主义措施仍有待消除

① 联合国千年发展目标报告（2015）［EB/OL］．联合国网站，http：//www.un.org/zh/millenniumgoals/pdf/MDG%202015%20Press%20Release_ Chinese.pdf.

续表

	联合国的具体目标	目标完成情况	实施效果评估
债务的可持续性	减轻发展中国家债务负担，预防和化解未来的主权债务危机	在合乎条件的39个国家中，36个国家获得了债务减免	债务减免减轻了39个重债穷国中36个国家的财政负担，仅3个国家——厄立特里亚、索马里和苏丹——尚未开始债务减免进程。过去10年外债占发展中国家国内生产总值的总体比例下降，但近年来这一比例在一些国家有所上升。但是，许多发展中国家，尤其是小国家，债务占国内生产总值的比例仍属世界最高，这些国家潜在的经济问题值得进一步关注。国际社会亟须协助各国加强各项政策，推动防止债务危机，并为解决危机提供便利。目前，已采取重要的举措化解债务危机，然而仍有多个低、中和高收入国家受债务困扰，继续改革清理主权债务的进程仍将继续留在2015年后的发展议程里
获得负担得起的基本药品	增加发展中国家获得负担得起的基本药品的机会	获得负担得起的基本药品的机会仍然有限	发展中国家基本药品的供应量仍然不足。根据2007—2014年26份中低收入国家抽样调查收集的药品供应和价格数据，平均只有58.1%的公共部门设施和66.6%的私营部门设施供应基本药品。发展中国家公共部门基本药品的中位数价格比国际参考价格高3倍，私营部门基本药品的价格比国际参考价格高5倍
获得新技术	发展中国家获得新技术	移动电话信号已覆盖95%的世界人口	到2015年底世界手机的订用量超过70亿部，移动电话信号覆盖95%以上的世界人口。现在，43%的世界人口使用互联网。一方面，信通技术在发展中国家增长迅速。发展中国家移动电话普及率在2015年底估计达到92%，而在2000年只有不到10%。然而，2015年，最不发达国家移动电话普及率估计只有64%，估计有居住在农村地区的4.5亿人生活在移动电话信号的覆盖范围之外。另一方面，发展中国家使用互联网的用户增长继续保持强劲，然而所占比例仍然较小为35%，而2014年发达国家的这一比例为80%。其他领域仍存在技术转让壁垒和技术创造障碍

资料来源：根据联合国网站资料整理。

中国为全球千年发展目标的实现做出巨大贡献。中国提前完成多个千年发展目标，取得的主要成就包括：1990—2011 年，帮助 4.39 亿人摆脱贫困，中国农村贫困人口的比例，从 1990 年的 60% 以上，下降到 2002 年的 30% 以下，率先实现比例减半，2014 年下降到 4.2%，中国对全球减贫的贡献率超过 70%；5 岁以下儿童死亡率降低了 2/3，孕产妇死亡率降低了 3/4，将无法持续获得安全饮用水及基本卫生设施的人口比例降低了一半。同时，中国积极参与南南合作，并协助 120 多个发展中国家实施千年发展目标。

可持续发展议程是千年发展目标的继承和升级。2015 年 9 月，联合国发展峰会正式通过《2030 年可持续发展议程》，呼吁国际社会在千年发展目标的基础上继续努力，将千年发展目标中未完成的事业在可持续发展议程中继续实践，直到所有目标都得以实现。可持续发展议程已于 2016 年 1 月 1 日正式启动。可持续发展议程涉及可持续发展的 3 个层面：经济发展、社会进步和环境保护，以及与和平、正义和高效机构相关的重要方面。具体包括 17 项可持续发展目标和 169 项具体目标，涉及人、地球、繁荣、和平和合作伙伴五大内容，为实现“结束全球贫困、为所有人构建尊严生活”的目标构筑了清晰的路线图。

《2030 年可持续发展议程》作为最新的国际发展目标体系，相比千年发展目标更加强调发展的内涵与实现路径。一是更加重视发展的质量与效益，强调经济、社会、环境全面发展；二是更加重视实现发展的路径，强调将发展问题纳入全球议程，增强发展中国家发展的自主性；三是更加重视全球发展的联动性，强调共同应对发展中国家和发达国家面临的问题和瓶颈。

表 1-3　《2030 年可持续发展议程》涵盖的 17 个可持续发展目标

序号	具体内容
目标 1	在世界各地消除一切形式的贫穷
目标 2	消除饥饿、实现粮食安全、改善营养和促进可持续农业
目标 3	确保健康的生活方式、促进各年龄段所有人的福祉
目标 4	确保包容性和公平的优质教育，促进全民享有终身学习的机会
目标 5	实现性别平等，增大所有妇女和女童的权能
目标 6	确保为所有人提供和可持续管理水和环境卫生
目标 7	确保人人获得负担得起、可靠和可持续的现代能源
目标 8	促进持久、包容性和可持续经济增长、促进实现充分和生产性就业及人人有体面工作
目标 9	建设有复原力的基础设施，促进具有包容性的可持续产业化，并推动创新
目标 10	减少国家内部和国家之间的不平等

续表

序号	具体内容
目标 11	建设具有包容性、安全、有复原力和可持续的城市和人类住区
目标 12	确保可持续消费和生产模式
目标 13	采取紧急行动应对气候变化及其影响
目标 14	保护和可持续利用海洋和海洋资源，促进可持续发展
目标 15	保护、恢复和促进可持续利用陆地生态系统、可持续管理森林、防治荒漠化、制止和扭转土地退化现象、遏制生物多样性的丧失
目标 16	促进有利于可持续发展的和平和包容性社会，为所有人提供诉诸司法的机会，在各级建立有效、负责和包容性机构
目标 17	加强实施手段、重振可持续发展全球伙伴关系

资料来源：《2030 年可持续发展议程》，联合国网站。

2. G20 与可持续发展目标携手迈向 2030 年的重要意义

G20 与可持续发展目标携手迈向 2030 年具有重要意义。《2030 年可持续发展议程》规划了未来世界发展的宏伟蓝图，旨在实现可持续发展与经济转型、经济增长的有机统一和相互促进，这需要国际社会的共同探索。G20 涵盖世界主要经济体，是开展全球经济治理合作的主要平台。G20 应继续发挥其独特作用，推动落实 2030 年可持续发展议程，为实现包容和可持续发展做出贡献。

G20 目标与可持续发展目高度契合。G20 支持联合国倡议。2015 年 G20 峰会发布的《G20 领导人安塔利亚峰会公报》第 19 条称，G20 积极承诺落实《2030 年可持续发展议程》各项成果，使 G20 的工作与《2030 年可持续发展议程》更好地衔接①。加强 G20 与低收入发展中国家在发展领域的对话和参与，推动落实可持续发展议程的计划目标。

G20 有责任推动和落实联合国的发展议程。《2030 年可持续发展议程》对世界各国的发展具有重要指导作用，需要各国共同探索。G20 作为开展全球经济治理合作的主要平台，其成员涵盖世界主要经济体，并且都是联合国成员国，G20 有责任推动和落实联合国的发展议程。通过加强国别合作、区域合作以及多边层面的合作，加强南北对话和南南合作，推动可持续发展议程的落实。

有利于促进 G20 转型。当前 G20 面临从金融危机反应机制向长效治理机制的转型。2008 年的国际金融危机使 G20 从一个部长级会议机制升格为领导人峰会，成为

① G20 领导人安塔利亚峰会公报［EB/OL］. 新华网，2015 - 11 - 17.

全球经济治理的主要平台。随着危机减退，2009 年匹兹堡峰会之后，G20 面临从危机应对机制向长效治理机制的转型。2010 年 G20 首尔峰会正式将发展议题列入峰会议程，是这一转型成功的重要标志。然而，G20 在转型期仍面临合法性和执行能力下降等问题。由于 G20 没有设立永久秘书处，不具备建章立制的能力，也无法执行政策，其执行能力低下、治理机制“碎片化”和“多元中心”等问题仍然无法解决。G20 的转型与国际体系转型紧密相关，将是一个长期过程。通过推动 G20 成员落实联合国《2030 年可持续发展议程》，加强与联合国的合作，推动联合国安理会改革，可以考虑将 G20 作为联合国经济安全理事会，以解决 G20 的合法性问题。

有利于将发展问题提上全球议程。近年来，G20 高度重视包容性发展问题。2010 年 G20 首尔峰会将发展议题列为主要议题，目的是推动发展中国家消除贫困和缩小发展差距。这与 2030 年可持续发展目标高度契合。两者携手落实 2030 年可持续发展议程，有利于解决好发展进程中面临的不平等、不公正问题；有利于让发展成果惠及处于全球价值链、供应链、产业链不同位置上的国家，共享发展机遇；有利于推动互联互通，拉近各国间距离，建立更加便捷的全球贸易、能源、物流网络，减少增长成本；同时也有利于解决好气候变化、环境问题，实现可持续发展[①]。

3. 落实可持续发展目标面临的潜在风险和问题

当前，世界经济增长预期下降，全球贸易萎缩，国际金融市场动荡，全球贸易投资体制中对发展问题的忽视，G20 逐渐淡出的风险，发展中国家自身能力建设问题，发达经济体与大型新兴经济体之间存在一定程度的竞争，地缘政治风险加大等问题和风险，增加了落实可持续发展目标的难度。

世界经济增长预期下降风险。2008 年国际金融危机至今已经 8 年，全球经济仍未完全走出危机阴影，产能过剩、自由贸易进程放缓、全要素生产率下滑等问题，使得全球复苏缓慢艰难，主要经济体经济增速将继续分化。IMF 预测，2016 年全球国内生产总值（GDP）增长率仅为 3.1% 左右，发达经济体经济增速为 1.8%，美、欧、日经济增速将分别达到 2.2%、1.6% 和 0.3%，均低于早前预期。新兴市场与发展中经济体整体增速下滑程度较大，2015 年新兴市场与发展中经济体经济增长 4%，连续 5 年经济增速大幅下滑。尽管 2016 年预期增长 4.1%，但远低于 2010—2015 年 5.4% 的平均增速。巴西、俄罗斯陷入衰退，使这些国家财政收入、就业发生严重困难，推迟了结构改革进程，也给复苏势头蒙上了阴影。

---

① 张军．G20 发展与世界经济未来［EB/OL］．外交部网站，2015－11－13.

全球贸易萎缩。2015 年全球贸易负增长，世贸组织公布的数据表明，2015 年 71 个主要经济体出口下降 11%，进口下降 12.6%。全球散装货物贸易指标波罗的海干散货运价指数一直徘徊在历史低位。2016 年以来，全球贸易持续了 2015 年的下滑趋势。WTO 预计 2016 年全球贸易增速将连续第 5 年放缓。全球贸易萎缩在很大程度上是由贸易价格下降引起的，也有贸易保护主义的原因。此外，全球需求低迷、世界经济增长从主要依靠制造业转向主要依靠服务业、全球价值链扩张趋势放慢、国际贸易谈判进展缓慢等因素在 2016 年仍将继续抑制国际贸易增长，全球贸易增长前景不容乐观。这说明世界经济活力严重减弱。

国际金融市场动荡。2015 年下半年以来，全球资本市场波动加剧。全球股市和大宗商品等风险资产价格下跌，美、日国债和欧元、日元等避险资产价格大幅上涨，反映出全球避险情绪浓厚，投资风险偏好下降。2016 年伊始，全球股市普遍大跌，大宗商品市场深度下调，尽管此后主要股指和油价出现反弹，但整体仍处于历史低位。6 月英国“脱欧公投”之后，全球股市大幅下跌，国际金融市场剧烈震荡，其后续影响仍在金融领域逐步显现。

避险资产价格大幅上涨。美国 10 年期国债收益率创新低，日本 10 年期国债收益率首次跌至负值，这意味着投资者宁可亏钱也不愿投资股票等风险资产，表明投资者的风险偏好情绪已发生巨大变化。作为避险资产和低息融资货币的欧元和日元大幅升值，截至 2016 年 8 月 8 日，日元汇率从年初 120 日元/美元升至 102 日元/美元附近，欧元汇率从年初的 1.08 美元/欧元小幅升至 1.11 美元/欧元，黄金从年初的 1075 美元/盎司升至 1340 美元/盎司。

图 1-5　美国 10 年期国债收益率创历史新低

资料来源：Wind 资讯。

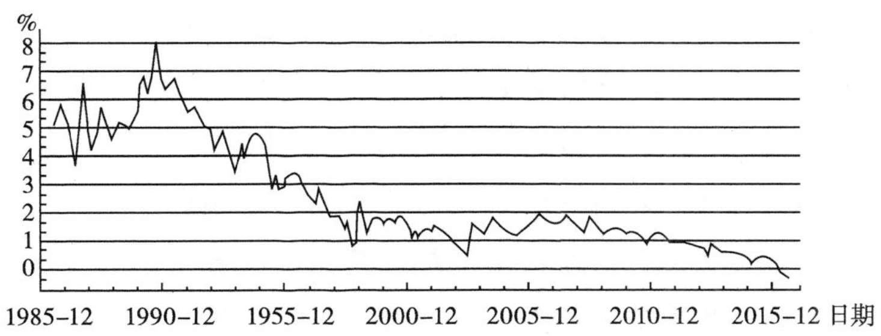

图 1-6 日本 10 年期国债收益率跌至负值

资料来源：Wind 资讯。

全球投资积极性受到打击。2015 年全球投资增长了 38%，但投资规模仍未恢复到国际金融危机前的水平。2015 年全球 FDI 流向逆转，流入发达经济体的 FDI 规模 6 年来首次超过发展中经济体。联合国贸易与发展会议（UNCTAD）预计受全球经济疲软的影响，2016 年全球 FDI 规模将会下降。全球资本市场波动加剧，凸显投资者对全球经济复苏进程不确定性的担忧。同时受国际金融危机之后总需求不足、产能过剩、投资期望收益较低和投资者积极性不高等因素影响，全球投资低迷，不但影响当前经济增长，更重要的是影响未来生产率和潜在经济增长。

当前全球贸易投资体制中对发展问题的忽视。由于多哈回合停滞不前，近年来美国等发达经济体推动跨太平洋伙伴关系协议（TPP）、跨大西洋贸易与投资伙伴关系协定（TTIP）和国际服务贸易协定（TISA）等谈判，来构建高标准的新型贸易投资规则，主要新兴经济体也开展了区域或双边的贸易协定谈判。但是多数发展中国家没有参与其中，它们将进一步被排除在全球产业分工之外，其发展环境进一步恶化。

G20 逐渐淡出的风险。自 2010 年进入转型期以来，G20 历届峰会只是达成一些原则性共识，未能转换成具体的行动计划，在国际货币基金组织（IMF）份额和投票权改革等有关世界经济治理的重大问题上也未能取得实质性进展，G20 的影响力明显下降。G20 有沦为“清谈馆”的倾向，甚至有逐渐淡出的可能①。

发展中国家自身能力建设问题。能力建设需要从可持续发展目标上来理解其内涵。无论是发展中国家还是发达国家，都要向可持续发展过渡，不同的是，实现这一过渡的条件对发展中国家来说有着特殊困难，对发达国家来说有着特殊责任。发展中国家要实现可持续发展，需要世界向贫穷的发展中国家提供与能力建设相关的知识、技术和融资等方面的支持，强化发展中国家造血功能。

---

① 刘宗义．“二十国集团”转型与中国的作用［EB/OL］．凤凰国际智库网站，2015-09-16.

发达经济体与大型新兴经济体之间存在一定程度的竞争。目前，围绕如何开拓当地市场和获得项目，G20 成员国中的发达经济体和大型新兴经济体在非洲等地区存在一定程度的竞争，甚至产生相互猜疑，这对各方都不利。

地缘政治风险加大。随着各国对“伊斯兰国”（ISIS）的打击、沙特阿拉伯和伊朗断交、叙利亚危机问题、难民潮问题、朝核问题等，全球地缘政治风险加大，这将对世界经济运行带来负面干扰。例如，2016 年 1 月，中东地区爆发地缘政治风险，沙特阿拉伯宣布与伊朗断交，两国关系面临失控风险，地缘政治风险进一步增加国际油价的不确定性，影响全球经济稳定。由于国际金融危机之后的世界经济结构调整仍没有结束，地缘政治风险等不确定性因素将会拖累未来几年的世界经济增长，IMF 最新预测进一步调低 2016 年和 2017 年世界经济增长预期，预计 2016 年和 2017 年世界经济增速分别为 3.1% 和 3.4%。

4. 落实可持续发展目标的路径选择

G20 应充分发挥作为“国际经济合作主要平台”的优势，为世界经济实现强劲、可持续、平衡增长做出不懈的努力，加强国际合作，推动落实可持续发展目标，实现合作共赢。

将发展问题纳入全球议程，推动可持续发展议程与各国发展战略相融合。有效推进落实 2030 年发展议程，首先，G20 成员国应结合本国国情制定适合自身的发展战略；其次，应帮助发展中国家加强能力建设，增强其发展的自主性。

创新增长模式，发掘世界经济增长新动力。面对复杂的世界经济形势，G20 应努力挖掘世界经济中长期增长潜力。一方面，在 G20 框架内进一步加强宏观经济政策协调，共同推动世界经济稳定增长和复苏；另一方面，G20 各国应加快结构性改革和转型，加大科技创新力度，打造世界经济新的增长点，以解决经济发展重点深层次和中长期问题。

推动全球经济金融治理改革，提高新兴市场和发展中国家的代表性和发言权。G20 框架内发达国家和发展中国家平等参与、共同决策，是全球治理的未来趋势①。G20 应继续推动全球经济治理，推动国际金融机构改革，完善国际货币体系，增强新兴市场国家和发展中国家的代表性和发言权。例如，加快国际货币基金组织的改革，强化资源能源危机应对能力，加强亚投行、金砖银行等新兴多边开发机构与世行等既有机构的合作，推动全球能源治理新进程等。

---

① 张军. G20 发展与世界经济未来［EB/OL］. 外交部网站，2015－11－13.

促进全球贸易和投资增长，构建世界更高层次的开放型世界经济。历史经验表明，全球化时期，经济增长最快，贸易增长更快，贸易增速要高于经济增速；非全球化时期或全球化“退步”时期，经济增速放缓或衰退，贸易增速更慢，贸易增速要低于世界经济增速，这说明贸易是世界经济增长的引擎。然而，根据 IMF 和 WTO 的最新预测，2016 年世界经济增速为 3.1%，全球贸易增速为 2.8%，这意味着全球贸易增速将连续 5 年（2012—2016 年）低于世界经济增速。G20 在全球贸易格局中占有举足轻重的地位，G20 应维护多边贸易体制，推动多哈回合谈判取得突破性进展；恪守不采取新的保护主义措施的承诺，促进全球贸易投资的发展；重视欠发达国家的发展问题，对欠发达国家给予特殊待遇安排，增加它们参与全球贸易和投资的可能性；扩大基础设施投资，解决其瓶颈问题。

落实全球发展新议程，推动包容、联动式发展。近年来，G20 将发展问题放在宏观政策协调的首位。例如，2015 年 G20 安塔利亚峰会以“共同行动以实现包容和稳健增长”为主题，重点围绕“包容、落实、投资”3 个支柱，既推动落实 G20 既有承诺，促进投资以驱动增长，同时又注重在提升发展的包容性等领域取得新进展。G20 关注发展中国家的发展需求，通过制定《G20 包容性商业倡议》《G20 国别侨汇计划》和关注提高撒哈拉以南非洲电力可及性等，为落实 2030 年可持续发展议程做出了一定努力①。G20 将进一步推动成员国制定落实联合国《2030 年可持续发展议程》的行动计划，以此带动世界的包容和联动发展。

推进三方合作战略，实现合作共赢。G20 应利用自身及各方面的比较优势，积极推进在发展问题上的三方合作机制，实现互利互惠，合作共赢。

保持发展中国家和地区的地缘政治稳定。和平与发展是世界两大主题，然而近年来地缘政治风险等不确定性因素增强，对当地及全球的经济增长和社会发展造成了巨大的冲击，究其背后原因，美欧等强权前几年进行的各种干预难辞其咎。为此，G20 应该强调避免对发展中国家和地区的内部事务横加干预，尊重每个国家和地区的发展阶段和发展特点，维持各地区的政治稳定和安全，为经济、社会、环境可持续发展创造基本条件②。

5. 中国的战略选择

联合国提出的到 2030 年要实现的可持续发展目标凝聚了全球的共识，发达国家

---

① 张军．G20 发展与世界经济未来［EB/OL］．外交部网站，2015－11－13.

② 查晓刚．G20 发展议程不可或缺［N］．上海证券报，2015－11－11.

和发展中国家需共同努力才能实现这一宏伟蓝图。在此背景下，中国可以做出如下战略选择：

支持联合国的领导作用。联合国的宗旨是维持世界各地和平，发展国家之间的友好关系，帮助各国共同努力，改善贫困人民的生活，战胜饥饿、疾病和扫除文盲，并鼓励尊重彼此的权利和自由。作为实现上述目标协调各国行动的中心，联合国在维护世界和平，缓和国际紧张局势，解决地区冲突方面，在协调国际经济关系，促进世界各国经济、科学、文化的合作与交流方面，都发挥着相当积极的作用。作为各国行动的协调中心，联合国在推动落实2030年可持续发展议程中应继续发挥领导作用。

推动G20落实可持续发展议程。G20应发挥全球经济治理合作主要平台的作用，推动国际社会加强合作，共同落实可持续发展议程，努力实现合作共赢。当前，全球经济发展趋势的分化与复苏的“不均衡”，加剧了世界经济的不平衡，使未来面临更大的复杂性和更多的不确定性。各国应加强全球宏观经济政策协调，对内推进结构性改革，对外加强国际合作，促进全球经济重回健康增长轨道。各国应增强自身发展能力，国际社会要帮助发展中国家加强能力建设，实现共同发展。完善全球经济金融治理，推动国际经济金融机构改革，共同维护国际和平，为国际发展创造良好环境。G20应承担起应有的国际责任，推进南北合作，拓展南南合作和三方合作，敦促发达国家及时兑现承诺、履行义务。

敦促发达国家履行援助义务。发达国家应加强对不发达国家的发展援助，提供优惠的财政和技术资源，支持发展中国家的发展努力，包括支持它们实现各项千年发展目标。经济合作与发展组织发展援助委员会（发援会）的数据显示，官方发展援助净额在2014年达到1352亿美元，与2013年的数额持平。官方发展援助在2011年和2012年连续两年下降，之后，官方发展援助在最近几年已稳定在1350亿美元的水平。但是，2014年提供给最不发达国家的双边官方发展援助数额下降了16%，减至250亿美元。联合国对官方发展援助设有具体目标，即官方发展援助额相当于国民总收入的0.7%和将国民总收入的0.15%～0.20%拨作对最不发达国家的官方发展援助。2014年，丹麦、卢森堡、挪威、瑞典和大不列颠及北爱尔兰联合王国5个国家已达到联合国的0.7%的具体目标，然而发展援助委员会成员的总体成绩远远低于0.7%的具体目标。2014年，它们的官方发展援助总额共计相当于捐助国国民总收入的0.29%，交付差距为国民总收入的0.41%，或1910亿美元①。发达国家

① 千年发展目标差距问题工作组2015年报告［EB/OL］. 联合国网站，2015-07-06.

应及时兑现承诺，履行义务，增加对不发达国家的援助，增加对受援国的基础社会服务的援助力度，应进一步增加不附带条件的援助比例，增强援助实效。

表 1-4　官方发展援助实施效果评估（2013—2014 年）　单位：10 亿美元

	官方发展援助		提供给最不发达国家的官方发展援助	
	相当于国民总收入	金额	相当于国民总收入	金额
联合国具体目标	0.70%	326.3%	0.15% ~0.20%	66.8% ~89.0%
2014 年交付额	0.29%	135.2%	—	—
2014 年差距	0.41%	191.1%	—	—
2013 年交付额	—	—	0.10%	44.5%
2013 年差距	—	—	0.05% ~0.10%	22.3% ~44.5%

资料来源：联合国/经社部，经合组织/发援会，《千年发展目标差距问题工作组 2015 年报告》，联合国网站。

消除贸易壁垒并扩大对发展中国家的市场准入。2000 年以来，区域贸易协定不断激增。新的超大区域举措代表了贸易关系的转变，并对多边贸易体制提出了挑战。它们也给较小的发展中国家带来风险，因为这些国家很可能直接被排除在区域贸易协定之外，享受不到其利益，无法参与制定新的贸易规则。2000 年，发展中国家出口到发达国家的商品仅有 65% 享受免关税待遇，2014 年这一比例达 79%（武器除外）。同期从最不发达国家进口的商品免关税的占比从 70% 上升至 84%。南南贸易已成为扩大贸易的一个重要来源①。但是，2013 年最不发达国家的商品出口仅占世界贸易的 1.17%。发达国家需要消除更多贸易壁垒，扩大对发展中国家的市场准入，同时需解决多哈回合谈判尚未解决的问题。

加强发展中国家自身能力建设。没有发展中国家的发展，尤其是最不发达国家的发展，全球就难以实现平衡和可持续发展。多年来，发展中国家在能力建设方面远远落后于发达国家，这是南北发展差距不断扩大的重要原因。一国的发展主要依靠自身的力量，主要依靠自身发展能力的不断提升，在此基础上也需要国际组织和其他国家的帮助，同时积极借鉴其他国家的有益经验。国际社会应当加强合作，向发展中国家提供经济和技术援助，不断提高发展中国家自主发展的能力，同时加强南南合作，共同应对发展挑战。

G20 杭州峰会为世界发展提出中国建议。2016 年 G20 峰会在中国杭州举行，峰

① 千年发展目标差距问题工作组 2015 年报告［EB/OL］. 联合国网站，2015-07-06.

会主题确定为“构建创新、活力、联动、包容的世界经济”，4个重点议题包括：一是创新增长方式，重在推进改革创新，开辟和抓住新机遇，提升世界经济增长潜力；二是完善全球经济金融治理，增强新兴市场国家和发展中国家的代表性和发言权，提高世界经济抗风险能力；三是促进国际贸易和投资，发挥其对增长的推动作用，构建开放型世界经济；四是推动包容、联动式发展，力求落实2030年可持续发展议程，消除贫困，实现共同发展。中国着力从3个新的角度寻求峰会的突破：一是以创新发掘新动力；二是以改革注入新活力；三是以发展开辟新前景。把创新增长作为重点议题，期待以新工业革命、数字经济等为契机，制定世界经济创新增长的新蓝图。强调结构性改革的重要性，推动主要经济体就此达成新的共识，合力把世界经济拉上强劲复苏之路。把发展问题放在宏观政策协调突出位置，推动G20成员率先制定落实联合国《2030年可持续发展议程》的行动计划，带动全球范围的包容、联动发展。中国应借G20杭州峰会为世界发展提出中国建议，为全球可持续发展的实现提供可行性方案。

（四）中国与G20合作的总体形势分析与研判

杭州G20峰会上，习近平主席对二十国集团发展以及世界经济、全球经济治理问题发表一系列重要讲话，与会领导们针对重大的国际地区和全球性问题进行了深入、坦诚和建设性交流，达成了一系列重要共识。中国作为本届峰会的轮值主席国，就推动世界经济强劲、可持续、平衡、包容增长开出了“中国药方”，得到与会领导的高度评价和热烈响应。中国积极参与全球治理，不仅是维护我国自身发展和安全利益的需要，也是我国作为负责任大国的必然选择。国际社会对我国在全球治理中发挥更大作用亦有较高的期待，当前，我国的国际地位尚没有上升到可以决定重大国际事务和制定国际规则的地位，如何在立足自身稳定和发展的前提下，正确研判国际形势，积极开展对话与合作，运用政治智慧冷静推动建立一个公平、和谐的国际政治经济新秩序，是一个长期性战略性问题。

1. 中国与G20合作的总体形势分析与研判

当前世界经济形势与中国经济发展前景。当前，世界经济面临诸多挑战。从2008年国际金融危机爆发到现在8年了，世界经济增长仍然是复苏乏力。国际货币基金组织2016年7月发布的最新预测，将2016年的全球经济增长预期下调为3.1%，其中对中国的经济增速从6.5%上调为6.6%。但是，对新兴市场经济体的增速预期是4.1%，对发达经济体的增速预期只有1.8%。世界贸易组织预测2016

年全球贸易增速下调到 2.8%，也就是说比全年经济增长还低。这是近几年出现的一个新现象，即世界贸易作为全球经济增长的引擎，过去比世界经济增速要快 1.5 倍甚至 2 倍，而这两年它的增速甚至低于世界经济，这表明全球需求持续低迷，世界经济活力严重减弱。另外，全球潜在产出水平持续低迷。国际货币基金组织认为，全球经济存在着“广泛停滞的风险”。去全球化和贸易保护主义抬头，只会加剧全球经济的恶化。

在这个形势下，中国主办 G20 峰会被寄予厚望。中国作为全球最大的新兴市场国家，其宏观经济政策调整对全球经济具有较强的溢出效应。近年来，中国经济下行压力加大，2016 年第一季度的增速为 6.7%，是 7 年来的最低点，中国经济步入由高速增长转为中高速增长，标志着中国经济发展模式开始从速度和规模导向转为质量和效益导向。2016 年中国全面启动“十三五”规划，重点推进结构性改革和供给侧改革。“十三五”期间，中国将保持 6.5% ~7% 的经济增速，以“创新、协调、绿色、开发、共享”五大发展理念指引中国的发展与改革，实施相互配合的“宏观政策要稳、产业政策要准、微观政策要活、改革政策要实、社会政策要托底”的五大政策支柱，通过“去产能、去库存、去杠杆、降成本、补短板”的五大结构性改革措施，积极稳妥地化解产能过剩，帮助企业降低成本，化解房地产库存，扩大有效供给和防范化解金融风险。

2016 年的经济形势是国际金融危机爆发以来较为复杂和严峻的一年，面临着更多不确定性风险和矛盾，新一轮全球经济调整正面临着压力测试，包括美联储加息节奏如何，全球高债务水平对金融稳定的威胁，新兴市场和发展中经济体连续 6 年经济增速下滑的势头能否得到有效遏制，全球宏观经济政策协调机制能否有效建立起来等。6 月 23 日，英国通过公投决定脱离欧盟，再次给欧洲乃至世界经济和金融的发展带来巨大的不确定性。此外，地缘政治变化和自然灾难亦会对世界经济运行与业绩带来负面干扰。国际社会能否实现同舟共济、抱团取暖、寻找新的经济增长点，成为世界各国共同面临的挑战。

当然，也有一些积极因素让我们对未来抱有更多信心。互联网、新能源、大数据、共享经济等新的发展势能，将推动全球新经济、新产业、新业态的发展，创新将升级为新一轮全球经济格局重塑的战略选项，这一趋势确实值得期待。

发挥 G20“全球经济治理合作平台”的作用。G20 作为开展全球经济治理合作的主要平台，其成员涵盖世界主要经济体，总人口占全球 2/3、国土面积占全球 60%、贸易额占全球 80%、国内生产总值（GDP）占全球 85%，G20 有责任为世界经济实现强劲、可持续、平衡增长做出不懈的努力，加强国际合作，推动落实可持续发展目标，实现优势互补、合作互动、互利共赢。

当前，全球经济分化与复苏的“不均衡”性趋势，加剧了世界经济发展的不平衡，使未来面临更大的复杂性和不确定性风险。各国应加强全球宏观经济政策协调，对内推进结构性改革，对外加强国际合作，促进全球经济重回可持续增长轨道。各国应重视人力资本、社会资本、物质资本之间的统筹协调，增强自身发展能力。同时，国际社会要帮助发展中国家加强能力建设，实现共同发展。完善全球经济金融治理，推动国际经济金融机构改革，共同维护国际和平，为国际发展创造良好环境。G20 应承担起应有的国际责任，推进南北合作，拓展南南合作和三方合作，敦促发达国家及时兑现承诺、履行义务。

2. 中国拟在 G20 取得的预期成果建议

G20 应携手振兴全球贸易。G20 成员共同努力，携手振兴全球贸易。一是改善贸易治理，推动多边体制和区域性安排协调发展，使以世贸组织为基础的多边贸易体制和区域性贸易安排相辅相成、共同发展。对区域性和次区域性的贸易和投资安排应秉持开放、包容、透明的基本原则，推动全球贸易和投资双引擎增长。建议 G20 首脑授权 G20 贸易部长进行多边贸易谈判，谈判成果逐渐扩展到非 G20 成员以及非 WTO 成员。

推动建立全球投资协议。促进投资是 G20 面临的挑战之一。近年来，投资议题被几任轮值国作为议程优先项，但进展甚微，多项议题并未得到落实。同时，由于二十国集团成员众多，达成一致意见难度较大，如何加快全球投资治理进程，成为建立全球投资协议的重要挑战。因此，努力促进全球投资协议的落实，有效打通不同贸易经济体之间的多边投资壁垒、消除冗余和矛盾，将促进全球投资协议的进程切实有效地落实到具体的政策实施中，方能行之有效地促进全球经济复苏，带动贸易增长，实现 G20 峰会的根本目的。具体可从两个方面加以考虑：一方面，推进全球投资治理进程，促进全球投资协定的制定及落实；另一方面，在全球贸易投资协议中发挥中国优势。

推进 G20 框架下全球价值链合作。一是积极构建全球价值链导向的开放包容性政策体系。这是促进全球价值链高水平合作的核心。二是以降低成本为切入点，提升全球价值链合作水平。首先，降低贸易成本，减少包括关税壁垒和非关税壁垒以及贸易保护政策；其次，降低生产成本；最后，降低循环成本。三是加大全球软硬基础设施建设，提升价值链参与水平。四是构建基于全球价值链的大中小企业伙伴计划，促进中小企业融入全球价值链。首先，在知识产权保护、税收减免、技术转移、市场监管等方面给予政策支持，使小企业更好地融入全球价值链分工网络中，更好地发挥原材料供应商、零部件供应商、生产出口商、跨国公司分包商以及进入海外市场的服务商等的作用。其次，基于安塔利亚倡议，各国应当加大扶持中小企业参与全球价值链和国际经济体系。再次，支持并加强国际组织的贸易融资和贸易促进的工作，特别是支持中小型企业和新兴市场经济体的机构。最后，通过国际商会和 B20，加强促进中小企业在全球价值链参与的对话和交流，建立一个促进对话和交流的机制，以此借鉴商业新兴发展经验。五是推动 G20 与 APEC 对接。首先，应对影响全球价值链新兴发展的贸易投资壁垒。其次，全球价值链数据统计合作。APEC 将成立一个亚太经合组织贸易增加值统计数据中心。再次，大力促进服务贸易新兴发展。最后，使新兴发展中的经济体更好地参与全球价值链。六是在 G20 框架下考虑将全球价值链的贸易投资规则推广到多边层面。首先，探讨如何更好地设计考虑全球价值链的国际经贸投资规则。其次，探讨如何处理各国际经贸规则之间的轻重缓急。最后，探讨将国际经贸规则推广到多边层面的路径和方式。

推进全球能源议程。G20 能源部长会议是推进全球能源议程的重要平台，也是 G20 峰会框架下的重要专业部长会议。可以说，G20 在全球能源合作方面发挥着越来越重要的建设性作用。6 月 29—30 日的 G20 能源部长会议，共形成了 4 项成果，包括 1 个主文件和 3 个附属文件。主文件是《2016 年 G20 能源部长会议北京公报》。3 个附属文件分别是《加强亚太地区能源可及性：关键挑战与 G20 自愿合作行动计划》《G20 可再生能源自愿行动计划》和《G20 能效引领计划》。《北京公报》作为本次会议的主文件和纲领性文件，对 G20 成员和全球的能源安全和经济可持续发展产生深远的影响，为推动世界经济复苏和持续健康发展注入新动力、新活力。今后中国仍将本着开放、积极、务实的态度与大家保持交流和合作，共同推进 G20 能源议程取得更多成果。

第六节　中美关系重要磨合期

一、中美贸易失衡的深层次原因

中美贸易正常发展的最大挑战是中美贸易严重失衡，在这一问题下，衍生出人民币汇率低估、知识产权保护、市场准入等一系列问题，这些问题已经超出了中美贸易领域。然而，美国长期纠缠于这些问题，无益于解决中美贸易失衡问题，因为中美贸易失衡是在全球产业大转移和美国长期对华出口管制背景下形成的。

（一）全球产业大转移是中美贸易失衡的根本原因

1. 在华外资企业通过加工贸易“转来”了贸易顺差

中国加入世界贸易组织（WTO）后，逐渐成为国际产业转移的主要承接地。截至2011年末，外商在华直接投资存量为1.5万亿美元，其中55%投向制造业，中国已成为跨国公司在全球市场上最重要的“生产基地”。目前，有出口业务的在华外资企业达6.5万家，其中美资企业2.1万家，外资企业主导了中国53%的对外贸易，外资企业通过加工贸易给中国制造业“转来”了大量贸易顺差。以液晶面板为例，2009年夏普、三星等跨国公司把第八代液晶面板的生产转移到中国，当年中国液晶面板进口同比下降20.7%，仅该项商品下的贸易顺差净增加59.5亿美元，进口替代效应明显。与此同时，液晶面板还大量出口到东南亚等海外组装厂，直接形成大量的贸易顺差。2010年，外资企业加工贸易项下贸易顺差高达2274亿美元，相当于当年外贸总顺差的1.1倍。换言之，若扣除外资企业的加工贸易，由中资企业主导的一般贸易长期处于巨额逆差状况。

2. 日韩等国家和地区对美贸易顺差大量转移到中国

跨国公司的产业转移，还导致东亚国家（地区）和德国贸易顺差大量转移到中国，尤其是日本、韩国、中国台湾等周边国家和地区的产业转移到中国大陆，造成了原来属于周边国家和地区对美国的贸易顺差“转移”到了中国。2004—2010年，韩国对美国的贸易顺差占美韩双边贸易的比重从27.5%减少至11.5%，同期日本对美国贸易顺差占美日贸易额的比重从40.87%降至33.1%，中国台湾从22.9%降至16%，德国从42.2%降至26.4%，其结果是中国对美国市场保有大量贸易顺差，对周边国家和地区及德国则保有大量贸易逆差。2004—2010年，美国贸易逆差中来自亚洲的比重一直保持在55%左右，其中来自中国内地的比重则从24.85%提高到43%，这也证明了这种贸易顺差的转移。

与此同时，中国对这些经济体的贸易逆差规模大幅上升。其中，中国对日本贸易逆差由2001年的22.7亿美元上升至2010年的556.3亿美元，且逆差额加速增长。同期，对韩国贸易逆差额由108.5亿美元增加到696亿美元，对中国台湾逆差额由223.4美元增加至860.2亿美元，对东盟十国逆差额由46.5亿美元增加至161.7亿美元，对德国贸易也由前期的顺差转变为2010年63亿美元的逆差。这正是这些国家对华产业和贸易转移的结果。

3. 中国从跨国公司加工贸易中获益有限

外资企业利用我国廉价的劳动力等生产要素从事加工贸易，获得其中绝大部分利润，是贸易顺差的最大受益者，我国仅得到少量加工费。2000—2009 年，我国出口玩具 50 亿个，其中 45% 出口到美国。以芭比娃娃为例，美国市场的零售价是 9. 9 美元，中国企业得到的加工费仅为 0. 35 美元，拥有该品牌的美国企业则获利近 8 美元。2000—2009 年，我国出口电脑 6. 2 亿台，其中近 30% 出口到美国。同期，我国从美国进口英特尔芯片等电脑零配件达 56 亿美元。据上海海关的调研，中国生产的惠普笔记本电脑出口到美国后，市场售价约为 1000 美元，其中美国公司在销售环节就获利 169. 6 美元，中国企业得到的加工费仅为 30. 3 美元，只占售价的 3% 。中国台湾富士康公司在大陆企业组装美国苹果公司平板电脑，最后售价 499 美元中，我们仅获得组装费 11. 2 美元。

（二）原产地规则从统计上“夸大”了中美贸易失衡程度

原产地是货物贸易的“经济国籍”，货物原产地具有唯一性，但国际分工、专业化生产和合作的发展让产品的原产地变得越来越难以认定。当前，WTO 成员国适用于 1994 年乌拉圭回合谈判达成的《原产地规则协议》，该协议确立了确认货物原产地的两项标准：一是“完全获得标准”，二是“实质性改变标准”。但是，这两个协议只起到了宽泛原则性指导作用，各国原产地标准仍自行制定。

2005 年，中国开始按照国际标准，把“完全获得标准”和“实质性改变标准”作为判定进出口货物原产地的共同标准，规定加工贸易产品的“实质性改变标准”属于“加工工序为主，从价百分比为辅”，即只要出口产品在我国进行了规定的加工工序就可以取得中国原产地证书，“从价百分比”只是作为一个备选的标准，而且对于加工工序的规定十分宽松，更多地注重产品的“最终组装程序”是否在中国境内进行。目前，大部分加工贸易只在外型、性质、形态或者用途上产生“实质性改变”，即可获得中国原产地证书。在加工贸易占据中国对外贸易半壁江山的背景下，这一规则从统计上“夸大”了中国出口额和贸易顺差。因此，一些学者按照增值率和“从价百分比”标准，对 2002—2009 年我国外贸进出口额重新测算。在调整之前，2002—2004 年我国对外贸易为逆差，2005—2009 年为顺差，其中 2007—2009 年顺差超过了 1000 亿美元。但经过调整后，2006—2009 年顺差额都比调整前下降了 50% 左右。

（三）高科技出口管制阻碍美国扩大对华出口

1. 出口管制严重限制了美国对华出口能力

美国对华出口管制政策由来已久。1998 年美国国会通过了《考克斯报告》，即《对华技术转让报告》，提出了限制对华出口的 38 项措施。2007 年 6 月，美国商务部公布了对华两用产品和技术出口管制新的清单，管制清单涉及 31 个条款，规定 20 类产品不得向中国出口。

美国长期实行高科技产品出口管制，使得美国高科技产品出口增幅大大低于其对高科技产品的进口增幅。1989 年美国的高科技产品出口额为 842 亿美元，2011 年 1—7 月折年数为 2778 亿美元。与此同时，随着欧洲、日本、中国等国家高科技产品出口竞争力上升，美国高科技产品进口额大幅增长，同期由 565. 5 亿美元增长至 3682 亿美元。2002 年，美国高科技产品贸易首次出现了逆差，这对于美国这样以创新和科技立国的国家来说是不可想象的。2010 年美国高科技产品贸易逆差额为 809 亿美元，2011 年预计为 904. 4 亿美元。

美国对华高科技出口管制，严重限制了美国对华出口能力。2002 年以来，美国与中国的高科技产品贸易，始终处于贸易逆差的基本态势。2002—2010 年，逆差额由 118 亿美元增至 942 亿美元，而 2010 年美国高科技产品贸易逆差额为 809 亿美元。换言之，若扣除对中国贸易逆差，美国对其他贸易伙伴的高科技产品贸易仍然维持了贸易顺差，由此可见，美国对华高科技出口管制对于美国对外贸易格局的影响之大。

2. 美国对华高科技出口潜力巨大

2020 年，中国将实现全面小康社会的目标，国内生产总值比 2000 年翻两番。未来 10 年，中国对美国的高科技产品、机电产品、高档奢侈品以及服务等需求巨大。在许多高科技领域，美国都有全球领先的优势，然而，正是由于美国对华高科技出口管制，使得美国在中国高科技产品的进口份额日益下滑。根据中方统计，2001 年中国自美进口高技术产品占中国高技术产品进口总额的 18. 3%，2010 年这一比重降至 7. 1%。2001—2010 年，中国进口高技术产品从 640 亿美元增至 4127 亿美元，增长了 5. 4 倍，年均增幅 23%，而同期美国对华高科技出口仅增长了 150. 7%，远低于欧盟 219. 6% 和日本 332. 8% 的增幅。如果美国放松高科技出口管制，保持 18. 3% 的份额，10 年间可增加对华出口 2049 亿美元，仅 2010 年当年即可增加 462 亿美元。正是由于美国高科技出口管制，中国被迫大量进口欧盟、日本以及后来者居上的韩国、中国台湾、新加坡等国家和地区的高新技术产品。

从中美高科技贸易和美国与其他国家的高科技贸易的比较来看，2010 年，美国对华高科技出口占中美贸易额的比重为 4.7%，远远低于美国对其他贸易伙伴的这一比例。如果美国对华高科技出口比例上升到具有可比性的印度和墨西哥的平均水平，其对华出口将增加 124.5 亿美元，增幅为 14.5%。如果美国在高科技出口方面给予中国与韩国同等待遇，美国对华高科技出口将增加 360 亿美元，增幅高达 39%。由此可见，高科技出口将是美国扩大对华出口的重点领域。

（四）人民币汇率不是中美贸易失衡的主要原因

从历史经验看，日元在 20 世纪 80 年代中期大幅升值后，对美贸易顺差并未立刻下降，反而连续几年上升。2005 年汇改以来至 2011 年末，人民币对美元汇率中间价累计升值 23.87%，但期间美对华贸易逆差并没有明显改善。美中贸易逆差从汇改之前 2004 年的 1623 亿美元上升到 2011 年的近 2955 亿美元，可见人民币升值无助于解决对华贸易逆差问题。这些事实充分说明，人民币升值不能解决中美贸易不平衡问题，人民币汇率并不是美国对华贸易逆差的主要原因，美联储前主席格林斯潘也指出，人民币升值解决不了美国的贸易逆差问题。

美国达拉斯联邦储备银行的研究报告也认为，人民币对美元升值对美国缩窄对华经常项目逆差作用极小，那些施压人民币短期快速升值以解决美国贸易赤字的做法可能会起到相反的效果。短期来看，汇率变化对进口价格的影响甚小。这是因为出口商一般会倾向保持市场份额、追求利润率，这通常会吸收一部分汇率变化的影响。并且，大多数美国从中国进口的商品服务都是以美元计价，而这些价格在短期内一般是固定不变的，因此短期内美元对人民币贬值对中国的出口价格没什么影响。长期来看，中国出口商品的价格会随人民币汇率变化而调整。例如，当中国央行将人民币贬值时，中国的出口商会提高商品价格来抵消由此带来的损失，这会相应影响美国对中国商品的进口。但事实上，美中之间超过千亿美元的巨额贸易逆差现象已有 10 年之久，汇率因素并未在出口价格中得到完全反映。因此，将美国对华贸易赤字归因于人民币汇率低估的说法并不能成立。

二、中美加强金融开放与合作的政策建议

近年来，中美金融合作取得显著进展，推动金融市场稳定和改革成为双方金融合作的重要议题。一方面，中国不断深化金融对外开放，提高对美金融开放程度，

放宽美国金融机构准入和资本准入门槛，进一步拓宽中美金融服务领域合作；另一方面，美国对中国金融开放程度相对较低。在市场准入方面，对中资银行采取复杂多重监管，中国金融机构在美国设立分支机构和收购金融机构股权等处境艰难。中美金融市场发展程度不同，对美过快开放会给中国带来较大风险，对此应保持清醒认识。展望未来，作为全球最大的发展中国家和发达国家，中美两国金融合作空间广阔。

（一）中美金融开放现状分析

中国不断深化金融对外开放，对美金融开放度较高。首先，中国不断深化金融对外开放。“入世”10 年来，中国全面履行加入世贸组织有关金融开放的所有承诺，坚持“引进来”和“走出去”并举，全面提升金融业市场开放度，有利促进了国内金融业经营理念、管理方式转变，提高了经营管理水平。一是在华外资金融机构规模不断扩大，外资银行经营业务范围逐步扩大。截至 2011 年底，45 个国家和地区的 181 家银行在华设立 209 家代表处，外资银行在华设立分行、外商独资银行、合资银行、外商独资财务公司共计 387 家，在我国 27 个省（市、区）50 个城市设立机构网点，在华外资银行总资产 2. 15 万亿元，同比增长 23. 6%；35 家外资法人银行、45 家外国银行分行获准经营人民币业务，25 家外资法人银行、25 家外国银行分行获准从事金融衍生产品交易业务，5 家外资法人银行获准发行人民币金融债。二是中资金融机构加快了海外发展步伐，稳步拓展境外市场业务。截至 2011 年底，政策性银行及国家开发银行已设立 6 家海外机构，参股 2 家境外机构；5 家大型商业银行已设立 105 家海外机构，收购（或）参股 10 家境外机构；8 家中小商业银行已设立 14 家海外机构，2 家中小商业银行收购（或）参股 5 家境外机构。三是稳步推进金融改革。中国有序推进人民币资本项目可兑换，促进贸易投资便利化，取消强制结售汇制度，加强和改进外汇储备经营管理，拓展外汇储备运用渠道和方式。稳步推进股票市场、债券市场对外开放，实施合格境内、境外投资者制度。

其次，中国放宽美国金融机构准入和资本准入门槛，进一步拓宽中美金融服务领域合作。第四次中美战略与经济对话中，中国承诺继续按照法定程序，审批符合条件的、包括外资在内的汽车金融公司和金融租赁公司在中国发行金融债券；资产证券化方面，外资金融机构与中资享有同等待遇。中国放宽外国金融机构入股中国金融行业的股权限制，承诺将外国投资者在合资证券公司中持有股份上限从原来的 33% 提升至 49%；合资公司可以从事股票（包括人民币普通股、外资股）和债券

（包括政府债券、公司债券）的承销和保荐，在持续经营满两年以上且符合有关条件的情况下可申请扩大业务范围，如参与大宗商品交易和金融期货。中国将合格境外机构投资者（QFII）的投资总额度提高到800亿美元，人民币合格境外机构投资者（RQFII）的投资额度增至700亿元。中国承诺为美国企业提供融资便利，将金融合作业务范围扩大到保险业。

美国对外资银行采取复杂多重监管，金融开放度在不少方面低于中国。美国的金融领域开放程度不高，中国金融机构在美国设立分支机构和收购金融机构股权等处境艰难。在市场准入方面，虽然美国给予中资银行国民待遇，但在具体实践中，由于美国对外资银行采取复杂的多重监管，导致中资银行在美国拓展业务艰难。在技术资本输出和相关证券投资方面，《美国投资法》不仅限制非居民对核能、海洋、通信和空运产业的投资，还限制非居民在境内购买这些行业的股票或具有参股性质的其他证券；在直接投资方面，美国强调“如果外国资本获取控股权会威胁到国家安全，则将被暂停或禁止。涉及银行所有权的投资受到联邦和国家银行法规的约束”。

美国对各国投资者采取不同的监管标准，对出于商业目的的国家主权基金以国家安全为由将其拒之门外。美国不应因投资来源国不同而采取双重标准，对出于商业目的主权财富基金应鼓励其在美投资。美国对于中国的中资银行、证券公司和基金管理公司的申请，应采取与其他外国金融机构相同的监管标准。

（二）中美金融开放过程中存在的问题

中国金融市场尚未成熟，过早过快开放金融市场，将给中国带来较大风险。中美两国金融市场发展程度不同。美国金融业高度发达，金融体系健全，在国际金融体系中扮演着重要角色，应对金融风险能力较强。中国金融业仍处于起步阶段，金融发展不成熟、金融体系不健全、监管水平和技术条件与发达国家相差甚远，国际竞争优势有限，应对国际金融风险经验不足。国际经验表明，一国的金融市场不成熟和金融市场动荡剧烈，容易遭受国际游资冲击并引发金融危机；监管能力与经验不足可能导致战略资源流失，影响一国经济的发展；虚拟经济扩张严重背离实体经济的需求，将导致金融风险不断积累，成为金融危机爆发的导火线。

中美金融合作处于不对等阶段，中国面临较大金融风险。目前，中美金融发展程度不对等，金融开放风险不对等，导致双方金融开放所获利益也处于不对等阶段。美国通过金融开放，鼓励资本项目创造利润，弥补贸易损失，能够起到改善国际收支平衡的作用。中国金融改革起步较晚，制度不够完善，国际资本如果利用这些市场缺陷进行套利和投机，可能给中国经济造成严重损害。

（三）中美金融合作政策建议

中国要继续稳步推动金融改革，夯实中美金融合作基础。中国应继续稳步推动金融改革，坚持有序推进金融开放战略。稳步推动金融市场对外开放、资本项目可兑换、人民币国际化等重大金融开放问题，积极参与国际金融规则制定，提升国际金融竞争力，夯实中美金融合作基础。一是稳妥有序地推进人民币资本项目可兑换。扩大人民币在跨境贸易投资中的使用，拓宽资本流出渠道，逐步扩大国内金融市场对外开放，提高应对外部冲击的能力。二是探索和拓展外汇储备多层次使用渠道和方式。进一步提高外汇储备的经营管理水平，稳步推进多元化投资，实现外汇储备安全、流动和保值增值的目标。运用外汇储备支持国家战略物资储备、大型金融机构改革和有条件的各类企业“走出去”，推进海外投资公司发展。三是深化内地与港澳台金融合作。四是积极参与全球经济金融治理。深化双边、多边经济金融政策对话与合作，加强与主要经济体宏观经济金融政策的协调。积极推动国际金融体系改革，促进国际货币体系合理化。主动参与国际金融监管改革和标准制定。

促进美国自觉维护全球金融稳定，加强与中国的金融合作。2008 年始于美国次贷危机的国际金融危机，充分暴露了现行国际货币体系的重大缺陷和国际金融监管的漏洞，引发了改革现有国际金融体系弊端的讨论。各国普遍认为，以美元为主要国际储备货币的国际货币体系需要重大改革，需要构建多元化货币体系的金融新秩序和金融监管框架，防范大规模金融危机的再次爆发。中国应要求美国继续改革现有的金融体系，加强与中国的金融合作，这有利于全球金融稳定。一是促进美国继续改革现有的金融体系，继续发挥其在全球金融稳定中的重要作用。二是促进美国加强金融监管。2010 年美国出台金融监管法案，改革力度空前，这一法案在相当程度上具有国际规则的含义。新金融监管法案成为被普遍接受的且有效的国际金融监管体系，需要展开国际协调与合作。双方要加强系统重要性金融机构的监管和风险处置，建立有效的金融公司处置制度，加强金融衍生产品监管。三是促进美国加大对中国金融的开放。要求美国对于中国金融机构的申请，提供与其他外国金融机构相同的监管标准，并加快审批进度。

共同支持二十国集团成为国际经济金融治理的重要平台。2008 年金融危机以来，G20 成为国际经济金融治理最重要的平台。在 G20 框架下，各国从分散应对逐步走向联合干预，有效推动了国际金融体系改革进程。中美同属 G20 成员，应共同支持 G20 成为国际经济合作主要平台和全球经济治理的核心机制，推动 G20 从短期应急转向长效治理。

加强中美在国际金融规则制定方面的合作。近年来，中国不断加强对外金融合作，中国金融业的国际地位和话语权得到提升。危机爆发后，中国积极参与国际经济金融治理机制建设，加入了金融稳定理事会和巴塞尔银行监管委员会等国际金融准则制定机构，在国际证监会组织、国际保险监督官协会等国际组织中的作用得到提升，在国际货币基金组织份额排名上升至第三位。因此，作为全球最大的发展中国家和发达国家，未来中美两国在促进国际金融稳定方面合作空间广阔，中美两国应加强在国际金融规则制定方面的合作。

三、中美汇率博弈加剧将给双方和世界带来损失

（一）人民币汇率发展趋势

1. 人民币汇率走势预测

摩根士丹利预测，2020 年人民币对美元汇率将升至 5.5 人民币∶1 美元[①]。Economist Intelligence Unit 在 2011 年 9 月的预测报告中指出，2011—2015 年，人民币对美元汇率将以每年平均 3.5% 的速度升值，2015 年人民币平均汇率将升值到 5.7，期末汇率将升值到 5.58（表 1－5）。报告认为，目前，中国承受来自贸易伙伴特别是美国的关于人民币升值的压力。但是，由于经常项目和贸易顺差占 GDP 的比重在 2011—2015 年将会下降，这对于中国抵御外来压力允许人民币快速升值，可能是一个很好的时机。报告认为，人民币在加速升值。在美国议会辩论是否提高国家债务上限，以及 2011 年 8 月初标准普尔下调美国长期主权信用评级之后，国际上对美元的信心受挫。在此期间，中国加快了人民币升值步伐。2011 年 8 月人民币大幅升值，从 8 月 1 日的 6.42 人民币∶1 美元快速升值到 8 月 15 日的 6.39 人民币∶1 美元。或许人民币价值仍有些低估，但这将由自由市场调节。其他现有的政策，如人民币国际化，则表明人民币汇率将更加市场化，最近的事件可能有助于加快这一进程。人民币升值速度将在预测期的初期达到最快，这是因为人民币升值将抑制石油等大宗商品进口价格的上涨，起到降低国内通货膨胀的作用。同时，中国的通货膨胀比

① Morgan Stanly. 2020 年前的中国经济［EB/OL］. 摩根士丹利中国网站，2010－10－31.

经合组织（OECD）市场要高，也有助于平衡实际汇率。中国努力推动人民币国际化将会放松资本管制，这也可能推升人民币外部的价值①。

表 1－5　人民币汇率预测

		2010a	2011b	2012b	2013b	2014b	2015b
Exchange rate	Rmb：US $ （av）	6.77	6.45	6.19	6.01	5.87	5.7
Exchange rate	Rmb：US $ （end－period）	6.62	6.32	6.13	5.91	5.84	5.58

注：a：Actual. b：Economist Intelligence Unit forecasts.

资料来源：Economist Intelligence Unit，2011 年 9 月预测。

2. 保持人民币小幅渐进升值

中国将坚持人民币小幅度、渐进式升值，逐步扩大汇率波动区间。这是因为，人民币汇率形成机制改革必须遵循市场规律，人民币汇率参照一篮子货币和市场供求关系决定，不能违背汇率变动规律大幅升值。如果人民币大幅快速升值，不仅给中国外贸发展带来消极影响，而且会超过中国经济的消化能力，给宏观经济带来不稳定因素。目前中国制造业利润最大不超过 5%，若大幅升值 20%，这些企业将会破产，大量工人失业，给社会带来不稳定，对于中国将是灾难性冲击，中国经济发展将会停滞。中国也由此不能发挥世界经济增长发动机的作用，从而给世界经济发展带来灾难。

同时，从日本和过去的经验看，升值速度过快只会给热钱的流入释放出更强烈的信号。随着美元大幅贬值和人民币升值预期增强，国际游资加速流入中国资本市场，以获取资产升值和套汇双重收益。根据外汇占款、外商直接投资和贸易顺差口径计算的热钱规模显示，2011 年 8 月热钱大规模流入 326 亿美元（图 1－7）。由于美国近年来不断下调利率，热钱炒作人民币成本不断下降，这将会诱导更多热钱流入，给中国经济带来风险。

3. 扩大跨境贸易人民币结算

2009 年 4 月，国务院在我国 5 个城市率先开展跨境贸易人民币结算试点，到 2011 年 6 月央行下发《关于扩大跨境贸易人民币结算地区的通知》，两年内我国完成了人民币结算从局部地区走向全国的进程。同时，中国与多个国家签订双边货币互换协议，使得人民币逐步成为部分国家的储备货币之一，为人民币区域化奠定了基础。2010 年，我国跨境贸易人民币结算试点扩大，结算量显著上升。根据央行的

① Economist Intelligence Unit. *China Country Report*. 2011－09.

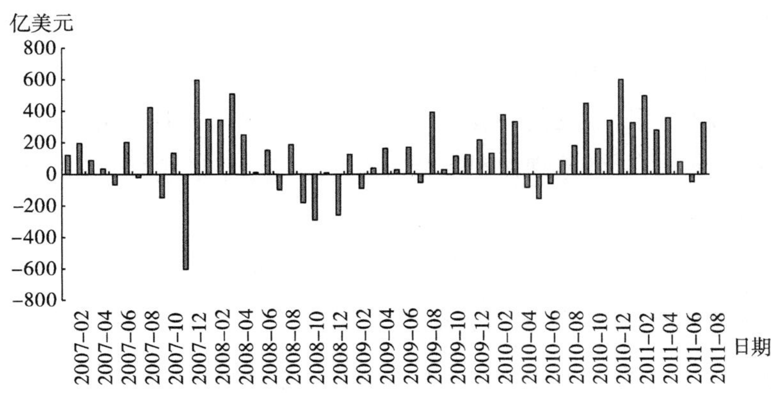

图 1－7　近年来国际热钱流入中国的规模

资料来源：Wind 资讯。

数据，参与试点的出口企业由最初的 365 家增加到 2010 年底的 6.7 万多家，2010 年银行累计办理跨境贸易人民币结算业务 5063 亿元。这表明人民币作为区域货币的交易媒介、计价工具和结算工具的功能得到进一步强化。

随着我国与全球经济金融的融合日益紧密，市场对人民币跨境使用的需求将进一步上升，人民币在跨境贸易和投资及金融市场中的作用将不断增强。为此，中国将加快金融市场发展，继续有序放宽跨境资本交易项目的管制，增强金融监管和风险防控能力，为跨境人民币业务发展创造更加便利、宽松的政策环境。

4. 不断完善人民币汇率形成机制

1994 年 1 月 1 日，中国汇率体制进行第一次重大改革，实施有管理的浮动汇率制。摒弃了官方汇率和市场汇率并存的双重汇率制度，人民币对美元汇率一步并轨到 1 美元兑换 8.70 元人民币。2005 年 7 月 21 日，中国人民银行宣布实施汇率形成机制改革，出台完善人民币汇率形成机制的改革方案，采用以市场供求为基础，参考一篮子货币进行调节、有管理的浮动汇率制度。人民币汇率不再钉住单一美元货币，人民币对美元汇率一次性大幅升值 2%，由 1 美元兑换 8.28 元人民币升至 8.11 元，2005—2008 年 3 年间人民币对美元汇率升值 18%。但是，由于世界金融危机，2008 年 7 月以后，人民币汇率制度改革中断，人民币对美元汇率波动幅度收窄。2010 年 6 月 19 日，中国人民银行重启汇率形成机制改革、增强人民币汇率弹性，人民币汇率市场化程度大幅提高。此次汇改的特点为：一是人民币汇率并非一次性重估；二是坚持以市场供求为基础，注重参考一篮子货币；三是继续执行现有外汇市场汇率浮动区间，即银行间外汇市场人民币对美元交易价的日浮动幅度为中间价上下 0.5%。

今后，中国将继续稳步推进人民币汇率形成机制改革，增强人民币汇率灵活性，发挥汇率对调节国际收支的积极作用。但是，国际收支不平衡反映了许多结构性问题，以及现行涉外经济管理体制机制的不适应，汇率形成机制改革不能解决所有问题。人民币汇率改革坚持主动性、可控性和渐进性原则，是为了与中国的结构调整和配套改革相结合，力求使可能发生的内外部负面影响最小化。

5. 逐步实现人民币资本项目可兑换

回顾中国资本账户逐步开放的历程，虽然中国做出了积极的努力，但目前还不具备完全开放资本项目的条件。1994 年中国进行了外汇体制重大改革，实现人民币经常项目有条件可兑换；1996 年底中国成为 IMF 第 8 条款国，实现了人民币经常项目自由兑换，并开始向资本项目部分开放过渡；随着中国加入 WTO 后贸易自由化和投资自由化的推进，中国的银行业、保险业、证券业、信托业等金融产业加快了对外开放的步伐。这些开放必然伴随着大量的资本流动，由此对资本账户自由化提出了更高的开放要求。但是，从我国目前情况来看，企业整体缺乏国际竞争力，金融市场和监管能力都还有待完善。因此，我国还不具备开放资本项目自由兑换的条件。

客观地说，在 2008 年的国际金融危机中，由于我国稳步推进资本项目可兑换的既定政策，对抵御和隔离境外金融风险做出了较大贡献。同时也表明作为一个新兴的市场经济体，中国的经济、金融体系还不够健全。为避免国际游资的冲击，保持经济和金融稳定，我国实行灵活审慎的监管措施，进一步加强金融监管，尤其是对短期跨境资本流动的监管。通过审慎放开资本账户，切实加强外汇监管，密切关注后金融危机时期的资本流动情况，防范系统性金融风险。

（二）人民币升值不能从根本上解决中美贸易不平衡问题

1. 人民币汇率不是中美贸易不平衡的主要原因

中国并未刻意追求贸易顺差。早在 2002 年底中共十六大上，中国就明确把保持国际收支平衡作为宏观调控目标之一。2006 年底中央经济工作会议明确提出，中国国际收支的主要矛盾已经从外汇短缺转为贸易顺差过大、外汇储备增长过快，必须把促进国际收支基本平衡作为保持宏观经济稳定的重要任务。多年来，中国政府一直积极致力于扩内需、调结构、减顺差、促平衡，一直积极致力于推行中外资国民待遇，扩大市场准入和降低关税水平。中国已全部完成加入世贸组织时所承诺的关税减让义务，关税总水平从 2002 年的 15.3% 降至 2010 年的 9.8%，为发展中国家中最低。

人民币汇率并不是美国对华贸易逆差的主要原因。中国在 2005 年 7 月实施汇率形成机制改革以来，人民币对美元累计升值 30.2%，但期间美对华贸易逆差并没有明显改善（见图 1－8）。

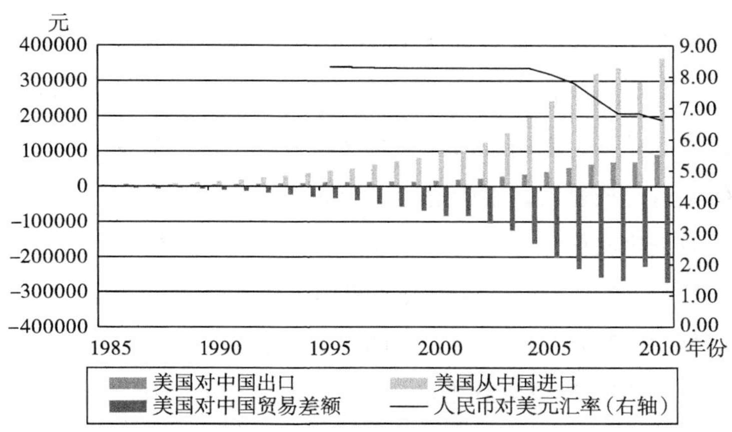

图 1－8　中美贸易与人民币汇率

资料来源：Wind 资讯。

2. 全球化条件下国际产业分工是中美贸易不平衡的主要原因

国际贸易是国际分工的外在表现，是各国在世界范围内重新配置资源的方式。基于劳动力比较优势的国际产业间的分工，决定了中国处于国际分工的低端，适合生产劳动密集型产品，应进口美国的高技术领域产品；美国处于国际分工的高端，适合生产资本密集型和技术密集型产品，应进口中国的劳动密集型产品。在国际贸易中，中国凭借廉价的劳动力和原材料，成为一个以劳动力密集型产品生产为主的全球生产基地；美国产业结构不断向高端制造和现代服务业升级，把传统的劳动密集型产业转移到国外，特别是转向中国以获得竞争优势。美国以“对中国出口零部件—在中国加工组装—从中国进口成品”的模式，获取超额利润，但这些体现在统计上却是中美贸易顺差的扩大。

2005—2010 年，中国累计一般贸易顺差 2729 亿美元，加工贸易顺差 1.46 万亿美元。特别是，中国主要承接了欧美、日本以及东南亚国家产业转移的最终加工组装环节，出口体现为全部商品价值，其中有很大一部分是自美国以外国家的进口，而中国在整个产业链中取得的收益为少量的加工费用。据亚洲开发银行估算，美国苹果公司的 iPhone 零售价为 178.96 美元，其中中国赚取的加工费仅占 3.6%，大部分价值被美国的设计、运销和零售企业获得。2011 年 8 月上旬，旧金山联储两位经济学家研究认为，2010 年来自中国的商品和服务仅占美国个人消费支出的 2.7%，其中从中国进口的真实成本不到一半，其余都来自美国本土企业和工人的运输、销售和营销成本①。

3. 美国限制对华出口高技术产品是中美贸易不平衡的根本原因

中美两国贸易产品的各自优势，充分体现了经济全球化时代全球产业链的分工，表明中美两国之间并不是在同一水平上的竞争关系，而是优势互补的分工合作关系。但是美国始终奉行冷战思维，以所谓的安全为由，一直对华实行严厉的高技术出口管制，使美国对华比较优势难以发挥，双方产品的优势互补也难以充分地体现出来，扩大了两国间贸易差额，这是中美贸易不平衡的根本原因。

统计数据显示，2001—2008 年，美国对华高技术商品出口所占中国高技术商品进口总额的比重由 18.3% 下降到不足 7%，按照这个下降比例计算，美国对华出口至少降低了 1000 多亿美元②。中美之间互补性很强的双向贸易流动，变成了目前失衡的单向贸易流动。因此，这种不对等地位不消除，贸易失衡状况难以改变。2008 年 2 月，温家宝总理在会见美国国务卿赖斯来访时直言希望美方放宽高科技产品对华出口的限制，共同为中美两国双边贸易和投资创造更加便利的环境。美国前商务部部长骆家辉也曾表示，扩大对中国出口，而非限制从中国进口，是美国解决贸易逆差问题的最好办法。

4. 需求刚性决定美国贸易逆差不会有太大改变

美国本轮对外失衡问题是以往失衡的延续。19 世纪 60 年代中期开始，美国对外贸易就持续逆差，广义名义美元指数从 2002 年 2 月高点至 2011 年 9 月累计贬值 24.4%，对主要货币从 1985 年 3 月高点至 2011 年 9 月累计贬值 50.5%。然而，美国贸易逆差由 1992 年 1 月的 20.3 亿美元扩大至 2011 年 8 月的 456.1 亿美元，并曾在 2006 年 8 月达到 673.5 亿美元（图1－9）。因此，美元贬值并未改变美国整体的贸易逆差状况，美国贸易不平衡问题主要原因不在于汇率。

人民币快速大幅度升值也不会对双边贸易不平衡问题产生显著影响。人民币升

---

① 中国人民银行金融研究所．人民币汇率形成机制改革进程回顾与展望［EB/OL］．央行网站，2011－10－31.

② 史晨昱．美对华高科技产品出口当放松管制［N］．新京报，2009－11－19.

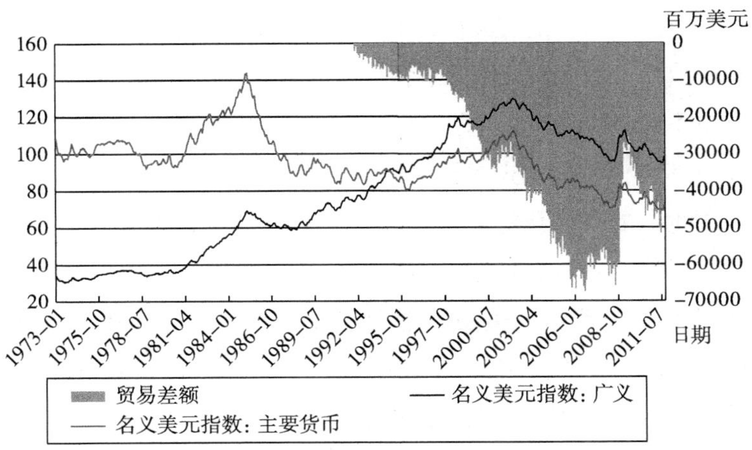

图 1-9 美国贸易差额和美元指数

资料来源：Wind 资讯。

值，美中贸易量可能会减少，但是美国的贸易逆差并不会减少，因为需求的刚性决定了美国必须从其他国家进口。其结果是，中国对美出口份额很有可能被周边国家如越南、印度尼西亚或者印度等亚洲国家所代替，美国消费者由面临中国产品的竞争转向面临这些国家产品的竞争。因此，美国的贸易逆差将不会有大的改变，也就是说人民币的升值不可能减轻美国国际收支调节的压力，美国实际面临不是从中国进口，而是从其他国家进口的问题。根据牛津经济预测（OEF）的宏观经济预测模型测算，假设人民币升值 25%，那么在 2 年以后美国对中国的贸易逆差估计能减少 200 亿美元，这对缓解美国每年数千亿美元的贸易赤字无足轻重。但这个过程肯定会同时伴随对其他亚洲经济体逆差的增加，因此 25% 的升值对美国逆差总额的影响可能只有 100 亿 ~ 150 亿美元。对此，美联储前主席格林斯潘也指出，人民币升值解决不了美国的贸易逆差问题。另外，美国限制中国劳动密集型产品的进口，实际上是保护了美国没有比较优势的产业，只有利于美国的弱势产业和群体，虽然体现了所谓的公平，却不利于美国经济结构的进一步调整和经济效率的提高，不利于美国的整体经济福利。因此，如果美国不做宏观政策和结构调整，而仅由汇率调节国际收支是行不通的。

5. 人民币汇率调整不能逆转美国失业情况

参议院民主党议员查尔斯·舒默（Charles Schumer）等认为 2011—2012 年两年中国夺走了美国 200 万个就业机会，美国之所以出现贸易逆差是因为中国低估了人民币汇率。尽管美国贸易逆差及经济减缓与中国并无必然关系，这点连美国的主流媒体也基本认同，如《华盛顿邮报》的有关报道中，也承认美国从中国的进口并没有取代国际的制造业，而是取代了从亚洲其他国家和地区的进口。这表明，即使人民币升值，美国的就业情况也不会有所改善。

美国制造业工作岗位的减少主要原因为，由于技术进步生产相同商品所需劳动力需求减少。同时，在比较优势下，大量的美国公司为了追逐廉价的劳动力成本和资源而将生产基地移向海外，加剧了美国国内就业岗位的减少。美国国内制造业向服务业转移的趋势十分明显，美国制造业就业人数占非农就业总人数的比例已从1943年11月的38.8%下降至2011年9月的8.9%（图1－10）。这种趋势显然无法用人民币汇率来解释，也不会随着人民币汇率的调整而发生逆转。

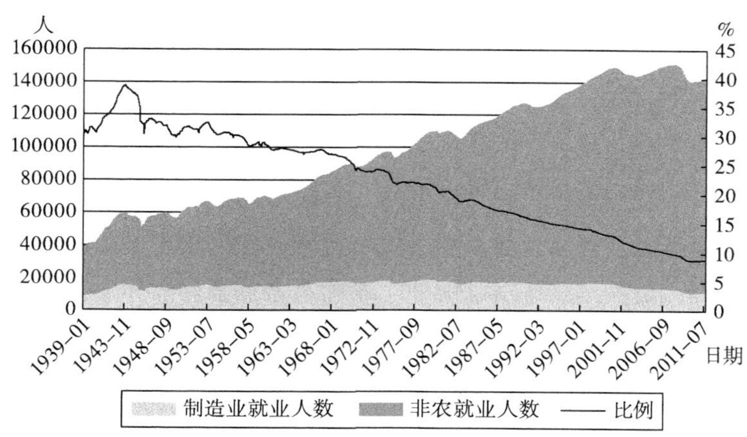

图1－10　美国制造业就业人数占非农就业总人数的比例

此外，美国制造业结构的升级以及美国一向奉行的过度消费政策、中美双方统计差异、在华外资企业对美出口增长等多种因素也是美国巨额贸易逆差的重要原因。因此，应该客观、公正地认识中美之间的贸易不平衡。将人民币汇率问题政治化，不仅解决不了美国储蓄不足、贸易赤字和高失业率等问题，而且可能严重影响中国正在进行的汇率改革进程。

（三）保持人民币汇率稳定对美利益分析

1. 人民币汇率稳定有利于美国经济利益

随着全球化的不断深入，中美两国的相互依存和经济互补性正日益体现，在两国千丝万缕的经贸联系面前，没有哪一国能够独善其身。对中国来说，如果人民币汇率快速升值，则中国的出口和经济增长必定放缓，这不但不会使美国受益，反而可能造成中国的高失业率、通货紧缩、工人工资下降，甚至影响到中国社会的稳定。如果中国经济出现严重问题，必定会影响到美国与全球经济的稳定，相信这也是美国所不愿意看到的。

由于汇率变动与贸易差额变动存在滞后期，汇率变动并不能很快对中美贸易差额产生影响，如果人民币汇率像美国所要求的那样大幅度升值20%以上①，汇率波动对国际资本流动会造成什么样的影响不能准确把握，加大世界经济波动的风险却是可以预见的，这种情况对美国经济也将带来明显的不利影响。

对美国来说，保持人民币汇率稳定有利于美国经济利益。因为衡量一个国家的经济福利通常不是看生产总量而是看消费总量。按目前的汇率水平，美国老百姓可以消费到廉价的中国出口商品，可以增加美国国内消费需求、提高美国消费者的购买力。如果人民币升值，中国的出口商品在美国市场上的价格必然上升，最终利益受损的是美国的广大消费者。

2. 人民币汇率稳定符合美国投资者的利益

美国从中美自由贸易中获得了实实在在的好处。中国美国商会2008年对238家在中国企业进行调查，71%的企业获利高于全球平均水平，80%的企业准备追加投资。摩根士丹利调查报告分析显示：中国对美出口，美国消费者每年节省1000亿美元，美国企业获利6000亿美元，占标准普尔指数涵盖公司利润总额的10%以上。

但是，中国的出口总额中，加工贸易的出口份额已经占到一半以上，而且有继续增加的趋势。这部分加工贸易出口中，有相当一部分是美国在华投资企业所赚取的外汇，一旦人民币大幅升值，将对这些企业造成很大的损失。例如，美国等国的跨国公司在华生产的产品供应本国和全球市场，人民币升值意味着这些企业的商品、服务价格增长，跨国企业出口不仅将因此大幅缩减，消费者也将为此承担更高成本。因此，人民币大幅升值无益于解决美国贸易赤字问题，还将打击全球贸易流动，对亟须消费拉动的世界经济是不利的。

3. 人民币汇率稳定可以弥补美国的双赤字和储蓄不足

中国目前持有3.2万亿美元的外汇储备，已成为全球第一大外汇储备国。美国财政部最新公布的国际资本流动报告显示，截至2011年7月末，中国持有的美国国

---

① C. Fred Bergsten. A Proposed Strategy to Correct the Chinese Exchange Rate, Testimony before the Hearing on the Treasury Department's Report on International Economic and Exchange Rate Policies, Committee on Banking, Housing and Urban Affairs, United States Senate, September 16, 2010.

债达到 1.2 万亿美元，居各国持有美国国债总量首位。从比例来看，中国目前持有的美国国债占中国外汇储备总额的 36.2%，这一比例曾在 2000 年 5 月达到 45.9%（图 1－11）。拥有如此大规模的外汇储备，中国政府必须要考虑汇率风险，一旦人民币大幅升值，则中国的外汇储备将面临严重缩水，中国可能会考虑减持美国国债而转投其他货币资产，这也将严重影响到美国经济的稳定。尤其是美国现在处在经济下行风险加大的环境下，如果中国因为美元贬值而不买甚至抛售美国国债，则会造成美国债券市场的衰弱及利率高企，那对于陷入衰退的美国经济无疑是雪上加霜，希望美国立法者能够谨慎对待。

对美国而言，虽然其经常项目是逆差，但其巨大的资本项目顺差不仅抵消了在经常项目上的逆差，也使其国际收支维持了总体的盈余。在美国巨额的资本流入中，有相当一部分是中国等国家使用外汇储备购买了美国的国债或其他以美元计价的金融资产，这意味着中国贸易盈余中相当大的部分又以购买美国国债等投资的方式流回美国，弥补了美国的双赤字和储蓄不足，支持了美国的经济增长。由于美国资产需求的增加舒缓了美国利率的提升压力，使得美国资本投资变得更加有利可图，美国相当于以很少的代价利用了很多国家的资本，这对美国的经济发展仍然是有利的。同时，对于美国这样国内储蓄不足以满足投资需求的国家，必须从高储蓄率的国家，如中国，以借债或直接融资的方式得到外部的投资，以支撑美国的国内消费和资产价格。因此，人民币汇率大幅快速升值对中美两国其实都是“弊大于利”，保持人民币汇率稳定具有重要意义。

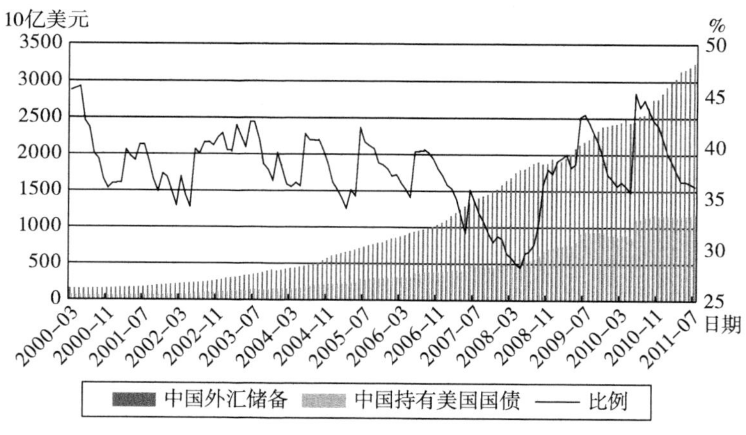

图 1－11　美国国债占中国外汇储备比例

资料来源：Wind 资讯。

4. 人民币汇率稳定有利于保持美元国际储备货币地位

美元保持其国际储备货币的统治地位，符合美国的利益。为了达到这个目的，美元和人民币可能需要在长期内尽量保持一个合理的实际平价。这将有利于两国间的长期贸易和直接投资及间接投资的增长。

美元国际主要储备货币地位必然导致美国贸易顺差。随着全球经济的发展，贸易和投资规模增大，美元作为国际主要储备货币，其交易需求和储备需求增大，这就要求美元通过经常账户逆差流出的规模加大，必将加重美国贸易不平衡态势。早年当美国经济在世界经济中占有较大比重时，对美国的压力相对较小。但是，近年来在美国经济发展慢于世界经济发展、美国经济实力相对下降的情况下，美元继续担当世界主要储备货币的压力剧增，必然会造成美国经常账户赤字占 GDP 的比例呈现明显扩大的趋势。

国际储备货币多元化可以减轻美元国际储备货币压力。让多种货币分别在不同区域内发挥交易计价和结算功能，分担国际货币职能，可以减轻美元的压力，减轻国际经济失衡的程度。从目前情况来看，欧洲已经建立起区域内的超主权货币——欧元，欧元发挥了一定的国际储备货币职能。亚洲尤其是东亚地区作为全球经济和贸易增长最快的地区，也是对美国顺差最大的地区，美国对东亚地区的贸易逆差占美国贸易逆差总额的比率较大，东亚国家的外汇储备额占世界各国外汇储备的比率较高。因此，如果在东亚地区建立一种区域国际货币，在区域内发挥贸易计价和结算职能，大量区域内贸易不必再使用美元进行结算，东亚各经济体就可以减少以美元形式持有的外汇储备规模，能够明显减轻对美元的压力，从而减轻国际经济失衡的程度。

人民币具备成为东亚区域国际货币的基础条件。从东亚各国和地区的情况来看，人民币具备成为东亚区域国际货币的基础条件。在未来相当长的时间内，中国经济具有较大的成长潜力，货币具有升值的潜力。中国经济在东亚地区的影响力较大，在最近两次金融危机中，对亚洲经济保持稳定发挥了中流砥柱的作用。现在东亚各国和地区与中国大陆的贸易往来规模比较大，人民币发挥贸易计价和结算功能可以节约大量的交易成本；中国对东亚主要贸易伙伴为逆差，人民币具有流出的渠道，以便供其他经济体用于交易计价和结算使用。当然，人民币成为东亚区域国际货币，需要一个相当长的过程，现在人民币还没有实现资本项目可兑换，资本市场的发展水平与成为区域国际货币的要求还有巨大差距，其他方面的一些条件也不完全成熟，但中国正朝着这个方向开展工作①。

综上所述，人民币升值不能解决中美贸易不平衡问题，对此美国国内也有相当的共识。中美经贸关系的实质是互利共赢。目前中美经贸问题的主要原因是结构性的，是全球化格局下国际产业分工不同造成的，根本原因在于美国一直对华实行严厉的高技术出口管制。事实证明，保持人民币汇率稳定有利于美国的经济利益。同时，保持人民币汇率稳定对于中国转变经济发展方式，进行结构调整和配套改革具有重要意义。保持人民币汇率稳定，符合两国和两国人民的根本利益，并将继续成为两国经贸发展的重要推动力。

中国从全局出发，采取综合性措施，逐步解决中美贸易不平衡问题。中国充分认识到促进国际收支基本平衡对中国自身和全球经济的重要性和迫切性。近年来，中国坚持扩内需、调结构、减顺差、促平衡的政策，已出台了增加消费、发展服务业、完善社保、卫生、住房、教育体系等一系列措施。并且，“十二五”规划明确提出坚持科学发展为主题、加快转变经济发展方式为主线，再次将“国际收支趋向基本平衡”作为未来5年经济社会发展的主要目标之一。中国已经和将要实施的各项措施，核心就是通过结构调整，扩大内需特别是消费需求，降低储蓄率，使经济增长由较多依赖投资、出口转向消费、投资、出口协调拉动。同时，推进城镇化、调整收入分配关系、加大环境保护力度、深化资源性产品价格和要素市场改革等一系列措施，也将理顺中国出口商品的生产成本，促进对外贸易更趋平衡。中国将坚定不移地按照自主、渐进、可控原则推进人民币汇率形成机制改革，增强人民币汇率灵活性，发挥汇率对调节国际收支的积极作用，这符合中国和世界的共同利益。

中方希望美方客观、理性地看待中美贸易不平衡问题。中美经贸关系发展过程中出现一些摩擦是正常的。双方应在相互尊重、平等协商的基础上，遵循市场规律，按照世贸组织规则，进行建设性沟通，寻找妥善解决分歧的办法，而不是将经贸问题政治化，搞贸易和投资保护主义。中方希望美方能够充分认识到中美经贸合作互利共赢的实质，认识到保持人民币汇率稳定对于维护中美经贸合作平稳顺利发展的重大意义。中方推进人民币汇率形成机制改革的决心是坚定不移的，但改革需要良好的外部环境，只能是渐进式推进。希望美方尽快在放宽对华高技术产品出口限制方面采取具体行动，给予中国赴美投资企业公平的竞争环境，同中方一道推动两国

① 张永军．国际经济失衡、金融危机与国际货币体系改革［G］．中国国际经济交流中心研究成果选编，2011－06.

经贸关系健康稳定发展。

当前，中美经贸关系处于深化发展的关键时期。一个良好的中美经贸关系符合两国人民的根本利益，有利于中美经济和全球经济的发展。中方愿与美方共同努力，从战略高度和长远角度出发，为提高两国人民福祉和国际社会共同利益做出更大贡献。

参考文献

[1]G20 领导人安塔利亚峰会公报[EB/OL].新华网,2015－11－17.

[2]查晓刚.G20 发展议程不可或缺[N].上海证券报,2015－11－11.

[3]刘宗义."二十国集团"转型与中国的作用[EB/OL].凤凰国际智库网站,2015－09－16.

[4]逯新红.全球经济温和复苏,经济引擎悄然调转[N].上海证券报,2015－07－23.

[5]逯新红.中国经济运行新特点、新趋势、新机会[N].上海证券报,2015－06－18.

[6]张军.G20 发展与世界经济未来[EB/OL].外交部网站,2015－11－13.

[7]张军.落实 2030 年可持续发展议程为经济转型增添动力和空间[EB/OL].外交部网站,2015－11－02.

[8]联合国千年发展目标报告(2015)[EB/OL].联合国网站,2015－07－06.

第二章　中日经济现状及热点分析

第一节　中国经济运行新特点、新趋势、新机会

在中国经济步入新常态的当下，如何看待经济运行中出现的新情况、新问题、新特点、新趋势、新机会，不同人士有不同的见解。但是，如果用旧眼光来看新问题，用旧方法分析新现象，将难以得到恰如其分的结论，因此也会影响投资、经营、管理决策。当前，中国经济面临发展阶段拐点，迈向新常态之路并不平坦，应科学分析新常态下制约经济增长的风险，进一步释放中国经济增长潜力空间，为中国经济进入新一轮景气周期积蓄力量。

一、中国面临发展阶段拐点

当前，中国经济正进入“新常态”发展阶段，经济增速下行压力较大，发展动力正从传统增长点转向新的增长点，正处在新旧产业和发展动能转化的接续关键期，存在着增长动力青黄不接的情况，这个阶段也是我们必须度过的一个阶段。

尽管中国经济面临的下行压力较大，但中国经济仍具有较大的韧性和潜力，仍存在不少有利条件。一是中国经济体量较大，市场空间广阔，回旋余地大，抗风险能力也比较强。目前，第三产业比重进一步提高，以互联网经济等为代表的新产业、新业态、新主体加快孕育和发展，新的增长点和消费点加快形成，一些结构调整起步较早、转型升级步伐较快的企业、行业和地区走势较好。随着总量的扩大，尤其是服务业发展迅速，扩大了就业容量，增强了对经济波动的容忍度。二是大众创业浪潮正在兴起，有助于增强经济增长的内生动力，“一带一路”“京津冀”及“长江经济带”战略逐步推进，铁路、水利、棚改等一系列重大工程和公共设施项目启动实施，都有利于稳定投资和经济增长。三是加大宏观政策对实体经济的支持力度。

采取有效措施进一步引导企业融资成本下行，加大财政金融政策支持实体经济的力度。在上述因素的共同推动下，中国经济有望保持平稳较快发展态势，不会出现“硬着陆”。

然而，迈向新常态之路并不平坦，在增长阶段转换过程中，中国面临的问题将更加复杂多变，矛盾和风险也可能更加突出。因此，必须科学分析新常态下制约经济增长的风险，进一步释放中国经济增长潜力空间，为中国经济进入新一轮景气周期积蓄力量。

二、新常态下制约经济增长的风险

（一）中国经济进入“三期叠加”阶段，由高速增长进入结构调整新常态

当前，中国经济正处于增长速度换挡期、结构调整阵痛期和前期刺激政策消化期的“三期叠加”阶段：经济增速由高速增长转为中高速增长，结构调整刻不容缓，国际金融危机时期实施的一揽子经济刺激计划导致的资产价格虚高、产能过剩等后续影响仍然存在。受此影响，中国经济增速进一步放缓，2015 年全年 GDP 增长 6.9%，为 25 年新低。同时，这一增速破“7”，暗示着中国经济将会面临进一步放缓的可能。2015 年 1 月，IMF 将 2015 年和 2016 年的中国经济增长率预期分别下调至 6.8% 和 6.3%，这预示着中国经济已进入中高速增长的“新常态”。

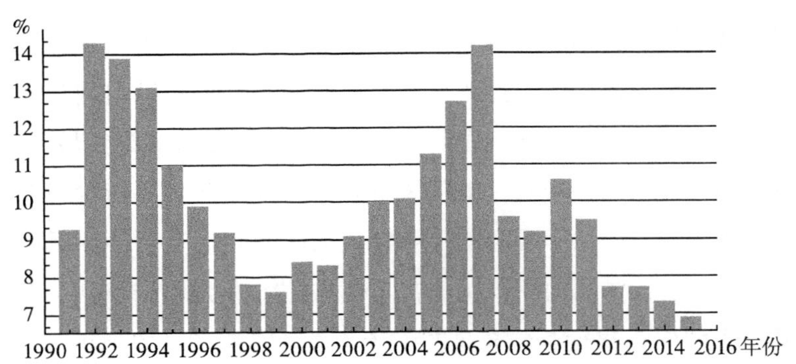

图 2-1　中国 GDP 同比增速

资料来源：Wind 资讯。

（二）通货紧缩风险加大，谨防通缩预期“自我实现”

在全球通缩风险增强和中国经济增速放缓的大背景下，中国也面临潜在的通货

紧缩风险。2013 年以来，中国消费者价格指数（CPI）持续走低，2013—2015 年 CPI 增速分别为 2.6%、2.0% 和 1.4%。同时，截至 2015 年 12 月，工业生产者出厂价格指数（PPI）已经连续 46 个月同比负增长，中国经济陷入通缩的风险加大。从当前中国通缩形势和成因看，既有需求冲击，也有供给冲击，既有“坏通缩”，也有“好通缩”，其背后的传导机制较为复杂。面对当前的通缩形势，不能简单地反通缩，也不必过度担忧通缩，应进一步通过加强宏观政策的前瞻性指引，加强对通缩的预期管理，避免社会公众形成自我加强的通缩预期。

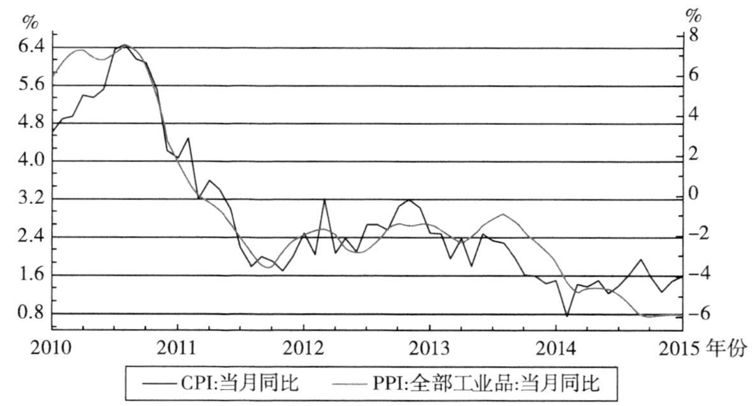

图 2-2　中国 CPI 和 PPI 同比增速

资料来源：Wind 资讯。

（三）金融风险持续累积，避免发生区域性、系统性风险

中国经济下行压力增大的背景下，中国主要面临房地产市场波动风险、产能过剩、影子银行、地方政府债务违约等风险。这几方面的风险最终集中反映在金融风险上，因此，金融风险是当前中国需要防范的最大风险。调控得好，可以逐步化解局部风险，然而一旦调控失当，局部风险就有可能演化为系统性风险，从而对整体经济的稳定造成冲击。从中国经济社会发展的实际情况看，中国具备防范金融风险的有利条件。目前，中国的城镇化率在 55% 左右，房地产市场潜力仍很巨大；中国的储蓄率高达 50%，银行有着充足的资产和呆坏账拨备；中国正加强对影子银行的监管力度，防范道德风险的发生；由于中国 70% 以上的地方债务用于基础设施建设，具有资产保障。同时，中国正采取有效措施防范系统性金融风险，维护金融体系稳定。进一步加强宏观审慎管理，整顿金融秩序，督促金融机构加强内部控制，切实改进信贷管理和流动性管理，提高防控风险的能力和水平；强化系统性金融风险的监测预警防，做好应对预案。通过采取综合措施维护金融稳定，可以守住不发

生区域性系统性金融风险的底线。

（四）收入分配结构存在“双低”现象，贫富差距扩大

当前，中国收入分配结构存在“双低”现象。一是居民收入在国民收入分配中的比重偏低，主要是因为积累基金和消费基金比例不合理。由于积累率过高，中国经济发展主要依靠投资，导致投资率大幅上升；而居民收入水平较低，消费率从2000年开始出现下降速度加快的趋势。二是劳动报酬在初次分配中的比重偏低，主要表现为工资收入水平较低，工资增长低于国民经济增长，严重影响了居民消费。同时，居民内部不同群体之间收入差距不断拉大。个人之间、行业之间、城乡之间、区域之间的收入差距拉大。低收入者具有消费倾向，但是购买力低下，高收入者具有较强的购买力，但是消费倾向较低。因此，进入新阶段，需要调整收入分配结构，缩小收入差距，需要完善按劳分配为主体、多种分配方式并存的分配制度，处理好初次分配和再分配的效率与公平关系。

（五）人口红利消失，老龄化加速，劳动力人口持续下降导致经济减速的风险

新阶段，中国将面临“人口红利”消失，劳动力人口持续下降导致经济减速的风险。改革开放40年来中国经济增长获益于人口红利，其中，GDP增长率中有27%的贡献来自人口红利。然而，中国人口红利消失的拐点已于2012年出现。2012年，中国劳动年龄人口15～59岁（含不满60周岁）人数为93727万人，占总人口比重为69.2%，人数比2011年减少345万人，比重比2011年下降0.6个百分点，这是中国劳动年龄人口首次出现下降。此后，中国劳动年龄人口连续3年下降，2013年的劳动年龄段人口减少了244万人①，2014年减少了371万人，2015年进一步减少了487万人，占总人口比重的66.3%，降幅进一步扩大，人口红利消失将成为经济隐患。

与此同时，中国人口老龄化加速，将对劳动力供给和经济发展带来负面影响。统计显示，2015年中国60周岁及以上人口2.22亿人，占总人口的16.1%，高出2014年0.6个百分点，其中65周岁及以上人口占总人口的比重达到10.5%。国际上通常把60岁以上的人口占总人口比例达到10%，或65岁以上人口占总人口的比重达到7%，作为国家进入老龄化社会的标准。目前，中国是世界上唯一老年人口过亿的国家。根据全国老龄办公布的数据，到2020年中国老年人口将达到2.48亿

① 2012年的统计口径是15～59岁，2013年以后的统计口径是16～59岁。

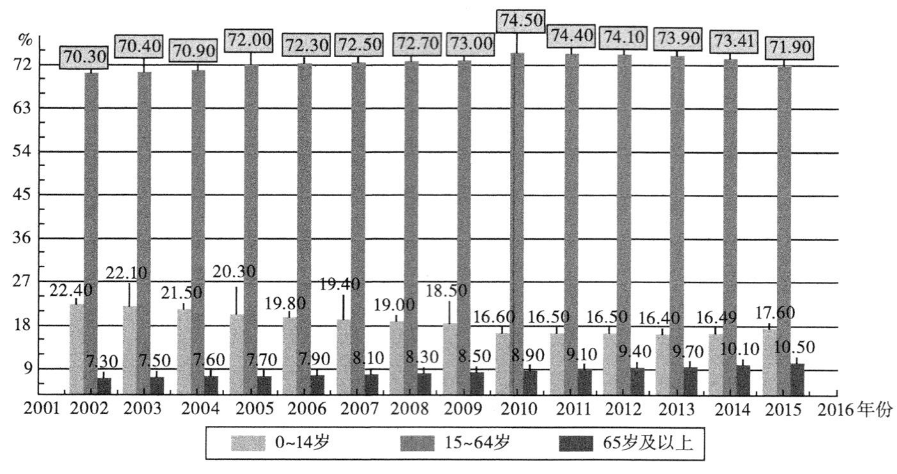

图2-3　中国人口结构图

资料来源：Wind资讯。

人，老龄化水平将达到17%。

（六）中国科技创新能力不足，核心技术受制于人

科技创新可以提高全要素生产率，是经济转型升级的巨大动力。世界经济强国崛起的历程表明，强大的科技创新能力及将科研成果转化为生产力的体制机制是一个国家崛起的必由之路。中国经济要保持中高速增长，必须向产业价值链的中高端迈进，必须依靠科学技术创新，依靠体制机制创新。然而，长期以来中国制造业整体处于国际分工链条的最低端，一些出口依赖型的加工制造企业自主创新能力较弱，缺乏自主品牌，抗风险能力较小。近年来，中国在建设创新型国家方面取得显著成效，一些产业的技术水平和自主创新能力有所提高，如高铁、核电、对外工程承包、智能电网、大型装备、建材生产线等已经具备国际竞争力。但是，由于中国原创性的发明不多，关键核心技术对外依存度较高，不少行业存在产业技术空心化的危险，成为中国产业发展的瓶颈。同时，由于企业尚未真正成为技术创新的主体，研发投入不足，创新技术的研发、引进、消化吸收能力薄弱，且产学研相结合的创新体系尚不健全，导致科技成果难以直接转化为现实生产力。

（七）资源环境约束日渐突出，环境保护面临严峻的挑战

改革开放40年来，中国经济社会发展取得巨大成就，但也付出了大量消耗资源能源和破坏生态环境的沉重代价。资源短缺与环境恶化对经济社会可持续发展的约束日益凸显，突出表现为土地稀缺、能源和矿产等资源消耗严重和环境污染严重。

根据世界银行的统计，目前，中国的钢铁、铜、镍、铝消费量均居世界第一位，石油消费量居世界第二位。然而，我们必须清楚地认识到，目前中国经济还处于发展中阶段，资源环境矛盾就已经十分突出，亟须转变以往这种以消耗资源和能源、污染环境为代价的经济增长方式。中国需要推进绿色、循环、低碳发展，加大环境治理的力度，加快发展节能环保产业，着力完成节能减排的任务，到2030年左右使中国的碳排放达到峰值，使非化石能源在整个能源消耗中所占的比重达到20%左右，与世界各国一道应对全球气候变化等环境问题。

（八）制约科学发展的体制机制障碍较多，束缚了发展进程

中国经济发展由旧常态向新常态转换阶段，必须要有持续的制度建设和高质量的制度供给作为保障。然而，中国经济发展仍面临不平衡、不协调、不可持续等问题，制约科学发展的体制机制障碍较多。例如，经济关系中政企不分、政资不分、政社不分、政事不分的现象仍然比较突出，生产要素价格形成机制不合理，财税体制有待健全，中央和地方的财力与事权不匹配，税制不合理，现代金融体系有待完善，收入分配制度不健全，政府职能亟待转变等，这些问题背后的实质是体制机制的严重落后，束缚了发展进程。此外，社会主义民主法治建设还存在一些薄弱环节，社会体制改革、生态文明制度建设都有待深化。

（九）经济增长动力不协调，经济结构调整进展缓慢

消费、投资和出口是拉动经济增长的“三驾马车”，经济增长动力不协调主要表现为三者的结构关系不合理。中国经济增长不协调主要表现在两个方面：一是内部不协调，主要体现在消费和投资的比例失调；二是外部不协调，主要体现在内需不足，严重依赖出口，外贸顺差过大。内外失衡的根本原因在于国内消费需求不足。近年来，中国采取了一系列扩大内需的政策，通过调整需求结构和产业结构，进而调整供给结构，增强供给体系效率，同时通过改造制造业、创建战略性新兴产业和发展服务业来调整供给结构。尽管在这些政策的指引下，中国依靠出口拉动经济增长的模式有了重大调整，但居民消费需求尚未得到有效拉动，经济结构调整进展缓慢。统计数据表明，居民消费率由1981年的67%下降至2010年的49%，为历史最低点，2011—2014年小幅上升至51%；居民消费支出对GDP增长的贡献率也由1981年的89%下降到2014年的52%，仍处于历史较低水平。此外，中国产业结构调整中存在的第一产业基础不稳、第二产业核心竞争力不强、第三产业比重过低等问题仍然突出。在状态转换阶段，调整经济结构仍是中国经济发展的主要任务，然而随着

中国经济下行压力加大，中国仍将面临需求结构、供给结构、产业结构等经济结构不合理的问题，仍将面临产能过剩、城乡之间和区域之间的发展差距不断扩大等问题。

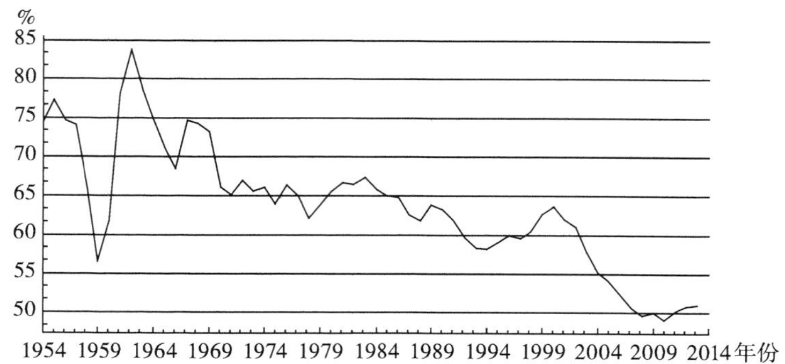

图 2－4　中国居民消费率走势图

资料来源：Wind 资讯。

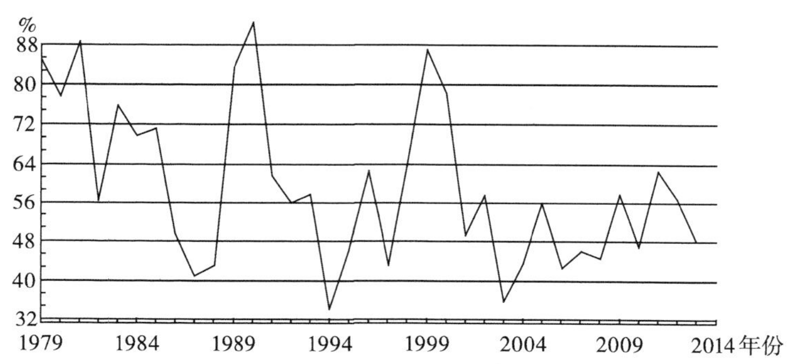

图 2－5　最终消费支出对 GDP 增长贡献率

资料来源：Wind 资讯。

（十）面临跨越“中等收入陷阱”的风险和挑战，影响社会稳定的因素增加

2010 年，中国人均 GDP 突破 4000 美元，2012 年中国人均 GDP 已超过 6000 美元，按照世界银行的标准，中国已进入中等偏上收入国家行列①。国际经验表明，

① 世界银行以名义汇率计算的人均 GDP 为标准，把世界各国分成四组，即低收入国家、中等偏下收入经济体、中等偏上收入经济体和高收入经济体，中等偏下收入国家和中等偏上收入国家合称为中等收入国家。根据世界银行 2010 年 8 月发布的最新标准，人均 GDP 低于 995 美元为低收入国家，996～3845 美元为中等偏下收入国家，3846～12195 美元为中等偏上收入国家，高于 12196 美元为高收入国家。以此标准划分，全球 213 个经济体中，低收入经济体有 40 个，下中等收入经济体有 56 个，上中等收入经济体有 48 个，高收入经济体有 69 个。中等收入经济体合计为 104 个，主要分布在拉美、欧洲与中亚、东亚与太平洋、中东与北非 4 个地区。2010 年中国人均 GDP 为 4585 元，刚刚跨入中等偏上收入经济体行列。

当经济发展达到中等收入水平之后，不仅出现经济增长回落或停滞，经济和社会发展缺乏持久的动力，还将面临贫富分化严重、腐败多发、环境污染严重、社会犯罪率升高等问题，这些有可能成为引发社会动荡的诱因。一旦不能有效维持社会稳定局面，经济增长将会受到较大影响。因此，新阶段，中国要避免这些问题，改善各种突出矛盾，努力跨越“中等收入陷阱”，最终跨入发达国家的行列。

三、新常态下释放中国经济增长潜力空间

中国经济已经进入新的发展阶段，经济增速放缓是中国经济转型的必然代价，也是迈向新增长模式的开始。未来中国经济发展的重心在于如何寻找新的增长动力，释放中国经济增长潜力空间，这些都在为中国经济进入新一轮景气周期积蓄力量。

（一）人力资本红利空间

人口红利曾是中国成为“世界工厂”的重要因素，然而随着人口老龄化加速，中国人口结构的重大变化和“刘易斯拐点”（劳动力由过剩转为短缺）的到来，中国人口红利逐渐消失，劳动力供给优势将不复存在。“中国制造”要向“中国智造”转型，人口红利相应地也要向人力资本红利过渡。2015 年，中国高等教育毛入学率达到 40%，超过中高收入国家平均水平；接受职业教育或在岗培训的人越来越多，人力资本红利空间巨大。中国应加大人力资本投入，一是重视职业教育和专科教育，坚持走学历教育与职业培训并重发展道路，培养高素质专业人才和技能型实用人才。二是加强对农民工和蓝领工人的技能培训，提升农民工素质，实现劳动力的升级。三是多种措施并用，调动人才积极性。实现人口红利与人力资本红利的平稳转换，为中国经济注入更强劲的发展动力。

（二）城镇化红利空间

1999 年，中国城镇化率仅为 30. 89%，2015 年这一数字已达到 56. 1%。与发达国家相比，中等发达水平国家和地区的城镇化率约为 85%，西方发达国家的城市化率约为 95%，美国为 97%，中国城镇化率提升空间较大。中国的城镇化将是一个长期过程，新型城镇化将开启前所未有的消费空间、投资空间和创新空间。因此，城镇化将是中国未来推动经济增长的重要动力。要进一步完善基本养老保险制度、基本医疗保险制度、住房保障和供应体系、社会养老服务产业体系，加大对基础设施的投入，构建现代公共服务体系，消除城乡居民对未来的不确定性。

（三）改革红利空间

过去40年中国经济的高速增长，源自“改革红利”。通过以社会主义市场经济为导向的经济体制改革，发挥了中国的比较优势，优化了资源配置，提高了参与国际经济分工的竞争力。通过改革，有效整合并重新配置“人口红利”和“资源红利”等原有的生产要素资源，发展潜力得到释放，创造了中国奇迹。目前，中国改革已经进入攻坚区和深水区，犹如逆水行舟，不进则退。中国在资源环境、民生、收入分配差距、城乡二元结构等方面还存在较为突出的矛盾和问题。新常态下，中国要进一步全面深化改革，推动经济、社会、生态、司法、民生等领域的改革，逐步释放改革所带来的制度性红利，进一步促进经济增长。

（四）服务业发展空间

中国经济转型为服务业发展打开巨大发展空间。中国经济转型重在实现由工业主导走向服务业主导，形成服务业主导的新常态。服务业不仅成为经济转型升级的主要推动力，也将不断释放经济增长的新动力。今后应在如何改进体制机制、引进经验、改善民生等方面进行积极的探索，同时进一步开放服务贸易领域，提升国际竞争力，使服务业合作成为今后对外经贸合作的新亮点。此外，应借鉴发达国家在医疗健康产业、养老产业、零售业和流通业多年形成的成熟运行模式，加快中国服务业发展。

（五）科技创新空间

科技进步在中国经济发展中起到突出的作用。目前中国科技整体水平大幅提升，在某些领域正由“跟跑者”向“并行者”“领跑者”转变，科技创新能力不断提升。2015年，国家创新能力世界排名有望从2010年的第21位上升至第18位；科技进步贡献率由50.9%有望增加到55.1%。2015年中国全社会研发经费支出预计达到14300亿元，比2010年增长一倍，其中企业研发支出超过77%；国际科技论文数量稳居世界第二位，被引用次数从2010年的第8位逐年上升至第4位。随着新一轮科技革命和产业变革的兴起，中国应以科技创新为突破口，抢占未来经济发展的先机。应进一步提升研发投入水平，设立政府专项资金，支持基础研究、应用开发、成果转让、产业发展等环节，引领和促进科技进步和技术革新，加快创新成果转化步伐。强化企业创新主体地位，加大对中小企业的支持力度，在科技项目、资金、政策等方面予以扶持，提升企业创新能力。

（六）“一带一路”拓展新发展空间

新常态下，中国政府倡议的“一带一路”战略将成为中国经济的另一个发展动力。“一带一路”沿线 65 个国家，途经 93 个港口和城市，重点项目达到几千个，其中基础设施项目至少有三四百个。例如，丝绸之路经济带沿线国家人口在 30 亿人左右，但人均 GDP 平均水平不到 3000 美元，城镇化率平均水平在 30% ~40%，工业化率平均水平在 20% ~30%，基础设施发展滞后。而“一带一路”战略的核心是基础设施互联互通，这将为中国装备制造业“走出去”创造广阔的市场空间，也为世界发展创造更多投资机遇。中国应抓住“一带一路”倡议带来的重大发展机遇，以及由基础设施互联互通和一些新技术、新产品、新业态、新商业模式所带来的投资机会，促进中国企业“走出去”，进一步提升中国在高铁、核电、对外工程承包、电网、大型装备、冶金建材生产线等产业的国际竞争力。推动沿线国家实现发展战略对接、优势互补，推动更多国家和地区共同应对全球发展面临的重大挑战，推动相关各方在经济、政治、文化等领域开展广泛、深入、持久的交流与合作，建设利益共享的全球价值链，成为一条为全球繁荣创造新机遇、激发新活力的增长通道。

第二节　推动中国经济高质量发展

当前，我国经济发展进入了新时代，基本特征就是我国经济已由高速增长阶段转向高质量发展阶段。创新、协调、绿色、开放、共享的新发展理念，既是习近平新时代中国特色社会主义经济思想的重要内容，也是高质量发展的具体体现。高质量发展，就是能够很好地满足人民日益增长的美好生活需要的发展，是体现新发展理念的发展，是创新成为第一动力、协调成为内生特点、绿色成为普遍形态、开放成为必由之路、共享成为根本目的的发展。高质量发展的内涵包括高质量的供给、高质量的需求、高质量的投入产出、高质量的分配和高质量的宏观经济循环 5 个方面，政策建议按照这 5 个方面分别提出。

一、推动高质量的供给

新时代，我国经济已由高速增长阶段转向高质量发展阶段，经济结构出现重大变化，消费需求向高品质升级，科技创新进入活跃期。然而，产品供给体系仍处于中低端，现有的供给体系难以提供高质量的产品和服务。推动高质量发展，要把提高供给体系质量作为主攻方向，作为推动产业结构转型升级、经济迈向中高端的重要突破口和抓手，增强我国经济质量优势。

（一）建设实体经济、科技创新、现代金融、人力资源协调发展的现代产业新体系，提升整个供给体系的质量

实体经济是发展的主体和基础，创新是引领发展的第一动力，金融是现代经济的核心和血脉，人力资源是发展的第一资源。四者的协调发展是现代产业体系的显著特征，是提升整个供给体系质量、提升产业国际竞争力、壮大国家经济实力的根本举措。发达国家的经验表明，高端制造业和国际竞争力很强的企业，其共同点都是科技创新与实体经济紧密结合，拥有强大的研发和创新人才队伍，研发投入占销售收入比例较高，有上市融资和风险投资等金融工具对创新的有力支持。我国制造业之所以处在国际产业链、价值链的中低端，主要原因在于源头创新短缺，科技成果转化渠道不畅，研发投入和创新人才不足，金融存在“脱实向虚”，对实体经济和创新支持力度不够。要围绕解决这些问题，加快建设创新引领、协同发展的现代产业新体系。

做实做强做优实体经济。产业是经济之本，实体经济是我国经济发展的根基。推动经济高质量发展，重点是推动产业结构转型升级，把实体经济做实做强做优。从实体经济出发，尊重市场规律，推动高质量发展；尊重人类发展和自然的规律，实现和谐发展；尊重社会规律，实现可持续发展。要更加重视发展实体经济，推动要素资源和政策措施向实体经济倾斜，加快产业政策向功能型政策为主转型。提高供给结构对需求结构的适应性，推动制造业特别是先进制造业从数量扩张向质量提高的战略性转变，推动制造业与互联网的融合发展。坚定不移推进“三去一降一补”，调整存量，减少低质无效供给，做优增量，大力培育发展新动能，扩大优质高效供给。

加快制造强国建设，打造“中国制造 2025”国家示范区，鼓励和支持地方探索实体经济尤其是制造业转型升级的新路径、新模式；加快发展先进制造业，特别是高端制造业，推动互联网、大数据、人工智能和实体经济深度融合，在中高端消费、创新引领、绿色低碳、共享经济、现代供应链、人力资本服务等领域培育新的增长点，形成新动能。提升优势传统产业质量，推动传统产业向数字化、网络化、智能化转型，加快发展现代服务业，瞄准国际标准提高水平，培育若干世界级先进制造业集群，促进我国产业迈向全球产业链、价值链中高端，加快研发、生产、管理、

服务等模式变革，打造中国制造竞争新优势。

构建以战略性新兴产业为引领的现代产业体系，重点发展新一代信息技术、高端装备制造、绿色低碳、生物医药、数字经济、新材料、海洋经济等战略性新兴产业。面对资源禀赋和环境承载力的硬约束，实现高质量发展，需优化要素资源配置和生产力空间布局，走集中集聚集约发展之路，鼓励企业向园区集中，鼓励产业向高端集聚，形成有竞争力的增长极。

以服务型制造促进我国产业迈向全球价值链中高端。目前我国服务型制造整体处在发展的初级阶段，服务模式较为单一、产出水平不高，制造企业开展服务创新仍面临一些关键制约。建议从国家层面将服务型制造作为制造业创新发展的一项重要国际竞争战略，从规划指导、体制机制、资源整合、政策环境等更多方面发力，促进“互联网 + 制造业”、制造业与服务业融合互动发展。

不断提高科技创新在实体经济发展中的贡献率。当前，我国科技创新已进入发展的快车道。我国在商业成熟度、知识与技术产出方面获得高分，在研发公司全球分布、商业企业的研发人才、专利申请量和其他知识产权相关变量等方面表现优异。2017 年全球创新指数显示，我国成为中等收入经济体创新的“领头羊”，在全球 130 个经济体中排名第 22 位，比 2016 年提高了 3 位，比 2015 年提高了 6 位。

然而目前我国科研成果转化水平并不高，相比发达经济体还有不小的差距。我国是“专利大国”，却是“创新小国”。2017 年我国发明专利申请量和授权量居世界第一，有效发明专利保有量居世界第三；但专利转化率远低于国际水平，平均不到 10%，同时专利的资本化率也较低，大量专利“闲置”。我国创新投入强度落后于国际先进水平，2017 年我国研发经费投入强度（研发经费与国内生产总值之比）为 2.12%，落后于以色列、韩国、日本等创新型国家。

我国区域研发强度和增长动力类型呈现资源驱动型经济（西部和东北地区）、投资驱动型经济（中部和西南部地区）、创新驱动型经济（东部地区和北京市）三种类型，2016 年研发强度分别为 1.0% 以下、1.0% ~2.2%、2.3% 以上。北京、上海等创新驱动型城市的研发强度远高于 OECD 国家平均 2.4% 和欧盟 15 国平均 2.08% 的水平。可以看出，我国研发强度呈现明显的区域特征，中西部和东北地区仍属于资源驱动型和投资驱动型，有待进一步加大研发投入，向创新驱动转变。尽管近年来我国明显加大了基础研究、应用研究 R&D 经费投入，但是如何提高公共 R&D 经费投入的合理分配、高效使用、透明监督、效益显著的体制机制效率，仍是迫切需要解决好的大问题。不同类型的经济发展动力变革侧重点不同。创新驱动阶段的经济发展，重视如何从量的积累到质的飞跃，形成全球独特优势。投资驱动阶段的发展，重视形成要素从低效率部门到高效率部门流动，形成外商投资、民营投资、绿色投资、民生投资的融资环境。资源驱动阶段的发展，重视通过对口支持跨区域合作，培育新的增长动力，发挥后发优势。

制造业面临转型升级创新不足的问题。我国改革开放的重点领域之一是制造业。制造业是中国第一大产业，2017 年制造业产值占 GDP 的比重为 29.3%。其中，民营企业是我国制造业的主力军。2016 年我国制造业中民营企业的产值比重为 61.2%，国有企业为 27.8%，外资企业为 11%。因此，制造业的转型升级要激发民营企业的转型创新动力，加大研发投入。当前，我国传统制造业的研发强度大多在 1.0% 以下，如农副产品加工业的研发投入强度仅为 0.36%，纺织服装业 0.45%，加剧制造业 0.49%，食品加工业 0.64%，装备制造业研发强度为 1.5%。传统制造业的中小企业从制造代工转向自主创造的过程中，面临缺技术、缺人才、缺资金、缺品牌、缺渠道、缺转型经验和能力等因素制约。传统制造业要向高质量高端迈进，需要高技术的零部件、需要高端设备、需要全球范围的销售网络，需要的是高素质人才的脱胎换骨，需要由传统结构转向创新结构。一些地方，如广东佛山的传统制造企业开始对标德国和欧洲，探索像德国企业当年那样，通过促进工业服务和生产性服务业的发展，提升传统制造业的竞争力。一些企业开始寻求跨国并购的方式，建立全球价值链更高位置的技术和结构。同时，也涉及国有企业、民营中小企业如何转型问题。

表 2－1　2016 年制造业规模以上企业研发经费投入情况

行业	研发经费（亿元）	研发强度（%）	行业	研发经费（亿元）	研发强度（%）
农副加工业	249.7	0.36	医药制造业	488.5	1.73
食品制造业	152.8	0.64	专用设备制造业	577.1	1.54
纺织服装业	107.0	0.45	通用设备制造业	665.7	1.38
纺织业	219.9	0.54	汽车制造业	1048.7	1.29
家具制造业	42.9	0.49	运输设备制造业	459.6	2.38
化学制造业	840.7	0.96	计算机、通信设备	1811	1.82
造纸及制品	122.8	0.84	仪器仪表制造业	185.7	1.96
制造业总计	10580.3	1.01	电气机械器材制造	1102.4	1.50

资料来源：国家统计局、科技部、财政部，《2016 年全国科研经费投入统计公报》。

提高科技创新在实体经济发展中的贡献率，提高经济发展质量，一是需要激发大众创业、万众创新的“双创”活力，增加政府公共产品、公共服务的“双公”供给。激发创新创业，需要营造一个有效的投资环境、营商环境和市场环境，提高创新环境的效率和便利化。增加公共产品和服务，需要加快推进政府职能改革，践行治理体系和治理能力现代化。现阶段，解决中小企业缺技术、品牌、人才、渠道、资金和转型能力困境，增加“双公”具有更大的必要性和紧迫性。加强政府在国家创新链上，关键共性技术和公共技术开发转让项目、机构及机制建设，并作为大学、科研院所企业以外的第4支科研创新力量，为中小企业解决工艺、材料、关键零部件等技术瓶颈提供公共服务。大力发展多层次职业教育和技术培训体系，为企业培养更多合格的高素质员工。营造更宽松便利的国际化、知识化、生态化的创新环境，吸引更多创新型人才和团队。二是推动建立以科技创新为核心，政府扶持为推动，推动产业链、创新链、资金链和政策链深度融合，形成“政产学研资”紧密合作的创新生态体系，构建“企业集聚+产业链分工合作+研发机构集群化发展”的科技创新网络体系，实现技术创新的上中下游的对接与耦合，提高科技成果的转化。三是构建跨境创新网络，打造全球化开放创新的创新链。当今世界的科技、研究和创新活动越来越多地呈现跨地域、跨学科、跨领域合作的特征，需要开放创新、营造跨境创新网络，同时也具有高度竞争、高度动态变化和高度复杂性系统网络特征，单一企业和地方不具备独立完成重大创新活动的能力，需要构建跨境创新网络。因此，围绕产业链部署创新链，围绕创新链完善资金链，强化科技同经济对接、创新成果同产业对接、创新项目同现实生产力对接、创新链与人才链在全球范围内对接，构建全球共商共建共享的创新网络体系。

不断增强现代金融服务实体经济的能力。当前，由于实体经济投资回报率远低于金融业，导致大量资金“金融空转”和“脱实入虚”，这背后是实体经济发展遇到产能过剩、杠杆率高、生产率低的瓶颈，应继续通过“三去一降一补”减轻企业负担，增强实体经济活力。同时要健全支持实体经济发展的现代金融体系，降低实体经济融资成本，解决中小微企业融资难、融资贵等问题。进一步深化利率和汇率市场化改革，发挥货币政策引导作用，推动市场利率和社会融资成本下行；积极发展直接融资，促进多层次资本市场健康发展；有序打破刚性兑付，缓解中小企业融资困境；加速银行体系的市场化改革，引导商业银行转换经营理念，增加对中小企业贷款；加快企业自我完善与规范步伐，提升信用资质。

不断优化人力资源对实体经济发展的支撑作用。创新是我国经济社会发展的第一动力，人才是我国经济社会发展的第一资源。党的十九大提出加快建设创新型国家，培养造就一大批具有国际水平的战略科技人才、科技领军人才、青年科技人才和高水平创新团队。我国正处于结构转型和产业升级的关键时期，提高自主创新能力、建设创新型国家，必须依靠创新型人才。

国内外一些知名产业创新中心高度重视创新型人才的引进与培养。在高端创新人才引进方面，印度班加罗尔、日本筑波以及中国台湾新竹、武汉和成都等城市通过优惠政策和良好的投资与生活环境大力吸引海外高科技创新人才、海归人才入驻，在带来国际先进技术的同时也带来了大量的资本和先进的管理经验，成为各国产业创新的领军力量。武汉探索建设国际人才自由港，为汇聚海外科研人员做出了新的探索。同时各国也十分重视对本土创新型人才的培养，印度班加罗尔软件产业创新中心云集百所高等院校和科研机构、千所初级学校和国家重点实验室，日本筑波科学城本身就建立在国家实验研究机构和筑波大学的基础之上，中国台湾新竹汇聚台湾重点大学、工研院和六个国家实验室，武汉的“四大资智聚汉工程”“大学+”“大湖+”模式保证了创新人才的培育与集聚，成都高新区多所专科学校和职业技术学校为培育园区创新型产业的发展有针对性地培养了产业创新所需的产业技能人才，提升了创新的基础能力。

尽管当前我国创新型人才队伍不断壮大，一些产业自主创新能力快速提升，但我国许多产业仍处于全球价值链的中低端，一些核心技术仍受制于人，科技创新领军人才和高技能人才缺乏，具有国际竞争力的高层次创新团队严重紧缺，创新型人才队伍大而不强。借鉴国内外创新人才聚集经验，增强创新中心对创新人才的吸引力和集聚力，可采取以下措施。

第一，充分发挥科技创新的四大支柱作用。一是发挥大学基础教育培育作用。21 世纪以来，世界经济正在从工业经济迅速向知识经济转变，大学模式也由工业经济大学迈向知识经济大学。大学基础教育更重视对本土科技人才的培养，培育知识型、技能型、创新型劳动者大军，培养具备工匠精神的创新产业技能人才。例如，印度班加罗尔高校云集，班加罗尔大学、农业科学大学等印度一流的高等院校和政府认可的科研机构 100 多家、初级学校 2400 所和高中 650 所等基础高等院，充分保证了高素质低成本人才的供应，提升了本土研发管理能力，成为发展高科技的强大后盾。二是发挥科研院所基础应用研究的作用。例如，中国台湾十分重视科研院所的带动作用，台湾清华大学、台湾交通大学、台湾工研院及“科技部”在新竹科技园区内设置了 6 个实验室，包括太空图书室、同步辐射中心、精密仪器发展中心、晶片设计制造中心、高速电脑中心、交大内之毫微米元件实验室，成为园区科技创新发展与人力资源的后盾。加大对创新融资的力度，构建世界一流的直接融资体制。三是发挥企业开发试验作用。例如，美国“斯坦福—硅谷”校企合作协同发展的模式已经成为世界范围内校企合作的典范，其关键在于充分发挥企业开发试验作用，建立技术转化支撑体系，即 OTL 模式，实现了由实验室到市场的有效联通。四是发挥政府公共技术服务作用。政府应提供对关键技术研发、技术咨询、技术转让机构规范等公共技术服务和公共技术创新平台。第二，优化人才发展环境，设计以人为本的创新激励制度，实行落户、居住、子女入学等特殊优惠政策，积极创建人才管理改革试验区和人才服务绿色通道。第三，积极建立全球高层次人脉网络，依托国家和地方重大人才计划，着力引进海外从事国际前沿研究、国际顶尖科技人才与杰出科学家和创业团队入驻。高素质人才培养要与产业企业发展需求相适应，与“一带一路”“中国制造 2025”等重大国家战略相对接。第四，培养具有全球战略眼光、管理创新能力和社会责任感的创新管理人才和企业家队伍，培养企业家创新精神。第五，努力提高实体经济盈利能力，提升年轻人到实体经济领域的就业意愿。第六，坚持文化传承与创新的统一。中国文化讲求“和而不同”，是发自内心的开放包容。坚持文化传承与创新，既要继承传统、推陈出新，也要面向世界、博采众长。

（二）推动生产组织形式网络化智能化发展，深化“互联网 + 制造业”并发展工业互联网，高效精准优化生产和服务资源配置

当前，随着世界范围内新一轮科技革命和产业变革的孕育兴起，制造业与互联网融合发展成为趋势。“互联网 + 制造业”的发展模式是智能化生产下的模式创新，其发展模式是通过工厂现场、企业 IT 系统、平台、用户和产品设备的互联，以“智能工厂”与“企业 IT 系统”为基础，实现企业的智能化生产、用户的个性化定制、企业之间的网络化协同和产品的服务化延伸等功能，是新一轮科技革命下由生产到销售模式的根本性转变，数字化、网络化和智能化转型正在成为企业未来竞争的核心。推动“互联网 + 制造业”发展需要部署工业互联网、打通信息纵向集成与协同整合，以解决模式发展的基础资源。

增强工业互联网产业供给能力。当前，全球工业互联网正处在产业格局未定的关键期和规模化扩张的窗口期，工业互联网成为各国抢抓新一轮工业革命机遇、推进制造强国和网络强国建设的重要基础，对未来工业发展具有革命性影响。工业互联网是以数字化、网络化、智能化为主要特征的新工业革命的关键基础设施。我国工业互联网与发达国家基本同步启动，虽然在互联网框架、标准体系、测试、安全、

国际合作等方面取得了初步进展，但与发达国家相比，总体发展水平及现实基础仍然不高，与建设制造强国和网络强国的需要仍有较大差距。大力发展工业互联网，构建网络、平台、安全三大功能体系，打造人、机、物全面互联的新型网络基础设施，实现工业大数据的自动化采集，形成智能化发展的新兴业态和应用模式，能够推动互联网、大数据、人工智能与实体经济深度融合，进一步推动传统产业优化升级。

打通信息集成通道。在企业层面，有效收集和开发利用企业大数据，打通设备监控与操作层、生产运营管控层、企业经营决策层之间的信息流转通道，提升管理水平数字化、科学化和精细化程度。在产业层面，通过产业大数据集成共享，打破“信息孤岛”，实现产业上下游、跨领域的广泛互联互通，推动各产业领域的网络化、智能化升级。

推动信息协同整合。充分运用互联网、物联网、人工智能等先进技术，有效连接企业供应端、生产端、管理端、销售端和需求端等，推动企业生产、销售、资金、物流中信息的数字化、网络化、集成化发展，把数据作为一种新型生产要素进行管理和应用，提升企业和产业大数据的收集、分析与应用水平，推动信息协同整合，进而优化企业资源配置，提升企业管理效率和企业竞争力。

夯实网络基础，推动跨境网络建设。一是推动网络改造升级提速降费，大力推动工业企业内外网建设。二是推动跨境网络建设，更好地引导科技创新要素“引进来”和“走出去”。以深圳为例，深圳是国内创新城市之首，应用创新能力较强，培育了华为、中兴、迈瑞、比亚迪、大疆等一批既有创新动力又有创新能力的创新型企业。相对于应用创新，基础创新、源头创新是深圳的“短板”，存在缺乏国家布局重大科研基础设施、高等教育资源稀缺、高端专业人才和技能型人才稀缺和创新主体中小企业过于分散等短板。深圳创新主要靠外来投资，自主创新能力较弱。未来深圳要保持创新发展，可通过跨境网络，集聚国际创新要素资源，更好地“引进来”和“走出去”，保持科技创新能力。三是推进互联网标识解析体系建设。利用标识实现全球供应链系统和企业生产系统间精准对接，以及跨企业、跨地区、跨行业的产品全生命周期管理，促进信息资源集成共享。

推动传统产业智能化改造，促进产业结构优化升级。大数据智能化促进了效率变革，推动传统产业、重化工业、战略性新兴产业向智能化、数字化、自动化转变。标准化生产的背后需要智能化、数据化、自动化平台和服务体系支撑。通过互联网基础设施，在信息时代提供个性化、智能化、定制化的“小而美”“中而美”“大而美”的服务，满足不同群体和个人的需求，意义重大。智能化改变了传统产业的业态。在生产和研发方面，智能化可以改进研发设计模式，使企业更加快速、准确地把握市场的千变万化，发掘个性化需求，强化传统产业特色、差异和创新发展的能力。智能化也能帮助企业丰富、延伸服务功能，促进产品服务化，形成制造与服务、企业与市场更加良好的互动机制。面对要素成本和资源环境制约，智能化还可以提高设备和资源的利用效率，为企业和社会创造更多价值，深化传统产业转型发展、内涵增长的路径。在组织和管理方面，智能化的发展和应用，也将推动企业建立新型组织结构、业态模式和运营方式，降低管理成本，形成越来越多的智能企业、智能工厂。随着智能化应用逐步深化，除了模式转换和效率提升，传统产业还将迎来更多翻天覆地的变革。

推动经济发展智能化，需要政府对中小企业实施税收优惠政策，放水养鱼；完善公共服务，加大人才服务。对战略性新兴产业，实施军民融合深度发展，官产学研联合创新，全方位推进国际合作。

（三）增强创新力、需求捕捉力、品牌影响力、核心竞争力，提高产品和服务质量，形成优质高效多样化的供给体系

新时代，人民群众对美好生活的需要日益增长，很多消费者从简单的基础消费开始向品质消费升级，多样化、个性化的需求不断升级。然而现有的产业和产品结构调整并未及时跟进，商品和服务质量不能适应国内外需求，导致高质量有效供给不足，许多消费者转向国外需求高端消费。例如，我国旅游者的需求和消费行为已从传统的团队观光游逐渐转向深度游、休闲度假游等休闲型消费方式，更加注重自由行和个性化旅游。因此，要着力增加高质量、高水平产品的有效供给，推动供给体系由中低端产品为主转向适应需求变化的中高端产品为主，跟上居民消费升级步伐，以优质产品满足市场需求。

树立质量第一意识。将提高供给质量理念深植各行业和各企业心中，帮助企业树立中国制造、中国工程、中国服务的良好品牌形象，推动企业弘扬工匠精神，持续提升产品质量，推动企业加强“质量第一，诚信为本”的质量诚信文化建设，树立“重质量，讲诚信”的经营理念，营造诚信和谐的社会氛围。加大诚信企业示范宣传力度，树立诚信典型，深入开展诚信主题活动。深入开展群众性质量活动，通过“3·15 国际消费者权益日”等主题活动，促进社会质量共治，建设质量强国。

增强创新力，增强发现和捕捉市场需求的能力，增强品牌影响力，提升核心竞争力。创新是引领发展的第一动力。激发社会创新活力，营造良好的创新生态，应

以理念创新为先导，科技创新为支撑，产业创新为重点，机制创新为保障。建立以企业为主体、市场为导向、产学研深度融合的技术创新体系。完善支持企业创新的普惠性政策体系，加强对企业创新的支持；完善国家技术创新转移体系，培养一批专业化水平高、服务能力强的国家技术转移机构，建立完善区域性、行业性技术市场。强化知识产权创造、保护、运用，促进科技成果转化。高度重视要素创造，通过完善投资环境和市场环境，吸引国际上顶尖科技人才会聚中国，留在中国，无私奉献中国。

企业要加强创新建设，以科技创新提升企业的核心竞争力，以制度创新激发企业的内在创造力，以管理创新提高企业的运作执行力，以品牌创新扩大企业的社会影响力，以文化创新增进企业的人心凝聚力。坚持市场需求导向，以需求引领供给体系和结构的变化，以供给变革不断催生新的需求。增强创新力、需求捕捉力、品牌影响力、核心竞争力，提高产品和服务质量，跟上居民消费升级步伐，形成优质高效多样化的供给体系，适应“小而美”、个性化、分散化的新业态发展。

积极实施品牌战略，逐步形成特色优势品牌，形成一批拥有自主知识产权和知名品牌、国际竞争力较强的优势企业，进而带动本地区经济发展，促进经济社会转型。强化品牌意识，推动品牌建设，大力推行企业文化建设，夯实品牌文化底蕴。加强品牌管理工程，完善品牌名称设计、品牌个性、品牌认同、品牌定位、品牌传播、品牌管理等各方面的内容，提升品牌竞争力。质量是品牌的生命，严把产品质量关。做好品牌维护和提升，提高产品服务水平，夯实品牌基础，加强品牌创新，提升品牌价值，保持品牌活力。

提升产品和服务质量。一是提高质量标准，加强全面质量管理。围绕优势产业和重点领域，帮助企业加强质量管理，在生产流通的各个环节严把质量关；对标国际提高产品和服务的质量标准，使中国制造和服务成为高质量的标志；引导资金、人才、技术等要素向优质高产业效领域聚集，增加高质量、高水平的有效供给。二是强化质量监督。充分发挥第三方质量专业机构和行业协会在政府、企业和消费者之间的桥梁作用，为会员企业建设追溯体系提供专业化服务，为广大消费者提供权威可靠的质量信息和消费信息查询和验证服务。充分运用移动通信技术和大数据先进理念和资源，进一步完善诚信溯源和防伪溯源服务系统，推动我国诚信系统建设。强化企业主体责任，引导企业以质取胜战略，增强企业质量安全主体责任意识，督促社会各界切实维护消费者合法权益和共筑质量诚信，引导广大消费者树立质量消费观念。

质量控制需加强政府监管力度。近期日本数据造假事件令人唏嘘。长期以来，日本是全面质量管理最好的国家，日本制造是高质量的代名词。然而，日本为了降低成本，终身雇佣制被打掉，也打掉了员工的忠诚度和奉献度，降低成本降的是品质控制机构和人员，将监管权下放给一线作业人员，自我监管失控下出现了数据造假、产品质量下降等一系列连锁反应。美国的金融监管不严，寄希望于市场经济自律，市场自发调节，导致次贷危机的爆发并蔓延成国际金融危机。国际经验教训表明，政府的质量控制、质量监管程序不能少，要加强政府的监管作用。同时，要学习日本品质管理、质量管理、基层管理办法，建立从生产一线形成全面质量管理的体系；借鉴日本在质量上升时期的做法，避免日本在质量下降时期所导致的问题。

建设一批自由贸易港，成为区域生产总部和创新中心。目前我国内地尚未有典型的自由贸易港。从自由贸易港国际发展实践看，自由贸易港一般都具有国际枢纽、“境内关外”、内外通畅、税收洼地四个特征。其中，保税区和自贸试验区最为接近，但保税区仍重点关注货物，区内对服务业开放度不高，海关、金融监管严格，难以做到物、人、资金的内外通畅；自由贸易试验区虽然总体上看开放程度高，功能齐全，但具体到某个区，功能比较单一，“有集中、欠整合”，其设立的主要目的也不是打造增长极，因此对税收政策优惠考虑不足。加快建设一批自由贸易港，以此新平台将我国对外开放推向新高度，探索开放新高地，是提升国际竞争力的需要，是“一带一路”产业的重要抓手，将其建设成为面向全球的贸易、投融资、生产、服务网络的指挥部和神经中枢，物流资金信息人才的聚集地，成为引领区域发展合作的物流中心、金融中心、信息中心和创新中心。

二、促进高质量的需求

当前，我国内需市场十分广阔。随着我国中等收入群体规模的扩大和城市化水平的提高，消费需求和投资需求不断提升，为经济发展提供了广阔的市场和持久的动力。2017 年，我国中等收入群体已超过 3 亿人，大致占全球中等收入群体的 30% 以上，已经形成世界上最大规模的中等收入群体。城市化水平不断提升，2017 年我国城镇化率升至 58. 52%，预计 2020 年将达到 60%。2017 年我国社会消费品零售总额达到 36. 6 万亿元，同比增长 10. 2%，连续 14 年实现两位数增长，最终消费支出对经济增长的贡献率为 58. 8%。从平均水平来看，2013—2017 年最终消费支出对经济增长的年均贡献率为 56. 2%，资本形成总额的年均贡献率为 43. 8%，货物和服务净出口的年均贡献率几乎为 0，可以看出，消费是拉动我国经济增长的主要动力。

然而，由于就业质量不高，居民收入水平偏低，较低的基本公共服务保障水平不能有效解决中低收入者的后顾之忧，人民群众缺乏稳定预期，消费能力和意愿受到明显抑制。2017 年全国居民人均消费支出 18322 元，比上年增长 7.1%。但从消费结构来，居住占比 22.4%，仅次于食品研究，是第二大支出。由于住房需求是刚性需求，高房价抑制了需求，房租房贷压力会挤出居民消费。同时，公共服务供给不足，养老、医疗、教育等给居民带来的负担比较重，制约了居民消费支出意愿。近年来，在政府的高度重视和持续投入下，中国基本公共服务水平有了显著提高。然而，由于经济发展水平不高，目前基本公共服务所涵盖的内容有限、保障程度较低，仍存在基本公共服务均等化程度不足、个人负担较重、部分基本公共服务短缺、相关制度建设相对滞后等问题，这些因素制约了中等收入者比重的提高。目前，中国中等收入群体主要是工薪阶层，城镇低收入者和农村中高收入者是中等收入者"预备队"。在城市特别是大城市，中等收入者面临"住房难""看病难""上学难"等困境，现有的公共服务保障水平不能有效提高中等收入者的待遇水平。随着大批中高收入的农村居民加快向城镇地区迁移，进城务工人员面临户籍限制、劳动力就业市场分离、社会保障、子女就学等诸多融入问题，基本公共服务体系的不均等发展，使得进城务工人员享受不到城市居民的各种待遇，处于城市边缘。在社会保障体系不健全、收入差距不断拉大的情况下，中低收入者的收入增长有限，而住房、子女教育、医疗和养老等生活成本不断提高增加了其后顾之忧，并且随时都有可能因房、因病等问题而降低生活水平，制约了中等收入群体的消费支出意愿。因此，为促进高质量的需求，要大力解决制约居民消费需求特别是中等收入群体消费需求的问题，进而带动供给端升级，促进供需在更高水平实现平衡。

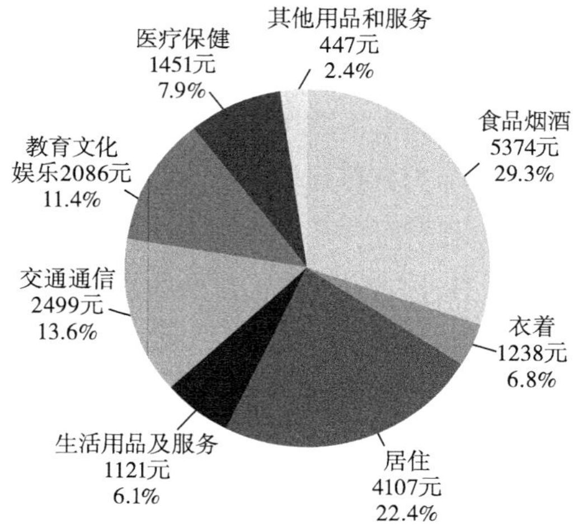

图 2－6　2017 年全国居民人均消费及其构成

（一）扩大中等收入群体

当前，我国农业从业者比重大制约了中等收入者比重的提高，分配制度改革相对滞后导致贫富差距进一步扩大，公共服务供给不足难以解决中等收入者的后顾之忧，现行的税收制度对居民收入分配的调节能力较弱，我国经济发展水平相比发达国家较低也制约了中等收入者比重的提高。扩大中等收入群体，首先，要把经济蛋糕做大，增加低收入者的收入。其次，完善税收、社保等机制，确保教育的公平性，解决中等收入群体的后顾之忧。最后，重视立法在市场机制中的调节作用，尽快制定适合中国国情的最低工资法、社会保障法等相关法律，用法律制度来切实保障劳动者的权益。

（二）提高新型城镇化质量

提高新型城镇化质量，吸引更多的农业转移人口成为城镇居民，有利于进一步提高城镇化率和中等收入者的比重，由此带来的消费需求潜力巨大。

提高城镇化率，扩大消费需求潜力。2013—2017 年的 5 年来，我国城镇化率从 52.6% 提高到 58.5%，8000 多万农业转移人口成为城镇居民，2017 年实现进城落户 1300 万人，大量进城落户人口有效提升了消费需求。预计 2020 年城镇化率达到 60% 左右，将实现 1 亿左右农业转移人口和其他常住人口在城镇落户。按照户均人口 2.9 人计算，可能产生 3450 万套的房屋购置需求。城镇化率不断提高带来的消费需求潜力巨大，但与发达国家 80% 的城镇化率相比，我国城镇化率还有很大的提升空间。在城镇就业的劳动者最容易成为中等收入者，应加快农业转移人口市民化以提高城镇化率，深化户籍制度改革，推进有能力在城镇稳定就业和生活的农业转移人口举家进城落户，并与城镇居民享有同等权利和义务。

增加公共产品供给，提升新型城镇化发展质量。优先发展公共交通，健全菜市场、停车场等便民服务设施。有序推进“城中村”、老旧小区改造，完善配套设施，鼓励有条件的加装电梯。加强排涝管网、地下综合管廊等建设。

加强人性化管理。加强新型城镇化的精细化服务、人性化管理，使人人都有公平发展的机会，让居民生活得方便、舒心。

（三）扩大居民消费

扩大居民消费是促进高质量需求的关键。第一，提高消费能力。在发展经济、扩大就业的基础上，提高居民收入水平，着重提高农民和低收入群体的收入水平，从而提高居民的消费能力。第二，改善供给结构。扩大旅游等各种服务性消费，使生产满足城乡居民多样化、多层次的消费需求。第三，引导消费预期。完善社会保障体系，解决人们在教育、医疗、养老等方面的后顾之忧，提高人们的消费预期。第四，积极扩大新兴消费、稳定传统消费、挖掘潜在消费。提升服务品质，增加服务供给，不断释放旅游、文化、体育、健康、养老、教育培训等重点领域的潜在需求。大力促进传统实物消费升级，创造消费新需求。发展消费新业态、新模式，推动网购、快递健康发展。第五，持续优化消费环境。规范市场秩序，加强对食品药品安全的监管，营造便利、安心、放心的消费环境，让人们能够放心消费，吸引居民境外消费回流。

（四）优化就业创业环境

2017 年高校毕业生 820 多万人，再创历史新高，要促进多渠道就业，支持以创业带动就业。加强全方位公共就业服务，大规模开展职业技能培训，运用“互联网 +”发展新就业形态。扎实做好退役军人安置。加大对残疾人等就业困难人员的援助力度。扩大农民工就业，全面治理拖欠工资问题。要健全劳动关系协商机制，消除性别和身份歧视，使更加公平、更加充分的就业成为我国发展的突出亮点。

三、实现高质量的投入产出

价值规律是市场经济的基本规律，它的本质要求就是以最小的生产要素投入（费用）获得最大的产出（效益）。但在高速增长阶段，粗放型增长模式导致投入产出效率低和资金回报率大幅下降，造成资金“脱实向虚”现象严重，社会投资意愿不强。过去 5 年，民间投资增速由 2012 年的 24.8% 下降到 2017 年的 6.0%，下滑趋势明显。因此，实现高质量发展意味着高质量的投入产出，即不断提高劳动、资本、土地、资源、环境等要素的投入产出效率，扭转实体经济投资回报率逐年下降的态势。

（一）进一步发挥人力资本红利作用，提高劳动生产率

当前，我国劳动人口呈下降趋势。2012 年我国劳动年龄人口首次出现下降，2017 年，我国 15 ~ 59 岁劳动年龄人口总量为 90199 万人，比 2016 年减少了 600 万人，已连续 6 年减少，减少总量已达 2500 万人。同时，2017 年全年共出生人口 1723 万人，比 2016 年减少 63 万人。有学者预测，2021 年或 2030 年中国可能出现人口负增长拐点。随着我国经济结构转型升级，产业结构调整方向从劳动密集型的

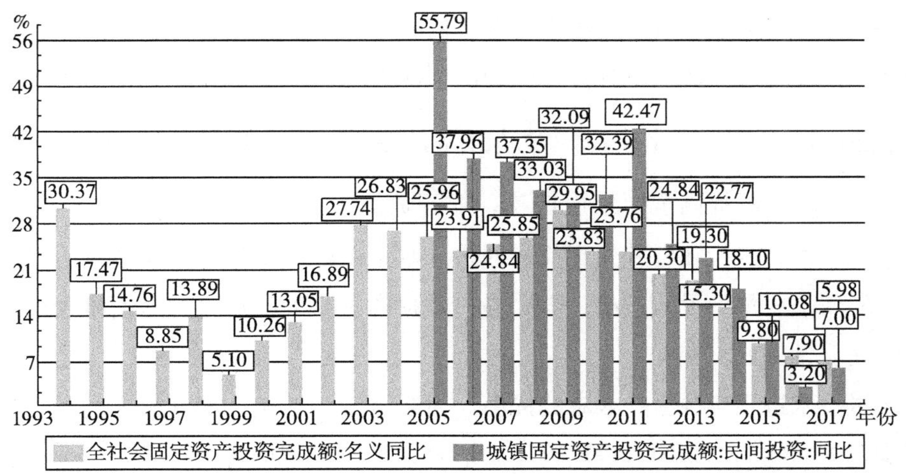

图 2 – 7　社会投资和民间投资增速下滑趋势明显

低端制造业转向高新技术导向的高端制造业，从以生产为主的传统经济转向生产与服务并重的现代经济，对从事单纯生产的劳动者的需求数量相对减少，对人力资本的需求大大增强。因此，随着我国的人口红利逐步消退，过去依靠廉价劳动力实现经济高速增长的模式已不可持续，经济增长将更多依靠人力资本质量和技术进步，提高劳动生产率，从人口红利转向资本红利是我国经济发展的必然之路。

一是通过教育加速积累人力资本，提高劳动生产率。普及高中阶段教育，提升接受高等教育人口比重，促进我国从低技能、低教育水平的劳动力充裕国家向高教育水平、高技能劳动力充裕的国家转变。加强对重点领域技术人才的教育培训，扩大研发经费占 GDP 的比重。二是引导对有利于人力资本积累的教育、医疗、社会保障等社会基础设施领域的投资。三是探索以结构性失业为主攻方向的新就业政策，以解决由于劳动者技能无法适应产业结构的变化而带来的结构性失业问题。

（二）节约集约利用资源，增强发展的可持续性

实现高质量的发展，必须坚持节约资源和保护环境的基本国策，坚持可持续发展，加快建设资源节约型、环境友好型社会，形成人与自然和谐发展的现代化建设新格局。提高土地、矿产、能源资源的节约集约利用程度，增强发展的可持续性。一是树立节约集约循环利用的资源观，推动资源利用方式根本转变，加强全过程节约管理，大幅提高资源利用综合效益。二是全面推动能源节约，全面推进节水型社会建设，强化土地节约集约利用，加强矿产资源节约和管理，大力推进绿色矿山和绿色矿业发展示范区建设，实施矿产资源节约与综合利用示范工程、矿产资源保护

和储备工程，提高矿产资源开采率、选矿回收率和综合利用率，开展找矿突破行动。三是大力发展循环经济，倡导勤俭节约的生活方式，建立健全资源高效利用机制。

（三）提高全要素生产率，推动经济从规模扩张向质量提升转变

质量变革需要提高全要素生产率，靠开放竞争，提高资本、人才、创新效率。全要素生产率，是指在各种生产要素的投入水平既定的条件下，所达到的额外生产效率。实现高质量的投入产出，需要进一步提高全要素生产率，从而推动经济从规模扩张向质量提升转变。

通过技术进步实现生产效率的提高。主要表现为在生产要素投入之外，通过技术进步、体制优化、组织管理改善等无形要素推动经济增长的作用。例如，企业通过采用新技术、新工艺，开拓新市场，开发新产品，改善管理，体制改革激发了人的积极性，从而提高全要素生产率。

通过生产要素的重新组合实现配置效率的提高。优化劳动力、资本、土地、技术、管理等要素的配置，不断提高劳动效率、资本效率、土地效率、资源效率、环境效率和科技贡献率，实现投资有回报、企业有利润、员工有收入、政府有税收，激发创新创业活力。要坚持质量第一、效益优先，推动资源要素从低质低效领域向优质高效领域流动。例如，劳动力从生产率较低的农业部门转向生产率较高的非农部门，可以提高全要素生产率。

完善市场机制，创造充分竞争环境。形成能者进、庸者退、劣者汰的“创造性破坏”机制，实现生产要素向效率更高的产业、行业和企业集中。

探索创新驱动实践。创新驱动就是创新成为引领发展的第一动力，科技创新与制度创新、管理创新、商业模式创新、业态创新和文化创新相结合，推动发展方式向依靠持续的知识积累、技术进步和劳动力素质提升转变，促进经济向形态更高级、分工更精细、结构更合理的阶段演进。我国实施创新驱动发展战略，强调科技创新是提高社会生产力和综合国力的战略支撑。经过改革开放40年，我们积累了坚实的物质基础，已具备从以要素驱动、投资规模驱动发展为主，向以科技创新驱动发展为主的良好条件转变。构建创新驱动的发展动力系统，要坚持科技创新和体制机制创新双轮驱动，构建国家创新体系，推动发展方式从以规模扩张为主导的粗放式增长向以质量效益为主导的可持续发展转变；发展要素从传统要素主导发展向创新要素主导发展转变；产业分工从价值链中低端向价值链中高端转变；创新能力从“跟踪、并行、领跑”并存、“跟踪”为主向“并行”“领跑”为主转变；资源配置从

以研发环节为主向产业链、创新链、资金链统筹配置转变；创新群体从以科技人员的小众为主向小众与大众创新创业互动转变六大转变。

四、实现高质量的分配

实现高质量的发展，就是要推动合理的初次分配和公平的再分配，实现投资有回报、企业有利润、员工有收入、政府有税收，并且充分反映各自按市场评价的贡献。必须坚持和完善按劳分配为主体、多种分配方式并存的分配制度，处理好初次分配和再分配的效率与公平关系。

（一）提升初次分配的公平与效率

在初次分配环节，要逐步解决土地、资金等要素定价不合理的问题，促进各种要素按照市场价值参与分配，促进居民收入持续增长。近年来，我国居民收入分配格局得到进一步优化，但仍存在很多问题。近年来，居民收入和劳动报酬占比逐步提高，城乡居民收入差距、地区收入差距、全国行业平均工资差距都有一定程度的缩小，中等收入群体大幅扩大，农村贫困人口大幅缩小，2013—2017 年 5 年累计减少 5203 万人。然而，当前我国收入分配结构仍存在“双低”现象，城乡居民收入差距、地区收入差距、全国行业平均工资差距虽有所下降，但仍存在差距偏大及居民财产分布不够公平合理等问题。

居民收入在国民收入分配中的比重偏低，主要是因为积累基金和消费基金比例不合理。由于积累率过高，导致经济发展主要依靠投资，投资率上升；而居民收入水平较低，消费率降低，2000—2011 年出现下降速度加快的趋势，消费率由 63% 下降至 50%。尽管此后呈小幅回升态势，2017 年为 55%，但仍处于历史较低水平。劳动报酬在初次分配中的比重偏低，表现为工资收入水平较低，工资增长低于国民经济增长。2017 年城镇居民可支配收入实际增长 6.5%，农民工月收入平均增长 6.4%，均低于实际 GDP 6.9% 的增速，这意味着 2017 年劳动报酬在国民收入分配中的占比将会继续下降。同时，居民内部不同群体之间收入差距不断拉大。个人之间、行业之间、城乡之间、区域之间的收入差距拉大。低收入者具有消费倾向，但是购买力低下，高收入者具有较强的购买力，但是消费倾向较低。因此，调整收入分配结构，是缩小收入差距、促进经济高质量发展的必然要求。

因此，在一次分配领域，一是坚持按劳分配原则，完善按要素分配的体制机制，促进收入分配更合理、更有序。合理确定最低工资标准，保护低工薪劳动者权益；

建立职工工资正常增长机制，打通工薪劳动者收入稳步增长的上行通道；建立健全工资支付保障机制，保证劳动者工资足额按时发放；贯彻落实以增加知识价值为导向的分配政策，提高高技能人才待遇；注重发挥收入分配政策激励作用，扩展知识、技术和管理要素参与分配途径。二是鼓励勤劳守法致富，扩大中等收入群体，增加低收入者收入，调节过高收入，取缔非法收入。三是坚持在经济增长的同时实现居民收入同步增长，在劳动生产率提高的同时实现劳动报酬同步提高。四是拓宽城乡居民劳动收入和财产性收入渠道。大力支持新业态发展，拓宽劳动收入渠道。拓展金融产品投资、实业投资和租赁服务等增收空间，依法加强对公民财产权的保护。

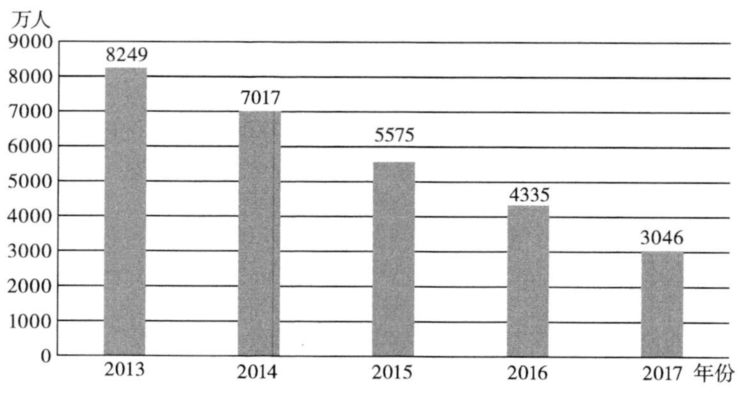

图 2－8　2013—2017 年末全国农村贫困人口

（二）加大再分配调节力度

再分配环节，要发挥好税收的调节作用以及精准脱贫等措施的兜底作用，注意调节存量财富差距过大的问题，形成高收入有调节、中等收入有提升、低收入有保障的局面，提高社会流动性，避免形成阶层固化。一是发挥税收的调节作用。加快建立综合和分类相结合的个人所得税制度。将一些高档消费品和高消费行为纳入消费税征收范围。完善鼓励回馈社会、扶贫济困的税收政策。二是健全针对困难群体的动态社会保障兜底机制。增加财政民生支出，公共资源出让收益更多地用于民生保障，逐步提高国有资本收益上缴公共财政比例。

五、提高宏观经济循环质量

经济循环是生产、流通、分配与消费，虚拟与实体，国内和国外互动与周转的总过程。提高循环质量，是实现生产要素高效配置的途径，有利于保持经济发展的可持续性。然而，我国经济发展中仍存在阻碍经济发展、导致经济循环不畅的问题。包括经济失衡问题、空间布局、宏观调控、体制机制等方面的问题。因此，在高质量的经济循环方面，要打通这些导致经济循环不畅的环节，实现生产、流通、分配、消费循环通畅，国民经济重大比例关系和空间布局较合理，从“有没有”到“好不好”，促进经济发展从总量扩张向结构优化转变，进一步提高生产要素高效配置，促进经济可持续发展。

（一）保持国民经济重大比例关系协调和空间布局比较合理，实现生产、流通、分配、消费各环节循环顺畅

不断优化国民经济重大比例关系和空间布局，优化城乡区域结构，让协调成为内生特点。

保持国民经济重大比例关系的协调。保持劳动者报酬、营业盈余、固定资产折旧、生产税净额之间的比例关系协调，处理好劳动者、企业、政府三者的利益关系；保持消费和投资之间的比例关系协调，促进经济健康发展与工业化进程顺利推进并使经济发展成果惠及普通民众；保持内需和外需之间的比例关系协调，促进内外需协调发展，提高经济增长的质量和效益；保持商品和货币之间的比例关系协调，保持现实资本和虚拟资本之间的比例关系协调等。

以区域协调发展优化空间布局。要在薄弱领域增强发展后劲，支持革命老区、民族地区、边疆地区、贫困地区改善生产生活条件；要分类助推“四大区域板块”发展，强化举措推进西部大开发形成新格局，深化改革加快东北等老工业基地振兴，发挥优势推动中部地区崛起，创新引领率先实现东部地区优化发展；要让“三大战略”持续发力，京津冀协同发展以疏解北京非首都功能为重点，推进长江经济带发展以生态优先、绿色发展为引领，围绕“一带一路”建设创新对外投资方式；要以城市群为主体构建大中小城市和小城镇协调发展的城镇格局，加快农业转移人口市民化。同时，还要下好乡村振兴这盘大棋，加快构建现代农业产业体系、生产体系、经营体系，培育新型农业经营主体，健全农业社会化服务体系，切实解决好“三农”问题，让农村和城市比翼双飞，协调发展。参与城乡一体化发展战略和重大政策，参与编制国土整治、资源合理开发利用规划，会同有关部门组织实施与管理。

推动同城化，打破市场垄断、流通垄断，实现经济一体化。国际经验证明，要实现区域经济社会协调发展及一体化，关键是要大力促进区域内城市之间的密切合作和优势互补，形成有机联系、合理分工、融合发展的都市圈或城市群。加快同城

化发展，通过加强区域经济整合，打破经济格局，进一步解放生产力，在更广阔的区域内优化资源配置、实现优势互补协同增长，更好地协调城市间因地理位置、生产要素和产业结构不同而承担的不同的经济职能，在区域范围内实现单个城市无法达到的规模经济和积聚效应。

用好香港。香港长期保持国际金融中心、国际贸易中心和国际航运中心地位。香港连续23年被美国传统基金会评为全球最自由经济体。在世界经济论坛发布的《全球竞争力报告》中，香港连续5年跻身全球十大最具竞争力的经济体行列。2017年9月公布的最新“全球金融中心指数”显示，香港排名第3位，仅次于纽约和伦敦。香港是我国改革开放的积极参与者和贡献者，在我国的发展中发挥着不可替代的作用。在“一国两制”制度优势下，香港起到了连接国内和国外的“超级联系人作用”。香港充分发挥其自由港和国际贸易、国际航运、国际金融中心的作用，成为中国对外经济联系的主要通道和海外资本投资中国、内地企业海外融资的主要中介地，推动了内地向市场经济转型，成为内地融入全球体系的重要支撑力量。香港拥有世界一流大学，世界一流直接融资体系，全球影响力的国际金融中心，良好的治理体系和治理能力。内地应学习香港的国际化经验、市场经济经验和国际法制，用好香港，推动我国经济高质量发展。

打破二元土地制度壁垒。打开制度通道，构建农村集体建设用地入市的制度框架。制定农村集体经营建设用地入市税收政策，完善抵押融资办法和配套体系，拓宽入市土地类型，制定使用权到期后的指导意见，因地制宜建立区域统筹机制。

实现生产、流通、分配、消费各环节循环顺畅，逐步缓解经济运行中存在的三大失衡。三大失衡包括供给和需求失衡、金融和实体经济失衡、房地产和实体经济失衡。第一，畅通供需匹配的渠道，缓解供给和需求的失衡。加快建立规则统一的金融市场，要畅通政策传导渠道。金融支持实体经济，需要通过市场来配置资源，这就需要一个有效的金融市场来向各个领域传递信息，并能够使资金顺畅有效地流动。引导金融服务实体经济需要进一步加强金融市场监管协调，强化中央银行监管地位，统一监管规则，推进金融市场扩大对内对外双向开放，建立有效的优胜劣汰机制，畅通货币政策传导渠道，促使金融市场资金能够按照市场化原则在各部门、各行业、各企业之间高效地流动。

第二，畅通金融服务实体经济的渠道，缓解金融和实体经济失衡。金融是经济的血脉，为实体经济服务是金融的宗旨。深化金融体制改革，增强金融服务实体经济能力，需要建立多层次的资本市场，提高直接融资比重，畅通金融服务供求之间的信息渠道，为生产要素的重组提供便利，为创业、创新提供试错的金融机制。首先，打破银行垄断，完善我国金融体系。改革开放 40 年来，我国金融业发展取得了长足的进步，金融业为经济发展提供了重要支撑，但整体来说，我国金融体系仍然由银行主导，银行业资产占全部金融资产的 90% 以上，全社会的融资风险仍高度集中于银行体系。因此，打破银行垄断，引入不同性质的资本公平竞争，能够激发金融市场活力，有利于完善我国金融体系。放开银行准入门槛，让愿意为实体经济提供流动性的民营资金入场竞争，让企业有更多的自主选择权，从而打通实体经济融资血脉，降低企业的实际融资成本。同时促进互联网金融健康发展，完善金融监管协调机制。密切监测跨境资本流动，守住不发生系统性和区域性金融风险的底线。让金融成为一池活水，更好地浇灌中小企业、“三农”等实体经济之树。其次，进一步健全多层次资本市场体系，积极发展直接融资。①进一步健全完善的、多层次的资本市场体系，满足不同投资者和融资者的金融服务需求，提高市场资源利用效率并控制风险。完善主板市场、二板市场、三板市场的多层次市场体系。逐步形成以债券为主体的主板市场和以股票为主体的中小企业板市场，以基金为主的场外交易市场为补充，各类市场内部合理分层的资本市场体系，并通过各层次市场的差别化制度安排，实现市场风险的分层管理和市场整体效率的提高。②积极发展直接融资。直接融资发展缓慢是国内中小企业融资成本较高的重要原因之一，应降低中小企业的上市门槛，大力发展直接融资。完善股票、债券等多层次资本市场，规范发展区域性股权市场。丰富直接融资工具。积极发展项目收益债及可转换债券、永续票据等股债结合产品，推进基础设施资产证券化试点，规范发展网络借贷。简化境内企业境外融资核准。③加强资信评级机构和会计、律师事务所等中介机构监管，研究证券、基金、期货经营机构交叉持牌，稳步推进符合条件的金融机构在风险隔离基础上申请证券业务牌照。④促进投融资均衡发展。逐步扩大保险保障资金在资本市场的投资，规范发展信托、银行理财等投融资功能，发展创投、天使投资等私募基金。⑤强化监管和风险防范，加强相关制度建设，坚决依法依规严厉打击金融欺诈、非法集资等行为，切实保护投资者的合法权益。

第三，落实“房子是用来住的，不是用来炒的”定位，缓解房地产和实体经济失衡。当前，我国房地产和实体经济失衡严重。主要表现在：土地供需失衡、土地价格失衡、房地产投资失衡、地产融资比例失衡、房地产税费占地方财力比重过高、房屋销售租赁比失衡、房价收入比失衡、房地产内部结构失衡、房地产市场秩序失衡、政府房地产调控失衡十大方面。由此带来的高房价恶化了实体经济投资环境，大量资金涌入房地产市场寻求高回报，使实体经济“脱实向虚”严重。同时也加大了房地产泡沫集聚，加大了资产价格波动风险，房地产泡沫成为最大的金融风险。因此，必须高度重视泡沫性高房价对实体经济产生的负面影响并认真加以解决。一是建立房地产调控五大长效机制。坚持“房子是用来住的，不是用来炒的”定位。综合运用金融、土地、财税、投资、立法等手段，建立房地产调控长效机制。建立土地调控长效机制，控制土地供应总量、用地结构比例和拍卖土地价格。建立金融调控长效机制，坚决守住开发商自有资金拿地这条底线，坚决防止开发商多账户借款，认真管好住房按揭贷款。建立税收长效体制，形成高端有遏制、中端有鼓励、低端有保障的差别化税率体系，适时征收房产税或物业税，研究征收土地增值税。建立租赁市场长效机制，完善政府公租房体系，培育商品房租赁市场。实施地票制度。地票是指将闲置的农民宅基地及其附属设施用地、乡镇企业用地、农村公益公共设施用地等农村建设用地，复垦为耕地而产生的建设用地指标。地票制度打破了土地资源配置的空间局限，赋予农民更多的财产权利。支持了新农村建设，推动了农业转移人口融入城市。地票制度可对城市房地产调控特别是土地供应发挥重要作用。二是完善住房立法，保证民众住房权利。据初步统计，1932—2008 年，美国国会共颁布住房方面的法案及修正案 70 多部，对住房问题建立了一套较为完善的法律体系，涉及放款机构和政府支持企业的经营与社会责任、借款人利益保护、中低收入家庭住房保障三类，涵盖住房开发、租赁、融资、补贴、税收优惠、贷款担保、社区发展和监管等各个方面，通过法律保证民众住房权利。其中，在解决中低收入家庭住房问题方面，通过立法、机构设置和法规约束所形成的鼓励银行持续向中低收入家庭放款的机制值得我国借鉴。我国应适时出台《住房法》《房地产税法》和《房屋租赁法》等基础性住房法律。

（二）要创新和完善宏观调控，发挥国家发展规划的战略导向作用，健全财政、货币、产业、区域等经济政策协调机制

当前我国经济社会面临的突出矛盾和问题，有周期性的、总量性的因素，但重大结构性失衡是导致经济循环不畅的根源，应从供给侧结构性改革入手，实现供求关系新的动态平衡。要创新完善宏观调控，建立与高质量发展相适应的制度环境体系。按照高质量发展的要求，要统筹推进“五位一体”总体布局和协调推进“四个全面”战略布局，坚持以供给侧结构性改革为主线，统筹推进稳增长、促改革、调结构、惠民生、防风险各项工作，大力推进改革开放，创新和完善宏观调控，推动

质量变革、效率变革、动力变革，在打好防范化解重大风险、精准脱贫、污染防治的攻坚战方面取得扎实进展，引导和稳定预期，加强和改善民生，促进经济社会持续健康发展。今后三年要重点抓好决胜全面建成小康社会的防范化解重大风险、精准脱贫、污染防治三大攻坚战。加快形成推动高质量发展的指标体系、政策体系、标准体系、统计体系、绩效评价、政绩考核，创建和完善制度环境。发挥国家发展规划的战略导向作用，健全财政、货币、产业、区域等经济政策协调机制。

推动实现高质量发展需要市场、政府和社会“三位一体”的合力。重大项目建设、基础设施建设解决的是经济发展中的“干线”问题，要疏通经济发展循环不畅的“毛细血管”，推动实现高质量发展需要市场、政府和社会“三位一体”的合力。一是用好市场“无形的手”，在资源配置中的决定性作用，促进市场秩序和企业经营模式发生从速度到质量的脱胎换骨般的转型。二是用好政府“有形之手”，创造良好的营商环境。政府引导并创造环境，引狼入室、与狼共舞、培养狼性。政府提供支撑市场发展秩序的制度框架，简政放权，藏富于民、放水养鱼，对企业减税、多予少取，鼓励内生性市场快速发展。三是用好社会“和谐之手”，创造社会治理优势。形成全社会尊重人才、尊重知识、尊重技能的创新社会氛围。积极稳妥地发展混合所有制经济。目前我国已成为制造业大国，需要高效的金融体系支持。然而，目前的混合所有制结构并不是高效的。如金融行业中，国有企业所占比重高达90.7%，表明金融行业被国企垄断，没有形成市场作业，市场机制没有充分起作用，导致竞争不充分、效率不高，金融寻租行为严重。解决混合所有制结构，要支持国有资本、集体资本、非公有资本等交叉持股、相互融合。推进公有制经济之间股权多元化改革。稳妥推动国有企业发展混合所有制经济，开展混合所有制改革试点示范。引入非国有资本参与国有企业改革，鼓励发展非公有资本控股的混合所有制企业。鼓励国有资本以多种方式入股非国有企业。

表 2-2　2016 年中国国有企业、民营企业和外商独资企业的行业份额（%）

行业	国有企业	民营企业	外商独资企业
医疗健康	89.9	10.1	0.02
批发和零售	61.9	34.2	3.9
建筑	53.2	46.4	0.3
文化	86.6	12.5	0.9
教育	73.4	25.4	1.1
金融	90.7	7.8	1.5

续表

行业	国有企业	民营企业	外商独资企业
住宿	54.4	43.1	2.4
房地产	29.6	67.8	2.6
科研	69.9	26.5	3.5
经营和租赁	76.2	15.4	8.4
餐饮	35.0	56.0	9.0
制造业	27.8	61.2	11.0

（三）加快建立现代财政制度，深化金融体制改革

加快建立现代财政制度，建立权责清晰、财力协调、区域均衡的中央和地方财政关系。建立全面规范透明、标准科学、约束有力的预算制度，全面实施绩效管理。深化税收制度改革，健全地方税体系。深化金融体制改革，增强金融服务实体经济能力，提高直接融资比重，促进多层次资本市场健康发展。健全货币政策和宏观审慎政策双支柱调控框架，深化利率和汇率市场化改革。健全金融监管体系，守住不发生系统性金融风险的底线。

第三节　扩大中等收入者比重面临的主要问题和政策建议

当前我国中等收入者比重较低，基于我国目前所处的发展阶段和基本国情，我国农业从业者比重大、分配制度改革相对滞后、基本公共服务保障水平低、税收调节能力弱、社会征信体系不健全、经济发展整体水平低等问题制约了中等收入者比重的提高。扩大中等收入者比重要通过加快农村劳动力的转移、缩小全社会收入差距、提升基本公共服务保障水平、加大税收调节力度、完善社会征信体系、提升经济发展水平等措施来实现。

一、中国中等收入者比重低

《国民经济和社会发展第十三个五年规划纲要》明确将中等收入人口比重上升作为重要目标。扩大中等收入者比重是实现全社会共同富裕的必然要求，是到2020年全面实现小康社会的重要任务。

当前，中国尚未形成统一的中等收入者划分标准，中等收入者比重的测算方法

有五等份法、恩格尔系数法、基尼系数法、固定比例法、拟合收入分布函数法等。国家发改委测算，人均收入在4.1万～12.1万元可算作中等收入者①，2010年中国中等收入者比重为21.25%，低收入者比重为76.26%，高收入者比重为2.49%②。这表明中国中等收入者比重低，低收入者比重大，高收入比重极小，尚未形成“橄榄型”收入结构。

不断扩大中等收入者比重有助于缓和目前中国因贫富差距造成的社会矛盾，有利于逐步形成“橄榄型”社会，使中等收入群体成为促进消费、拉动经济增长的内生动力和维护社会稳定的基石。然而，基于中国目前所处的发展阶段和基本国情，扩大中等收入者比重仍面临一些主要问题。

二、中国扩大中等收入者比重面临的主要问题和原因

（一）中国农业从业者比重大导致中等收入者人数较少

中国农村居民收入水平较低，而农村居民占人口总量的比重和农业就业人口比重都较大，制约了中等收入者比重的提高。2015年，中国就业人口约7.7亿人，其中第一产业、第二产业和第三产业就业人口分别为2.2亿人、2.3亿人和3.3亿人，所占比重分别为28%、29%和42%。中国是农业大国，新中国成立初期农业人口比重高达84%，20世纪70年代以来有所下降，2000年时农业人口比重仍占一半，尽管随着第三产业的快速发展，农业人口大幅缩小，但至今仍高达近30%。相比美国和日本农业就业人口比重仅为2%和4%左右的水平，中国农业就业人口比重较大。由于农业就业人口比重较大，而农民收入相对较低，农民中进入中等收入水平的家庭比率极低，使得全社会中等收入者的比例偏低。

中国农村居民收入水平较低，与中国农业从业者人均耕地面积较小有很大关系。目前，中国农业从业者人均拥有的耕地面积约为8亩；相比之下，耕地较少的中国台湾省人均耕地面积为24亩，是中国内地的3倍；与美国相比，中国农民人均占有耕地面积相差更多，美国农业从业者人均拥有的耕地面积为1098亩，是中国的137倍。

---

① 根据国家发改委宏观院课题组测算结果，经通胀系数折算成的2010年数据。

② 国家发改委社会发展研究所课题组测算结果，采用拟合收入分布函数法测算，拟合收入分布函数为 $\mu=\sum_{i=1}^{m}v_i\ln x_i$，$\sigma=\sqrt{\sum_{i=1}^{m}v_i(\ln x_i)^2-\mu^2}$，$x_i$为居民收入，服从对数正态分布$\ln x_i \sim N(\mu,\sigma^2)$。

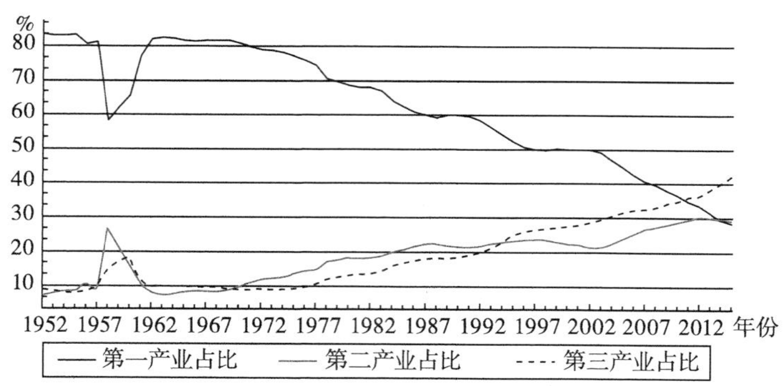

图 2-9 中国农业从业人口比重

资料来源：Wind 资讯。

（二）分配制度改革相对滞后导致贫富差距进一步扩大

收入分配结构存在“双低”现象，贫富差距扩大。一段时期以来，中国收入分配结构存在“双低”现象。一是居民收入在国民收入分配中的比重偏低。由于政府收入对企业和居民收入存在挤压效应，居民收入在国民收入分配中的比重呈逐年下降趋势，导致消费率偏低、投资率偏高等一系列经济内部结构失衡问题，成为培育中等收入者的障碍。二是劳动报酬在初次分配中的比重偏低，主要表现为工资收入水平较低，工资增长低于国民经济增长，严重影响了居民消费。

同时，居民内部不同群体之间收入差距不断拉大，个人之间、行业之间、城乡之间、区域之间的收入差距拉大，也影响到中等收入者和低收入居民收入的增长。2015 年，全国居民人均可支配收入中位数 19281 元，同比增长 9.7%。按全国居民五等份收入分组，低收入组人均可支配收入 5221 元，中等偏下收入组人均可支配收入 11894 元，中等收入组人均可支配收入 19320 元，中等偏上收入组人均可支配收入 29438 元，高收入组人均可支配收入 54544 元。全年农民工总量 27747 万人，比上年增加 352 万人，增长 1.3%，其中，本地农民工 10863 万人，增长 2.7%，外出农民工 16884 万人，增长 0.4%。农民工月均收入水平 3072 元，比上年增长 7.2%。2015 年全国居民收入基尼系数为 0.462，尽管有所下降，但仍超出国际警戒线 0.4，贫富差距较大的问题仍然没有得到解决。

表 2-3 全国居民按收入五等份分组的人均可支配收入 单位：元

组别	2013 年	2014 年	2015 年	2014 年	2015 年
低收入组（20%）	4402	4747	5221	7.8%	10.0%
中等偏下收入组（20%）	9653	10887	11894	12.8%	9.2%

续表

组别	2013 年	2014 年	2015 年	2014 年	2015 年
中等收入组（20%）	15698	17631	19320	12.3%	9.6%
中等偏上收入组（20%）	24361	26937	29438	10.6%	9.3%
高收入组（20%）	47456	50968	54544	7.4%	7.0%

资料来源：国家统计局《2015 年国民经济运行稳中有进、稳中有好》。

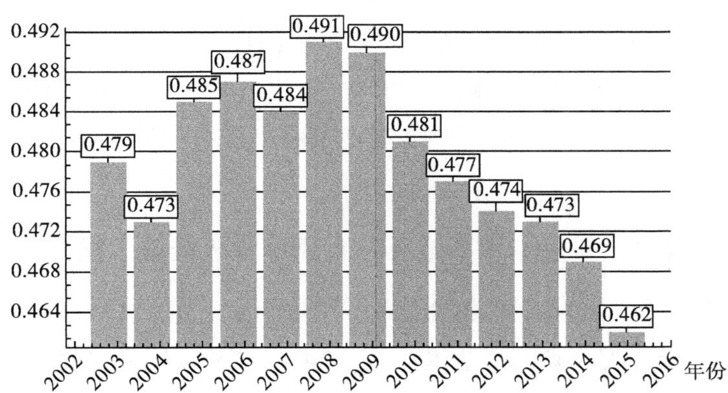

图 2－10　全国居民收入基尼系数

资料来源：Wind 资讯。

（三）较低的基本公共服务保障水平不能有效解决中低收入者的后顾之忧

近年来，在政府的高度重视和持续投入下，中国基本公共服务水平有了显著提高。然而，由于经济发展水平不高，目前基本公共服务所涵盖的内容有限、保障程度较低，仍存在基本公共服务均等化程度不足、个人负担较重、部分基本公共服务短缺、相关制度建设相对滞后等问题，这些因素制约了中等收入者比重的提高。

目前，中国中等收入群体主要是工薪阶层，城镇低收入者和农村中高收入者是中等收入者的“预备队”。在城市特别是大城市，中等收入者面临“住房难”“看病难”“上学难”等困境，现有的公共服务保障水平不能有效提高中等收入者的待遇水平。随着大批中高收入的农村居民加快向城镇地区迁移，进城务工人员面临户籍限制、劳动力就业市场分离、社会保障、子女就学等诸多融入问题，基本公共服务体系的不均等发展，使得进城务工人员享受不到城市居民的各种待遇，处于城市边缘。在社会保障体系不健全、收入差距不断拉大的情况下，中低收入者的收入增长有限，而住房、子女教育、医疗和养老等生活成本不断提高增加了其后顾之忧，并且随时都有可能因房、因病等问题而降低生活水平，制约了中等收入群体的增长。

（四）现行的税收制度对居民收入分配的调节能力较弱

中国税制结构对调节居民收入分配的效果不理想。中国国民贫富差距较大已是不争的事实。尽管政府在税收方面采取了很多政策举措对居民收入分配进行调节，但效果并不理想。中国现行税收制度对高收入调节不力，对灰色收入、非法收入约束不力，对弱势群体保护不力。其主要原因在于中国当前的税制结构并不利于缩小贫富差距。以流转税为主体的税制结构使税制整体呈现出累退性，个人所得税对工薪收入的过分关注以及对财产性收入调节的缺位，增强了个人所得税税制收入分配逆向调节的特征，财产税的缺失导致富裕家庭大量财产游离于政府税收制度调节之外。

（五）中国社会征信体系不健全导致部分收入难以掌握

改革开放以来，中国征信体系建设取得了重大的进展，已经形成政府部门推动建设的行业征信体系、地方联合征信体系和社会征信机构共同发展的多层次征信体系格局。但征信法律体系不健全、监管主体不明确、信用信息共享难度大等问题严重影响了征信业的健康发展。由于中国征信体系不健全，缺乏守信激励和失信惩戒机制，无法实现居民经济状况调查与个人征信管理的整合，尚未建立包括个人信用档案、个人信用评估等内容的个人征信管理体系，有关部门之间的信息无法共享与合作，推高了行政成本，浪费社会资源，降低了信息的使用效率，导致家庭收入尤其是高收入家庭的收入难以全面掌握，部分灰色收入、非法收入逃避纳税，加剧了社会贫富分化。

（六）中国经济发展水平较低制约了中等收入者比重的提高

中国经济发展水平较低，人均 GDP 与发达国家相差甚远。2015 年中国经济总量稳居世界第二位，但与第一位的美国仍有较大差距。2015 年中国 GDP 为 10.86 万亿美元（67.67 万亿元），美国经济总量为 17.94 万亿美元，相当于中国的 1.7 倍。尽管中国 GDP 连续两年突破 10 万亿美元，但人均 GDP 与发达国家仍有较大差距。IMF 数据显示，2014 年中国人均 GDP 为 7571 美元，远低于美国 54370 美元、英国 45729 美元、德国 47773 美元、日本 36222 美元，世界排名第 99 位[①]。IMF 预测，到 2018 年中国人均 GDP 将达到 1 万亿美元，世界排名为第 85 位，到 2020 年将超过

① 在 IMF 有数据统计的 221 个国家和地区中，中国排名第 99 位。

1.2 万亿美元，世界排名第 82 位①。虽然中国的人均 GDP 与发达国家的差距将有所缩小，但仍存在 3~6 倍的差距，世界排名也仅在中等水平。也就是说，中国经济总量虽然上去了，但人均 GDP 仍处于较低水平，这是中国中等收入者比重难以提升的重要原因之一。

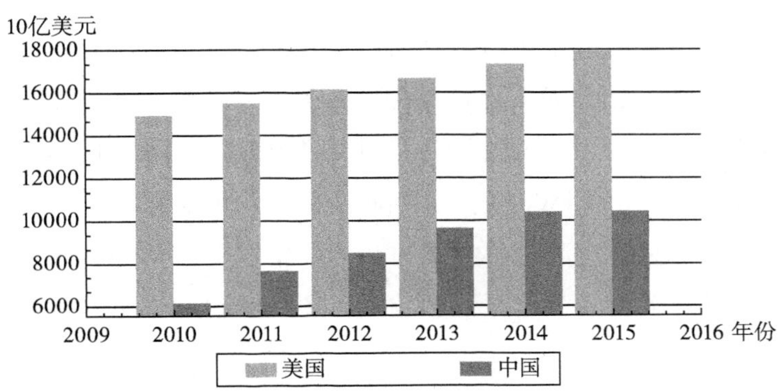

图 2-11 中美 GDP 总量差距

资料来源：根据 Wind 资讯数据计算。

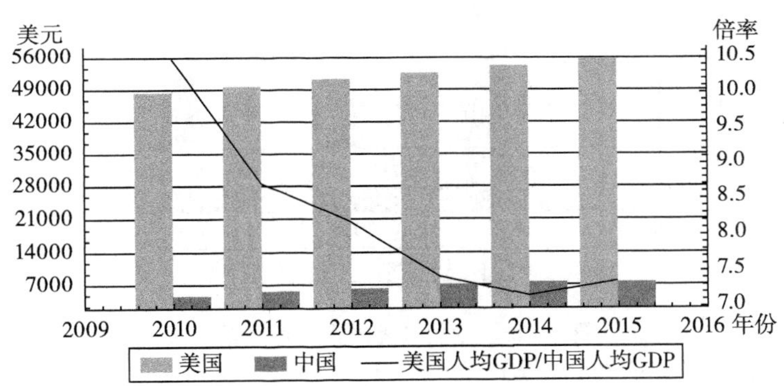

图 2-12 中美人均 GDP 差距

资料来源：根据 Wind 资讯数据计算。

表 2-4 主要国家人均 GDP 趋势及展望 单位：美元

国别	2010 年	2011 年	2012 年	2013 年	2014 年	2015 年	2016 年	2017 年	2018 年	2019 年	2020 年
美国	48309	49725	51384	52608	54370	55904	57766	60015	62474	64818	67064
英国	38665	40981	41187	41793	45729	44118	46720	49104	51694	54227	57385
德国	41876	46822	43982	46386	47774	41267	42388	43794	45261	46747	48666

① 根据 IMF 数据，在 221 个国家和地区的基础上，由于埃及和巴基斯坦缺少 2018 年和 2020 年的预测数据，世界人均 GDP 的排序为 219 个国家的序列位置。即 2018 年中国人均 GDP 世界排名 85/219，2020 年世界排名 82/219。

续表

国别	2010 年	2011 年	2012 年	2013 年	2014 年	2015 年	2016 年	2017 年	2018 年	2019 年	2020 年
日本	42943	46202	46683	38633	36222	32481	33010	34486	35450	36759	38174
中国	4504	5561	6249	6975	7572	8280	8866	9482	10219	11127	12117

资料来源：根据 IMF 数据整理。

中国人均可支配收入水平与发达国家相比差距更大。一般来说，人均可支配收入与生活水平成正比，即人均可支配收入越高，生活水平越高。根据中国人均可支配收入和年平均汇率数据折算，2013—2015 年中国人均可支配收入分别为 4341 美元、4713 美元和 4803 美元，期间美国人均可支配收入分别为 39128 美元、40453 美元和 41643 美元，约为中国的 9 倍。中国的人均收入水平与发达国家相比存在较大差距，除受发展水平的影响外，还受到收入分配的影响。

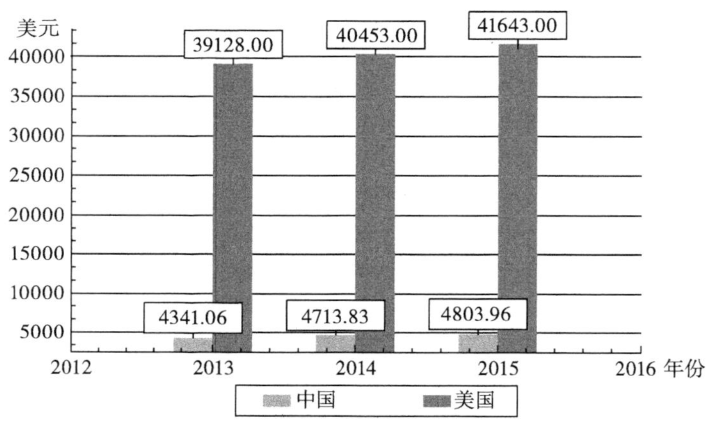

图 2－13　中国和美国人均可支配收入

资料来源：根据 Wind 资讯数据计算。

三、扩大中等收入者比重的政策建议

（一）加快农村劳动力转移

加快城市化进程，这是让更多从农村转移出来的人口进入中等收入者行列的关键。稳步推进进城农民逐步融入城镇，让更多的农民从农村向城市转移，从农业向工业和服务业转移。同时，大力发展教育，积极推动普通教育和职业教育的协调发展，提升城乡劳动者素质和技术水平。

（二）缩小全社会收入差距

初次分配应兼顾效率和公平，缩小居民收入差距。再分配要加大转移支付力度，保障中低收入人群的收入与国民经济同步增长，防范贫富差距两极化。

（三）提升基本公共服务保障水平

完善基本公共服务体系，减轻中等收入者对住房、教育、医疗、养老等社会保障体制变迁的担忧。切实维护农民工合法权益，促进农村劳动力平稳有序流动。加快推进基本公共服务均等化，推进户籍制度改革，解决好进城务工人员的社会保障、子女就学等问题，稳步推进进城农民逐步融入城镇，让更多从农村转移出来的人口进入中等收入者行列。

（四）加大税收调节力度

完善个人所得税制度，建立综合与分类相结合的个人所得税制度，降低工薪阶层的税收负担。加强税源监控和税收征管，加大对高收入的调节力度。加强个人收入信息体系和个人信用体系建设，减少税收流失。

（五）完善社会征信体系

健全社会征信体系，完善守信激励和失信惩戒机制，提升居民、企业、机构的信用水平，增强其信用意识。健全征信法律体系，明确监管主体，依托企业和个人征信系统，推动公共联合征信体系建设，实现信息共享，提升社会征信水平。

（六）提升中国经济发展水平

当前，中国经济面临发展阶段拐点，应通过释放中国人力资本红利空间、城镇化红利空间、改革红利空间、服务业发展空间、科技创新空间和“一带一路”拓展的新空间，进一步释放中国经济增长潜力，为中国经济进入新一轮景气周期积蓄力量，以期提升中国整体经济发展水平。

第四节　积极防范和化解企业高杠杆债务风险

杠杆率是衡量债务风险的重要指标。国际金融危机之后，各国政府采取的宽松的财政政策导致全球债务水平高企，近年来去杠杆成为各国政府面临的共同挑战。中国进入新常态，面临结构调整、防风险的挑战，更要坚定不移地去杠杆。近年来，中国企业债务风险上升显著，企业债务违约主体由民营企业扩展至央企，企业债务风险确实存在累计和扩大的可能，应采综合措施帮助企业部门去杠杆，并避免与其他因素交织形成更大的风险。

一、全球债务水平高企

国际金融危机 8 年来，各国政府普遍采取宽松的财政政策刺激经济，导致各国债务不断累积，加上美元升值影响，全球债务状况愈加严峻。根据国际货币基金组织（IMF）和国际清算银行（BIS）的数据，截至 2015 年末，全球债务总额高达 144.97 万亿美元，相比 2007 年末的 105.21 万亿美元增长 37.8%。其中，发达经济体和发展中经济体的债务水平均有所上升，一般政府总债务占 GDP 的比重分别达到 104.4% 和 44.6%。IMF 预测，2016 年和 2017 年发达经济体的债务水平将进一步上升至 107.5% 和 108.1%，此后出现下降趋势，到 2021 年降至 104.5%。受自身债务上升、本币贬值、美元升值、美联储加息和资本外流等众多因素影响，新兴经济体整体面临债务风险隐患。新兴经济体的债务水平将持续上升，到 2021 年，新兴经济体整体债务水平将达到 51.9%，相比 2015 年上升幅度高达 16%。

分国别来看，尽管欧元区的债务水平有所下降，预计将由 2014 年的最高点 94.3% 逐步降至 2021 年的 84.2%，但由于希腊、西班牙等部分重债国的债务负担持续加重，同时考虑到英国“脱欧谈判”启动后将进一步加大欧债风险，欧元区的实际债务风险加大。日本债务仍处于发达国家最高水平，未来 5 年仍保持在 250% 左右的高位。巴西 2015 年债务水平达到 73.7%，超过 60% 的国际警戒线，国际三大评级机构相继将巴西主权债务评级下调至“垃圾级别”。预计 2021 年巴西债务水平预计达到 93.6%，上升幅度为 27%。中国 2015 年的债务水平为 42.9%，2021 年预计达到 57.2%，债务水平上升幅度高达 33%。可见新兴经济体的债务风险呈进一步上升趋势。

二、新兴经济体企业债务风险加大

新兴市场企业债风险加大趋势明显。按照 BIS 关于非金融领域的全球债务三大部门：一般政府债、非金融企业债、家庭部门债务占 GDP 的比例来看，2007—2015 年，全球一般政府和非金融企业都在加杠杆，债务占 GDP 的比重不断提高。其中，发达国家一般政府债务增速高于新兴市场经济体，新兴市场企业债风险加大趋势明

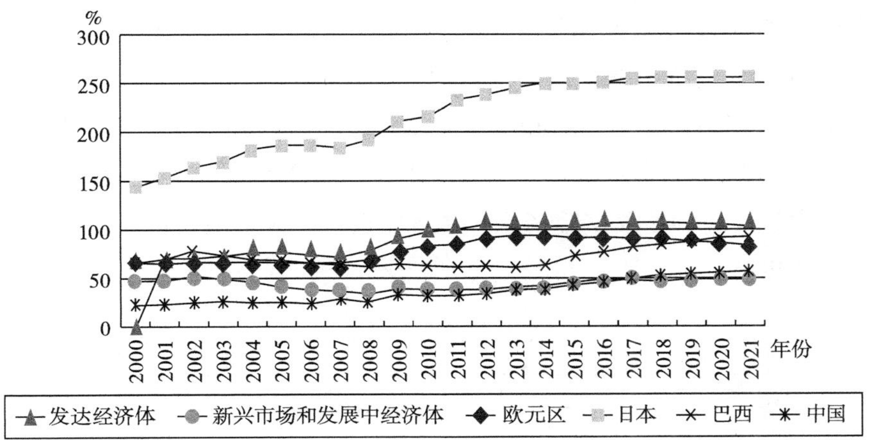

图 2－14　全球主要经济体一般政府总债务占 GDP 的比重

注：2016—2021 年为预测值。

资料来源：IMF.

显。金融危机之后，发达国家的私人部门已开始逐步去杠杆，但新兴经济体的杠杆却迅速增加。从家庭部门债务占 GDP 的比重来看，全球家庭部门债务占 GDP 的比重由 2010 年的 51.74% 缩小至 2015 年的 50.41%。其中，发达国家这一比重逐步减小，新兴市场经济体却继续增加。

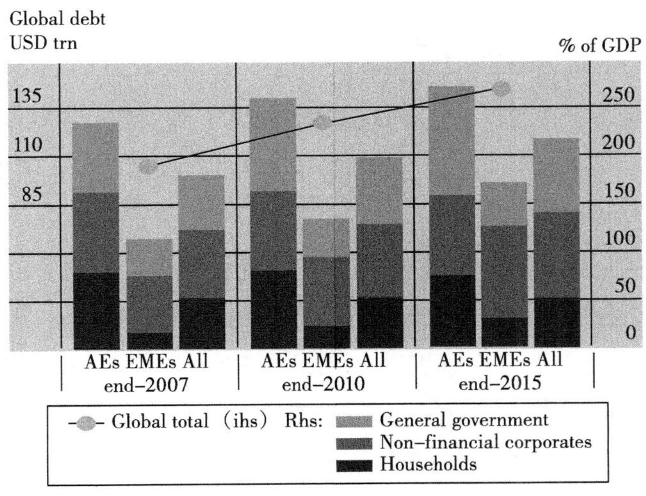

图 2－15　政府、非金融企业债务占比持续扩大

注：Global：全球；AEs：发达经济体；EMEs：新兴市场经济体；General government：一般政府；Non－financial corporates：非金融企业；Households：家庭。

资料来源：BIS.

新兴市场投资率大幅上升，进一步加剧企业债风险。从投资率角度来看，2000年以来全球投资率稳定在24%～25%。发达国家的投资率出现明显下降，由2000年的24%下降至2015年底的21%左右。与此相反，2000年以来，新兴市场和发展中经济体投资率由23%上升至2015年的33%，上涨幅度高达40%。然而，投资率过高势必导致较低收益率并增加银行坏账风险，进一步加剧了新兴市场的企业债风险。

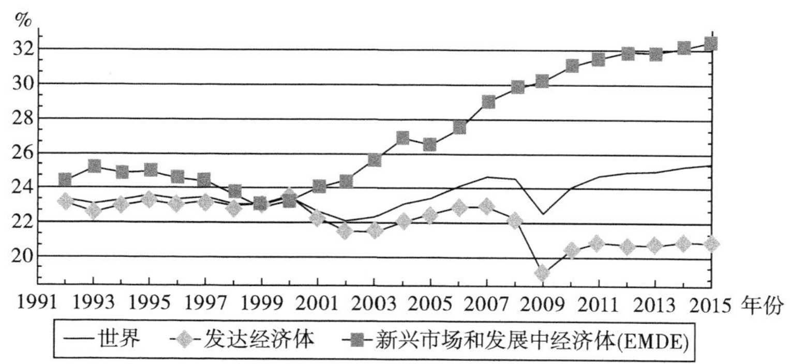

图2－16 新兴市场和发展中经济体投资率

资料来源：Wind资讯。

三、中国企业债风险上升

2008年国际金融危机之后，中国总债务水平大幅上升。根据中国社科院公布的数据，2008—2014年中国总债务水平即全社会杠杆率由170%上升至236%，上升幅度高达38%，年均增长11%。

非金融类企业是推动中国杠杆率上升的主要原因。从杠杆结构来看，2008—2014年，非金融部门企业债务风险即企业部门的杠杆水平最高，由98%急剧上升至123%，上涨幅度为27%。金融机构部门的杠杆率由13%上升至18%，债务比重较小，年均增长不到1%。居民债务占GDP的比重较低，2008年仅为18%，然而，随着居民收入水平的提高和扩大内需的政策效应显现，中国居民部门杠杆率大幅提升，增量主要来自按揭贷款、汽车贷款和信用卡贷款，2014年中国居民部门杠杆率高达36.4%，年均增长3%。政府杠杆率目前在58%左右，远低于其他发达国家和巴西等新兴市场国家。

全面客观看待中国企业债风险问题。中国债务特征的形成，是由中国现阶段的发展特征决定的。中国作为发展中国家，发展是第一要务，在发展过程中存在阶段

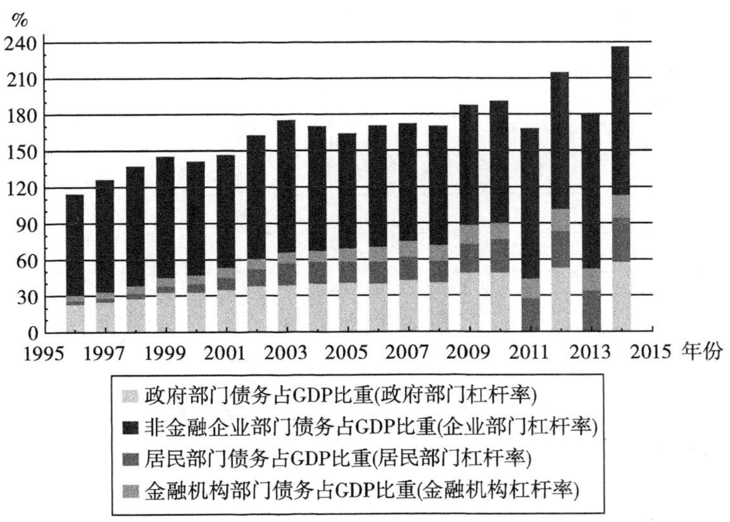

图 2－17　中国企业债部门杠杆率

资料来源：Wind 资讯。

性杠杆率较高的现象是正常的。然而，企业部门杠杆率过高，将增加企业成本，加大企业债务违约风险。例如，近年来，钢铁、有色、煤炭等产能过剩行业发生了多起违约事件，违约主体也由民企蔓延至央企。由于企业资金多来自银行贷款，企业债务风险加大银行呆坏账风险，导致中国商业银行不良贷款比例呈上升趋势，2016 年第三季度上升为 1.76%。然而，中国商业银行的贷款拨备率较为充足，2016 年第三季度为 3.09%，有能力吸收违约贷款可能带来的损失。因此，目前中国企业债风险基本可控。

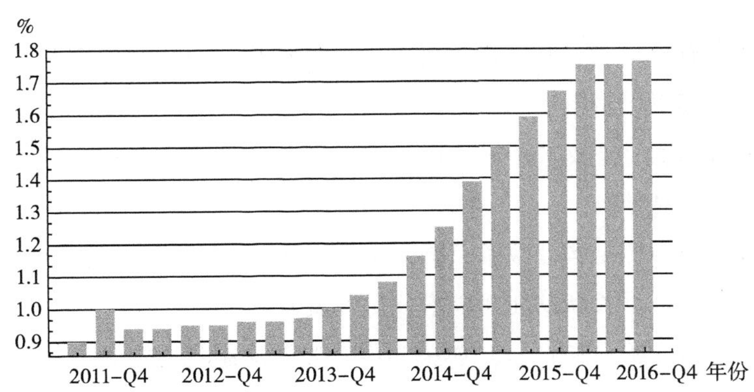

图 2－18　中国商业银行不良贷款比例

资料来源：Wind 资讯。

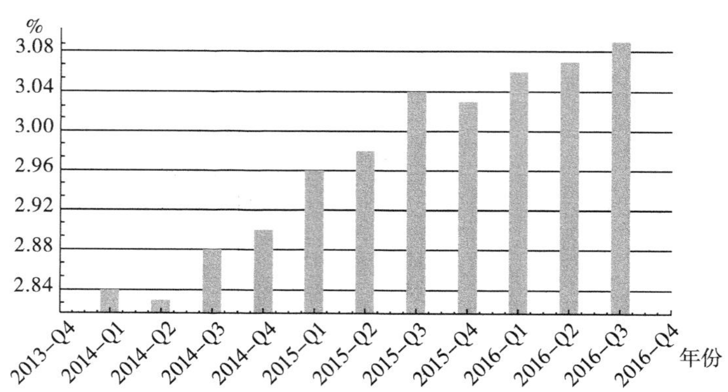

图 2－19　中国商业银行的贷款拨备率

资料来源：Wind 资讯。

四、积极防范和化解企业高杠杆债务风险

从趋势上看，中国企业债务风险确实存在累计和扩大的可能，应采取综合措施帮助企业部门去杠杆，并避免与其他因素交织形成更大的风险。

一是由于高杠杆率风险主要集中在非金融企业，特别是煤炭钢铁等资金密集、产能过剩的行业，因此去杠杆首先要化解过剩产能，严格控制资金流入这些过剩产能领域，清理那些占有大量信贷资源的“僵尸”企业。

二是深化资本市场改革，完善多层次股权融资市场，大力发展直接融资，引导企业通过资本市场兼并重组，以市场化的债转股等手段，逐步降低企业部门的杠杆率。

三是优化杠杆结构，政府部门可以适当加杠杆，帮助企业部门去杠杆，以避免全社会债务收缩对经济形成压力。

四是实施稳健、适度灵活的货币政策，保持适度合理的流动性，为去杠杆营造良好的货币金融环境。

五是加快供给侧结构性改革，提高全要素生产率，大力支持互联网经济、高端制造业发展，培育增长新动能，以增长化解债务负担。

六是进一步完善《破产法》相关制度，遵循法制化原则和市场规律，通过破产制度让企业去杠杆，恢复活力。

第五节 降低企业融资成本

近年来，党中央、国务院高度重视金融工作，不断深化金融体制改革，着力推动金融服务实体经济，取得了明显成效。但目前，实体经济融资成本仍然偏高，中小企业融资难、融资贵等问题仍然存在。在我国经济爬坡过坎上行乏力、企业整体盈利水平下滑的背景下，降低企业融资成本对于经济的稳定和增长具有重要意义。

一、企业融资现状：货币信贷环境整体宽松，但融资成本仍居高不下

中小企业是我国国民经济的生力军，在我国经济社会发展中发挥了不可替代的作用。中国银行间市场交易商协会的数据显示，目前我国中小企业占比超过 99%，对 GDP 的贡献超过 60%，对税收的贡献超过 50%，提供了 80% 的城镇就业岗位和 82% 的新产品开发，但其中仅有 1/3 的企业能通过银行贷款获得资金，中小企业融资难、融资贵问题一直是困扰经济运行的焦点问题。

（一）当前货币信贷环境整体宽松，金融对实体经济的实际支持力度加大

金融对实体经济的实际支持力度加大。当前货币环境整体较为宽松，银行体系流动性充裕，货币信贷平稳较快增长，利率水平明显下降，金融对实体经济的实际支持力度超过往年。根据年初的目标，2015 年广义货币供应量（M2）增长为 13.3%，略高于年初确定的 13% 的目标，这表明整体流动性比年初预期的要更为宽松。2015 年，央行先后 5 次降准降息，存款准备金率下调幅度为 2.5%，增加了金融机构可贷资金规模；存款利率下降幅度为 1.25%，利率水平达 19 年来最低，大幅降低了企业贷款融资成本。连续降息的效果非常明显，例如，100 万元的贷款，从过去 7% 左右的利率降到 5% 左右，这一项可为企业节省 1 万 ~2 万元的成本。

2015 年末，社会融资规模存量为 138.14 万亿元，同比增长 12.4%。其中，对实体经济发放的人民币贷款余额为 92.75 万亿元，同比增长 13.9%。全年社会融资规模增量为 15.41 万亿元，比上年减少 4675 亿元。其中，2015 年对实体经济发放的人民币贷款增加 11.27 万亿元，同比多增 1.52 万亿元。金融对实体经济的实际支持力度超过往年。

表 2－5　2015 年央行 5 次降准降息一览表

时间	具体内容
2 月 4 日	宣布降准 0.5 个百分点并定向降准
2 月 28 日	宣布下调存贷款利率 0.25 个百分点
4 月 19 日	宣布降准 1 个百分点并定向降准
5 月 10 日	宣布下调存贷款利率 0.25 个百分点
6 月 27 日	宣布下调存款贷利率 0.25 个百分点并定向降准
8 月 25 日	宣布下调存款利率 0.25 个百分点，降准 0.5 个百分点并定向降准
10 月 23 日	宣布下调存贷款利率 0.25 个百分点，降准 0.5 个百分点并定向降准

资料来源：根据央行网站整理。

表 2－6　2015 年社会融资规模存量　　单位：万亿元

	社会融资规模存量①	其中：人民币贷款	外币贷款（折合人民币）	委托贷款	信托贷款	未贴现银行承兑汇票	企业债券	非金融企业境内股票融资
2015 年②	138.14	92.75	3.02	10.93	5.39	5.58	14.63	4.53
同比增减③（%）	12.4	1.52	13.9	13.0	17.2	0.8	25.1	20.2

注：①社会融资规模存量是指一定时期末实体经济（非金融企业和住户）从金融体系获得的资金余额。②当期数据为初步统计数。③存量数据基于账面值或面值计算。同比增速为可比口径数据，为年增速。

资料来源：中国人民银行、国家发展和改革委员会、中国证券监督管理委员会、中国保险监督管理委员会、中央国债登记结算有限责任公司和中国银行间市场交易商协会等。

表 2－7　2015 年社会融资规模增量　　单位：万亿元

	社会融资规模存量①	其中：人民币贷款	外币贷款（折合人民币）	委托贷款	信托贷款	未贴现银行承兑汇票	企业债券	非金融企业境内股票融资
2015 年②	15.41	11.27	－0.6427	1.59	0.0434	－1.06	2.94	0.7604
同比增速（%）	－0.4675	1.52	－0.7662	0.5829	－0.474	－0.9371	0.507	0.3254

注：①社会融资规模增量是指一定时期内实体经济（国内非金融企业和住户）从金融体系获得的资金额。②当期数据为初步统计数，同比增减为可比口径计算。

资料来源：中国人民银行、国家发展和改革委员会、中国证券监督管理委员会、中国保险监督管理委员会、中央国债登记结算有限责任公司和中国银行间市场交易商协会等。

金融机构贷款增长较快，对实体经济发放的人民币贷款明显增加。2015 年，金融机构本外币贷款余额为 139.78 万亿元，同比增长 12.4%。2015 年全年人民币存款增加 14.97 万亿元，同比多增 1.94 万亿元，2015 年的新增人民币信贷总量创历史新高。从新增信贷总量比较来看，2015 年稳中偏松的货币政策在效果上并不

“输”于2008年全球金融危机之后的货币政策。2008年新增人民币信贷总量为4.9万亿元，2009年为9.59万亿元。2015年，银行业有效支持实体经济发展，初步统计，全年新增信贷资金11.2万亿元、理财资金8.5万亿元、债券投资6.1万亿元、信托资金2.3万亿元，通过资产证券化、不良贷款处置盘活存量贷款1万多亿元。

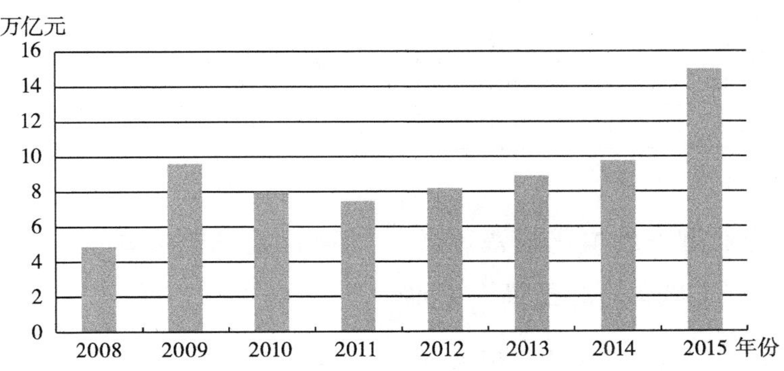

图2－20　新增人民币信贷总量

资料来源：中国人民银行。

非金融企业股票融资增加，拉动直接融资占比上升。2015年非金融企业境内债券和股票合计融资3.7万亿元，比2014年多8324亿元；占同期社会融资规模增量的24.0%，占比创历史最高水平，比2014年高6.0个百分点。

金融机构存贷款利率总体走低，贷款利率继续下行。2015年9月，非金融企业及其他部门贷款加权平均利率为5.70%，比6月下降0.35个百分点，比上年12月下降1.08个百分点。其中，一般贷款加权平均利率为6.01%，比6月下降0.45个百分点；票据融资加权平均利率为4.29%，比6月上升0.28个百分点。从利率浮动情况看，执行下浮、基准、上浮利率的贷款占比总体保持稳定。9月，一般贷款中执行下浮利率的贷款占比为15.59%，比6月下降1.84个百分点；执行基准利率的贷款占比为17.61%，比6月上升1.84个百分点；执行上浮利率的贷款占比为66.80%，与6月基本持平。

表2－8　2015年1—9月金融机构人民币贷款各利率区间占比（%）

月份	下浮	基准	上浮					
			小计	(1, 1.1]	(1.1, 1.13]	(1.3, 1.5]	(1.5, 2.0]	2.0以上
1月	10.20	19.93	69.87	19.90	25.31	11.87	9.37	3.42
2月	10.83	19.40	69.77	19.18	23.72	12.22	10.89	3.76
3月	11.30	19.77	68.93	18.65	23.14	12.55	10.58	4.01
4月	12.33	16.59	71.08	19.18	22.98	12.79	11.53	4.60

续表

月份	下浮	基准	上浮					
			小计	(1, 1.1]	(1.1, 1.13]	(1.3, 1.5]	(1.5, 2.0]	2.0 以上
5 月	12.58	16.20	71.22	17.08	24.00	12.95	12.34	4.85
6 月	17.43	15.77	66.80	15.70	21.18	12.63	12.42	4.87
7 月	13.91	15.76	70.33	15.55	22.32	13.00	13.44	6.02
8 月	15.88	14.81	69.31	15.22	21.69	13.00	13.12	6.28
9 月	15.59	17.16	66.80	16.50	20.03	11.40	12.57	6.30

资料来源：中国人民银行。

（二）企业融资成本仍居高不下，呈现资金来源成本高、资金运用成本高、资金中介成本高的“三高”态势

在当前货币信贷总量宽松的情况下，社会融资成本仍居高不下。目前各方面的数据都显示民间金融融资成本远高于正规金融体系的融资成本，民间金融借贷利率大部分在20%以上，有的甚至高达30%以上。温州民间借贷综合利率指数和全国性民间借贷综合利率指数显示，民间贷款利率基本在20%左右。

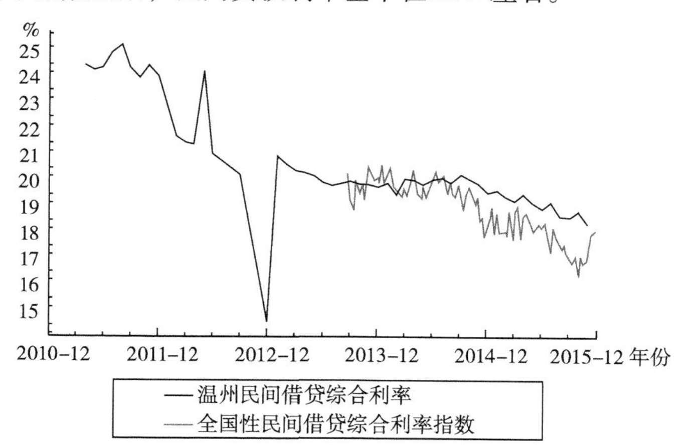

图 2-21　温州民间借贷综合利率指数和全国性民间借贷综合利率指数

资料来源：Wind 资讯。

研究表明，当前企业融资成本高具体表现为“三高”：资金来源成本高、资金运用成本高、资金中介成本高。

资金来源成本高。银行贷款资金来源主要是居民存款。目前我国一年期基准存款利率为1.5%，远高于西方国家低息或零息的存款基准利率。一方面，各商业银行为争夺客户，普遍上浮存款利率，在放开存款利率上限后，上浮幅度加大；另一

方面，纷纷推出高息理财产品吸储，成本一般高出同期存款基准利率3倍左右，这表明银行贷款资金来源成本上升。

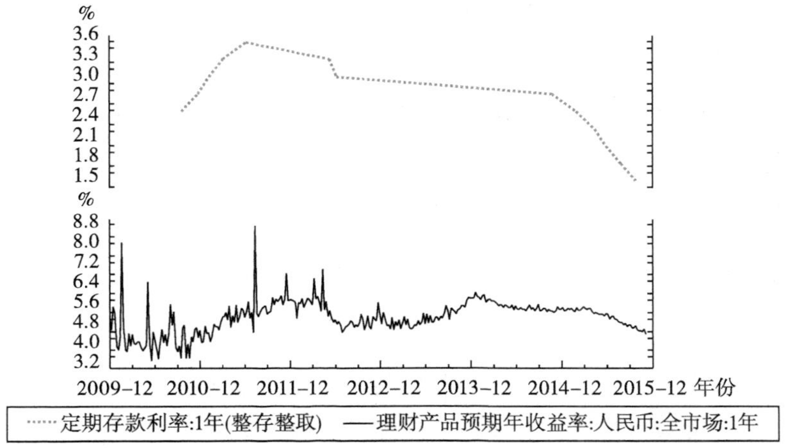

图2-22　定期存款利率和理财产品预期收益率

资料来源：Wind资讯。

资金运用成本高。经营好的国有企业和民营企业一般能以基准贷款利率4.35%融到资金，但很少享受下浮优惠。中小企业的银行贷款利率一般在基准利率的标准上再上浮20%~50%，个别企业甚至上浮80%，企业资金运用成本较高。此外，企业直接融资成本也在上升，例如，2013年初至2014年3月末，贵州省内企业短期债券融资成本从4.7%上升至7.4%，中长期债券融资成本从6.1%上升至8.5%。影子银行融资成本为10%~15%。民间资金成本更高，个别月息甚至高达3~5分。

资金中介成本高。中小企业很难从银行获得信用贷款，一般需要提供抵押和融资担保。而融资担保费率在2%~3%，被担保企业还需提供10%~20%的保证金，加上财务审计费、抵押物评估费及登记费等其他费用，又将企业融资成本推高3~5个百分点。

二、造成企业融资成本过高的原因

中小企业融资难有多方面原因，既有企业自身原因，也有市场原因及经济结构和体制性等深层次原因。

（一）中小企业信用风险较高，高风险决定了高融资价格

中小企业信用风险较高，处于议价弱势。由于我国中小企业普遍存在规模小、

实力弱、信息透明度低、风险高等缺陷，自身信用资质相对较差，中小企业银行贷款需要百分之百的抵押和担保，处于议价弱势。然而贷款人很难找到合适的担保人，导致银企之间信息不对称，很难建立起信用关系，从而出现银行不敢贷、企业得不到银行贷款的情况。

银行收益覆盖风险原则，大幅提高贷款利率。根据高风险、高溢价的风险定价机制，银行一般会要求中小企业付出较高的资金成本来抵消高风险，对其贷款利率水平会上浮较多，至少上浮 30% 以上，即便是优质中小企业也会上浮 10% ~30% 。

（二）利率形成和传导机制不畅，定向降准对降低中小企业融资成本作用不大

银行处于定价主导地位。目前存贷利差仍是商业银行主要利润来源，在放开存款利率之后，多数银行选择上浮存款利率，其中，上调幅度一般为城商行（如北京银行、南京银行、哈尔滨银行等）最高，股份行（如招商银行、兴业银行、民生银行等）居中，五大行上调幅度最小（工、农、中、建、交），按照“高进高出”的原则，商业银行贷款定价一般会与存款利率挂钩，贷款成本上升自然会转嫁到贷款利率上，推动贷款利率上升。

利率形成和传导机制不畅，央行的定向降准措施对降低中小企业融资成本作用不大。在市场贷款利率传导机制方面，央行贷款基准利率对商业银行贷款定价仍具有很大指导性。但我国市场基准利率体系仍不完善，不能为金融产品定价提供有效的利率基准，致使商业银行围绕较高基准利率上下浮动来确定的贷款利率定价仍处于高位。因此，由于利率形成和传导机制不畅，央行的定向降准措施对降低中小企业融资成本作用不大。

（三）市场实际信贷利率居高不下和产成品出厂价格不断下降，推升企业实际融资成本

2014 年以来，国务院推出一系列措施，“融资难、融资贵”在一些地区和领域呈现缓解趋势。尽管贷款基准利率有所下降，但是，银行对小企业贷款利率较基准利率普遍上浮 20% ~30% ，同时截至 2015 年 12 月，PPI 已经连续 46 个月同比负增长。这样，在市场实际信贷利率居高不下和产成品出厂价格不断下降的双重因素影响下，企业实际融资成本明显上升。

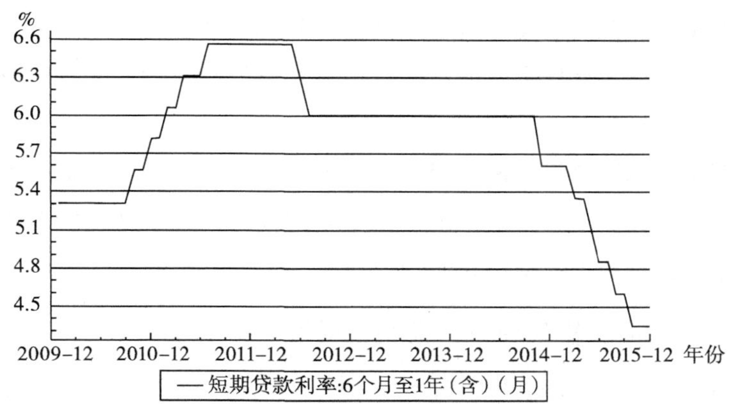

图 2－23　贷款基准利率走势图

资料来源：Wind 资讯。

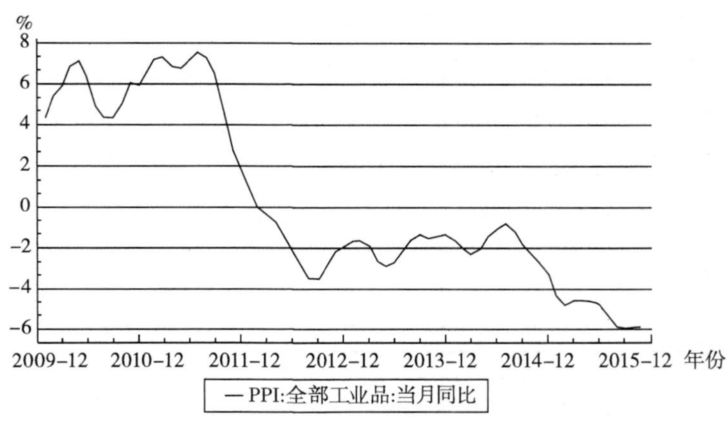

图 2－24　PPI 连续 46 个月为负

资料来源：Wind 资讯。

（四）资金需求大于供给，推高中小企业贷款利率

中小企业更看重的是贷款的可获得性，对贷款高利率具有强忍耐性。在企业以银行为主的间接性融资比重偏高的情况下，虽然货币信贷总量保持较快增长，但大型企业的信贷优势挤占了中小企业信贷市场，使得中小企业更看重的是贷款的可获得性，即资金的获得要比资金的价格更重要，因此中小企业对贷款高利率具有较强的忍耐性，被动接受较高的贷款利率，导致贷款利率居高不下。

监管要求压缩银行可贷资金，导致可贷资金供给减少。过高的监管考核指标要求导致银行可贷资金减少，推高了贷款成本。目前大型银行被 17.5% 的准备金率锁定了大量的信贷资金；核心一级资本充足率为 7%、总资本充足率为 8% 的要求，使得银行资本被风险资产占用较多；此前的存贷比不超过75%的考核机制①，压缩了银行可贷资金；存贷比取消之后，银行信贷规模限制减少，贷款规模将会增加，有利于缓解贷款利率上升的压力。

社会资金需求旺盛推高民间利率，其传染性倒逼银行提高贷款利率。社会资金需求催生了各类民间金融、影子银行、互联网金融，乃至高利贷大量发展，其高利率传染甚至倒逼银行提高中小企业贷款利率。

（五）银行提高贷款利率，向企业转嫁成本压力

一方面，存款流失拉升银行资金成本。近年来，随着人口结构变化、金融脱媒及理财产品快速发展，我国存款增速明显下降，存款流失拉升银行资金成本。2013年以来，存款余额同比增速呈持续下滑趋势，2014年末降至9.1%，为历史最低值。尽管2015年反弹至12.4%，但仍处于历史较低水平。同时，受经济下行压力影响，信贷和融资规模难以大幅扩张，信贷增速趋缓导致存款创造放缓。另一方面，正是因为有一些贷款高承受力需求的存在，一定程度上使得银行存款定期化及理财产品、互联网金融等创新业务有能力向客户支付高息，导致银行负债端成本持续提升。最终，上升的银行揽储成本将转嫁给客户，企业贷款成本也随之抬高。

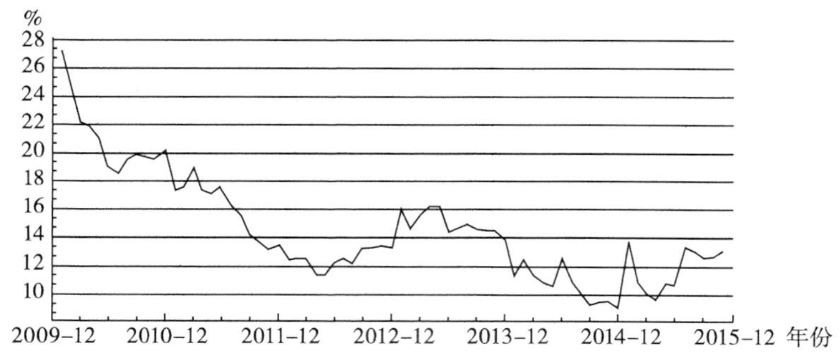

图2-25　金融机构各项存款余额同比

资料来源：Wind资讯。

① 2015年6月，国务院正式取消存贷比，删除了贷款余额与存款余额比例不得超过75%的规定，将存贷比由法定监管指标转为流动性监测指标。此前，较高的存贷比也是可贷资金不足的重要体现。2013年末，商业银行存贷比高达66.1%，2014年末为65.1%，2015年第一季度为65.7%，基本维持在较高水平。存贷比是指银行贷款余额与存款余额的比率。例如，银行吸收1万元存款，最多只能贷出去7500元，因为银行还要应付客户的现金支取和日常结算。如果存贷比过高，库存现金、存款准备金就不足以应对储户的取款需求，引发挤兑。

（六）地方政府和国企占用大量信贷资源，对中小企业融资产生“挤出效应”

地方政府和国有企业是主要的投资主体，也是信贷获取能力最高的部门，这两个部门具有财务软约束以及利率不敏感的特点，大量占用信贷资源，挤占了中小企业融资资源，对其可贷资金产生“挤出效应”，抬高了社会融资成本。此外，房地产市场10余年的繁荣，投资回报率远高于一般企业，获得银行机构的青睐。2015年第三季度，金融机构人民币各项贷款中，银行业房地产贷款余额占各项贷款余额的22%，2014年为21%，2013年为20%。不难看出，房地产贷款集聚了大量信贷资源，对中小企业融资产生了明显的挤出效应。

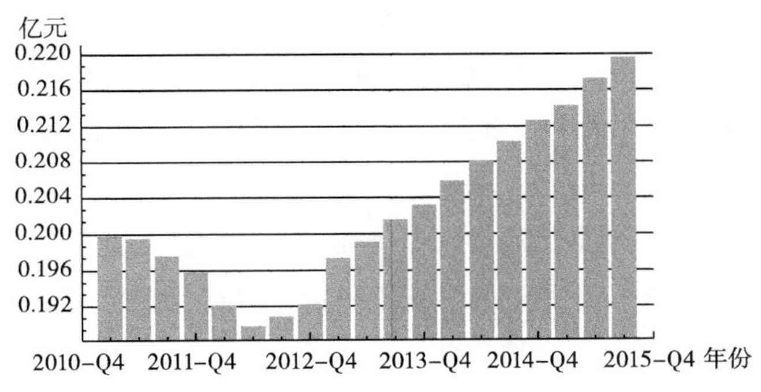

图2-26　银行业房地产贷款余额占各项贷款余额的比重

资料来源：根据Wind资讯数据计算。

（七）融资中介成本过高，加重企业的贷款成本负担

银行额外收取费用，增加了企业融资成本。一些商业银行除正常利息外，还收取一定的附加费或中介费，包括资产评估费用、资产公证费率、资产抵押登记费，若担保物为存货、原材料等，则需要第三方仓储机构质押监管费用；担保公司在银行发放贷款前收取担保费，银行收取担保公司的客户保证金，一般由担保公司转嫁给贷款企业，在贷款发放前收取；企业贷款前要完善相关的财务、税收报表等，需要付出一定的财务咨询费用。虽然银监会已明令禁止金融机构对中小企业收取这些费用，但是实际执行中难免打折扣。

还贷续贷过程中不规范行为存在，加重企业的贷款成本负担。续贷往往需要先偿还银行贷款，在筹资还贷过程和还贷后到再次获得贷款的“空档期”，部分企业不得不通过民间方式融资用于短期“过桥”周转。同时，为了保持与银行的良好关系以利于借新还旧，中小企业会以更加隐蔽的方式支付公务费，进一步增加了中小企业的贷款成本及还款的负担。此外，部分银行搭售银票、贷后返存等不规范行为，也是导致中小企业融资成本高企的直接原因之一。

（八）刚性兑付存在，提高了无风险利率并挤压中小企业融资的市场空间

债券市场是影响我国企业融资不可忽视的重要市场。债券作为企业直接融资的典型工具，目前在社会融资规模中的占比较大，2014 年企业债券融资占社会融资规模的比重为 14.7%。从未来发展趋势来看，随着信贷资产证券化的蓬勃发展，债市在社会融资中的地位会进一步提高，影响企业融资的作用加强。

刚性兑付抬高无风险收益率曲线，加大社会融资成本。社会的无风险收益率水平应该是国债利率，很多理财产品、信托计划、债券通过较高的收益率来吸引资金，尽管存在较高风险，但由于刚性兑付①的隐性担保，这些高风险高收益的产品成为"无风险收益率水平"的标杆，无形中抬高了整个社会无风险收益率曲线，加大了社会融资的成本。

公募债券市场存在明显的刚性兑付特征，对中小企业融资形成严重挤压。我国债券大部分是公募债券，发行者多为城投平台、国有企业和大型民企，存在明显的刚性兑付特征，由此造就了一批"低风险、高收益"的券种，扭曲了我国债市的风险收益特征，推高了中小企业的信用利差。而大部分中小企业主要在私募债市场上融资，其高风险、高收益产品，难以与受到"刚性兑付"保护的"低风险、高收益"的公募信用债券公平竞争，市场空间由此受到挤压。如果不能打破刚性兑付，让投资者真正对其投资行为负责、对财产运用负责，我国无风险利率水平则难以降到国债水平，中小企业融资难、融资贵的问题仍将存在。

① 刚性兑付是指信托产品到期后，信托公司必须分配给投资者本金以及收益，当信托计划出现不能如期兑付或兑付困难时，信托公司需要兜底处理。事实上，我国并没有哪项法律条文规定信托公司进行刚性兑付，这只是信托业一个不成文的规定。刚性兑付在房地产信托、政府融资类信托等集合资金信托计划，以及银信合作理财产品中被执行。监管层要求确保兑付的初衷是推动新业务，让投资者消除疑虑，也是为了维护金融和社会稳定，防止因信托投资亏损诱发群体性事件。2014 年 3 月，"ST 超日债"违约，这是国内第一例违约的公司债券，结束了以往债券全部刚性兑付的历史。

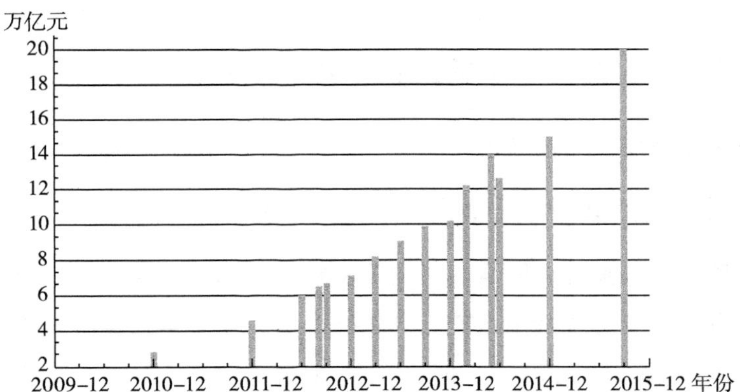

图 2-27　银行理财规模

资料来源：Wind 资讯。

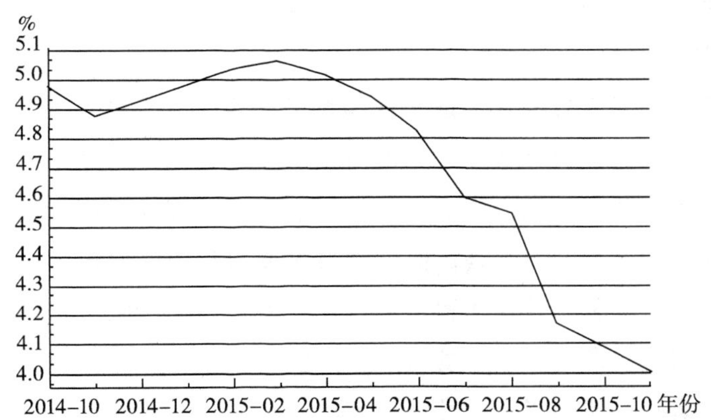

图 2-28　理财产品预期年化收益率

资料来源：Wind 资讯。

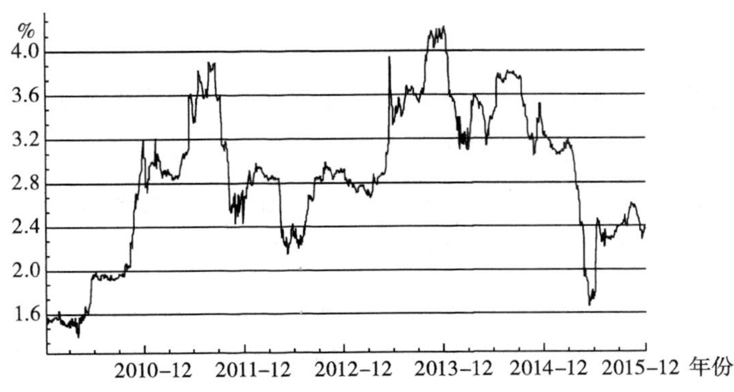

图 2-29　1 年期国债收益率曲线

资料来源：Wind 资讯。

三、降低企业融资成本的路径选择和对策建议

破解中小企业融资难需政府、银行和企业三方下功夫，有效降低企业融资成本。

（一）发挥货币政策引导作用，推动市场利率和社会融资成本下行

丰富货币政策工具箱，引导货币信贷和社会融资总量平稳适度增长。2015年央行在采用降息降准等传统货币政策工具之外，更多使用了抵押补充贷款（PSL）、中期借贷便利（MLF）等2014年创设的货币政策工具，并推出新的货币政策工具——信贷资产质押再贷款①，以存量信贷资产为抵押品来补充基础货币，或将成为央行货币形成机制变化的一种新的重要渠道。应继续发挥货币政策的调控作用，创新货币政策工具，使得总量调节与定向调节相结合，引导货币信贷和社会融资总量平稳适度增长。

进一步疏通利率传导机制，通过政策利率引导市场利率和社会融资成本下行。2015年以来，央行频繁使用PSL、MLF等中期流动性调节工具，借此打造中期利率走廊。在存款利率放开上限，利率市场化"形式上"完成之后，央行应多采用带有政策利率意味的价格型调控工具，促进货币政策向新的框架转型。应进一步疏通利率传导机制，让短期利率的变化和未来的政策利率能有效地影响各种存贷款利率和债券收益率，有针对性地引导市场利率和社会融资成本下行，促进实际利率逐步回归合理水平，缓解企业融资成本过高的问题。

（二）积极发展直接融资，拓宽企业融资渠道

直接融资发展缓慢是国内中小企业融资成本高企的重要原因之一，应进一步健全多层次资本市场体系，降低中小企业的上市门槛，大力发展直接融资。一是完善股票、债券等多层次资本市场。建立上海证券交易所战略新兴板，支持创新创业企业融资。完善相关法律规则，推动特殊股权结构类创业企业在境内上市。增加全国中小企业股份转让系统挂牌公司数量，研究推出向创业板转板试点，规范发展区域性股权市场。二是丰富直接融资工具。积极发展项目收益债及可转换债券、永续票据等股债结合产品，推进基础设施资产证券化试点，规范发展网络借贷。简化境内企业境外融资核准。三是加强资信评级机构和会计、律师事务所等中介机构监管，

---

① 信贷资产质押再贷款，指的是银行可以用现有的信贷资产，即已经放出去的贷款，到央行去质押，获得新的资金，本质上是信贷加杠杆。

研究证券、基金、期货经营机构交叉持牌，稳步推进符合条件的金融机构在风险隔离基础上申请证券业务牌照。四是促进投融资均衡发展。逐步扩大保险保障资金在资本市场的投资，规范发展信托、银行理财等投融资功能，发展创投、天使投资等私募基金。五是强化监管和风险防范，加强相关制度建设，坚决依法依规严厉打击金融欺诈、非法集资等行为，切实保护投资者合法权益。

（三）有序打破刚性兑付，缓解中小企业融资困境

债券作为直接融资工具，其投资者是多元化的，因此只要削弱刚性兑付，纠正债市扭曲的风险收益特征，那么高风险、高收益的中小企业债券就会得到高风险偏好投资者更多的青睐。因此，从有序打破刚性兑付入手是缓解中小企业融资困境的有效方法。

培养投资者风险意识，提高对银行理财产品风险的认识，为打破刚兑做好准备。银行理财产品规模庞大，且主要投向债券。绝大部分理财产品是提供预期收益率①的产品，大量散户投资者在购买此类理财产品时普遍认为预期收益率就是实际收益率，低估其风险水平。这会过度扩大散户投资者对债券市场的风险暴露，掣肘债市刚性兑付的打破。可以通过以下 3 种方式提高投资者对理财产品风险的警惕：一是引导商业银行更多地发行净值型理财产品②，减少提供预期收益率的产品。二是规范理财产品的信息披露，向投资者充分提示风险。三是探索银行对理财业务的拆分，进一步厘清理财业务与商业银行的关系，削弱投资者的银行兜底的预期。

监管层可以适当提高对违约事件的容忍度。在确保不发生系统性区域性风险的前提下，让一些违约事件顺应市场力量自然发生，强化市场纪律，端正财富管理产品发行者和投资者的行为。个别债券信用风险事件的出现，并不一定会引发整体市场风险偏好的下降和债市收益率的普遍性抬高。有序打破刚性兑付也并不会导致资金大幅逃离债市，而是会促进优质和劣质债券的分化，利于优化资源配置。同时，打破刚性兑付还会纠正投资者对债市风险收益特征的扭曲性看法，长期来看是促进

---

① 预期收益是银行认为的在“正常”的市场走势下获得的收益。银行不具有保证支付义务，若出现市场风险，最终的实际收益率可能与最高或预期收益率出现偏差。例如，2005 年某款预期固定收益为 2.50% 的产品，最终的实际收益只有 0.75% 。

② 传统的银行理财产品交易形式以封闭型为主，产品收益以预期收益率的形式告知并付给投资者。而净值型管理计划的交易形式为开放式，收益以产品净值的形式定期公布。也就是说，这一银行理财产品类似于开放式基金，用户在开放期内可以进行申购、赎回等操作。净值理财产品，不承诺收益，提供净值查询。例如，以净值 1 元购买一款理财产品，两天后理财产品净值变成 1.2 元，则收益为 0.2 元，如果变成 0.8 元，则亏损 0.2 元。

债市更加健康发展的有利因素。

（四）加速银行体系的市场化改革，引导商业银行转换经营理念

随着利率市场化的改革，取消存款利率上限、存款保险条例制度的实行，我国银行业实质上已经进入利率市场化的时代，同时受经济增长放缓、银行业准入放松、互联网金融发展、人民币国际化等一系列因素的影响，商业银行发展面临较大挑战。与此同时，存贷比考核取消，资本市场快速发展，给商业银行提供了新的发展机会。未来，将呈现综合化经营的“全能银行”和特色化经营的中小金融机构并存的银行业格局，银行业产投融结合的特性将日益凸显。

应加快银行体系的市场化改革，提升银行业的经营水平和盈利能力。一是实施专业化的治理模式，进行“战略聚焦”，做到客户聚焦、产品聚焦、区域聚焦；二是强化资产负债与流行性管理能力，建立精细化、针对客群的差异化存款定价能力；三是主动经营与管理风险，提高资产质量、降低不良资本等。

规范金融市场，减少资金在金融机构空转。规范金融同业拆借市场，规范信托、银行理财和委托贷款等行为，缩短资金链条，降低固定收益率，减少资金在金融机构空转，降低全社会的融资成本。

引导商业银行转换经营理念，增加对中小企业贷款。应进一步引导商业银行纠正单纯追逐利润、攀比扩大资产规模的经营理念，防止信贷投放“喜大厌小”和不合理的高利率、高费用。推动商业银行建立风险管理体系，全面提升风险管理能力。提高金融机构自主定价能力，通过充分竞争增加对中小企业贷款，缓解中小企业的贷款难问题。

（五）打破银行垄断，引入民营资本并改革银行业结构比重

打破银行垄断，降低准入门槛，引入民营资本。目前，我国金融体系仍然由银行主导，银行业资产占全部金融资产的90%以上，银行业仍以国有银行为主，社会融资风险高度集中于银行体系。因此，打破银行垄断，降低银行准入门槛，让愿意为实体经济提供流动性的民营资金入场竞争，让企业有更多的自主选择权，从而打通实体经济融资血脉，降低企业的实际融资成本。

建立和中小企业配套的中小银行体系，提高中小银行规模。目前，我国为中小企业提供贷款的银行比重较小，建议改革现有的银行业结构比重，提高与中小企业配套的中小银行规模，形成中小银行占大多数、大银行和超大银行占少数的结构比重。

（六）推动“互联网＋贷款”模式，促进互联网金融健康发展并完善金融监管协调机制

“互联网＋贷款”模式优化资本配置。互联网与金融深度融合是大势所趋。“互联网＋贷款”模式兼备互联网和金融两大行业属性，在资本配置中起到优化和聚集作用，为解决中小企业融资问题提供了新途径。“互联网＋贷款”模式通过网络借贷平台实现，网络借贷包括个体网络借贷（即P2P网络借贷）和网络小额贷款。个体网络借贷中，互联网平台只能作为信息中介，不能直接发放贷款。而网络小额贷款能够直接搭建起资金融通的快速通道，连接融资人与资金提供方，并可在全国范围内放贷，能够有效降低客户融资成本。例如，目前广州民间金融街已集聚12家互联网特色小贷，主发起企业包括唯品会、复星集团、保利地产、广联达软件、众信旅游、金螳螂等多家国内、国外上市公司，同时还有10余家有互联网背景的企业正在积极申报。

促进互联网金融健康发展，完善金融监管协调机制。互联网金融本质仍属于金融，没有改变金融风险隐蔽性、传染性、广泛性和突发性的特点。加强互联网金融监管，是促进互联网金融健康发展的内在要求。各监管部门要相互协作、形成合力，充分发挥金融监管协调部际联席会议制度的作用。同时，要密切监测跨境资本流动，守住不发生系统性和区域性金融风险的底线，让金融成为一池活水，更好地浇灌中小企业、“三农”等实体经济之树。

（七）降低小微金融机构运营成本，加大政策支持力度

解决中小企业贷款难、贷款贵的问题，应加大对小额贷款公司等机构的支持。截至2015年末，全国共有小额贷款公司8910家，贷款余额9412亿元，2015年人民币贷款减少20亿元。

适当提高小额贷款公司的融资杠杆比率。提高小贷公司的投资回报能力，加大小贷公司的降息空间。现在监管部门规定小贷公司从银行融资的杠杆比例仅为1∶0.5，有些地方已经放宽到1∶1，但仍不够。按照国际经验，如果小贷机构的融资比例能放大到1∶3，则可以显著提高小贷机构的投资回报能力，有利于降低中小企业的融资利率。

免除小额贷款公司的税收。降低其融资和运营成本，从而鼓励小贷机构降低对中小企业的贷款利率，为中小企业提供更好的融资服务。

利用财政资金为小贷机构提供贴息支持，降低小贷机构的融资成本。应加强财

政政策和货币政策的配合，通过财政贴息、定向宽松等措施，降低中小企业贷款利率。加大政府对增信机构的投入，为企业获得信贷资金予以更多支持。建议成立专门针对中小企业的政策性银行，通过政策利率引导市场利率下行，发挥平抑融资成本的作用

推进民营银行试点。要积极推进符合条件、以为中小企业提供贷款为主要业务的民营银行的试点。

（八）抓紧建立现代信用体系，为中小企业进行信用评价

目前只有1/3的中小企业能贷到款，这是因为企业信用风险不明确，中小企业和银行之间没有建立起真正的信用关系，其信用风险无法评定，贷款无依据可循。借鉴国际成熟经验，如美国信用体系庞大完善，信用评级报告成为公开透明可评价的参考和贷款依据，通过信用体系支撑信用经济发展。我国应健全社会征信体系，完善守信激励和失信惩戒机制，提升居民、企业、机构的信用水平，增强其信用意识。建立中小企业资信征信系统，为中小企业进行信用评价，使银行能够了解和掌握企业的各种信息，为贷款决策提供参考。

（九）加快企业自我完善与规范，修正自身缺陷

中小企业融资难状况是由多方面原因造成的，中小企业自身原因是主要因素之一。因此，解决中小企业融资问题，需要企业修正自身缺陷。一是加快自我完善，增强融资能力。健全企业制度，规范企业治理结构；加强自我管理，促进产业结构优化升级；增加资本金，提高自有资金比例；强化自我积累机制，提高自我集聚能力。二是提高信用意识，高度重视信用记录，向征信系统提供必要的信息，以缓解信息不对称带来的问题。三是重视融资创新，加强资本运作，主动了解、参与资本市场，扩宽企业融资渠。四是积极获取银行贷款，运用多种创新方式。

第六节　日本经济深陷长期结构性困境

日本经济深陷长期结构性困境，新政策难以破除经济痼疾。日本经济发展既面临短期瓶颈，又面临长期结构性问题，同时世界经济形势将对外向型的日本经济产生显著影响。从长期来看，日本仍面临包括外需依赖型经济结构、产业空心化、人口老龄化和不断增长的国债负担等长期结构性难题，新“三支箭”政策难以破除日本经济痼疾。

一、日本外需依赖型的经济结构导致贸易逆差长期趋势明显

2011 年以来，日本贸易逆差趋势显著，逆差额不断扩大，日本“贸易立国”模式经历重大考验。日本财务省最新数据显示，2014 年 1 月日本贸易逆差高达 2.8 万亿日元，折合 274 亿美元，创自 1979 年以来单月贸易逆差最高纪录，日本已连续 3 年呈现贸易逆差。造成贸易逆差的主要原因在于日元大幅贬值和日本能源严重依赖进口的模式。日本是世界第三大原油进口国，核电占日本发电总量约 30%。2011 年大地震后，日本本土电力供应和原油生产受到较大影响，能源供给严重短缺。目前，日本能源 90% 依赖进口，2013 年日元大幅贬值 20%，造成进口燃料价格急剧攀升，企业成本大幅上升。

同时，日本出口现状也令人担忧。作为日本主要出口对象国的美欧、中国和新兴经济体状况不容乐观。美国货币政策收紧，其后果依然未知，美国经济复苏的不稳定因素增加；欧元区经济尚未彻底走出危机，经济复苏动力不足；中国经济减速和中日政治因素影响两国贸易；新兴经济体总体上处于调整状态。同时，随着日本制造业持续向海外转移，日元贬值对出口的推动作用将会越来越小。大部分中小企业无法将能源等进口成本转嫁到销售价格上，日本企业出口竞争力整体减弱。因此，日本出口的整体状况不容乐观，进一步扩大了日本贸易逆差。日本这种外需依赖型经济结构若不能改善，贸易逆差可能成为一种长期趋势，不利于推动日本产业的转型升级和日本经济发展。

二、日本产业空心化加剧，长期供给能力下降

近年来，随着日本海外投资日益增长，国内投资大幅减少，国内产业发展急剧萎缩，加剧了产业空心化程度，削弱了日本国内企业的长期供给能力，未来日本经济增长动力不足。2011 年日本大地震重创日本本土制造业，加快了日本企业向海外布局的步伐，产业海外转移的规模和结构也发生了巨大变化，传统工业和劳动密集型等低技术、低附加价值的产业链向研发技术等高技术、高附加价值核心链条的大规模转移，进一步加剧了日本国内产业空心化趋势，威胁了日本国内的产业基础，不利于日本产业结构调整和转型升级。

三、日本少子化、老龄化趋势加剧，国内需求严重不足

劳动力资源是社会经济发展的动力来源，日本少子化、老龄化趋势加剧，必将引起社会劳动人口的减少，进而引起国内需求严重不足。日本总务省的调查显示，日本人口增长缓慢，2005—2010 年 6 年间日本人口仅增长 0.2 个百分点，年均增长 0.05 个百分点。日本老龄化率（65 岁以上的人口比例）达 23.1%，为世界最高，少子化率（不满 15 岁的人口比例）为 13.2%，为世界最低。2010 年厚生省白皮书披露的数据显示，2030 年日本男性终身未婚率（到 50 岁没结过一次婚）将达到 29.5%，女性则将达到 22.6%，未婚人口比例的增加将加剧日本少子化趋势。

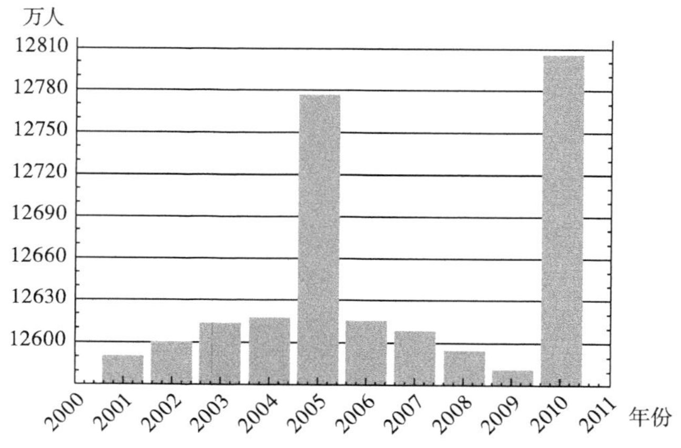

图 2-30　日本人口变化趋势

资料来源：Wind 资讯。

四、日本财政重建问题紧迫，刺激经济发展的政策空间有限

安倍上台以来，包括补充预算在内，累计出台高达 100 万亿日元的财政刺激方案，比 2008 年金融危机之前的 83 万亿日元还多出 17%，政府对国债的依赖不断加剧，整个经济严重依靠财政投入。2013 年，日本财政赤字率达到 9.5%，公共债务达到其 GDP 的 244%，引发外界对日本主权债务危机的担忧。安倍对国际社会承诺削减财政赤字，使得 2015 年的财政赤字缩减到 2010 年规模的一半，2020 年全部削减完全实现盈余。若不能如期达到减赤目标，将对日本的国际信誉和日元汇率形成冲击。但目前除增收消费税之外，尚未看到其他更有效的具体措施，日本在财政重建问题上依然举步维艰。由于债务压力过大，日本政府通过继续实施财政政策来刺

激经济发展的空间有限。

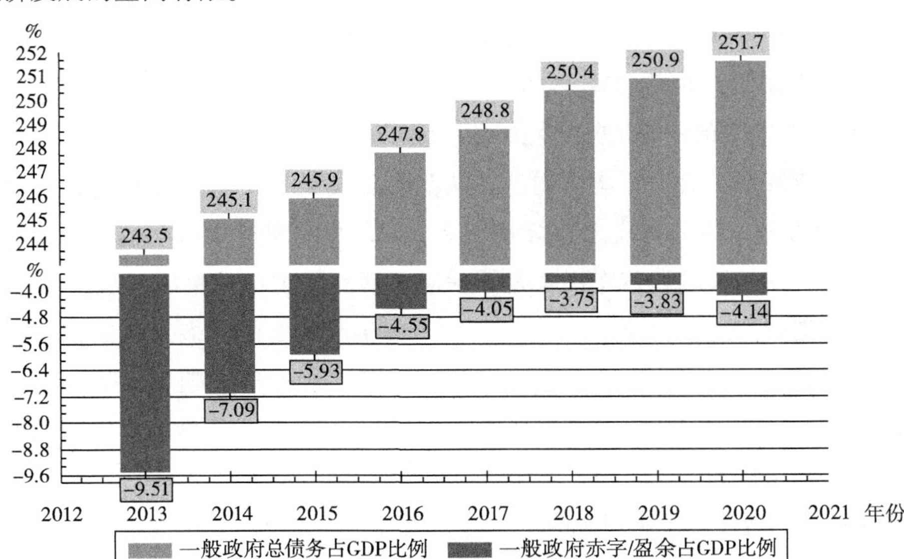

图 2-31　日本财政赤字率和公共债务占 GDP 的比重

资料来源：Wind 资讯。

第七节　安倍经济学政策效果评估

一、安倍经济政策短期内取得一定成效

2012 年末，安倍政府上台后推出了以大胆的金融政策、灵活的财政政策和成长战略“三支箭”为核心的一系列新经济政策，统称为“安倍经济学”。第一支箭旨在消除通货紧缩；第二支箭以在短期内支撑日本经济、中期内实现财政健全化为目标；第三支箭旨在扩大投资和提高经济增长的结构性改革，是安倍经济学的核心部分，也是最难落实的部分。

（一）安倍经济学取得短期成效，日本经济初步走进复苏通道

安倍经济学推行一周年，实现了短期目标。日本经济出现正增长、股价上涨、通胀缓慢上升等积极的征兆。据日本内阁府 2014 年 2 月 17 日发布的数据，2013 年日本实际国内生产总值（GDP）增速为 1.6%，高于 2012 年 1.4% 的经济增长速度，并连续 4 个季度实现正增长，逐步摆脱通货紧缩，日本经济初步走进复苏通道。

2013 年 12 月，日本核心 CPI（居民消费价格指数，剔除新鲜食品价格）同比上升 1.6%，增速创 5 年新高，表明日本在摆脱通缩方面稳步取得进展。随着经济环境持续改善，预计 2014 年内将实现 2% 的通胀目标。日本股市大幅上涨，日经 225 指数年内涨幅达 52%，2007 年以来首次突破了 16000 点大关，财富效应明显。受益于财富效应和通货膨胀上升，日本国内消费状况明显改善。日本内阁府发布的数据显示，2013 年民间最终消费支出实际增长 2.0%，并实现连续 4 个季度正增长。受上调消费税预期的影响，汽车和家电等耐用品消费需求提前集中释放，2013 年第四季度汽车消费同比大幅增长 20.3%。鉴于安倍政府之前，多个政府都没有使日本摆脱通缩状态，国民和企业对日本经济普遍持悲观态度。随着安倍经济学取得成效，日本民众期望安倍能够领导日本走出长达 15 年的通货紧缩，安倍政府因此获得了较高的支持率。

虽然积极的货币政策和财政政策能够提振日本经济增长，但是作为安倍经济学“三支箭”中核心部分的结构性改革仍缺少更有效的具体行动，安倍经济政策的效果开始弱化。我们认为，日本经济在短期内可能继续向好，但中长期前景仍不明朗。日本仍面临长期结构性难题，主要包括外需依赖型经济结构、产业空心化、人口老龄化和不断增长的国债负担等问题。

（二）中国应关注日本经济新动向

1. 关注日元贬值风险

2013 年以来，日元大幅贬值，国际热钱开始投机炒作亚洲货币，警惕日元贬值可能引发亚洲金融危机。日元是我国外汇储备三大币种之一，日元贬值对我国外汇储备的保值增值极为不利。同时，中日都是以出口为导向的经济体，彼此为竞争关系，日元贬值将增加日本产品的出口竞争力，对我国出口形成挤压。此外，日元贬值将进一步加剧人民币升值压力，影响中、日、韩三国的自贸区谈判。

2. 关注日本主权债务风险

安倍经济政策并没有根本改变日本经济面临的长期难题，庞大的债务是其面临的最大风险。尽管过去 20 年日本并没有爆发过主权债务危机，但是近年来日本债务结构发生了实质性变化，债务持有人中外国人持有比重增加，主权债务风险敞口加大，对全球经济复苏构成巨大威胁，我国应该未雨绸缪，做好应对日本主权债务风险预案。建议国家有关部门委托相关机构，整合知名院校和智库力量，成立“日本主权债务风险对策研究小组”，设立专项基金，长期跟踪研究日主权债务风险。与此同时，加快调整我国外汇储备资产的币种结构，适度增持日本国债，在日本经济危机爆发时刻，以支持日元稳定和日本经济发展为筹码，压日本右翼势力转向，争取我国在解决日本问题时的主动权。

3. 关注日本贸易走势

中日关系对中日贸易影响不大。中日双边贸易与投资数据显示，在中日关系紧张时中日贸易和投资会有比较明显的下滑，但是随着日本企业认识到中国的反日情绪主要是针对日本政府而不是日本企业时，开始恢复对中国的贸易和投资。2013年，日本对中国出口和进口同时恢复增长，同比分别上涨9.7%和17.4%。

日本贸易格局影响中日贸易走向。长期以来，日本对中国贸易比重保持在20%左右，中国对日本贸易比重保持在10%左右，中日贸易关系密切。因此，日本贸易格局的转变将对中日贸易产生深远影响。近年来，日本外贸出现由长期贸易顺差转向长期贸易逆差趋势。日本保持贸易顺差格局长达20年之久，2011年日本大地震之后，这种格局被打破。目前已连续3年出现贸易逆差，逆差额仍在不断扩大，2013年贸易逆差高达11万亿日元，约合1126亿美元。中国是日本主要的进口来源国，中国应抓住日本贸易格局转变的机遇，积极开展双边贸易，提高产品质量，扩大对日出口。

4. 关注安倍经济学发展新动向

目前，安倍政府最关注的是上调消费税之后的日本经济发展状况，是否进一步出台刺激政策将取决于第三季度的经济数据。多数日本学者预测上调消费税之后的第二季度，日本经济会出现短暂回落，第三季度将恢复增长。除此以外，3月的薪资谈判结果将对日本今后的消费影响较大，值得关注。鉴于安倍经济学的成长战略前景不可预期，中国作为日本的邻国和重要的贸易伙伴，应做好全方位的应对措施。建议持续跟踪日本国内经济走势和政治动向，关注安倍经济学能否带领日本真正走出通货紧缩及日本结构性改革的效果，尤其要特别关注未来3个月的日本经济敏感期，注意防范安倍经济学失败对中国经济发展造成连锁反应。

二、安倍经济学没有达到预期效果

（一）日本经济形势的主要特点

1. 提高消费税的负面影响凸显，安倍经济学效果不如预期

2013年以来，日本实施以“安倍经济学”为核心的一系列新经济政策，推动日本经济复苏。提高消费税措施是其中重要一环，以期改变日本国内通货紧缩状况，

削减公共债务，推动结构性改革。2014 年 4 月，日本提高消费税 3 个百分点，由 5% 提升至 8%，为避免消费税提高带来损失，日本居民提前消费，由此带动第一季度日本经济大幅上升，实际国内生产总值（GDP）同比增长 2.63%，也由此透支了第二季度的消费，第二季度实际 GDP 同比下降 0.07%。多数专家认为安倍经济学的成败主要取决于第三季度的经济数据，若第三季度经济数据不如市场预期，日本将被迫出台新的经济刺激措施。从实际情况来看，日本第三季度实际 GDP 同比下降 1.08%，大大低于市场预期，下降幅度远大于第二季度，这表明安倍经济学未能达到预期效果。设备投资和出口增幅下降是拖累日本经济复苏的主要因素。第三季度企业设备投资环比减少 0.2%；外需对经济增长的贡献度为 -0.2%，为两年来首次负贡献，新兴经济体经济减速是日本外需下降的主要原因。

2. 日本超宽松货币政策扭转了通缩趋势，引发股市大涨，但房价没有明显上涨

近年来，日本超宽松货币政策确实扭转了通缩趋势，消费价格大幅上涨。1998 年亚洲金融危机至 2012 年（除 2008 年国际金融危机初期），日本基本处于通货紧缩阶段，居民消费价格指数（CPI）长期为负或不到 1% 的水平。2013 年安倍经济学实施以来，日本超宽松货币政策逐步扭转了日本的通缩状况，2013 年 6 月 CPI 由负转正，自此一路上扬，2014 年 5 月达到 3.7%，为 1998 年以来的最高点。2013 年日本 CPI 水平为 0.9%，2014 年 3 个季度的 CPI 水平分别达到 1.5%、3.6%、3.3%，预计 2014 年度 CPI 将上涨 3.2%，上涨趋势明显。

一般情况下，一国实施超宽松货币政策，将推动物价大幅上涨，超发货币将进入收益率较高的资本市场，如股票市场和房地产市场。在超宽松货币政策的推动下，日本股市大涨，2012 年底至 2014 年 12 月 1 日，日经 225 指数累计上涨近 7000 点，涨幅达到 70%。然而，日本超宽松货币政策并没有推动日本房价大幅上涨，2014 年以来，日本新屋开工率呈下降趋势。2014 年 9 月，日本新建住房约 7.6 万套，同比下降 14.3%。房地产市场没有明显上涨的短期原因在于市场担心若安倍经济学失败，日本将会再度提高消费税，这将加重财政赤字，资本会逃离日本，房价下跌风险则加大。长期原因是日本少子化、老龄化趋势难以扭转，长期需求下降，买房热情不高。

3. 日本失业率保持相对低位，就业岗位充裕

2014 年 10 月，日本失业率为 3.5%，降至 1998 年以来的较低水平。2014 年日

本失业率大幅下降得益于日本经济的整体复苏，以及日本政府出台刺激经济的新版经济增长战略和鼓励女性工作的政策，更多的人特别是女性开始寻找工作机会。三季度日本用人需求和求职人数之比（求人倍率）增至1.10倍，意味着每对应100个求职者就有110个就业岗位。求人倍率连续3个季度上涨，表明用人需求旺盛。

4. 日元大幅贬值，这一趋势在宽松货币政策下持续

安倍内阁上任以来，日本采用日元大幅贬值措施刺激出口，拉动日本经济。2012年日元对美元平均汇率水平为80日元兑1美元，2013年末贬值至105日元兑1美元，一年之中日元对美元汇率贬值幅度高达32%。2014年以来，日元对美元汇率累计贬值9%，截至2014年10月，日元对美元汇率达到111∶1，相比2012年累计贬值39%。

5. 国际油价大幅下降，日本贸易逆差问题有所减缓

国际油价大幅下降，缓解了日本贸易逆差不断扩大的趋势。2011年日本大地震以来，日本核电站停产，能源进口激增，这是日本贸易逆差不断扩大的主要原因。2014年下半年以来，国际油价大跌，目前布兰伦特原油期货跌至4年来最低，受此影响，日本贸易逆差有所缓解。2014年1月，日本贸易逆差额达到2.8万亿日元，为历史最高，10月已大幅降至7010亿日元，贸易逆差额相比年初大幅缩小2.1万亿日元，收窄幅度达75%。

（二）未来日本经济复苏步伐艰难

1. 受消费者信心低下及外部环境等不确定因素影响，未来日本经济复苏步伐艰难

从整体上看，日本上调消费税给经济复苏带来的负面影响不可低估，未来日本经济复苏步伐将放缓。据日本内阁府预测，2014年日本实际GDP增速为1.4%，低于2013年2.3%的增速。国际货币基金组织（IMF）10月发布的最新报告中，下调了日本经济增长预期。IMF预测，2014年日本经济增速为0.9%，2015年为0.8%，相比此前7月的预测分别下调了0.7个百分点和0.2个百分点。通货膨胀方面，IMF预测日本将结束持续20年的通货紧缩，2014年实现1.3%的通货膨胀，2015年CPI上涨1.4%，2019年CPI涨幅为1.3%。

促进未来日本经济发展的积极因素：一是就业和居民收入有所改善；二是日本政府刺激经济发展的各种政策效果仍然存在。因此，2015年日本经济仍将持续缓慢复苏。

2015 年，日本经济发展面临的不确定性，在于内需低迷和外部经济环境等因素。国内不利因素在于消费者信心低下。因上调消费税造成的负面影响，消费者信心连续 3 个月出现下降，由 6 月的 40.8 下降至 10 月的 38.7。外部不利因素在于世界经济下行风险加大。2014 年 10 月，IMF 再次下调 2014 年全球经济增速至 3.3%，并警告全球经济下行风险正在加剧，这是 IMF 2014 年以来第三次下调全球经济增长预期。

2. 2015 年日本重启核电站意义重大，将影响日本贸易和投资格局

出于能源安全和成本方面的考虑，2015 年日本将重启核电站，结束日本持续一年的零核电状态。自 2011 年日本大地震之后，日本境内核电站全部停运，实施核电站安全新标准，要求所有核电站能够应对 2011 年日本大地震级别的地震和海啸。2012 年 5 月，日本进入零核电状态，然而为应对夏季电力短缺问题，6 月大阪核电站暂时重启，并于 2013 年 9 月再次停运。目前，日本约有 50 座商业反应堆，在 2011 年大地震之前，有 30 多座反应堆处于运转状态，目前日本原子能规制委员会正在对 13 座核电站的 20 座反应堆进行审查。

2015 年重启核电站对日本经济意义重大。一是将扭转贸易逆差格局。日本全国电力供应约 30% 来自核电，2011 年日本大地震后关停日本所有核电站，导致能源严重短缺，不得不大量进口能源，企业成本上升，进而导致出现巨大的贸易逆差，并且具有贸易逆差长期化趋势，改变了日本贸易格局。重启核电站能够缓解日本能源短缺问题，能源供给不再严重依靠进口，进而缓解日本贸易逆差问题。预计随着越来越多的核电站通过审查，日本能源供给将逐步得到缓解，日本贸易格局将重新出现扭转，重回贸易顺差时代。二是将扩大投资力度。核电站重建投资巨大，日本将进一步加大投资力度，有利于拉动经济增长。三是将降低企业成本。重启核电能够保证日本的电力供应更加稳定，有利于企业降低成本，增强价格竞争力。

3. 安倍经济学并没有达到预期效果，日本经济将面临两难选择

安倍经济学的初衷是引导经济从通缩转为通胀，通过日元贬值提高出口等。然而，目前出现了一些不利于物价上涨的因素，日元贬值对出口并没产生明显效果，反而大大增加了进口负担。从第三季度的经济数据低于市场预期可以看出，经济已经出现疲软迹象。出现阻碍通胀因素的主要原因在于日本上调消费税导致市场后续需求下降，增税打击了国内消费，进而抑制了通胀这一重要目标。另外，日元贬值未能扭转日本贸易逆差问题，反而对国民经济以及中小企业造成了负面影响。2011

年以来，日本已连续3年出现贸易逆差，逆差额不断扩大。在贸易逆差的情况下，日元贬值大大增加了进口负担，导致进口金额不断超过出口金额，进一步加剧了贸易逆差。

未来日本经济面临两难选择：若2015年日本继续上调消费税，将进一步抑制经济发展；若不增加消费税，巨额财政赤字难以缩减，日本将失去财政信用，利率也会继续上升，对经济的负面影响较大。

（三）中日经济合作的现状与建议

中国是日本第二大贸易伙伴，日本是中国第五大贸易伙伴。海关总署的数据显示，截至2014年10月，中日贸易额累计达到2589亿美元，同比增长1.2%。其中，中国对日本出口同比增长0.9%，中国从日本进口同比增长1.4%。

1. 近期中日贸易变化情况

一是重要工厂在中国制造销售产品，日本对中国出口难以提高。近年来，日本企业逐渐意识到中国市场需求潜能巨大，企业经营理念发生转变。此前日本在中国制造产品的目的是出口国外，看中的是中国的廉价劳动力和资源，并未重视中国市场，而如今日本企业到中国的主要目的是扩大中国国内市场的产品销售。目前在华日资企业数量约23000家，超过美国，位列第一。由于日本企业已在中国制造并销售，多数商品不需从日本出口到中国，因此，日本对中国的出口难以进一步提高。同时，由于近年来中国劳动力成本上升，日本企业收益率下降，日本企业转向投资东南亚国家趋势显著，这从日本的外国直接投资（FDI）流向可以看出。联合国贸发会议发布的2014年《世界投资报告》显示，2013年日本对外直接投资流量为1357.49亿美元，连续3年上升，主要投资目的国为美国和东南亚国家，占世界FDI流量（1.4万亿美元）的10%。

二是中日政治环境对两国经济产生一定影响。不同于以往中日之间的政冷经热现象，近年来，中日政治关系对中日经济会产生一定的负面影响。2013年中日贸易下滑，中日贸易总额3120亿美元，同比下降5.1%，日本降为中国第五大贸易伙伴。其中，中国对日本的出口额为1502.8亿美元，下降了0.9%，中国自日本的进口额为1622.7亿美元，下降了8.7%。一方面，由于日元贬值削弱了中国产品在日本市场上的价格竞争优势；另一方面，钓鱼岛事件带来的中日政治上的争端，对双边贸易产生的影响不可忽视。

2. 推进中日经济合作的建议

一是深化双边贸易投资合作。中日两国存在较强的经济互补性，贸易投资合作空间广阔。例如，日本在环保、高科技领域占有优势，中国则拥有世界第一大市场和充足的劳动力。日本是第二大对华投资国，2013 年日本对华直接投资额达 70.6 亿美元。近年来，中国也加快了对日本的投资和并购。如苏宁电器控股日本著名电器零售商 Laox，这是中国家电零售企业首次收购日本上市公司。对日投资行业主要包括科技产品零部件供应企业以及食品加工企业等。

二是共同推动中日韩自贸协定谈判。中日韩自贸区谈判自 2012 年 11 月启动，2014 年 11 月，中韩自由贸易协定（FTA）结束实质性谈判，中韩或将于 2015 年上半年正式签署协定，这将成为中日韩 FTA 的突破口，有利于中日韩 FTA 的推动。中日双方应充分考虑各自诉求，针对热点产品的关税减让情况、各自市场的开放程度等达成一致，尽早缔结中日韩 FTA。

三是推进可再生能源领域的技术合作。2014 年 11 月中国政府出台《能源发展战略行动计划（2014—2020 年）》，明确将发展清洁低碳能源作为我国能源战略的主攻方向。这表明中国将鼓励大规模发展可再生清洁能源，而日本在可再生能源领域的技术水平和实践世界领先。因此，中日两国可推进可再生能源领域的技术合作，推动太阳能、风能、生物质能、地热能等方面的科技合作。建议建立政府层面合作机制，推动两国间科学技术人员互访和交流，鼓励建立联合实验室和产业基地。

三、安倍经济学政策效果评估

2013 年 4 月，日本推出旨在摆脱长期通缩的“安倍经济学”。其中提高消费税措施是其重要一环，以期改变日本国内通货紧缩状况，削减公共债务，推动结构性改革。安倍经济学政策的短期效果明显，在宽松货币政策的引导下，日元大幅贬值，股市大幅上涨，出口企业获利颇丰，日本经济出现短暂复苏。然而，2014 年日本上调消费税以来，日本经济数据就像“过山车”一样时上时下，经济复苏遥遥无期，显示日本经济增长的脆弱性。尽管日本政府两次推迟再次上调消费税，并未能有效提振内需，内需疲弱是制约日本经济复苏进程的重要因素，经济数据表明日本经济可能再次出现紧缩，股市和日元走势与政策目标背道而驰，安倍经济学面临实质性失败结局。此外，日本央行加码量化宽松货币政策，实施负利率政策，期待银行向实体经济注入更多资金，达到抬高物价、刺激经济的目的，市场普遍认为，这是安倍经济学金融政策陷入僵局的表现。

（一）旧“三支箭”效果消退

1. 旧“三支箭”出台背景分析

2012 年末安倍上台以来，安倍政府推出了以大胆的金融政策、灵活的财政政策和成长战略“三支箭”为核心的一系列新经济政策，统称为“安倍经济学”。第一支箭旨在消除通货紧缩，第二支箭以在短期内支撑日本经济、中期内实现财政健全化为目标，第三支箭旨在扩大投资和提高经济增长的结构性改革，是安倍经济学的核心部分，也是最难落实的部分。2013 年，安倍经济学推行一周年之际，日本经济出现正增长、股价上涨、通胀缓慢上升等积极的征兆，可以说，安倍经济学取得短期成效，日本经济初步走进复苏通道，安倍经济学似乎令日本看到了曙光。

然而，随着 2014 年日本政府上调消费税，引发了日本国内需求大幅回落，为拉动内需、激活经济长期增长动力，日本内阁府 6 月 24 日正式公布了新版经济增长战略和“经济财政运营和改革的基本方针”，该战略是日本政府于 2013 年提出的“日本再兴战略”的升级版，被视为“安倍经济学”的第三支箭。与旧版增长战略相比，新版增长战略更加注重结构性改革。上调消费税后日本经济急转直下，2014 年日本经济零增长。

表 2－9　2000—2015 年日本经济增长率（%）

年度	名义 GDP	实际 GDP
2000	1	2.3
2001	－0.8	0.4
2002	－1.3	0.3
2003	－0.1	1.7
2004	1	2.4
2005	0	1.3
2006	0.6	1.7
2007	1.2	2.2
2008	－2.3	－1
2009	－6	－5.5
2010	2.4	4.7
2011	－2.3	－0.5
2012	0.8	1.7
2013	0.8	1.4

续表

年度	名义 GDP	实际 GDP
2014	1.6	0
2015	2.5	0.5

资料来源：Wind 资讯。

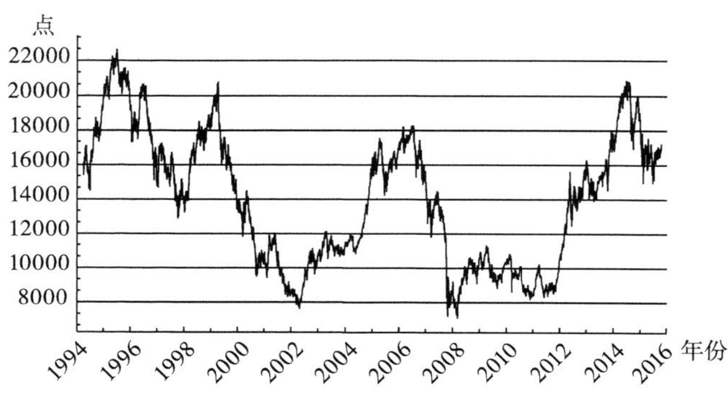

图 2 - 32 日经 225 指数走势图

资料来源：Wind 资讯。

2. 旧“三支箭”实施效果评估：“治标不治本”，未能根本解决社会深层次问题

“三支箭”的初衷是，实施超规模量化宽松货币政策加大市场货币流通，促进日元贬值和股市上涨，从而提升日本企业国际竞争力，促进日本企业出口，增加企业利润，促进企业扩大设备投资并为员工涨工资，进而刺激国内消费和推动物价上涨，最终达到摆脱通货紧缩的目标。

然而，三年来，“三支箭”的实施效果却与政策初衷背道而驰。财政政策和货币政策“治标不治本”，结构性改革未能根本解决社会深层次问题。日本经济数据就像“过山车”一样时上时下，GDP 屡次陷入技术性衰退，经济复苏遥遥无期。2% 的通胀目标也一延再延，从原来的“2015 年度前后”延迟至 2017 年 4 月，并再度延迟至 2019 年 10 月，至今未达到预期目标。这表明“安倍经济学”难挽日本经济颓势，日本经济复苏基础仍然薄弱。“三支箭”政策对日本经济的负面效应逐渐显现。

第一，日元大幅贬值一定程度削减了企业收益，不利于推动日本产业的转型升级和日本经济的发展。2011—2015 年，日本已连续 5 年呈现贸易逆差，日本“贸易立国”模式经历重大考验。造成贸易逆差的主要原因在于日元大幅贬值和日本能源严重依赖进口的模式。从 2013 年 4 月日本实施量化宽松货币政策至 2015 年，日元对美元汇率累计贬值25%左右，造成进口燃料价格急剧攀升，企业成本大幅上升。2014年下半年以来，国际原油价格崩盘，日本能源进口成本下降，缓解了日本贸易逆差状况，但并未彻底扭转贸易逆差态势。2016年以来，日元作为国际避险货币大幅升值，使得日本再度陷入贸易逆差。若日本这种外需依赖型经济结构不能改善，贸易逆差可能成为一种长期趋势，不利于推动日本产业的转型升级和日本经济的发展。

第二，日本财政重建问题紧迫，刺激经济发展的政策空间有限。2015年，日本财政赤字率达到5.9%，公共债务达到其GDP的246%，加重外界对日本主权债务危机的担忧。安倍对国际社会承诺削减财政赤字，到2020年全部削减完全实现盈余。为增加财政收入，2014年4月日本提高消费税3个百分点，这对占日本GDP比重60%的个人消费来说是一个较大的冲击，至今尚未恢复元气。2016财年日本政府财政支出预算高达96.72万亿日元，再创新高，到2020财年实现财政盈余的目标已遥不可及。若不能如期达到减赤目标，将对日本的国际信誉和日元汇率形成冲击。但目前除增收消费税外，尚未看到其他更有效的具体措施，日本在财政重建问题上依然举步维艰。由于债务压力过大，日本政府通过继续实施财政政策来刺激经济发展的空间有限。

第三，经济改革举步维艰，新政策难以破除经济痼疾。从长期来看，日本仍面临包括外需依赖型经济结构、产业空心化、人口老龄化和不断增长的国债负担等长期结构性难题，“三支箭”政策并未根本解决这些社会深层次问题①。

第四，负利率政策凸显日本央行“弹尽粮绝”（实施负利率政策表明金融政策陷入僵局）。日本央行量化宽松货币政策初期效果明显，日经指数从16000点左右一度冲至21000点，日元汇率也大幅贬值，从100日元/美元贬至125日元/美元。然而，2015年底日本央行加码量化宽松后，市场反应相对冷静，2016年1月日本央行突然宣布实施负利率政策，令市场大跌眼镜，加剧了市场对全球竞争性货币贬值的担忧及对日本银行业的盈利能力的担忧，加剧了全球金融市场动荡，日经指数大跌至16000点左右，日元作为避险资产大幅升值至109日元/美元附近。受英国脱欧影响，日元一度突破100日元/美元大关。日本实施负利率政策是期许银行业向实体经济注入流动性，达到刺激投资和消费，抬高物价，拉动经济增长的目的，效果如何，有待观察。

---

① 许缘．走向失败的“安倍经济学”［EB/OL］．新华网，2016-02-05.

（二）新“三支箭”前景悲观

随着旧“三支箭”逐步失效，日本政府提出以发展经济、改善社会保障、支持儿童培育为核心的新“三支箭”，并提出日本 GDP 在 2020 年左右达到 600 万亿日元、特殊出生率达到 1.8、护理离职率为 0 等目标，以期解决持续数年的结构性问题。

1. 新“三支箭”出台背景分析

新“三支箭”政策旨在防止经济下滑，提升经济增长潜力。2012 年底以来，安倍政府一直推行以超宽松货币政策、扩大财政支出和经济改革为“三支箭”的安倍经济学。安倍经济学有效提振了 2013 年的日本经济，但随后政策效果减弱，加上 2014 年日本上调消费税的负面影响，日本经济陷入停滞甚至衰退；2015 年第四季度日本经济再度萎缩，旨在放松监管和改革以提振日本长期经济增长潜力的第三支箭进展缓慢，安倍经济学明显缺乏后劲。在人口持续减少的背景下，日本经济的潜在增长率仅为“0 ~0.4%或 0.4% ~0.6%”。安倍宣称：“如果没有强劲的经济，我们的未来就没有希望。”因此，为提高日本经济的潜在增长率，日本政府推出升级版安倍经济学，出台新“三支箭”政策，提出迈向“一亿总活跃社会”的目标，新设“一亿总活跃担当大臣”等措施。

提高因强推安保法而低迷的支持率，政治意义大过经济意义。2015 年 9 月 19 日，日本政府强行通过扩大日本军事角色的新安保法案，引发国内外强烈抗议，其内阁支持率跌破 40%。2015 年 9 月 24 日安倍连任自民党总裁，新任期至 2018 年 9 月。第三届安倍新改组内阁 10 月 8 日上午正式开始运作。为挽回民意支持，消除负面因素，赢得 2016 年参议院选举，新内阁在执政中将优先发展经济，继续推行升级版“安倍经济学”，希望通过安倍经济学的新“三支箭”，迈向“一亿总活跃社会”。安倍政府将工作重心转向经济，打算用重视发展经济、改善民生的口号来获取民心，新“三支箭”政策的政治意义大过经济意义。

重点在于财富的重新分配，解决经济发展的长期结构性问题。安倍经济学新“三支箭”包括发展经济、改善社会保障、支持儿童培育，旨在通过加强经济政策措施提振日本经济，使日本实现 GDP 在 2020 年左右达到 600 万亿日元、特殊出生率达到 1.8、护理离职率为 0 等目标，以期解决持续数年的结构性问题，如人口老龄化、劳动力短缺等。新“三支箭”的政策之箭重点在于财富的重新分配，主要通过儿童保育支持和社会福利来实现。在社会保障方面，提出建立工作与照顾老人相结合的社会环境，增加提供特殊护理服务的养老院数量，培养护理人才，为老龄人士提供灵活的工作机会等；在支持儿童培养方面，将家庭出生率从 1.4 人提升至 1.8 人，实现幼儿免费教育，扩充奖学金，保证愿学尽学，并解决儿童贫困问题。这是直接与大众相关的领域，安倍政府希望这些举措能够提振家庭支出，通过增加社会福利提高支持率。

2. 新“三支箭”实施效果评估

日本经济深陷长期结构性困境，由于新“三支箭”政策缺乏具体实施措施，经济增长乏力，难以达到预期目标，日本国内有限的财源难以支撑升级版安倍经济学，安倍经济学难以破除日本经济痼疾。

新“三支箭”缺乏具体实施措施，难以达成期望目标。新“三支箭”政策，只罗列了目标，并没有提出具体的实施步骤和措施。《日本经济新闻》报道称，构成新“三支箭”的强有力的经济、社会保障和育儿支援与其说是作为具体举措的“箭”，不如说是作为目标的“靶子”。安倍应该做的是持续射出意味着根本性改革的“真正的箭”。新“三支箭”的政策目标难以在安倍的任期内有效落实，也很难取得实际效果。

第一，预期经济增长率过高，难以实现。从 2015 年 7 月日本内阁府发布的《关于中长期经济财政试算》的数据来看，到 2020 年左右实现日本国内生产总值扩大到 600 万亿日元的目标，名义增长率需保持年度 3% 才能达到，但 3% 的高增长率是过去 20 年中从未达到的水平。由于全球经济复苏乏力导致外需疲弱，日元升值威胁日本出口和企业盈利，企业加薪意愿不强导致工资增长乏力，目前日本经济处于内外交困之中，经济下行风险加大，预计日本经济增长难以达到预期。IMF 数据显示，1998—2007 年，日本实际 GDP 平均增速仅为 1.0%。IMF 预测 2016 年日本经济增速为 0.5%，2017 年经济增速为 0.6%，2017—2021 年的平均增速仅为 0.48%。第二，出生率难以达到 1.8%。目前日本的出生率是 1.42，鉴于日本晚婚化、终身不结婚、生育年龄的高龄化等因素，想要达到 1.8% 的目标相当困难。事实上，日本创生会议把出生率 1.8 人的目标定在 2025 年，安倍任期内难以实现该目标。第三，护理离职率较高。由于 2015 年度日本护理报酬时隔 9 年再度下调，这加速了护理行业的离职率。如果不能采取有效措施改善护工的劳动条件，考虑留住人才的方法，“护理离职率 0”的目标将难以实现。

日本国内财源有限，难以支撑升级版安倍经济学。日本政府 2016 财年（2016 年 4 月—2017 年 3 月）预算为 96.72 万亿日元，相比 2015 财年增长 3799 亿日元。

其中，政策性支出预算创下历史峰值，高达73.1万亿日元，比上一年增长0.2万亿日元，这意味着安倍政府未能在新财年有效削减政府支出。

税收收入是日本财政收入的主要来源，根据日本2016财年的预算，2016年日本税收收入达到57.6万亿日元，占日本财政收入比例高达近60%。2016年日本税收收入相比2015年增长3799亿日元，同比增长5.6%。其中，消费税税收17.2万亿日元，占财政收入比重17.8%；个人所得税税收18.0万亿日元，占比18.6%；企业税税收12.2万亿日元，占比12.6%；其他税收收入10.2万亿日元，占比10.6%，个人所得税和企业税税收同比增速有所上升，消费税提高幅度较小。2016财年日本税收收入与2015年基本持平，难以支撑升级版安倍经济学。

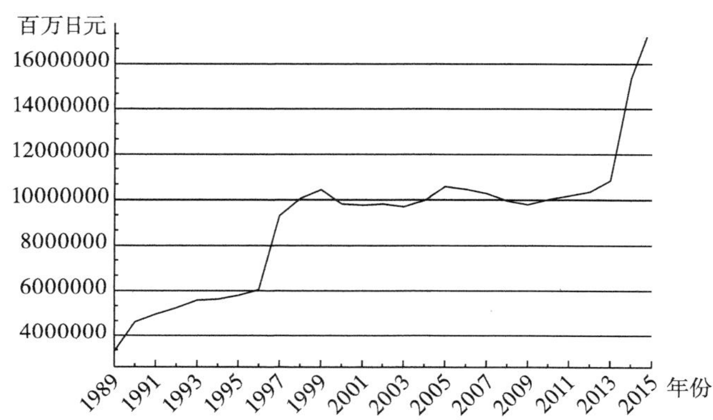

图2-33　日本消费税收入

资料来源：Wind资讯。

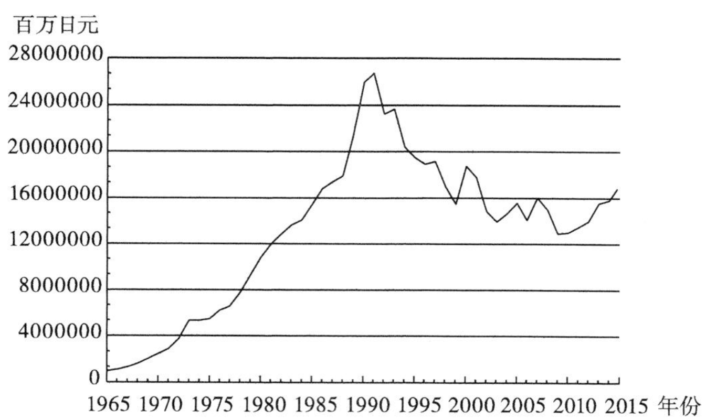

图2-34　日本个人所得税收入

资料来源：Wind资讯。

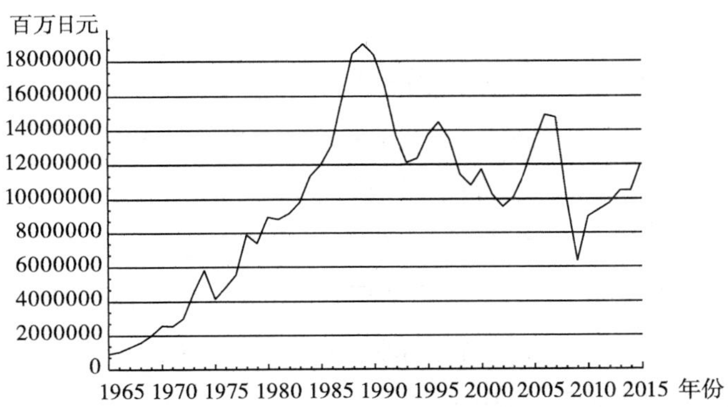

图 2-35　日本公司税收入

资料来源：Wind 资讯。

再次上调消费税，将给日本经济带来灾难性打击。2014 年日本上调消费税 3 个百分点至 8%，导致经济增长陷入衰退。日本上调消费税以来，日本家庭消费支出呈持续萎缩趋势，内需的持续低迷拖累了日本经济的复苏进程。因此，日本政府两次推迟提高消费税的时间，计划于 2019 年 10 月将再次提高消费税 2 个百分点至 10%。若 2019 年再次上调消费税，此举可能给日本经济带来灾难性打击。

（三）未能实质改变通货紧缩状况

目前，日本内需驱动经济动力严重不足。"安倍经济学"刺激措施并未实质改变通货紧缩状况，日本内需驱动经济动力严重不足。

1. 日本长期通货紧缩的主要原因

日本通货紧缩是结构性的，经济外生增长模式难以转变。20 世纪 90 年代，日本泡沫经济破裂之后，日本陷入通货紧缩泥潭长达 20 年之久，通缩造成严重内需不足，长期内需不足又严重影响经济复苏，形成恶性循环，造成日本经济长期低迷。尽管安倍执政 1 年来，安倍经济学取得成效，实现经济增长，初步达成通货膨胀目标，出现股市大涨等经济向好现象，然而这种通货膨胀仅仅是一种货币效应，是通过日本央行实施量化宽松货币政策超发货币和日元贬值实现的，根本而言，并没有实质改变日本通货紧缩状况。实际上，日本国内消费仍低迷，当前日本仍处于通货紧缩之中。

内需长期低迷，消费意愿不足。日本处于长期通货紧缩状态，民间内需严重不足。20 世纪 90 年代初期，日本经济开始出现通货紧缩现象，2000 年以后，通货紧缩已经成为日本经济的主要特征。日本总务省公布的数据显示，1999—2014 年，除个别年份外（2006 年 0.3%，2008 年 1.4%，2013 年 0.4%），日本消费者物价指数同比下跌或零增长。通缩造成民间内需严重不足。过去 20 年中（1993—2012 年），占其 GDP 近六成的民间消费需求一直处于极度低迷状态，根据日本内阁府公布的统计数据，日本家庭消费支出（剔除租金）除 1994 年上升 2.5% 外，其余年份均低于 2%，2000 年之后负增长、低增长（低于 1%）成为常态，2009 年跌幅达到 3.9%。

人口老龄化及较高的储蓄率，削弱了居民消费能力。当前，日本老龄化趋势加剧，国内需求严重不足。日本总务省的调查显示，日本老龄化率（65 岁以上的人口比例）达 23%，为世界最高。2010 年日本总人口为 1.28 亿，国际货币基金组织（IMF）预测 2019 年日本总人口将降至 1.25 亿人，人口将减少 300 万人。同时，日本储蓄率较高，较高的储蓄率进一步削弱了居民消费能力。IMF 预测日本国民总储蓄率 2014 年为 23%，2019 年为 24%，远高于 G7（七国集团）国家国民储蓄率 18% ~20% 的平均水平。

产业空心化加剧，国内投资低迷。20 世纪 70 年代广场协议之后，日元大幅升值导致日本企业大量地投资海外，成为世界最大的债权国，导致国内投资不足。2011 年日本大地震之后，日本加快海外产业转移步伐，进一步加剧了国内产业空心化态势。大地震引发日本企业对全球产业链布局的重新思考。面对日本频发的自然灾害与核泄漏等不可抗拒的风险，确保产业链的安全、保持企业的核心竞争力成为日本新一轮产业布局的重点，很多企业把产业转移到相对安全的周边国家，一些高端产品的生产也逐步向中国台湾、新加坡、马来西亚等地转移，核心研发部门也开始向外布局，新一轮产业布局思路的转变，必然加快日本产业外移的速度。随着日本海外投资日益增长，国内投资大幅减少，而国内需求不旺，海外回流的资金又重新投回海外，导致国内产业发展急剧萎缩，加剧了日本产业空心化程度。

2. 日本依靠内需驱动经济的动力不足

尽管安倍经济学“三支箭”促使日本在 2013 年实现难得的增长和温和的通货膨胀，但这种在央行大量印钞、政府开支激增的措施下带来的增长并不具有可持续性，通货膨胀也并非是因为真实需求推动，除了推高股市和打压货币，并没有真正驱动内需并带领日本经济走出增长乏力的困境。日本提高消费税率抑制了内需，可能改变目前日本经济复苏依靠国内需求驱动的模式。随着政策刺激驱动力减弱，日本经济增长率明显呈季节性递减趋势。2014 年第二、第三连续两个季度经济出现负增长。随着政策驱动力的减弱，当前出现不利于物价上涨趋势的因素，日本经济后续乏力的特征正在显现。

（四）未来实施进一步宽松政策

实现经济增长和财政改革双重目标，需要实施经济和财政一体化改革。除了推迟上调消费税有利于刺激国内需求，日本准备推出总额在 5 万～10 万亿日元的财政刺激计划。新预算将用来建设从名古屋到大阪的磁悬浮列车，发放优惠券以刺激消费，增加儿童保育员薪酬，以及设置奖学金等。预计未来日本央行将进一步扩大货币宽松政策。

第八节　日本新版经济增长战略前景及对中国的影响

为应对消费税率上调引发的需求回落，激活经济长期增长动力，日本内阁府 2014 年 6 月 24 日正式公布了新版经济增长战略和“经济财政运营和改革的基本方针”。该战略是日本政府于 2013 年提出的“日本再兴战略”的升级版，被视为“安倍经济学”的第三支箭。与旧版增长战略相比，新版增长战略更加注重结构性改革。但是，日本经济能否真正复苏仍面临考验。

一、新版经济增长战略出台的背景

2012 年第四季度至 2014 年第一季度，日本实际国内生产总值（GDP）已连续 6 个季度实现了正增长，累计增长 4.2%。通货紧缩状态持续改善，剔除消费税上调的影响，2014 年 4 月核心消费者价格指数（CPI，剔除生鲜食品价格）同比增长 1.5%，核心－核心 CPI（剔除生鲜食品及能源价格）同比上涨 1.0%。就业形势好转，新增用人倍率（新增用人需求和新增求职人数之比）超过 1.6 倍，达到 1992 年以来的最高水平，有效用人倍率（用人需求和求职人数之比）为 1.08 倍，为 2007 年以来的最高水平，失业率为 3.6%，基本处于 2007 年以来的最低水平。2014 年劳资谈判结果是月工资上调率超过 2%，工资上调率达到过去 10 年的最高水平。

然而，安倍经济学的第一支箭和第二支箭的政策效果开始减弱，日本经济后续乏力的特征逐步显现，亟须出台能够支撑经济长期发展的经济措施。在此背景下，安倍经济学的第三支箭即新版经济增长战略出台。

二、新版经济增长战略的主要内容

经济增长战略的核心是放宽政府管制、促进市场竞争，激发企业创造活力，增强经济发展内生动力，旨在通过改善资本、劳动力及生产环境等生产要素供给能力，提高企业生产效率，并转变经济发展模式，促进日本经济实现可持续增长。主要有以下几个方面的内容：

鼓励企业在设备和基础设施等领域投资。日本政府实施了约95亿美元的设备投资减税等措施，以恢复设备投资水平。2013财年，设备投资达6359亿美元，同比增长3.5%，2014年第一季度同比增长7.4%，为连续4个季度增长，2015财年的目标为6643亿美元。提前一年废除复兴特别法人税，2014年4月下调企业税2.4%。新政策提出重点改革企业税，争取数年内将企业税由目前的35%降至20%，从2015财年开始下调。

强化公司治理，激活企业内生动力。《公司法》修订版获得通过，旨在促进上市企业引进独立董事。上市企业中选聘独立董事的比例由2013年的47%大幅提升至2014年的61%。丰田汽车、佳能、东丽、新日铁住金等大公司开始引入独立董事。新措施包括制定《公司治理准则》，促进金融机构对企业的支持等。

提高劳动人口特别是女性的就业率。①在改革劳动方式方面，政策重心由维持就业向支持劳动转移转变，扩大正式员工比例。劳动力市场有效用人倍率为近8年的来最高水平，工资上调率达到过去10年的最高水平，夏季奖金上调率增长8.8%，是过去30年的最高水平。日本政府采取新措施防止过度劳动，修改工作时间，建立不看时间看成果的“新劳动时间制度”等，使选择多种劳动方式成为可能。②在鼓励女性发挥更大作用方面，推行“加快落实消除待入托儿童计划”，针对托儿所名额不足导致适龄儿童无法入托问题提出了解决方案，到2017财年底拟确保40万个托儿所名额。提高育儿休假工资支付水平，支付金额由休假前工资的1/2提高到2/3。安倍政府成立后约1年内女性就业人数增加了53万人，企业女性管理者比率提高，由2012年6月的6.9%提升至2013年6月的7.5%。新政策为打破“小学一年级壁垒”，即孩子上小学之后因没有适当的托儿设施导致在外工作的母亲被迫辞职的现象，到2019财年底拟确保约30万个小学生进入托儿设施的名额。

重视创新驱动相关制度的改革，积极改善生产环境。①在促进科技创新方面，赋予综合科学技术会议跨中央政府部门政策推进功能，鼓励研发和创新。推动建立国家创新体系，强化政府在科技创新体系建设中所起的桥梁和纽带作用。②在农业领域，实施农业政策改革，决定到2018年3月底全面废除已实行40多年的大米补贴政策。农林水产品及食品出口额创历史新高，2013年出口额约为52亿美元，同比增长22.4%。新政策为加强农业竞争力，实施一体化改革，时隔60年首次进行农业协同组织（JA）改革，削弱JA的权限，允许地区农协根据实际情况对农户进行扶持。③在医疗及健康领域，设立医疗领域研发指导机构，即独立行政法人日本医疗研究开发机构。实施旨在促进再生医疗实用化改革，如细胞培养与加工均外包给外部工程师。新政策创设“患者申报疗养”混合诊疗制度，允许保险内诊疗和保险外诊疗两种方式并行，同时大幅缩短审查时间，由目前的6个月压缩到6周。④在金融领域，启动小额投资免税制度（NISA），截至2014年3月底，开设了650万个NISA账户，总额约97亿美元。实施促进企业民间风险投资的税制，放宽众筹管制。新政策调整日本政府养老金投资基金（GPIF）的投资组合构成比例，强化GPIF的治理体制。⑤在能源领域，约60年来首次进行彻底的电力系统改革。新政策拟最迟在2020年前完成包括发电与输配电分离的一系列改革。国际业务拓展及旅游领域，实施总理及部长级高层营销，并针对以东盟各国为主的10个国家放宽签证条件。

三、未来日本经济发展仍面临四大难题

政府如何弥补减税后的债务增加。在下调企业税的背景下，日本政府如何实现2015年相比2010年财政赤字减半、2020年财政盈余的目标？下调企业税是安倍经济学第三支箭的核心内容，然而作为日本税收的第三大来源的企业税下调之后，日本政府如何弥补财政缺口？据测算，每下调1%的企业税会导致日本政府税收减少数十亿美元。如果不能有效解决财源问题，会导致日本负债加重。

如何促进企业将减税受益部分用于再投资。日本政府降低企业税旨在增加有效需求和促进投资，释放经济活力。降低企业税能够鼓励企业将减税的受益部分用于再投资和更新基础设备，并抵消由于提高消费税所带来的损失，能够吸引外国投资者投资日本国内，但这些取决于企业的意愿和国际市场的需求。

如何应对消费税率上调引发的消费需求回落。尽管日本国内主要观点认为，到目前为止，由4月提高消费税引起突击消费后的需求回落仍在预期之内，但为弥补降低企业税所带来的税收减少，日本很可能在2015年第二次提高消费税，由目前的8%提升至10%，这将进一步抑制日本国内需求，不利于日本经济转型和经济的可

持续增长。

如何有效实施经济增长战略。新版经济增长战略希望促进民间投资和提振消费者信心，激发企业活力并拉动内需增长，从而推动日本经济增长，实现2013—2022财年名义GDP年均增长3%和实际GDP年均增长2%的目标，同时提高实际国民总收入（GNI）的增幅。尽管新版经济增长战略对税制、劳动力市场、农业改革、创新机制等日本长期结构性问题都有所涉及，但缺乏具体的实施细则，解决这些问题需要更大的力度和更具可行性的政策设计。

四、中国经济面临的挑战与机遇

安倍经济学增长战略无论成功与否，都对我国具有溢出效应。

若安倍经济学长期政策取得成功，能够促进包括中国在内的亚洲各国经济发展。若日本实现产业结构调整，由制造业的大规模生产转变为以服务业为主的生产结构，能够带动亚洲各国产业结构转型。原来以日本为头雁的“雁型发展结构”继续向亚洲西南方向延伸，即中国内陆以及缅甸、老挝等国家，形成一个新的产业升级过程。当然，日本依靠国外市场吸纳国内企业产能的“供给管理”模式与出口发展战略相结合的外向型经济模式与同样依靠经济发展模式的中国会产生一定的竞争，通过产业结构升级可以有效改善两国在出口产品上的竞争状况。

若安倍经济学长期政策没有取得成功，日本经济继续低迷，这对中国经济的长期发展会产生一定的不利影响。特别是，中国在工业技术方面对日本依赖程度较高，日本的科技创新能力和企业转型升级对中国具有一定的带动作用。同时日本是中国主要贸易伙伴之一，是重要的出口对象国，若日本经济持续低迷，必将影响其国内需求能力，不利于中国对日出口。但随着中国经济的稳步增长和科技研发能力的提高，中国将逐渐降低对日本的依赖程度，有利于东亚经济的重心将继续向中国转移，有助于中国在东亚区域经济发展与合作进程中发挥主导作用。

第九节　日本实施负利率政策效果分析

2016年以来，日本政府持续实施量化宽松货币政策，加码量化宽松规模，实施负利率政策，以刺激国内投资和需求，拉动经济增长，其政策效果有待观察。同时，日本再次延迟上调消费税的时间，以期提振内需，促进个人消费，有助于日本内需的恢复。

2016 年 1 月底，日本央行宣布实施负利率政策，对金融机构存放在央行的部分超额存款准备金实施 -0.1% 的利率，以促进银行对实体经济放贷，刺激投资和消费，进而推动经济回暖。至此，日本形成了正利率、零利率和负利率“三层利率”体系，即现有金融机构存放在日本央行的超额准备金（上年 12 个月均值之下的部分），适用 0.1% 的利率；金融机构存放在日本央行的法定准备金，以及金融机构受到央行支持进行的一些救助贷款项目带来的准备金的增加，适用 0% 的利率；不包含在上两点范围内的存款准备金将适用 -0.1% 的利率①。

一、日本出台负利率政策的背景因素分析

日本央行 2013 年推出超级量化宽松货币政策（QE），然而由于银行将 QE 下获得的部分资金又放回了央行的存款准备金账户，并没有进入实体经济，为刺激银行对实体经济放贷，日本央行推出负利率政策，对银行过多的存款收取“罚金”。通过负利率政策，一是引导贷款利率下行，刺激银行、企业和家庭进行投资和消费。二是引导通货膨胀预期。日本长期陷于通货紧缩泥潭，1999—2013 年日本通货紧缩长达 15 年。QE 政策实施 3 年多来，2015 年核心 CPI 仅为 0.5%，未达到 2% 的通货膨胀目标，日本央行希望通过实施负利率政策强化其效果，摆脱通货紧缩。三是表明日本央行进一步实施量化宽松的决心，希望未来进一步实施 QE 政策时，金融机构的资金不要躺在央行的账户上。

二、实施效果分析

实施负利率政策的有利影响（短期影响）：一是贷款利率下行，促进了国内投资。目前，日本主要银行贷款利率下降至 0.95%，住宅金融机构基准贷款利率下行至 1.23，住房信贷大幅增加，促进了住房投资需求。公司的融资成本下降有利于促进企业设备投资。二是强化了市场的通胀预期。日本实施负利率政策目标之一是强化此前 QE 政策的通胀效果，并为将来进一步实施 QE 政策做铺垫。

---

① 江金泽．日本此“负利率”非彼“负利率”，意在督促 QE 增量资金进入实体经济［EB/OL］．华尔街见闻，2016-01-29．

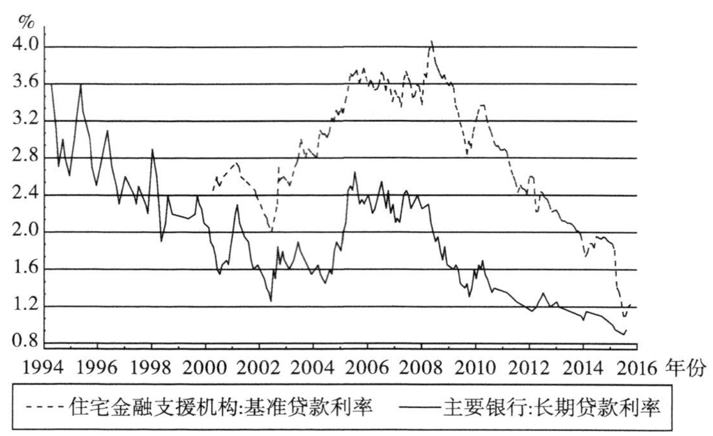

图 2-36 日本长期贷款利率下行

资料来源：Wind 资讯。

三、负利率政策的影响分析

国际方面，日本实施负利率政策加剧了全球货币竞争性贬值态势，加剧了全球金融市场动荡，不利于世界经济企稳复苏。国内方面，负利率政策将削减银行业的盈利能力。据日本媒体报道，负利率实施后，日本三菱日联银行、三井住友银行和瑞穗银行三大主要银行收益预计将减少 2200 亿日元。花旗集团预计负利率政策将严重影响到日本银行的贷款与债券收益率，而这些都是银行业资产负债表中的主要现金流收入来源。同时，鉴于日本央行已表明有需要时将进一步削减利率，收益率的下行压力必然会影响到银行的中期盈利①。为此，花旗集团将日本三大行的股票评级下调至“卖出”，市场大量抛售日本银行股。从长期来看，日本长期实行低利率和负利率政策将使社会陷入利率流动性陷阱，货币需求利率弹性趋向无限大，利率刺激投资和消费的杠杆作用失效，内需严重不足，使得整个宏观经济陷入萧条之中，不利于日本经济的长期发展。此外，负利率政策的影响将波及日本股市和汇市，造成股价下行，日元升值，对日本经济的发展可谓雪上加霜。

① 负利率给日本银行业带来压力 [N]. 国际商报，2016-05-15.

第十节　日本提高消费税的影响

一、日本经济整体走向复苏通道

安倍经济政策推动日本经济实现增长和缓慢通货膨胀，推动股价飙升和企业投资。安倍政权登台后的主要目标是提振经济，其中重要一环是摆脱通货紧缩，目前来看正在走向成功。2013 年日本经济增长 1.7%，高于 2012 年的 1.4%；CPI 连续 8 个月转正，2013 年 12 月的 CPI 同比上升 1.6%，预计 2014 年内将实现 2% 的通胀目标。从股市行情来看，日本股市大幅上涨 50% 以上，财富效应明显。从投资情况来看，制造业从 2013 年开始恢复，企业开始摆脱观望情绪，积极增加投资。因此，可以说经过现政权的努力，日本经济看到了成效。

二、上调消费税对日本经济的冲击短暂

日本前两次上调消费税的时机不合适，正值外部环境恶化都导致日本经济减速或衰退，但此次上调消费税内外环境均无风险，对日本经济的冲击将是短暂的。三季度日本经济将从回调走向恢复的道路，并且薪资谈判的结果值得期待，企业上涨工资将对消费和经济上涨起到推动作用。

（一）上调消费税对日本经济的冲击短暂

早在 1989 年和 1997 年日本曾经两次上调消费税，这两次上调消费税均给日本经济带来了停滞或衰退。1989 年，竹下登内阁为解决日本财政赤字逐年累加的问题，首次引入 3% 的消费税。开征消费税正值日本泡沫经济高潮时期，导致日本经济减速。泡沫破裂后，日本经济持续低迷，没有再次调整消费税的时机。直到 1997 年，日本经济有所好转，桥本政府（桥本龙太郎）决定再提一次消费税，将消费税税率由 3% 提高到 5%，来缓解严峻的财政形势。然而，提升消费税后正值亚洲经济危机，双重冲击叠加之下导致日本经济从此一蹶不振。此举也导致自民党在 1998 年的参议院选举中惨败，桥本引咎辞职，之后的政府不敢再贸然提出增加消费税的措施。

2008 年国际金融危机以来，日本巨额财政赤字问题受到国际关注，国际社会纷

纷敦促日本采取措施削减财政赤字，日本需要重组财政才能走向正常。2012 年野田上台之后，联合自民党和公民党，决定再次提升消费税。此次消费税上调分两步走：第一阶段是 2014 年由 5% 提升至 8%，第二阶段是 2015 年（现推迟至 2019 年）再次提升到 10%。这个方案是三党达成的跨党派协议，但是现任首相有权决定是否实施再次上调的方案。因此，未来 3 个月将是日本经济的敏感期，若日本经济第三季度未能走出阴影，安倍政府将出台新的刺激政策，并动用否决权，取消 2015 年进一步上调消费税的计划。当前，日本政府最重视的仍是 4 月之后的消费动向。从实际来看，日本从 4 月开始提高消费税，导致一些消费提前进行，带动第一季度日本经济增长较快，也透支了第二季度的消费，导致第二季度日本经济萎缩。提高消费税带来 CPI 持续攀升，加之日本家庭收入水平不升反降，也会制约未来内需增长，影响日本对外贸易。

（二）薪资谈判结果影响未来消费支出

每年 3 月例行的薪资谈判结果对日本今后的消费影响较大，企业上涨工资将对消费和经济上涨起到推动作用。日本涨工资有两种方式，一种是涨奖金，日本企业每年 6 月和 12 月以发奖金的形式给员工涨工资。另一种是上涨基础工资。涨工资的方式不同，对消费的作用也不同。如 2013 年企业对奖金有所提升，但对消费的刺激作用影响短暂。因此，日本大企业是否提升基础工资值得关注。

目前，日本政府要求企业提升基础工资，对提高工资水平的企业予以税收优惠。同时，日本工会组织“经济团体联合会”（以下简称“经团联”）以往关注的重心在就业方面，从来没有提出上涨工资问题，目前经团联已经发出号召，呼吁日本企业给员工上涨工资。若大企业听从号召上涨工资，能够极大地推动消费支出的增长。

此外，企业盈利预期决定薪资谈判结果。日本企业分为两类，一类是不景气的企业，虽然日本经济整体走向复苏通道，但也有不景气的企业，这类企业不会涨工资。另一类是复苏类的企业。其中，对今后经济预期不好的企业可能只涨奖金，现在和未来预期都好的企业比例不会太多。从企业盈利模式来看，企业利润的部分是靠削减成本获得，部分是靠日元贬值获得，若企业看不到销售成果，是不会上涨工资的。并且，日本中小企业数量众多，这些企业不会上涨工资。但总体来看，涨工资的企业要比 2013 年多。

（三）未来日本经济发展仍面临诸多难题

一是汇率问题。2013 年，日元对美元汇率大幅贬值 20%，由于日元汇率受美国政策影响较大，波幅较大，短期内贬值趋势不变。二是贸易赤字问题，由于日元贬值对进口负面影响较大，贸易赤字仍在继续上升，对经济增长负面影响较大。三是财政赤字问题，日本政府承诺削减财政赤字，2015 财年将基本预算赤字减半及 2020 财年实现盈余。若不能如期达到减赤目标，将对日本的国际信誉和日元汇率形成冲击，目前日本正在努力削减财政赤字。

（四）日本经验值得借鉴

在经济增速方面，日本同样经历了经济增速换挡期。20 世纪 70 年代中期，日本经济换挡成功，由高速增长走向中速增长，泡沫经济破裂后，日本经济进入低速增长阶段，亚洲金融危机之后出现衰退。在人口老龄化方面，日本生产年龄人口在 90 年代中期下降，对日本经济的影响不可忽视。中国 2012 年进入生产年龄人口下降通道，这与日本 70 年代类似。在社会保障方面，日本养老保险制度在高速增长的 60 年代已经确立，70 年代中期对社会保障制度大幅扩充，当时日本刚刚经历 60 年代高速增长时期，政府盲目相信经济增长预期和青年人口增长，然而，社会保障推出后，经济出现恶化。结果是已经推出的制度不能撤回，此后日本经济增速下降，人口下降，财政赤字越来越大。中国目前正处于全力构建社会保障制度阶段，中国可以借鉴日本经验，如精准预测今后的人口动态和财政收入，才能确立可持续的社会保障制度。

三、日本延迟上调消费税的影响分析

（一）经济政治背景

2016 年 6 月，日本将原定于 2017 年上调消费税的计划再次推迟两年半至 2019 年 10 月。延迟上调消费税的主要原因在于低迷的日本经济，而作为占日本经济比重 60% 的个人消费需求却萎靡不振，若此时上调消费税将进一步打击国内需求，不利于日本经济复苏。推迟上调消费税的时间是为了避开 2019 年春季的地方统一选举和 2019 年夏季的参议院选举。同时，由于 2020 年夏季将举办东京奥运会和残奥会，此前奥运会筹备需求将拉动国内投资和消费，有利于改善日本经济状况，届时提高消费税率的阻力较小。

（二）产生的影响

延迟上调消费税有利于促进内需，能够拉动经济增长。由于日本 GDP 增长 60%

是由个人消费拉动，自 2014 年 4 月上调消费税之后，由于企业加薪幅度有限，国民收入增长乏力，日本国内消费需求持续低迷，个人消费支出增速基本为负或接近零增长，经济增长乏力。厚生省的数据表明，2015 年日本员工实际收入比上年减少 0.9%，连续 4 年负增长，实际消费支出继续低于上年①。因此，延迟上调消费税有利于促进内需，能够拉动经济增长。

不利于日本财政重建。IMF 数据显示，2016 年日本财政赤字率达到 5.2%，公共债务达到其 GDP 的 250%，延迟增税不利于日本财政重建。日本政府原计划在 2020 年实现财政盈余，然而，由于财政支出的主要部分如社会保障、国债偿还和地方财政补助等方面难以削减，财政收入方面企业税收将随着公司税率的下调而减少，增加消费税成为提高财政收入的有效办法。随着增税的延迟，将加剧日本政府的财政困境，实现日本财政重建的目标将十分困难。

表 2-10　IMF 预测日本赤字率和债务比例（%）

年度	赤字率	债务比例
2013	-9.51	243.54
2014	-7.09	245.05
2015	-5.93	245.9
2016	-5.21	250.35
2017	-5.14	253.03
2018	-4.43	254.95
2019	-3.86	254.7
2020	-3.21	254.5
2021	-3.15	253.88

资料来源：Wind 资讯。

日本将面临信用评级下调的风险。日本政府两次推迟上调消费税，使得日本政府面临政府失信风险。推迟上调税率基本上形同放弃财政改革，向市场传递出安倍经济学失败的信号，若政府不能对如何削减财政赤字做出解释，拿出重建财政的清晰蓝图，日本将面临主权信用评级下调风险。若日本主权信用评级被调降，将推升企业的海外融资成本，导致企业融资环境恶化。

① 田泓．日本经济走向技术性衰退［N］．人民日报，2016-04-08.

参考文献

[1]闻媛. 中国税制结构对居民收入分配影响的分析与思考[J]. 经济理论与经济管理,2009(4).

[2]杨晖. 中国征信体系的建设与发展研究[J]. 金融教学与研究,2010(1).

[3]逯新红. 新常态下如何释放中国经济增长潜力[N]. 上海证券报,2016-02-24.

[4]国家发改委宏观经济研究院课题组. 进一步扩大中等收入者比重[J]. 红旗文稿,2006(12).

[5]国家发改委社会发展研究所课题组. 扩大中等收入者比重的实证分析和政策建议[J]. 经济学动态,2012(5).

[6]安卓. 小贷过冬术:广州力推"互联网+小贷"抱团取暖[N]. 第一财经日报,2016-01-25.

[7]段应碧. 从源头上降低小微企业融资成本[N]. 科技日报,2014-12-28.

[8]苏雪燕. 市场化改革正加速商业银行分化[EB/OL]. 新华网,2015-06-25.

[9]温信祥. 降低社会融资成本重在结构性改革[J]. 新金融评论,2014(6).

[10]姚一旻. 刚性兑付对小微企业融资成本的影响[N]. 经济观察报,2015-04-28.

[11]周道许. 关于降低实体经济融资成本的思考和建议[J]. 新金融评论,2014(5).

[12]中国人民银行. 2015年第三季度中国货币政策执行报告[EB/OL]. 中国人民银行网站,2015-11-06.

[13]中国人民银行株洲市中心支行课题组. 利率市场化背景下株洲企业融资成本调查——基于银行视角[J]. 武汉金融,2015(6).

[14]"刚性兑付"渐行渐远[N]. 上海金融报,2015-06-26.

[15]关于促进互联网金融健康发展的指导意见[EB/OL]. 人民银行网站,2015-07-18.

[16]国常会提出:积极发展直接融资,拓宽投融资渠道[EB/OL]. 中国政府网,2015-12-23.

第三章　中日金融现状及热点分析

第一节　人民币均衡汇率预测

一、资本增强型均衡汇率模型（CHEER）

近年来，人民币汇率估值水平一直是国际关注的焦点。实际上，关于人民币汇率估值是否合理的争论，在很大程度上取决于对均衡汇率的不同理解。均衡汇率是指与宏观经济内外部均衡相一致的汇率，需要在一定假设条件下采取估算的形式才能得到，估算模型不同，得到的结果也不同。均衡汇率估算有很多种方法，目前研究比较系统并具有一定影响力的均衡汇率理论包括：基本要素均衡汇率理论（FEER）、行为均衡汇率理论（BEER）、自然均衡汇率理论（NATREX）、均衡实际汇率理论（ERER）、国际收支均衡汇率理论（BPEER）、资本增强型均衡汇率理论（CHEER）等。这些理论分别从不同的角度，研究了均衡汇率问题。其中，CHEER是基于购买力平价理论和利率平价理论的均衡汇率测算模型，同时考虑了国内外物价水平与利率差异对汇率的影响，目前在国际上具有广泛的影响力并被普遍应用。因此，本书采用资本增强型均衡汇率模型进行估算。以一般均衡理论为基础，构建以相对购买力平价（Relative PPP）和非抛补利率平价（Uncovered Interest Rate Parity，UIP）进行调整的均衡汇率模型。在数据样本方面，本书采用国际清算银行（BIS）公布的人民币实际有效汇率指数进行分析（我国尚未公布人民币实际有效汇率）。实际有效汇率不仅考虑了主要贸易伙伴国货币的变动，而且剔除了通货膨胀因素，能够更加真实地反映一国货币的实际购买力和在国际贸易中的实际竞争力。采用月度数据对人民币汇率波动进行实证分析，从均衡汇率整体趋势以及实际汇率从均衡汇率的偏离状况得出两个结论：一是长期来看人民币汇率具有升值压力；二是人民币汇率基本未偏离均衡汇率。

（一）研究综述

关于人民币均衡汇率的估算，国内外学者已经做了大量的研究，但估计的结果并不相同。张斌①利用单方程均衡汇率模型并采用季度数据进行估计，认为2002年以来人民币汇率处于相对低估状态，2003年上半年人民币实际汇率低估了6%～10%的水平，人民币均衡汇率升值的主要原因是贸易部门的技术进步和同期FDI的持续流入。赵志君和金森俊树②利用项量误差修正模型（VEC）和年度数据进行估计，认为2000—2005年，人民币名义有效汇率处于被低估状态，平均低估幅度为17%，并认为中国经济可以承受的汇率调整幅度是每年升值7%。美国智库彼得森研究所Cline和Williamson③利用均衡汇率模型进行估算，认为人民币名义汇率低估20%～40%。

一些学者认为，经过购买力平价（PPP）调整的汇率能够反映真实汇率水平。本书在考虑PPP调整的基础上，引入UIP，测算通过PPP和UIP调整的人民币均衡汇率水平。根据Dominick Stephens④提出的PPP和UIP调整的均衡汇率模型进行估计，认为人民币对美元的汇率目前具有升值压力，但并未偏离均衡汇率水平。本节的写作目的是，通过实证分析判断人民币现实汇率与均衡汇率的偏离程度，提出汇率调整的政策建议。以下各节分别为：第二节简单介绍模型设定，第三节实证分析；第四节模型估计与结论，第五节汇率调整政策建议。

（二）模型设定

1. 相对购买力平价（Relative PPP）

相对购买力平价理论是卡塞尔在1918年分析第一次世界大战时通货膨胀率和汇率变动关系时提出的。相对购买力平价理论强调，预期的汇率变化应该等于预期的

① 张斌．人民币均衡汇率：简约一般均衡下的单方程实证模型研究［R］．中国社会科学院国际金融研究中心工作论文，2003.

② 赵志君，金森俊树．人民币汇率重估：实证分析与政策含义［J］．数量经济技术经济研究，2006(10).

③ William R. Cline and John Williamson. 2008. *New Estimates ofFundamental Equilibrium Exchange Rates*. Peterson Institute forInternational Economics Policy Brief 08 – 7. Washington：PetersonInstitute for International Economics. William R. Cline and John Williamson. 2009. 2009 *Estimates of Fundamental Equilibrium Exchange Rates*. Peterson Institute forInternational Economics Policy Brief 09 – 10. Washington：PetersonInstitute for International Economics. William R. Cline and John Williamson. 2010. *Currency Wars*?. Peterson Institute forInternational Economics Policy Brief 10 – 26. Washington：PetersonInstitute for International Economics.

④ Dominick Stephens. *The equilibrium exchange rate according to PPP and UIP*. Reserve Bank Of New Zealand, Discussion Paper Series, 2004.

通货膨胀率差异。如果不一致，就会出现套利情况，直到汇率调整到两者一致为止。在实际应用中，计算购买力平价可以用消费者物价指数、批发物价指数或 GNP 缩减指数表示物价水平。相对购买力平价的含义是：汇率的升值与贬值是由两国的通货膨胀率的差异决定的。以中美两国为例，若中国通货膨胀率超过美国，则人民币将贬值，反之人民币将升值。相对购买力平价用公式表示为

$$s_t + c = p_t^* - p_t \tag{3-1}$$

式中，s_t ——对数名义汇率，直接标价法；

p_t ——对数中国价格水平；

p_t^* ——对数美国价格水平；

c ——常数项。

公式（3-1）反映了名义汇率应根据两国之间的货物和商品价格水平的变动而波动。PPP 反映的是汇率与物价的长期关系。但是，如果受到外界因素影响（如利率、大宗商品价格、价格波动等），汇率水平将偏离相对 PPP，这种偏离用数学公式表示为：

$$\Delta s_{t+1} = a(p_t^* - p_t - s_t - c) \tag{3-2}$$

a 取值为 0～1。

2. 非抛补利率平价（Uncovered Interest Rate Parity，UIP）

非抛补利率平价是指在资本具有充分国际流动性的条件下，投资者的套利行为使得国际金融市场上以不同货币计价的相似资产的收益率趋于一致，也就是说，套利资本的跨国流动保证了“一价定律”适用于国际金融市场。

本书考虑 PPP 受到利率因素影响时，实际汇率水平偏离均衡汇率的程度。考虑到中美基准利率的不同，采用 5 年期国债收益率来反映两国的利率水平。非抛补利率平价用公式表示为

$$E_t(s_{t+1}) - s_t = i_t^* - i_t + u \tag{3-3}$$

式中，i_t ——中国 5 年期国债收益率；

i_t^* ——美国 5 年期国债收益率；

E_t —— t 时点的期待值；

u ——持有人民币资产的风险溢价。

3. 同时考虑 PPP 和 UIP

公式（3-2）可以转换成：

$$E_t(s_{t+1}) - s_t = \Delta s_{t+1} = a(p_t^* - p_t - s_t - c) \tag{3-4}$$

结合公式（3－3）可以得到：

$$a(p_t^* - p_t - s_t - c) = i_t^* - i_t + u$$

整理后得到：

$$s_t + p_t - p_t^* + \frac{1}{a}(i_t^* - i_t) + k = 0 \tag{3-5}$$

$$k = c + \frac{u}{a}$$

公式（3－5）可以考虑作为价格、利率、汇率长期有条件的均衡等式：

$$s_t + p_t - p_t^* + \frac{1}{a}(i_t^* - i_t) + k = q_t \tag{3-6}$$

q_t 平稳并表示从均衡 PPP 到 UIP 条件的偏离。

我们将使用公式（3－6）进行实证分析，并用 Johansen 协整检验来检验这几个经济变量之间是否存在长期均衡关系。若存在，则可以得到这几个变量之间的均衡关系的方程，并可以将这一长期均衡方程转化为描述各变量的变动在短期内的联系的误差修正模型。

若各变量为平稳变量，公式（3－6）中各变量的系数为公式（3－7）中的 $\beta_1,...,\beta_6$：

$$\beta_1 s_t + \beta_2 p_t + \beta_3 p_t^* + \beta_4 i_t^* + \beta_5 i_t + \beta_6 \sim I(0) \tag{3-7}$$

$$1 \quad 1 \quad -1 \quad -\frac{1}{a} \quad \frac{1}{a} \quad k$$

根据公式（3－6）可以估计出围绕 q_t 变动的长期值。估计值与 q_t 的偏差则表明这 5 个变量彼此偏离均衡的程度。本书将估计 q_t 达到长期平均水平时，汇率所需要调整的程度和方向，这就是“汇率偏差”（Exchange Rate Misalighment）的估计。之后我们将计算经过 PPP 和 UIP 调整的均衡名义汇率。

（三）实证分析

本文采用 2003 年 1 月—2009 年 12 月的月度数据，直接标价法的人民币对美元名义汇率，CPI 用来衡量中国和美国的价格水平，利率采用中国和美国的 5 年期国债收益率。图 3－1 为人民币对美元汇率走势图，图 3－2 为中国和美国物价指数 CPI，图 3－3 为中国和美国 5 年期国债利率走势图，图 3－4 为中国和美国对数物价指数 CPI。

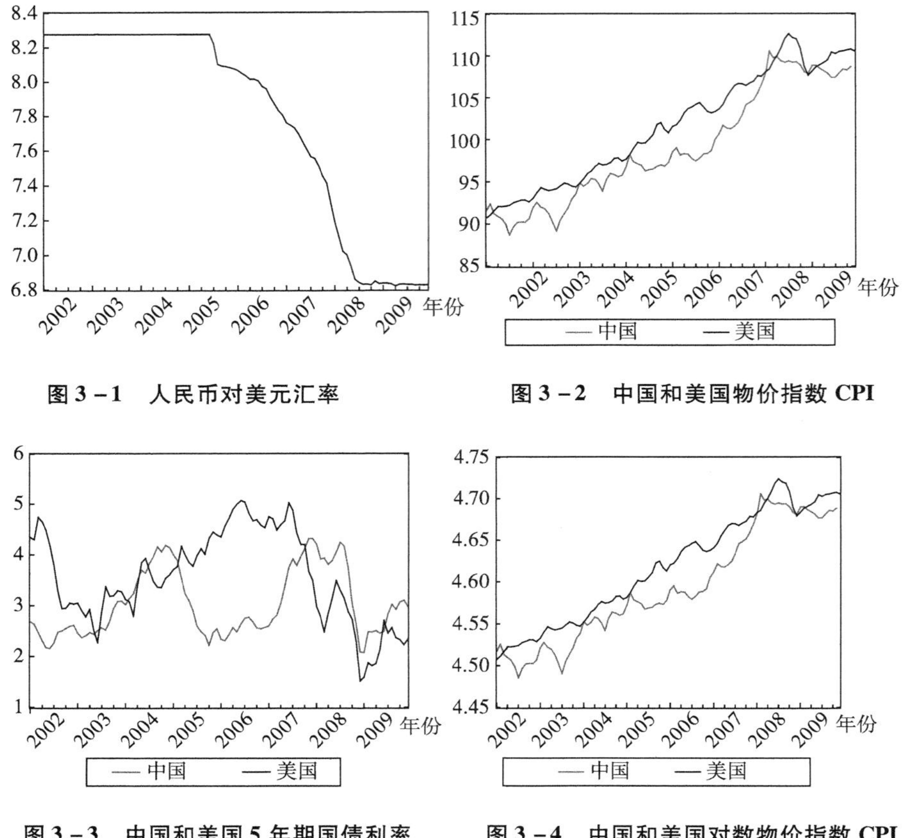

图 3-1 人民币对美元汇率

图 3-2 中国和美国物价指数 CPI

图 3-3 中国和美国 5 年期国债利率

图 3-4 中国和美国对数物价指数 CPI

1. 单位根检验

表3-1为直接标价法的人民币对美元名义汇率、中国和美国的价格水平、中国和美国的5年期国债收益率序列的ADF（Augmented Dickey-Fuller）和PP（Phillips-Perron）单位根检验结果。5个序列的检验统计量都大于1%检验水平下的临界值，因此这5个序列都包含单位根，是非平稳序列。同时，这4个序列的一阶差分的检验统计量值都小于1%检验水平下的临界值，因此差分序列不包含单位根，表明差分序列是平稳的。根据分析，4个序列都是 $I(1)$ 序列，满足协整检验的条件，都是一阶单整 $I(1)$，也就是说各序列是平稳的。

表 3 - 1　2003 年 1 月—2009 年 12 月各序列单位根检验

序列	ADF 单位根检验					PP 单位根检验				
	检验统计量值	1%临界值	5%临界值	10%临界值	概率值	检验统计量值	1%临界值	5%临界值	10%临界值	概率值
LGEXRMB	0. 09	-3. 51	-2. 90	-2. 59	0. 9631	0. 45	-3. 51	-2. 90	-2. 59	0. 9839
LGCNCPIINDEX	2. 04	-2. 59	-1. 94	-1. 61	0. 9899	2. 51	-2. 59	-1. 94	-1. 61	0. 9969
LGUSCPIINDEX	2. 60	-2. 59	-1. 94	-1. 61	0. 9976	2. 94	-2. 59	-1. 94	-1. 61	0. 9991
CNBOND	-0. 44	-2. 59	-1. 94	-1. 61	0. 5192	-0. 30	-2. 59	-1. 94	-1. 61	0. 5743
USBOND	-0. 57	-2. 59	-1. 94	-1. 61	0. 4676	-0. 55	-2. 59	-1. 94	-1. 61	0. 4748
CNBOND - USBOND	-1. 06	-2. 59	-1. 94	-1. 61	0. 2602	-1. 21	-2. 59	-1. 94	-1. 61	0. 2052
D(EXRMB)	-3. 94	-3. 51	-2. 90	-2. 59	0. 0028	-3. 81	-3. 51	-2. 90	-2. 59	0. 0041
D(LGCNCPIINDEX)	-6. 50	-2. 59	-1. 94	-1. 61	0. 0000	-6. 50	-2. 59	-1. 94	-1. 61	0. 0000
D(LGUSCPIINDEX)	-5. 12	-2. 59	-1. 94	-1. 61	0. 0000	-4. 49	-2. 59	-1. 94	-1. 61	0. 0000
D(CNBOND)	-5. 12	-2. 59	-1. 94	-1. 61	0. 0000	-5. 17	-2. 59	-1. 94	-1. 61	0. 0000
D(USBOND)	-7. 05	-2. 59	-1. 94	-1. 61	0. 0000	-6. 87	-2. 59	-1. 94	-1. 61	0. 0000
D(CNBOND - USBOND)	-7. 38	-2. 59	-1. 94	-1. 61	0. 0000	-7. 34	-2. 59	-1. 94	-1. 61	0. 0000

资料来源:CEIC.

2. Johansen 协整检验

通过 Johansen 协整检验来检验人民币利率、中美价格水平、中美利率之间的协整关系，并进行项量误差修正（Vector Error Correction，VEC）模型的估计。首先考虑无限制条件的 5 元向量自回归模型（Vector Autoregressive，VAR），j 阶的 VAR 模型为

$$X_t = \Pi_1 X_{t-1} + \cdots + \Pi_j X_{t-j} + \Omega D_t + \varepsilon_t \tag{3-8}$$

式中，$X_t = [s_t \ p_t \ p_t^* \ i_t \ i_t^*]$，是 k 维的非平稳的 $I(1)$ 向量；

Π_h = 系数矩阵，（$h = 1, 2, \cdots, j$）；

$\varepsilon_t \sim \text{niid}[0, \Sigma]$，

D_t —— Ω 中的季节虚拟变量，是 d 维的确定性的外生变量。

s_t，p_t，p_t^*，i_t，i_t^* 如前所述。

将 VEC 模型复制到 VAR 模型，即将公式（3 -8）改写为如下形式：

$$\Delta X_t = \Gamma_1 \Delta X_{t-1} + \cdots + \Gamma_{j-1} \Delta X_{t-j+1} + \Pi \begin{bmatrix} X_{t-j} \\ 1 \end{bmatrix} + \Omega D_t + \varepsilon_t \tag{3-9}$$

式中，ΔX_t —— X_t 矩阵中的变量的一阶差分；

Γ_h —— ΔX_{t-h} 的短期调整变量，$h = 1, 2, \cdots, j-1$；

$\Pi = \alpha\beta'$，β' 为协整向量矩阵，α 为调整参数矩阵。

通过 AIC 检定统计量选择公式（3 -8）和公式（3 -9）的 VAR 模型的滞后项次数，并把其应用于相应的 VEC 模型。本文首先选取 7 个滞后项，然后依次减少滞后项，并根据 AIC 最小原则选取适当的滞后次数为 2。

其次，对 4 个序列［s_t，p_t^*，p_t，（$i_t - i_t^*$）］进行协整检验，表 3 -2 为 Trace 检验和最大固有值检验结果，表明存在一个协整关系。无约束限制的估计值的协整关系为：$s_t = 22.29341 p_t^* - 20.66465 p_t + 0.274674 (i_t - i_t^*) - 10.03811$

VAR 模型的估计结果：

$$\begin{bmatrix} s \\ p^* \\ p \\ i - i^* \end{bmatrix}_t = \begin{bmatrix} 0.31 \\ 0.22 \\ 0.32 \\ 13.84 \end{bmatrix} + \begin{bmatrix} 1.51 & -0.02 & -0.06 & -0.0011 \\ -0.40 & 1.26 & 0.09 & -0.0010 \\ -0.66 & -0.20 & 1.16 & 0.0047 \\ -13.11 & -4.68 & 3.14 & 1.1400 \end{bmatrix} \begin{bmatrix} s \\ p^* \\ p \\ i - i^* \end{bmatrix}_{t-1} +$$

$$\begin{bmatrix} -0.54 & -0.01 & 0.04 & 0.0008 \\ 0.39 & -0.49 & 0.10 & -0.0015 \\ 0.63 & 0.32 & -0.34 & -0.0033 \\ 11.03 & 1.87 & -2.41 & -0.2280 \end{bmatrix} \begin{bmatrix} s \\ p^* \\ p \\ i - i^* \end{bmatrix}_{t-2} + \begin{bmatrix} 0.0004 \\ -0.0020 \\ 0.0029 \\ -0.1530 \end{bmatrix} D_t + \begin{bmatrix} \hat{\varepsilon}_1 \\ \hat{\varepsilon}_2 \\ \hat{\varepsilon}_3 \\ \hat{\varepsilon}_4 \end{bmatrix}_t$$

$$s_t = 0.31 + 1.51 s_{t-1} - 0.54 s_{t-2} - 0.02 p_{t-1}^* - 0.01 p_{t-2}^* - 0.06 p_{t-1} + 0.04 p_{t-2} - 0.0011(i - i^*)_{t-1} - 0.0008(i - i^*)_{t-2} + 0.0004\hat{\varepsilon}_1$$

表 3－2　Johansen 协整检验结果

Hypothesized No. of CE (s)	Eigenvalue	Trace Statistic	0.05 Critical Value	Prob.	Hypothesized No. of CE (s)	Eigenvalue	Max－Eigen Statistic	0.05 Critical Value	Prob.
None	0.348971	65.66052	54.07904	0.0033	None *	0.348971	35.62366	28.58808	0.0053
At most 1	0.160387	30.03686	35.19275	0.1619	At most 1	0.160387	14.50955	22.29962	0.4165
At most 2	0.128272	15.52731	20.26184	0.1977	At most 2	0.128272	11.3941	15.8921	0.224
At most 3	0.048578	4.133215	9.164546	0.3927	At most 3	0.048578	4.133215	9.164546	0.3927

资料来源：CEIC.

3. VEC 模型估计

如果公式（3－8）中的 X_t 所包含的 k 个 $I(1)$ 变量序列存在协整关系，并且包含外生变量的公式（3－9）可以写为如下形式：

$$\Delta X_t = \alpha ECM_{t-1} + \Gamma_1 \Delta X_{t-1} + \cdots + \Gamma_{j-1} \Delta X_{t-j+1} + \Omega D_t + \varepsilon_t \qquad (3-10)$$

其中，$X_t = [s_t \ p_t^* \ p_t \ (i_t - i_t^*)]$。$ECM_{t-1} = \beta' X_t$，称之为误差修正项，因此，公式（3－10）中的每个方程都是一个误差修正模型。

Johansen 协整检验表明 4 个序列之间存在一个协整关系。下面估计误差修正模型，限制条件为 $\beta_1 = 1$，$\beta_2 = 1$，$\beta_3 = -1$。表 3－3 反映了带有限制条件的协整方程误差修正参数估计，即

$$vecm_{t-1} = s_t + p_t^* - p_t + 0.024004(i_t - i_t^*) - 1.978308$$

表 3－3　有限制条件的协整方程误差修正参数估计

Exchange	US CPI	CN CPI	CNBOND－USBOND	Constant
1	1	－1	0. 024004	－1. 978308

资料来源：CEIC.

（四）模型估计与结论

各个序列存在一个协整关系表明公式（3－6）的 q_t 是平稳的。由公式（3－6）OLS 的估计值可以得到 q_t 。$\bar{q}$ 是 q_t 的均值，通过 $q_t - \bar{q}$ 可以测量经过 PPP 和 UIP 调整的汇率、利息和物价水平偏离长期均衡的程度。图 3－5 是实际汇率和均衡利率的趋势图，图 3－6 是经过 5 日移动平均调整的实际汇率和均衡利率的趋势图。

从图 3－5 和图 3－6 来看，2003 年人民币汇率具有贬值要求；2004—2005 年 7 月汇率形成机制改革之前，人民币汇率存在升值压力；在人民币汇率一次性升值 2%之后，2005 年 8 月—2008 年 8 月，人民币汇率基本均衡，2007 年初至 2008 年 9 月，由于人民币汇率升值步伐过快，导致人民币汇率存在小幅贬值需求；2009 年 9 月雷曼破产、金融危机全面爆发之后，人民币汇率维持在 6. 8 的水平波动，存在小幅贬值压力。由于实际汇率从均衡汇率的偏离程度较小，目前人民币对美元汇率需要由 6. 8 贬值至 7. 0 左右，贬值幅度为 3%左右。

综上所述，由均衡汇率整体趋势以及实际汇率从均衡汇率的偏离状况得出两个结论：一是长期来看人民币汇率具有升值压力；二是人民币汇率基本未偏离均衡汇率。

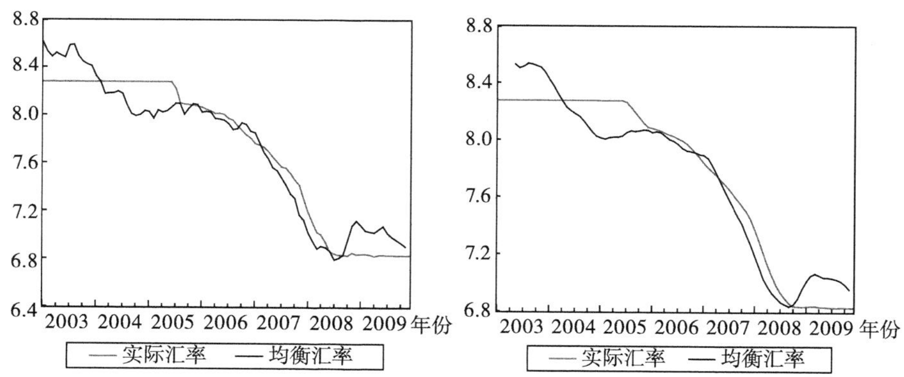

图 3－5　均衡汇率与实际汇率对比图　　**图 3－6　均衡汇率与实际汇率五日平均对比图**

（五）汇率调整政策建议

目前，人民币汇率虽然基本未偏离均衡汇率水平，但存在小幅贬值的调整需要。根据我们的模型测算，人民币汇率偏离均衡汇率 3 个百分点，即目前人民币汇率高估了 3%，人民币具有贬值需求。为此提出以下汇率调整建议：

第一，汇率调整方向。根据经过 PPP 和 UIP 调整的项量误差修正模型的测算，目前人民币汇率虽并未偏离均衡汇率，但存在小幅贬值的需求。人民币汇率的调整方向应倾向于小幅贬值，而不应迫于外界压力一味升值。并应根据实际汇率偏离均衡汇率的程度，适时进行动态调整，真正实现汇率波动弹性化，符合市场规律，打破人民币汇率单边升值的预期。

第二，汇率调整程度。目前人民币汇率水平为 6.8 左右，均衡汇率水平为 7 左右，人民币汇率贬值空间为 3%，建议汇率调整幅度控制在 3% 范围以内。

第三，注意国内外利率和通货膨胀率的变化对人民币汇率的影响。在开放经济体下，国内外利率和通货膨胀率的变化，会形成对汇率波动的传导，将影响均衡汇率水平。最好的解决办法就是适度管理下的汇率市场化，改革现有的汇率体制和形成机制，真正发挥市场的作用，让市场决定均衡汇率水平。

二、双变量 GARCH 跳跃模型预测人民币汇改冲击

（一）人民币汇改革背景

2005 年 7 月 21 日人民币升值给日元、澳元、加元、欧元和英镑对美元汇率的时间序列带来冲击，我们分析了当时观察到的汇率时间序列的一分钟高频数据。数据如图 3 -7 ~ 图 3 -11 所示。从这些数据我们可以看出以下特征：汇率高频数据的收益波动在人民币升值后表现出持续的效应。例如，图 3 -7 显示了日元对美元汇率的日内分钟数据及其对数收益率。样本期为 7 月 21 日中午 12：00 至 7 日 22 日上午 11:59。人民币在 7 月 21 日 20:00（晚上 8：00）升值。同时，日元对美元立即升值，波动幅度很大，影响持续了一段时间（约 6 小时）。同样，其他汇率（澳元、加元、欧元和英镑）在人民币升值后也表现出与日元几乎相同的特征（见图 3 -8 ~ 图 3 -11）。此外，各种货币的跳跃性波动似乎相互关联。简言之，有如下特征：①宣布人民币升值时出现大幅跳跃；②跳跃后一段时间内继续观察到较大的波动；③在每个汇率时间序列中还有许多其他跳跃性波动，有可能相互关联。

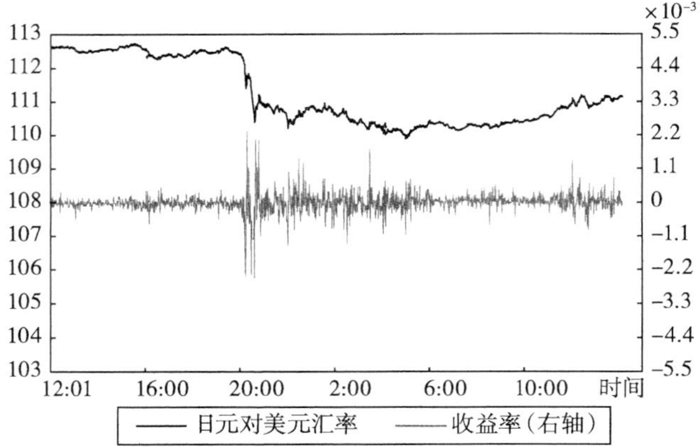

图 3－7　日元对美元汇率及收益率

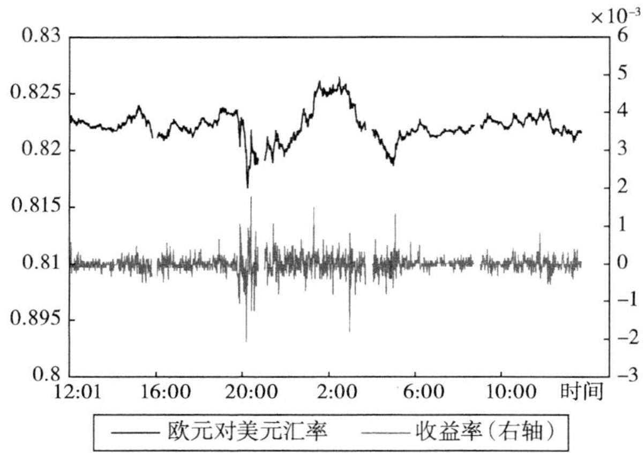

图 3－8　欧元对美元汇率及收益率

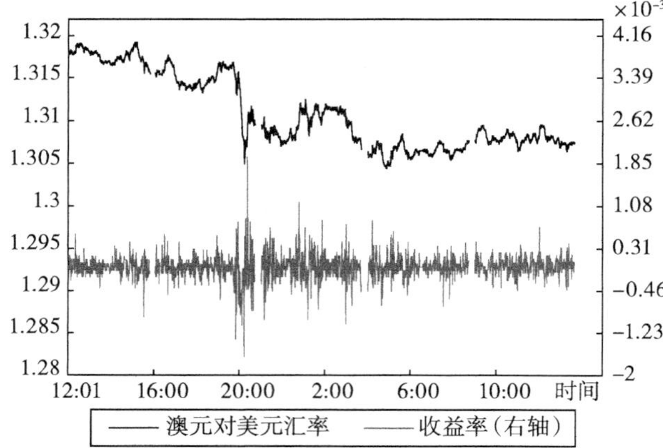

图 3－9　澳元对美元汇率及收益率

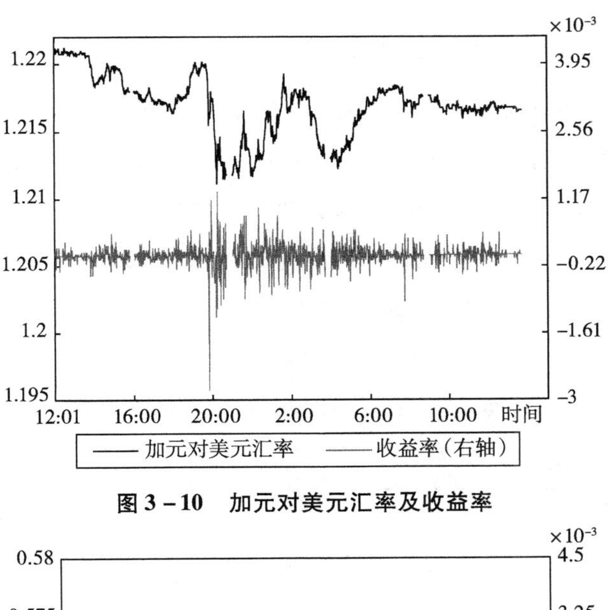

图 3-10　加元对美元汇率及收益率

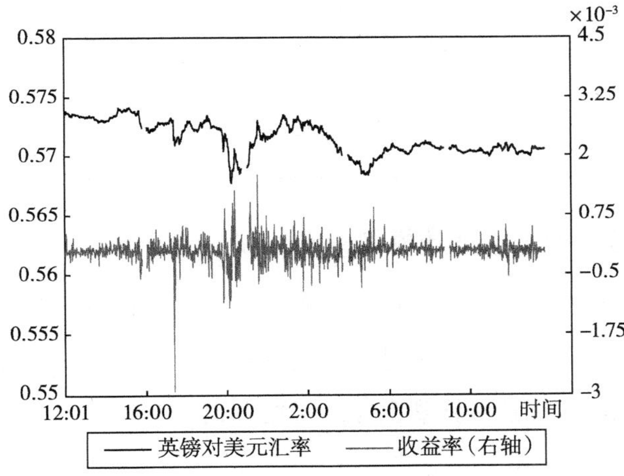

图 3-11　英镑对美元汇率及收益率

为了建模分析观察到的这些现象，我们考虑利用以下两个模型：单变量 GARCH 跳跃模型和具有关联泊松跳跃的双变量 GARCH 模型。作为示例，我们将这些模型应用于日元对美元和澳元对美元汇率。我们还将无跳跃性波动的单变量和双变量 GARCH 模型应用于日元、澳元并运用风险阈值来比较这些模型的表现。

本节首先对数据进行说明并通过双幂次变差（BPV）检验法（Banndorff - Nielson - Shephard），检验这 5 个汇率的数据是否具有跳跃性波动。其次，我们提出了一维 GARCH 模型来反映跳跃的后效，介绍具有关联泊松跳跃的双变量 GARCH 模型并将其应用于数据。最后，运用风险阈值来比较模型的表现。

（二）双幂次变差（BPV）检验法

首先，我们检验日元、澳元、加元、欧元和英镑对美元汇率收益的一分钟高频数据时间序列中是否有跳跃性波动。Barndorff – Nielsen 和 Shephard（2005）提出了三个双幂次变差检验公式，即用于检验无跳跃空值的 G –、H –、J – 检验公式。这些检验方法按照其论文中的方程式（10）、（11）和（12）来定义。我们将 BPV J 检验法应用于 2005 年 7 月下旬的高频数据。检验表明，在低于 J – 检验的 5% 临界值 –1.28 的情况下，这些汇率的收益有跳跃性波动。（见表 3 –4）

表 3 –4　汇率的双幂次变差 J 检验结果

币种	J 检验结果
日元	J = –3.16
欧元	J = –2.53
澳元	J = –5.38
加元	J = –4.24
英镑	J = –4.30

（三）单变量 GARCH 跳跃模型

在本节中，我们提出了一个模型来反映跳跃发生后的波动持续性现象。我们对标准 GARCH 模型进行修正以考虑到跳跃性波动。为此，我们在方差方程中引入在跳跃后移位的常数项，使这种强烈反应以指数方式下降：

$$y_t = c + \varepsilon_t$$

$$\varepsilon_t = \sigma_t \xi_t \text{ , } \xi_t \sim \text{i. i. d. N (0, 1)}$$

$$\sigma_t^2 = \omega_t + \alpha \varepsilon_{t-1}^2 + \beta \sigma_{t-1}^2$$

$$\omega_t = \begin{cases} a & \text{for t} < t^* \\ a + b \times \exp(\lambda(\mathrm{t}^* - t)) & \text{for } t \geqslant t^* \end{cases}$$

$$t = 1,2,\cdots, t^*,\cdots, T$$

其中，c 、α 、β 和 λ 是参数，t^* 是跳跃发生的时间。t^* 假定是已知数。

我们以日元对美元汇率为例，采用最大似然法进行这个模型的估算。样本量为 1440，升值发生的时间点 $t = 480$ 。估算结果如下：

$$y_t = -0.001420 + \varepsilon_t, t = 1,2,\cdots, T$$

$$\sigma_t^2 = \omega_t + 0.176898 \varepsilon_{t-1}^2 + 0.030163 \sigma_{t-1}^2$$

其中

$$\varepsilon_t = \sigma_t \xi_t,\ \xi_t \sim \text{i. i. d. } N(0,1)$$

$$\omega_t = \begin{cases} 0.000 & \text{for t} < t^* \\ 0.000 + \exp(0.0000125(t^* - t)) & \text{for } t \geqslant t^* \end{cases}$$

$$t = 1,\ 2,\ \cdots,\ 480,\ \cdots,\ 1440 \tag{3-11}$$

图 3 - 12 是由式（3 - 11）设定 ω_t 中 $a = 0.1$ 、$b = 1$ 时模拟的样本路径。这张图表明，这种模型可以描述图 3 - 7 ~ 图 3 - 11 中的冲击和震荡波类型波动。

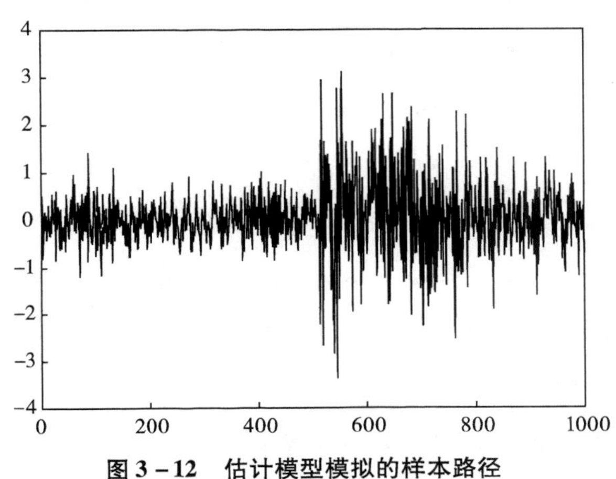

图 3 - 12　估计模型模拟的样本路径

（四）具有关联泊松跳跃的双变量 GARCH 模型

继 Chan（2003）之后，我们采用具有相互关联的跳跃性波动的多变量 GARCH 模型来描述我们的数据，也就是说，我们假设每单位时间间隔中的跳跃性波动次数服从泊松分布。在本书中，我们将单位时间间隔设置为 5 分钟。这里我们以双变量模型为重点，其中单位时间间隔为 5 分钟。

具有关联泊松跳跃的双变量 GARCH 模型定义如下：

$$R_t = \mu + \varepsilon_t + \eta_t,\ t = 1,2,\cdots,\ T \tag{3-12}$$

其中，r_t 是 2 × 1 双变量收益向量，具有一个 2 × 1 均值向量和两个 2 × 1 独立随机分量向量 ε_t 和 η_t 。ε_t 是 i. i. d. 双变量正态误差的向量，而 η_t 是均值调整后双变量泊松跳跃的向量，见公式（3 - 18）。就向量元素而言，我们可以把模型（3 - 12）重新表示为如下形式：

$$\begin{pmatrix} r_{1t} \\ r_{2t} \end{pmatrix} = \begin{pmatrix} \mu_1 \\ \mu_2 \end{pmatrix} + \begin{pmatrix} \varepsilon_{1t} \\ \varepsilon_{2t} \end{pmatrix} + \begin{pmatrix} \eta_{1t} \\ \eta_{2t} \end{pmatrix} = \begin{pmatrix} \mu_1 \\ \mu_2 \end{pmatrix} + \begin{pmatrix} u_{1t} \\ u_{2t} \end{pmatrix} \tag{3-13}$$

其中

$$\begin{pmatrix} u_{1t} \\ u_{2t} \end{pmatrix} = \begin{pmatrix} \varepsilon_{1t} \\ \varepsilon_{2t} \end{pmatrix} + \begin{pmatrix} \eta_{1t} \\ \eta_{2t} \end{pmatrix} \tag{3-14}$$

我们假设

$$\begin{pmatrix} \varepsilon_{1t} \\ \varepsilon_{2t} \end{pmatrix} \sim \text{i. i. d. N} \left[\begin{pmatrix} 0 \\ 0 \end{pmatrix}, \begin{pmatrix} \sigma_{1t}^2 & \sigma_{12,t} \\ \sigma_{21,t} & \sigma_{2t}^2 \end{pmatrix} \right] \tag{3-15}$$

继 Engle（1995）之后，我们假设双变量 GARCH（1，1）结构表示为：

$$\begin{aligned} \varepsilon_{1t} &= \sigma_{1t}\xi_{1t},\ \xi_{1t} \sim \text{i. i. d. N}(0,1) \\ \sigma_{1t}^2 &= \omega_1 + \alpha_1 \varepsilon_{1,t-1}^2 + \beta_1 \sigma_{1,t-1}^2 \\ \varepsilon_{2t} &= \sigma_{2t}\xi_{2t},\ \xi_{2t} \sim \text{i. i. d. N}(0,1) \\ \sigma_{2t}^2 &= \omega_2 + \alpha_2 \varepsilon_{2,t-1}^2 + \beta_2 \sigma_{2,t-1}^2 \\ \sigma_{12,t} &= \omega_3 + \alpha_3 \varepsilon_{1,t-1}\varepsilon_{2,t-1} + \beta_3 \sigma_{12,t-1} \end{aligned} \tag{3-16}$$

跳跃结构假设如下：在一段时间 t（从时间 $t-1$ 到 t）内，第一种货币有 n_{1t} 跳跃性波动，第二种货币有 n_{2t} 跳跃性波动，其中，n_{1t} ～ 泊松（λ_1），n_{2t} ～ 泊松（λ_2）；跳跃幅度服从正态分布：第一种货币为 $Y_{1t,k} \sim N(\vartheta_1, \delta_1^2)$，第二种货币为 $Y_{2t,l} \sim N(\vartheta_2, \delta_2^2)$。

假设 $Y_{1t} = \sum_{k=1}^{n_{1t}} Y_{1t,k}$，$Y_{2t} = \sum_{l=1}^{n_{2t}} Y_{2t,l}$。我们假设 Y_{1t} 和 Y_{2t} 为相互关联的双变量正态分布

$$\begin{pmatrix} Y_{1t} \\ Y_{2t} \end{pmatrix} \sim N \left[\begin{pmatrix} n_{1t}\theta_1 \\ n_{2t}\theta_2 \end{pmatrix}, \begin{pmatrix} n_{1t}\delta_1^2 & \rho_{12}\sqrt{n_{+t}}\delta_1\delta_2 \\ \rho_{12}\sqrt{n_{+t}}\delta_1\delta_2 & n_{2t}\delta_2^2 \end{pmatrix} \right] \tag{3-17}$$

其中，$n_{+t} = \min(n_{1t}, n_{2t})$ 而且 ρ_{12} 是 Y_{1t} 与 Y_{2t} 之间的相关系数。跳跃分量定义为

$$\begin{aligned} \eta_{1t} &= \sum_{k=1}^{n_{1t}} Y_{1t,k} - \theta_1\lambda_1 \\ \eta_{2t} &= \sum_{l=1}^{n_{2t}} Y_{2t,l} - \theta_2\lambda_2 \end{aligned} \tag{3-18}$$

其中，θ_s 和 λ_s 是货币 $s = 1,2$ 的平均跳跃幅度 $E(Y_{st,i}) = \theta_s$ 和平均跳跃次数 $E(n_{st}) = \lambda_s$。假定 $n_{1t} = i$，$n_{1t} = j$ 并给定所有过去的信息，R_t 的条件分布为具有均值向量的双变量正态分布

$$\tau = \begin{pmatrix} \mu_1 + i\vartheta_1 - \lambda_1\vartheta_1 \\ \mu_2 + j\vartheta_2 - \lambda_2\vartheta_2 \end{pmatrix}$$

由于 ε_t 和 η_t 是独立的，这个协方差矩阵可以表示为 $\Lambda = \Omega + \Delta$，其中，

$$\Omega = \begin{pmatrix} \sigma_{1t}^2 & \sigma_{12,t} \\ \sigma_{21,t} & \sigma_{2t}^2 \end{pmatrix}$$

$$\Delta = \begin{pmatrix} i\delta_1^2 & \rho_{12}\sqrt{ij}\delta_1\delta_2 \\ \rho_{12}\sqrt{ij}\delta_1\delta_2 & j\delta_2^2 \end{pmatrix}$$

然后，假定 $n_{1t} = i$，$n_{1t} = j$，我们可以把收益向量 R_t 的条件分布表示为

$$f(R_t | n_{1t} = i, n_{2t} = j, \Phi_{t-1}) = (2\pi)^{-\frac{T}{2}} |\Lambda|^{-\frac{1}{2}} \exp\{-(R_t - \tau)'\Lambda^{-1}(R_t - \tau)\}$$

因此，收益的无条件（n_{1t} 和 n_{2t}）密度表示为

$$P(R_t | \Phi_{t-1}) = \sum_{i=0}^{\infty}\sum_{j=0}^{\infty} f(R_t | n_{1t} = i, n_{2t} = j, \Phi_{t-1}) P(n_{1t} = i, n_{2t} = j | \Phi_{t-1})$$

其中，$P(n_{1t} = i, n_{2t} = j | \Phi_{t-1})$ 是双变量泊松分布函数

$$P(n_{1t} = i, n_{2t} = j | \Phi_{t-1}) = e^{-(\lambda_1+\lambda_2+\lambda_3)} \sum_{k=0}^{m} \frac{(\lambda_1 - \lambda_3)^{i-k}(\lambda_2 - \lambda_3)^{j-k}\lambda_3^k}{(i-k)!(j-k)!k!}$$

其中，$m = \min(i,j)$。第三个参数 λ_3 与双变量泊松分布的协方差相关。边际密度由一维泊松分布给出

$$P(n_{st} = i | \Phi_{t-1}) = \frac{e^{-\lambda_s\lambda_s^i}}{i!}, s = 1, 2$$

n_{1t} 与 n_{2t} 之间的相关性表示为

$$\mathrm{corr}(n_{1t}, n_{2t}) = \frac{\lambda_3}{\sqrt{\lambda_1\lambda_2}}$$

对数似然函数表示为

$$\ln L = \sum_{t=1}^{T} \ln P(R_t | \Phi_{t-1})$$

由于似然函数 $\ln L$ 包含约 20 个未知参数，因此非常复杂，最大似然法需要极长的计算机时间。为了避免这种计算负担，我们提出如下两步法：

步骤 1：基于 $c = 0.05$ 的标准提取跳跃性波动的观察值，假设每单位时间间隔中的跳跃性波动次数服从泊松分布，根据标准 c 通过描述性统计来估算跳跃部分的参数。

步骤 2：从数据中删除跳跃性波动后估算 GARCH 参数。换句话说，我们分别估算 GARCH 参数和跳跃参数。

我们在表 3－5 中列示通过两步法得出的日元—澳元、日元—欧元、日元—加元和日元—英镑等货币对的双变量 GARCH 跳跃模型的估计参数，其中下标 1 表示日元，下标 2 表示对应货币。由于 GARCH 部分与跳跃分量之间的独立性假设，可以证明两步法是合理的。

请注意，$\alpha+\beta$ 在所有情况下都差不多为 1。这个结果似乎与跳跃后的波动持续性一致。我们还注意到 ω 几乎始终为 0。

表 3－5　双变量 GARCH 跳跃模型中参数的两步估计

跳跃参数	λ_1	0.3229	0.3229	0.3229	0.3229
	λ_2	0.2118	0.1979	0.1667	0.2083
	λ_3	0.0944	0.1059	0.0764	0.1231
	θ_1	−0.0223	−0.0223	−0.0223	−0.0223
	θ_2	−0.0056	−0.0003	−0.0126	0.0089
	δ_1^2	0.0046	0.0046	0.0046	0.0046
	δ_{12}	−0.0014	−0.0012	0.0011	−0.0014
	δ_2^2	0.0015	0.0016	0.0013	0.0017
GARCH 参数	ω_1	2.46E−05	2.92E−06	6.00E−06	5.81E−06
	α_1	0.0818	0.0519	0.0878	0.0974
	β_1	0.8352	0.9372	0.8883	0.8758
	ω_2	1.21E−06	1.47E−06	1.40E−06	1.50E−06
	α_2	0.0354	0.0379	0.0348	0.035
	β_2	0.9622	0.9588	0.9624	0.9614
	ω_3	−7.90E−07	−6.00E−07	2.70E−07	−1.10E−06
	α_3	0.0539	0.0443	0.0553	0.058
	β_3	0.8965	0.948	0.9246	0.9176

注：泊松跳跃按单位时间间隔（5 分钟）计算。

如之前所定义，n_{1t} 与 n_{21t} 之间的相关系数等于 $\lambda_3/\lambda_1\lambda_2$，可以通过表3－5 中的 λ 值来估算。估计相关系数在表 3－6 中给出。我们可以看到每个货币对应的 n_{1t} 和 n_{21t} 之间存在弱相关性。

表 3－6　n_{1t} 和 n_{21t} 之间的估计相关系数

日元—澳元	日元—欧元	日元—加元	日元—英镑
0.4032	0.5145	0.3745	0.2548

（五）模型表现

在这一节中，我们比较了本文中讨论的各个模型的表现。我们根据 $a\%$ 风险值（VaR）阈值来评估模型。如果假设模型适用于实际数据集，超过 $a\%$ 风险阈值的百分比（失效率 f）应等于 $a\%$。时间点 t 的 $a\%$ 风险阈值的计算方法为 $c_a \times \sqrt{\hat{\sigma}^2_{i,t} + \hat{Var}(\eta_{it})}$，其中 c_a 是假设收益分布百分点，$\hat{\sigma}^2_{i,t}$ 由估计方差方程计算：

$$\hat{\sigma}^2_{i,t} = \hat{\omega} + \hat{\alpha}\hat{\varepsilon}^2_{t-1} + \hat{\beta}\hat{\sigma}^2_{i,t-1}$$

而且

$$\hat{Var}(\eta_{it}) = \hat{\lambda}_i\hat{\delta}^2_i$$

i 的计数以及各项参数通过利用所有观察值估算得出。在实证应用中，我们使用 $a = 1\%$ 和正态分布。$c_1 \times \sqrt{\hat{\sigma}^2_{i,t} + \hat{Var}(\eta_{it})}$ 如图 3－13 和图 3－14 所示。

为了检验模型表现，我们针对上述所有货币对，计算了失效率和 Kupiec（1995）提出的似然比（LR），定义如下

$$LR = 2\ln\left\{\frac{(N/T)^N\ (1 - N/T)^{T-N}}{(a)^N\ (1 - a)^{T-N}}\right\}$$

这个比率分布为 χ^2_1，用于对照备择假设 $H_1: f \neq a$ 检验零假设 $H_0: f = a$。其中，T 是观察值数目，N 是超出 $a\%$ 风险阈值的观察次数，a 是实际失效率。χ^2_1 的 5% 临界值为 5.024。结果如表 3－7 所示。虽然省略了具体结果，但我们观察到，日元—澳元双变量 GARCH（1,1）模型中的日元方程拟合得很好。可以看出，具有跳跃性波动的双变量 GARCH（1,1）模型的失效率比没有跳跃性波动的更接近 1%。另外还列出了 Kupiec 的 LR 检验法的 P 值。此外，Kupiec 的似然比的值强烈表明，双变量 GARCH（1,1）跳跃模型更加充分。对于其他货币对，我们观察到无论有无跳跃性波动，双变量 GARCH（1,1）模型都不是拟合得很好。所以我们可以得出结论：双变量 GARCH（1,1）模型仅适用于日元—澳元。

表 3－7 双变量 GARCH（1,1）模型评估风险阈值

	货币	失效率	*LR*	*P*－值
无跳跃	日元	1.81%	7.621	0.0058
有跳跃	日元	1.32%	1.349	0.25

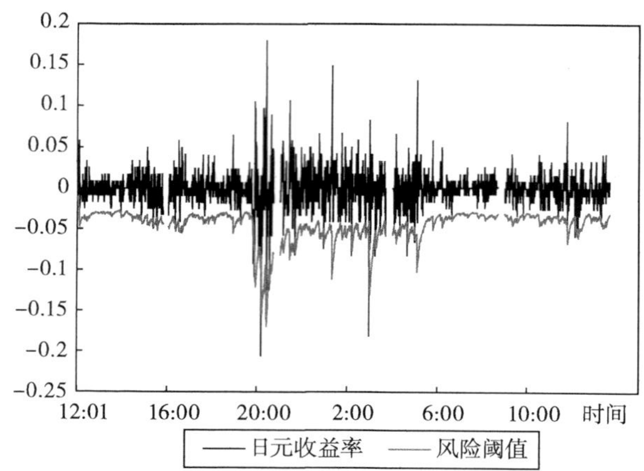

图 3-13　日元收益率和风险阈值，无跳跃 GARCH（1,1）模型

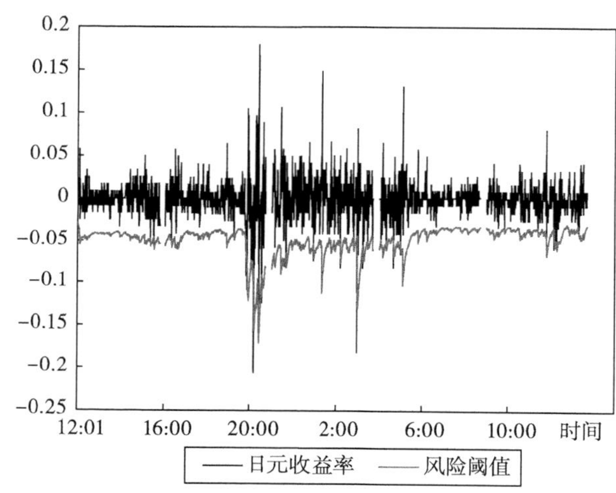

图 3-14　日元收益率和风险阈值，有跳跃 GARCH（1,1）模型

（六）结论

2005 年 7 月 21 日人民币升值时，我们观察到日元、澳元、加元、欧元和英镑等主要货币对美元的收益时间序列 1 分钟高频数据出现大幅跳跃。随后，数据大幅波动约 6 个小时，就像往平静的湖面扔一块石头产生的涟漪。我们尝试用有或没有关联泊松跳跃的单变量和双变量 GARCH（1,1）模型来描述这种现象。采用两步法进行这些模型的估算，并运用风险值对这些估计模型进行评估。结果我们注意到，虽然没有一个模型在各方面都比其他模型更为优越，但日元—澳元双变量GARCH（1,1）模型中的日元方程拟合得很好。此外，具有跳跃性波动的 GARCH（1,1）模型比没有跳跃性波动的表现更好。

三、人民币实际有效汇率均衡水平估计

金融危机之后，关于人民币汇率水平的争论不断升级，西方国家把全球经济失衡归咎于人民币汇率低估，认为人民币汇率水平偏低是造成中国对西方国家，特别是对美国巨大贸易顺差的主要原因，要求人民币大幅升值。美国智库彼得森研究所更是指出人民币对美元汇率被低估了 40%，这一结论被美国政府作为施压人民币升值的依据。

2005 年人民币汇率改革至今，人民币升值幅度累计已经超过了 20%，美国仍然持续施压人民币再升值 20%。那么，人民币汇率是否被低估，是否偏离均衡水平，有必要通过测算人民币均衡汇率，确定人民币合理波动幅度，并回答这些问题。

（一）人民币动态均衡汇率水平应综合考虑购买力平价和利率因素

均衡汇率是随着经济发展而变动的一种动态平衡，关于均衡汇率理论，影响较大的是卡塞尔的购买力平价理论（Purchasing Power Parity，PPP）和凯恩斯的利率平价理论。购买力平价理论认为，预期的汇率变化应该等于预期的通货膨胀率差异，如果不一致，就会出现套利情况，直到汇率调整到两者一致为止。购买力平价理论强调一国汇率水平由本国货币与外国货币的购买力对比决定，能够很好地判断汇率波动的长期趋势。但是，以购买力平价确定的均衡汇率过度强调了物价对汇率的影响，忽视了国际资本流动对汇率产生的冲击。

利率平价理论的提出，从资本流动的角度研究汇率变化，进一步发展了均衡汇率理论。利率平价理论认为，远期价差是由两国利差决定的（非抛补利率平价理论，Uncovered Interest Rate Parity，UIP），利率水平的差异直接导致了短期国际资本流动，从而引起汇率波动。投资者的逐利性使其把资金从低利率国家转向高利率国家，获取利差收益，而资金流入将推动高利率国家的汇率上升。这一理论很好地解释了利率市场与汇率市场的联动关系，即利率差异与即期汇率和远期汇率之间的关系。

当前，在人民币升值和利率提高的预期下，国际资本大规模涌入中国，追逐套汇和套利的双重收益。热钱的大量流入进一步加剧了人民币的升值压力。因此，在计算人民币动态均衡汇率水平时应综合考虑购买力平价和利率因素。

（二）目前人民币汇率基本处于均衡水平

1. 人民币利率、中美价格水平、中美利差之间存在长期均衡关系

我们在考虑物价因素的同时引入利率因素，测算人民币实际有效汇率的均衡水平，参照 Dominick Stephens 2004 年构建的模型，构建经 PPP 和 UIP 调整的均衡汇率模型。模型估计结果表明，人民币实际有效汇率目前具有小幅升值压力，但并未偏离均衡汇率水平。

数据样本为 2003 年 1 月—2011 年 1 月的月度数据，采用国际货币基金组织的人民币实际有效汇率指数，居民消费价格指数（CPI）用来衡量中国和美国的价格水平，利率采用中国和美国的 5 年期国债收益率。ADF（Augmented Dickey - Fuller）检验和 PP（Phillips - Perron）检验结果表明，人民币实际有效汇率、中国物价、美国物价的自然对数序列和中美利差序列都是 I（1）序列，满足协整检验的条件。Johansen 协整检验的 Trace 检验和最大固有值检验结果表明，人民币实际有效汇率、中美价格水平、中美利率之间存在一个协整关系，这说明四者之间存在长期均衡关系。

图 3 - 15 为向量误差修正（Vector Error Correction，VEC）模型的协整关系，零值均线代表了变量之间的长期均衡稳定关系，误差修正项围绕长期均衡水平上下波动。2003 年 1 月—2011 年 1 月，有三个阶段人民币实际有效汇率水平偏离了长期均衡。第一阶段是 2003 年，第二阶段是 2004 年中期—2005 年中期，第三阶段是 2008—2009 年。前两个阶段处于汇率形成机制改革之前，人民币实际有效汇率波动偏离了长期均衡水平。在 2005 年 7 月汇改之后，人民币实际有效汇率逐步向长期均衡水平修正，并围绕长期均衡水平上下波动，这一过程一直持续到 2008 年金融危机爆发之前。2008—2009 年的金融危机时期，人民币汇率形成机制改革中断，汇率波动一度偏离了长期均衡。目前人民币实际有效汇率趋于向均衡水平修正。

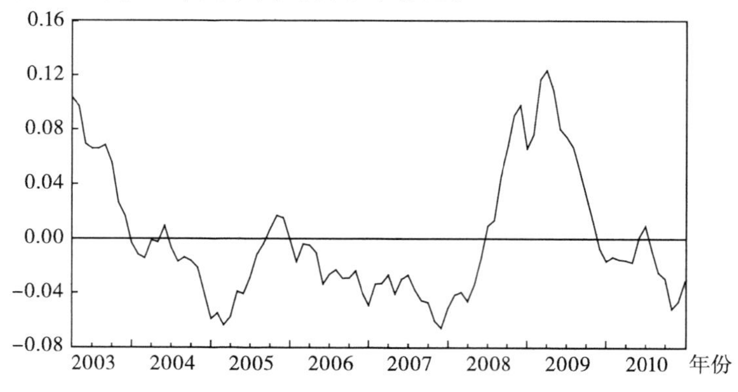

图 3 - 15　VEC 模型的协整关系图

2. 人民币实际有效汇率目前基本处于均衡水平

上述分析表明，人民币实际有效汇率、中美价格水平、中美利率之间存在长期均衡关系，但从短期来看可能会出现失衡，为了考虑 4 个序列之间的动态关系，需要借助向量误差修正（VEC）模型来分析。可以把协整回归式中的误差项看作均衡误差，通过建立向量误差修正模型把人民币汇率的短期波动与长期波动联系起来，并利用估计结果计算均衡汇率。通过均衡汇率与实际汇率的比较，可以判断实际有效汇率波动是否偏离均衡水平（见图 3－16）。

图 3－16 表明，长期来看，人民币实际有效汇率处于升值趋势，2003 年 1 月—2011 年 1 月，人民币汇率总体上处于升值趋势。分阶段看，人民币实际有效汇率存在偏离均衡状态的状况，有 3 个阶段存在贬值需求：一是 2003—2004 年汇改之前存在贬值需求；二是 2005 年末至 2006 年初汇改初期存在贬值需求；三是 2008 年中期至 2009 年中期的金融危机时期人民币实际有效汇率大幅偏离均衡汇率水平，存在贬值要求。有两个阶段人民币实际有效汇率存在升值需求：一是 2006 年中期至 2008 年初，在 2005 年汇改后，人民币实际有效汇率虽然基本围绕均衡汇率水平波动，但是仍然处于低估状态，需要小幅升值；二是 2009 年末至今，虽然人民币实际有效汇率基本未偏离均衡汇率水平，但是存在小幅升值要求，目前若达到均衡汇率水平需要升值 3%。

综上所述，由实际有效均衡汇率整体趋势以及实际汇率从均衡汇率的偏离状况得出两个结论：一是长期来看人民币汇率具有升值压力；二是当前人民币实际有效汇率基本未偏离均衡汇率。

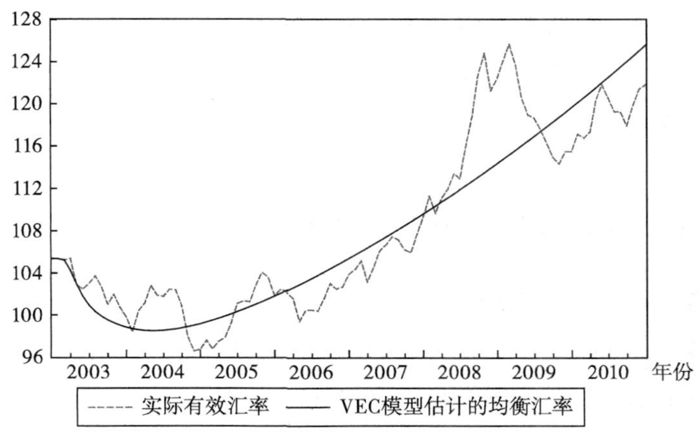

图 3－16　均衡汇率与实际汇率对比图

（三）汇率调整政策建议

根据我们的模型测算，目前人民币实际有效汇率基本处于均衡水平，不存在大幅升值需求。但是，外界要求人民币升值的压力却在不断加大。人民币汇率水平不能脱离长期均衡关系独立存在，这是违背经济规律的。汇率的调整也应遵循长期均衡汇率水平进行调整。为此我们提出以下汇率调整建议：

第一，根据实际汇率偏离均衡汇率的程度，确定汇率调整方向。根据经过 PPP 和 UIP 调整的 VEC 模型的测算，目前，人民币实际有效汇率略低于均衡水平，人民币汇率的调整方向应倾向于小幅升值，而不应迫于外界压力大幅升值。应根据实际汇率偏离均衡汇率的程度，有升有贬，适时进行动态调整，真正实现汇率波动弹性化，符合市场规律，打破人民币汇率单边升值的预期。

第二，依据均衡汇率水平，确定汇率调整程度。计算均衡汇率的目的是给人民币汇率水平的合理调整提供理论依据，实际有效汇率的长期均衡水平可以为某一阶段的汇率决策提供参考。根据我们的模型测算，金融危机时期，人民币实际有效汇率偏离了均衡水平，存在贬值需求。从实际有效汇率角度看，2008 年末人民币实际有效汇率一度大幅偏离均衡汇率，当时的人民币实际有效汇率为 124.9，实际有效均衡汇率为 113.5，人民币实际有效汇率的贬值空间为 10% 左右。也就是说，当时人民币汇率已经高估 10%，需要贬值 10% 以恢复到均衡汇率水平。因此，汇率调整程度应参照偏离均衡汇率的幅度决定。

第三，注意国内外利率和通货膨胀率的变化对人民币汇率的影响。在开放经济体下，国内外利率和通货膨胀率的变化，会传导到汇率波动上，影响均衡汇率水平。最好的解决办法就是适度管理下的汇率市场化，改革现有的汇率体制和形成机制，同时推进利率市场化，实现利率市场与汇率市场的联动，真正发挥市场调节机制，让市场决定均衡汇率水平。

四、目前人民币实际有效汇率基本处于均衡水平

美国智库彼得森国际经济研究所称人民币对美元汇率低估 28.5%。彼得森研究所研究员克莱和威廉姆森在 2011 年 5 月的研究报告中提出，目前人民币对一篮子货币的实际有效汇率低估 17.6%，相比 2010 年 5 月的 15.3% 进一步被低估。这个报告还特别提出人民币对美元汇率低估 28.5%，相比上一年的 24.2% 也呈进一步扩大趋势。报告认为，当前人民币的目标汇率应为 1 美元兑换 5.09 元人民币。彼得森国

际经济研究所的结论在美国得到广泛认可，成为美国议员施压人民币升值的主要理论依据。

我们在前期研究中，对彼得森国际研究所使用汇率模型（SMIM 模型）的主要缺陷进行了详细论述，并与彼得森国际经济研究所进行了多次交流。彼得森均衡汇率模型主要考虑出口变动和出口价格弹性两个变量，强调各国贸易收支平衡，但他们没有考虑国际资本流动对汇率的冲击。因此，其均衡汇率模型估算的人民币汇率大幅低估的结果不尽准确。

（一）人民币实际有效汇率测算的基本依据

关于人民币汇率估值是否合理的争论，很大程度上取决于对均衡汇率的不同理解。目前国际上有多种均衡汇率理论和相应的数学模型，均衡汇率不仅应考虑通过汇率来调整市场实现国际商品市场平衡（购买力平价理论，PPP），还应考虑国际资本市场，通过汇率来调整利率的差别（无抛补利率平价理论，UIP），因为利率水平的差异直接导致了短期国际资本流动，从而引起汇率波动。因此，均衡汇率必须同时考虑物价和利率两个因素。

我们采用资本增强型均衡汇率模型（CHEER）来测算人民币均衡汇率水平。这个模型是基于 PPP 和 UIP 的均衡汇率测算模型，目前在国际上具有广泛的影响力并得到普遍应用。它认为利率差异对汇率具有短期作用和长期影响，利率差异能够造成汇率长期偏离购买力平价，均衡汇率水平应立足于国内外利差、物价水平和汇率水平之间的协整关系，即立足于具有长期稳定的相关关系来测算，我们认为这种方法是相对合理的。

（二）人民币实际有效汇率的影响因素

西方经济理论认为，利率或资产收益率高的国家，其货币在短期内存在升值压力，但在长期存在贬值预期。这意味着较高的资产收益率将导致大规模国际套利资本进入国内资本市场，短期内推高本国资产价格，并导致本国货币短期内升值，但是当国内资本市场的收益率上涨到一定程度，以及汇率也升值到一定程度时，国际资本将套现大规模流出，获取套利套汇的双重收益，这将形成对该国货币贬值的压力。目前，中国也面临着这种情况，由于中美利差的扩大，人民币短期内升值压力在加大。

我们在研究人民币均衡汇率时，使用的数据样本为 2003 年 1 月—2011 年 1 月的月度数据，利率采用中国和美国的 5 年期国债收益率。检验结果表明，人民币实际有效汇率、中美价格水平、中美利差之间存在长期稳定的相关关系。根据估计方程得到各变量在长期内对人民币汇率水平的影响如下：①美国物价指数对人民币实际有效汇率有影响。测算表明，在人民币名义汇率保持不变的情况下，美国物价指数上升时，人民币在美国市场的实际购买力下降，人民币将会贬值。如美国物价指数上升 1 个百分点，人民币实际有效汇率贬值 5.34%。②中国物价指数也影响人民币实际有效汇率。测算表明，在人民币名义汇率不变的情况下，中国物价指数上升，人民币在美国市场的实际购买力提高，人民币将会升值。如中国物价指数上升 1 个百分点，人民币实际有效汇率升值 11.21%。③国内外利差扩大（中国利率上升或美国利率下降或两者同时进行），吸引套利资本进入国内市场，短期内推动人民币升值，但长期存在资本获利后出逃情况，对人民币形成贬值压力。如中美利差扩大 1 个百分点，人民币实际有效汇率在长期内平均贬值 0.1%。

（三）人民币实际有效汇率目前基本处于均衡水平

模型测算表明，中国和美国的货币政策、通货膨胀程度，都直接影响人民币汇率水平。金融危机以来，美国的量化宽松货币政策和低利率政策，导致过剩流动性涌入新兴市场国家的资本市场，不仅推升了新兴市场国家的资产价格上涨，还加剧了全球性通货膨胀的压力。如果中国进入加息通道，基准利率和存款准备金率上调，中美利差将呈不断扩大趋势，热钱大量涌入，会进一步加剧人民币升值压力。这一情况与我们的模型所测算的结果大致相同。

根据模型计算的结果，2009 年末至今，人民币实际有效汇率基本未偏离均衡汇率水平，并未被大幅低估。2011 年 1 月人民币实际有效汇率指数为 121.839（以 2005 年为 100），模型测算的均衡汇率为 125.572。这说明人民币实际有效汇率仍存在小幅升值的要求，目前若达到均衡汇率水平需要升值 3%，但没有严重低估。以上分析表明，美国彼得森研究所测算的结果是不符合实际的。

五、人民币汇率波动是向均衡汇率水平修正的必然过程

2014 年第一季度人民币汇率贬值 2.64%，贬值幅度之大、持续时间之长，远远超过市场预期，引发了国际社会关注。2014 年 4 月 15 日，美国财政部在提交给国会的针对主要贸易对象的《国际经济和汇率政策报告》中，虽然未将中国列为汇率操控国，但对人民币汇率最近以来“史无前例的”下跌表示不安，并称人民币仍被“大幅低估”，对人民币汇率走势表示密切关注。

（一）均衡汇率估值理论依据

近年来，人民币汇率估值水平一直是国际关注的焦点。实际上，关于人民币汇率估值是否合理的争论，在很大程度上取决于对均衡汇率的不同理解。均衡汇率是指与宏观经济内外部均衡相一致的汇率，是要在一定假设条件下采取估算的形式才能得到，估算模型不同，得到的结果也不同。均衡汇率估算有很多种方法，目前研究比较系统并具有一定影响力的均衡汇率理论包括基本要素均衡汇率理论（FEER）、行为均衡汇率理论（BEER）、自然均衡汇率理论（NATREX）、均衡实际汇率理论（ERER）、国际收支均衡汇率理论（BPEER）、资本增强型均衡汇率理论（CHEER）等。这些理论分别从不同的角度，研究了均衡汇率问题。其中，CHEER是基于购买力平价理论和利率平价理论的均衡汇率测算模型，同时考虑了国内外物价水平与利率差异对汇率的影响，目前在国际上具有广泛的影响力并得到普遍应用。因此，本书采用资本增强型均衡汇率模型进行估算。

数据样方面，本书采用国际清算银行（BIS）公布的人民币实际有效汇率指数进行分析（我国尚未公布人民币实际有效汇率）。实际有效汇率不仅考虑了主要贸易伙伴国货币的变动，而且剔除了通货膨胀因素，能够更加真实地反映一国货币的实际购买力和在国际贸易中的实际竞争力。

估算结果表明，截至2014年2月，人民币实际有效汇率仍高估2.7%，并且均衡汇率仍处于升值趋势。这表明，短期内人民币仍有继续贬值的空间，而长期仍存升值趋势。

（二）人民币汇率贬值预期上升

国际资本回流美国，人民币面临贬值压力。从国际市场来看，美国经济持续复苏及美联储稳步缩减量化宽松货币政策（QE），对国际流动性的吸引力持续增强，导致外资流入中国的速度放缓甚至出现短期资本大规模流出，增加了人民币汇率中短期内继续贬值的压力。2014年以来，美国经济总体上继续稳步复苏，经济数据不断走强，美国制造业采购经理人指数3月小幅降至55.5，而2月则由1月的53.7大幅回升到57.1，创2010年来新高；消费者信心指数总体回升，3月大幅回升至82.3，创2008年以来新高。随着经济持续复苏，美联储决定从5月起每月将资产购买规模继续削减到450亿美元，退出量化宽松货币政策的步伐加快。

中国经济仍存下行压力，人民币转弱在预期之内。在发达经济体缓慢复苏，新兴经济体增长动力趋弱的背景下，中国经济下行使人民币汇率承受一定的贬值压力。

2014 年一季度中国国内生产总值（GDP）同比增长 7.4%，创 6 个季度以来新低；2 月采购经理人指数（PMI）指数为 50.2，创 8 个月新低，尽管 3 月 PMI 小幅上升，但明显低于正常的季节走势，表明制造业基本势头仍然偏软。在外贸方面，进、出口双双负增长，出口同比下降 6.1%，进口同比下降 1.2%，贸易顺差收窄 60.9%，尽管其中有上年同期基数较大、热钱流入导致统计数据不实的原因，但总体而言，2014 年中国面临的外贸形势并不乐观。在外资使用方面，3 月中国实际使用外资金额（FDI）同比下降 1.5%，较 1—2 月大幅回落，为 13 个月以来首次转负。

人民币上年升值幅度大，市场贬值预期强烈。2013 年，人民币有效汇率大幅升值。据 BIS 发布的有效汇率指数，人民币实际有效汇率升值幅度达 6.2%，名义有效汇率升值幅度达 6.4%。本书估算结果表明，2013 年人民币实际有效汇率偏离了均衡汇率水平，实际有效汇率相比均衡汇率高估 2%。然而，2013 年人民币快速升值并不是建立在经济强劲增长的基础之上，缺乏经济基本面的支撑，人民币汇率“超升”加重了外汇市场的担忧情绪，导致人民币贬值预期强烈。

综上所述，中短期内人民币汇率仍存贬值压力，人民币实际有效汇率仍有 2.7% 的贬值空间。但长期来看，较好的经济前景和市场潜力以及一系列的改革措施，奠定了未来中国经济可持续发展的基石。随着中国经济稳定增长，人民币国际化逐步推进，外需逐步好转等，都会对人民币汇率形成强劲支撑，为人民币长期升值奠定战略基础。因此，未来人民币将重回升值通道。

（三）汇率高估给我国经济带来诸多风险

实际有效汇率是衡量一国货币竞争力的关键指标，近几年人民币实际有效汇率高估，不仅造成部分产业外移、经济发展呈现“脱实向虚”蔓延趋势，最终导致银行资产质量下降、不良贷款增加等严重后果，若不扭转汇率高估状况，将进一步加大我国经济风险，危及我国经济健康发展。

加大产业空心化风险。从国际上看，汇率高估的经济体都会出现产业空心化。例如，1985 年日本“广场协议”之后，日元大幅升值导致日本海外投资发展迅速，成为全球主要对外投资大国。随着国内投资减少，日本产业空心化问题日渐突出，特别是 2011 年大地震后，日本的设计和研发部门也开始向海外转移，导致日本产业空心化问题日益严重。从我国来看，随着近年来国内劳动力成本不断上升，人民币持续升值，压低了我国制造业企业的利润率，导致制造业国际竞争力下降和企业盈利能力下降。为寻找更为有利的资源条件，我国发达地区如广州、深圳等地区的传统制造业、劳动密集型工业、简单加工制造业有些转移到东南亚地区，制造业等实体产业规模不断缩水，产业空心化趋势明显。

加剧经济“脱实向虚”。由于人民币汇率高估，制造业不景气，而房地产市场和资金市场持续繁荣，导致金融资本更多地向房地产领域和资金市场聚集，经济“脱实向虚”氛围浓厚。2013 年，我国工业企业主营活动利润率仅为 6%，但商业银行资本利润率平均高达 21%，虚拟与实体的利润鸿沟越来越大，导致越来越多的企业由投资实体经济转向投资金融、房地产、理财产品等高收益的虚拟经济，由此埋下诱发系统性金融风险的隐患。

加大银行业不良贷款风险。目前，人民币实际有效汇率高估，给外贸企业带来的影响最为明显。剔除 2009 年全球金融危机影响外，2013 年我国出口增速已降到 10 年来的较低水平 6.1%，仅次于 2012 年的 5%。同期我国经济减速，企业普遍不景气导致银行不良贷款急剧增加，中国银监会发布的数据显示，2013 年末，我国商业银行不良贷款余额 5921 亿元，比上一年增加 992 亿元；不良贷款率为 1.0%，同比增长 5.3%，为 10 年来的首次增长。

（四）修正高估的人民币实际有效汇率的政策建议

修正高估的人民币汇率，中短期内小幅贬值对我国有利。有利于减少热钱的套利空间并稳定跨境资本、增强货币政策自主性、促进汇率双向波动成为常态、恢复经济金融活力、抑制楼市投机和改善股市低迷、促进企业增强双边套保和锁定汇率风险等意识。建议汇率进行如下调整：

向均衡汇率水平修正，可继续小幅贬值。计算均衡汇率的目的，是给人民币汇率水平的合理调整提供理论依据，汇率的长期均衡水平可以为某一阶段的汇率决策提供参考。汇率调整方向应向均衡汇率修正，汇率调整程度应参照偏离均衡汇率的幅度决定。建议中短期内人民币可继续小幅贬值，贬值幅度约为 3%，以恢复到均衡汇率水平。同时，应围绕均衡汇率进行动态调整，进一步扩大人民币汇率波动幅度，进而实行浮动汇率制。

注意国内外利率和通货膨胀率变化对人民币汇率的影响。在开放经济体下，国内外利率和通货膨胀率的变化，会传导到汇率波动上，影响均衡汇率水平。最好的解决办法就是适度管理下的汇率市场化，改革现有的汇率体制和形成机制，同时推进利率市场化，实现利率市场与汇率市场的联动，真正发挥市场调节机制，让市场决定均衡汇率水平。

若汇率异常大幅波动，央行可实施必要的干预。目前，人民币尚未形成完全市场化的定价机制，但中国汇率市场化改革的步伐正在加速。央行宣布从2014年3月17日起，扩大汇率波动幅度，将银行间及其外汇市场人民币对美元交易价波幅由1%扩大至2%，进一步增强人民币汇率弹性，扩大双向浮动范围。这表明央行逐渐退出常态式外汇干预、增强汇率市场定价的态度。然而，若汇率由于种种原因出现异常大幅波动，央行应给予必要的干预，及时进行调节和管理。

六、人民币汇率形成机制改革及政策建议

进一步推进人民币汇率形成机制改革，缓解我国通胀压力和资产泡沫压力，发挥汇率对经济结构调整的积极作用，符合我国长远和根本利益。人民币汇率形成机制改革进程表明人民币汇率遵循市场规律和趋势，弹性进一步增强。但是，由于人民币汇率水平不能完全反映市场供求的变化，货币篮子和权重的确定比较复杂，汇率波动幅度被锁定，使得市场自动调节功能失效。可以通过增强汇率弹性、进一步推进利率市场化改革、丰富汇率风险管理工具、渐进式推进人民币汇率形成机制改革等措施，继续深化人民币汇率形成机制的市场化改革。

（一）进一步推进人民币汇率形成机制改革，符合我国长远和根本利益

1. 汇率政策的调整是应对通胀压力和资产泡沫压力的措施之一

目前中国通货膨胀压力较大。2010年10月消费者物价指数（CPI）同比上涨4.4%，创25个月以来新高。为抑制通货膨胀，央行自主采取货币政策来调整经济。2010年10月20日央行加息25个基点，11月16日上调存款准备金率50个基点。小幅加息难以减缓负利率的现象，加息后一年期存款利率为2.5%，负利率现象已经从2月开始连续持续8个月。通胀压力导致年内再度加息预期增强，但是，过度提高利率则会扩大中美利率倒挂趋势，导致热钱的大量涌入，在流动性方面将起到相反的效果。因此，通过汇率政策调整，发挥汇率对经济的调整作用则是一个较好的选择。

中国面临资产泡沫压力较大。在世界流动性泛滥的环境下，过剩的流动性涌入新兴国家市场，推升了这些国家的通货膨胀压力和资产泡沫压力。在人民币升值预期、中美利率倒挂、中国经济环境向好等因素的作用下，大量热钱涌入中国资本市场，进一步推升了中国的资产泡沫压力。根据外汇占款、外商直接投资和贸易顺差口径计算的热钱规模显示，2010年8月热钱流入81.75亿美元，9月份流入176.64

亿美元，热钱呈持续大规模流入趋势，见图 3 – 17。

因此，中国亟须通过汇率政策的调整缓解通货膨胀压力和资产泡沫压力，需要进一步推进人民币汇率形成机制的改革。

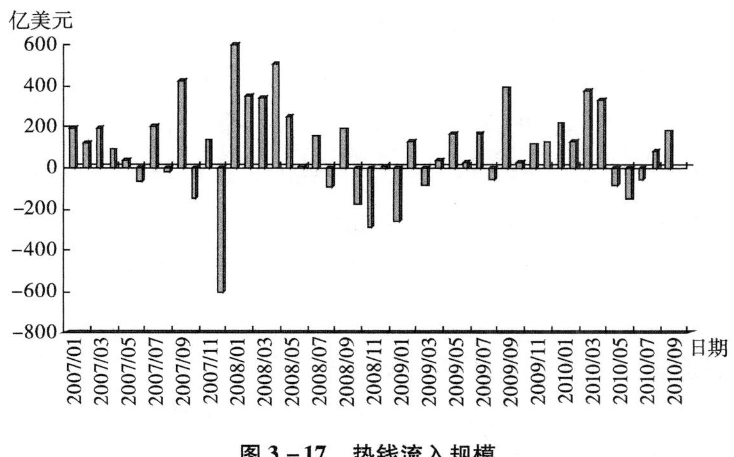

图 3 – 17　热钱流入规模

2. 加快人民币汇率形成机制改革，发挥汇率对经济结构调整的积极作用，符合我国长远和根本利益

面对全球性经济增长结构的转变，以及中国自身经济发展方式转变的需要，中国需要进一步推进人民币汇率形成机制改革。在保持人民币汇率在合理、均衡的水平基本稳定的基础上，应充分发挥汇率对经济结构调整的积极作用，促进中国经济由外需驱动型向内需拉动型转变，而不能仅仅依靠维持低汇率水平、通过出口发展经济。汇率变动对经济整体的影响非常复杂。20 世纪 80 年代后期日本的经验表明，汇率升值短期能够使得出口下降、进口增长，消费者受到进口商品价格下降的优惠；长期来看，汇率升值能够促进产业结构调整、提高企业技术水平和竞争力。中国通过人民币汇率形成机制改革可以促进一些落后产能企业被动调整结构，迫使企业进行自主升级和结构调整，否则这些企业可能面临被淘汰的命运。人民币汇率形成机制改革将增强人民币的购买力，降低进口成本。由于购买国外的高新技术产品的成本降低，企业技术水平能够得到较快提高，有助于我国追赶发达国家。

（二）人民币汇率形成机制改革进程表明人民币汇率遵循市场规律和趋势，弹性进一步增强

1. 人民币汇率形成机制改革进程

汇率体制改革。1994 年 1 月 1 日，中国汇率体制进行第一次重大改革，实施有

管理的浮动汇率制。摒弃了官方汇率和市场汇率并存的双重汇率制度，人民币对美元汇率一步并轨到 1 美元兑换 8.70 元人民币。此后，外汇储备大幅上升。1993 年的外汇储备为 212.0 亿美元，1994 年增长到 516.2 亿美元，同比增速高达 143.5%。

汇率形成机制改革。2005 年 7 月 21 日，中国人民银行宣布实施汇率形成机制改革，出台完善人民币汇率形成机制的改革方案，采用以市场供求为基础，参考一篮子货币进行调节、有管理的浮动汇率制度。人民币汇率不再钉住单一美元货币，美元对人民币汇率一次性大幅升值 2%，由 1 美元兑换 8.28 元人民币升至 8.11 元人民币，2005—2008 年 3 年间人民币对美元汇率升值 18%。但是，由于世界金融危机，2008 年 7 月以后，人民币汇率制度改革中断，人民币对美元汇率波动幅度收窄。

汇改重启阶段。2010 年 6 月 19 日，中国人民银行进一步推进汇率形成机制改革、增强人民币汇率弹性。这意味着人民币汇率政策基本上重新回归到 2005 年所采取的 BBC（Band Basket Crawling）方式的汇率制度上，以波动幅度（Band）、一篮子货币（Basket）、爬行（Crawling）为基础的有管理的浮动汇率制，表明中国将继续深化人民币汇率制度的市场化改革，人民币汇率市场规律增强。本次汇改的特点：一是人民币汇率并非一次性重估；二是坚持以市场供求为基础，注重参考一篮子货币；三是继续执行现有的外汇市场汇率浮动区间，即银行间外汇市场的人民币对美元交易价的日浮动幅度为中间价上下 0.5%。

2. 汇改之后，人民币汇率处于升值通道

从美元对人民币汇率走势图来看，见图 3 - 18，2005 年汇率形成机制改革之后，人民币汇率处于升值通道。根据汇率形成机制改革的步伐，人民币汇率走势可以分为 3 个阶段，每个阶段又可以划分为不同层次。

汇改开始阶段。2005 年 7 月—2008 年 7 月，3 年内人民币升值 18%，呈现先慢后快的特征。根据升值速度，人民币升值可以划分为三个层次：第一层次，2005 年 7 月 21 日—2006 年 7 月 21 日，汇率稳定阶段。2005 年 7 月 21 日人民币一次性升值 2%之后，汇改第一年，人民币汇率基本保持稳定，一年内升值幅度仅为 3.47%。第二层次，2006 年 7 月 21 日—2007 年 7 月 20 日，人民币汇率小幅升值阶段，两年内人民币累计升值 8.52%。第三层次，2007 年 7 月 20 日—2008 年 7 月 21 日，汇改第三年，人民币汇率大幅升值阶段，3 年内人民币累计升值 17.51%。

汇改停滞阶段。2008 年 7 月—2010 年 6 月，受国际金融危机的影响，人民币汇率形成机制改革被迫停滞，人民币对美元汇率基本在 6.8 的水平波动。

汇改重启阶段。2010 年 6 月 19 日，根据国际国内形势的变化，汇率形成机制改革重新启动，进一步增强了人民币汇率弹性。截至 11 月 11 日，5 个月内人民币对美元汇率走势可以分为三个阶段：第一阶段，6 月 18 日—8 月 11 日，小幅升值阶段。两个月内人民币对美元汇率累计升值 0.78%，最大升值幅度也仅为 0.86%，虽然汇率波动呈现弹性，但升值幅度缓慢。第二阶段，8 月 12—31 日，人民币汇率重回 6.8 水平。8 月 31 日美元对人民币汇率为 6.81，较 6 月 18 日仅升值 0.25%，实际变动幅度不大。第三阶段，9 月 1 日—11 月 11 日，加速升值阶段。截至 11 月 11 日，人民币对美元汇率屡创新高，达到 6.62，相比 6 月 18 日累计升值幅度达到 2.98%。

3. 人民币有效汇率整体处于升值趋势，弹性增强

从图 3 – 18 可以看出，国际清算银行口径的人民币名义有效汇率和实际有效汇率整体处于升值趋势，汇率弹性波动特征明显。按照上述阶段划分，2005 年 7 月—2008 年 7 月，在人民币对美元汇率大幅升值 18% 的背景下，反映人民币整体升贬值状况的人民币名义有效汇率升值 7.43%，有效汇率升值幅度远远小于即期汇率。但值得注意的是，人民币实际有效汇率升值幅度为 10.58%，高出名义有效汇率升值幅度 3.15 个百分点。

2008 年 7 月—2010 年 6 月，这一阶段，人民币对美元即期汇率波幅虽小，人民币有效汇率却呈现大幅升值态势。特别是 2008 年 1 月—2009 年 3 月，人民币名义有效汇率相比 2005 年 7 月累计升值 21.74%，实际有效汇率则升值 25.21%，而同一时期的人民币对美元即期汇率升值幅度为 16.88%。2009 年 4—11 月，人民币有效汇率呈大幅贬值趋势；2009 年 12 月—2010 年 6 月呈现升值趋势。

2010 年 6 月以后，有效呈现双边波动，汇率弹性显著增强。对比图3 – 18 和图 3 – 19可知，人民币有效汇率指数走势与美元对主要货币指数走势趋同。但是 2010 年 6 月以后，虽然人民币名义有效汇率指数与名义美元对主要货币指数走势正相关，出现贬值趋势，但是实际有效汇率却呈升值趋势，与实际美元对主要货币指数呈反向变动。这是因为人民币参照一篮子货币，按照市场供求决定汇率水平，根据贸易权重决定篮子货币中，美元比重有所降低。由于人民币对美元以外的主要货币仍呈升值态势，人民币升值压力进一步加大。

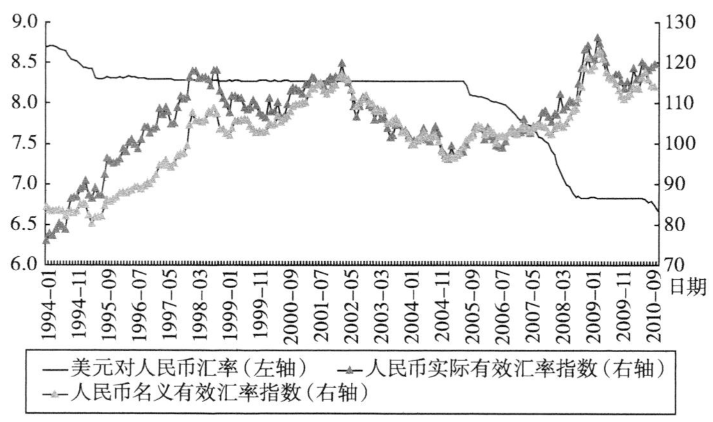

图 3-18　美元对人民币汇率、人民币实际有效汇率指数和名义有效汇率指数走势

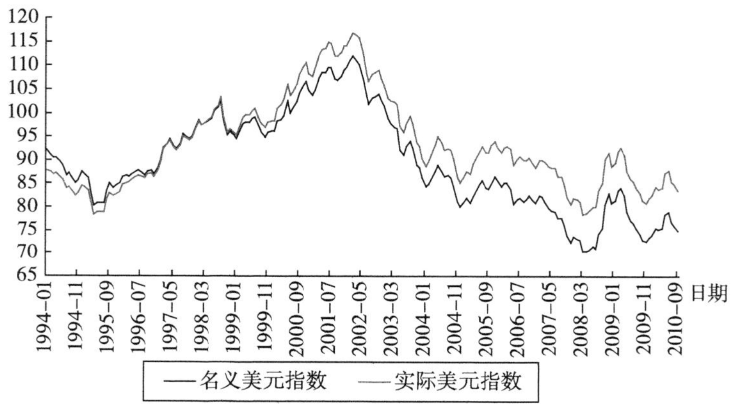

图 3-19　名义美元指数和实际美元指数：对主要货币

（三）人民币汇率形成机制市场化进程中存在的问题

1. 人民币汇率水平不能完全反映市场供求变化

目前中国的资本账户并没有完全开放，人民币汇率水平并不完全由市场供求变化决定。人民币基准汇率是中国人民银行于每个工作日闭市后公布的当日银行间外汇市场美元等交易货币对人民币汇率收盘价，为下一个工作日该货币对人民币交易的中间价。2006 年，中国人民银行通过在银行间即期外汇市场引入询价交易方式（OTC）和做市商制度，进一步改进人民币汇率中间价的形成方式。

引入 OTC 方式和做市商制度之后，人民币对美元汇率中间价的形成方式为：中国外汇交易中心于每日银行间外汇市场开盘前，向所有银行间外汇市场做市商询价，并将全部做市商报价作为人民币对美元汇率中间价的计算样本，去掉最高报价和最低报价后，将剩余做市商报价加权平均，得到当日人民币对美元汇率中间价，权重由中国外汇交易中心根据报价方在银行间外汇市场的交易量及报价情况等指标综合确定。人民币对欧元、日元和港元汇率中间价由中国外汇交易中心分别根据当日人民币对美元汇率中间价与上午 9 时国际外汇市场欧元、日元和港元对美元汇率套算确定。

做市商一方面参与外汇市场交易，通过买卖价差盈利；另一方面承担向市场持续提供买、卖价格的义务。由于做市商集中了市场供求信息，所以成为重要的定价中心。而中国汇率中间价的变动幅度是受限制的，做市商在报价时难免会出现按照自己的需求报价，而不是根据市场的实际需求和供给情况来决定。因此，应进一步完善人民币汇率形成机制，充分发挥市场的作用，使得汇率水平能够反映市场的供求状况。

2. 货币篮子和权重的确定比较复杂

中国人民银行 2005 年 8 月公布的人民币汇率形成机制所参考的“一篮子货币”的选取以及权重确定的基本原则是：综合考虑在我国对外贸易、外债（付息）、外商直接投资（分红）等外经贸活动中占较大比重的主要国家、地区的货币，组成一个货币篮子，并分别赋予其在篮子中相应的权重。篮子货币选取及权重确定是以对外贸易权重为基础的。这是因为经常项目收支是国际收支平衡的基础环节，而商品和服务贸易是经常项目的主体。但是，央行并未公布一篮子货币的构成、权重等具体情况。

从对外贸易总量来看，欧盟、美国、日本、东盟和中国香港仍是中国前五大贸易伙伴，因此，货币篮子里欧元、美元、日元、亚洲一些国家的货币和港元应该占有重要比重，是一个分散的货币结构组合。货币权重的确定则更为复杂。央行采用“参照一篮子货币”进行调整，而非“钉住一篮子货币”，在考虑上述诸多因素的基础上才能够进行动态调整。

3. 汇率波动幅度锁定，市场自动调节功能失效

央行对汇率的波动幅度做出了如下规定：中国银行间即期外汇市场人民币对美元交易价浮动幅度为 0. 5%，即每日银行间即期外汇市场人民币对美元的交易价可在中国外汇交易中心对外公布的当日人民币对美元中间价上下 5‰的幅度内浮动；欧元、日元、港元、英镑等非美元货币对人民币交易价在中国外汇交易中心公布的该货币当日交易中间价上下 3% 的幅度内浮动。

2010 年 6 月重启的汇率形成机制改革继续执行现行外汇市场汇率浮动区间，不扩大汇率浮动区间。由于汇率波动幅度被锁定，尚未真正形成通过市场的供给和需求来自动调节汇率水平，因此，汇率形成机制市场化进程还有待进一步完善。

（四）继续深化人民币汇率形成机制改革的政策建议

1. 增强汇率弹性，破解单边升值预期

2005 年的汇改引起了人民币对美元汇率单边升值的现象。本轮汇改重启后，人民币汇率双向波动性明显增强，打破了人民币对美元汇率单边大幅升值的市场预期。央行强调增强人民币汇率弹性，则说明未来波幅可能扩大，虽然目前仍然是上下 0.5% 的波动幅度；同时，由于波动是双向的，人民币对美元汇率将会出现升值或贬值的可能性，使得交易者无法认定汇率仅朝升值方向变动。

值得注意的是，尽管我们预期人民币汇率将出现双向波动，但是，由于市场普遍预期人民币升值，即便每日的波动可能会呈现双向波动，却难以改变市场对人民币汇率长期朝单一方向变动的预期，见图 3 – 18。因此，央行应适时、逐渐放宽汇率波动幅度的限制，增强汇率的弹性，让汇率水平在更大程度上由市场决定，最终形成市场化波动机制。

2. 进一步推进利率市场化改革

在开放经济下，利率的变动通过两种途径传导到汇率上：一是直接通过外币资金市场的套汇渠道；二是间接通过本币资金市场影响国内供求渠道。由于汇率对利率的变化比较敏感，央行可以通过利率政策来影响汇率。目前，中国的资本项目尚未完全开放，金融市场还不够发达，外汇市场仅限于银行间外汇交易；利率市场化进程尚未完成，现行的利率政策对人民币贷款利率设有下限，对人民币存款利率设有上限；国内的货币市场与外汇市场的直接联系也尚未建立，导致利率与汇率之间的传导机制作用还不能有效实现。因此，央行应进一步推进利率市场化改革，发挥利率水平对金融资源的配置作用；加强利率市场化与汇率市场化的协调，疏通利率和汇率的传导机制。

3. 丰富汇率风险管理工具，建立有效的风险对冲手段

人民币汇率双向波动给企业带来汇兑风险，企业对汇率的避险需求将大幅上升，人民币外汇衍生品市场亟待发展。外汇衍生工具市场的发展和汇率的市场化是相互影响、相互促进的，外汇衍生工具市场的发展将有利于进一步深化人民币汇率形成机制改革。目前，中国外汇市场规模较小，外汇交易量反映的基本是实体经济发展

所需的人民币的需求和供给；外汇市场交易工具不够丰富，中国的外汇衍生品仅有远期和货币掉期两种。为规避汇率风险，应积极推动外汇衍生品市场的发展，推出更多的避险工具，建立有效的外汇市场。这样才有利于推进人民币汇率市场化，也有利于保证外汇市场的平稳发展，促进国际贸易、国际投资等顺利发展。

4. 渐进式推进人民币汇率形成机制改革

首先，人民币汇率形成机制改革遵循市场规律，人民币汇率是参照一篮子货币和市场供求关系决定的，不能违背汇率变动规律大幅升值，而是应遵循渐进的方式推进人民币汇率形成机制改革，这是一个长期过程。其次，人民币不具备大幅升值的条件。目前中国制造业的利润最大不超过 5%，若按照一些国家的要求大幅升值 20%，这些企业将会破产，大量工人失业，给社会带来不稳定因素，对于中国将是灾难性冲击，中国经济的发展将会停滞。中国也由此不能发挥世界经济增长发动机的作用，从而给世界经济发展带来灾难。最后，人民币汇率形成机制改革需要良好的外部环境。目前，西方一些国家施压人民币大幅升值，这是违背市场规律的。中国推进人民币汇率形成机制改革的决心是坚定不移的，汇率形成机制改革遵循市场规律渐进式推进，人民币汇率走势不能脱离规律和趋势独立运行，应该遵循规律和适宜的趋势。

第二节　人民币与美元、欧元

一、人民币与美元

货币问题是中美双方非常关注的一个问题，也是影响全球经济、全球市场的一个核心问题。国际金融危机以来，国际货币体系出现多元化趋势，尤其是人民币在国际货币体系中的地位逐步上升，人民币国际化成为一种经济的客观要求。人民币国际化主要是国际市场需求决定的结果，也是中国经济发展阶段的内在要求。人民币国际化的核心是使人民币成为与其经济实力、与国际市场需求相适应的国际化货币之一，而不是取代美元的国际货币地位。人民币国际化是个漫长的历史过程，未来十年甚至更长时期内都不可能完成这一过程。未来十年，美元仍是最主要的国际货币，美元的主导地位也不可能被取代。但是，由于美元汇率风险加大和美元信用水平下降，美元的国际货币地位会有所削弱。我们认为，强势美元符合美国的长远利益，保持贸易顺差才能巩固美元的强势地位。美国的出口需求应建立在各国的需求增加和其自身结构调整之上，而不是靠汇率调整来实现。

（一）人民币国际化主要是市场需求决定的结果

1. 人民币国际化是国际市场需求决定的结果：人民币国际化是周边国家的愿望、贸易结算国的愿望和货币持有国的共同愿望

随着中国国际贸易规模扩大，周边国家采用人民币贸易结算的愿望增强。近年来，中国贸易规模持续扩大，2009 年中国已跃升为世界第一大出口国和第二大贸易国，在国际贸易中的份额及地位已经不容忽视（表 3－8）。随着国际贸易规模的扩大，周边国家采用人民币贸易结算的愿望增强，中国顺应这一需求，建立了人民币跨境贸易的结算系统。2009 年 7 月，人民币跨境贸易结算正式启动，上海、广州、深圳、珠海、东莞 5 个城市成为首批试点城市；2010 年 6 月，试点地区由 5 个城市扩大至 20 个省、市、自治区，境外区域由港澳地区扩展到所有国家和地区；2011 年 6 月，试点地区扩大至全国范围；两年内中国完成了人民币结算从局部地区走向全国的进程，试点业务范围进一步明确为跨境货物与服务贸易以及其他经常项目人民币结算。2012 年 6 月，出口货物贸易人民币结算业务扩展至全部进出口企业。2009 年人民币跨境贸易结算额仅为 35.8 亿元，2012 年人民币跨境贸易结算额攀升至 5.53 万亿元，为 2009 年的 1545 倍，跨境贸易人民币结算试点范围已经扩大到全国。

表 3－8　2001—2010 年中国贸易规模占世界市场份额变化

年份	中国贸易总额占世界的比重	中国出口总额占世界的比重	中国进口总额占世界的比重
2001	4.0%	4.3%	3.8%
2002	4.7%	5.0%	4.4%
2003	5.5%	5.8%	5.2%
2004	6.1%	6.4%	5.9%
2005	6.7%	7.3%	6.1%
2006	7.2%	8.0%	6.4%
2007	7.7%	8.7%	6.7%
2008	7.8%	8.9%	6.8%
2009	8.7%	9.6%	7.9%
2010	9.7%	10.3%	9.0%
2011	9.9%	10.4%	9.5%

资料来源：根据 WTO 统计数据计算。

人民币在周边国家的信用迅速上升，周边地区使用人民币的愿望增强。近年来，人民币受到周边国家的欢迎。在东南亚地区，人民币已经成为仅次于美元、欧元、日元的硬通货；在西南边境地区，人民币有“小美元”之称。在蒙古国、俄罗斯、哈萨克斯坦、马来西亚、印度尼西亚、菲律宾和韩国等其他周边国家，人民币现钞也越往来越多地被用作支付和结算货币。通过旅游、劳务输出等渠道，人民币现钞也越来越多地进入了新加坡、马来西亚、泰国、越南等国的货币兑换市场，人民币在这些地区形成了一定规模的流量和存量。在中国港澳地区，人民币的可接受度更高，港澳地区金融机构的人民币存款稳步增长，2012 年 11 月末的存款规模达到了 5710 亿元。

市场对人民币作为储备货币持欢迎态度，人民币国际化是货币持有国的愿望。随着金融全球化的发展，为了防范和避免国际金融市场的波动风险，各国在外汇储备货币上趋于实施多元化组合战略。随着人民币信用程度和国际地位的提高，一些国家开始把人民币作为储备货币，不少国家和国际组织都提出了要加快人民币国际化。世界银行预测，人民币在 2025 年将跻身世界三大储备货币，全球最有可能出现的储备货币体系将是一种以美元、欧元和人民币为核心的多元货币体系。

中国尊重市场参与者的选择，推动资本项目可兑换。中国在推进贸易投资便利化、防范跨境资金异常流动风险的同时，进一步推进人民币资本项目可兑换。2010 年 8 月，央行发布《关于境外人民币清算行等三类机构运用人民币投资银行间债券市场试点有关事宜的通知》，允许相关境外机构进入银行间债券市场投资试点。2010 年 10 月，新疆率先开展跨境直接投资人民币结算试点。2011 年 1 月，中国人民银行发布了《境外直接投资人民币结算试点管理办法》，允许跨境贸易人民币结算试点地区的银行和企业，可以开展境外直接投资人民币结算试点，标志着人民币计价进行海外直接投资正式启动，这是本币项下中国资本项目开放的又一次重要尝试，意味着人民币在资本项目下的自由兑换取得了重要进展。

未来五年人民币资本项目可兑换将有较大进展，有助于进一步推动人民币国际化进程。“人民币资本项下可兑换”已经写入中国“十二五”规划，这意味着未来五年人民币国际化进程将提速。同时，中国政府已明确提出，2020 年将上海基本建成与中国经济实力相适当的国际金融中心，助推人民币国际化。

2. 人民币国际化也是中国经济发展现阶段的内在要求：中国对外金融资产的再配置和市场化改革大方向需要人民币“走出去”和国际化

中国对外金融资产的再配置，需要人民币“走出去”和国际化。随着金融全球化的发展，中国已经成为世界资本大国，成为全球最大外汇储备国和第二大对外债权国。近年来，中国对外金融资产规模持续扩大，2008—2011 年，中国对外金融资产由 2.9 万亿美元增长到 4.7 万亿美元，年均递增约 6000 亿美元。但是，中国对外金融资产结构并不合理，储备资产占比高达 70%，对外直接投资比例仅为 7%，导致中国海外资产的收益偏低。现阶段，中国要加快转变经济发展方式，减少外汇过快增长，加快提升国内的消费，增加对外投资。为此，需要优化对外金融资产结构，进一步对海外金融资产再配置，增加对外投资。这就涉及货币、资本和金融的“走出去”，必然要求人民币“走出去”和国际化。

中国市场化改革大方向决定了人民币必将国际化。 1993 年，中国政府提出“建立以市场为基础的有管理的浮动汇率制度”的改革方向①。中国始终坚持这个方向，不断完善有管理的浮动汇率制度。中国的市场化、国际化和现代化发展途径，必然会产生人民币的“走出去”，然后一步一步地国际化。

中国货币政策走出“三元悖论”需要人民币国际化。 目前，中国的货币政策正进入一个“三元悖论”（The Impossible Trinity）的时期。三元悖论是指汇率稳定、资本自由流动和独立的货币政策不可能同时实现。中国在资本项目逐步开放的情况下，央行要保持货币政策的相对独立性，意味着今后人民币会更加市场化，有弹性浮动，使汇率更快地向均衡汇率回归，这需要人民币进一步国际化。

3. 人民币国际化核心：使人民币成为与其经济实力及国际市场需求相适应的国际化货币之一，而不是取代美元的国际货币地位

人民币国际化是一个漫长的历史过程，未来 10 年不可能完成这一过程。但人民币国际化又是一种经济的客观要求，对于稳定全球金融体系有特殊重要的作用。

人民币的国际化并不是要取代美元的国际货币地位。 人民币国际化的目标是通过建立健全人民币在国际市场上的贸易、投融资和资本市场循环流通机制，解决人民币在国际货币体系中的地位和中国经济在世界经济中的地位不相匹配、不相协调的问题②。

人民币在国际货币体系中的影响力仍然微弱，人民币地位与中国的经济实力不相匹配。 近年来，中国经济总量跃居世界第二，中国经济总量占世界经济总量的比重逐年上升，从 2005 年的 4.9% 提高到 2012 年的 11.6%。但是，中国外汇市场日

① 1993 年 11 月，中共中央十四届三中全会通过《关于建立社会主义市场经济体制若干问题的决定》。

② 宗良，李建军，等．人民币国际化理论与前景［M］．北京：中国金融出版社，2011．

均交易量仅为100亿美元左右，占全球外汇交易总量的0.2%，不仅低于SDR篮子货币的水平，甚至低于土耳其里拉、巴西雷阿尔等新兴市场货币。外汇交易工具也仅有即期、远期、掉期等有限品种。根据BIS的统计，国际银行业负债总规模中，人民币所占比重仅为0.19%，不到日元的1/20；人民币国际债券规模占全球国际债券总规模的比重约为0.06%，不到日元的1/40。全球官方储备持有的人民币价值不超过20亿美元，在全球官方储备中占比微乎其微。

未来人民币也不具备挑战美元的实力。虽然人民币不会挑战美元的霸主地位，人民币更加广泛使用也是不可避免的趋势，但是目前人民币的境外流通并不等于人民币已经国际化，人民币国际化将是一个漫长的历史过程。同样，在未来几十年内，人民币也不可能对美元的国际储备货币地位构成挑战。全球储备货币结构调整是困难的和长期的，IMF的COFER（Currency Composition of Official Foreign Exchange Reserves）数据显示，过去10年，美元在全球外汇储备中份额变化范围为60%～70%，欧元为18%～28%，英镑为3%～5%，日元为3%～6%，瑞士法郎为0.2%～0.6%，其他货币为2%～8%。专家估计到2020年人民币在国际储备货币体系中的份额也仅为3%，相对于美元占全球外汇储备60%左右相去甚远。

（二）未来十年美元仍是最主要的国际货币

1. 国际金融危机并未动摇美元在国际货币体系中的主导地位，在可预见的未来，美元的主导地位也不可能被取代

国际金融危机并未动摇美元在国际货币体系中的主导地位。目前，美元仍是国际外汇市场交易的最主要货币，交易比重达84.9%（双边交易合计），远超位列第二的欧元交易比重（39.1%）。

美元的国际储备货币主导地位没有改变。尽管各国央行倾向于将货币结构多元化，但是国际货币基金组织数据表明，2011年全球官方储备中美元资产比重仍达62.2%。IMF发布的一篇研究论文指出，美元的安全港角色在最近这次金融危机期间得到了验证，在可预见的未来，美元仍将是最重要的全球储备货币。

美元在国际贸易和投资中的支配地位不会改变。美国国债市场仍是全球规模最大、流动性最强的国债市场，美元仍是相对安全的投资和保值渠道。在已公布币种构成的国际银行业负债中，美元资产占比46.0%，全球38.2%的国际债券以美元计价。

国际上尚未有其他信用货币或篮子货币可以替代美元。欧元将继续受欧洲债务

危机的困扰，英镑受英国经济疲软拖累，日元仍有其局限性，新兴经济体在金融市场的开放程度、体制的成熟程度，都不能支撑其货币在国际市场承担较主要角色。因此，未来一段时间内，美元仍将维持其主要国际货币的地位。

2. 美元作为重要的国际储备货币，也应该担负起相应的责任，提高世界各国对美元的信心

美国债务危机长期化风险，导致弱势美元或美元贬值将被迫趋于长期化。金融危机爆发以来，美国公共债务占 GDP 的比重屡创新高。美国公共债务占 GDP 的比重由2007 年的66% 上升到2011 年的102%，OECD 预测2012 年将达到110%，2013 年和2014 年将分别达到 113% 和 114%。从美国财政的长期前景来看，巨额债务意味着未来财政政策趋于收缩，这将拖累当前美国经济复苏的步伐，加剧美元的贬值趋势。由于债务规模不断膨胀，政府又缺乏有效的削减预算和减少债务的解决办法，难以在短期内化解债务危机，美国债务危机将趋于长期化，弱势美元或美元贬值将成为长期趋势。

美元信用水平下降，导致美元地位有所削弱。美元占全球外汇储备的比重呈下降趋势，反映出全球央行储备美元的意愿有所下降。2001 年美元占各国外汇储备的比重为 71. 5%，2010 年这一比重为 61. 5%，10 年下降了 10 个百分点。特别是金融危机以来，美国量化宽松货币政策加速了美元贬值，美国主权债务状况不断恶化，国际收支持续逆差的局面没有根本改善等，这些因素导致其他国家对美元的信心大幅下降，对美元的替代使用逐步增多。

3. 强势美元符合美国的长远利益，保持贸易顺差才能巩固美元的强势地位。美国的出口需求应建立在各国的需求增加和结构调整之上，而不是靠汇率调整来实现

预测表明，未来美国经济下行风险加大。IMF 在 2012 年 10 月发布的报告中，将 2012 年的全球经济增长预测由 3. 5% 下调至 3. 3%，将 2013 年的全球经济增长预测由 3. 9% 下调至 3. 6%。报告预计，2012 年美国经济增长 2. 2%，2013 年增长仅为 2. 1%。在此背景下，面对目前复苏乏力的局面，美联储推出第三轮量化宽松（QE3）政策，并长期维持低利率，维持联邦基金基准利率在 0 ~ 0. 25% 的区间不变，延长超低利率政策至 2015 年中期，以刺激经济复苏和改善就业状况。QE3 和超低利率政策导致的结果是：大量资本撤离美元，转投其他利率较高国家的货币，最终将导致美元持续贬值或弱势美元长期化。

虽然短期内弱势美元确实会对美国经济带来益处，但从长期看，美元持续走弱既不利于美国的长远利益，也不利于国际金融体系的稳定和美元作为最主要国际货币地位的巩固。美联储主席贝伯南克（Ben Bernanke）和美国财政部长盖特纳（Timothy Geithne）都表示，强势美元符合美国的最大利益。美国只有降低对外贸易逆差，甚至转为顺差，才能长期保持美元的强势地位。美国贸易顺差也可以为美国经济提供急需的增长动力。

为实现贸易顺差，促进经济增长和增加就业，2010 年 3 月，时任美国总统奥巴马发布出口倍增计划。该计划将中国列为主要的目标市场，并认为推动人民币汇率升值有利于美国出口计划的实现。我们认为，通过汇率调整实现翻番计划和保持美元的国际地位，这两个目标是矛盾的，不能同时实现。如果美国通过美元大幅贬值来实现出口翻番目标，美元的国际地位将进一步被削弱。美国的出口需求应建立在各国的需求增加和结构调整之上，而不是靠汇率调整来实现。

美国毫无必要纠结于人民币汇率或其他亚洲国家汇率的大幅调整，还有很多方面可以增加美国对中国和其他亚洲国家的出口。例如，中国企业和金融机构可以通过提供融资、贸易许可证、物流项目指导和服务等方式帮助美国的中小企业进入出口市场。日本丸红、三菱、住友以及近期香港利丰集团已经为东亚的出口企业提供了类似的服务。

（三）中美汇率合作的创新思路

国际货币体系改革是一个渐进的过程，需要多方达成更多的共识。中美虽然历史背景、社会制度、发展水平不同，但两国共同利益大于分歧，双方合则两利、斗则俱伤。双方要客观、理性地看待对方的发展，正确判断对方的战略意图，不断增进中美战略互信。以共建相互尊重、互利共赢的合作伙伴关系为基础，加强双方在保持美元和人民币稳定方面的创新合作。包括建立汇率磋商机制，共同建立全球资本流动监测预警机制，建立第三方所持人民币和美元互换机制，建立纽约人民币离岸中心，共同推进国际货币体系改革等。

1. 建立汇率磋商机制

合作背景。金融危机导致国际主要货币汇率大幅波动，加剧了国际金融市场动荡。在当前主权债务危机不断深化的背景下，加强国际汇率政策协调、保持国际货币尤其是主要货币汇率的相对稳定，有利于保持全球经济的稳定。美国和中国作为世界第一位和第二位的经济大国，加强在汇率方面的磋商，保持美元和人民币的稳定，对于保持全球经济的稳定具有重要意义。

方案设计。方案一：在双边框架下合作，利用现有的对话机制——中美战略与经济对话机制——探讨中美汇率问题。中美战略与经济对话机制建立于2009年，是一个把战略与经济纳入一体的双边对话机制，目前已经进行过三次成功的对话。中美战略与经济对话启动以来，就中美之间存在的分歧与问题进行了卓有成效的探讨，在一些问题上取得了原则性共识。其中，中美汇率问题是对话的重要议题之一。今后可继续借助这一机制探讨中美汇率解决方案。

方案二：在多边框架下合作，通过G20等多边机制探讨中美汇率问题。在G20等多边框架下，中美与其他国家一起，共同协商解决全球经济失衡和汇率等问题。

方案三：直接建立中美汇率磋商机制，双方共同就美元和人民币汇率问题直接进行沟通。

对中美双方的益处。中美经贸关系发展过程中出现一些摩擦是正常的。双方应在相互尊重、平等协商的基础上，遵循市场规律，按照世贸组织规则，妥善加以处理，而不是将经贸问题政治化，搞贸易和投资保护主义，这样有损双方的利益。通过双边或多边对话磋商机制，可以妥善处理中美经贸关系发展过程中出现的一些问题，特别是汇率问题。中国可以借助汇率磋商机制，阐述中国汇率形成机制改革与人民币国际化进程，增进同包括美国在内的世界各国对中国汇率改革的了解，减少汇率摩擦和贸易摩擦。美国可以通过汇率磋商机制，加强中美之间在汇率方面的沟通交流，探讨解决办法和合作机制，既可以妥善处理中美经贸之间存在的问题，也符合美国的利益。

2. 建立国际资本流动监测预警机制

合作背景。缺乏有效监管的国际资本，短期内大规模流入流出一国，将导致该国汇率大幅波动和贬值，引发该国货币危机甚至金融危机。1992年的欧洲汇率危机，1994—1995年的墨西哥金融危机，1997—1998年的亚洲金融危机，都是以货币危机为开端，进而引发的金融危机。现阶段，新兴经济体货币升值预期，以及发达经济体超低利率和新兴经济体高利率之间的利差，吸引了大量套汇套利资金涌入新兴经济体。为避免本币过度升值对本国经济的冲击，多个新兴市场国家已经采取措施干预本币汇率，包括提高银行的外汇储备要求，对外国投资设定最低持有期限和预扣税等，如巴西对资本流入征收2%的金融交易税。其他国家为避免短期国际资本的冲击，也纷纷采取了干预外汇市场的措施。为阻止日元过快升值，日本多次干预汇市，并与G7其他国家联手干预汇市以阻止日元升值。韩国和马来西亚央行为抑制本币升值，也采取了干预外汇市场的措施。IMF 2012 年发布的全球金融稳定报告中，再次提示大规模资本流动的风险。报告指出，发达经济体的宽松政策和一些新兴市场国家相对有利的经济基本面，促使资本流入新兴市场，鉴于此，新兴市场的政策制定者需要密切关注资产价格泡沫和过度信贷迹象，并及时采取应对行动，如提高汇率弹性甚至实施资本管制。

方案设计。方案一：双方共同建立资本流动监测预警机制。目前，美元贬值人民币升值趋势显著，导致大规模国际资本游走于两国之间，容易对中美两国经济金融造成冲击。因此，中美两国应加强对国际资本流动的监测和预警，共同建立监管渠道，交换预警信息，制定应对预案，主动防范“热钱”对两国的冲击。具体来说，这一机制包括资本流动预警信息收集体系、预警分析决策体系、预警信息发布体系、预警专家体系、示范推广应用体系等。

方案二：共同支持《巴塞尔协议Ⅲ》，进一步严格银行资本金和流动资金标准，对有系统性风险的金融机构严加监管。

对中美双方的益处。中美共同建立国际资本流动监测预警制度，能够避免短期资本流动给相对汇率带来太大波动，对于中美共同防范国际金融风险具有重要意义。由于市场对人民币升值预期加大及中国的高利率，吸引“热钱”大规模流入中国资本市场，为避免“热钱”冲击，中国应全方位对跨境资金流动进行监测预警，并进行必要的限制，如规定资本流入流出的时间限制，征收资本利得税等。对美国来说，美元的长期贬值趋势将驱动国际资本撤离美元，转投收益较高的他国货币。通过加强对国际资本流动的监测预警，能够避免美元过度波动及可能引发的金融危机和对实体经济的冲击。

3. 建立第三方所持人民币和美元互换机制

合作背景。美元保持其国际储备货币的统治地位，符合美国的利益。为了达到这个目的，美元和人民币可能需要在长期内尽量保持一个合理的平价。这将有利于两国间的长期贸易和直接投资以及间接投资的增长。中美作为世界上最大的两个经济体，人民币和美元的波动将在世界范围内产生较大影响。由于人民币不具备挑战美元的能力，人民币国际化也并不是以取代美元地位为目标，建立美元—人民币同盟不会影响美元的国际货币主导地位。相反，鉴于人民币的影响力，人民币将会起到稳定美元的作用，可以巩固美元的国际储备货币统治地位。

方案设计。第三方所持人民币和美元实现互换的前提是，美元和人民币在长期内尽量保持一个合理的平价。按照协议规定，第三方所持有的人民币可以和美元实现互换。中美通过建立这种美元—人民币同盟，并联合其他国家成为世界最大的货币区，将会促进两国和世界经济的发展，有利于世界经济的稳定。在操作层面上，可以考虑“欧元之父”、诺贝尔经济学奖得主罗伯特·蒙代尔（Robert A. Mundell）的建议：将美元、欧元和人民币捆绑在一起成为新的国际货币基石，成立一个新的世界货币体系，保持比较稳定的货币利率，使三大区成为货币中心，以保持世界经济的稳固。在国家层面上，则需要两国领导人的政治智慧和意愿。

对中美双方的益处。长期来看，如果第三方所持人民币和美元互换机制能够实施，将有利于中国推动人民币国际化。对美国来讲，第三方所持人民币和美元互换机制，建立美元—人民币同盟，有利于巩固美元的国际储备货币主导地位。这样一种货币互换机制也同样体现了中美双方对对方货币价值的相互承认，在某种程度上消除了双方货币地位的不平等。

4. 建立纽约人民币离岸中心

合作背景。人民币在国际市场上受到欢迎，新加坡、伦敦等金融中心，都希望人民币离岸市场落户，很多国家和地区的银行把人民币业务看作是一个新的契机。目前，中国香港离岸金融市场发展较快，不仅存款规模增长较快，而且证券市场的发展也初具规模。截至 2012 年底，中国香港离岸人民币债券新债发行量高达 1122 亿元。除香港金管局获准进入内地银行间债券市场，马来西亚央行、奥地利央行和新加坡金管局也正式提出申请，此外还有多国央行表达了持有人民币储备资产的兴趣。

方案设计。方案一：建立纽约人民币离岸中心。发挥纽约人民币离岸中心的职能，通过较宽松的管制和政策优惠，为美国居民提供进行人民币投资或筹资的平台，让美国投资者进入离岸金融市场，扩大在岸市场上的人民币金融产品交易。一般来讲，由于中国境外人民币贷款利率和债券收益率较境内偏低，这种利差可能会导致境外人民币发债和贷款回流，冲击境内的货币总量；人民币离岸市场交易价格对境内人民币汇率形成扰动；在人民币升值预期下，可能出现单方向买入局面等。对于这些风险，中美应协调合作，加强监管，维护良好的市场环境。

方案二：从试点起步，进一步拓展中美人民币业务合作空间。通过扩大中国香港的人民币离岸中心和国际货币结算中心的职能，联合上海、深圳等未来较大的国际金融中心，与美国纽约国际金融中心共同进行人民币业务试点。

对中美双方的益处。美国通过建立纽约人民币离岸中心，可以为美国投资者提供进行人民币投资或筹资的平台，新增人民币业务可以增加各金融机构的就业。中国通过人民币离岸中心，可以发展人民币海外业务，扩大人民币的流通和使用范围，为中国企业在美投资和发展商业存在提供便利。

5. 共同推进国际货币体系改革

合作背景。完善的国际货币体系能够反映全球经济合作发展新格局，有利于促进全球贸易持续发展、资本有序流动，有利于实际经济发展，防止汇率和大宗商品价格大幅波动，能够保持国际金融体系健康稳定运行，推动世界经济强劲、可持续、平衡增长。全球金融危机以来，各方意识到造成此次金融危机的重要原因是，现有的国际货币体系与经济全球化新形势不相适应，改革完善国际货币体系，促进国际货币多元化、合理化成为共识。目前，全球外汇储备中的美元比例下降到大约60%，而欧元的比例上升到25%以上。人民币在实现资本项目可兑换之后，有资格获得全球货币地位。美国彼得森国际经济研究所所长弗雷德·伯格斯滕（Fred Bergsten）呼吁美国接受人民币可能成为全球性货币的事实，并要加速这个过程。伯格斯滕指出，世界需要建立三极货币体系，即以美元、欧元、人民币为主导的国际货币体系。

方案设计。中美共同推进国际货币体系改革。首先，中美对进行国际货币体系改革要达成原则性共识，在此基础之上才能够继续探讨合作的可能。

方案一：中美共同合作促进国际货币体系改革，以形成更加合理的国际货币体系和国际金融治理框架。具体措施包括：完善国际货币体系，推动国际储备货币体系朝着币值稳定、供应有序、总量可调的方向发展，推动国际货币体系多元化、合理化，建设公平、公正、包容、有序的国际货币金融体系；完善国际金融机构现行的决策机制，提高发展中国家人员在国际金融机构管理层的比例；加强金融监管，建立有利于促进实体经济发展的国际金融体系。

方案二：美方支持将人民币纳入IMF的特别提款权（SDR）。目前，IMF特别提款权的组成货币包括美元、英镑、欧元和日元。IMF前总裁卡恩建议，应将人民币等新兴经济体货币纳入IMF的特别提款权（SDR）货币篮子中，并扩大新兴市场货币的作用，这将有益于整个货币体系，有助于增强全球金融体系的稳定性。卡恩的观点也被许多国家认同。俄罗斯总统表示，巴西、俄罗斯、印度和中国等“金砖国家”的货币应该被纳入SDR的货币篮子，G20轮值主席国法国总统萨科齐也多次表达了这一看法。在胡锦涛主席访美期间，中美两国共同发表的联合声明也谈到了国际货币体系改革和人民币国际化的问题。声明指出：中美双方认同纳入特别提款权的货币应仅为在国际贸易和国际金融交易中广泛使用的货币，鉴于此，“美方支持中方逐步推动将人民币纳入特别提款权的努力”。

此外，美国应支持中国在未来取得与其经济实力相称的国际金融地位，包括人民币国际地位的提升、在 IMF 等国际金融组织中的话语权的提升、中国金融企业的国际化经营、国际金融中心的发展。中国应加强与美国的协调合作，尊重其在国际金融领域的合理利益。

对中美双方的益处。国际货币体系改革是一个长期的过程。盖特纳认为，国际货币体系在未来 10～20 年内不太可能出现重大变动，美元国际货币的主导地位不会改变。无论是黄金、特别提款权（SDR），还是正在国际化的人民币，都不具备美元的基本特质。构建多元化的国际货币体系，让多种货币分别在不同区域内发挥交易计价和结算功能，分担国际货币职能，可以减轻美元的压力，减轻国际经济失衡的程度。中国在国际货币体系多元化过程中，可以逐步推进人民币国际化，提升人民币信用水平。

（四）中美汇率不稳定与稳定对双方的损益分析

1. 中美汇率不稳定对双方的损失

人民币大幅升值给双方带来损失。首先，人民币大幅升值将对中国造成重大损失。近年来，美国频频就人民币问题向中国施压，指责中国操纵汇率，认为人民币币值大幅低估是造成中美贸易失衡的主要原因，逼迫人民币加速升值。大量事实已经证明，人民币汇率并不是造成中美贸易不平衡的主要原因。2005 年 7 月中国汇率形成机制改革以来，人民币对美元累计升值 24.1%，IMF 也承认人民币汇率已经接近合理水平，但期间美对华贸易逆差并没有明显改善（图 3－20）。如果人民币汇率快速升值，则中国的出口和经济增长必定放缓，这不但不会使美国受益，反而可能会造成中国的高失业率、通货紧缩、工人工资下降，甚至影响到中国社会的稳定。如果中国经济出现严重问题，必定会影响到美国与全球经济的稳定。可以做一个简单的估算：目前中国制造业的利润最大不超过 5%，如中国纺织业的利润只有 3%～5%，若按有些国家要求大幅升值 20% 以上，整个行业面临崩溃，将直接影响 2000 万纺织行业就业岗位。同时，从日本和过去的经验看，升值速度过快只会给“热钱”的流入释放出更强烈的信号，国际游资将加速流入中国资本市场，给中国经济带来巨大风险。美国前财政部部长鲍尔森（Henry Paulson）对美国国会持续向中国施压要求人民币更快升值的做法提出了批评。鲍尔森认为，实行汇率改革，朝能够反映经济状况的市场化汇率政策迈进，最符合中国的利益，也有利于美国经济

和全球经济的稳定。

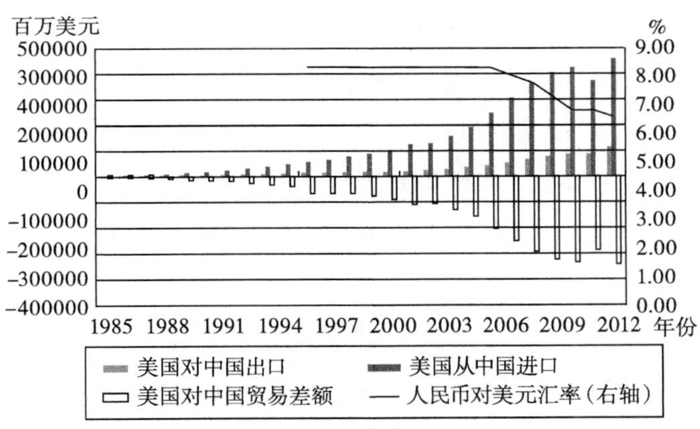

图 3－20　中美贸易与人民币汇率

资料来源：Wind 资讯。

其次，人民币大幅升值将对美国造成重大损失。过去 10 年里，中国是美国增长最快的主要出口市场。过去 10 年，美国对世界其他地区出口增长了 55%，而对中国出口增长高达 468%，中国已经成为美国增长最快的出口国。近年来，美国对中国出口增幅远大于美国对中国进口增幅，美国在对中国的贸易中获得了实实在在的好处。根据中国美国商会 2011 年对 434 家在华美国企业调查，85% 的企业 2010 年收入有所增长，83% 的企业准备扩大在华投资。摩根士丹利的调查报告分析显示，中国对美出口，美国消费者每年节省 1000 亿美元，美国企业获利 6000 亿美元，占标准普尔指数涵盖公司利润总额的 10% 以上。

在美中贸易中，中国主要承接了美国产业转移的最终加工组装环节，出口体现为全部商品价值，其中有很大一部分是来自美国的进口，而中国在整个产业链中取得的收益仅为少量的加工费用。这部分加工贸易出口中，有相当一部分是美国在华投资企业所赚取的外汇，一旦人民币大幅升值，将对这些企业造成很大的损失。例如，美国等国的跨国公司在华生产的产品供应本国和全球市场，人民币升值意味着这些企业的商品、服务价格增长，跨国企业出口不仅将因此大幅缩减，美国国内的消费者也将为此承担更高成本。

美元过快贬值给双方带来的损失。首先，美元过快贬值对中国经济产生重大影响。美国两轮量化宽松货币政策导致美元大幅贬值，已经对中国经济产生了较大冲击，推升了中国资产价格上涨，加剧了输入型通货膨胀压力。若美国继续推行第三轮量化宽松货币政策引发美元加速贬值，将对中国产生以下三个方面的重大影响：

一是美元贬值将使中国外汇储备面临巨大风险。美国作为美元发行国，不需要货币储备，主要是实物储备。但是，中国作为一个发展中大国，为确保国际清偿能力、提高风险应对能力、维护国家经济金融安全，需要充足的货币储备。截至2011年6月，中国外汇储备已达3.2万亿美元，美元资产约占70%，相当于持有2.24万亿美元的储备。如果美元贬值1%，中国的外汇储备将损失224亿美元。假定现有规模不变的情况下，未来10年，如果人民币升值20%，中国的外汇储备亏损将高达4480亿美元。

二是将给中国经济带来巨大风险。若美元快速贬值，将导致热钱以更大规模、更快速度流入中国，加大中国资产泡沫压力，股价上涨、房价上涨将不可遏止，给中国经济带来巨大风险。同时，由于美国近年来不断下调利率，使得热钱炒作人民币成本不断下降，诱导更多热钱流入中国。根据外汇占款、外商直接投资和贸易顺差口径计算的热钱规模显示，近期热钱大规模流入中国，2011年8月热钱大规模流入326亿美元（图3－21），并呈现流入多流出少的特征，表明大量热钱蛰伏在中国，给中国经济带来巨大隐患。

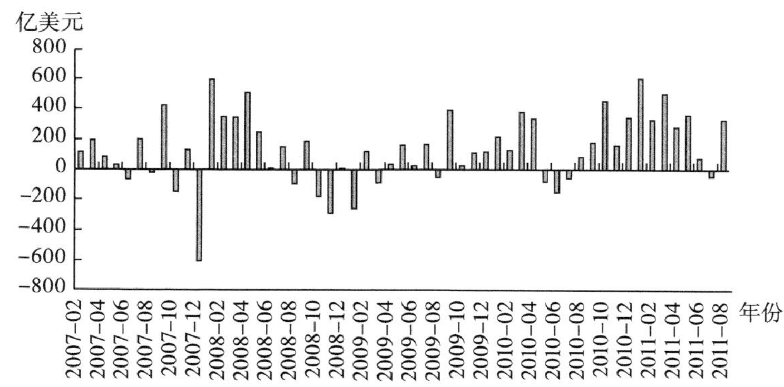

图3－21　国际热钱流入中国的规模

资料来源：Wind资讯。

三是将进一步加大中国输入型通货膨胀压力。在美国量化宽松货币政策和美元大幅贬值的影响下，国际大宗商品价格加速上涨，增加了中国输入型通货膨胀压力。由于输入型通货膨胀靠国内政策无法控制，这将大大增加中国制造业成本。同时，如果过剩的流动性不能在股市和房市释放，必然会转向农产品市场，引发农产品价格大幅上涨，导致农产品资本化。在此情况下，中国将无法抵御农产品资本化所带来的风险。

其次，美元过快贬值对美国经济产生重大影响。虽然美元贬值能够在短期内提振经济，但历史经验表明美元过快贬值将造成经济衰退。20 世纪 70 年代美元贬值，造成了包括美国在内的主要发达国家的经济衰退，陷入了较严重的通货膨胀和经济衰退的所谓“滞胀”困境。长期来看，美元过快贬值将导致美元丧失吸引力，国际上对美元的替代使用将逐步增多，将削弱美元在国际贸易、金融市场和储备货币中的主导地位，并且不会根本改变美国国际收支逆差的局面。从美国的投资和消费模式来看，美元稳定是其获得持久的外部支持的基础，以弥补美国的双赤字和储蓄不足。对美国而言，虽然经常项目逆差，但其巨大的资本项目顺差，抵消了在经常项目上的逆差，并维持了国际收支的总体盈余。在美国巨额的资本流入中，有相当一部分是中国等国家使用外汇储备购买的美国国债或其他以美元计价的金融资产，这意味着中国贸易盈余中相当大的部分，又以购买美国国债等投资的方式流回美国，弥补了美国的双赤字和储蓄不足，支持了美国的经济增长。同时，对于美国这样国内储蓄不足以满足投资需求的国家，必须从高储蓄率的国家，如中国以借债或直接融资的方式得到外部投资，以支撑美国国内消费和资产价格。如果美元不能保持稳定，不能实现美元的保值增值，这些国家将不会继续持有或购买美国国债或美元资产，美国将丧失低成本融资的基础。

最后，人民币和美元不稳定给世界带来的损失。一是人民币大幅升值将对世界造成重大损失。过去 10 年，中国对世界经济发展做出了积极贡献，成为世界经济增长的发动机。中国 GDP 占世界的比重由 2005 年的 5. 0% 上升至 2010 年的 9. 3%，跃居世界第二位；中国经济对世界经济增长的贡献率超过 20%，位居世界第一。未来中国仍将成为拉动世界经济增长的主要动力。世界银行预测，到 2025 年，美国、欧元区和中国将共同组成世界经济最主要的三大“增长极”。通过贸易、金融和科技发展等途径，这三大增长极将为全球其他广泛经济体提供增长动力。到 2025 年，中国、巴西等 6 个新兴经济体对全球经济增量的贡献将达到半数以上。因此，如果人民币大幅升值导致中国经济增长发动机熄火，将给世界经济带来灾难。二是美元过快贬值对全球经济的影响。美元贬值将给全球经济金融带来极大的负面影响。从储备货币角度而言，美元的稳定涉及各国外汇储备资产的安全性。从国际贸易主要结算货币角度而言，美元贬值及其预期，会引起以美元计价的黄金、原油、国际大宗商品和原材料价格的快速上涨，结果会增加全球商品的生产成本，进一步引发全球性通货膨胀，特别是增加新兴市场国家的输入型通胀压力。如果全球经济复苏，尤其是美国经济复苏步伐仍继续放缓，那么也不排除美元贬值还会引起新一轮的全球性滞胀风险。如果人民币和美元汇率不稳定，引发中美贸易战，将给世界经济带来灾难。

2. 中美汇率稳定对双方的利益

人民币汇率稳定给美国带来的利益。人民币汇率稳定有利于美国经济利益。随着全球化的不断深入，中美两国的相互依存和经济互补性正日益体现，在两国千丝万缕的经贸联系面前，没有哪一国能够独善其身。对美国来说，保持人民币汇率稳定有利于美国经济利益。因为衡量一个国家的经济福利，通常不是看生产总量而是看消费总量。按目前的汇率水平，美国老百姓可以消费到廉价的中国出口商品，可以增加美国国内消费需求、提高美国消费者的购买力。如果人民币升值，中国的出口商品在美国市场上的价格必然上升，最终利益受损的是美国的广大消费者。由于汇率变动与贸易差额变动存在滞后期，汇率变动并不能很快对中美贸易差额产生影响，如果人民币汇率像美国所要求的那样大幅度升值20%以上①，汇率波动对国际资本流动会造成什么样的影响不能准确把握，但加大世界经济波动的风险却是可以预见的，这种情况对美国经济也将带来明显的不利影响。

在全球化背景下，中美两国经贸联系日益紧密。目前，中国是美国第二大贸易伙伴、第三大出口目的地和首要进口来源地，是美国出口增长最快的海外市场。2001—2010年，美国对华出口增长了468%，2011年上半年又增长了20.2%。美国是中国第二大贸易伙伴、最大的外资来源地，中国公司到美国投资也呈增长态势，中美贸易关系是中国重要的经贸关系之一。中美经贸关系是互利共赢的，强大的经济互补性使双方都得到了好处。但是，近年来，中美双边贸易不平衡成为影响两国关系的一个敏感问题，引起各界人士的普遍关注。美国一些人把中美贸易不平衡归咎于人民币汇率被低估。美国的贸易赤字确是由人民币汇率低估引起的吗？人民币升值真的能有效改善美国对华贸易逆差吗？根据以下分析，这种说法是站不住脚的。事实证明，保持人民币汇率稳定有利于美国的经济利益。

中国并未刻意追求贸易顺差，中美贸易不平衡的根本原因不是人民币汇率问题，而是全球化背景下国际产业分工和转移的结果，美国限制对华出口高技术产品是造成中美贸易不平衡的根本原因，即使人民币大幅升值，需求刚性决定美国贸易逆差不会有太大改变，人民币汇率的调整也不能解决美国国内问题。随着中美经贸联系日益紧密，保持人民币汇率稳定，美元和人民币在长期内尽量保持一个合理的实际

---

① C. Fred Bergsten. A Proposed Strategy to Correct the Chinese Exchange Rate, Testimony before the Hearing on the Treasury Department's Report on International Economic and Exchange Rate Policies, Committee on Banking, Housing and Urban Affairs, United States Senate, September 16, 2010.

平价，有利于两国间的长期贸易和直接投资及间接投资的增长，符合美国的经济利益，符合美国投资者的利益，可以弥补美国的双赤字和储蓄不足，有利于保持美元国际储备货币地位。

预测表明，2020 年人民币对美元汇率将升至 5.5 人民币∶1 美元。未来 10 年，中国将坚持人民币小幅度、渐进式升值，逐步扩大汇率波动区间，汇率波动将更加市场化。将扩大人民币跨境使用，不断完善人民币汇率形成机制，逐步实现人民币资本项目可兑换。

美元稳定给中国带来的利益。中美贸易关系是中国重要的经贸关系之一，美元稳定对于稳定中美贸易意义重大。中国是美国第二大贸易伙伴、第三大出口目的地和首要进口来源地，是美国出口增长最快的海外市场；美国是中国第二大贸易伙伴、最大的外资来源地。美元稳定对于中国持有的美元储备资产的安全性意义重大。

人民币和美元稳定给世界带来的利益。美元保持其国际储备货币的统治地位，符合美国的利益。为了达到这个目的，美元和人民币可能需要在长期内尽量保持一个合理的实际平价。这将有利于两国间的长期贸易和直接投资及间接投资的增长。事实证明，过去 10 年，美元和人民币汇率稳定，是保持亚洲与美国以及其他美元国家之间经济稳定的重要因素。诺贝尔经济学奖获得者、“欧元之父”蒙代尔指出，汇率的重大波动对经济是有害无利的，人民币汇率稳定有利于全球经济。

二、人民币与欧元

加强中欧汇率合作是中欧金融合作的固有诉求。双方金融合作领域涵盖金融机构和金融市场合作、金融基础设施合作、全球金融治理与货币政策协调、金融监管等诸多领域。制约中欧金融合作的主要问题和障碍，一是中欧金融制度存在较大差异，中资企业赴欧投资面临诸多挑战，中欧金融合作远低于中欧贸易合作等；二是面临美元计价金融资产变动风险、英国“脱欧”、中欧政治互信不足等影响。但中欧金融合作的共同利益要远远大于竞争所带来的伤害，未来 10 年中欧金融合作的空间和潜力巨大。加强中欧金融合作，要本着“有限目标、有限合作、有限推进”的原则，逐步推动中欧金融对等开放。近期，进一步加强金融市场、金融基础设施、金融监管和政策协调、全球金融治理等领域的合作。远期，通过三大实施方案构建中欧汇率协调机制：一是借鉴清迈经验建立中欧汇率协调机制；二是构建人民币互换基金池；三是通过大规模发行国债置换准备金，通过买卖国债影响利率，发挥利率调控机制作用。

（一）中欧金融合作现状与需求分析

1. 合作现状：中欧金融合作是固有诉求

金融机构和金融市场合作深化。一是中欧加快培育多边银行信贷市场。2015 年英国、德国、法国、意大利相继宣布加入“亚投行”，2016 年中国正式加入欧洲复兴开发银行，这是中欧金融合作进入新阶段的重要标志。二是中欧债券市场合作不断深化。中欧双方加快培育多边债券市场。2014 年国开行在伦敦发行了 20 亿元人民币债券；① 2015 年 10 月，上海证券交易所、德意志交易所集团、中国金融期货交易所共同投资 2 亿元人民币在德国法兰克福合资成立“中欧国际交易所股份有限公司”，简称“中欧所”，共建离岸人民币金融工具交易平台；同期中国人民银行在伦敦采用簿记建档方式，成功发行了 50 亿元人民币央行票据，期限 1 年，票面利率 3.1%，这也是首次在中国以外的地区发行以人民币计价的央行票据；2016 年 5 月 26 日，中国财政部在英国伦敦发行了 30 亿元人民币国债，并在伦敦交易所上市交易，这是中国政府首次在香港以外的地区发行的离岸国债。三是中欧保险市场合作起步。2016 年 6 月 15 日，中欧双方签署了《中国保险监督管理委员会与欧洲保险和职业养老金管理局谅解备忘录》，将进一步增进中欧保险监管机构之间的相互了解，加强现有合作机制。四是中欧投资基金合作不断拓展。2016 年 11 月，中国—中东欧基金成立，规模达 100 亿欧元，计划撬动项目信贷资金 500 亿欧元。此外，中欧联合开拓第三方市场合作，目前正在推动中法非三方企业和金融机构的合作。2014 年工银欧洲在卢森堡发起成立一支投资于中国债券市场的可转让证券集合投资基金（简称“UCITS 基金”），成为首家进军欧洲投资基金行业的当地注册中资银行。

金融基础设施合作紧密。一是结算合作。中资金融机构在海外设立分支机构或分行，一方面，可以为中国企业在当地的投资和结算提供便利。中资银行分行可以为中资企业在德国的投融资提供可靠便利的渠道，提供人民币清算等业务，帮助降低企业货币转换成本。另一方面，也可以为当地企业对华直接投资提供支持。例如工商银行已在欧洲 20 个城市设立了分支机构，中国银行在德国设立 6 家分行，极大地增强了中资金融机构在欧洲区域的服务能力。二是人民币互换合作。货币互换协

① 耿明英．“一带一路”战略下加快构建多边金融市场体系的思考——兼论中欧金融合作的契机［J］．对外经贸实务，2016（11）．

议与人民币银行清算加强了人民币与欧元的联系，大多数欧洲大型银行已经或正在考虑将人民币纳入外汇储备。2013 年 10 月，中国人民银行与欧洲央行签署了 450 亿欧元、为期 3 年的双边货币互换协议，并于 2016 年 10 月将这一互换协议有效期延长 3 年至 2019 年 10 月 8 日。三是清算系统合作。2014 年以来，中国与英国、德国、卢森堡、法国分别签署了人民币清算协议，伦敦、法兰克福、卢森堡、巴黎四大在欧人民币离岸金融中心日趋成熟。特别是英国目前已成为仅次于中国香港的全球第二大离岸人民币清算中心。环球银行间金融电信协会（SWIFT）的数据显示，中国香港处理 72.5% 的人民币支付业务，英国为 6.3%，新加坡为 4.6%；英国与中国全部支付业务以人民币结算的比重为 40%，港元占比 24%，英镑占比 12%。此外，“中欧国际交易所”2015 年在法兰克福开业，有效连接了中德两个市场，带动人民币 24 小时交易，在中国资本市场开放和人民币国际化进程中扮演越来越重要的角色。

2. 合作领域

金融治理合作。2016 年，中国 G20 杭州峰会启动了全球金融治理框架改革的议题，如全球金融安全网、绿色金融、全球金融体制机制等。欧盟经济和金融事务委员皮埃尔·莫斯科维奇表示：“中国一直致力于加快全球经济和金融治理改革，特别是提高新兴经济体和发展中国家的代表性和发言权。欧盟欢迎中国在全球经济稳定与健康发展方面发挥积极作用。”他认为，新兴经济体尤其中国融入国际金融体系，对欧盟有益①。

协调中欧货币合作关系。近年来，中欧通过协调中欧货币合作关系避免了过度竞争。货币间的竞争是正常的，是必然的，但是如何避免恶性竞争，如何在全球货币体系当中避免双方受损，这是中欧金融合作的一个主要目标。中国在欧洲债务危机关键时刻，坚定支持欧元稳定和欧洲经济一体化，通过购买债券、增加进口等方式为欧盟提供帮助。欧洲在支持人民币进入 SDR、人民币离岸中心建设等方面持积极态度，有效助推了人民币的国际化进程。

3. 中欧金融合作中的政治协调

中欧加强政治协调合作。中欧金融政策协调合作的平台主要有 3 个，包括中欧领导人定期会晤机制、中欧财金对话机制和中欧经贸高层对话（HED），通过多层次、多领域的对话沟通，协调双方金融政策，促进双方金融合作。

---

① 梁淋淋，帅蓉，等．综述：欧洲期待 G20 峰会完善全球金融治理［EB/OL］．新华网，2016－08－28.

中欧加强监管合作。中国人民银行在伦敦和法兰克福设立代表处，与欧央行及欧盟成员国中央银行和金融监管部门进行交流合作；银监会与欧洲多个国家的银行监管当局签署了双边监管合作谅解备忘录和监管合作协议；保监会与欧盟保险和职业养老金监督管理委员会建立了中欧保险监管对话机制。此外，通过金融监管、修订金融稳健标准等方面的政策合作，有效促进双方金融稳定发展。

（二）中欧金融合作面临的风险和挑战

中欧金融合作存在竞争关系，但评估其成本和收益，双方合作的共同利益要远远大于竞争带来的伤害。

1. 制约中欧金融合作的主要问题和障碍

（1）中欧金融合作远低于中欧贸易合作。

近年来，中欧双边贸易保持稳定，欧盟已成为中国第一大贸易伙伴、第一大技术引进来源地和重要的投资合作伙伴、最大进口来源地和第二大出口市场。中欧经济总量占全球的1/3，2015年占全球经济的37%；中欧双边贸易额相比过去10年翻了一番，2015年达到5648亿美元；双方共同制定了《中欧合作2020战略规划》，涵盖近百个领域的合作。但中欧金融合作步伐相对缓慢，特别是相互投资规模相对滞后。近年来，尽管中欧相互投资规模大幅上升，然而中欧相互投资规模占本国对外直接投资规模的比重分别仅为6.1%和1.6%，这一比重与其自身的经济总量不相适应，双方存在较大的投资空间。

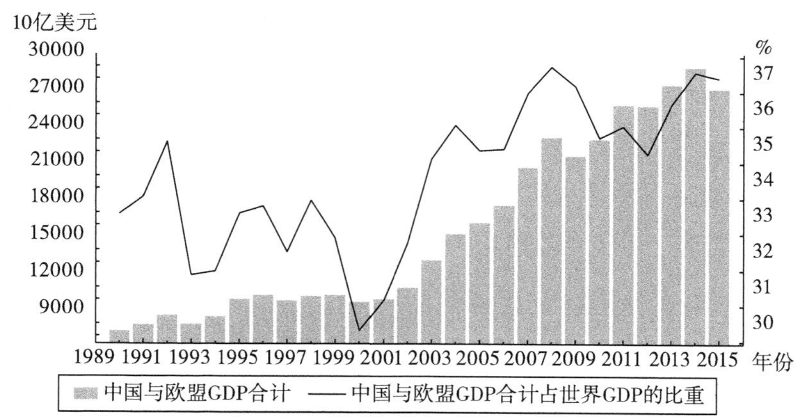

图3-22 中欧经济总量占全球GDP的比重

资料来源：Wind资讯。

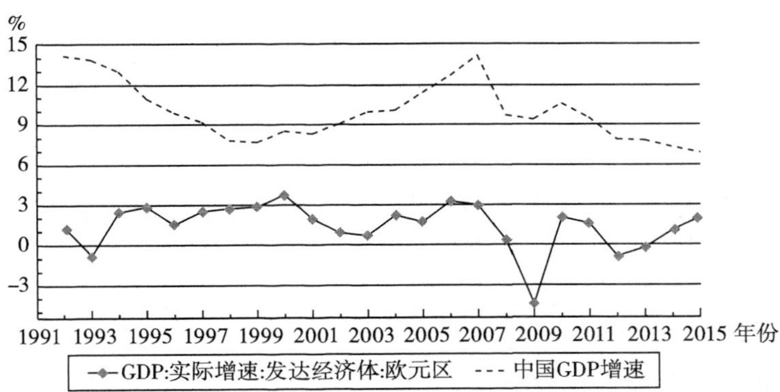

图 3-23　中欧经济增速情况

资料来源：Wind 资讯。

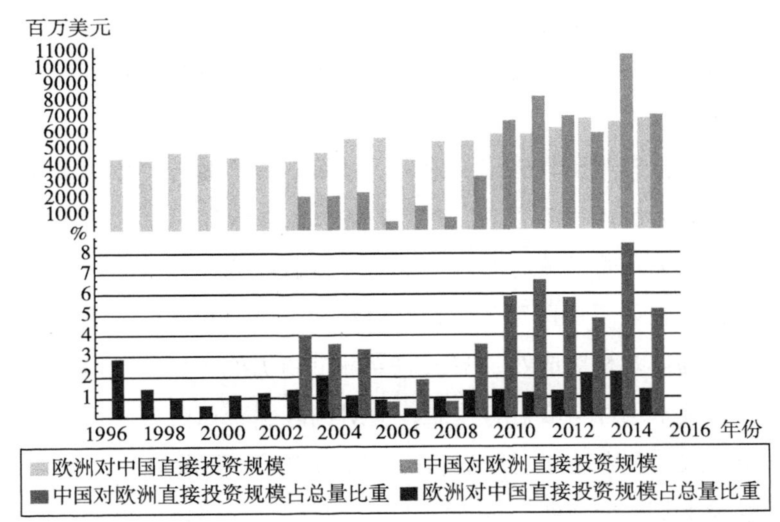

图 3-24　中欧相互投资占各自对外直接投资的比重

资料来源：Wind 资讯。

表 3-9　中欧双边贸易额相比过去 10 年翻一番　　单位：万美元

2015 年				2006 年			
国家（地区）	进口额	出口额	进口额	国家（地区）	进口额	出口额	进口额
总值	395690073	227494984	168195089	总值	176068645	96907284	79161361
欧洲	61836566	36345596	25490970	欧洲	33022904	21537149	11485755
欧盟（28 国）	56475484	35587590	20887894	欧盟（25 国）	27230233	18198335	9031898
欧元区（19 国）	41895071	25007989	16887083	欧盟（15 国）	25636142	16902480	8733622
德国	15678368	6916091	8762083	德国	7819443	4031571	3787872

续表

2015 年				2006 年			
国家（地区）	进口额	出口额	进口额	国家（地区）	进口额	出口额	进口额
荷兰	6825540	5964295	879244	荷兰	3451216	3086079	365137
法国	5141010	2675309	2465701	法国	2518851	1390976	1127875
意大利	4469236	2783737	1685499	意大利	2457657	1597340	860317
英国	7851830	5958168	1893663	英国	3066959	2416321	650638

资料来源：根据商务部网站数据整理。

（2）中欧金融制度存在较大差异。

一是中欧金融制度的差异较大。欧元区具有统一的货币联盟，能够有效地进行货币市场管理。欧洲中央银行（ECB）负责欧盟、欧元区的金融及货币政策。欧洲的外汇市场、货币市场、债券市场成熟度较高，机制完善。然而，欧元区缺乏统一的财政联盟，缺乏统一的财政政策，货币统一和财政分散的制度性缺陷是导致欧债危机的根源。

与欧盟不同的是，中国具有统一的货币政策和财政政策。中国人民银行制定货币金融政策，管理人民币货币总量、外汇储备和黄金储备，进行金融上的宏观调控。财政部主管财政政策，管理政府部门的支出和税收收入，以及对国债进行管理。也就是说，人民银行管理“中国”的货币和经济，财政部管理“政府”的账。

欧洲金融市场体系相对成熟，中国的金融市场仍处于变革阶段，金融体系不健全、监管水平和技术条件与欧盟有差距，应对国际金融风险经验不足。国际经验表明，金融市场不成熟和金融市场剧烈动荡，容易遭受国际游资冲击并引发金融危机；监管能力与经验不足可能导致战略资源流失，影响一国经济的发展；虚拟经济扩张严重背离实体经济的需求，将导致金融风险不断积累，成为金融危机爆发的导火线。

二是中欧市场准入标准存在差异。中欧金融制度的差异核心问题是市场准入问题，包括市场准入的附加条件，如人权、知识产权、环境保护、劳工福利等方面的标准难以达成一致，阻碍了中欧金融合作的进一步发展。

三是未来中国金融发展的主线是为供给侧改革服务。中国未来金融发展的五大理念是：金融为创新、协调、绿色、开放、共享服务。中国将有序推进金融业双向开放，全面实行准入前国民待遇加负面清单管理制度，扩大银行、保险、证券、养老等市场准入；推进资本市场双向开放；提升股票、债券市场对外开放程度；建立与国际金融市场相适应的会计准则、监管规则和法律规章，提升金融市场的国际化水平。

（3）中资企业赴欧投资面临诸多挑战。

一是欧洲政府和民众对中国企业存在一定偏见，认为中国正在用“巨额的积蓄购买欧洲的廉价珠宝”。二是中国企业赴欧投资法律成本高、进入门槛高。由于欧盟目前并没有统一的直接投资政策，各成员国关于外资的政策法规、市场准入、监管手段等方面存在较大差异，导致中资企业在欧投资的法律成本较高。同时，在基础设施等领域的外国投资受到限制或需要审批，某些竞争性领域受到行业协会阻碍，隐性门槛较高，难以进入。三是高标准的劳工要求和较高的劳动力成本给中国企业在欧经营带来较大的压力。四是中国企业获得商务签证、工作许可、居留许可等比较困难，存在居留期限短、申办延期时间长、办理手续繁杂等问题。五是中国企业赴欧投资面临融资难的困境。一方面，中国企业受自身信用、规模、财会标准等影响，不仅难以从中国的金融机构获得贷款，也难以从外国金融机构获得贷款。另一方面，部分中国企业自身存在的问题导致对欧投资受阻，投资失败。一是中资企业缺乏充分的调研和详细的投资计划，盲目扩张、贪图便宜抄底，导致投资失败。二是中资企业缺乏对欧洲国家社会文化的了解，导致“水土不服”，难以本地化。三是中资企业缺乏国际化专业人才，经营理念未能与国际接轨。四是有些企业忽视了当地工会组织的影响力，没有处理好与工会的关系而遭遇巨大阻力。

2. 高度关注美元计价金融资产变动

中欧共同面对着以美元计价金融资产剧烈振荡带来的风险。例如，当前德意志银行面临典型的外部冲击，如果引发风险，德国政府不救助，德意志银行也不参与救助，那么有可能引发欧元区新一轮的危机，当然这个发生风险的前提是美元计价的金融资产的风险。换句话说，全球金融危机的下半场还会重演，出现新一轮的震荡。因此，中方要高度关注和密切监视美元计价的金融资产的变动情况。

3. 持续跟踪英国“脱欧”对金融机构的影响

英国“脱欧”选举之后，中英金融合作的领域空间会更大。英镑更希望加强与人民币及其计价的资产以及相应的金融机构密切合作，来提升英镑的地位和影响力，特别是伦敦金融中心的地位。然而，英国什么时候“脱欧”，以什么方式“脱欧”，“硬脱”还是“软脱”，对其经济和金融层面带来巨大的不确定性，同时还要考虑政治因素的影响。

4. 关注金融合作中的政治考量

中欧金融合作应建立在双方政治互信的基础上，而不是在政治猜疑的基础上。

欧盟是一个区域性联盟，对区域联盟的统一性、稳定性高度敏感，具有更多政治上的考虑。例如，中国修建中东欧铁路、正在筹备的中东欧银联和亚洲金融合作协会等，就被认为是在分化和瓦解欧盟的举动。

如果欧洲金融机构不参与这些机构组织，最后在市场上将被边缘化，受到较大损失，在定价权、资本的转移，包括产品的创新研发、服务的网络化、全球化覆盖等方面都会受到影响，特别是在标准方面，下一步要合作制定证券、保险、基金的标准。

因此，中欧金融机构合作应靠市场力量推动。中欧在推动“一带一路”对接、容克计划对接等合作时，不仅仅是依靠政府推动，更多的是动员和组织金融市场的力量来参与“一带一路”建设等。

（三）未来十年深化中欧金融合作构想

加强中欧金融合作，要本着“有限目标、有限合作、有限推进”的原则，逐步推动中欧金融对等开放。近期，进一步加强金融市场、金融基础设施、金融监管和政策协调、全球金融治理等领域的合作。远期，构建中欧汇率协调机制并打造中欧金融交易平台。

1. 近期目标：加强金融市场等多领域合作

（1）加强金融市场的合作。

一是债券基金发行合作。中欧金融合作重点解决中长期融资问题，需要发行长期债券，如何吸引投资者购买是关键。但是由于目前全球流动性过剩泛滥，优质资产过剩，债券成了稀缺物，全球债券市场，目前债券收益率都呈上涨趋势。因此，如何吸引金融投资者购买长期债券，从而有效地提供中长期支持，这是一个关键问题。欧洲债券市场是全球最成熟的债券市场，目前中国推动亚洲债券市场发展，可以借鉴欧洲债券市场的经验，包括债市的结构设计和产品的开发。2014 年国开行在伦敦发行的 20 亿元人民币债，具有象征意义。（见图 3 - 25）

二是共同建立跨区域的信用评级机构。目前国际上公认的最具权威性的专业信用评级机构只有三家，分别是美国的标准普尔公司、穆迪投资服务公司和惠誉国际信用评级有限公司。中欧可以共同设立信用评级公司，为中欧企业、金融机构、结构融资和地方政府、国家主权等提供评级服务，促进中欧金融合作。

三是中欧投融资担保机构合作。为所有本地区债券发行人的发行、信用征集提供担保。

图 3－25　欧、美、中债券收益率走势图

资料来源：Wind 资讯，中国债券信息网。

四是区域货币定价技术援助。欧洲的信贷市场高度发达，全球货币市场定价都是以伦敦 LIBOR 利率为基准利率。可以考虑以上海 SHIBOR 利率为基础，建立一个亚洲地区货币定价基准。由于中国的利率尚未完全市场化，汇率形成机制也没有完全市场化，资本项目存在一定的管制，中国尚不具备货币定价能力，但在技术援助方面，中欧是可以合作的，包括培训、研发等合作。

（2）加强与欧洲各国金融中心的合作。

伦敦已成为仅次于香港的第二大离岸人民币中心，在人民币国际化过程中发挥着越来越重要的作用。据统计，2015 年英国占全球外汇交易量超过 40%，伦敦稳居全球第二大人民币结算中心，香港地区日均人民币交易约为 900 亿美元，伦敦达到 600 多亿美元。同时加强与巴黎、法兰克福、瑞士、卢森堡四大人民币结算中心合作。此外，要加强与英国和法国的银行、保险合作，与法兰克福金融服务领域合作，加强中德中小型金融机构合作，加强与中立的金融中心瑞士的私人银行业务合作，与卢森堡加强资产管理合作，与欧盟总部所在地比利时加强对话与合作。

（3）加强基础设施投资合作。

欧盟各国公路、铁路、电网、管道建设等基础设施方面有非常大的投资需求。相比之下，中国在公路、高铁、桥梁等领域形成了较强的基础设施能力。数据显示，1992—2012 年，中国将大约 8.5% 的 GDP 用于基础设施建设，远远超过欧盟 2.6% 的平均水平，中欧可以通过基础设施项目债券或共同基金等形式加强合作，提高金融对实体经济的支撑能力。此外，中欧各国可以加大相互之间在海外兼并、海外市场拓展、技术升级、资源能源收购、知识产权等项目的重点支持，进一步扩大中国与欧盟金融投资合作的深度和广度①。

（4）加强区域金融合作。

2016 年博鳌亚洲论坛正式发起成立“亚洲金融合作协会”（以下简称“亚金协”），这是一个非政府的区域性的国际组织，立足亚洲，遵循区域国际性非政府组织规则运作，促进区域内外金融机构信息互通，推进金融基础设施、金融业务、风险防控的合作，以提升亚洲金融机构在国际金融市场的影响力。亚金协首批成员共 38 家金融机构，分别来自亚欧美 12 个国家和地区，目前已经有 100 多个国家的机构参与，涉及银行、证券、保险、基金、信托以及其他的支付清算等一些金融基础设施和相关的金融服务的机构参与发起设立。从市场主体来看，基本所有的金融市场、金融机构都要参加，银行、证券、保险、基金、信托，所有的服务机构都要参加，其广泛性、代表性远远超过了亚投行。从市场的角度来看，亚金协覆盖了所有金融机构之间的业务合作，包括银团贷款，如联合贷款、平行贷款，包括银行与证券、保险合作等业务。

（5）加强金融监管和政策协调。

欧盟在金融危机爆发后采取了一系列重大金融改革措施，包括建立流动性防火墙、设立成员国危机救助机制、创新货币政策工具等危机应对和管理措施，以及新设监管机构、加强宏微观审慎监管、建立单一规则手册、建立银行业联盟等金融监管改革措施。欧盟金融体制改革的理念和措施对中国具有重要的借鉴意义，中国应当注重商业银行体系流动性管理，创新货币政策工具，加快建设银行破产清算制度进程，同时警惕中国经济去杠杆化进程中的债务风险②。

（6）加强全球金融治理合作。

中欧双方应在 G20 框架下加强沟通协调，支持 G20 作为国际经济合作主要论坛发挥重要作用。进一步完善全球经济金融治理，支持扩大 SDR 的使用、增强全球金融安全网、推进国际货币基金组织份额和治理改革、完善主权债务重组机制和改进对资本流动的监测与管理，建立更稳定、更有韧性的国际金融架构。

2. 远期目标：构建中欧汇率协调机制

（1）构建中欧汇率协调机制。

人民币国际化将是中欧金融合作的一个新领域，欧洲已形成伦敦、法兰克福、

---

① 张茉楠．拓展中欧金融合作，助推人民币进入 SDR［N］．中国证券报，2014－06－27.

② 邹宗森．欧盟金融体制镜鉴与引申［J］．改革，2016（8）.

巴黎、卢森堡等人民币离岸中心城市。随着中欧金融、经贸、投资合作的不断加深，对保持人民币和欧元的汇率稳定提出了新要求。因此，中欧有必要建立中欧汇率协调机制，形成对全球资本有序流动、合理流动的市场预期，防范汇率过度波动引发系统性风险。建议采取以下方案推动建立中欧汇率协调机制：

方案一：借鉴清迈经验建立中欧汇率协调机制。

《清迈倡议》作为亚洲金融融合最重要的制度性成果，对防范金融危机、推动进一步的区域货币合作具有深远意义。清迈倡议多边机制（CMIM）成员国包括东盟 10 国全部成员，以及中、日、韩和中国香港，共 14 个经济体，目前共同储备基金规模达到 2400 亿美元，旨在对有关国家出现短期资金困难时进行援助，以防范金融危机的发生，在区域层面确保全球金融稳定，现已成为国际金融体系改革的重要组成部分。

中欧建立汇率协调机制可借鉴《清迈倡议》经验，进行如下设计：一是在区域层面签署《中欧汇率协调机制合作协议》，将中欧财经对话扩充为财长和央行行长会议，进一步加强双方在信息交流、政策协调等方面的功能。二是在全球范围内，可充分利用 G20 平台加强中欧汇率协调。同时借助 G20 平台共同致力于完善国际货币体系，推动国际储备货币多元化，促进形成币值稳定、供应有序、总量可调的国际储备货币体系，从根本上维护全球经济金融稳定。

方案二：构建人民币互换基金池。

积极构建人民币互换基金池，有效扩大人民币“一对多”的互换、清算系统，从而推进清算功能的发展，有效防范风险。可借鉴国际清算银行经验，按照年度实行双边差额互换以及余额结算，既包括一个经常账目系统，也包括逐步建立一个资本账目系统。在直接的双边结算融资中，鼓励围绕以人民币国际化为中心，实行间接的双边互换，摆脱“美元陷阱”。支持一个欧元的趋势稳定，从基础设施到政策协调，再到市场建设，全方位协调未来人民币和欧元之间的竞争，维护人民币对欧元的稳定。

方案三：通过大规模发行国债置换准备金，通过买卖国债影响利率，发挥利率调控机制作用。

人民币汇率问题实质上是人民币利率问题。中国金融体制改革，一是要实现利率市场化；二是要发行短期人民币国债，完善国债收益率曲线；三是完善中国债券市场，将国债收益率建设成为无风险利率。

大力发展中国债券市场，促进中国债券市场开放，允许国内外金融机构投资人民币债券市场。目前中国利率普遍高于其他国家利率，所发行的人民币国债具有较高的收益率，在国际市场上将会有较大的需求。中国政府或一线城市的地方政府发行的国债，会受到市场的认可与欢迎。

建议通过大规模发行国债置换准备金。目前中国银行业的准备金率为 17%，如果降低准备金率，就意味着货币过分宽松，这会带来很多的问题。可以考虑通过大规模发行国债把准备金置换出来，这既能增加财政开支，同时也改变了银行的资产负债表的结构。这样，银行资产中间有相当一部分持有的是国债。准备金全部置换出来是 1/5，置换一部分，就至少 1/10 是国债。这样一来，宏观调控就发生了变化。也就是说，银行通过买卖国债，获取流动性，银行通过买卖国债影响利率，然后利率调控机制就可以发挥作用。此外，国债发行一定要稳定财政赤字，从而稳定预期。如美国的宏观调控，国债在宏观调控中起着重要的作用，美国的央行财政部是联动的，共同维持有序的国债市场，然后通过利率传导机制发挥宏观调控作用。

（2）打造中欧金融交易平台。

中欧综合交易平台作为一个开放性的平台，所有的产品都可以在这个平台上交易，包括股票、债券、期货、商品、艺术品、知识产权等。打造这样一个交易平台，围绕这个交易平台构建基础设施、支付结算、托管、信用、评级、担保、监管的协调等，形成一个以中欧为中心的全球交易市场。

第三节　日元汇率波动

一、日本央行对外汇市场的干预及其对收益波动的影响

本节通过以下方法分析日本央行干预外汇市场的有效性：

（1）方差方程法；

（2）均值方程法；

（3）F 检验法；

（4）实际波动率法。

在方差方程法中，我们通过方差方程右侧的虚拟变量检验日本央行的干预行动是否对波动率产生了任何非对称效应。在均值方程法中，我们使用具有对称 GARCH 误差的 Ito 模型，并以干预量作为均值方程中的解释变量。特别要说明的是，我们采用了基于高频汇率数据的实际波动率分析。在 F 检验法中，我们获得的实证证据支

持日本央行的干预行动使汇率波动加大的观点。以俄罗斯经济危机为例，日本央行的干预行动确实产生了影响。

正如我们的实证研究表明，日本央行的干预行动对汇率收益波动率和均值方程具有显著的非对称效应。我们可以得出结论，日本央行的干预行动对汇率收益波动率没有起到稳定作用。

（一）研究综述

任何国家的中央银行的主要任务之一都是稳定汇率。正如所观察到的那样，汇率随着时间的推移而随机波动，中央银行经常进行干预以缓解波动。然而，中央银行的干预效果似乎并不明确，许多经济学和计量经济学研究人员长期以来一直在调查研究其有效性。Chang 和 Taylor（1998）以及 Dominguez（1998）在 Bollerslev（1986）提出的 ARCH 模型的均值和波动性方程中引入了作为解释变量的干预变量来研究干预的效果。Ito（2002）发现，日本央行（BOJ）在 20 世纪 90 年代后期和 21 世纪头几年里（从 1995 年 6 月 21 日到 2003 年 3 月 31 日）进行的干预都是有效的。Watanabe 和 Harada（2006）在分量 GARCH 模型的基础上确定了有关日本央行干预日元/美元汇率波动效果的新证据。在实证研究中，人们经常指出，对金融市场的冲击并不产生同等的反应。对于股票市场，人们发现负面冲击产生的反应大于同等程度的正面冲击。这种经验现象在文献中通常被称为波动非对称性（Engle 和 Ng，1993；Zakoian，1994）。这种现象已被归因于股票市场的杠杆效应。至于汇率，也有证据表明存在非对称性，但没有明显的经济原因。不过，考虑到非对称反应的 ARCH 模型已经成功地与汇率数据拟合（Hsieh，1989；Byres 和 Peel，1995；Kam，1995；Hu et al.，1997；Tse 和 Tsui，1997；Kim，1998，1999；Lu，2007）。McKenzie（2002）把汇率波动中存在非对称反应归因于中央银行的干预行动，这表明干预行动在不稳定的市场中可能弊大于利。

在本节中，我们通过 GARCH 类模型进行几项检验以确定日本央行的干预行动是否具有非对称效应。为此，我们将采取两种方法：首先，为了确定对汇率波动是否有任何非对称效应，我们对 GJR－GARCH、EGARCH 和 APGARCH 模型进行分析，这些模型根据常数均值方程可以反映波动的非对称性。此外，我们在方差方程中引入虚拟变量 D_t，这个变量在干预发生时取 1，否则为 0。GARCH 类模型中的均值方程保持不变。对系数 D_t 的重大估计表明，干预行动对汇率波动有影响。我们把第一种方法称为“方差方程法”。其次，为了确定干预行动是否对汇率的均值方程有影响，我们应用 Ito（2002）提出的模型，其均值方程具有与干预有关的解释变量，假设方差方程是对称的 GARCH 过程。我们在具有对称方差方程的均值方程中直接将干预量作为解释变量。我们把第二种方法称为“均值方程法”。

我们还采用以干预日划分的两个样本期，通过 F 检验法应用方差分析来检验干预的有效性。此外，我们运用通过高频汇率数据计算得出的实际波动率来检验 GARCH 类模型得出的预测波动率的充分性。首先，我们利用图表来仔细观察汇率、收益率、实际波动率（RV）和日本央行干预的时间序列。其次，我们对保持均值方程不变的各种 GARCH 类模型进行分析，并检验日本央行的干预行动是否对波动有非对称效应。最后，在假设波动是对称的情况下，我们调查研究干预行动对 Ito 模型的均值方程产生的非对称效应。

（二）日本央行的干预影响

1. 央行干预下的汇率波动

我们利用有关日本央行干预行动的数据（以下简称“干预数据”）和日元/美元汇率的高频数据，分析日本央行的干预行动对外汇市场的影响。这些干预数据可以从日本财务省网站的外汇干预行动板块（www. mof. go. jp/1c021. htm）取得。我们使用由 Olsen 提供的 1 分钟高频数据。然而，正如公认的那样，1 分钟高频数据存在微结构噪声污染。为了消除这种噪声，我们取时间序列中每 5 分钟时段内最后观察到的买卖均价，将 1 分钟频率转换为 5 分钟。星期六、星期日和交易次数少于 100 次的日子的数据，我们忽略不计。数据期间为 1991/04/01 至 2006/08/31（以下称为整个样本期），共计 3959 个观察值。首先，我们利用图表对数据进行目视检查。图 3－26 是整个样本期日元/美元汇率和日本干预行动的序列。在本书中，当两个时间序列显示在一个图表中时，左侧的标度表示汇率（日元/美元），右侧的标度表示干预量（日元），水平线的标度并不表示实际时间，而是观察值（ y_t ）的编号。

我们采用以下符号和定义：

$y_{t,j}$ ——t 日中第 j 个 5 分钟高频汇率，$j = 1,...,n$；

$r_{t,j}$ ——t 日中第 j 个汇率对数收益率，即 $r_{t,j} = \log(y_{t,j}) - \log(y_{t-1,j})$ 。

实际波动率定义为

$$RV = \sum_{j=1}^{n} r_{t,j}^2$$

我们利用 Olsen 提供的 1991/05/01 至 2006/08/31 的日元/美元汇率 5 分钟高频时间序列数据，计算出图 3－27 中显示的收益率和实际波动率。图 3－28 是收益率的直方图和描述性统计。我们可以看到，收益率的分布有一个长尾，在原点附近有一个尖峰。图 3－29 是实际波动率的直方图和描述性统计，看起来像对数正态分布。图 3－30 是对数实际波动率的直方图和描述性统计，看起来像正态分布，但有一个更长的尾巴。

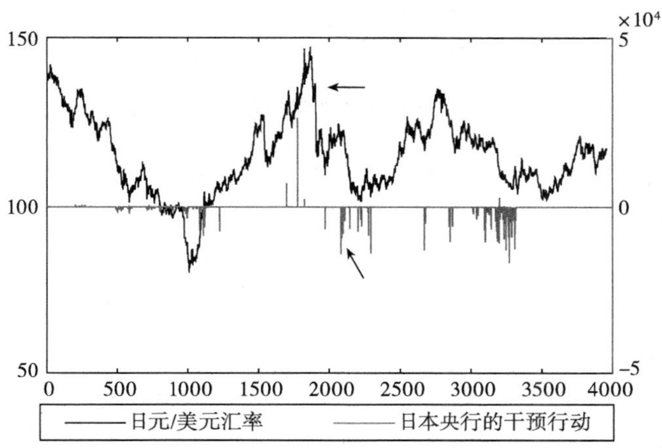

图 3－26　1991/05/01—2006/08/31 日元/美元汇率和日本央行的干预行动

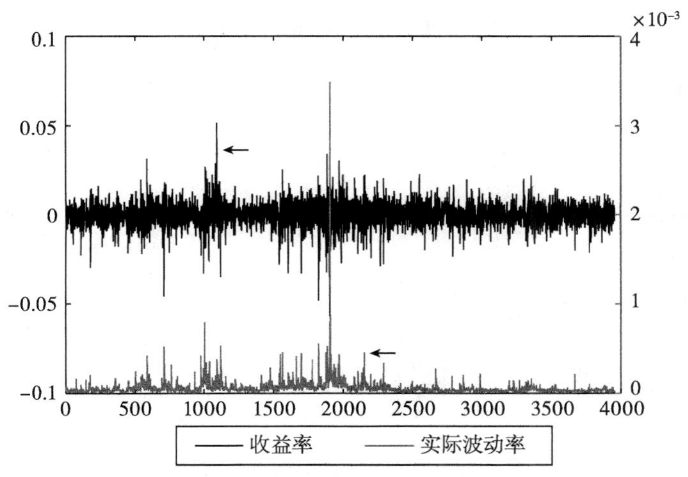

图 3－27　1991/05/01—2006/08/31 收益率和实际波动率

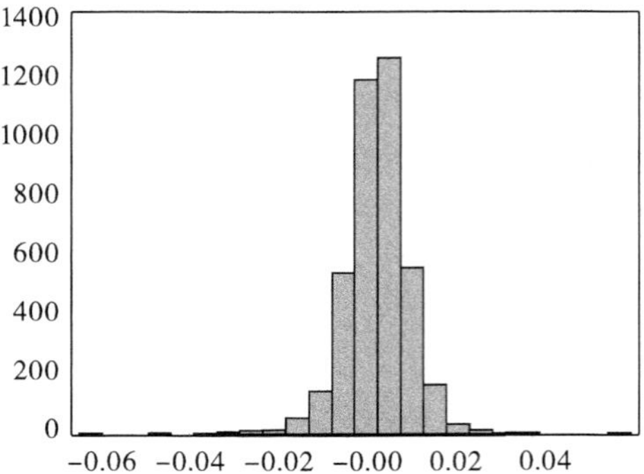

图 3-28 1991/05/01—2006/08/31 期间收益率的直方图和描述性统计

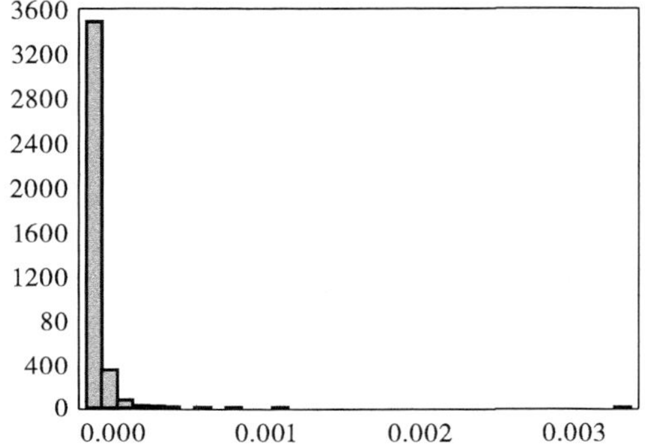

图 3-29 1991/05/01—2006/08/31 期间实际波动率的直方图和描述性统计

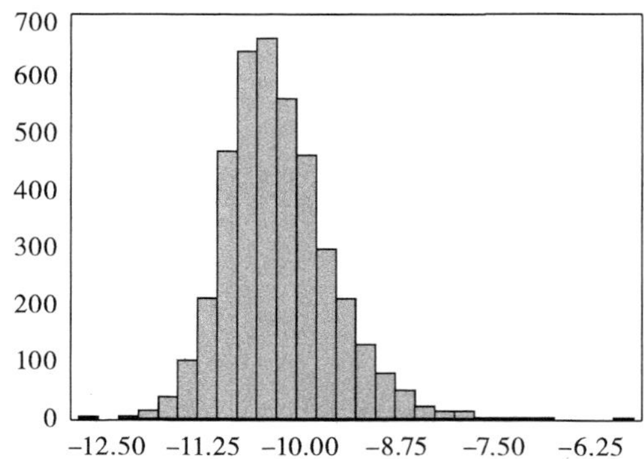

图 3-30 1991/05/01—2006/08/31 期间对数实际波动率的直方图和描述性统计

2. 1998 年的日本央行干预

如图 3-26 所示，在 1998 年 4 月 10 日有一次明显的干预行动。我们重点关注这次干预，通过 Olsen 的 5 分钟高频汇率数据来分析这次干预的效果。我们仔细观察 1998/01/01—1998/12/31。该期间的汇率水平和收益率数据分别如图 3-31 和

图 3－32所示。图 3－31 中可以观察到大幅跳跃，这是由于俄罗斯经济危机。实际波动率序列如图 3－33 所示。

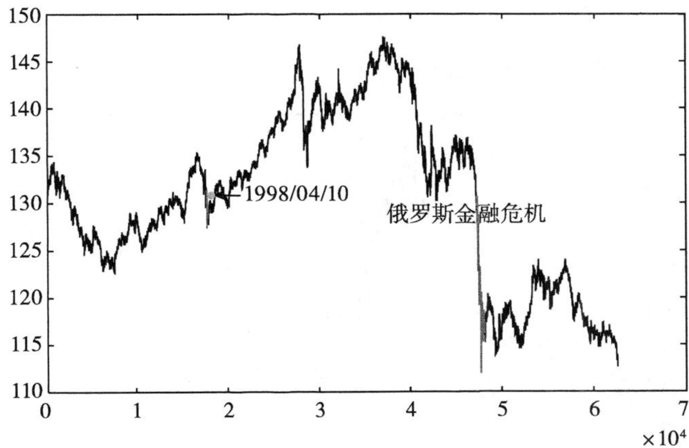

图 3－31　1998/01/01—1998/12/31 日元/美元汇率

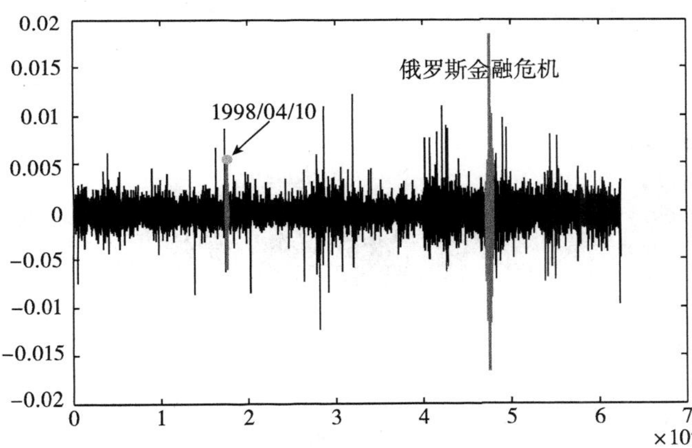

图 3－32　1998/01/01—1998/12/31 日元/美元汇率收益率

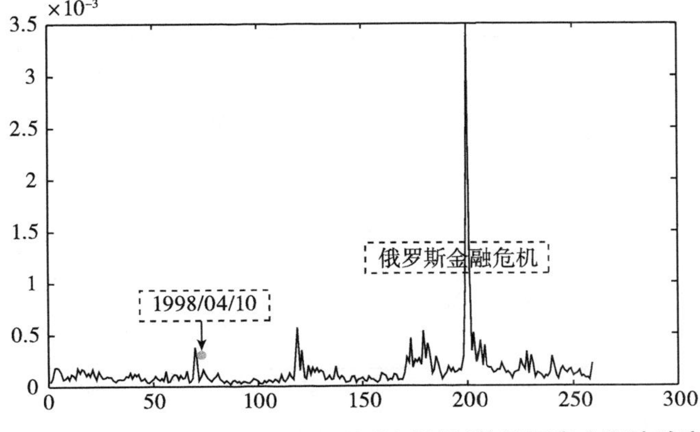

图 3－33　1998/01/01—1998/12/31 日元/美元汇率实际波动率

为了把注意力集中在1998/04/10的最大规模干预行动上，我们对1998/03/10—1998/05/10的汇率和收益率数据进行目视检查，分别如图3－34和图3－35所示。图3－36是根据该期间的5分钟高频汇率数据计算的实际波动率图。就这张图而言，除了干预之日外，干预行动在这么短的时间内对实际波动率没有任何显著影响。

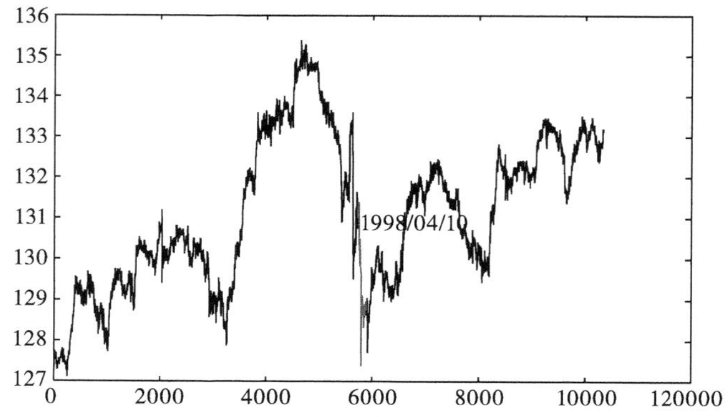

图3－34　1998/03/10—1998/05/10 日元/美元汇率

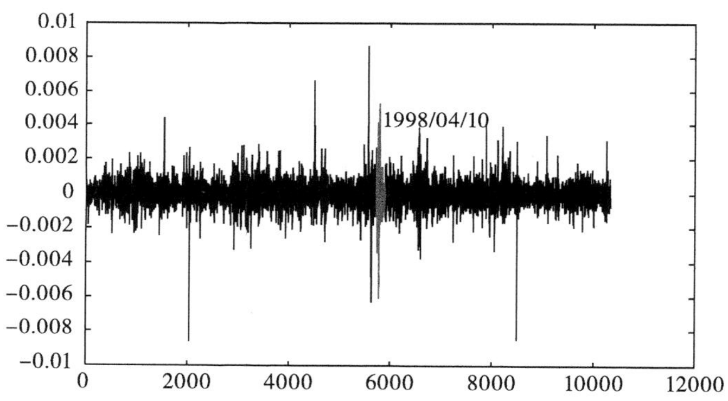

图3－35　1998/03/10—1998/05/10 日元/美元汇率收益率

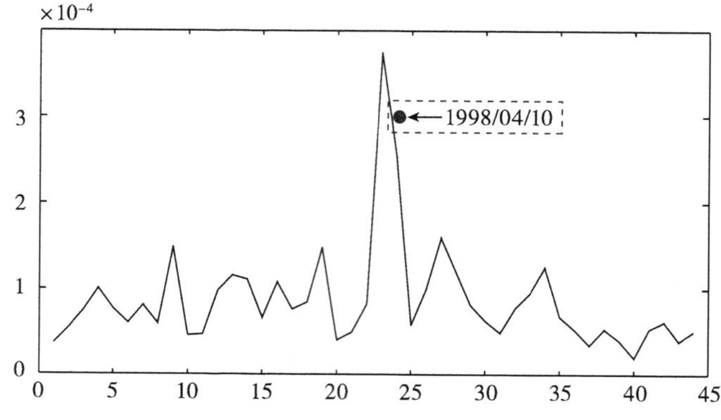

图3－36　1998/03/10—1998/05/10 日元/美元汇率实际波动率

（三）干预对波动产生的非对称效应

1. 波动非对称性模型

本节写作的目的之一是检验日本央行的干预行动是否对波动产生非对称效应。为此，我们研究了以下波动率模型，这些模型可以反映波动的非对称性，GARCH（1,1）模型除外。

收益率 R_t 的 GARCH（1,1）模型（Bollerslev，1986）：

$$R_t = \varepsilon_t \ , \varepsilon_t = \sigma_t z_t \ , \sigma_t > 0 \ , z_t \sim \text{i. i. d.} \ , \text{N}(0,1)$$

$$\sigma_t^2 = \omega + a\varepsilon_{t-1}^2 + \beta\sigma_{t-1}^2 \ , \omega > 0 \ , \alpha,\beta \geqslant 0$$

GJR 模型（Glosten et al.，1993）：

$$\sigma_t^2 = \omega + a\varepsilon_{t-1}^2 + \beta\sigma_{t-1}^2 + \gamma D_{t-1}^* \varepsilon_{t-1}^2$$

$$\omega > 0 \ , \alpha,\beta,\gamma \geqslant 0$$

其中，如果 $\varepsilon_{t-1} \geqslant 0$ ，$D_{t-1}^* = 0$ ；如果 $\varepsilon_{t-1} < 0$ ，$D_{t-1}^* = 1$ 。

或者，我们可以把 GJR 模型表示为

$$\text{如果 } \varepsilon_{t-1} \geqslant 0 \ , \sigma_t^2 = \omega + a\varepsilon_{t-1}^2 + \beta\sigma_{t-1}^2$$

$$\text{如果 } \varepsilon_{t-1} < 0 \ , \sigma_t^2 = \omega + (a + \gamma)\varepsilon_{t-1}^2 + \beta\sigma_{t-1}^2$$

所以我们可以说，如果 $\gamma > 0$ ，存在非对称效应。

EGARCH 模型（Nelson，1991）：

$$\ln(\sigma_t^2) = \omega + \beta[\ln(\sigma_{t-1}^2) - \omega] + \theta\varepsilon_{t-1} + \gamma[\,|\varepsilon_{t-1}| - \text{E}(|\varepsilon_{t-1}|)]$$

没有必要将参数设置为非负值，因为 $\ln(\sigma_t^2)$ 是被解释变量。或者，我们可以把这个模型表示为

$$\text{如果 } \varepsilon_{t-1} \geqslant 0 \ , \ln(\sigma_t^2) = \omega + \beta[\ln(\sigma_{t-1}^2) - \omega] + (\gamma + \theta)\,|\varepsilon_{t-1}| - \gamma\text{E}(|\varepsilon_{t-1}|)$$

$$\text{如果 } \varepsilon_{t-1} < 0 \ , \ln(\sigma_t^2) = \omega + \beta[\ln(\sigma_{t-1}^2) - \omega] + (\gamma - \theta)\,|\varepsilon_{t-1}| - \gamma\text{E}(|\varepsilon_{t-1}|)$$

所以我们可以说，如果 $\theta < 0$ ，存在非对称效应。

APGARCH 模型（Ding et al.，1993）：

$$\sigma_t^\delta = \omega + \beta\sigma_{t-1}^\delta + \alpha(|\varepsilon_{t-1}| - \gamma\varepsilon_{t-1})^\delta$$

$$\omega,\delta > 0 \ , \alpha,\beta \geqslant 0 \ , -1 < \gamma < 1$$

或者，我们可以把这个模型表示为

$$\text{如果 } \varepsilon_{t-1} \geqslant 0 \ , \sigma_t^\delta = \omega + \beta\sigma_{t-1}^\delta + \alpha(1 - \gamma)^\delta\,|\varepsilon_{t-1}|^\delta$$

$$\text{如果 } \varepsilon_{t-1} < 0 \ , \sigma_t^\delta = \omega + \beta\sigma_{t-1}^\delta + \alpha(1 + \gamma)^\delta\,|\varepsilon_{t-1}|^\delta$$

所以我们可以说，如果 $\gamma > 0$ ，存在非对称效应。

我们利用 Olsen 的 1991/04/01—2006/09/30 5 分钟高频汇率数据，采用最大似然（ML）法对上述模型进行估算，所得到的估计值显示在表 3－10 至表 3－13 中，所依据的假设是从正态分布或 t 分布生成 ε_t 。由于对数似然函数变化取决于所使用的假设，最大似然估计值依据分布假设而不同。表 3－10 至表 3－13 中显示了每个假设的所有最大似然估计值，全都具有显著性，特别是在 GJR 模型和 APGARCH 模型中 $\gamma > 0$ 以及 EGARCH 模型中 $\theta < 0$ 的情况下，这意味着汇率波动中存在非对称现象。

表 3－10　GARCH 的最大似然估计值，$\sigma_t^2 = \omega + a\varepsilon_{t-1}^2 + \beta\sigma_{t-1}^2, \omega > 0, \alpha, \beta \geqslant 0$

	在正态分布下	在 t 分布下
ω	7.80E－07 (6.7339)	7.52E－07 (3.7528)
α	0.0471 (12.9270)	0.0401 (6.1368)
β	0.9364 (179.0168)	0.9428 (101.8351)
对数似然值	14339.28	14460.28

注：括号中为 z 统计量。

表 3－11　GJR 的最大似然估计值，$\sigma_t^2 = \omega + a\varepsilon_{t-1}^2 + \beta\sigma_{t-1}^2 + \gamma D_{t-1}^{*}\varepsilon_{t-1}^2, \omega > 0, \alpha, \beta, \gamma \geqslant 0$

	在正态分布下	在 t 分布下
ω	8.04E－07 (6.8718)	7.61E－07 (3.8494)
α	0.0415 (9.3635)	0.0322 (3.8771)
β	0.9359 (177.2566)	0.9438 (102.5194)
γ	0.0107 (2.2271)	0.0125 (1.3394)
对数似然值	14340.15	14460.61

注：括号中为 z 统计量。

表 3-12　EGARCH 的最大似然估计值，

$\ln(\sigma_t^2) = \omega + \beta[\ln(\sigma_{t-1}^2) - \omega] + \theta\varepsilon_{t-1} + \gamma[\,|\varepsilon_{t-1}| - E(|\varepsilon_{t-1}|)]$

	在正态分布下	在 t 分布下
ω	-0.2811 (-8.7571)	-0.2565 (-4.6755)
β	0.9813 (348.9340)	0.9825 (203.7535)
ϑ	-0.0169 (-4.2361)	-0.0185 (-2.2417)
γ	0.1227 (14.8844)	0.1048 (6.9679)
对数似然值	14338.84	14460.99

注：括号中为 z 统计量。

表 3-13　APGARCH 的最大似然估计值，$\sigma_t^{\delta} = \omega + \beta\sigma_{t-1}^{\delta} + \alpha(|\varepsilon_{t-1}| - \gamma\varepsilon_{t-1})^{\delta}$，

$\omega, \delta > 0,\ \alpha, \beta \geqslant 0,\ -1 < \gamma < 1$

	在正态分布下	在 t 分布下
ω	1.17E-05 (1.2567)	1.64E-05 (0.7737)
α	0.0588 (11.1820)	0.0499 (5.7102)
β	0.9335 (172.1768)	0.9419 (99.8146)
γ	0.1011 (3.4227)	0.1487 (1.8966)
δ	1.4703 (9.3736)	1.3893 (5.4676)
对数似然值	14342.61	14462.65

注：括号中为 z 统计量。

2. 波动非对称性模型中的干预效应

为了确定日本央行的干预行动是否对波动产生任何非对称效应，我们在方差方程的右侧添加虚拟变量 D_t，其中干预行动的分配值为 1，否则为 0。如果系数 D_t 具有显著性，我们可以说干预行动对汇率波动有影响。GARCH 系列中具有虚拟变量的方差方程表示如下：

对于 GARCH（1，1）模型：$\sigma_t^2 = \omega + a\varepsilon_{t-1}^2 + \beta\sigma_{t-1}^2 + \phi D_t$；

对于 GJR 模型：$\sigma_t^2 = \omega + a\varepsilon_{t-1}^2 + \beta\sigma_{t-1}^2 + \gamma D_{t-1}^{*}\varepsilon_{t-1}^2 + \phi D_t$；

对于 EGARCH 模型：$\ln(\sigma_t^2) = \omega + \beta[\ln(\sigma_{t-1}^2) - \omega] + \theta\varepsilon_{t-1} + \gamma[|\varepsilon_{t-1}| - E(|\varepsilon_{t-1}|)] + \phi D_t$，

对于 APGARCH 模型：$\sigma_t^\delta = \omega + \beta\sigma_{t-1}^\delta + \alpha(|\varepsilon_{t-1}| - \gamma\varepsilon_{t-1})^\delta + \phi D_t$。

我们利用1991/04/01—2006/09/30 的相同汇率数据，在 ε_t 的正态假设下对上述模型进行估算。所得到的估计值显示在表3－14 至表3－16 中。

除了 GARCH 模型之外，在 ε_t 为 t 分布的假设下，这些估计值不具有显著性；假设 GJR 模型和 EGARCH 模型中的非对称系数 $\gamma > 0$，ε_t 为正态分布，虚拟系数是 ϕ，那么这些估计值具有显著性。这意味着汇率波动中存在非对称现象，干预行动对波动有影响。

表3－14　GARCH 的最大似然估计值（t 分布），
$\sigma_t^2 = \omega + a\varepsilon_{t-1}^2 + \beta\sigma_{t-1}^2 + \phi D_t$，$\omega > 0$，$\alpha,\beta \geq 0$

ω	7.31E－07 (6.2463)
α	0.0467 (12.9443)
β	0.9371 (179.8163)
ϕ	4.22E－07 (2.2342)
对数似然值	14340.36

注：括号中为 z 统计量。

表3－15　GJR 的最大似然估计值（正态分布），
$\sigma_t^2 = \omega + a\varepsilon_{t-1}^2 + \beta\sigma_{t-1}^2 + \gamma D_{t-1}^*\varepsilon_{t-1}^2 + \phi D_t$，$\omega > 0$，$\alpha,\beta,\gamma \geq 0$

ω	7.59E－07 (6.3990)
α	0.0419 (9.3582)
β	0.9364 (177.5532)
γ	0.0094 (1.9261)
ϕ	3.79－07 (2.0184)
对数似然值	14341.01

注：括号中为 z 统计量。

表 3-16　EGARCH 的最大似然估计值（正态分布），

$\ln(\sigma_t^2) = \omega + \beta[\ln(\sigma_{t-1}^2) - \omega] + \theta\varepsilon_{t-1} + \gamma[|\varepsilon_{t-1}| - E(|\varepsilon_{t-1}|)]$

ω	-0.2701 (-8.5634)
β	0.9825 (353.6671)
ϑ	-0.0134 (-3.3472)
γ	0.1217 (14.9891)
ϕ	0.0197 (3.8938)
对数似然值	14341.41

注：括号中为 z 统计量。

3. 实际波动率与预测波动率的比较

我们想要了解 GARCH（1，1）中方差方程 σ_t^2 估算的准确程度，因此我们通过以下放大的图像来清晰地区分两个序列，从而比较实际波动率和预测波动率 $\hat{\sigma}_t^2$ 。图 3-37（$t = 900, ..., 1150$）和图 3-38（$t = 3709, ..., 3959$）显示了观察到的实际波动率和预测的 $\hat{\sigma}_t^2$ 。我们可以看到，预测波动率可以很好地反映实际波动率的走势。换句话说，预测波动率看起来像一条实际波动率的平滑线。在 GJR-GARCH 模型、EGARCH 模型和 APGARCH 模型的情况下也出现了相同的现象。为了简洁，我们在此不再赘述。我们还省略了具有虚拟变量的模型的图表。

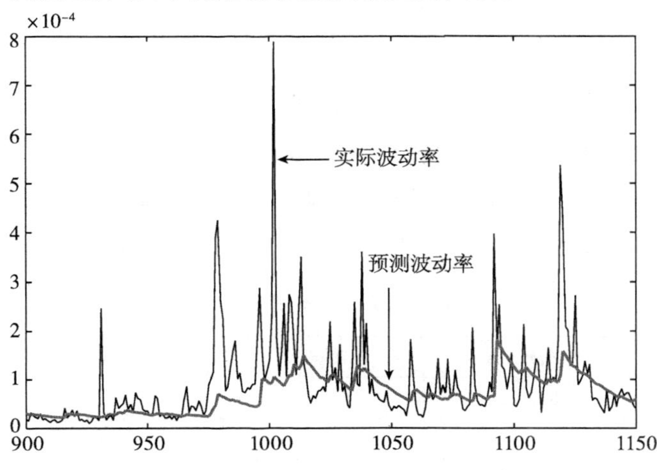

图 3-37　$t = 900, ..., 1150$ 的实际波动率和预测波动率 $\hat{\sigma}_t^2$

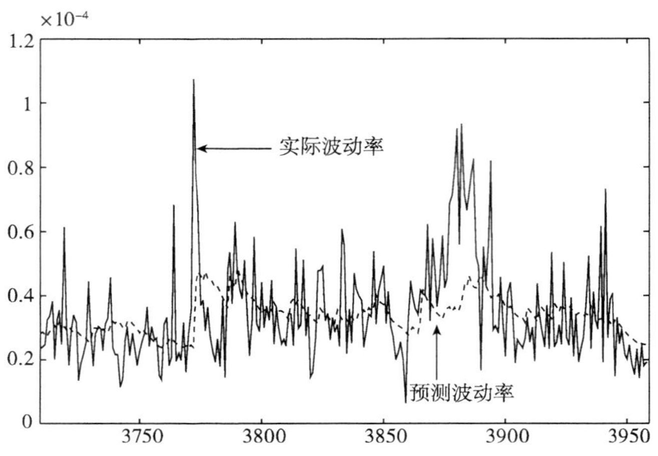

图 3－38　$t = 3709, \ldots, 3959$ 的实际波动率和预测波动率 $\hat{\sigma}_t^2$

我们可以将 RV 视为真实波动率的代理变量，通过运用 RMSE（均方根误差）、RMSPE（均方根百分比误差）、MAE（平均绝对误差）和 MAPE（平均绝对百分比误差）来比较实际波动率和预测波动率 $\hat{\sigma}_t^2$，就可以评估非对称 GARCH 类模型的表现。这些指标定义如下：

$$\mathrm{RMSE} = \sqrt{\frac{1}{n}\sum_{t=1}^{n}(RV_t - \hat{\sigma}_{t|t-1}^2)^2}$$

$$\mathrm{RMSPE} = \sqrt{\frac{1}{n}\sum_{t=1}^{n}\left(\frac{RV_t - \hat{\sigma}_{t|t-1}^2}{RV_t}\right)^2}$$

$$\mathrm{MAE} = \frac{1}{n}\sum_{t=1}^{n}\left|RV_t - \hat{\sigma}_{t|t-1}^2\right|$$

$$\mathrm{MAPE} = \frac{1}{n}\sum_{t=1}^{n}\left|\frac{RV_t - \hat{\sigma}_{t|t-1}^2}{RV_t}\right|$$

结果如表 3－17 所示。我们发现：①在运用 RMSPE 进行评估时，GJR GARCH 模型中的预测波动率 $\hat{\sigma}_t^2$ 是实际波动率的最佳近似值；②在运用 RMSE、MAE 和 MAPE 进行评估时，APGARCH 是最佳模型；③无论如何，具有波动非对称性的模型的表现都优于纯 GARCH 模型。我们省略了具有虚拟变量的模型的结果。

表 3－17　波动率预测表现（插值法）

	RMSPE	RMSE	MAE	MAPE
GARCH_ N	8. 2666	1. 8595	0. 2526	0. 3881
GARCH_ T	8. 8795	1. 1936	0. 2528	0. 3846

续表

	RMSPE	RMSE	MAE	MAPE
GJR_ N	8.2130	1.7846	0.2517	0.3868
GJR_ T	8.8665	1.0908	0.2519	0.3835
EGARCH_ N	8.6231	1.7450	0.2492	0.3843
EGARCH_ T	9.2049	1.0721	0.2510	0.3826
APGARCH_ N	8.4356	1.5491	0.2487	0.3818
APGARCH_ T	9.0764	0.8862	0.2501	0.3797

4. 干预行动对实际波动率的影响

接下来，我们通过以下公式检验干预行动对实际波动率的影响：

$$RV_t = \alpha_0 + \alpha_1 \hat{\varepsilon}_{t-1}^2 + \alpha_2 RV_{t-1} + \alpha_3 D_t \quad (3-19)$$

其中，D_t 是代表日本央行干预行动的虚拟变量。$\hat{\varepsilon}_t$ 是从 Ito 方程（3－20）和（3－21）以及最简单的收益率均值方程：$r_t = c + \varepsilon_t$ 计算得出的 OLS 残差。使用上述三种残差 $\hat{\varepsilon}_t$ 计算的估计参数 $\hat{\alpha}_0, \hat{\alpha}_1, \hat{\alpha}_2, \hat{\alpha}_3$ 如表 3－18 至表 3－20 所示。

表 3－18　基于模型（3－20）的 OLS 残差计算的模型（3－19）的估计参数

	系数	标准误差	t 统计量	概率
$\hat{\alpha}_0$	2.33E－05	1.19E－06	19.64307	0.0000
$\hat{\alpha}_1$	0.276274	0.008586	32.17670	0.0000
$\hat{\alpha}_2$	0.381322	0.012989	29.35719	0.0000
$\hat{\alpha}_3$	1.39E－05	3.32E－06	4.196554	0.0000
可决系数	0.473099	应变量均值		6.00E－05
调整后的可决系数	0.472699	应变量标准差		8.04E－05
回归标准差	5.84E－05	赤池信息准则		－16.65697
残差平方和	1.35E－05	施瓦茨准则		－16.65062
对数似然值	32951.50	德宾－沃森统计量		2.166679

表 3－19　基于模型（3－21）的 OLS 残差计算的模型（3－19）的估计参数

	系数	标准误差	t 统计量	概率
$\hat{\alpha}_0$	2.37E－05	1.20E－06	19.73339	0.0000
$\hat{\alpha}_1$	0.256136	0.008479	30.21006	0.0000
$\hat{\alpha}_2$	0.387950	0.013194	29.40338	0.0000
$\hat{\alpha}_3$	1.45E－05	3.36E－06	4.324639	0.0000
可决系数	0.459810	应变量均值		6.00E－05

续表

	系数	标准误差	t 统计量	概率
调整后的可决系数	0.459400	应变量标准差		8.04E－05
回归标准差	5.91E－05	赤池信息准则		－16.63207
残差平方和	1.38E－05	施瓦茨准则		－16.62571
对数似然值	32902.23	德宾－沃森统计量		2.165455

表 3－20　基于 $r_t = c + \varepsilon_t$ 的 OLS 残差计算的模型（3－19）的估计参数

	系数	标准误差	t 统计量	概率
$\hat{\alpha}_0$	2.41E－05	1.21E－06	19.94611	0.0000
$\hat{\alpha}_1$	0.239888	0.008249	29.07937	0.0000
$\hat{\alpha}_2$	0.389090	0.013357	29.12971	0.0000
$\hat{\alpha}_3$	1.54E－05	3.38E－06	4.546312	0.0000
可决系数	0.452238	应变量均值		6.00E－05
调整后的可决系数	0.451822	应变量标准差		8.04E－05
回归标准差	5.96E－05	赤池信息准则		－16.61840
残差平方和	1.40E－05	施瓦茨准则		－16.61205
对数似然值	32883.50	德宾－沃森统计量		2.156528

从这些表中我们可以看出，$\hat{\alpha}_3$ 约为 1.4×10^{-5}，具有显著性，这意味着日本央行的干预行动对实际波动率有积极的影响。

（四）干预行动对均值方程的非对称效应

1. Ito 模型估算

到目前为止，我们一直以方差方程为重点来确定日本央行的干预行动是否对波动产生了任何非对称效应，并且在方差方程中引入了一个变量来表示非对称效应。在这一节中，我们把立足点从波动率模型的方差方程转移到均值方程，以了解干预行动在均值方程中是否具有非对称效应。为此，我们在均值方程中直接引入干预量作为解释变量。我们改为使用对称方差方程。按照这样的思路，Ito（2002）提出了具有 GARCH（1，1）误差项的以下模型：

$$s_t - s_{t-1} = \beta_0 + \beta_1(s_{t-1} - s_{t-2}) + \beta_2(s_{t-1} - s_{t-1}^T) + \beta_3 Int_t + \beta_4 IntF_t + \beta_5 IntI_t + \varepsilon_t \quad (3-20)$$

其中

$\varepsilon_t = z_t\sigma_t$，条件是 $z_t \sim N(0,1)$，$\sigma_t^2 = a_0 + a_1\varepsilon_{t-1}^2 + a_2\sigma_{t-1}^2$

s_t ——t 日即期汇率的对数；

s_t^T ——长期均衡汇率 125 日元的对数（继 Ito 之后，我们将长期均衡汇率设定为 125 日元/美元，因为 125 日元/美元是日元买卖的分界线）；

Int ——日本干预量，亿日元；

IntF ——美国联邦储备委员会（以下简称“美联储”）的美国干预量，百万美元；

IntI ——初始干预量（*Int*：如果前 5 个交易日内没有干预；0：其他情况）。

初始干预量和汇率如图 3－39 所示。如果日本央行的干预行动有效，那么我们预计 $\beta_3 < 0$ 。例如，如果日本央行买入日元干预（ $Int > 0$ ）会使日元升值 $s_t - s_{t-1} < 0$，那么应该得到负的 β_3 。当 β_4 为负时，可以判断美国的干预行动（有利于买入日元）是有效的。联合干预行动的总体效果通过 $\beta_3 + \beta_4$ 来衡量。由于所有美国的干预行动都属于联合干预行动，β_4 的大小可能包含联合干预行动的任何非线性效应。系数 β_5 表示作为干预行动之一，在超过一周以上的时间里进行首次干预的有效性。这样一个变量最初由 Humpage（1998）提出。首次干预的全部影响通过 $\beta_3 + \beta_5$ 来衡量。

我们基本上遵循 Ito 模型，但无法获得 *IntF* 这个数据。因此，我们不得不忽略 *IntF* ，所以我们的模型表示为

$$s_t - s_{t-1} = \beta_0 + \beta_1(s_{t-1} - s_{t-2}) + \beta_2(s_{t-1} - s_{t-1}^T) + \beta_3 Int_t + \beta_5 IntI_t + \varepsilon_t \quad (3-21)$$

其中，我们假设 ε_t 同模型（3－20）中一样遵循 GARCH（1，1）。模型（3－21）的估计参数如表 3－21 所示。

表 3－21　整个样本期（1991/05/01—2006/08/31）GARCH（1，1）模型（3－21）的估算

	系数	标准误差	t 统计量	概率
$\hat{\beta}_0$	－0.000280	0.000127	－2.204596	0.0275
$\hat{\beta}_1$	－0.004779	0.015957	－0.299528	0.7645
$\hat{\beta}_2$	－0.002372	0.001017	－2.332115	0.0197
$\hat{\beta}_3$	－3.24E－07	9.40E－08	－3.444624	0.0006
$\hat{\beta}_5$	－7.75 E－06	1.58E－07	－4.892442	0.0000
$\hat{\alpha}_0$	7.64E－07	1.20E－07	6.394569	0.0000
$\hat{\alpha}_1$	0.046269	0.003834	12.06755	0.0000
$\hat{\alpha}_2$	0.937273	0.005491	170.6948	0.0000

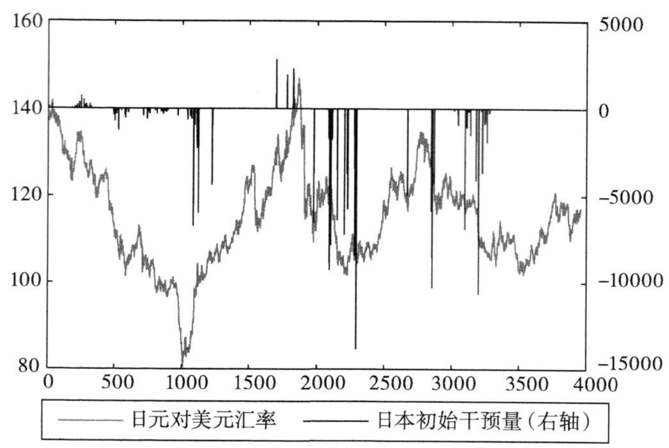

图 3－39　1991/05/01—2006/08/31 日元/美元汇率和日本初始干预量

2. Ito 模型的变体

如前所述，在俄罗斯经济危机中出现了极端的收益率和实际波动率。为了处理这些极值，我们引入了虚拟变量 D_t，其中 1998/10/07、1998/10/08、1998/10/09 的分配值为 1，其他时间为 0。通过使用这个虚拟变量，我们可以把 Ito 模型（3－20）重新表示为如下形式：

$$s_t - s_{t-1} = \beta_0 + \beta_1(s_{t-1} - s_{t-2}) + \beta_2(s_{t-1} - s_{t-1}^T) + \beta_3 Int_t + \beta_5 IntI_t + \beta_6 D_t + \varepsilon_t \tag{3-22}$$

方程（3－22）的估计值如表 3－23 所示。正如所看到的那样，$\hat{\beta}_6$ 的估计系数具有显著性。将表 3－22 与表 3－20 进行比较，我们注意到表 3－22 中 $\hat{\beta}_1$ 的显著性水平略有改善，$\hat{\beta}_5$ 在表 3－22 中变得更小了。

表 3－22　整个样本期（1991/05/01—2006/08/31）GARCH（1，1）模型（3－22）的估算

	系数	标准误差	t 统计量	概率
$\hat{\beta}_0$	−0.000276	0.000127	−2.177101	0.0295
$\hat{\beta}_1$	−0.012031	0.016055	−0.749370	0.4536
$\hat{\beta}_2$	−0.002360	0.001016	−2.323121	0.0202
$\hat{\beta}_3$	−3.23E−07	9.39E−08	−3.440403	0.0006
$\hat{\beta}_5$	−7.70E−07	1.58E−07	−4.869797	0.0000
$\hat{\beta}_6$	−0.038061	0.004833	−7.874894	0.0000
$\hat{\alpha}_0$	7.27E−07	1.16E−07	6.264106	0.0000
$\hat{\alpha}_1$	0.043274	0.003705	11.67876	0.0000
$\hat{\alpha}_2$	0.940762	0.005270	178.5031	0.0000

图 3－40 和图 3－41 比较了模型（3－22）中的实际波动率和预测波动率 $\hat{\sigma}_t^2$，分别显示了观察到的实际波动率和估计的 $\hat{\sigma}_t^2$。通过比较这两个图，我们可以看到，估计方差 $\hat{\sigma}_t^2$ 可以在一定程度上反映实际波动率的走势。

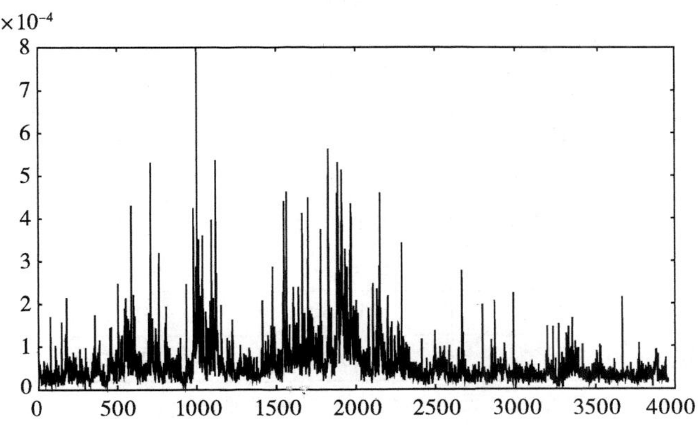

图 3－40　模型（3－22）的实际波动率

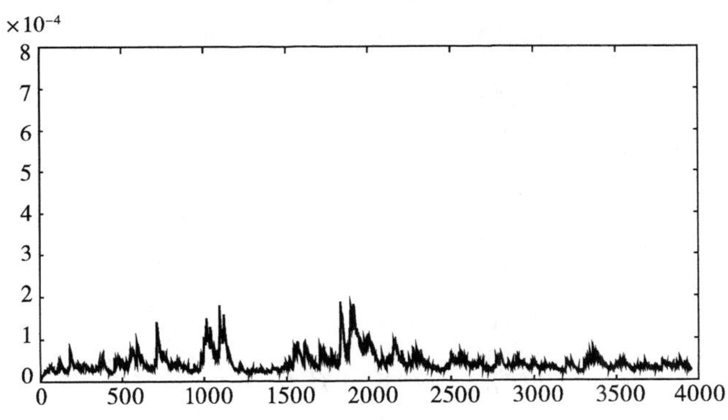

图 3－41　模型（3－22）的预测波动率 $\hat{\sigma}_t^2$

接下来，我们引入虚拟变量 AD_t 以反映美联储的干预行动

$$AD_t = \begin{cases} 1 \text{ intervention by FRB} \\ 0 \text{ no intervention} \end{cases}$$

以及整个样本期（1991/05/01—2006/08/31）的估计 GARCH 模型（3－23）。

$$s_t - s_{t-1} = \beta_0 + \beta_1(s_{t-1} - s_{t-2}) + \beta_2(s_{t-1} - s_{t-1}^T) + \beta_3 Int_t + \beta_5 IntI_t + \beta_6 D_t + \beta_7 AD_t + \varepsilon_t \tag{3-23}$$

如表 3－23 所示，系数 $\hat{\beta}_7$ 不具有显著性，这意味着美联储的干预行动可能无效。

表 3－23　整个样本期 GARCH（1，1）模型（3－23）的估算

	系数	标准误差	t 统计量	概率
$\hat{\beta}_0$	－0.000274	0.000127	－2.149430	0.0316
$\hat{\beta}_1$	－0.012211	0.016036	－0.761433	0.4464
$\hat{\beta}_2$	－0.002383	0.001018	－2.341165	0.0192
$\hat{\beta}_3$	－3.24E－07	9.38E－08	－3.448718	0.0006
$\hat{\beta}_5$	－7.72E－07	1.58E－07	－4.872905	0.0000
$\hat{\beta}_6$	－0.038066	0.004823	－7.891902	0.0000
$\hat{\beta}_7$	－0.001002	0.000712	－1.408324	0.1590
$\hat{\alpha}_0$	7.15E－07	1.16E－07	6.153199	0.0000
$\hat{\alpha}_1$	0.042783	0.003846	11.12299	0.0000
$\hat{\alpha}_2$	0.941502	0.005421	173.6783	0.0000

注：1991/05/01—2006/08/31，以虚拟变量表示美联储干预。

虽然我们无法获得美联储干预的数据，但我们可以从总干预量（美联储＋日本央行干预量）中减去日本央行干预量来进行估算。这种间接计算的美联储干预量以 $IntF_t$ 表示，虽然有点问题，但可能会提供有用的信息。我们利用 $IntF_t$ 对整个样本期（1991/05/01—2006/08/31）的 GARCH 模型（3－24）进行估算，结果如表3－24所示。从表 3－24 我们可以看出，$IntF_t$ 的估计系数具有显著性，而且 $\beta_3+\beta_4<0$，这意味着美联储和日本央行的联合干预行动有效。

$$s_t - s_{t-1} = \beta_0 + \beta_1(s_{t-1} - s_{t-2}) + \beta_2(s_{t-1} - s^T_{t-1}) + \beta_3 Int_t + \beta_4 IntF_t + \beta_5 IntI_t + \beta_6 D_t + \varepsilon_t \tag{3-24}$$

表 3－24　整个样本期 GARCH（1，1）模型（3－24）的估算

	系数	标准误差	t 统计量	概率
$\hat{\beta}_0$	－0.000251	0.000128	－1.963891	0.0495
$\hat{\beta}_1$	－0.014179	0.016180	－0.876334	0.3808
$\hat{\beta}_2$	－0.001993	0.001036	－1.923485	0.0544
$\hat{\beta}_3$	－3.17E－07	9.36E－08	－3.392296	0.0007
$\hat{\beta}_4$	－1.43E－05	1.98E－06	－7.228333	0.0000
$\hat{\beta}_5$	－7.39E－07	1.63E－07	－4.540924	0.0000
$\hat{\beta}_6$	－0.038155	0.004767	－8.004018	0.0000
$\hat{\alpha}_0$	6.95E－07	1.13E－07	6.148751	0.0000
$\hat{\alpha}_1$	0.041366	0.003984	10.38243	0.0000
$\hat{\alpha}_2$	0.943214	0.005463	172.6567	0.0000

注：1991/05/01—2006/08/31，有美联储干预量。

我们还利用以 $IntT_t$ 表示的美联储和日本央行的总干预量，对 GARCH（1，1）模型（3－25）进行估算。如表 3－25 所示，$IntT_t$ 的系数 $\hat{\beta}_7$ 具有显著性，这意味着总干预是有效的。

$$s_t - s_{t-1} = \beta_0 + \beta_1(s_{t-1} - s_{t-2}) + \beta_2(s_{t-1} - s_{t-1}^T) + \beta_3 Int_t + \beta_5 IntI_t + \beta_6 D_t + \beta_7 IntT_t + \varepsilon_t \quad (3-25)$$

表 3－25　整个样本期 GARCH（1，1）模型（3－25）的估算

	系数	标准误差	t 统计量	概率
$\hat{\beta}_0$	－0. 000252	0. 000127	－1. 981439	0. 0475
$\hat{\beta}_1$	－0. 014090	0. 016104	－0. 874961	0. 3816
$\hat{\beta}_2$	－0. 002028	0. 001030	－1. 968381	0. 0490
$\hat{\beta}_3$	－3. 18E－07	9. 37E－08	－3. 390195	0. 0007
$\hat{\beta}_5$	－7. 35E－07	1. 73E－07	－4. 246302	0. 0000
$\hat{\beta}_6$	－0. 038143	0. 004750	－8. 030141	0. 0000
$\hat{\beta}_7$	－4. 78E－06	3. 95E－07	－12. 10624	0. 0000
$\hat{\alpha}_0$	6. 80E－07	1. 11E－07	6. 113381	0. 0000
$\hat{\alpha}_1$	0. 040633	0. 003859	10. 52968	0. 0000
$\hat{\alpha}_2$	0. 944292	0. 005233	180. 4453	0. 0000

注：1991/05/01—2006/08/31，有美联储和日本央行的总干预量。

表 3－26 显示了整个样本期（1991/05/01—2006/08/31）Ito 模型（3－20）的估算结果。

表 3－26　整个样本期（1991/05/01—2006/08/31）GARCH（1，1）类 Ito 模型（3－20）的估算

	系数	标准误差	t 统计量	概率
$\hat{\beta}_0$	－0. 000256	0. 000128	－2. 000390	0. 0455
$\hat{\beta}_1$	－0. 006842	0. 016016	－0. 427171	0. 6693
$\hat{\beta}_2$	－0. 002011	0. 001036	－1. 941788	0. 0522
$\hat{\beta}_3$	－3. 18E－07	9. 37E－08	－3. 396219	0. 0007
$\hat{\beta}_4$	－1. 41E－05	2. 02E－06	－6. 981898	0. 0000
$\hat{\beta}_5$	－7. 45E－07	1. 63E－07	－4. 569336	0. 0000
$\hat{\alpha}_0$	7. 33E－07	1. 17E－07	6. 247514	0. 0000
$\hat{\alpha}_1$	0. 044384	0. 004044	10. 97653	0. 0000
$\hat{\alpha}_2$	0. 939653	0. 005670	165. 7323	0. 0000

3. F 检验法

为了了解干预效果，我们通过 F 检验法应用方差分析。我们将样本期分为干预行动之前的“样本内”期间和之后的“样本外”期间。我们对“样本内方差”和“样本外方差”进行比较。如果 F 检验法表明这两个样本期中的方差不变，我们可以说干预没有效果。我们将 F 检验法应用于包括 1998 年 8 月俄罗斯经济危机在内的期间。1998 年 10 月，当对冲基金大量回购日元时出现了明显的余震效应。在图 3－32中可以看到代表这种效应的大幅下降。我们选择 1998/08/24—1998/12/22 作为整个样本期，并将其分为两个期间：1998/08/24—1998/10/05 作为“样本内”期间，1998/10/10—1998/12/22 作为“样本外”期间。$F = \frac{\sigma_{in}^2}{\sigma_{out}^2} = 1.15$，其中 σ_{in}^2 和 σ_{out}^2 分别是“样本内”期间和“样本外”期间的估计方差。由于分母和分子的自由度非常大，F ＝ 1.15 具有显著性。因此，我们可以说两个样本期的方差不相等。这意味着俄罗斯经济危机后波动变小。

（五）结论

在本章中，我们通过 GARCH 模型分析了日本央行在外汇市场上的干预行动产生的非对称效应。在 GARCH 模型的波动率方程和/或均值方程中可以看到这种效应。首先，为了确定对汇率收益波动率是否有任何非对称效应，我们应用了 GJR、GARCH、EGARCH 和 APGARCH 模型，这些模型在保持均值方程不变的情况下可以反映波动的非对称性。我们称这种方法为“方差方程法”。其次，为了确定干预行动是否对均值方程有影响，我们假设方差方程具有对称性，将 Ito（2002）模型及其变体应用于实际数据。我们将这种方法称为“均值方程法”。我们还应用了 F 检验法来检验日本央行的干预效果。在方差方程法中，我们通过方差方程右侧的虚拟变量 D_t 检验日本央行的干预行动是否对波动率有任何非对称效应，其在干预时取值为 1，否则为 0。我们获得了系数 D_t 具有显著性的估计值，因此我们可以说干预行动对汇率波动有影响。在均值方程法中，我们使用了具有对称 GARCH 误差的 Ito 模型，并以干预量作为均值方程中的解释变量。特别要说明的是，我们采用了基于高频汇率数据的实际波动率分析。在 F 检验法中，我们获得的实证证据支持日本央行的干预行动使汇率波动加大的观点。以俄罗斯经济危机为例，日本央行的干预行动确实产生了影响。

正如我们的实证研究表明，日本央行的干预行动对汇率收益波动率和均值方程具有显著的非对称效应。我们可以得出结论：日本央行的干预行动对汇率收益波动率没有起到稳定作用。

二、三次金融危机期间日元对美元汇率收益实际波动率的长期记忆性

在前文，我们分析了以下经济危机期间日元对美元汇率收益高频数据的波动：1998 年俄罗斯金融危机，1997—1998 年亚洲金融危机，以及当前始于 2008 年的全球金融危机。我们采用具有可代表波动不对称性的外生解释变量的自回归分整移动平均模型，特别分析了这些经济危机对波动长期记忆过程的影响。从这个模型，我们发现有统计证据支持日元/美元汇率收益的长期记忆性和波动不对称性。我们比较了俄罗斯金融危机和亚洲金融危机对长期记忆性的影响，发现前者对波动的影响大于后者。由于当前的全球金融危机还在持续，因此要等这场危机结束后才能对这一时期有更确定的结论。然而，就截至 2008 年 11 月的数据而言，我们可以看到，当前的全球金融危机对长期记忆性的影响非常大。大致来说，危机冲击的影响大小似乎与长期记忆参数的大小有关。我们建议，可以作为评估经济危机冲击程度的指标。

（一）研究综述

在理论和实证金融研究中，金融时间序列的变动代表波动，通过这种变动的方差（或标准误差）来衡量。在这一领域的经典理论研究中，包括有关布莱克－斯科尔斯模型、资本资产定价模型（CAPM）和套利定价理论（APT）的研究，假设在分析的特定期间内波动率不变。然而，最近的实证金融学研究表明，波动率并非随着时间的推移而恒定不变，因此，ARCH、GARCH 和随机波动率（SV）等模型被用于分析变化的波动率。此外，Bekaert 和 Wu（2000）等指出，长期记忆性和非对称变动在股市收益率波动中很常见。其后，人们提出了旨在表现可变波动率的各种模型，如自回归分整移动平均（ARFIMA）模型。这一背景和高频时间序列股市数据的可用性提高，可以说明为什么金融市场波动预测和建模分析已经成为重要课题。但是，对汇率市场收益率非对称变动的研究很少。McKenzie（2002）指出在汇率波动中存在非对称性。在本书中，我们重点探讨波动的长期记忆性和非对称分布，具有外生变量（ARFIMAX）的 ARFIMA 模型非常适合这一目的。在我们的分析中，我们用日元/美元汇率的高频时间序列数据来计算实际波动率（RV），这可以代表真实的（不可观测的）波动率。我们还分析了最近 10～15 年发生的以下经济危机的影响：1998 年俄罗斯金融危机，1997—1998 年亚洲金融危机，以及当前由于美国次贷问题而在 2008 年爆发的全球金融危机。我们的目标是确定这些经济危机如何影响外

汇市场的长期记忆性。为了回答这个问题，我们对 ARFIMAX 模型的长期记忆参数进行估算。

在文献中，人们经常指出实际波动率遵循长期记忆过程，如 Andersen 等（2003）、Giot 和 Laurent（2004）、Koopman 等（2005）、Ubukata 和 Watanabe（2005）以及 Watanabe 和 Yamaguchi（2005）所述，ARFIMA 模型用于描述实际波动率变动的长期记忆性。此外，Watanabe（2006）指出，ARFIMA 模型已经扩展为 ARFIMAX 模型，以纳入实际波动率的非对称性。

确定预测波动率的表现需要了解真实波动率，但这是不可观测的。如 Watanabe（2000）所述，真实波动率往往以股市收益率平方值为代表。然而，Andersen 和 Bollerslev（1998）指出，由于收益率平方值包含除波动以外的其他类型变动信息，收益率平方值往往会低估 ARCH 模型中的真实波动率。他们认为，实际波动率可以更准确地估计真实波动率。

此外，Hansen 和 Lund（2006）指出，很容易选择一种预测表现略低于最佳预测模型的模型。他们也建议用实际波动率作为代理变量。由于近年来可以获得高频金融数据及其在研究领域的广泛应用，因此可以方便地从日内数据计算得出实际波动率。这样就有可能通过使用实际波动率作为代理变量来仔细观察波动率预测表现。因此，我们遵循这种方法。

然而，实际波动率只是对真实波动率的估计。当实际波动率作为代理变量时，实际波动率的有偏估计会产生不准确的结果。因此，我们不仅预测波动率，而且通过运用风险值（VaR）来检查其预测表现。风险值也可用于检查实际波动率作为真实波动率的代理变量的准确性。为此，使用α%风险阈值对模型进行评估。如果假设模型与数据拟合得很好，那么超过α%风险阈值的百分比（失效率）应等于α%。超过风险阈值的收益比例可以从估算中计算出来。

首先，我们简要介绍本书使用的基本概念、方法和模型，即长期记忆性、实际波动率、ARFIMAX 模型和滚动窗口法。其次，分别对俄罗斯金融危机、亚洲金融危机和当前全球金融危机期间进行实际波动率分析。

（二）模型和方法

1. 实际波动率

我们假设股价对数遵循 Ito 扩散过程

$$d\ln p(s) = \mu(s)dt + \sigma(s)dW(s)$$

式中，$W(s)$ ——标准布朗运动；

$\mu(s)$ ——瞬时转动（漂移）项；

$\sigma(s)$ ——瞬时波动率。

但在本书中，$\sigma^2(s)$ 称为波动率。第 t 日的真实波动率定义为瞬时波动率 $\sigma^2(s)$ 的积分：

$$IV_t = \int_{t-1}^{t} \sigma^2(s)\,ds$$

IV_t 称为积分波动率（IV）。由于 IV_t 不可观测，因此必须根据第 t 日股票收益率 $\{r_t, r_{t+1/n}, \ldots, r_{t+i/n}, \ldots, r_{t+(n-1)/n}\}$ 日内观察值的高频数据进行估算，其中 $t = 1, \ldots, n-1$。第 t 日的实际波动率定义为日内观察值的平方和：

$$RV_t = \sum_{i=0}^{n-1} r_{t+i/n}^2$$

当 $n \rightarrow \infty$时，RV_t 依概率收敛于 IV_t，或者说 RV_t 是 σ_t^2 的一致估计量。

但在文献中得到广泛认可的是，如果 n 太大，如逐秒记录数据（超高频数据），所谓的微结构噪声也会变大，导致实际波动率在很大程度上出现偏差。为了避免这种偏差，在计算实际波动率的时候使用 5 分钟或 10 分钟数据，而不是超高频数据［例如，可以参见 Aït - Sahalia 等（2005）、Bandi 和 Russell（2004，2005）］。因此，我们在本书中采用 5 分钟数据来计算实际波动率。

2. ARFIMA 模型

如果时间序列中的自相关系数长时间不衰减，则说明该序列具有长期依赖性或长期记忆性，否则就说明其具有短期记忆性。在形式上，短期或长期记忆性定义如下：

如果序列 k 的自相关系数 ρ_k 满足条件

$$\sum_{k=1}^{\infty} |\rho(k)| < \infty$$

那么这样的时间序列称为短期记忆过程，如果该自相关系数满足条件

$$\sum_{k=1}^{\infty} |\rho(k)| = \infty$$

则称为长期记忆过程。由于在许多经济时间序列中经常观察到长期记忆过程，所以人们制定了多种模型，用于描述长期记忆过程。ARFIMA 模型通常用于分析汇率波动的长期依赖性。ARFIMA (p,d,q) 模型定义如下：

$$\Phi(L)(1-L)^d(y_t-\mu) = \Theta(L_t)\varepsilon_t,\ \varepsilon_t \sim \text{i.i.d. N}(0,\sigma_\varepsilon^2)$$

式中，d ——任何实数；

L ——滞后算子（ $L^k y_t = y_{t-k}$ ）；

μ —— y_t 的平均值；

$\Phi(L)$ 和 $\Theta(L)$ —— L 中的多项式，使得

$$\Phi(L) = 1 - \phi_1 L - \cdots - \phi_p L^p$$

$$\Theta(L) = 1 - \theta_1 L - \cdots - \theta_q L^q$$

我们假设公式 $\Phi(L) = 0$ 和 $\Theta(L) = 0$ 中的所有根都在单位圆外。

当 $d = 0$ 时，ARFIMA（ p,d,q ）简化为 ARMA（ p,q ）模型，而当 $d = 1$ 时，则为 ARIMA（ p ，1，q ）模型。我们称 d 为长期记忆参数。

在 ARFIMA 模型中，d 是一个实数，可以是负数，但我们把 d 限定在［0，1］范围内。根据 d 的不同值，长期记忆过程分类如下：

如果 $0 < d < 0.5$ ，称为稳定长期记忆过程。

如果 $0.5 \leqslant d < 1$ ，称为非稳定长期记忆过程。

3. ARFIMAX 模型

在金融时间序列中，变量的正或负变化可能会对股票市场产生不同的影响。ARFIMA 模型无法反映这样的非对称性。考虑到这种非对称性，ARFIMA 模型扩展为由 Granger 和 Joyeux（1980）提出的 ARFIMAX（ p,d,q ）模型。ARFIMAX（ p，d,q ）模型的一般形式表示为

$$[1 - \phi(L)](1 - L)^d(y - X\beta) = [1 + \theta(L)]\varepsilon_t \text{ , } \varepsilon_t \sim \text{i. i. d. N}(0,\sigma_\varepsilon^2)$$

我们通过应用这种模型来分析日元/美元汇率实际波动率中的长期依赖性。在有关汇率高频时间序列的实证研究中，我们将限于 p 和 q 都小于 1 的情况，并根据赤池信息量准则来选择 p 和 q 。最后，我们采用如下 ARFIMAX（0，d ，1）模型：

$$(1 - L)^d\{\ln(RV_t) - \mu_0 - \mu_1|R_{t-1}| - \mu_2 D_{t-1}^- |R_{t-1}|\} = (1 + \theta L)u_t \quad (3-26)$$

其中，R_t 是日元/美元汇率收益率，$u_t \sim$ i. i. d. N $(0,\sigma_u^2)$ ，同前面的研究一样。我们此后将公式（3－26）称为 RV－ARFIMAX 模型。

为了对这个模型进行估算，我们采用 Beran（1995）提出的近似极大似然法：$\Theta = (d, \mu_0, \mu_1, \mu_2, \theta)$ 是一个未知参数向量，D_{t-1}^- 是一个虚拟变量，定义如下

$$D_{t-1}^- = \begin{cases} 0, & R_{t-1} \geqslant 0 \\ 1, & R_{t-1} < 0 \end{cases}$$

给定 RV_{t-1} 的条件期望值 $\ln(RV_t)$ 表示为

$$E[\ln(RV_{t-1})|R_{t-1}] = \begin{cases} \mu_0 + \mu_1 |R_{t-1}| & R_{t-1} \geqslant 0 \\ \mu_0 + (\mu_1 + \mu_2)|R_{t-1}| & R_{t-1} < 0 \end{cases}$$

这个公式可以反映非对称性，如果 $\mu_2 > 0$，日元/美元汇率下跌后实际波动率的变化大于其上涨后的变化。也就是说，$t-1$ 日日元对美元升值（$R_t < 0$），一般说来会导致第二天 t 日较高的波动率（RV_t）。因此，参数 μ_2 可以用于检验非对称性。

由于 L 是滞后算子，$(1-L)^d$ 在形式上可以利用泰勒展开式在 $L=0$ 的条件下进行扩展

$$(1-L)^d = 1 + \sum_{k=1}^{\infty} \frac{d(d-1)...(d-k+1)}{k!}(-L)^k$$

长期记忆参数 d 可用于检验长期记忆性。因为我们假设 d u_t 为 i. i. d. N $(0, \sigma_u^2)$，所以 ARFIMAX 模型中的 RV 为对数正态分布。

通过求解 $\ln(RV_t)$ 的方程（3-26），我们可以得到 RV_t 的一个近似公式。那么，根据直至 $t-1$ 日的信息，条件预测 $\hat{RV}_{t|t-1}$ 可以计算如下：

$$\hat{RV}_{t|t-1} = \exp[\mu_0 + (\mu_1 + \mu_2 D_{t-1}^-)|R_{t-1}| - \sum_{k=1}^{\infty} \frac{d(d-1)...(d-k+1)}{k!} (-L)^k \times \{\ln(RV_{t-k}) - \mu_0 - (\mu_1 + \mu_2 D_{t-1}^-)|R_{t-k-1}|\} + \vartheta \hat{u}_{t-1} + \frac{1}{2}\hat{\sigma}_u^2] \tag{3-27}$$

式中，$\hat{u}_t$ ——方程（3-26）中的残差；

$\hat{\sigma}_u^2$ ——残差的方差。

我们在下面将方程（3-27）称为 RV-ARFIMAX-均值模型。

$\hat{RV}$ 是 RV 的条件均值估计。在统计学上，作为对数正态分布中的位置参数，中位值比均值更具代表性，将中位值而不是均值作为真实波动率估计值可能更好。对数正态分布的中位值用公式（3-28）来表示，这可以从数据估算得出。

$$\hat{RV}_{median} = \exp[\mu_0 + (\mu_1 + \mu_2 D_{t-1}^-)|R_{t-1}| - \sum_{k=1}^{\infty} \frac{d(d-1)...(d-k+1)}{k!} (-L)^k \times \{\ln(RV_{t-k}) - \mu_0 - (\mu_1 + \mu_2 D_{t-1}^-)|R_{t-k-1}|\} + \vartheta \hat{u}_{t-1}] \tag{3-28}$$

我们在下面将（3-28）称为 RV-ARFIMAX-中位值模型。当真实波动率通过计算的中位值估计时，表示为 $\hat{RV}_{med}$。我们将在下文中比较 $\hat{RV}$ 和 $\hat{RV}_{med}$ 的预测表现。

4. 滚动窗口法

在本章中，我们通过滚动窗口法估算 ARFIMAX 模型的 $\hat{RV}$ 和 $\hat{RV}_{med}$，然后将 $\hat{RV}$

和 $\hat{RV}_{med}$ 与观察到的 RV 进行比较。滚动窗口法说明如下并以图3－42 为例。首先，我们利用第 1 － s 个观察值来估算 ARFIMAX 模型中的未知参数，然后通过 $\hat{RV}_{s+1|s}$ 预测（$s+1$）st 实际波动率。这个时间跨度期间称为窗口，s 称为窗口大小。接下来，我们利用第 2 －（$s+1$）st 个观察值，通过 $\hat{RV}_{s+2|s+1}$ 预测（$s+2$）st 实际波动率，然后重复这个过程，按单位时间步长沿着时间轴移动窗口，并计算向前一步的预测值。这种方法称为滚动窗口法。

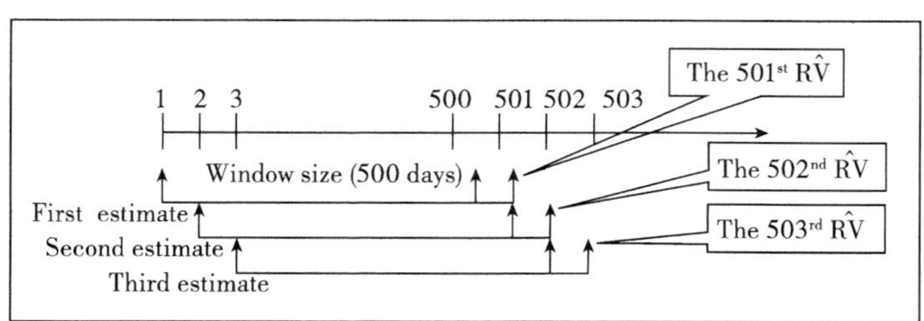

图 3－42　通过滚动窗口法预测实际波动率

（三）实证分析（1）：俄罗斯金融危机案例

1. 数据和图形的基本统计特征

在这一部分中，我们使用 Olsen 的日元/美元汇率高频数据，时间间隔为 1 分钟，时间从 1991 年 5 月 1 日到 2006 年 8 月 31 日。为了避免微结构噪声，将原始序列划分为 5 分钟时间间隔的次级样本，然后将这些次级样本中的最后一个数据作为观察值，从而将数据的时间间隔从 1 分钟变为 5 分钟。汇率收益率定义为 $R_t = 100 \times \log(P_t/P_{t-1})$。这里，$P_t$ 是第 t 分钟的买卖均价。日收益率是一天中汇率的第一个和最后一个值的平均值。R、RV 和 Ln（RV）的基本统计数据如表 3－27 所示，从中我们可以看到，与正态分布相比，R 的分布具有尖峰厚尾。这表明有可能实际波动率分布为对数正态分布。虽然不能绝对确定 ln（RV）为对数正态分布，但我们在下面可以假设实际波动率分布为对数正态分布，或者说 ln（RV）为正态分布。

表 3－27　R、RV 和 Ln（RV）的基本统计特征

	R	RV	Ln（RV）
均值	－0.0031	0.6004	－0.7754
中位值	0.0044	0.4297	－0.8446
最大值	5.0624	34.7100	3.5470
最小值	－6.3640	0.0389	－3.2458

续表

	R	RV	Ln（RV）
标准差	0.6727	0.8041	0.6620
偏斜度	-0.4792	21.7044	0.6304
峰度	8.8248	840.0641	4.3181
JB 统计量	5749.6680	1.16E+08	548.9371
概率	0.0000	0.0000	0.0000

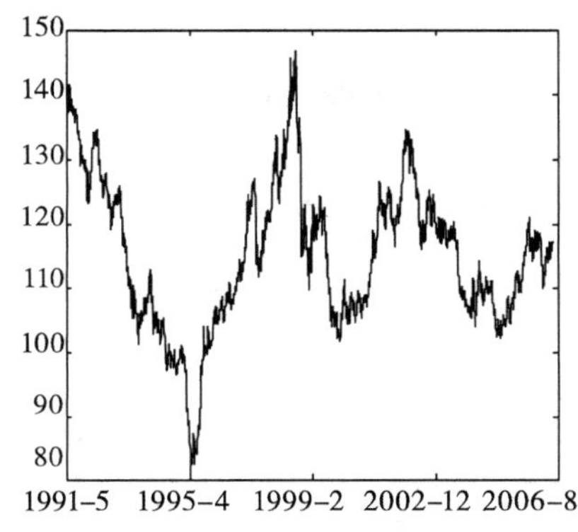

图 3-43　日元/美元汇率序列
（1991/05/01—2006/08/31）

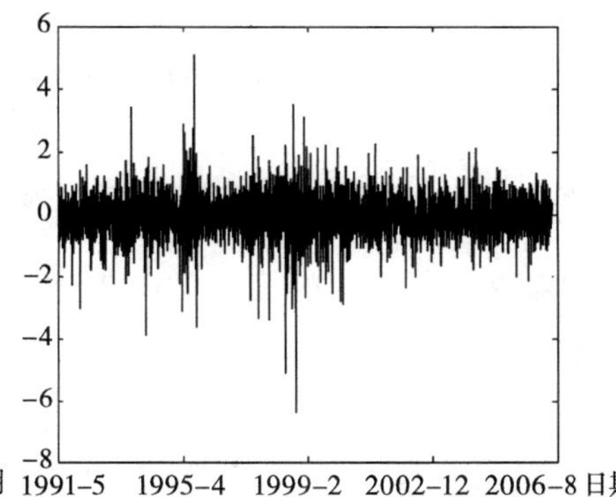

图 3-44　日元/美元收益率序列
（1991/05/01—2006/08/31）

图 3-43 和图 3-44 显示了 5 分钟日元/美元汇率及其收益率的时间序列图。图 3-45是实际波动率序列图。在时间轴的 1998 年位置可观察到收益率序列中的大幅跳跃性波动，特别是实际波动率序列中的极度尖峰，这是 1998 年俄罗斯金融危机造成的。对冲基金在 1998 年 10 月将日元的未平仓头寸平仓，导致日元汇率突然急剧上升（美元和欧元贬值）。为了处理俄罗斯金融危机期间这样的极值，我们在以下分析中使用下列两种数据：一种是原始时间序列，其中包括俄罗斯金融危机期间；另一种是经过处理的序列，把极值排除在外。在排除这样的极值的时候，我们采取两种方式：一种是删除俄罗斯金融危机中间实际波动率出现极度尖峰的三天，另一种是删除俄罗斯金融危机达到顶峰之前和之后的一个月（总共排除两个月）。

2. 估算和预测

我们从上述数据估算 ARFIMAX（p,d,q）模型的未知参数。首先，我们根据赤池信息量准则选择 p 和 q，结果如下：ARFIMAX（0，d，1）的 AIC = 1.2098，ARFIMAX（1，d，1）的 AIC = 1.2184，ARFIMAX（1，d，0）的 AIC = 1.8447。因此，我们采用 ARFIMAX（0，d，1）模型。

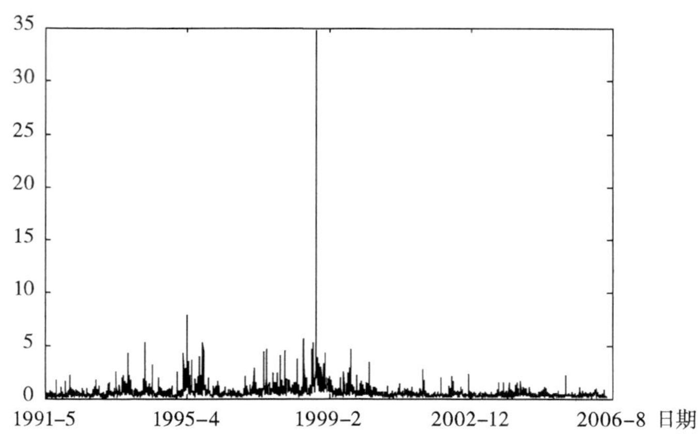

图 3-45　实际波动率序列（1991/05/01—2006/08/31）

我们对书中所讨论的模型的表现进行比较。模型根据 α% 风险阈值进行评估。假设模型适用于实际数据集。

表 3-28　RV-ARFIMAX 模型的估算（采用滚动窗口法，窗口大小为 500 天）

危机时期	样本期	$\hat{d}$	$\hat{\mu}_0$	$\hat{\mu}_1$	$\hat{\mu}_2$	$\hat{\theta}$	$\hat{\sigma}_u^2$	失效率
	整个期间	0.4335	-0.7847	0.0702	0.1074	-0.1099	0.1903	7.99%
狭义上的俄罗斯金融危机	非高峰期	0.4304	-0.782	0.066	0.101	-0.1035	0.1895	7.97%
	前期	0.4818	-0.6862	0.085	0.134	-0.1176	0.2093	5.46%
	后期	0.3592	-1.0502	0.0797	0.0378	-0.0741	0.1687	6.37%
广义上的俄罗斯金融危机	非高峰期	0.4221	-0.8006	0.0712	0.0988	-0.0988	0.1894	8.01%
	前期	0.4836	-0.6947	0.0869	0.1347	-0.1203	0.2094	5.57%
	后期	0.3578	-1.0537	0.0806	0.0357	-0.073	0.1685	6.37%

超过 α% 风险阈值的百分比（失效率）应约等于 α%。时间点 t 的 α% 风险阈值的计算方法为 $c_\alpha \times \sqrt{R\hat{V}_t}$，其中 c_α 是假设收益分布百分点，$R\hat{V}_t$ 由 RV-ARFIMAX 模型计算得出。在实证应用中，α 等于 5%，实际波动率服从对数正态分布。$c_{5\%} \times \sqrt{R\hat{V}_t}$ 如图 3-51 所示。

表 3-28 显示了采用滚动窗口法，窗口大小为 500 天条件下 RV-ARFIMAX 模型（3-26）估计的平均值。值得注意的是，失效率差不多为 5%，这意味着 RV-ARFIMAX 模型适用于实际数据集。如果估计值 $\hat{d}$ 大于 0 且小于 0.5，则意味着实际波动率遵循稳定长期记忆过程。在下面的分析中，我们将样本期划分如下：俄罗斯金融危机高潮期、高潮的前期和后期。我们还使用了以下两个期间：包含所有样本期的“整个期间”和不包含高潮期的“非高峰期”。我们从狭义和广义

两方面来研究俄罗斯金融危机：狭义上的俄罗斯金融危机涵盖 1998 年 10 月 7—9 日 3 天，广义上的俄罗斯金融危机涵盖 1998 年 9 月 1 日—10 月 30 日这 2 个月。表 3 – 28 显示，在 4 种类型的样本期中，即包含上述 3 个期间的整个样本期、前期、后期和高潮期，大部分估计值 $\hat{d}$s 为 0.4 左右。我们的估算结果 $\hat{d} \approx 0.4$ 与文献报告的结果一致。估算显示，整个期间中的 $\hat{d}$ 为 0.4335，但在危机的非高峰期 $\hat{d}$ 变得越来越小，狭义上为 0.4304，广义上为 0.4221，这意味着俄罗斯金融危机确实影响了外汇市场的实际波动率。如上所述，从某种意义上说，μ_2 是一个非对称性参数，如果 μ_2 是正数，则在日元/美元汇率下跌后实际波动率的变化大于汇率上升后的变化。简而言之，日元/美元汇率的正负变化对实际波动率有非对称效应。μ_2 在表 3 – 28 中为正数，表明汇率波动（条件方差）中存在非对称性，也就是说，负收益率导致的后续波动率高于正收益率。

表 3 – 29 显示了采用滚动窗口法估算的 $\hat{d}$ 及其平均值 $\bar{\hat{d}}$。在表 3 – 29 中，我们使用了 3 个样本期，分别称为第一期间、第二期间（或中期）和第三期间。这些期间通过以下方式区分：第一期间：这个期间的所有滚动窗口不包含广义或狭义上的俄罗斯金融危机期间。第二期间或中期：这个期间的所有滚动窗口包含广义或狭义上的危机期间。第三期间：这个期间的所有滚动窗口不包含广义或狭义上的俄罗斯金融危机期间。

表 3 – 29　整个期间的 $\hat{d}$ 及其均值 $\bar{\hat{d}}$（滚动窗口法）

危机期间	样本期	$\bar{\hat{d}}$
	整个期间	0.4335
狭义上的俄罗斯金融危机	第一期间	0.4818
	中期	0.4013
	第三期间	0.3433
广义上的俄罗斯金融危机	第一期间	0.4836
	中期	0.4011
	第三期间	0.3426

我们注意到，在狭义上的非高峰期（不包括危机高潮的 3 天）的情况下，$\bar{\hat{d}}$ 经历 3 个期间从 0.4818（约为 0.5）下降到 0.3433；而在广义上的非高峰期（不包括危机的 2 个月）的情况下，从 0.4836（约为 0.5）下降到 0.3426。看起来 d 从第一期间近乎不稳定的过程转变为第三期间的稳定过程。但在这个过程的中间，d 的这种变化在危机的高潮期间上升到恢复不稳定状态。似乎俄罗斯金融危机阻止了长期记忆参数 d 下降并使其上升。

图 3－46 和图 3－47 显示了采用滚动窗口法计算的整个样本期的 $\hat{d}$ 及其均值 $\bar{\hat{d}}$ 。

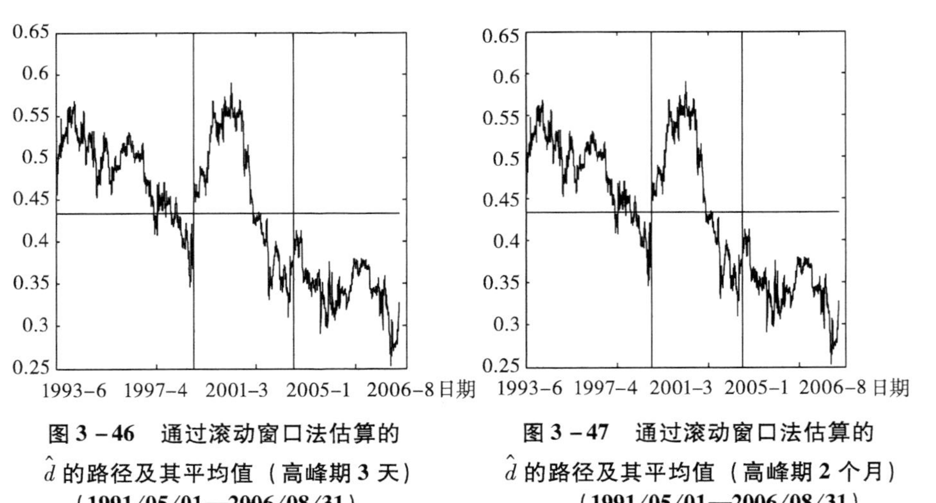

图 3－46　通过滚动窗口法估算的 $\hat{d}$ 的路径及其平均值（高峰期 3 天）（1991/05/01—2006/08/31）

图 3－47　通过滚动窗口法估算的 $\hat{d}$ 的路径及其平均值（高峰期 2 个月）（1991/05/01—2006/08/31）

图 3－46 是从狭义上看俄罗斯金融危机时的估算结果，其中危机中间的 3 天代表危机的高潮期，整个期间以图中的垂直线分为 3 个子期间。中间水平线表示 $\bar{\hat{d}}$ 。图 3－47 是从广义上看俄罗斯金融危机时的 $\hat{d}$ 和 $\bar{\hat{d}}$ ，其中危机中间的 2 个月代表危机的高潮期。

接下来，我们通过图形将 RV 与 $\hat{RV}$ 和 $\hat{RV}_{med}$ 进行比较。图 3－48 是观察到的 RV 和整个样本通过 RV－ARFIMAX 模型计算的 $\hat{RV}$ 估计值。图 3－49 和图 3－50 是 RV 分别与 $\hat{RV}$ 和 $\hat{RV}_{med}$ 比较的放大视图。图 3－51 是整个样本 5% 置信水平时 RV 、$\hat{RV}$ 、$\hat{RV}_{med}$ 和风险阈值的放大视图。在图 3－49、图 3－56 和图 3－64 中，实线用于表示

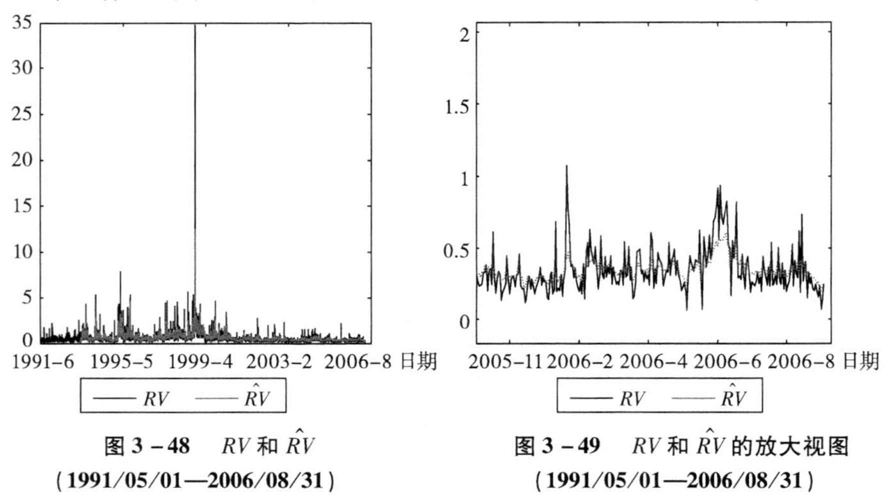

图 3－48　RV 和 $\hat{RV}$（1991/05/01—2006/08/31）

图 3－49　RV 和 $\hat{RV}$ 的放大视图（1991/05/01—2006/08/31）

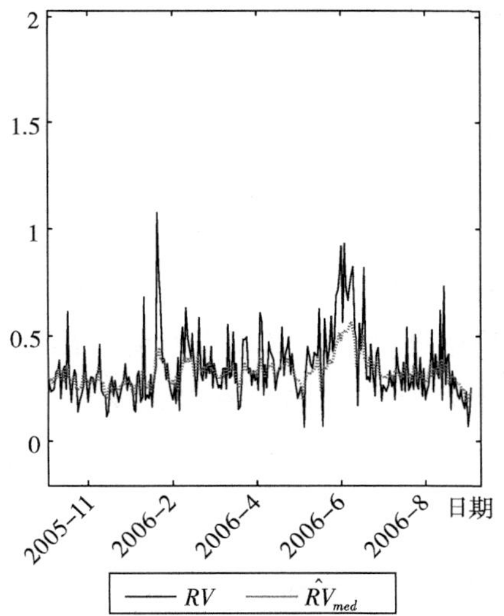

图 3－50　RV 和 $\hat{RV}_{med}$ 的放大视图（1991/05/01—2006/08/31）

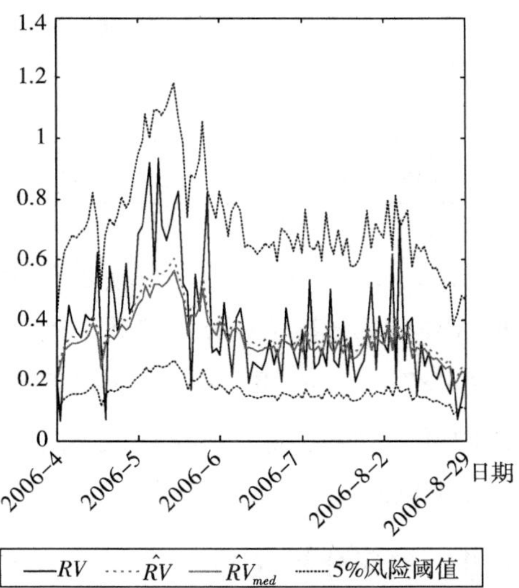

图 3－51　RV、$\hat{RV}$、$\hat{RV}_{med}$ 和 5%风险阈值的放大视图（1991/05/01—2006/08/31）

RV，虚线用于表示 $\hat{RV}$。在图3－50、图 3－57 和图 3－65 中，实线用于表示 RV，虚线用于表示 $\hat{RV}_{med}$。在图 3－51、图 3－58 和图 3－66 中，细实线用于表示 RV，粗虚线用于表示 $\hat{RV}$，粗实线用于表示 $\hat{RV}_{med}$，上下虚线用于表示 5% 风险阈值。

3. RV－ARFIMAX 模型预测表现

为了判断波动率预测表现，我们采用以下指标：RMSE（均方根误差）、RMSPE（均方根百分比误差）、MAE（平均绝对误差）和 MAPE（平均绝对百分比误差）。预测波动率 $\widehat{\sigma}^2_{t|t-1}$ 的表现根据与实际波动率 RV 的差距来评估，其在以下公式中作为真实（不可观测的）波动率的代理变量。

$$\text{RMSE} = \sqrt{\frac{1}{n}\sum_{t=1}^{n}(RV_t - \widehat{\sigma}^2_{t|t-1})^2}$$

$$\text{RMSPE} = \sqrt{\frac{1}{n}\sum_{t=1}^{n}\left(\frac{RV_t - \widehat{\sigma}^2_{t|t-1}}{RV_t}\right)^2}$$

$$\text{MAE} = \frac{1}{n}\sum_{t=1}^{n}|RV_t - \widehat{\sigma}^2_{t|t-1}|$$

$$\text{MAPE} = \frac{1}{n}\sum_{t=1}^{n}\left|\frac{RV_t - \widehat{\sigma}^2_{t|t-1}}{RV_t}\right|$$

表 3－30　波动率预测（插值法）

	RMSE	RMSPE	MAE	MAPE
RV－ARFIMAX－均值	0.9536	10.4219	0.1749	0.307
RV－ARFIMAX－中位值	4.3836	3.6088	0.1708	0.2629

这里，$\widehat{\sigma}_{t\mid t-1}^{2}$ 是通过 ARFIMAX 模型计算的估计值。首先，我们使用整个样本数据估算 ARFIMAX 模型的未知参数，然后，采用插值法计算每个时间点的波动率。此外，在分别使用 $\hat{RV}$ 和 $\hat{RV}_{med}$ 作为代理变量时比较模型表现，结果如表 3－30 所示。

我们可以看到，除了 RMSE 之外，RV－ARFIMAX－中位值模型的表现优于 RV－ARFIMAX－均值模型。

（四）实证分析（2）：1997—1998 年亚洲金融危机案例

1997—1998 年的亚洲金融危机时期可分为 3 个期间。第一期间是 1997 年 6 月—1997 年 12 月危机在泰国爆发时。第二期间是 1998 年 1 月—1998 年 7 月，当时亚洲金融危机加剧，蔓延到印度尼西亚。第三期间是 1998 年 8 月—1998 年底俄罗斯金融危机爆发之时，亚洲金融危机从区域范围扩大到全球规模，因此这两次经济危机可以视为一次经济危机。不过，我们已经在前文分析了俄罗斯金融危机的影响，因此我们在这一部分将分开讨论亚洲和俄罗斯的金融危机。

首先，我们利用图表仔细观察 1997 年 6 月—1998 年 7 月亚洲金融危机的总体情况，其中包含 302 个日观察值。图 3－52 是日元/美元汇率序列图。收益率序列及其实际波动率序列分别如图 3－53 和图 3－54 所示。在图 3－54 中，我们可以看到实际波动率序列中有很多跳跃性波动，跳跃幅度介于 0 和 6 之间。将图 3－54 和图 3－45 进行比较，我们注意到亚洲金融危机中实际波动率的变动相对小于俄罗斯金融危机，介于 0 和 35 之间。因此，如表 3－31 和表 3－32 所示的 RV－ARFIMAX 模型（3－26）中的 $\hat{d}$ 小于表 3－28 中的 $\hat{d}$ 。

表 3－31 显示了 RV－ARFIMAX 模型（3－26）的最大似然估计值。我们注意到 $\hat{d}$ 为 0.3108，介于 0 和 0.5 之间，这意味着亚洲金融危机期间的实际波动率遵循稳定长期记忆过程。表 3－32 显示了采用滚动窗口法，窗口大小为 100 天时的 RV－ARFIMAX 模型（3－26）的估计平均值。我们注意到 $\hat{d}$ 为 0.2035，这也意味着实际波动率遵循汇率波动的稳定长期记忆过程。表 3－31 和表 3－32 中 μ_2 的估计值为正，这意味着检测到汇率的非对称性。表 3－33 显示了 RV－ARFIMAX－中位值和 RV－ARFIMAX－均值模型的表现，从中我们可以看到，用 $\hat{RV}_{med}$ 作为代理变量，以

MAE 和 MAPE 指标来评估，RV – ARFIMAX – 中位值模型的表现优于 RV – ARFIMAX – 均值模型，但以 RMSE 和 RMSPE 来评估则表现较差。

图 3 – 55 显示了采用滚动窗口法估算的 $\hat{d}$。图 3 – 56 显示了通过 RV – ARFIMAX 模型计算的 RV 观察值和 $\hat{RV}$ 估算值。图 3 – 57 显示了 RV 和 $\hat{RV}_{med}$。图 3 – 58 显示了 RV、$\hat{RV}$、$\hat{RV}_{med}$ 和 5% 风险阈值的放大视图。从这些图中我们可以看到，ARFIMAX 模型可以很好地描述实际波动率的变动行为。

如表 3 – 31、表 3 – 32 和图 3 – 35 所示，长期记忆参数 d 似乎在整个亚洲金融危机期间都比较稳定，没有受到影响。然而，估计参数 d 和 μ_2 表明，在实际波动率中存在长期记忆性和非对称性。从图 3 – 56 至图 3 – 58 我们可以看到，ARFIMAX 模型的表现相当不错。

表 3 – 31　RV – ARFIMAX 模型的最大似然估计值

日期	$\hat{d}$	$\hat{\mu}_0$	$\hat{\mu}_1$	$\hat{\mu}_2$	$\hat{\theta}$	$\hat{\delta}_0$	Failure Rate
1997/06/01—1998/07/31	0.3108	−0.2915	0.0669	0.0287	−0.0126	0.2048	3.49%

表 3 – 32　RV – ARFIMAX 模型的估计值（采用滚动窗口法，窗口大小 = 100 天）

日期	$\hat{d}$	$\hat{\mu}_0$	$\hat{\mu}_1$	$\hat{\mu}_2$	$\hat{\theta}$	$\hat{\delta}_0$	Failure Rate
1997/06/01—1998/07/31	0.2035	−0.2797	0.0404	0.0891	0.1237	0.1953	3.49%

表 3 – 33　波动率预测（插值法）

	RMSE	RMSPE	MAE	MAPE
RV – ARFIMAX – 均值	0.5488	3.9639	0.5148	0.5937
RV – ARFIMAX – 中位值	6.4165	5.1774	0.5105	0.5617

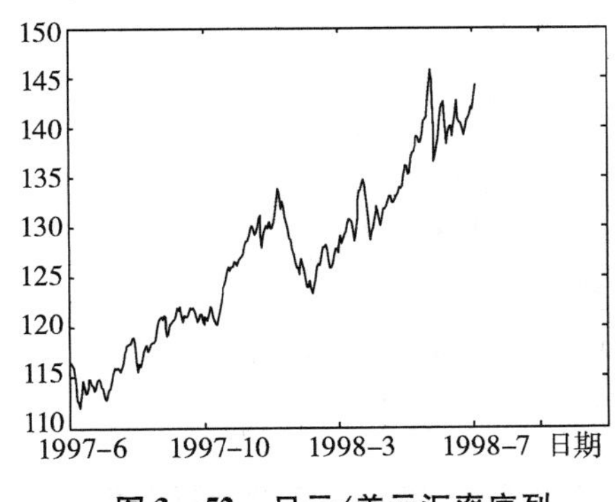

图 3 – 52　日元/美元汇率序列（1997/06—1998/07）

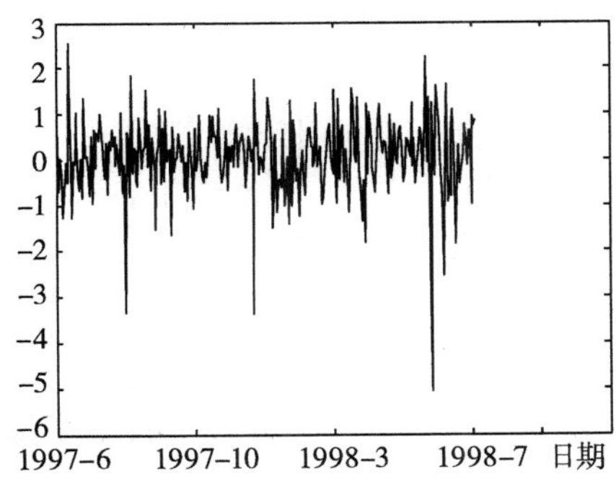

图 3 – 53　收益率序列（1997/06—1998/07）

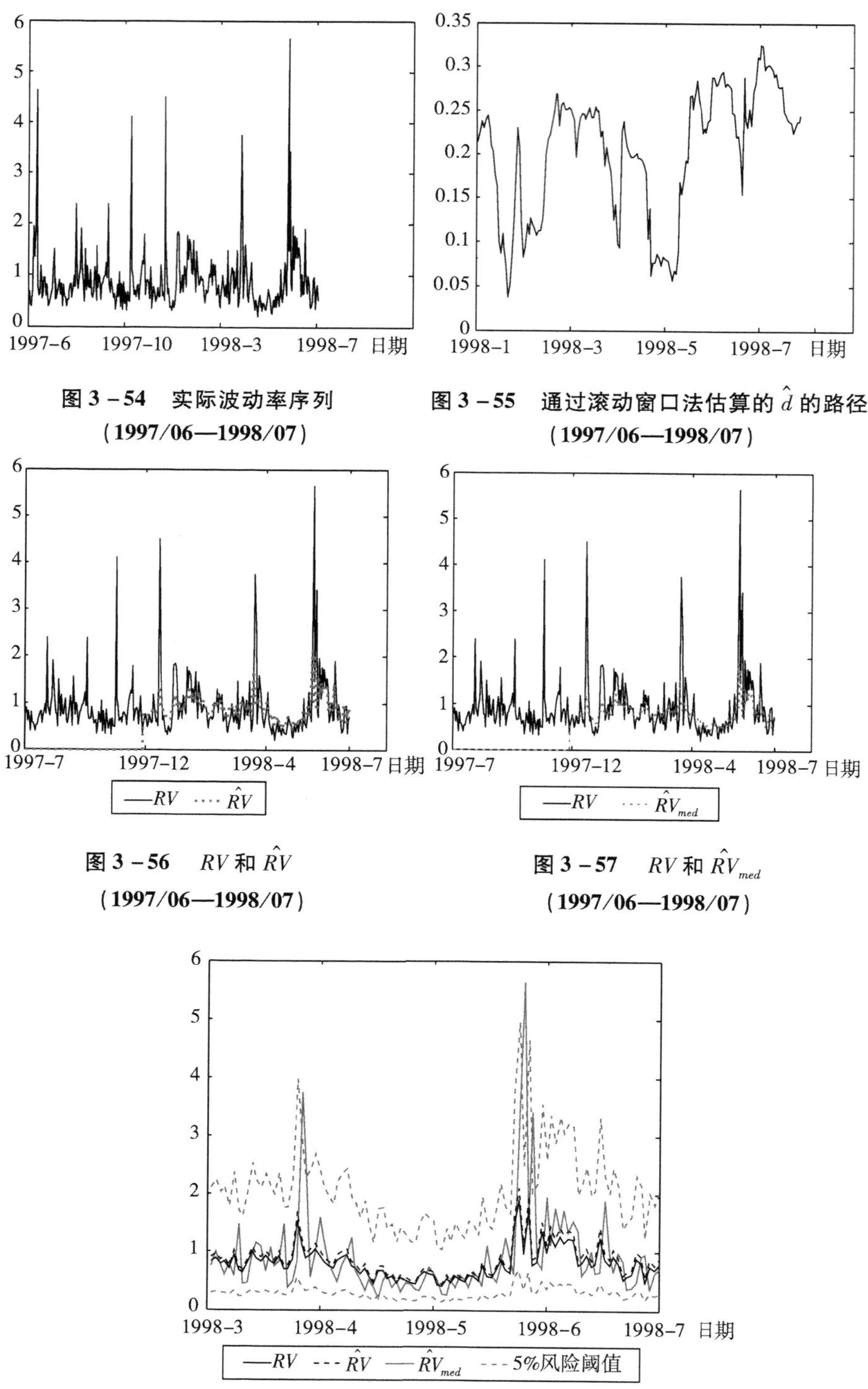

图 3－54　实际波动率序列
（1997/06—1998/07）

图 3－55　通过滚动窗口法估算的 $\hat{d}$ 的路径
（1997/06—1998/07）

图 3－56　RV 和 $\hat{RV}$
（1997/06—1998/07）

图 3－57　RV 和 $\hat{RV}_{med}$
（1997/06—1998/07）

图 3－58　RV、$\hat{RV}$、$\hat{RV}_{med}$ 和 5%风险阈值的放大视图（1997/06—1998/07）

（五）实证分析（3）：2008 年全球金融危机

为了了解美国金融危机的影响，我们把 Olsen 从 2006 年 9 月 1 日至 2008 年 11 月 30 日的日元/美元高频汇率数据添加到数据序列中。为了避免混淆亚洲和俄罗斯危机的影响，我们限于 2002 年 1 月 1 日至 2008 年 11 月 30 日这个期间，其中总共包含 4544 个观察值。我们选择这个期间是因为亚洲金融危机后全球经济低迷，直到 2002 年才出现经济复苏。在这一部分中，窗口大小设定为 100 天，因为当样本期分为子样本时，样本量相对较小。图 3－59 是日元/美元汇率图，图 3－60 是收益率图，图 3－61 是从 2002 年 1 月 1 日至 2008 年 11 月 30 日期间的实际波动率图。我们可观察到在实际波动率序列末尾出现急升。这显然是由美国次贷问题引发的最新金融危机造成的。

考虑到次贷问题引发的美国金融危机在 2007 年 8 月爆发，我们将数据分为以下 3 个期间来分析当前危机的影响。第一期间是 2002 年 1 月 1 日—2007 年 7 月 31 日的金融危机前时期。第二期间是 2007 年 8 月 1 日—2008 年 11 月 30 日的金融危机时期。第三期间是 2002 年 1 月 1 日—2008 年 11 月 30 日的整个样本期。

表 3－34 显示了 RV－ARFIMAX 模型（3－26）的最大似然估计值。在该表中，$\hat{d}$ 是长期记忆性 d 的估计参数，第一期间为 0.3945，表明在当前危机前实际波动率遵循稳定长期记忆过程。第二期间的 $\hat{d}$ 为 0.5280（大于 0.5）。

表 3－34　RV－ARFIMAX 模型的最大似然估计值

危机时期	时间	$\hat{d}$	$\hat{\mu}_0$	$\hat{\mu}_1$	$\hat{\mu}_2$	$\hat{\theta}$	$\hat{\theta}_0$	失效率
金融危机前时期	2002/01/01—2007/07/31	0.3945	－1.1641	－0.0069	0.0518	－0.0876	0.1688	5.37%
金融危机时期	2007/08/01—2008/11/30	0.5820	－0.4110	－0.0122	0.1243	－0.0281	0.2294	5.96%
整个样本期间	2002/01/01—2008/11/30	0.4973	－1.0202	－0.0261	0.1316	－0.1386	0.2026	4.61%

表 3－35　RV－ARFIMAX 模型的估计值（采用滚动窗口法，窗口大小 = 100 天）

危机时期	时间	$\hat{d}$	$\hat{\mu}_0$	$\hat{\mu}_1$	$\hat{\mu}_2$	$\hat{\theta}$	$\hat{\theta}_0$	失效率
金融危机前时期	2002/01/01—2007/07/31	0.3138	－1.1945	0.0088	0.0345	－0.0598	0.1523	5.98%
金融危机时期	2007/08/01—2008/11/30	0.4964	－0.3842	0.0249	0.1664	－0.0045	0.2101	6.42%

续表

危机时期	时间	$\hat{d}$	$\hat{\mu}_0$	$\hat{\mu}_1$	$\hat{\mu}_2$	$\hat{\theta}$	$\hat{\theta}_0$	失效率
整个样本期间	2002/01/01—2008/11/30	0.3430	-1.0863	0.0243	0.0781	-0.0587	0.1773	3.35%

表 3-36　波动率预测（插值法）

	RMSE	RMSPE	MAE	MAPE
RV - ARFIMAX - 均值	1.7551	5.2832	0.1526	0.3687
RV - ARFIMAX - 中位值	3.5221	0.7226	0.1526	0.3266

这意味着在当前危机期间实际波动率遵循非稳定长期记忆过程，第三期间的 $\hat{d}$ 为0.4973，大致相当于0.5，这意味着如果包含金融危机时期的话，实际波动率遵循近乎非稳定长期记忆过程。表 3-34 中的结果表明，每个期间的失效率都是5%左右，这意味着 RV-ARFIMAX 模型适用于实际数据集。非对称性 $\hat{\mu}_2$ 的估计参数为正，这意味着在汇率波动中存在非对称性。

表3-35 显示了采用滚动窗口法、窗口大小为 100 天条件下 RV-ARFIMAX 模型（3-26）的估计值。我们可以看到，对于同样的数据集，表3-35 中采用滚动窗口法得出的 d 的估计值与表3-34 中不采用滚动窗口法得出的估计值存在差异。前一种方法得出的估计值相对小于后一种方法得出的估计值，因为滚动窗口法可能使时间序列的波动趋于平稳，并且可能具有由移动平均值引起的类似效应。

第一期间的 $\hat{d}$ 为0.3138，这意味着金融危机前实际波动率遵循汇率波动的稳定长期记忆过程。

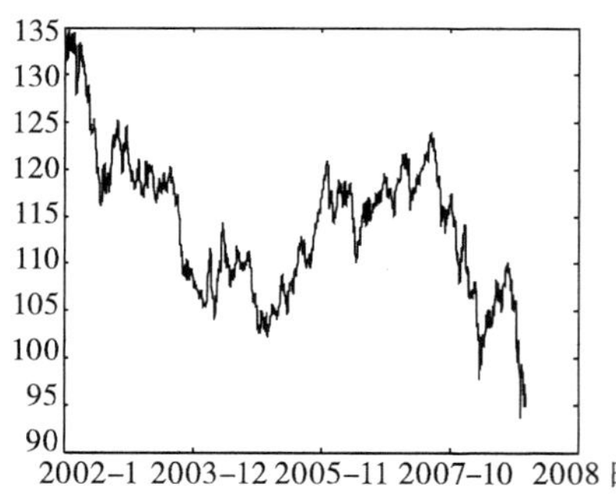

图 3-59　日元/美元汇率序列
（2002/01/01—2008/11/30）

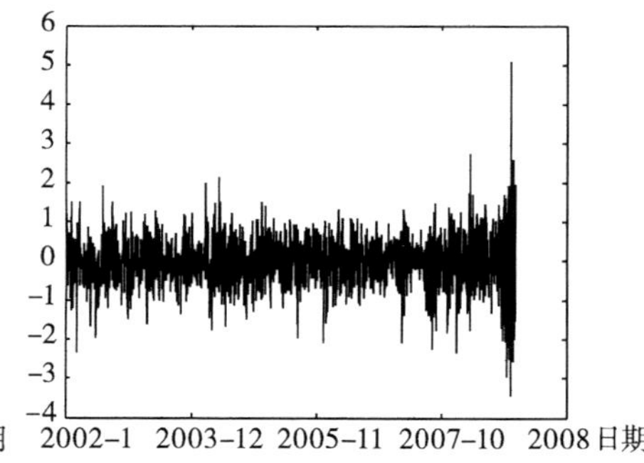

图 3-60　收益率序列
（2002/01/01—2008/11/30）

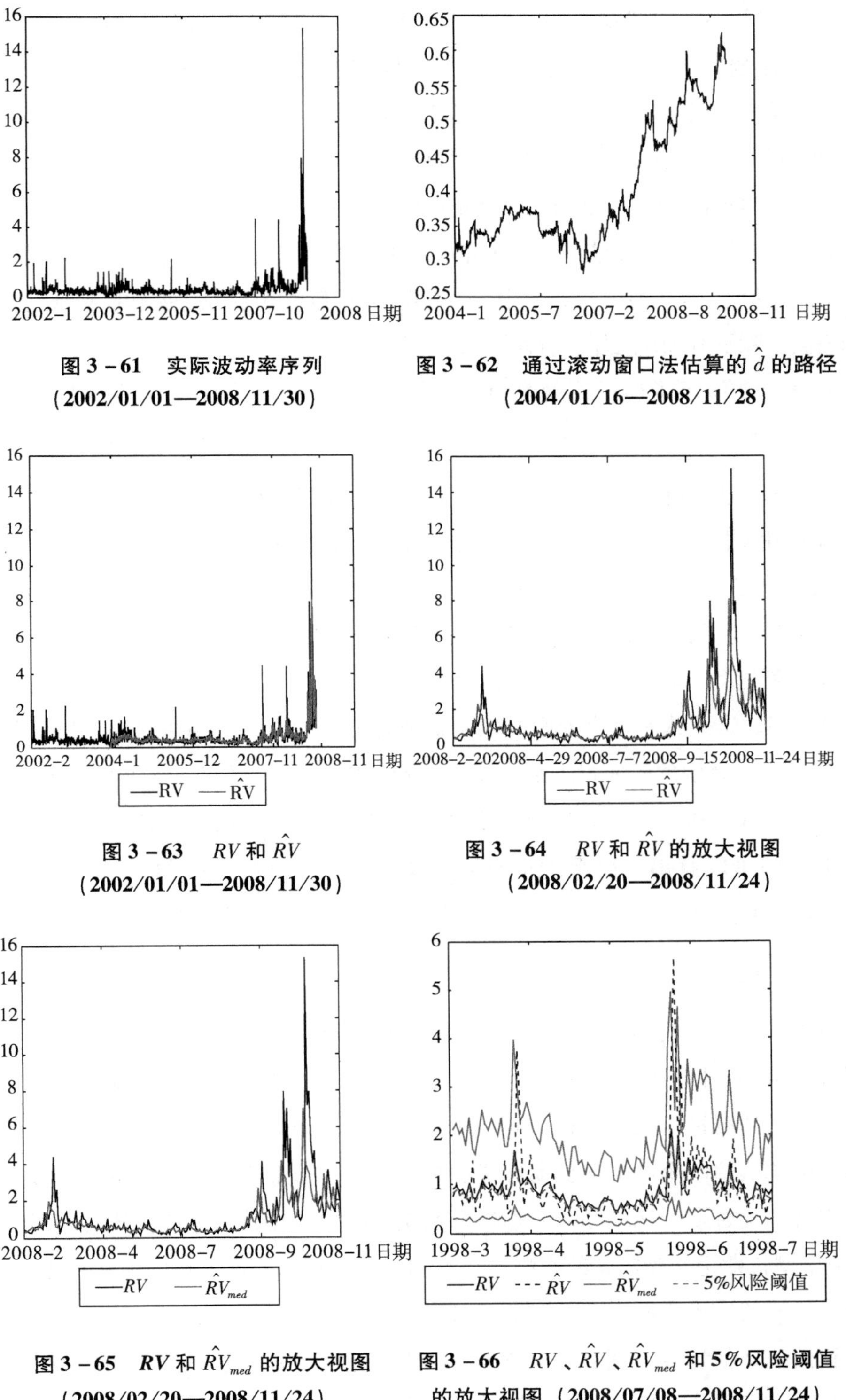

图 3-61　实际波动率序列
（2002/01/01—2008/11/30）

图 3-62　通过滚动窗口法估算的 $\hat{d}$ 的路径
（2004/01/16—2008/11/28）

图 3-63　RV 和 $\hat{R}V$
（2002/01/01—2008/11/30）

图 3-64　RV 和 $\hat{R}V$ 的放大视图
（2008/02/20—2008/11/24）

图 3-65　RV 和 $\hat{R}V_{med}$ 的放大视图
（2008/02/20—2008/11/24）

图 3-66　RV、$\hat{R}V$、$\hat{R}V_{med}$ 和 5%风险阈值的放大视图（2008/07/08—2008/11/24）

这与表3－34中的结果一致。第二期间的$\hat{d}$为0.4964，大致相当于0.5，这意味着如果包含当前危机的话，实际波动率遵循近乎非稳定长期记忆过程。这与表3－34中的结果一致。第三期间的$\hat{d}$为0.3430，这意味着2002年1月1日至2008年11月30日期间实际波动率遵循汇率波动的稳定长期记忆过程。这与表3－34中的结果不一致，但似乎很自然，因为滚动窗口法可能使时间序列的波动趋于平稳。3个期间的μ_2都是正值，这意味着负收益率导致的后续波动率高于正收益率，也就是说，汇率波动中存在非对称性。表3－36显示了RV－ARFIMAX－中位值和RV－ARFIMAX－均值模型的表现，从中我们可以看到，除了RMSE之外，前者的表现优于后者。

图3－62显示了通过滚动窗口法估算的$\hat{d}$的路径。图3－63是RV和$\hat{RV}$图。图3－64和图3－65是RV分别与$\hat{RV}$和$\hat{RV}_{med}$比较的放大视图。图3－66是RV、$\hat{RV}$、$\hat{RV}_{med}$和5%风险阈值的放大视图。从这些图中我们可以看到，ARFIMAX模型可以很好地描述实际波动率的变动。我们还注意到，d在整个当前全球金融危机期间正快速增大，如图3－62所示。

在当前的金融危机之前，$\hat{d}$在表3－33和表3－35中小于0.5，这意味着实际波动率是平稳过程。但在当前金融危机期间，$\hat{d}$在表3－34中大于0.5，在表3－36中略低于0.5，这意味着这个期间的实际波动率近乎非平稳。由此我们可以很容易地推断，当前的金融危机使得外汇市场上稳定的实际波动率变得不稳定。由于当前的金融危机仍在持续，彻底评估当前金融危机对长期记忆参数d的影响可能还为时过早，但我们可以看出当前金融危机对汇率实际波动率的影响很大，如图3－59至图3－66所示。我们计划将来进一步分析当前全球金融危机的影响。

（六）结论

在本文中，我们利用Olsen的1分钟日元/美元汇率高频数据，通过估算具有外生解释变量的自回归分整移动平均（ARFIMA）模型参数，对实际波动率（RV）所代表的波动情况进行建模分析。我们用最大似然法和滚动窗口法对俄罗斯、亚洲和全球金融危机这3个经济危机期间进行模型估算。我们发现，在这些期间内，实际波动率展现出长期记忆性和非对称性等性质。我们还比较了这3次经济危机对ARFIMAX模型长期记忆参数d的影响。冲击的大小往往与d这个长期记忆参数值的大小有关。如d的估计值所示，经济危机可能影响外汇市场的长期记忆性。

我们的d估计值在俄罗斯金融危机期间陡然下降。这表明，以危机时期为界，实际波动率序列从非稳定长期记忆过程变为其后的稳定长期记忆过程。更确切地说，在这个过程中，d 的下降趋势受阻于危机，然后在危机高峰期间又上升到不稳定状态，之后 d 恢复下降趋势。

我们还发现了在汇率的实际波动率序列中存在非对称性的统计学证据，其形式为 ARFIMAX 模型中非对称性参数 μ_2 的正估计值。如果 μ_2 是正数，日元/美元汇率下跌后实际波动率的变化大于汇率上升后的变化。简而言之，日元/美元汇率的正负变化对实际波动率有非对称效应。

此外，我们还比较了 RV – ARFIMAX – 均值（0，d，1）模型与 RV – ARFIMAX – 中位值（0，d，1）模型的波动率预测表现。前者使用实际波动率均值作为代理变量，而后者使用中位值。为了比较，我们以实际波动率为基准，采用均方根误差、均方根百分比误差、平均绝对误差和平均绝对百分比误差来衡量表现。我们发现 RV – ARFIMAX – 中位值模型的表现优于 RV – ARFIMAX – 均值模型。这反映了一个众所周知的事实，即在对数正态分布中，中位值能比均值更好地表示分布情况。

虽然亚洲金融危机对长期记忆性的影响不如俄罗斯金融危机那样明显，但从我们对 d 的估算还是可以看出其影响。表 3 – 31 和表 3 – 32 以及图 3 – 55 显示，d 这个长期记忆性估计值是稳定的，似乎不受亚洲金融危机的影响。然而，我们对 d 和 μ_2 的估算表明，在实际波动率中存在长期记忆性和非对称性。图 3 – 56 至图 3 – 58 表明，ARFIMAX 模型的表现相当不错。

我们也分析了当前全球金融危机对长期记忆性的影响。由于当前的危机还在持续，还没有足够长时期的时间序列数据可以利用，所以有关这次危机对长期记忆性的影响的结论难免不够成熟。不过，上述分析可能构成有益的初步评估，为理解当前的全球经济危机提供一些看法。图 3 – 61 至图 3 – 64 说明了实际波动率的巨大变化。图 3 – 62 显示，d 在当前全球金融危机期间快速增大。

根据 d 值的大小，金融危机的严重程度排序如下：当前全球金融危机、俄罗斯金融危机和亚洲金融危机。长期记忆性序列从危机前时期的稳定过程转为危机期间的不稳定进程。我们计划将来进一步分析当前全球金融危机的影响。

第四节　日本债务风险分析

近年来，国际评级公司连续下调日本国债评级，日本面临国家主权信用危机。日本债务前景可能因为欧债危机以及全球金融紧张局势而加速恶化，可能爆发债务危机并引发全球经济危机。

欧洲爆发债务危机国家的共同特点是：资本流入出现逆转并导致经常项目赤字急剧缩小、实际 GDP 增长率下降、财政收支赤字扩大、政府债务余额增加等现象同时发生。

目前，日本经常项目收支顺差，并未发生外资大幅流出，由于外国投资者持有日本国债比例较低，发生资本大规模流出引发债务风险的可能性较低。尽管日本财政状况恶化，但基于日本国内较高的储蓄率、国内资金、经济形势和制度等因素考虑，日本国民倾向于持有国债，因此，日本短期内爆发债务危机风险的可能性不大。

然而，由于日本债务负担率为发达国家中最高，债务违约风险巨大；赤字率增速快于 GDP 增速，财政状况进一步恶化；国债依存度过高，财政的可持续性状况不佳；债务偿还率长期居高不下，政府还债能力减弱，日本将面临中长期债务风险。随着日本人口老龄化加剧，居民储蓄、生命保险、公共养老金趋于减少，日本债券市场原本充裕的资金供给将会出现变化，日本国债供需环境趋于恶化。随着未来经济金融形势的变化，投资者可能从投资国债转向其投资他资产。这些因素加大了日本中长期爆发债务危机的潜在风险。

未来日本国债市场环境可能改变，国债资金来源结构发生变化，10 年期国债收益率上升、储蓄率下降、贸易逆差等因素，将加大日本中长期爆发债务危机的潜在风险。日本政府化解债务风险方案主要有：推进财政改革、债务管理多样化、推进国债国际化。

一、日本债务累积的成因和变化轨迹

（一）日本债务现状

日本债务规模庞大，债务占 GDP 的比重在发达国家中处于最高水平。截至 2011 年底，日本国债和借款余额总计 959 万亿日元（图 3－67），2011 年度日本 GDP 为 468 万亿日元，日本的债务总额是 GDP 的 2.04 倍，在发达国家中处于最高水平。20 年间，日本债务占 GDP 的比重大幅上升，从日本泡沫经济破裂之后的 1992 年开始，日本债务占 GDP 的比重（债务负担率）由 50% 上升到目前的 204%，增长超过 4 倍。

国际评级公司进一步下调日本国债评级，日本面临国家主权信用危机。由于担忧日本的巨额财政赤字和越积越重的债务负担，国际评级公司穆迪和标普于 2011 年 2 月和 5 月分别下调日本主权信用评级；2011 年 8 月 24 日穆迪进一步将日本国债评级由 “Aa2”（该评级在穆迪信用评级等级中为第三档）下调一档至 “Aa3”；2012

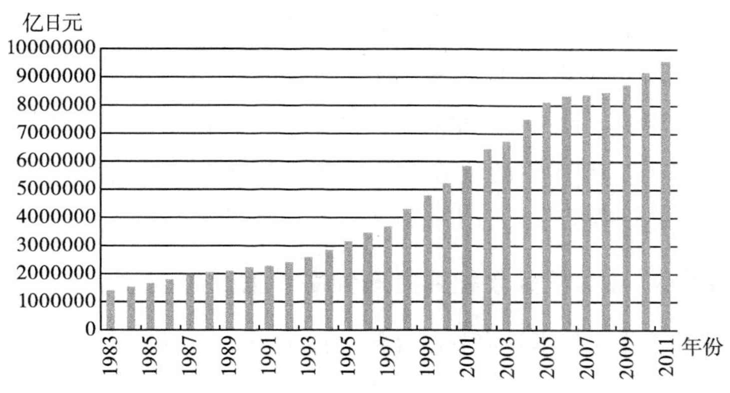

图 3-67　1983—2011 年日本国债规模

年 5 月 22 日，惠誉宣布下调日本长期本外币发行人违约评级，由"AA-"和"AA"下调至"A+"，这也是 2011 年惠誉将日本长期主权信用评级展望从"稳定"下调为"负面"的再次行动。如果日本政府不能尽快采取财政重建政策，日本将成为债务危机的下一个引爆点。

日本债务前景可能加速恶化，可能爆发债务危机并引发全球经济危机。2011 年 11 月 24 日，IMF 发布《日本可持续发展报告》(*Japan Sustainability Report*)，报告称，市场对日本财政可持续性的担忧，可能引发日本政府债券收益率"突然飙涨"，这可能会迅速令债务不可持续，并撼动全球经济，日本债务前景可能因为欧债危机以及全球金融紧张局势而加速恶化。

（二）日本债务历史演变

日本国债种类。按融资目的区分，日本国债主要可分为 4 种类型：建设国债、赤字国债、偿债国债和财政贷款资金特别账户国债。建设国债是指通过发行国债来为建设项目筹措资金的国债，主要用于公共工程的建设，其发行规模须经国会批准。赤字国债用于弥补公共工程建设之外的财政赤字，其发行规模也须经国会批准。偿债国债则用于偿还到期国债，其发行规模不须经国会批准。财政贷款资金特别账户国债用于筹集财政贷款基金所需的资金，与前两类国债相比，其偿还资金并非来源于税收，而是来源于财政贷款资金支持的特殊公司。

按照国债偿还时间可以分为超长期国债（15 年、20 年、30 年、40 年）、长期国债（10 年）、中期国债（2 年、5 年）和短期国库券（2 个月、3 个月、6 个月、1 年）。

日本债务累积历史演变。战后 1949 年起，日本开始实施由美国特使道奇提出的"道奇路线"，即超预算平衡政策，此后，日本政府基本保持财政收支平衡。1965 年打破超预算平衡原则，开始发行国债，随着建设国债、赤字国债的发行，日本国债规模不断扩大。20 世纪 80 年代初期开始“财政重建”，国债发行规模有所下降。90 年代初泡沫经济破裂，日本政府重新开始大量发行国债以支持经济刺激政策，国债规模再次节节攀升。2008 年的金融危机和 2011 年的日本大地震，经济复苏和灾后重建需求下，日本国债规模创历史高点。

（三）降税是日本债务累积和财政赤字扩大的主要原因

一是国债政策成为日本政府刺激经济发展的重要政策工具，导致国债发行规模不断扩大。为应对危机和促进经济增长需要，日本政府出台大规模经济刺激计划，国债发行规模不断扩大。

战后日本大规模发行国债大致经过三个阶段。第一阶段：1965—1990 年。在 1964 年日本出现经济萧条，税收减少引起财源入不敷出，出现公共投资需求加大、资金不足的情况下，1965 年日本开始恢复国债发行，发行规模仅为 1972 亿日元，1965—1972 年，国债发行数量不大，属于适度国债时期。1973—1980 年，为应对两次石油危机和经济滞胀，日本国债发行规模快速上升至 14 万亿日元，属于膨胀国债时期。1981—1990 年，日本经济好转，政府通过压缩预算、减少国债发行等进行“财政重建”；1990 年，完全停发赤字国债，国债发行规模大幅下降至 7 万亿日元左右，属于抑制国债时期。第二阶段：1991—2007 年。日本泡沫经济破裂后，为刺激经济增长，1992—1996 年连续大规模发行国债，年均发行国债 17 万亿日元，并在 1994 年重新启动赤字国债的发行。1996 年经济好转，1997 年为稳固财政提出财政重建，然而同年爆发亚洲金融危机导致日本经济停止复苏，迫于经济形势，1998 年日本政府再次采取积极财政政策，1998—1999 年国债的发行连续创新高，分别达到 34 万亿日元和 37.5 万亿日元。扩张性财政政策取得成效，日本经济出现正增长、通货紧缩得到缓解，2007 年日本国债发行规模下降至 25 万亿日元。第三阶段：2008 年至今。2008 年爆发的金融危机使得经济负增长和通货紧缩等问题再次卷土重来，日本政府将国债发行规模提高到了有史以来的最高水平，2009 年达到 53 万亿日元，2010—2012 年基本保持在 44 万亿日元规模①。

二是政府大幅减税促进经济发展，健全财政的税收改革难以推进，税收大幅减少难以支撑财政支出，政府陷入发新债还旧债恶性循环，国债发行规模进一步扩大。

---

① 2011 年和 2012 年数据，根据日本财务省公布的财政预算整理。http：//nippon. com/ja/in - depth/a00103/. http：//www. zaisei. mof. go. jp/pdf/2 - 1 平成 24 年度一般会計予算 . pdf.

日本泡沫经济破裂和亚洲金融危机之后，日本政府通过大规模减税刺激经济增长，税收收入大幅减少。1990 年日本总税收达到 58.2 万亿日元，占 GDP 比重为 13.1%，2010 年降至 36.4 万亿日元，占 GDP 的比重为 7.5%，2010 年的税收收入仅相当于 1990 年的 62.5%。其中，大幅削减个人所得税和公司税，导致 2010 年两税税收收入仅相当于 1990 年的 49% 和 32%；而提高消费税税率面临较大阻力，1989 年日本引进消费税，税率为 3%，1997 年计划将消费税率提至 7%，但只提到 5%，目前税率仍然维持在 5% 的低位①。2012 年 4 月 30 日，野田内阁讨论通过了《消费税增税法案》，按照法案，日本现行的 5% 消费税率将在 2014 年 4 月提升至 8%，并于 2015 年 10 月提升至 10%。法案强调“增收部分将全部用于医疗、养老等社会保障事业”②，这一法案遭到国内各界强烈反对，尚未通过。

日本财政支出与税收收入缺口越来越大。国债发行是弥补财政赤字的手段，国债偿还是通过未来的税收解决。税收是重要财源，税收大幅减少难以支撑财政支出，只能通过发行国债弥补财政赤字，陷入发新债补旧债恶性循环，不仅导致国债发行规模不断扩大，而且导致债务总额不断累积、屡创新高。20 世纪 90 年代泡沫危机之后，日本财政支出与税收收入缺口不断扩大，2009 年这一缺口达到 66.8 万亿日元（图 3－68）。2012 财政年度（2012 年 4 月—2013 年 3 月）预算案确定，财政预算支出 90.3 万亿日元，预计新年度财政税收约为 42.3 万亿日元，财政预算支出与税收收入缺口达 48 万亿日元，预算新发国债规模 44.2 万亿日元，国债融资规模再次超过税收，日本在依赖发债的赤字财政中越陷越深。

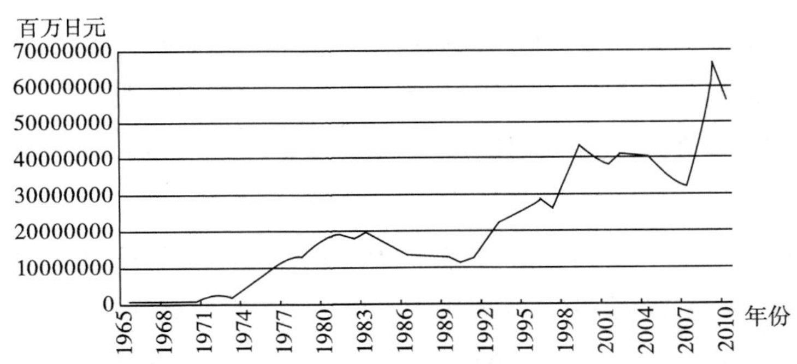

图 3－68　1965—2010 年日本财政支出与税收收入缺口

资料来源：Wind 资讯。

① 杜琼．日本政府债务现状及中长期风险分析［J］．宏观经济管理，2011（9）．

② 杨铮，尹晓琳．日本野田内阁今日换将推消费税，四名大臣被革职［N］．法制晚报，2012－06－04．

三是财政支出基本稳定。财政支出占 GDP 的比重是显示政府对国民经济成果总支配的综合指标（图 3－69）。日本财政支出占 GDP 的比重相对平稳，除 2009 年以外，基本保持在 20% 以下，表明日本财政支出基本稳定。此外，剔除国债利息的纯财政支出更能反映政府对国民经济成果的占用。日本非息财政支出占 GDP 的比重，1991—2008 年的 18 年间基本围绕 14.2% 波动，并无上升趋势，2009 年达到 20%，2010 年再次降至 17.1%，整体基本保持在 20% 以下，同样比较稳定。

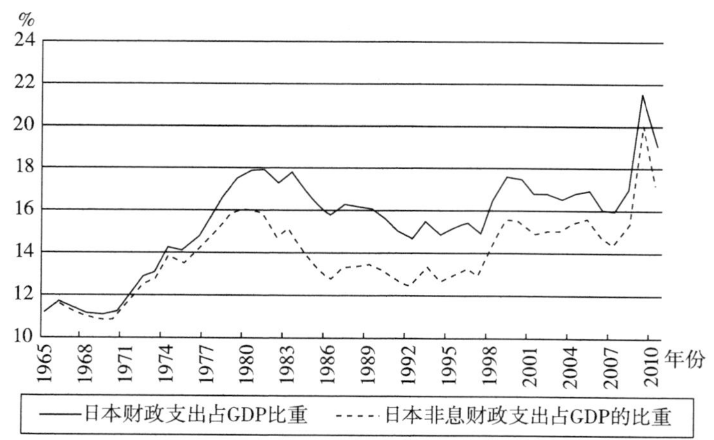

图 3－69　1965—2010 年日本财政支出和非息财政支出占 GDP 的比重

资料来源：Wind 资讯。

四是国债利息支出增加，财政负担加重。国债利息支出占财政支出的比例，即国债利息支付率，是反映政府债务负担的一个重要指标。该指标能够反映国债利息支出对政府的财政负担，是判断国债规模是否过大的重要指标。国债利息支付率过高会加重政府财政支出负担，引发投资者对政府偿债能力的质疑，政府为吸引投资者投资本国国债会进一步提高国债利率，这将增加政府发债成本，对宏观经济形成负面影响。

日本国债利息支付率在 1986 年之前处于上升通道（图 3－70），1986 年达到峰值 18.1%，表明日本近 1/5 的财政收入用于支付国债利息，而不能用于经济增长支出。随着 20 世纪 80 年代日本财政重建的开始，日本国债发行规模开始逐步下降。2008 年金融危机之后，日本再次大规模发行国债，国债利息支出占比出现反弹，2010 年为 9.7%。随着日本国债规模不断扩大，财政收入用于支付国债利息的比例将不断提高，日本财政负担将呈越发加重趋势。

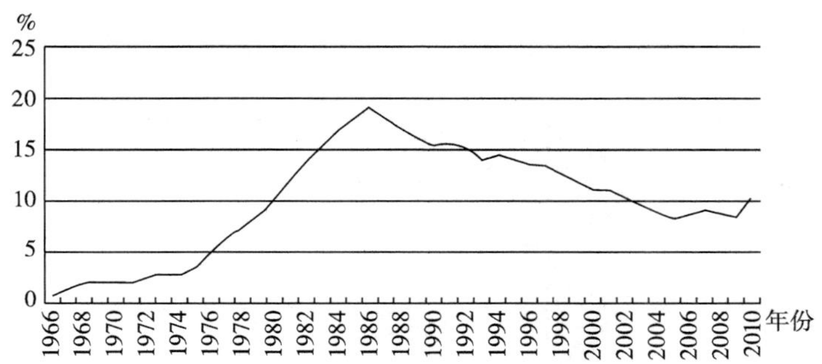

图 3－70　1966—2010 年日本国债利息支付率

注：国债利息支付率＝国债利息支出/财政支出

资料来源：日本财务省，Wind 资讯。

综上所述，降税是日本财政赤字的根本原因，也是日本国债大规模发行的主要原因。国债偿还是通过未来的税收解决，然而日本政府为应对危机和支持经济发展，以及民主选举的需要，大幅降税，导致税收收入难以支撑财政支出，只能通过大规模发行国债弥补财政赤字，导致国债发行规模不断扩大，债务总额越滚越大。此外，在降税导致财源收入减少的过程中，由于支出基本稳定，到期国债及巨额国债利息等国债费用支出增加，目前日本财政赤字进一步扩大接近 9%。

二、日本短期债务风险分析

2008 年金融危机中对私人部门金融体系的救助，使得日本公共财政背上沉重的包袱，公共债务和财政赤字大幅上升。与此同时，日本经济增长缓慢，迟迟不能实现经济增长，陷入赤字——紧缩——经济下降——赤字增加的恶性循环。目前，虽然日本面对如此庞大的债务压力，但是短期内爆发债务风险的可能性不大，主要有以下几方面原因：

（一）日本短期偿债压力较小

日本债务期限结构合理，短期债务占比较小。从日本国内长短期债务结构来看，截至 2012 年 3 月，日本 10 年期以上的国债占国内债务的比例为 66. 5%；2 ~5 年期的中期国债占比为 27. 1%，中长期国债合计占比 93. 6%，而 1 年期以下的短期国债占比仅为仅为 5. 30%（图 3－71）。因此，日本所面临的短期还债压力较小，短期内不会爆发债务危机。

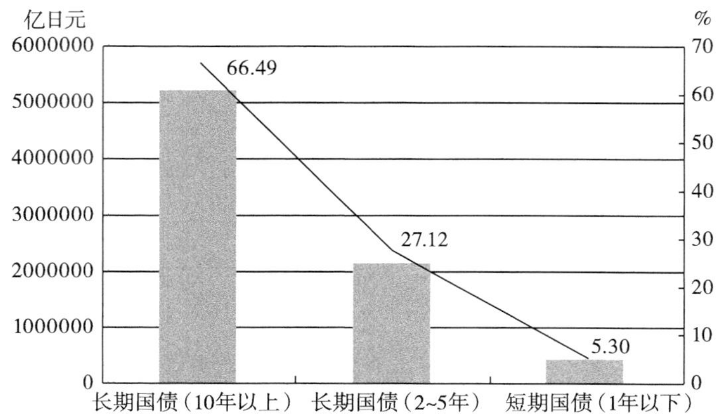

图 3－71　2012 年 3 月日本国债期限结构图

（二）日本的经常账户盈余增强了日本政府的融资能力

日本经常账户长期处于盈余状态。1985 年以来，日本经常账户一直处于盈余状态。2011 年，日本经常账户顺差为 9.6 万亿日元。这意味着日本政府可以从国内直接融资，而无须依靠海外资金。

（三）国债成为日本投资者首选

2000 年以来，日本 10 年期国债收益率基本在 0.8% ~2% 波动（图3－72），6 个月至 1 年期定期存款利率在 0.1% ~0.6% 波动，10 年期定期存款利率在 0.2% ~1.8% 波动。日本长期处于通货紧缩状态，国债成为日本投资者首选。

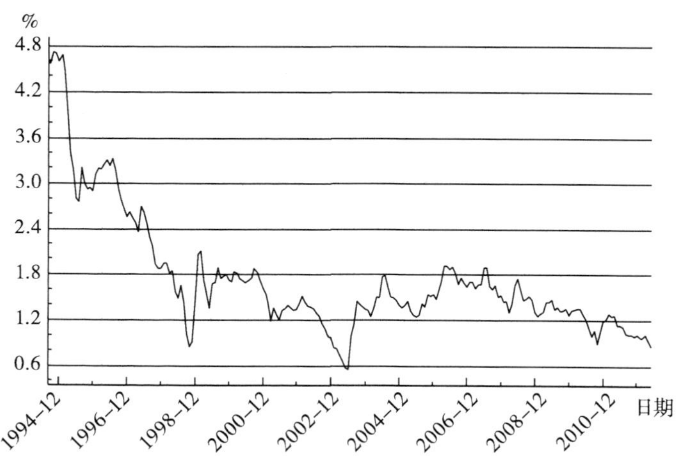

图 3－72　1994—2012 年日本 10 年期国债收益率

资料来源：Wind 资讯。

（四）庞大的海外资产支撑其维持较高债务水平

日本是世界最大债权国。排除金融危机的影响，日本海外资产呈上升态势，负债也维持在一定的合理水平。2011 年底，日本对外净金融资产总额高达 253 万亿日元，占当年 GDP 的 54%，并连续第 21 年成为全球最大债权国。庞大的海外资产对日本经济的发展起到了重要支撑作用，是日本能够维持其较高债务水平的重要原因之一。

（五）日本国债持有者 94% 为本国投资者

日本国债持有者的构成中，外国投资者比例仅占 6%，日本本国投资者占 94%。也就是说，只要日本本国投资者对本国国债持有较强信心，即便是 6% 的外围投资者减持日本国债，也不会对日本国债产生较大冲击。日本国债 10 年期收益率始终稳定在 0.8% ~1.3%，这说明日本国内投资者对于日本国债持有信心。

（六）日本可通过主权货币贬值和增加税收缓解债务压力

日本是世界第二大外汇储备国，日元是世界自由兑换货币和主权货币之一。日本外汇储备规模巨大，2011 年日本外汇储备达到 1.3 万亿美元，仅次于中国位居世界第二位。这样，日本央行可以通过干预外汇市场让日元贬值，通过货币自主贬值的方式来缓解债务压力，而丧失了独立货币主权的希腊和西班牙等欧洲国家则不能采取这一方式缓解债务压力。

（七）日本增税空间很大

日本的国民负担率（税收总额与社会保障负担总额之和/GNP）水平并不高，在 OECD 30 个国家中居第 24 位，特别是日本税负率（税收总额/GNP）为 30 个国家中最低（图 3 -73）。2008 年度，日本税负率为 24.3%，瑞典为 46.9%，法国为 36.8%，英国为 36.2%，德国为 30.4%，2010 年度日本税负率预计降至 21.9%，远低于其他发达国家或经济体 30% ~50% 的平均税负率。目前日本消费税为 5%，也远低于其他发达国家或经济体的 10% 以上的平均消费税。虽然日本政府征税阻力较大，但是，目前越来越多的日本人认为提高税率是不可避免的，尤其是提高消费税的可能性较大。可见，日本的征税空间很大，可以通过征税来改善严峻的财政状况。

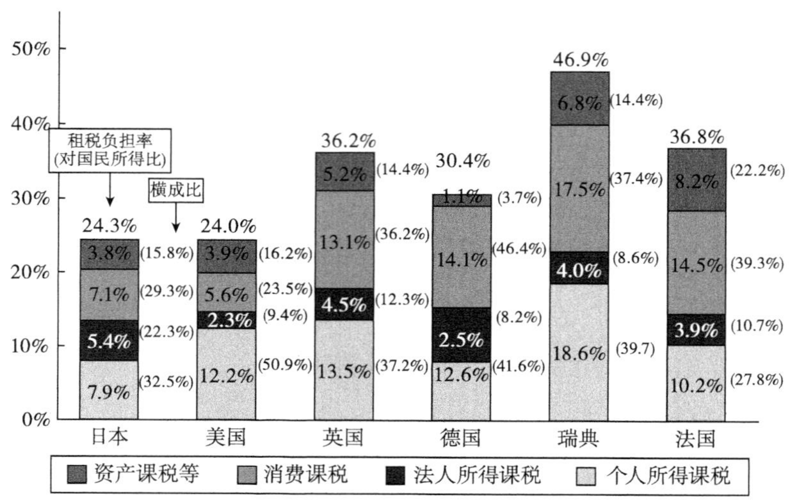

图 3-73 2008 年主要发达国家税负结构比较

资料来源：日本财务省。

三、日本中长期债务风险分析

欧洲爆发债务危机国家的共同特点是：资本流入出现逆转并导致经常项目赤字急剧缩小、实际 GDP 增长率下降、财政收支赤字扩大、政府债务余额增加等现象同时发生。

2011 年，日本经常项目收支顺差 9.6 万亿日元，并未发生外资大幅流出，由于外国投资者持有日本国债比例较低，发生资本大规模流出引发债务风险的可能性较低。尽管日本财政状况恶化，但基于日本国内较高的储蓄率、国内资金、经济形势和制度等因素考虑，日本国民倾向于持有国债，因此，日本短期内爆发债务危机风险的可能性不大。然而，中长期来看，随着日本人口老龄化加剧，居民储蓄、生命保险、公共养老金趋于减少，日本债券市场原本充裕的资金供给将会出现变化，日本国债供需环境趋于恶化。随着未来经济金融形势的变化，投资者可能从投资国债转向投资其他资产。因此，日本中长期爆发债务危机的潜在风险加大①。

国际上对主权债务风险评价通常采用 4 个指标：一是债务负担率，即国债余额

① 日本经济 2011—2012［EB/OL］. 日本内阁府，http：//www5. cao. go. jp/keizai3/2011/1221nk/n11_ 3/n11_ 3_ 2. html.

占 GDP 的比重，一般以不超过 60% 为警戒线[①]；二是财政赤字率，即赤字占 GDP 的比重，一般以不超过 3% 为警戒线；三是国债依存度，即当年国债发行额/（当年财政支出 + 当年到期国债还本付息），一般以不超过 30% 为警戒线；四是债务偿还率，即当年债务支出/当年财政支出，一般以不超过 10% 为警戒线。本书从 4 项相对指标和日本国内债务调整困境等方面，分析日本中长期债务的可持续性及面临的风险。

（一）债务负担率为发达国家中最高，债务违约风险巨大

债务负担率是指债务约占名义国内生产总值（GDP）的比重，即债务负担率 = 国债余额/GDP。债务负担率是衡量政府偿债能力的一个重要指标，也是判断债务规模是否合适于一国国债的财政可持续性的一个重要指标。如果国债余额占 GDP 的比例不断提高，超过临界点，意味着政府将无力偿还所累积的债务，将引发财政危机并导致本国国债违约。

日本国债增长速度远超过经济增长速度。1983—2011 年，日本债务负担率平均增长 7.2%，GDP 平均增长率为 1.8%（图 3 – 74）。1992 年日本经济泡沫破裂后，国债发行规模越来越大，债务增长速度超过了经济增长速度。特别是 1997—1998 年亚洲金融危机以来，日本债务负担率平均增长 7.2%，GDP 平均增长率为 – 0.6%（图 3 – 75），表明这一期间日本经济小幅衰退，然而国债却大幅增长。2011 年，日本债务负担率达到 204%，远远超过国际公认 60% 的警戒线，为发达国家中债务水平最高的国家。国际货币基金组织（IMF）预测，2012 年和 2016 年日本债务负担率将分别达到 232% 和 277%，日本政府的债务总体状况严峻。

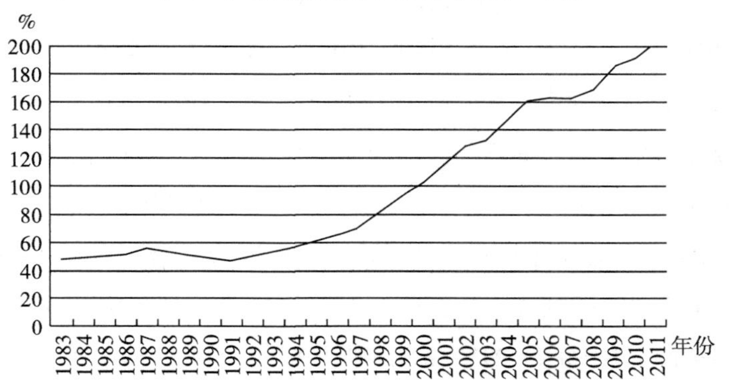

图 3 – 74　1983—2011 年日本债务负担率趋势图

资料来源：Wind 资讯。

① 欧洲《马斯特里赫特条约》（简称《马约》）提出的赤字和债务占 GDP 的比重标准（简称《马约》标准）分别为 3% 和 60%，被称为“国际安全线”或“国际警戒线”。

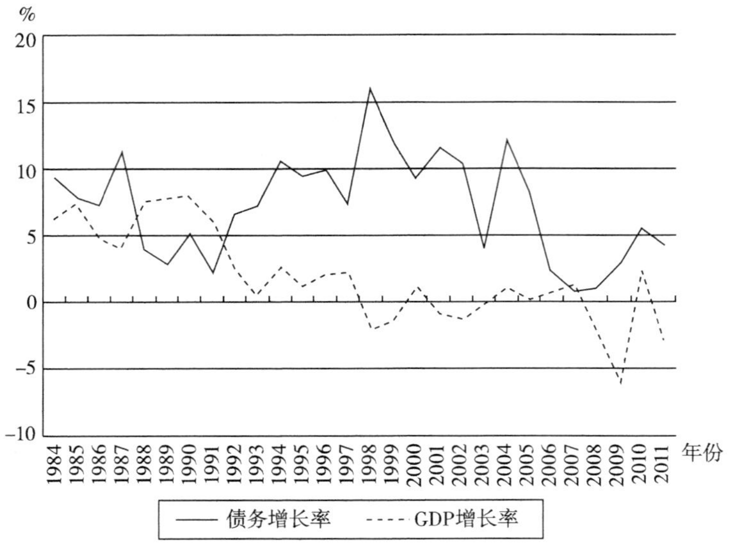

图 3－75　1984—2011 年日本债务增长率和 GDP 增长率对比图

资料来源：Wind 资讯。

（二）赤字率增速快于 GDP 增速，财政状况进一步恶化

赤字率是指财政赤字占国内生产总值的比率，即赤字率 = 财政赤字/ GDP。赤字率是衡量财政风险的一个重要指标，能够反映一国政府财政经营情况的好坏。长期的高赤字率将造成政府债务负担过重；如果赤字率增速快于 GDP 增速，表明政府的财政状况进一步恶化，将面临严重的财政危机。国债是弥补财政赤字的主要来源，赤字增长将加大国债规模，并且国债需要还本付息，会进一步加大财政赤字。财政容易陷入“赤字—国债”相互推动增长的困境，如果财政收支没有明显改善，随着赤字和国债的增加，将会对未来的经济发展造成负面影响。

日本财政赤字率长期居高不下。随着 20 世纪 90 年代初日本经济泡沫破裂，日本财政赤字率大幅攀升（图 3－76）。亚洲金融危机时期达到历史高点 11.2%，此后虽有所改善，但 2008 年金融危机爆发后，日本财政赤字大幅恶化，2010 年的日本大地震灾后重建进一步加大日本财政赤字，2011 年财政赤字率达到 8.9%，OECD 预测 2013 年日本财政赤字率达到 9.5%。1993—2011 年，日本平均财政赤字率为 6.3%，远超过国际 3% 的安全警戒线；2009—2013 年的平均财政赤字率高达 8.8%，表明日本财政赤字过大，政府财政脆弱。

图 3－76　1970—2013 年日本财政赤字率

资料来源：OECD。

（三）国债依存度过高，财政的可持续性状况不佳

债务依存度是指国债发行额占同年财政支出的比重，即国债依存度＝当年国债发行额/（当年财政支出＋当年到期国债还本付息），一般以不超过 30% 为警戒线。该指标反映了一国的财政支出有多少是依靠发行国债来实现的，是判断一国国债规模合理性和财政可持续性的重要指标。当国债发行规模过大、债务依存度过高时，表明该国财政支出过分依赖债务收入，财政状况脆弱，并对未来财政状况构成潜在威胁。

随着 1965 年打破超预算平衡原则，开始发行国债，日本国债规模不断扩大，国债依存度大幅上升（图 3－77）。20 世纪 80 年代初期随着“财政重建”的开始，国债依存度有所下降。90 年代初泡沫经济破裂，日本国债依存度再次大幅攀升。1997—1998 年亚洲金融危机之后，日本国债依存度始终处于 30% 安全控制线以上。2008 年的金融危机和 2011 年的日本大地震，使国债依存度创历史高点，达到 49%。这说明，日本国家财政支出的近一半要依靠发行国债来筹集，日本财政支出对国债的依赖程度过高，国债规模过于膨胀，财政的可持续性状况不佳。

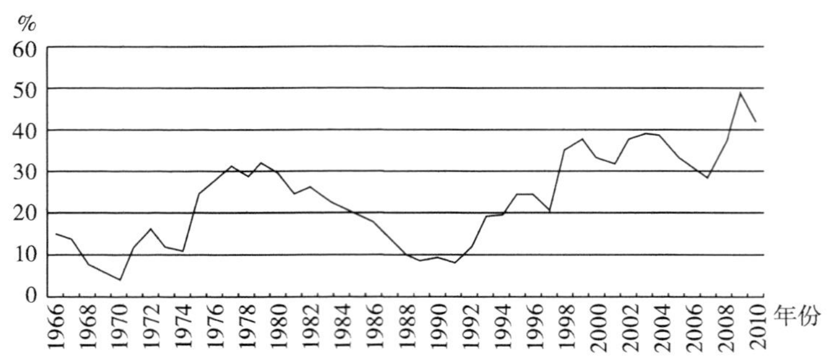

图 3－77　1965—2010 年日本国债依存度

注：国债依存度＝当年国债发行额/（当年财政支出＋当年到期国债还本付息）

资料来源：日本财务省，Wind 资讯。

（四）债务偿还率长期居高不下，政府还债能力减弱

债务偿还率是指当年财政支出中用于偿还债务的比重，即债务偿还率＝当年债务支出/当年财政支出，一般以不超过 10% 为警戒线。债务偿还率是衡量政府偿债能力的重要指标，该比率越低说明政府的偿债能力越强，越高说明政府支出的相当一部分是用来偿还债务，偿债能力越弱。

日本债务偿还率长期居高不下。1979 年日本国债偿还率突破 10% 的国际警戒线（图 3－78），1987 年超过 20%，此后一直在 20% 左右浮动，2007 年一度达到 24%，2010 年为 22%，这意味着日本财政支出的 1/5 用于还债，日本政府债务偿还能力逐渐减弱。此外，从债务收入占财政收入的比例来看，1990 年泡沫经济破裂后，日本债务收入占财政收入的比例大幅上涨，2009 年达到 50%，这意味着日本财政收入的一半来自发债，财源结构不合理，在依赖发债的赤字财政中越陷越深，财源收入不具有可持续性。

（五）国债资金来源结构发生变化，中长期爆发债务危机的潜在风险加大

银行可能减持国债。近年来，银行持续增持国债，由 2006 年的 241.7 万亿日元增加至 2010 年的 287.9 万亿日元。银行增持国债的主要原因：一是居民和企业存款增加。金融危机以来，金融市场动荡、投资者风险偏好明显下降、国债利率偏低等因素影响投资者资产选择行为，居民将投资其他金融产品的资金更多转变成存款；经济低迷导致企业投资意愿下降，剩余资金作为企业存款增加。2006 年，居民和企业存款 1085 万亿日元，2010 年上升至 1160 万亿日元。二是银行贷款业务停滞。长

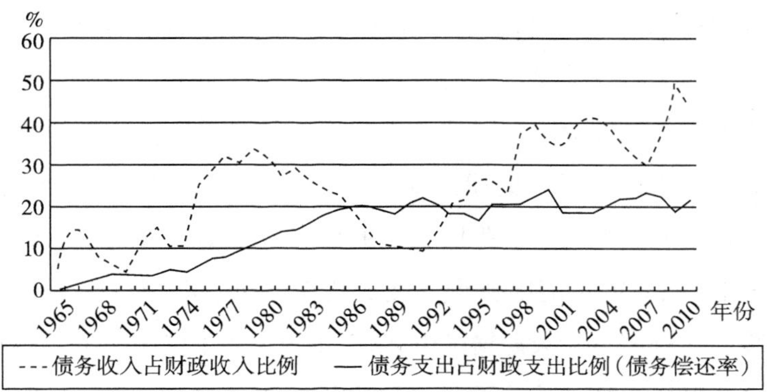

图 3－78　1965—2010 年日本债务收入占财政收入的比例和日本债务支出占财政支出的比例（债务偿还率）

资料来源：日本财务省，Wind 资讯。

期经济低迷导致企业资金需求减弱，银行主营业务的贷款几乎没有增加，2006 年贷款额度为 604 万亿日元，2010 年仅为 606 万亿日元。存款增长贷款减少导致银行存贷差扩大，资金市场明显供大于求，银行盈利空间缩小，为提高资金运营效率、平衡资产负债表，银行增持有价证券。银行持有的有价证券中，国债比例最高，由 2006 年的 57. 3% 上升至 2010 年的 68% 。

未来银行可能减持日本国债。一是日本人口老龄化进程加快，个人储蓄将大幅下降。目前日本老龄人口比例为 23% ，为全球最高水平。日本厚生劳动省报告显示，50 年后这一比例将达到 40% 。研究表明，2048 年日本人口数量将跌破 1 亿。二是由于日本经济增长前景欠佳，企业可能选择投资国外，企业存款可能减少。因此，未来银行可能会减持国债。

生命保险公司可能减持国债。近年来，生命保险公司一直增持国债，国债持有额由 2006 年的 106. 4 万亿日元上升到 2010 年的 121. 8 万亿日元。生命保险公司增持国债的原因：一是作为生命保险公司负债的责任准备金①较高，然而作为资产的贷款业务减少，基于改善资产负债表、提高资金运营效率和增加收入的需要，保险公司增持有价证券。二是基于强化风险管理需要，偏重安全资产的国债投资。有价证券中国债比例最高，由 2006 年的 54. 5% 上升到 2010 年的 65. 4% 。

未来生命保险公司可能减持国债。近年来，生命保险公司的生命保险和个人年

---

① 保险责任准备金，是指保险公司为了承担未到期责任和处理未决赔款而从保险费收入中提存的一种资金准备。保险责任准备金不是保险公司的营业收入，而是保险公司的负债，因此保险公司应有与保险责任准备金等值的资产作为后盾，随时准备履行其保险责任。

金的责任准备金出现小幅下降，由 2006 年的 254 万亿日元下降至 2010 年的 248 万亿日元。由于个人年金保险增长已经见顶，随着人口老龄化加剧生命保险减少，责任准备金将有所降低，即保险公司的负债减少；经济低迷企业投资愿望不高，导致贷款减少，为降低资产久期与负债久期①不匹配（久期错配）所承担的利率风险，持续享有安全稳定的利差收益（保险公司的投资回报率恒常大于承诺保护的保证利率），保险公司可能会缩短期限错配，减少长期、超长期国债配置。根据日本银行的统计，保险公司资产负债久期错配由 2005 年的 8 年下降至 2010 年的 4 年。

公共养老金可能减持国债。近年来，公共养老金②持有国债比例升高，由 2006 年的 67.1 万亿日元上升到 2010 年的 72.4 万亿日元。2006 年起，“国民年金”和“厚生年金”由日本厚生劳动省监管下的“年金公积金运用独立行政法人”（GPIF）负责具体管理运用。随着高度老龄化发展，养老金给付额增加，GPIF 的运营资产呈减少趋势，由 2006 年的 138.9 万亿日元下降至 2010 年的 121.2 万亿日元。其中，国债持有额在 2008 年达到顶点 84.4 万亿日元之后，也出现下降趋势。目前，GPIF 运营资产中国债比例约为 65%。

未来公共养老金可能减持国债。主要原因在于老龄化的加剧导致养老金给付额的增加，可运营的资产将持续减少，预计未来公共养老金将进一步减持国债。

（六）银行可能会减持国债，10 年期国债收益率可能上升

近年来，由于银行增持国债，对国债市场影响加大，压低了 10 年期国债收益率。国债持有量与国债收益率一般呈负相关关系。个人投资者持有额度相对较小，不能影响国债价格。银行等机构投资者持有数额巨大，能够影响国债利率走势。研究表明，银行增持国债余额的 1%，将压低 10 年期国债收益率 0.4 个基点③。

未来长期国债收益率可能上升。一是如果出现存款减少贷款增加的情况，银行可能会减持国债；二是地方银行对长期国债的平均投资年限是 4 年，远超过大

---

① 久期一般是指使用加权平均数的形式计算债券的平均到期时间。

② 日本的社会养老金结构共分三层。第一层是“国民年金”，也称基础年金，属于全民均有义务加入的年金制度。第二层与加入者的职业相关，主要分三种，包括企业工薪阶层都加入的“厚生年金”，公务员都加入的“共济年金”以及个体经营户自愿加入的“国民年金基金”。第三层面是“企业年金”和与公务员职业年限有关的“职域年金”。除“共济年金”外，一般所说的日本养老金运营基本可分公共养老金、企业养老金两类。其中，公共养老金主要为上面提到的“国民年金”和“厚生年金”。2006 年起，“国民年金”和“厚生年金”由日本厚生劳动省监管下的“年金公积金运用独立行政法人”（GPIF）负责具体管理运用。脚注内容引自：冯武勇．稳字当头，日本养老金重债轻股［N］．中国证券报，2012－03－14.

③ 日本内阁府，《日本经济 2011—2012》。

银行平均 1 年的投资年限，但是地方银行投资长期国债的能力有限，可能不再增持或减持国债，导致 10 年期国债利率上升。

（七）储蓄率下降，依靠国民储蓄支撑债务模式难以为继

欧债危机和日元升值导致长期低迷的日本经济更加疲弱，个人资产增长乏力。日本家庭储蓄率从 1994 年的 13.3% 下降至 2008 年的 2.2%，由于金融危机和经济不景气等原因，2009 年以后储蓄率有所回升，2011 年为 7.3%，但在发达国家中仍处于较低水平（图 3－79）。根据日本家庭储蓄率的长期走势判断，未来日本储蓄率有下降趋势。OECD 预测，2014 年日本储蓄率将下降至 6.6%。

日本国债持有者构成中，银行和保险公司等金融机构占有较大比例，这些机构的资金来源主要是家庭储蓄。因此，未来日本家庭储蓄率下降趋势，将导致金融机构可能减持国债。

2006 年日本偿还国债费用为 18 万亿日元，2012 年日本用于债务支出费用预计达到 21.9 万亿日元，占 2012 财年政府财政预算支出的 24.3%，即 1/5 的财政支出用于国债费用支出，日本政府债务负担越来越重，日本政府债务偿还能力逐渐减弱。因此，中长期来看，日本的资本与负债的缺口会越来越大，靠国民储蓄支撑债务模式难以为继。

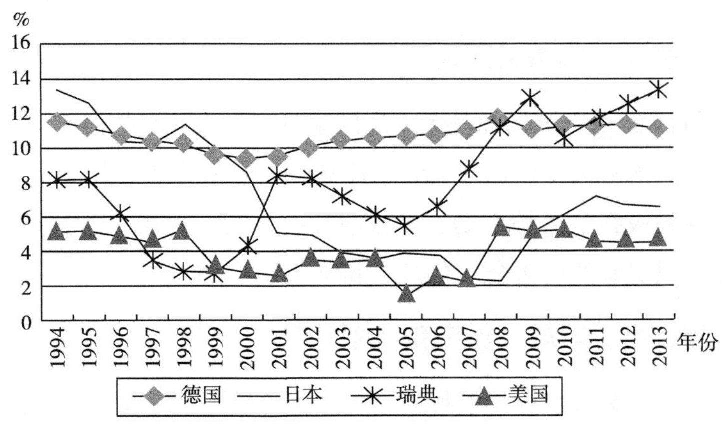

图 3－79　1994—2013 年主要发达国家家庭储蓄率

资料来源：OECD.

（八）日本 31 年来首次出现贸易赤字，国债市场环境可能改变

2011 年，受日本地震和日元大幅升值影响，国内产业转移国外增加，日本贸易收支逆差 3.4 万亿日元，31 年来首次出现贸易赤字。如果未来日本持续贸易逆差，

通过超低利率筹集资金的国债融资机制将难以为继，需要考虑海外融资，这将改变日本国债的市场环境。

四、日本政府化解债务风险方案

（一）推进财政改革

首先，制订中长期财政重建计划。从目前财政状况来看，日本健全财政的道路还需要相当长一段时间，只有制订中长期财政重建计划，才能够提高国内外投资者对日本财政的信心，确保国债市场稳定。其次，健全财政，削减财政赤字，开源节流。推动财政支出改革和财政收入，特别是税收改革同时并进的一体化改革。最后，保持经常项目顺差。长期以来，经常项目顺差支撑了日本国债的稳定，保持经常项目顺差，才能够给日本经济带来活力[①]。

（二）债务管理多样化

一是实现国债持有者多元化，国债产品多样化，创新适合不同投资者需要的国债产品。二是培育超长期国债市场。结合保险公司、年金基金等长期运营需求，增加 30 年期和 40 年期的国债发行额。这需要维护国债的长期稳定性。

（三）推进日本国债国际化

日本国债余额占 GDP 的比例为发达国家最高，根据目前国债状况并保证财政稳定，前提是市场能够消化发行的国债。日本少子老龄化的趋势导致国内消化国债能力下降，需要积极拓展国外市场、培育国外投资者，实现日本国债持有者多元化。召开面向国外投资者的说明会，在国外市场发行本国债券。

（四）增税是日本减少赤字和债务的现实选择

日本政府长期实行减税政策刺激经济增长，导致财政支出入不敷出，国债发行规模不断扩大，债务总额不断累积、屡创新高，债务前景恶化。在此过程中，由于支出“刚性”、难以减少，而巨额到期国债及利息支出增加，日本财政赤字进一步扩大。相比于其他发达国家，日本增税空间较大，增税成为日本财政重建和减小债务规模的现实选择。

---

① 金融调查委员会，《日本国债市场的可持续性》，2012 年 2 月。

第五节　利率和汇率市场化中的风险控制

作为金融改革的重要组成部分，利率市场化和汇率市场化改革从2013年开始就有提速之势。尤其是2014年以来，汇率波幅再次扩大之后，外汇市场波动不断，而传统的金融业也受互联网金融创新的冲击，“金融脱媒”进一步加剧。未来利率和汇率改革如何推进？在此过程中，又将面临哪些风险？

一、人民币利率和汇率市场化改革步伐加快

（一）我国利率市场化改革迈出新步伐

利率是资金要素的价格，利率市场化改革关乎全局。近年来，我国的利率市场化改革稳步推进并取得重要进展，货币市场利率、债券市场利率、外币存贷款利率先后实现市场化，人民币贷款利率管制也全面放开，目前仅保留对人民币存款利率的上限管理，市场机制在利率形成中的作用显著增强。

2014年以来，人民银行推动存款利率市场化改革又迈出新的重大步伐。2014年11月21日，在调整人民币贷款和存款基准利率水平的同时，推出利率市场化的重要举措，将人民币存款利率浮动区间上限由基准利率的1.1倍扩大至1.2倍。同时，简化了存贷款基准利率的期限档次，扩大了利率市场化定价的空间，健全了上海银行间同业拆放利率和市场利率定价自律机制，稳步扩大同业存单发行交易等，2014年1—10月同业存单发行总规模超过5800亿元，而2013年全年仅为340亿元，这对于进一步健全市场利率形成机制，提高金融机构自主定价能力具有重要意义。伴随着金融产品创新，我国利率市场化的程度已经大大提高。

表3-37　我国人民币利率市场化进程

阶段	时间	措施
第一阶段：银行间同业拆借利率和债券利率的市场化	1996年6月	放开银行间同业拆借利率
	1997年6月	放开银行间债券回购利率
	1998年8月	实现银行间市场利率市场化
	1999年10月	实现国债和政策性金融债发行利率的市场化

续表

阶段	时间	措施
第二阶段：贷款利率、贴现利率的市场化	1998 年 3 月	人民银行改革了贴现利率生成机制，贴现利率和转贴现利率在再贴现利率的基础上加点生成，在不超过同期贷款利率（含浮动）的前提下由商业银行自定
	1998—1999 年	人民银行连续 3 次扩大金融机构贷款利率浮动幅度
	2004 年 1 月	人民银行再次扩大金融机构贷款利率浮动区间，贷款利率浮动区间不再根据企业所有制性质、规模大小分别制定，扩大商业银行自主定价权。同时推出放开人民币各项贷款的计、结息方式和 5 年期以上贷款利率的上限等其他配套措施
	2004 年 10 月	人民银行首度开始实践“贷款利率管下限、存款利率管上限”的管理政策，贷款取消封顶，下浮为基准利率的 0.9 倍，存款利率下不设限。贴现利率与贷款利率同步实现下限管理
	2005 年以后	金融机构办理贴现业务的资金来源逐步转向自由资金或货币市场融入资金，与再贴现资金无关，贴现利率与再贴现利率逐渐脱钩
	2006 年 8 月	个人住房贷款利率的浮动范围扩大至基准利率的 0.85 倍
	2008 年 10 月	央行将商业性个人贷款利率下限扩大到基准利率的 0.7 倍
	2012 年 6 月	央行将金融机构贷款利率下限扩大到基准利率的 0.8 倍
	2012 年 7 月	央行将金融机构贷款利率下限扩大到基准利率的 0.7 倍
	2013 年 7 月	央行全面放开金融机构贷款利率管制：①取消金融机构贷款利率 0.7 倍的下限，由金融机构根据商业原则自主确定贷款利率水平；②取消票据贴现利率管制，改变贴现利率在再贴现利率基础上加点确定的方式，由金融机构自主确定；③对农村信用社贷款利率不再设立上限
第三阶段：存款利率的市场化	1999 年 10 月	央行进行大额长期存款利率市场化尝试，批准对中资保险公司法人试办 5 年期以上、3000 万元以上的长期大额协议存款业务，利率水平由双方协商确定
	2002—2003 年	存款人的试点范围扩大到社保基金、养老基金和邮政储汇局等机构
	2004 年 10 月	央行决定允许人民币存款利率下浮，但不能上浮
	2012 年 6 月	央行将金融该机构存款利率上限扩大到基准利率的 1.1 倍
	2014 年 11 月	央行将金融机构存款利率浮动区间的上限由存款基准利率的 1.1 倍调整为 1.2 倍；其他各档次贷款和存款基准利率相应调整，并对基准利率期限档次做适当简并

资料来源：①中国人民银行网站；②连平．利率市场化：谁主沉浮［M］．北京：中国经济出版社，2014.

表 3－38　我国外币利率市场化进程

时间	措施
2000 年 9 月	放开外币贷款利率和 300 万美元（含）以上的大额外币存款利率；300 万美元以下的小额外币存款利率仍由人民银行统一管理
2002 年 3 月	央行将境内外资金融机构对境内中国居民的小额外币存款（300 万美元或等值其他外币以下），纳入央行现行小额外币存款利率管理范围
2003 年 7 月	放开英镑、瑞士法郎和加拿大元的外币小额存款利率管理，由商业银行自主确定。小额外币存款利率由原来国家制定并公布 7 种减少到境内美元、欧元、港元、日元 4 种
2003 年 11 月	放开小额外币存款利率下限
2004 年 11 月	放开 1 年期以上小额外币存款利率

资料来源：中国人民银行网站。

（二）人民币汇率形成机制改革新进展

2014 年以来，我国汇率市场化改革加速推进。人民币汇率单边升值趋势发生变化，双向波动成为常态，越来越接近动态均衡水平。市场化定价机制得到进一步完善，市场效率明显提高。

市场对价格影响力明显上升，汇率弹性显著增强。汇率市场化改革就是促进人民币汇率形成机制沿着市场化方向发展，让市场决定汇率。在市场完全发挥作用之前，人民币对美元汇率波幅是逐步放开的。2005 年 7 月启动人民币汇率制度改革，人民币对美元汇率浮动幅度为 0.3%，2007 年 5 月扩大至 0.5%，2012 年 4 月扩大至 1%，2014 年 3 月扩大至 2%。浮动幅度的实质性扩大反映了汇率改革正在加速，市场对价格的影响力明显上升。央行扩大人民币汇率波幅，是在市场对人民币汇率走势预期存在一定分歧、资本流入放缓的背景下顺势推出的，有利于促进人民币汇率形成双向波动、增强弹性的局面，增强了市场对价格的影响力。

表 3－39　人民币对美元汇率波动幅度变化

时间	波动幅度
2005 年 7 月	0.3%
2007 年 5 月	扩大至 0.5%
2012 年 4 月	扩大至 1%
2014 年 3 月	扩大至 2%

央行基本退出常态化市场干预，市场效率明显提高。2014 年第二季度以来，央行已基本退出常态化的市场干预，央行的角色从“价格制定者”转变为“价格监督者”。第二季度以来人民币汇率出现有升有贬的趋势，货币当局将其视为适应当前

经济金融开放新格局下的正常态势，并没有进行干预，而是放手让市场决定汇率。同时，为提高市场效率、降低经济主体的汇兑成本，央行授权外汇交易中心在银行间市场开展人民币对英镑、韩元、欧元、新加坡元、新西兰元等货币的直接交易。

外汇管理体制改革深化，进一步简政放权。近年来，我国继续推进外汇管理体制改革，在稳步推动人民币资本项目可兑换的同时，不断完善跨境资金流动监管，采取宏观审慎政策工具和市场化调节手段，有效防范跨境资金异常流入。同时，进一步简政放权，支持各类金融机构更加便利地进入银行间外汇市场，继续推动建立政府监管与市场自律并行的管理框架。2014 年 12 月，外汇管理局宣布放宽银行间外汇市场准入政策，取消事前资格许可，允许合格的货币经纪公司在银行间外汇市场开展相关业务，扩大外汇市场参与主体。

二、我国利率市场和汇率市场波动特点分析

（一）2014 年我国利率市场波动特点分析

2014 年货币市场利率波动幅度减小，利率中枢明显下行。2014 年 12 月，质押式回购加权平均利率为 3.49%，较上年同期下降 79 个基点；同业拆借加权平均利率为 3.49%，较上年同期下降 67 个基点。市场利率作为资金价格，其变化是流动性供求相互作用和平衡的结果。2014 年货币市场利率呈现年初较高—年中较低—年末较高的波动特点。2014 年初临近农历新年，市场利率水平全线高企，凸显资金面紧张程度，银行面临的流动性风险攀升。2014 年 1 月，全国银行间质押式回购加权平均利率高达 3.98%，全国银行间同业拆借加权平均利率为 3.86%。一般情况下，受企业税收集中清缴、端午节假期现金需求以及商业银行半年末指标考核等多种因素叠加影响，年中往往会出现资金紧张、利率上升的情况。为缓解市场资金紧张局面，央行采取多项措施增加市场流动性。央行在 4 月和 6 月分别进行了两次“定向降准”，下调县域农村商业银行、县域农村合作银行以及符合审慎经营要求且“三农”和小微企业贷款达到一定比例的商业银行的准备金率；9 月和 10 月通过中期借贷便利（MLF）向市场分别注入了 5000 亿元和 2695 亿元的流动性；央行在不同时间点开展了短期流动性操作（SLO）、抵押补充贷款（PSL）和常设借贷便利（SLF）等操作；4 次降低正回购利率，对市场形成价格引导，为资金面的相对宽松创造条件。因此，年中市场整体流动性较为平稳。2014 年底，商业银行面临存贷比考核和节日资金备付的需求，资金供给趋紧，货币市场利率上扬。

从国际经验看，受利率市场化推进、经济结构性因素和开放环境下的外溢影响，利率中枢往往会有所抬升，利率的波动幅度可能加大，在充分反映市场供求变化的同时，更好地发挥价格杠杆在资源配置中的决定性作用。此外，一些财务软约束部门资金需求量大，对利率敏感性相对较低，其大量融资也推高了全社会融资成本。同时，随着美联储退出 QE（量化宽松），美国国债利率上升带动全球长期利率水平抬升，这对中国利率水平也有一定的影响。

银行间市场国债收益率曲线整体平坦化大幅下移。在 2014 年我国经济持续下行、金融风险加大、地缘政治风险加大的背景下，各类机构的风险偏好下降，投资者更倾向于低风险的国债，拉动国债价格上升，国债收益率下降。12 月末，国债收益率曲线 1 年、3 年、5 年、7 年、10 年的收益率分别比上年底低 92、103、93、97、94 个基点。全年国债收益率缓慢下降，收益率曲线整体震荡下行，收益率曲线平坦化特征明显。

表 3－40　全国银行间同业拆借加权平均利率

日期	加权平均利率（%）
2014 年 1 月	3. 86
2014 年 2 月	3. 01
2014 年 3 月	2. 49
2014 年 4 月	2. 72
2014 年 5 月	2. 56
2014 年 6 月	2. 85
2014 年 7 月	3. 41
2014 年 8 月	3. 17
2014 年 9 月	2. 97
2014 年 10 月	2. 69
2014 年 11 月	2. 82
2014 年 12 月	3. 49

资料来源：中国外汇交易中心。

表 3－41　全国银行间质押式回购加权平均利率

日期	加权平均利率（%）
2014 年 1 月	3. 98
2014 年 2 月	2. 99
2014 年 3 月	2. 48
2014 年 4 月	2. 69

续表

日期	加权平均利率（%）
2014 年 5 月	2.56
2014 年 6 月	2.89
2014 年 7 月	3.41
2014 年 8 月	3.11
2014 年 9 月	2.93
2014 年 10 月	2.64
2014 年 11 月	2.79
2014 年 12 月	3.49

资料来源：中国外汇交易中心。

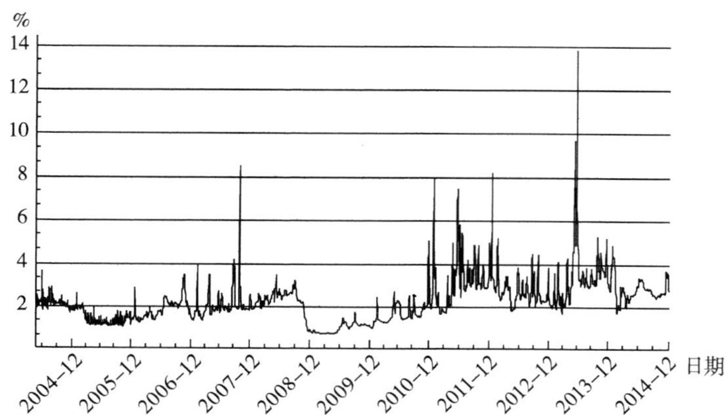

图 3－80　银行间同业拆借加权利率走势

资料来源：Wind 资讯。

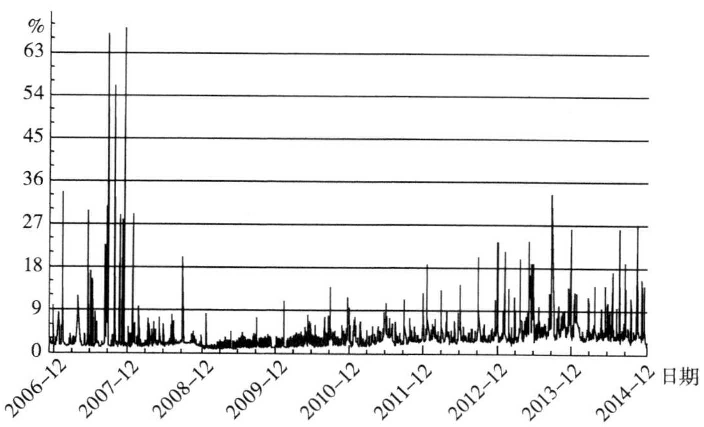

图 3－81　上证所新质押式国债回购加权平均利率走势

资料来源：Wind 资讯。

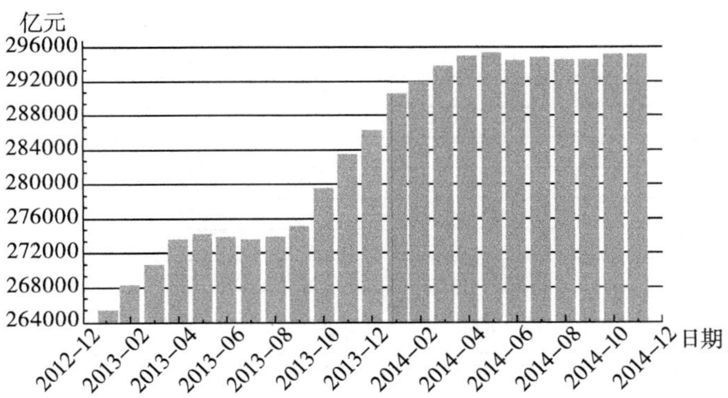

图 3-82　金融机构外汇占款余额

资料来源：Wind 资讯。

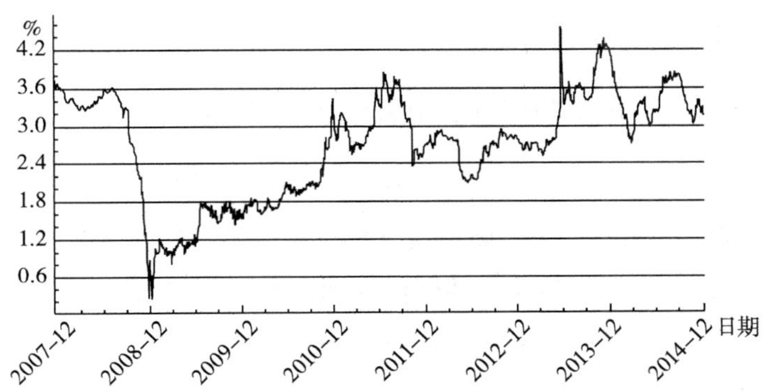

图 3-83　6 个月期国债到期收益率曲线

资料来源：Wind 资讯。

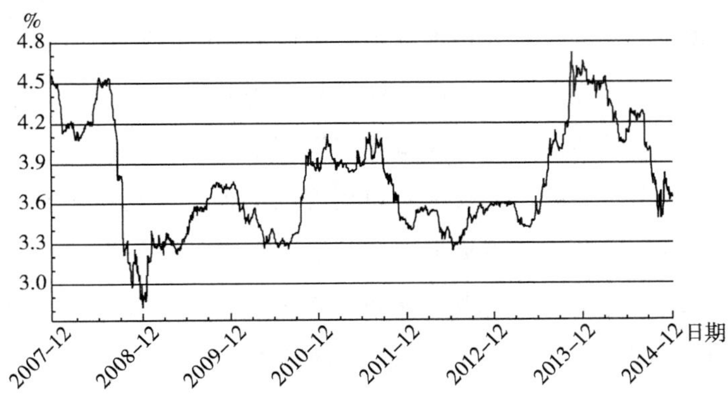

图 3-84　10 年期国债到期收益率曲线

资料来源：Wind 资讯。

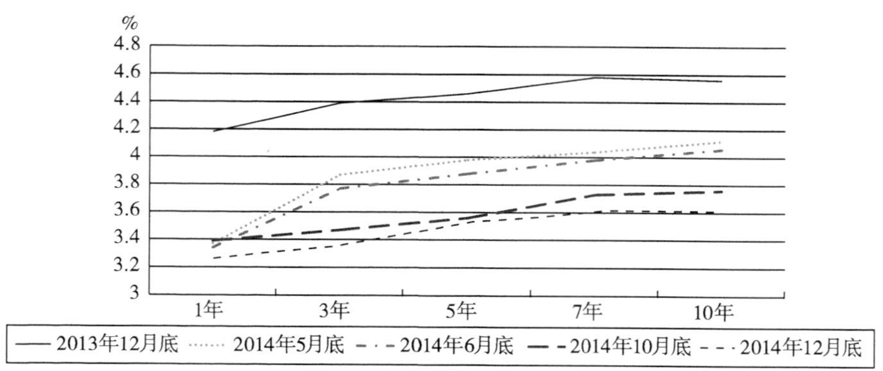

图 3-85　2014 年银行间市场国债收益率曲线变化情况

资料来源：Wind 资讯。

（二）我国汇率市场波动特点分析

2014 年以来，人民币汇率波动弹性显著增强，形成有升有贬、波动运行的格局。

1. 打破单边升值趋势，呈现升贬交替、波幅加宽的双向波动走势

2014 年以来，人民币汇率打破单边升值趋势，出现两轮大幅贬值周期。第一轮是从 1 月开始持续到 6 月长达半年的贬值周期，人民币即期汇率贬值幅度约为 4%，人民币对美元汇率一度达到 1 美元兑 6.26 元人民币，此后人民币汇率小幅升值。第二轮是 11 月以来，人民币再次出现大幅贬值，贬值幅度约为 2%。

一、二季度贬值的主要原因，一是由于美国经济持续复苏及退出量化宽松货币政策的步伐加快，对国际流动性的吸引力持续增强，国际资本回流美国，导致外资流入中国速度放缓甚至出现短期资本流出，增加了人民币汇率中短期内贬值的压力。二是在发达经济体缓慢复苏，新兴经济体增长动力趋弱的背景下，中国经济下行使人民币汇率承受一定贬值压力。三是 2013 年人民币汇率“超升”加大了外汇市场对人民币的贬值预期。之后，在我国宏观经济数据企稳以及地缘政治风险等因素的影响下，人民币成为重要的避险货币之一，带动 7—10 月人民币小幅升值。

11 月以来的新一轮人民币大幅贬值的主要原因，一是在美元持续走强、非美货币几乎全部贬值期间，人民币反而对美元汇率略有升值，增强了市场对人民币的贬值预期。美元汇率 7 月以来持续上涨，名义美元指数（对主要货币）7—12 月累计升值幅度约为 10%。包括新兴市场国家和发达经济体在内的几乎所有非美货币对美元汇率都呈显著贬值，卢布、日元、欧元、英镑等对美元汇率都创出近年来的新低。2014 年下半年，卢布对美元汇率贬值幅度一度超过 50%。反观人民币汇率，不仅在

美元走强期间略有升值，而且人民币实际有效汇率升值幅度更加显著。二是我国11月出口增幅连续2个月回落，市场预期官方可能允许人民币贬值来保出口，强化了人民币贬值预期。三是受国际油价暴跌的冲击，包括我国在内的部分新兴经济体货币的贬值压力增加。

2. 人民币即期汇率与中间价走势明显背离

11月以来，人民币即期汇率处于贬值趋势，而中间价却呈明显升值趋势，这表明市场存在较大贬值压力。人民币汇率中间价反映了外汇市场做市商的报价，同时也体现了央行的汇率管理意图。由于市场预期和央行的汇率管理意图产生了冲突，在一定程度上引发了二者走势出现大幅背离。

3. 人民币有效汇率升值幅度显著

2014年6月以来，与人民币即期汇率有升有贬双向波动态势相反，人民币有效汇率呈单向升值态势。截至2014年11月，人民币实际有效汇率升值9.1%，人民币名义有效汇率升值8.7%。

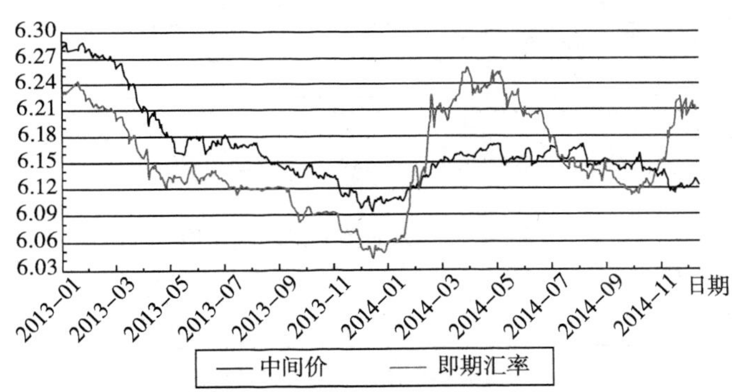

图3-86　人民币对美元汇率中间价和即期汇率走势图

资料来源：Wind 资讯。

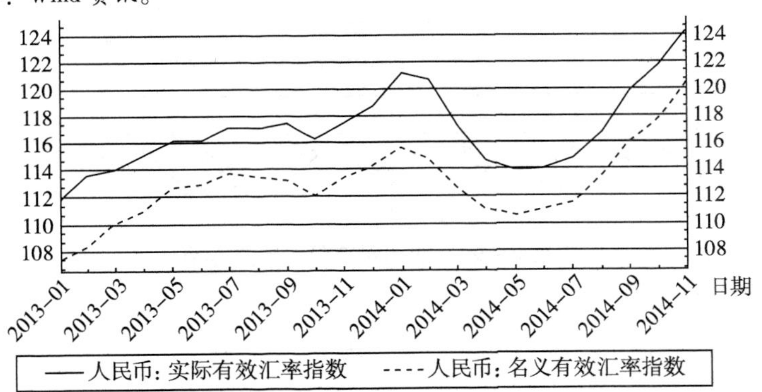

图3-87　人民币实际有效汇率指数和名义有效汇率指数趋势图

资料来源：Wind 资讯。

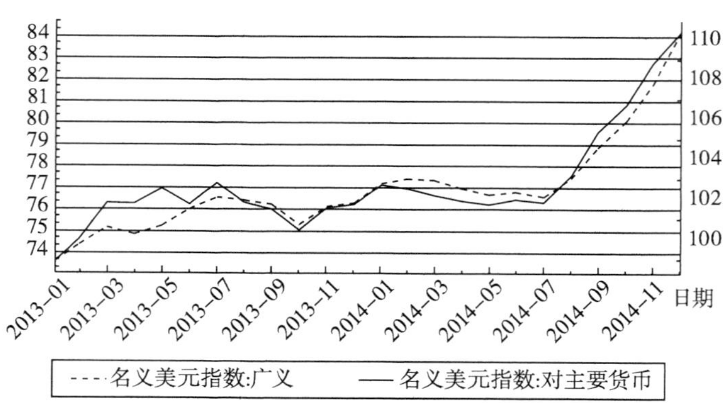

图 3-88　名义美元指数走势图

资料来源：Wind 资讯。

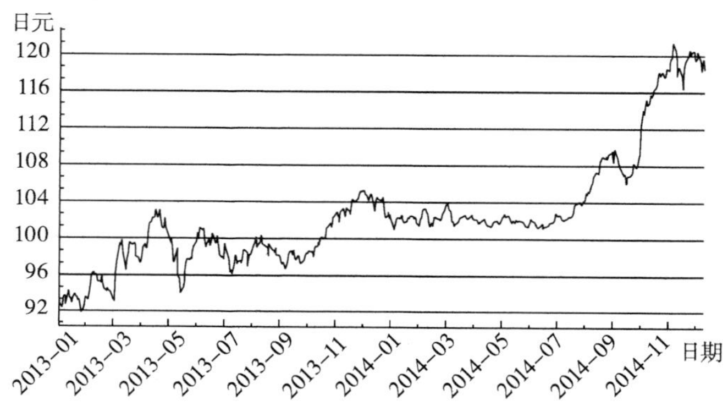

图 3-89　日元对美元汇率走势图

资料来源：Wind 资讯。

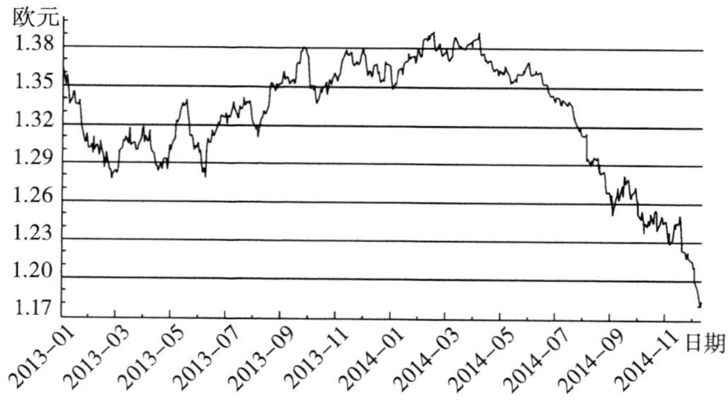

图 3-90　欧元对美元汇率走势图

资料来源：Wind 资讯。

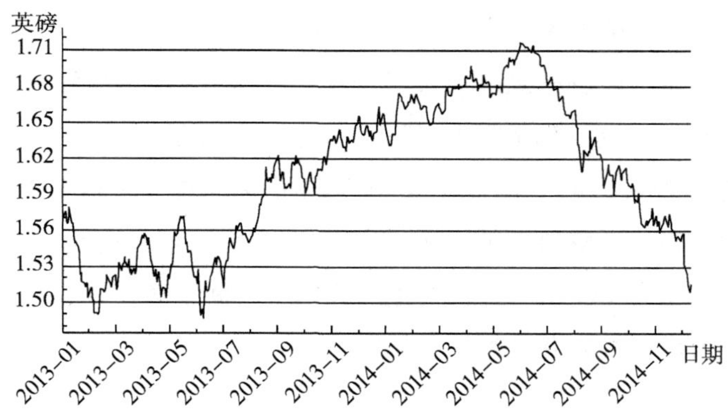

图 3-91 英镑对美元汇率走势图

资料来源：Wind 资讯。

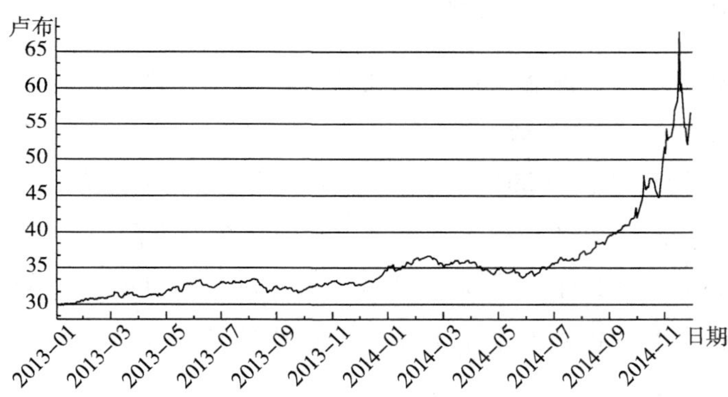

图 3-92 卢布对美元汇率走势图

资料来源：Wind 资讯。

4. 未来人民币汇率走势预测

目前人民币汇率已接近均衡水平，未来总体上将持续双向波动。汇改以来，人民币对美元汇率累计升值近 30%。然而 2014 年以来，人民币一改 2013 年强势升值态势，出现大幅贬值。根据资本增强型均衡汇率模型测算，截至 2014 年 2 月，人民币实际有效汇率仍高估 2.7%，即人民币仍有继续贬值的空间。2014 年 11 月以来，人民币再次大幅贬值 2%，印证了此前的预测结果。目前人民币汇率已接近均衡水平。预计未来随着人民币汇率形成机制市场化改革的推进，人民币汇率弹性将进一步增强，双向波动将成为常态，人民币汇率将向市场均衡汇率水平靠拢。

受当前我国经济存在一定下行压力和全球资本流向转变等因素影响，短期内人民币汇率可能继续呈小幅贬值态势，但不存在大幅贬值风险。一是我国外汇储备充裕，2014年末，我国外汇储备约为4万亿美元，总量仍保持世界第一。二是人民币汇率中间价基本稳定，能够有效引导市场预期。三是我国宏观经济运行平稳，支持人民币汇率保持基本稳定。截至2014年10月底，人民币跨境收支占全部本外币跨境收支的比重约为24%，与我国发生跨境人民币收付的国家达到174个，已有28个中央银行与我国签订了双边本币互换，先后与12个国家或地区的中央银行签订了人民币清算安排，已有169家境外机构进入我国银行间市场投资，超过30家的央行和货币当局已将人民币纳入其外汇储备。

三、下一步利率和汇率市场化改革面临的主要风险

（一）下一步利率市场化改革面临的主要风险

企业面临融资成本迅速上升风险。随着利率市场化进程加快，利率总体水平将趋于上升，导致企业融资成本大幅上升，不利于实体经济发展。目前，我国PPI连续34个月为负增长（2012年3月—2014年12月），通缩迹象明显。同时在融资供求关系相对偏紧的情况下，如果取消存款利率上限，若不打破刚性兑付，将推高无风险利率，提升银行资本金成本，从而进一步推升贷款利率水平，企业融资成本将大幅上升。特别是中小企业由于对贷款利率议价能力较弱，面临的利率风险将进一步上升。

商业银行面临系统性经营风险。一是利率市场化后商业银行将面临竞争加剧、利差收窄、盈利下降的挑战。利率市场化之后，商业银行将会竞相抬高存款利率水平招揽存款，商业银行之间的竞争加剧。此外，息差收入是我国银行业的主要收入来源，作为商业银行主要客户的优质大企业的贷款议价能力较强，导致贷款利率难以显著提高，利率市场化后存贷利差收窄是必然趋势，银行业的营利能力将面临重大考验。二是商业银行面临的利率定价风险、信贷客户信用风险管理难度加大。三是中小商业银行面临的经营风险大于大型商业银行，部分银行可能面临倒闭破产的风险。四是传统商业银行面临“金融脱媒”、互联网金融等挑战。互联网金融在技术上完全能够替代商业银行并将彻底颠覆传统商业银行的经营模式、盈利模式和服务模式。

居民存款安全问题突出。目前，我国多数居民将存款储蓄作为首选投资方式，存款储蓄虽然收益较低，但存款利率作为无风险利率具有政府的隐性担保，安全性较高，符合多数居民的投资要求。利率市场化后，银行竞争加剧，一些银行为高息

揽存导致经营风险加大，然而居民普遍缺乏风险意识，居民存款风险加大。

房地产信贷违约风险加大。近年来，随着房地产业投资的迅猛发展，房地产信贷增长较快，我国商业银行对房地产贷款依赖度较高。截至2014年第三季度，中国银行业房地产贷款占总贷款的18.2%，其中房地产开发商的贷款占整个房地产贷款的34.7%。《2014年中国房地产上市公司TOP10研究报告》显示，我国房地产业上市公司的资产负债率一直处于上升趋势，2013年沪深上市房企的资产负债率平均值约64%，达到近4年的最高水平，可见房地产开发企业财务风险增大，进一步增大房地产信贷风险。此外，目前我国部分城市呈现住房存量过剩、开发过度等现象，房价存在下行趋势，加大房企贷款违约风险。

地方融资平台债务违约风险加大。目前我国地方政府债务持续增加。审计结果显示，截至2013年6月底，地方负有偿还责任的债务余额约为10.9万亿元；2014年和2015年到期需偿还的债务占债务余额的比例分别为21.89%和17.06%。2013—2014年是平台债务到期的高峰期，偿债压力较大。由于我国经济减速，未来地方政府财政收入增速将放缓，利率上升将增加付息压力，如不有效控制负债增长，地方融资平台将出现大面积违约。

表3－42　地方政府性债务余额未来偿债情况表　　单位：亿元

偿债年度	政府负有偿还责任的债务	
	金额	比重
2013年7—12月	24949.06	22.92%
2014年	23826.39	21.89%
2015年	18577.91	17.07%
2016年	12608.53	11.58%
2017年	8477.55	7.79%
2018年及以后	20419.73	18.76%
合计	108859.17	100.00%

资料来源：《全国政府性债务审计结果》，审计署网站。

（二）下一步汇率市场化改革面临的主要风险

随着人民币汇率形成机制改革的深化和市场作用的发挥，汇率市场化改革也面临诸多风险。

外汇管理面临诸多挑战。随着人民币汇率弹性增强，汇率的稳定性在降低，汇率的过度波动将影响我国的金融稳定，给外汇管理带来挑战。一是央行如何有效干预外汇市场，以保持汇率的基本稳定，促进国际收支平衡。人民币汇率发生较大波动时，央行有责任稳定外汇市场，如何有效干预外汇市场，促进人民币汇率在均衡合理水平上的双向波动，并以此达到改善涉外经济环境、防范金融风险、促进国际收支平衡的目标，是央行面临的重要挑战之一。2014 年 12 月，外管局全面放开银行间外汇市场境内机构准入，引入更多类型的金融机构，这将增加央行进行外汇干预的难度。二是外汇储备经营面临挑战，大规模外汇储备经营不仅受制于外汇波动风险，还受制于市场容量约束。三是如何破解外汇管理面临的“便利化”和“防风险”的两难困境。例如，如何实施有效监管和促进贸易投资便利化，只有有效甄别合理投资和投资套利行为，才能对跨境资金流动实施有效监管。

企业面临的汇率风险加大。由于我国长期实行相对稳定的汇率制度，实体经济部门往往忽视国际经济贸易中的汇率风险，普遍缺乏汇率避险意识，也较少使用避险工具。随着人民币汇率形成机制市场化改革加快，人民币汇率波幅逐渐扩大是必然趋势，同时在放宽银行间外汇市场准入之后，更多机构将进入银行间市场，外汇交易价格将反映更多市场机构的预期，人民币汇率波动将会显著放大。企业由此面临的汇率风险将加大。

金融市场波动风险加大。近期，在人民币贬值压力下，我国资金面临外流压力。国际方面，卢布暴跌可能会加速我国和其他一些新兴市场国家货币贬值和资金外流，美国经济复苏和美联储加息预期持续推升美元走强，带动国际资本回流美国，从而进一步加大我国资金外流和货币贬值双重压力。国内方面，经济下行压力和汇率波幅扩大，以及我国经常项目顺差与 GDP 之比大幅收窄，都易引起跨境资金的波动。因此，应警惕跨境资金流动和人民币贬值可能引发我国金融市场波动的风险。

四、充分把控好人民币利率和汇率市场化中的风险

（一）下一步推进利率市场化改革的重点

一是进一步扩大利率上浮空间。中央银行宣布 2014 年 11 月 22 日起下调金融机构人民币贷款和存款基准利率。金融机构一年期贷款基准利率下调 0. 4 个百分点至 5. 6%；一年期存款基准利率下调 0. 25 个百分点至 2. 75%。同时结合推进利率市场化改革，将金融机构存款利率浮动区间的上限由存款基准利率的 1. 1 倍调整为 1. 2 倍；其他各档次贷款和存款基准利率相应调整，并对基准利率期限档次做适当简并。在新的基准利率上，目前存款利率最高可上浮 20%，今后可进一步扩大上浮幅度，并最终取消上限，实现利率市场化。

二是培育基准收益率曲线。完善市场利率体系的关键是培育基准收益率曲线。构建基准收益率曲线是利率市场化顺序的首要要求，也是推动利率市场化改革最重要的一步。建议大力培育上海银行间同业拆放利率（Shibor）成为基准收益率曲线短端的基准；完善贷款基础利率（LPR）作为针对实体经济的贷款基础利率；培育国债收益率曲线作为基准收益率曲线的中长端基准。

三是建立存款保险制度和金融机构破产退出机制。在利率市场化进程中，由于银行体系风险加大，有必要按照市场机制建立存款保险制度，保护存款人利益。同时，应尽快出台金融机构破产制度，形成以市场原则为基础，安全、高效的市场退出机制和破产法律制度，规范金融机构的市场退出程序。建设以破产为核心的金融机构市场退出机制，必须与放开银行业准入制度结合起来。应积极推进金融机构准入改革，给予小微金融机构和民间金融以更大的空间。

四是加强对重点领域的风险监管。随着利率市场化的推进，金融体系的风险加大。房地产金融风险、地方债务融资平台风险、影子银行等风险不断累积，由此加大诱发系统性金融风险隐患。应加强对跨市场风险传播领域的监管，持续加强对房地产市场、地方融资平台、影子银行等重点领域的监管，加强对金融创新的监管。

（二）充分把控好人民币汇率市场化改革进程

充分发挥汇率市场化的积极作用，降低由此可能带来的负面影响和风险，需要注意以下三个方面：

一是进一步完善汇率市场定价机制，增强汇率弹性。近年来，人民币汇率市场定价空间不断扩大，人民币汇率弹性不断增强。然而，离市场决定汇率价格还有一定距离。建议保持人民币汇率在合理、均衡水平上基本稳定的前提下，逐渐放宽人民币汇率双向波动幅度，最终实现汇率自由波动，形成市场化定价机制。

二是丰富外汇风险对冲工具，增强企业避险意识。汇率市场化带来较大的汇率波动及地缘政治风险等因素，导致我国外贸企业的汇率风险明显上升。外贸企业应充分树立危机意识，采取措施规避汇率波动造成的损失，如签订远远期、外汇掉期和人民币外汇期权等人民币衍生品合约。建议积极发展外汇衍生品市场，推出更多可供企业选择的汇率避险工具，如人民币期货。同时，积极推进人民币国际化，鼓励企业使用人民币进行跨境贸易结算，规避汇兑损失。

三是加强防范资本流动冲击，完善调控工具。随着我国金融市场开放、资本项目开放和人民币国际化步伐的加快，国际资本双向流动频繁，汇率波动幅度加大，国际资本流动冲击国内金融稳定风险加大。建议完善调控工具，实施托宾税并进行必要的资本管制，加强跨境资金流动双向监测预警，防范跨境资本双向流动冲击。同时，稳步推进人民币资本项目可兑换，促进贸易投资便利化。

第六节　构建合理的收益率曲线

近年来，随着我国利率市场化进程的加快，金融产品创新缺乏定价基准、央行数量调控效果不明显等问题凸显。这是由于我国尚未形成一个足以影响各类金融资产定价的基准收益率曲线，货币政策难以通过基准收益率曲线实现间接经济调控的作用。因此，构建合理的基准收益率曲线是推动利率市场化进程的一个重要步骤。

一、构建合理的利率收益曲线的必要性

第一，基准收益率曲线是各类金融资产定价的重要参考。基准利率（Benchmark Interest Rate）是以金融市场供求为基础形成的基准性利率，对于其他各种利率起到影响和制约作用，是金融资产定价的重要参考依据。西方国家普遍采用中央银行的再贴现率作为基准利率，英国采用伦敦同业拆借利率（Libor），美国采用联邦基金利率。我国采用 1 年期存款利率为基准利率，同时存在拆借回购利率、债券收益率、票据利率等多种类型和期限结构的基准利率。基准收益率曲线（Benchmark Yield Curve）综合了不同期限的基准利率，形成一条以横轴为期限，以纵轴为收益率（利率）的曲线，随着市场供求关系变化，基准收益率曲线随时都可能发生快速的变动。由于完整平滑的收益率曲线反映了市场参与者对短期、中期、长期利率的总体预期，投资机构将收益率曲线作为捕捉投资机会、进行风险管理不可或缺的工具。然而，目前我国缺乏一条综合的基准利率收益曲线，难以发挥资金优化配置和货币政策调控的传导作用。

第二，基准收益率曲线是央行实施货币政策的重要依据。在数量调控效果不明显的情况下，央行货币政策需要转向价格调控为主。由于基准利率牵一发而动全身，央行可以通过控制或影响基准利率来调节整个利率体系，实现其政策意图。其实现路径为：央行通过货币政策操作影响基准利率，基准利率调整将引发市场利率或金融产品定价的自发调节，进而可以实现对居民、企业消费与投资行为的调整，以此

达到货币政策的最终目标，从而实现对国民经济的有效调控。例如，美联储将基准收益率曲线（一般是指国债收益率曲线）作为货币政策调控的基础，作为影响货币市场利率的中介，达到影响市场供求关系和引导市场预期的作用。此外，由于收益率曲线蕴含了大量的市场信息，可以作为预示市场风险的指标。因此，央行可以根据收益率曲线预测宏观经济走势，指导公开市场操作和货币政策调控，财政部门也利用收益率曲线来控制国债发行成本，实现债务管理科学化。

第三，构建基准收益率曲线是推进我国利率市场化改革的重要步骤。我国利率市场化的目标是：建立健全由市场供求决定的利率形成机制，中央银行调控基准利率，通过基准利率引导市场利率，实现利率优化资金配置的调节作用。然而，当前我国利率尚未真正市场化，存款利率上限和贷款利率下限仍然受到管制，存贷基准利差由官方确定，利率的杠杆作用无法发挥，金融资源配置效率低下。因此，作为建立市场化利率的顺序，首先要建立市场基准利率，构建合理的基准收益率曲线。

第四，构建基准收益率曲线是人民币国际化的需要。国际经验表明，国际货币都有其基准利率，如 Libor、欧元区银行同业拆放利率（Euribor）等，在基准利率基础上确定本币计价的金融产品定价，扩大本币在国际金融市场上的流通与应用，以此推动本币的国际化。金融危机以来，人民币国际化进程不断加快，令市场对人民币投资产品的需求激增，国际机构争相制定人民币定价基准，争夺人民币定价权。为争夺国际人民币的定价权，促进人民币国际化进程，客观上要求放开利率管制，需要培育一个真正能够反映资金供求信息的基准利率。

二、目前我国构建基准利率收益曲线存在的问题

第一，缺乏一个足以影响各类金融资产定价的基准收益率曲线。近年来，我国相继推出上海银行间同业拆放利率（Shibor）和银行间国债收益率曲线、央行票据收益率曲线和政策性金融债收益率曲线等基准收益率曲线，基本形成了短端以 Shibor 为基准，长端以国债收益率为基准的期限结构。目前，我国基准收益率曲线存在的问题：一是收益率的市场化决定程度不高，这是由于我国利率尚未真正市场化，资本市场尚不成熟，这些收益率曲线并不是真正意义上的市场利率，因此不能很好地发挥基准利率对优化资金配置的调节作用；二是期限品种结构不完善，长期品种相对缺乏，不能形成合理、有效的收益率曲线结构。

第二，收益率曲线短端有待加强。Shibor 2007 年运行以来，在货币市场上的基准

地位得到加强，对债券产品定价基准作用不断提升，逐步成为收益率曲线短端的基准，这为货币政策的利率手段由存贷款利率转为基准利率奠定了基础。然而，Shibor 作为市场基准利率的功能仍有较大差距，如报价行数量较少，缺乏广泛的代表性，使得 Shibor 难以真实地反映资金供求价格；Shibor 在票据贴现、短期融资券、商业银行内部转移定价、大额可转让定期存单等定价以及央票发行和回购等货币政策操作中的应用还比较有限等。因此，Shibor 作为收益率曲线短端的基准地位有待加强。

第三，收益率曲线长端不完善。长期债券发行品种少，交易不活跃。中期和长期基准利率主要是指中长期债券利率，这主要是因为国债的风险最小、信誉最高，可以作为其他金融资产的风险定价基础，同时债券具有足够宽的期限结构，能够反映中期和长期利率水平。2007 年，银监会颁布《关于建立银行业金融机构市场风险管理计量参考基准的通知》，强化国债等收益率曲线在银行风险管理中的作用，将中央国债登记结算有限公司的国债等收益率曲线作为比较指标。然而，目前我国国债 20 年和 30 年期品种相对欠缺，发行频率较低，造成收益率曲线长端断点，不利于收益率曲线的完整和平滑，不能充分发挥一级市场国债定价的“灯塔”作用；长期债券在二级市场的交易也不够活跃，流动性不强，很难形成有效的国债收益率曲线。

三、构建合理的收益率曲线的建议

第一，构建有效的基准收益率曲线，推动利率市场化改革。构成收益率曲线的市场利率必须具备基准利率的属性，否则会影响基准收益率曲线的功能和意义。然而，由于我国利率尚未真正市场化，存在利率管制，无法形成合理的基准收益率曲线，不能充分发挥基准收益率曲线的货币政策传导作用和市场定价功能。因此，构建基准收益率曲线是利率市场化顺序的首要要求，也是推动利率市场化改革最重要的一步。

第二，大力培育 Shibor 成为收益率曲线短端的基准。一是建立以 Shibor 为基准的市场化定价机制，并以此为基础推进其他方面的利率改革。将 Shibor 培育成一个公认的、权威的利率基准，来替代央行设定的存贷款利率，这样央行对利率的管制才能逐渐淡出，利率才能实现真正的市场化。二是以 Shibor 为基准进行产品创新，在创新过程中借鉴国际经验，增强自主创新能力。允许其他基准（如七天回购利率）存在，不应用行政手段压制，以促进良性市场竞争，真正树立 Shibor 的基准性地位。三是将 Shibor 作为其他产品和制度安排的基准，积极推进和完善 Shibor 运行机制，从而更好地为金融产品定价提供有效的利率基准。四是提高 Shibor 报价的真实性和质量，排除价格中正常风险溢价之外的其他利益输送、利益安排等非市场噪声影响。

第三，完善收益率曲线长端。大力发展债券市场，提升市场的容量和深度。一是进一步提高债券发行的市场化程度，丰富长期债券品种。建议增加发行长期政府债券或一些债券的替代品种，如增加发行 30 年期国债品种，把收益率曲线长端品种补齐，解决长期的断点问题，形成完整的国债收益率曲线。二是完善债券市场避险工具，发展金融衍生品市场。三是消除银行间债券市场和交易所债券市场的人为分割，提高市场流动性。四是丰富债券市场参与主体，打破目前投资者类型单一、同质化程度高的格局。

第七节　稳步推进人民币资本项目可兑换

人民币国际化的核心内容是逐渐缩小对资本账户的管制范围，最终实现人民币资本项目下完全可兑换。资本账户开放过程是一个逐渐放松资本管制，允许居民与非居民持有跨境资产及从事跨境资产交易，实现货币自由兑换的过程，但并不是完全放任跨境资本的自由兑换与流动，而是一种有管理的资本兑换与流动。金融危机后，IMF 对资本管制的态度也由之前的反对转变为认可，认为除宏观经济和审慎政策之外，资本管制也是一类重要的管理资本流入激增的工具。相比于西方发达国家高度发达的金融市场，我国金融市场发展尚未成熟，过早过快的金融开放会给我国带来较大风险，对此我们要保持清醒的认识。因此，我国在逐步实现资本项目可兑换过程中，可采用渐进模式逐步推进，必要时也可通过资本项目管制来化解跨境资本流动对我国经济和金融稳定的冲击。

一、逐步实施资本项目可兑换的重大意义

（一）有利于拓宽资本流出渠道，实施“走出去”战略

近年来，为贯彻实施国家“走出去”发展战略，鼓励和支持有比较优势的各类企业参与国际经济技术合作和竞争，我国逐步拓宽资本流出渠道，鼓励国内符合条件的机构“走出去”，放宽境内居民境外投资限制，提高在直接投资项下的可兑换程度。2006 年起，逐步取消对境外直接投资的购汇额度限制，在全国范围内实现了

境外直接投资“按需供汇”。2009 年，进一步深化境外投资外汇管理改革，将境外直接投资外汇资金来源审查和资金汇出核准两项行政审批改为事后登记；扩大境内机构境外直接投资的外汇资金来源；允许境内机构在其境外项目正式成立前的筹建阶段汇出前期费用等①。目前，境外直接投资在外汇管理环节已无前置性审核。这些改革措施，为企业对外直接投资提供了便利，有利于国内企业购并国外企业，获取技术、市场和资源。

（二）有利于扩大人民币在跨境贸易投资中的使用，促进贸易便利化

近年来，我国贸易规模持续扩大。2009 年我国已跃升为世界第一大出口国和第二大贸易国，在国际贸易中的份额及地位已不容忽视（表 3－43）。随着国际贸易规模的扩大，周边国家采用人民币贸易结算的愿望明显增强，我国顺应这一需求，建立了人民币跨境贸易结算系统。2009 年 7 月，人民币跨境贸易结算正式启动，上海、广州、深圳、珠海、东莞 5 个城市成为首批试点城市；2010 年 6 月，试点地区由 5 个城市扩大至 20 个省（市、自治区），境外区域由港澳地区扩展到所有国家和地区；2011 年 6 月，试点地区扩大至全国范围；2 年内我国完成了人民币结算从局部地区走向全国的进程，试点业务范围进一步明确为跨境货物与服务贸易以及其他经常项目人民币结算。2009 年人民币跨境贸易结算额仅为 35. 8 亿元，2010 年人民币跨境贸易结算额攀升至 5063. 4 亿元，为 2009 年的 141 倍，人民币结算试点企业也由初期的 365 家增加到 6. 7 万多家。逐步实施资本项目可兑换，有利于扩大人民币在跨境贸易投资中的使用，促进贸易便利化。

表 3－43　2001—2010 年我国贸易规模占世界市场份额的变化

年份	中国贸易总额占世界的比重	中国出口总额占世界的比重	中国进口总额占世界的比重
2001	4. 0%	4. 3%	3. 8%
2002	4. 7%	5. 0%	4. 4%
2003	5. 5%	5. 8%	5. 2%
2004	6. 1%	6. 4%	5. 9%
2005	6. 7%	7. 3%	6. 1%
2006	7. 2%	8. 0%	6. 4%
2007	7. 7%	8. 7%	6. 7%

① 韩雪萌. 构建跨境资本双向流动机制，有序推进资本项目［N］. 金融时报，2011－02－01.

续表

年份	中国贸易总额占世界的比重	中国出口总额占世界的比重	中国进口总额占世界的比重
2008	7.9%	8.9%	6.9%
2009	8.7%	9.6%	7.9%
2010	9.7%	10.4%	9.1%

资料来源：作者根据 WTO 统计数据计算绘制。

（三）有利于扩大国内金融市场对外开放程度，提高应对外部冲击的能力

“入世”10 年来，我国全面履行加入世贸组织有关金融开放的所有承诺，坚持“引进来”和“走出去”并举的原则，全面提升金融业市场开放度，有利促进了国内金融业经营理念、管理方式的转变，提高了经营管理水平。一是在华外资金融机构规模不断扩大，外资银行经营业务范围逐步扩大。截至 2011 年底，45 个国家和地区的 181 家银行在华设立了 209 家代表处，外资银行在我国 27 个省（市、区）50 个城市设立机构网点，在华外资银行总资产达到 2.15 万亿元，同比增长 23.6%；35 家外资法人银行、45 家外国银行分行获准经营人民币业务，25 家外资法人银行、25 家外国银行分行获准从事金融衍生产品交易业务，5 家外资法人银行获准发行人民币金融债。二是中资金融机构加快了海外发展步伐，稳步拓展境外市场业务。截至 2011 年底，政策性银行及国家开发银行设立了 6 家海外机构，参股 2 家境外机构；5 家大型商业银行设立 105 家海外机构，收购或参股 10 家境外机构；8 家中小商业银行设立 14 家海外机构，2 家中小商业银行收购或参股 5 家境外机构。三是稳步推进金融改革。我国有序推进人民币资本项目可兑换，促进贸易投资便利化，取消强制结售汇制度，加强和改进外汇储备经营管理，拓展外汇储备运用渠道和方式。稳步推进股票市场、债券市场对外开放，实施合格境内、境外投资者制度。我国金融市场国际竞争能力和应对外部冲击的能力得到逐步提高。

我国将不断深化金融对外开放。将继续按照法定程序，审批符合条件的、包括外资在内的汽车金融公司和金融租赁公司在中国发行金融债券；资产证券化方面，外资金融机构与中资具有同等待遇。我国放宽外国金融机构入股中国金融行业的股权限制，承诺将外国投资者在合资证券公司中持有股份上限从原来的 33% 提升至 49%；合资公司可以从事股票（包括人民币普通股、外资股）和债券（包括政府债券、公司债券）的承销和保荐，在持续经营满 2 年以上且符合有关条件的情况下可申请扩大业务范围，

如参与大宗商品交易和金融期货。我国将合格境外机构投资者（QFII）的投资总额度提高到800亿美元，人民币合格境外机构投资者（RQFII）的投资额度增至700亿元人民币。我国将为外国企业提供融资便利，将金融合作业务范围扩大到保险业。因此，逐步实施资本项目可兑换，有利于我国适应金融业开放形势，提高我国金融市场应对外部冲击的能力。

（四）有利于我国对外金融资产的再配置

随着金融全球化的发展，我国已经成为世界资本大国，成为全球最大外汇储备国和第二大对外债权国。近年来，我国对外金融资产规模持续扩大，2008—2010年，我国对外金融资产由2.9万亿美元增长到4.1万亿美元，年均递增6000亿美元。但是，我国对外金融资产结构并不合理，储备资产占比高达70%以上，对外直接投资比例仅为7%，导致我国海外资产的收益偏低。现阶段，探索和拓展外汇储备多层次使用渠道和方式，进一步提高外汇储备的经营管理水平，稳步推进多元化投资，实现外汇储备安全、流动和保值增值的目标；运用外汇储备支持国家战略物资储备、大型金融机构改革和有条件的各类企业“走出去”，推进海外投资公司发展；需要优化对外金融资产结构，进一步对海外金融资产再配置，增加对外投资。这就涉及货币、资本和金融的“走出去”，必然要求人民币资本账户逐步开放。

（五）有利于提升人民币的国际地位

人民币在周边国家的信用迅速上升，周边地区使用人民币的愿望增强。近年来，人民币受到周边国家的欢迎。在东南亚地区，人民币已经成为仅次于美元、欧元、日元的硬通货；在西南边境地区，人民币有“小美元”之称。在蒙古国、俄罗斯、哈萨克斯坦、马来西亚、印度尼西亚、菲律宾和韩国等其他周边国家，人民币现钞也越来越多地被用作支付和结算货币。通过旅游、劳务输出等渠道，人民币现钞也越来越多地进入了新加坡、马来西亚、泰国、越南等国的货币兑换市场，人民币在这些地区形成了一定规模的流量和存量。在我国港澳地区，人民币的可接受度更高，港澳地区金融机构的人民币存款稳步增长，2010年的存款规模达到了3150亿元人民币。

市场对人民币作为储备货币持欢迎态度，人民币国际化是货币持有国的愿望。随着金融全球化的发展，为了防范和避免国际金融市场的波动风险，各国在外汇储备货币上趋于多元化组合战略。随着人民币信用程度和国际地位的提高，一些国家开始把人民币作为储备货币，不少国家和国际组织都提出了要加快人民币国际化。世界银行预测，人民币在2025年将跻身世界三大储备货币，全球最有可能出现的储备货币体系将是一种以美元、欧元和人民币为核心的多元货币体系。开放资本账户，拓宽人民币流入、流出渠道，将进一步提高人民币在国际贸易结算及国际投资中的地位，促进人民币国际计价、国际支付及国际投资等职能的逐步实现，有利于提升人民币的国际地位。

二、典型国家资本账户开放的经验与启示

日本、韩国与我国同属东亚，在经济发展模式上有相似之处；俄罗斯与我国同属转轨国家，在改革过程中面临一些类似的问题。分析日本、韩国、俄罗斯推进资本项目可兑换的过程，对推进我国资本项目可兑换具有参考意义①。

（一）日本的资本账户开放经验

日本 1984 年宣布实现资本项目可兑换（表 3 –45），1985 年开始利率市场化改革和实施自由浮动汇率制度（表 3 –46）。1980—1982 年全球经济危机结束，世界经济开始步入复苏轨道，处在一个大发展时期，为日本实施资本项目可兑换提供了较好的时机，能够最大限度地分享全球经济增长的红利。资本项目可兑换及其带来的经济效下，20 世纪 80 年代日本企业在全球范围内实施资源购买、并购扩张。

日本宣布资本项目可兑换后的管制演变。日本 1984 年宣布资本项目可兑换时，仍保留对外日元贷款、外汇期货交易和外国投资国内房地产的限制，其他项目有保留地放开。同年对《外汇与外贸管理法》进行重新修订，基本放开上述 3 项管制。日本 1984 年宣布资本项目可兑换时，仍保留在证券交易准入、金融产品、房地产项目等方面的审慎监管，实施事前审批、认可制度，保留了许多排外性“规制”，这一状况持续到 1998 年。1998 年 4 月 1 日，日本《外汇与外国贸易法》正式实施，日本实现了全面的资本项目开放。在资本交易上，《外汇与外国贸易法》将原来的批准制度和事先申报制改为事后汇报制度。企业和个人可以自由地在国外开放账户、进行国外投资和交易等。日本资本项目的全面开放历经 15 年。

（二）韩国的资本账户开放经验

韩国 1993 年宣布资本项目可兑换，1997 年完全实现利率市场化，1998 年开始汇率自由浮动。韩国在 1993 年启动资本项目可兑换时有两个对其有利的外部经济条件：90 年代初期，世界经济在知识经济的带动下开始了新一轮增长，国际产业大规

① 张健华．资本项目可兑换的国别比较［J］．中国金融，2011（14）．

模向东亚地区转移，韩国在承接西方发达国家产业转移过程中提升了本国经济实力，为韩国实施资本项目可兑换提供了有利的时机和条件。

韩国宣布资本项目可兑换后的管制演变。韩国 1993 年宣布资本项目可兑换时，仍保留在对外证券和债券投资、对内证券和债券投资及房地产项目等方面的严格管制。此后在外商直接投资领域进行大规模改革，放宽外商直接投资领域，减少审查力度。1996 年，韩国基本取消了外商直接投资领域的限制，在 1148 种工业产品中只有 56 种有所限制。逐步放松对非居民进入国内股票市场、债券市场的管制。1996 年，非居民投资韩国股票市场的上限由 1992 年的 10% 上升到 20%，非居民还可以通过国家基金的形式购买韩国债券。与此同时，韩国大幅减少在资本输出方面的限制，1996 年 6 月，基本实现了境外直接投资自由化。目前，韩国的资本项目还处在逐步开放的进程中。

（三）俄罗斯的资本账户开放经验

俄罗斯 2006 年 7 月宣布卢布可自由兑换，虽早在 1995 年就完成了利率市场化改革，但汇率并未自由浮动，目前仍是有管理的浮动，由俄罗斯中央银行预先确定汇率浮动区间。2006 年世界经济正处于顶峰，资源价格大幅上涨为资源出口国俄罗斯提供了较好的外部经济环境。

俄罗斯宣布资本项目可兑换后的管制演变。俄罗斯 2006 年宣布实现资本项目可兑换，根据 IMF《汇率管制与货币兑换年报（2007）》对资本项目交易的分类标准（七大类、40 项）的统计，其在直接投资清盘和房地产交易两大类实现了完全可自由兑换，其余五大类、26 个子项下均存在不同程度的资本管制。2007—2009 年，俄罗斯逐步取消对外汇收入强制性结汇要求；取消对非居民购买、出售或发行本地资本和货币市场工具的管制，取消居民购买、出售或发行国外资本和货币市场工具的管制；同时取消对非居民购买、出售或发行本地衍生工具和其他工具的管制，取消居民购买、出售或发行国外地衍生工具和其他工具的管制；此外，取消对居民向非居民、非居民向居民进行商业信贷、金融信贷的限制。2009 年底，俄罗斯仅有 6 项存在管制。

（四）国际经验对我国的启示

一是良好的国际经济环境有利于一国平稳实现资本项目可兑换，减轻外部冲击。二是各国在宣布实现资本项目可兑换时并不是大幅度地放松管制，而是仍然保留对关键领域的管制。三是在宣布资本项目可兑换前后都在加快推进利率和汇率形成机制改革，为实施资本项目可兑换提供了缓冲。日本、韩国、俄罗斯在宣布资本项目可兑换前后都在加快推进利率和汇率形成机制改革，推动利率市场化，增强汇率弹性，为实施资本项目可兑换提供缓冲，减少流动性压力。四是实施资本项目可兑换之前，无须完成利率市场化改革和实行自由浮动的汇率制度。从日本、韩国、俄罗斯的实践看，日本和韩国在宣布实现资本项目可兑换之后，开始利率市场化改革和实施自由浮动汇率制度；俄罗斯在宣布实现资本项目可兑换之前，已经完成了利率市场化改革，但目前仍是有管理的浮动汇率制度。

表 3－44　各国宣布资本项目可兑换时的管制状况比较

国家	宣布资本项目可兑换时间	宣布时资本项目管制状况
日本	1984 年	限制对外日元贷款、外汇期货、外国投资国内房地产
韩国	1993 年	部分允许居民在国外发行证券，限制非居民在国内发行证券部分，限制对外直接投资，限制外国投资国内房地产部分，允许企业到国外存款
俄罗斯	2006 年	按大类分，仅在对直接投资清盘管制、房地产交易管制两大类上实现了完全可自由兑换；其余五大类均存在不可自由兑换情况
中国	尚无时间表	按大类分，目前我国在资本和货币市场工具管制、衍生品以其他工具管制、信贷业务管制、直接投资管制、直接投资清算管制、房地产交易管制以及个人资本账户管制以上七大类中均存在不可自由兑换情况

资料来源：①IMF 2007 年、2010 年《汇率管制与货币兑换年报》；②刘光灿．中国资本项目对外开放研究[M]．北京：中国金融出版社，2004．③张健华．资本项目可兑换的国别比较［J］．中国金融，2011（14）．

表 3－45　汇率及利率形成机制改革比较

国家	汇率机制改革进程	利率机制改革进程
日本	1949—1973 年：固定汇率制；1973—1985 年：有管理的浮动汇率制；1985 年至今：自由浮动汇率制	1984 年大藏省发布利率自由化 3 阶段步骤，1985 年开始大额定期存单利率自由化，1994 年基本完成利率自由化进程，共经历 10 年
韩国	1980 年以前：韩元钉住美元；1980—1998 年：有管理的浮动汇率；1998 年至今：自由浮动汇率制度	1991 年 11 月开始放开银行和非银行金融机构绝大多数短期贷款利率，逐步推进利率市场化改革。1997 年完全实现利率市场化
俄罗斯	1992—1994 年：卢布实行国家内部可兑换制度；1995—1998 年：有管理的浮动，即“外汇走廊”制度；1998 年至今：抑制外币需求基础上的浮动汇率制度，目前采取参考美元—欧元双货币篮子、有管理的浮动汇率制度	1992 年开始利率市场化改革，1995 年基本完成利率市场化改革

续表

国家	汇率机制改革进程	利率机制改革进程
中国	1994 年 1 月开始实行以市场供求为基础的、单一的、有管理的浮动汇率制。2005 年 7 月开始实行以市场供求为基础、参考一篮子货币进行调节、有管理的浮动汇率制度；2010 年 6 月宣布进一步推进人民币汇率形成机制改革，重在坚持以市场供求为基础，参照一篮子货币进行调节	1996 年开始不断放松利率管制，目前已经全面实现货币市场和债券市场利率市场化，存贷款利率浮动幅度进一步扩大，放开了贷款利率上限和存款利率下限，调整了房贷利率浮动下限，扩大商业银行自主定价空间，更大程度地发挥市场在利率决定中的作用

资料来源：张健华．资本项目可兑换的国别比较［J］．中国金融，2011（4）．

三、人民币资本项目可兑换现状

人民币国际化的核心内容是逐渐缩小对资本账户的管制范围，最终实现人民币资本项目下完全可兑换。资本账户开放过程是一个逐渐放松资本管制，允许居民与非居民持有跨境资产及从事跨境资产交易，实现货币自由兑换的过程，但并不是完全放任跨境资本的自由兑换与流动，而是一种有管理的资本兑换与流动。

（一）我国资本账户开放已取得较大进展

1993 年，国务院颁布《国务院关于进一步改革外汇管理体制的通知》，明确提出“我国外汇管理体制改革的长远目标是实现人民币可兑换”。2003 年，中共十六届三中全会通过《中共中央关于完善社会主义市场经济体制若干问题的决定》，明确指出“在有效防范风险的前提下，有选择、分步骤放宽对跨境资本交易活动的限制，逐步实现资本项目可兑换”。2011 年 3 月，“逐步实现资本项目可兑换”列入“十二五”发展规划。2012 年 1 月，第四次全国金融工作会议提出，继续稳妥有序地推进人民币资本项目可兑换。2012 年 1 月，中国人民银行行长周小川撰文表示，“中国尚未实现但不拒绝资本项目可兑换”。

（二）我国资本账户开放步伐明显加快

1994 年我国进行了外汇体制重大改革，实现人民币经常项目有条件可兑换；1996 年底我国成为 IMF 第 8 条款国，实现了人民币经常项目自由兑换，并开始向资本项目部分开放过渡；随着我国加入 WTO 后贸易自由化和投资自由化的推进，我国的银行业、保险业、证券业、信托业等金融产业加快了对外开放的步伐。这些开放必然伴随着大量的资本流动，由此对资本账户开放提出了更高的开放要求。

近年来，我国积极转变外汇管理理念，由“宽进严出”向“均衡管理、双向调节”转变，进一步引导外汇市场有序发展。逐步减少行政管制，调整部分业务管理方式，由逐笔审核转向总量控制，简化审核流程和审核材料，部分业务授权银行直接办理；逐步取消内资与外资企业之间、国有与民营企业之间、机构与个人之间的差别待遇，有效促进了投资和贸易便利化。

（三）目前我国尚未具备完全开放资本项目的条件

研究表明，2002—2009 年，我国共出台资本账户改革措施 42 项。分结构看，按照国际货币基金组织 2011 年《汇兑安排与汇兑限制年报》，目前我国不可兑换项目有 4 项，占比 10%，主要是非居民参与国内货币市场、基金信托市场以及买卖衍生工具。部分可兑换项目有 22 项，占比 55%，主要集中在债券市场交易、股票市场交易、房地产交易和个人资本交易四大类。基本可兑换项目 14 项，主要集中在信贷工具交易、直接投资、直接投资清盘等方面[①]（表 3－46）。但总体表明，目前我国资本管制程度仍较高，与资本账户开放还有较大距离。目前我国金融业正处于起步阶段，金融体系不健全，应对国际金融风险经验不足。总体来看，目前我国尚未具备完全开放资本项目的条件。

表 3－46　我国资本账户可兑换限制明细表

	不可兑换	可兑换	基本可兑换	完全可兑换	合计
资本和货币市场工具交易	2	10	4		16
衍生品及其他工具交易	2	2			4
信贷工具交易		1	5		6
直接投资		1	1		2
直接投资清盘			1		1
房地产交易		2	1		3
个人资本交易		6	2		8
小计	4	22	14		40

资料来源：①根据《IMF 汇兑安排与汇兑限制（2011）》英文版中的相关内容整理划分。“可兑换现状”包括不可兑换、部分可兑换、基本可兑换、可兑换。其中，“部分可兑换”指存在严格准入限制或额度控制；“基本可兑换”指有所限制，但限制较为宽松，经登记或核准即可完成兑换。我国国家外汇管理局对资本账户可兑换状态进行评估，但目前尚未披露相关数据。②张健华．资本项目可兑换的国别比较［J］．中国金融，2011（14）．

① 中国人民银行调查统计司课题组．我国加快资本账户开放的条件基本成熟［J］．中国金融，2012（5）．

（四）未来我国将继续稳妥推进人民币资本项目可兑换进程

目前，我国资本管制程度仍较高，与资本账户开放还有较大距离。随着人民币国际化趋势日渐明显，资本项目可兑换的要求越来越高，未来我国仍需继续推进人民币资本项目可兑换进程。“十二五”期间，根据我国经济发展的客观需要，在风险可控的前提下，依照“统筹规划、循序渐进、先易后难、分步进行”的原则，积极稳妥推进人民币资本项目可兑换进程。

四、实现资本项目可兑换的基本条件和面临的风险

一般来讲，实现资本项目可兑换需满足 4 项基本条件：稳定的宏观经济环境、完善的金融监管、充足的外汇储备和稳健的金融机构。国际经验表明，这些前提条件是相对的，并不是决定资本账户开放成败的绝对因素。目前，我国宏观经济环境稳定，外汇储备充足，但是金融监管水平与发达国家相去甚远，金融发展尚未成熟，金融体系不够健全，过早过快开放资本项目，将给我国带来较大的风险，我国尚未具备完全开放资本项目的条件。

（一）宏观经济环境

当前世界经济不确定、不稳定因素增多，并不是十分有利于推进资本项目可兑换。“十二五”时期，和平、发展、合作仍是时代潮流，世界多极化、经济全球化深入发展，世界经济政治格局出现新变化，科技创新孕育新突破，国际环境总体上有利于我国和平发展。然而，国际金融危机影响深远，世界经济增长速度减缓，全球需求结构出现明显变化，围绕市场、资源、人才、技术、标准等的竞争更加激烈，气候变化以及能源资源安全、粮食安全等全球性问题更加突出，各种形式的保护主义抬头，我国发展的外部环境更趋复杂。由于当前世界经济不确定、不稳定因素增多，欧债危机的不利影响持续扩散，新兴经济体经济增速放缓，增加了我国外部经济环境的不稳定性，并不是十分有利于推进资本项目可兑换。

国内宏观经济环境稳定，但是经济增速明显放缓。“十一五”时期，面对国内外环境的复杂变化和重大风险挑战，我国实现国内生产总值（GDP）年均增长 11.2%。“十二五”规划指出，按照与应对国际金融危机冲击重大部署紧密衔接、与到 2020 年实现全面建设小康社会奋斗目标紧密衔接的要求，综合考虑未来发展趋势和条件，今后 5 年经济社会发展的主要目标是：经济平稳较快发展。国内生产总

值年均增长7%，城镇新增就业4500万人，城镇登记失业率控制在5%以内，价格总水平基本稳定，国际收支趋向基本平衡，经济增长质量和效益明显提高。

然而目前我国经济增速明显放缓，但长期向好的基本面没有改变，发展中不平衡、不协调、不可持续的问题依然突出。经济增长的资源环境约束强化，科技创新能力不强，产业结构不合理，城乡区域发展不协调等问题突出，制约科学发展的体制机制障碍依然较多。经济增长放缓，通货膨胀严重，资本市场低迷，抑制了内需增长，经济发展的内生动力减弱。

（二）外汇储备

我国外汇储备充足。2000年以来，我国外汇储备出现稳步快速增长(图3－93)。2011年末，我国外汇储备3.18万亿美元，为2000年1656亿美元的19倍，居世界首位。我国目前拥有巨额外汇储备的主要原因有5个：第一，我国加入WTO以来，较低的要素成本和较高的劳动力素质，使得我国加工制造业竞争力大幅提升，迅速成长为“世界工厂”，出口顺差不断增加；第二，由于我国良好的经济发展前景和政策环境，外国直接投资不断加大对我国的投入；第三，由于房价高企，人民币汇率升值预期，投资回报率高，热钱从各种渠道涌入等；第四，亚洲金融危机后，国家倾向于储备充足的外汇应对国际金融危机冲击；第五，由于缺乏投资渠道及受人民币升值预期的影响，居民和企业不愿持有外汇①。

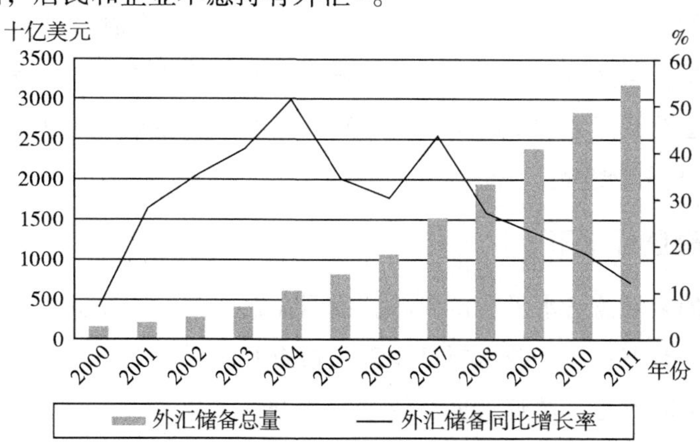

图3－93　2000—2011年中国外汇储备总量和增长率

资料来源：作者根据Wind资讯数据计算。

① 张焕波，《中国外汇储备在美证券投资的双赢战略》，2011年中国国际经济交流中心“未来十年中美经贸合作的展望”项目。

（三）金融机构稳健状况

金融机构的稳健状况决定一国金融体系抗击国际风险的能力。国际经验表明，金融市场不成熟和金融市场剧烈动荡，容易遭受国际游资冲击并引发金融危机。资本项目开放后，国内外金融市场联动性增强，国际金融市场大幅波动将会冲击国内金融体系。特别是在人民币升值预期下，资本项目的开放将加大短期内国际资本流入对我国金融稳定的冲击风险。

我国经济部门资产负债表健康，金融体系稳健。资金存量核算数据表明，2010年住户金融资产和金融负债分别为49.5万亿元和11.7万亿元，资产负债比例23.6%，年本息支出为可支配收入的9.9%左右，均处于较低水平。企业金融资产负债比例为151.3%，与上年末基本持平，负债结构有所优化，其中贷款和国外负债占比分别下降2.8个百分点和0.3个百分点。2011年，我国财政收入大幅增长，财政收入10.4万亿元，财政收支差额5190亿元，比上年减少1305亿元，预计财政赤字占GDP的比重低于2%，比上年下降0.5个百分点。截至2011年末，我国银行业不良贷款率1.0%，拨备覆盖率278.1%，资本充足率12.7%。总体来看，我国银行业资产质量处于全球银行业较高水平，远高于《巴塞尔协议Ⅲ》规定的标准，远好于一些已经实现资本账户开放的国家①（如俄罗斯、巴西、印度等）。

我国金融机构应对国际金融风险经验不足。目前，我国金融体系稳健，但是应对国际金融风险经验不足，容易遭受国际游资冲击并引发金融危机。应对2008年的国际金融危机中，虽然我国资本账户开放程度已有较大提高，但金融机构受到的冲击并不严重，这与我国金融市场不够成熟和开放有关，主要是因为我国金融机构参与国际金融竞争项目较少。

（四）金融监管水平

目前我国的金融监管水平有待提高。我国在跨境资本流出入的统计监测和分析预警、资本项目数据整合、资本项目非现场核查和事后监管、防范跨境资金异常流动风险等方面经验不足，监管水平与技术有待进一步提高。国际经验表明，金融市场监管能力与经验不足可能导致战略资源流失，影响一国经济的发展，成为金融危机爆发的导火线。

---

① 中国人民银行调查统计司课题组．我国加快资本账户开放的条件基本成熟［J］．中国金融，2012（5）．

（五）人民币资本账户开放面临的风险

当前，我国资本账户开放的风险主要来源于四个方面，但这些风险基本可控。一是商业银行的资产负债绝大部分以本币计价，货币错配风险不大。2012 年 1 月末，银行体系各项存款 79.5 万亿元，其中 97.7% 以人民币计价，各项贷款 58.4 万亿元，其中 94.3% 以人民币计价。二是我国外汇储备资产以债券为主，市场价格波动不影响外汇资产的本息支付。2011 年末，我国外汇储备 3.18 万亿美元，足够抵御资本账户开放后资金流出的冲击。三是短期外债余额占比较低。2011 年 9 月末，我国外债余额 6972 亿美元，其中短期外债余额 5076 亿美元，占外汇储备比例 15.9%，处于安全水平。四是房地产市场和资本市场风险基本可控。2010 年，投向房地产业和租赁、商务服务业的外商直接投资分别为 240 亿美元和 71 亿美元，合计 311 亿美元，只占当年国际收支顺差的 6.6%。资本市场的国外投资也较少，截至 2012 年 1 月 20 日，117 家 QFII 额度为 222.4 亿美元，17 家 RQFII 额度为 200 亿元人民币①。

五、稳步推进人民币资本项目可兑换的政策建议

（一）优化资本账户开放次序，成熟一项开放一项

优化资本账户各子项目的开放次序，是资本账户开放成功的基本条件，一般原则是“先流入后流出、先长期后短期、先直接后间接、先机构后个人”。具体步骤是先推行预期收益最大的改革，后推行最具风险的改革；先推进增量改革，渐进推进存量改革。根据央行研究，资本账户开放顺序可以划分为短期、中期、长期三个阶段。短期安排（1～3 年），放松有真实交易背景的直接投资管制，鼓励企业“走出去”。直接投资本身较为稳定，受经济波动的影响较小；中期安排（3～5 年），放松有真实贸易背景的商业信贷管制，助推人民币国际化；长期安排（5～10 年），加强金融市场建设，先开放流入后开放流出，依次审慎开放不动产、股票及债券交易，逐步以价格型管理替代数量型管制。资本账户开放顺序及期限安排是相对而言的，基本原则是“成熟一项，开放一项”。

（二）采用渐进模式逐步推进，保留对关键领域的管制

国际经验表明，资本项目可兑换并不是一蹴而就的，多数国家在宣布实现资

---

① 中国人民银行调查统计司课题组．我国加快资本账户开放的条件基本成熟［J］．中国金融，2012（5）．

本项目可兑换时，仍保留对关键领域和条件不成熟项目的管制。为避免由过早过快开放资本项目带来的跨境资本流动对我国经济和金融稳定的冲击，我国应采用渐进模式逐步推进资本项目可兑换过程，必要时保留对关键领域的管制。如上所述，要优化资本账户开放次序，成熟一项开放一项。要有序拓宽资本流出渠道，鼓励国内符合条件的企业“走出去”，放宽境内居民境外投资限制；要继续完善资本流入管理，加强对资本流入监测，以及对资金流入的真实性审核，构建防范跨境资金双向流动冲击的体制机制。要逐步扩大国内金融市场对外开放，提高应对外部冲击的能力。

（三）有序拓宽资本流出渠道，继续完善资本流入管理

当前，我国充足的外汇储备为对外直接投资提供了充足的外汇资金，看涨的人民币汇率为对外直接投资提供了成本优势，为我国推动国内企业“走出去”、推进海外直接投资提供了条件。要继续拓宽资本流出渠道，鼓励国内符合条件的机构“走出去”，放宽境内居民境外投资限制。

目前，我国已经初步形成多元化的金融机构体系、多层次金融市场体系和比较完善的金融监管体系。但是，相比于西方发达国家高度发达的金融市场发展程度，我国金融市场发展尚未成熟。过快的金融开放会给我国带来较大风险，对此我们要保持清醒的认识。因此，应逐步扩大国内金融市场对外开放，提高应对外部冲击的能力，构建防范跨境资金双向流动冲击的体制机制。

（四）加强金融市场建设，加强金融监管

目前，我国金融市场发展程度与西方发达国家有一定差距，推动可兑换的措施应与我国经济发展阶段、市场发育程度、企业承受能力、金融监管水平与国际金融环境等相适应。一是要加强金融市场建设，增强市场活力，夯实金融市场开放基础。二是加快推进利率和汇率形成机制改革，推动利率市场化，增强汇率弹性，为实施资本项目可兑换提供缓冲，减少流动性压力。三是要积极参与全球经济金融治理，加强国际金融监管合作。深化双边、多边经济金融政策对话合作，加强与主要经济体宏观经济金融政策协调；积极推动国际金融体系改革，促进国际货币体系合理化；主动参与国际金融监管改革和标准制定。

（五）简化行政审批手续，促进投资贸易便利化

近年来，国家外汇管理局积极简化行政审批手续。一是将部分业务管理方式由逐

笔审核调整为总量控制。如2010年改革对外担保管理政策，将此前逐笔核准的管理方式调整为年度余额管理，限额内自行办理。二是加大对外汇局分支局的授权，归并重叠管理环节。近年来，简化了包括资本金账户异地开户、个人财产对外转移以及证券项下部分市场退出等几十项具体业务的审核流程，并简化了业务审核材料。三是将部分业务由外汇局审核变为授权银行直接办理。如部分外资参股金融机构外方利润购付汇、境外上市外资股公司从境内支付境外上市费用汇出以及减持境外上市公司国有股份所得外汇资金划转至全国社保基金备案等相关业务，目前已由银行直接办理①。为进一步降低企业成本、提高经营效率、提升资本项目可兑换程度，国家外汇管理局应进一步简化行政审批手续，促进投资贸易便利化。

（六）征收“托宾税”，减少投机性交易

如果实施资本项目可兑换，国际短期资本大规模流入流出，将会给国内金融稳定和经济安全带来较大风险。为防范热钱冲击，可以征收“托宾税”，减少投机性交易。巴西的征收金融交易税（即“托宾税”）遏制热钱冲击的经验值得借鉴。2009年10月，巴西政府启动“托宾税”，对进入其国内股市和购买固定收益基金的外国资本收取2%的交易税；2011年1月，巴西政府规定，凡在外汇市场建立超过30亿美元空头头寸，必须将额度60%的资金存入央行，以限制外汇市场的投机活动；2011年3月，巴西政府宣布，对从国外获取的短期贷款和国际债券发行征收6%的金融交易税，有效遏制了热钱的冲击。

六、针对我国尚未开放的资本项目的可操作性政策建议

（一）我国存在尚未开放资本项目的原因分析

目前我国资本项目有4项尚未开放。我国国家外汇管理局对资本账户可兑换状态进行评估，但目前尚未披露相关数据。根据央行研究，目前我国不可兑换项目有4项：资本和货币市场工具交易2项，衍生品及其他工具交易2项，具体有哪些项目尚未开放，并没有详细披露。

不具备开放条件的主要原因是我国金融市场尚未成熟。我国金融业仍处于起步阶段，金融发展不成熟、金融体系不健全、监管水平和技术条件与发达国家相

---

① 积极适应对外开放新形势，有序推进资本项目可兑换［R］. 国家外汇管理局，2012-04-10.

差甚远，国际竞争优势有限，应对国际金融风险经验不足。国际经验也表明，一国的金融市场不成熟和金融市场动荡剧烈，容易遭受国际游资冲击并引发金融危机；监管能力与经验不足可能导致战略资源流失，影响一国经济的发展；虚拟经济扩张严重背离实体经济的需求，将导致金融风险不断积累，成为金融危机爆发的导火线。

在金融市场尚不健全的情况下，如果没有资本管制，我国将无法抵御国际投机资本冲击，无法保持经济稳定。2005 年汇改以来，人民币持续大幅升值（最近有所改变），长期的双顺差加大人民币升值预期，国内一直存在通货膨胀压力和资产价格泡沫（股市泡沫已破裂），套汇、套利和旨在从资产价格上涨中获利的国际资本大幅流入我国。如果没有资本管制，外资的流入必然造成更大的人民币升值压力、加剧国内通货膨胀、推升资产价格泡沫，影响我国宏观经济的稳定。从 4 项不可兑换项目来看，在资本和货币市场交易工具管制中，对非居民购买、出售或发行本地资本和货币市场工具存在限制，对居民购买、出售或发行国外资本和货币市场工具存在限制；在衍生品及其他工具管制中，对非居民在本地购买、出售或发行衍生工具或其他工具存在限制，对居民在国外购买、出售或发行衍生工具或其他工具存在限制。这些项目存在管制的原因是，短期债务、套利套汇交易和相关的衍生交易等国际投机资本流动，通常会导致金融和经济的不稳；而长期资本流动是高度顺周期的，会放大经济冲击，增加经济金融体系的不稳定性。因此，采取资本账户管制是抵御国际投机资本冲击、增强经济稳定性的重要措施。2008 年以来的金融危机经验表明，对跨境资本进行调控的国家，是所有遭到国际金融危机冲击的国家中受影响最小的。

资本管制出现恢复或加强趋势。金融危机之后，发展中国家普遍放慢了资本项目自由化的步伐，有些国家恢复了一些已经取消的管制措施，发达国家频频干预金融市场，资本管制出现恢复或加强趋势。例如，2009 年 10 月，巴西政府为阻止热钱流入，对投资其国内股票和债券的外国资本征收 2% 的金融交易税，此后金融交易税多次变动。2010 年 6 月，为应付资本急剧流出对韩元和韩国经济造成的冲击，韩国政府采取了干预汇市、加强资本管制等措施，设定了银行持有外汇衍生品的仓位上限，禁止银行把外币贷款提供给本国公司在国内使用。2011 年法国总统萨科奇提出征收金融交易税、打击“避税天堂”制定管理跨境金融的行为准则。2012 年，德国总理默克尔表态支持征收金融交易税。国际货币基金组织（IMF）对资本管制的立场也发生了改变。IMF 一直支持资本自由流动，金融危机之后 IMF 的态度发生转变，2011 年 4 月 IMF 公布了题为《资本流入管理的近期经验——可能的管制政策框架》的报告，表示支持发展中国家能够在一定情况下对国际资金流入实施管制，这是 IMF 历史上首次正式认可国际资本流入管制。

因此，在我国金融体系尚未成熟的环境下，避免国际热钱对我国的冲击，维护经济金融稳定，仍有必要保留对关键领域的管制。

（二）可操作性政策建议

1. 建议放宽境内个人对外投资的限制

2006 年我国推出合格境内机构投资者（QDII），允许国内金融机构投资海外市场，为国内资金提供了更多投资选择。投资方式是国内投资者通过合格的资产管理机构、保险公司、证券公司以及其他资产管理机构投资海外市场。实际操作中，取得 QDII 资格的商业银行（或其他资产管理机构）推出 QDII 产品，将投资者的资金募集起来，然后再通过购买国外机构发行的产品，将募集的资金交付给国外机构来运用管理，国内银行的角色仅是“二传手”而已，出现居民委托银行，银行委托国外机构的“二委托”现象。这种在机构准入制度下的 QDII 业务，其实际投资管理人已经变成不具备 QDII 业务资格的其他机构，机构准入形同虚设，不仅国内商业银行要承担国外机构投资失败的风险，居民也要承担国内商业银行和国外机构投资带来的双层风险。建议有条件地开放居民投资境外资产，允许居民可以直接委托国外机构进行投资，风险自行承担。国内居民储蓄率较高，允许居民投资海外资产不仅有利于分散居民投资风险，更能促进资本的自由流动。

2. 建议加强对国有企业海外投资管理

国有企业海外投资频频失败。近年来，中国企业海外投资热情高涨，根据商务部的统计，中国目前已经在全球 177 个国家、地区境外投资企业 13000 家，对外投资积累达到 2457 亿美元。2010 年上半年中国作为收购方的并购交易额，排在美国之后，居全球第二位。与此相对应的是海外投资的频频失败，研究表明，目前中国企业海外投资亏损近千亿元，70% 的投资处于亏损状态。这些巨额亏损的企业基本是大中型国有企业。2011 年 7 月，中铝澳大利亚铝土矿项目损失高达 3.4 亿元；2011 年 6 月，中国铁建投资沙特轻轨项目亏损达 41.48 亿元；2009 年底，中化集团在海外投资的 3 个油气田项目，累计亏损 1526.62 万美元；2009 年 9 月，中国中铁在波兰 A2 高速公路项目亏损，合同总额 4.47 亿美元。还有一些海外投资亏损则是一笔糊涂账，例如，2010 年 6 月，中钢集团在澳大利亚铁矿石项目暂停，具体损失没有数据显示。中国石油大学2010年的一份报告显示，三大石油公司在海外的亏损项目达到2/3[①]。鉴于国有企业海外投资亏损巨大，建议增强对国有企业海外投资的审批和管理。同时应着力提高企业国际化经营能力，培养熟悉国外的法律、当地市场环境的国际化人才，避免当地政权变动、战乱等政治风险。

3. 建议适时开通国际板，允许国外优质资金进入我国股市

目前中国股市陷入低谷，汇率下滑，股市流动性不足，正是开通国际板，允许国外优质资金进入我国股市，补充股市流动性的好时机。建议适时开通国际板，引进国外优质企业在国内上市，拓宽国内投资者的投资渠道，促进我国资本市场成熟，增强我国金融市场的国际地位。

第八节　人民币国际化进程加快

一、人民币国际化程度显著提高

（一）人民币国际化程度显著提高，正在成为全球贸易、投资和金融的"锚货币"

随着全球经济一体化进程的加快，中国作为世界第二大经济体、第一大货物贸易国，人民币在国际舞台上扮演着越来越重要的角色。环球银行间金融通信协会（SWIFT）的数据显示，截至2014年底，人民币成为全球第二大贸易融资货币、第五大支付货币、第六大外汇交易货币。中国人民大学国际货币研究所发布的《人民币国际化报告（2015）》预测，人民币国际化程度有望在两年内赶超日元，届时人民币将成为第四大国际货币。该研究发布的人民币国际化指数（RII）显示，2009年RII指数仅为0.02%，2014年达到2.47%，5年间增长了120余倍；2015年第二季度达到2.9%，与日元的差距已经不足一个百分点，与英镑的差距大约两个百分点，这表明人民币国际使用份额大幅上升，人民币国际化水平显著提高。

（二）人民币被国际市场接受的程度大幅提升，在跨境贸易和金融交易中的使用规模稳步上升

2014年跨境贸易人民币结算量达6.55万亿元，同比增长41.6%；全球贸易中

① 中国企业海外投资亏损近千亿 70%投资不赚钱［N］. 华夏时报，2012－02－13.

的人民币结算份额提高至 2.96%。2014 年人民币直接投资达 1.05 万亿元，同比增长 96.5%；人民币国际债券市场日趋繁荣，在亚欧的人民币离岸金融市场也取得重大进展，全球资本和金融交易中的人民币份额达到 2.8%。人民币在官方层面得到更多认可。据央行统计，截至 2015 年 7 月，我国已与 32 家中央银行或货币当局签署双边本币互换协议，总额度达到 3.1 万亿元人民币，通过签订互换协议，人民币正在大规模走向海外，并在 17 个国家和地区建立人民币清算安排，人民币清算系统已覆盖亚洲、欧洲、美洲、大洋洲、非洲等主要地区，全球清算网络已初步建立，有效支持了人民币成为区域计价结算货币，进一步促进了贸易投资便利化。

（三）人民币在国际化进程中保持汇率相对稳定，增强了国际社会对人民币的信心

人民币已在亚洲地区内被广泛应用于贸易结算，并成为一些国家的储备货币，实质上已成为亚洲地区一些货币的“锚货币”。随着人民币在国际贸易、国际金融和国际投资中的广泛应用，更多的国家将有更大的积极性将人民币用于贸易结算，并将人民币作为储备货币。截至 2015 年 4 月底，境外中央银行或货币当局持有人民币资产余额约 6667 亿元。人民币将逐步成为全球贸易、投资和金融的锚定货币。

（四）人民币国际化有利于建立合理的国际货币体系，美元汇率走势与人民币国际化没有必然联系

国际货币体系改革是国际金融体系改革的核心内容，以美元为主导的国际货币体系越来越需要改革。1971 年布雷顿森林体系解体，1976 年建立的牙买加体系成为新的国际货币体系，从此，美元不再与黄金挂钩，黄金不再充当货币的角色，国际货币体系过渡到了信用货币制度之下。货币的发行主要依靠国家信用而不再受到黄金储量和开采水平的限制，从而导致各国根据本国利益实行货币政策，货币发行量不受限制。然而，当前国际货币体系对美元过度依赖，全球外汇储备中美元比重约为 60%，美元无约束的供给已经成为国际货币体系与世界经济不稳定的重要来源。由于现阶段美元既是美国本币，又是全球最重要的储备货币，当这两种功能发生矛盾时，美国政府必然从美国利益出发实行货币政策，从而带来国际资本非正常流动，引发国际金融市场震荡。这是导致 1997 年东南亚金融危机和 2008 年全球金融危机的重要原因。鉴于新兴市场国家外汇储备中美元占比较大，美元贬值将造成这些国家外汇储备的大幅缩水，因此，有必要对现行以美元为主导的国际货币体系进行改革，促进国际货币体系多元化。在承认美元主导地位的基础上，发挥欧元作用，增加新的国际货币，

包括人民币国际化。

人民币国际化的核心是使人民币成为与其经济实力及国际市场需求相适应的国际化货币之一。人民币国际化的目标是通过建立健全人民币在国际市场上的贸易、投融资和资本市场循环流通机制，解决人民币在国际货币体系中的地位和中国经济在世界经济中的地位不相匹配、不相协调的问题。因此，人民币国际化是对美元的补充而不是代替，美元走势与人民币国际化没有必然联系。

二、人民币汇率走势影响全球

（一）人民币汇率的市场化程度增强，国际影响力不断提升

汇率市场化改革就是促进人民币汇率形成机制沿着市场化方向发展，让市场决定汇率。在市场完全发挥作用之前，人民币对美元汇率波幅是逐步放开的。2005 年 7 月启动人民币汇率制度改革，由原来的单一钉住美元并由央行统一报价，转变为实施“以市场供求为基础，参考一篮子货币进行调节，有管理地浮动汇率制度”，并将人民币汇率一次性升值2%，人民币对美元汇率浮动幅度为0. 3%；2007 年5 月扩大至0. 5%，2012 年4 月扩大至1%，2014 年3 月扩大至2%。波动幅度的实质性扩大反映了汇率改革正在加速，市场对价格的影响力明显上升。央行逐步扩大人民币汇率波幅，有利于促进人民币汇率形成双向波动、增强弹性的局面，增强了市场对价格的影响力。

表 3 －47　人民币对美元汇率波动幅度变化

时间	波动幅度
2005 年 7 月	0. 3%
2007 年 5 月	扩大至 0. 5%
2012 年 4 月	扩大至 1%
2014 年 3 月	扩大至 2%

（二）汇改十年，人民币汇率已接近均衡水平

自 2005 年 7 月重启汇改至 2015 年 7 月 10 年间，人民币对美元累计升值 35%，人民币实际有效汇率升值 58%。同时，中国经常账户顺差占 GDP 的比重也由 10% 降低至 2% 左右，根据经常账户余额占 GDP 的比重持续低于 3% ~4% 代表外部失衡显著缓解的标准来衡量，目前人民币汇率已接近均衡汇率水平。国际社会对中国过

去10年人民币汇率改革也做出了重大肯定。2015年8月，IMF发布的《2015年度对中国的第四条约磋商报告》中，10年来首次做出了人民币汇率不再低估的评估，这表明IMF认为人民币汇率已接近均衡水平。

（三）人民币汇率改革持续推进，与主要货币联动性加强

全球金融市场联动性增强。在金融全球化背景下，世界金融市场联动性增强，单个市场的价格波动能够迅速传导到其他市场，加剧了全球金融市场共振和系统性金融风险传导。例如，2007年美国爆发的次贷危机迅速衍生成为2008年的全球性金融危机。

人民币与世界主要货币之间的联动性不断增强。随着中国经济占世界经济的份额越来越大，要求人民币国际化的呼声也越来越高。2005年以来，中国持续推进人民币汇率市场化改革，人民币与世界主要货币之间的联动性不断增强，主要表现在人民币与世界主要货币之间的相关程度、协同运动、波动的传导和溢出效应等方面的联动性增强。在我国汇率市场化初期，由于人民币汇率基本单一钉住美元，人民币汇率对世界主要货币汇率的影响力较小，人民币汇率容易受到外部市场的冲击，并且这种冲击是单向的。此后，随着人民币汇率形成机制改革的不断推进，人民币汇率实行“以市场供求为基础，参考一篮子货币进行调节，有管理地浮动汇率制度”，由于一篮子货币中美元、欧元、日元的比重较大，人民币汇率与这三大主要货币的联动性较强。然而，在实际操作中，人民币并没有完全与美元脱钩，而只是不断放宽人民币对美元汇率的浮动区间，实质上是采取盯住美元的隐性汇率机制。因此，相比欧元和日元，人民币汇率走势与美元指数呈正相关关系。现阶段，随着人民币国际化程度不断提高，人民币汇率波动对全球汇率的影响力增强。这从“8·11”人民币汇率贬值对全球金融市场的冲击可见一斑，人民币汇率波动不仅对新兴市场货币汇率产生较大影响，而且对国际主要货币汇率的影响力也在增强。人民币汇率波动与世界主要货币汇率波动的联动性在逐步增强，不仅能够迅速反映国际金融市场的波动，人民币汇率自身波动对全球金融市场的传导和影响力也在不断增强。

（四）人民币国际影响力增强，汇率波动冲击国际市场

2015年以来，人民币汇率中间价偏离市场幅度较大，持续时间较长，影响了中间价的市场基准地位和权威性。为完善中间价基础报价机制，2015年8月11日，中国央行宣布人民币一次性贬值近2%，并在3天内累计贬值近5%。鉴于人民币的国际影响力已今非昔比，此次人民币汇率的剧烈波动对国际市场造成了较大影响。

当日，美元买盘激增，亚洲货币集体下跌，泰铢、新加坡元、菲律宾比索、印尼盾、马来西亚林吉特等均创出数年最低水平。国际油价大幅下挫，美国原油期货重挫4.2%，创6年新低，布伦特原油期货价格下跌2.4%。全球股市大跌，道琼斯工业指数跌幅1.2%，德股DAX指数大跌2.7%，法股CAC指数大跌1.9%，英股富时100指数收跌1.1%。

近期人民币贬值对提振出口和缓解通缩预期具有正面作用。当前中国经济发展仍是出口导向型模式，2014年中国对外依存度仍高达50%，但外贸对中国经济增长的贡献率仅为10.5%。近期人民币贬值有利于促进出口，稳定经济增长。同时，人民币汇率下降有助于改善通缩预期。统计数据显示，2015年10月，中国PPI（工业品出厂价格指数）同比下降5.9%，连续44个月出现同比负增长，中国经济陷入通缩的风险加大。人民币汇率下降将推升进口产品价格，通过价格传导推高国内物价总水平，形成一定的输入性通胀，有利于改善国内通缩预期。

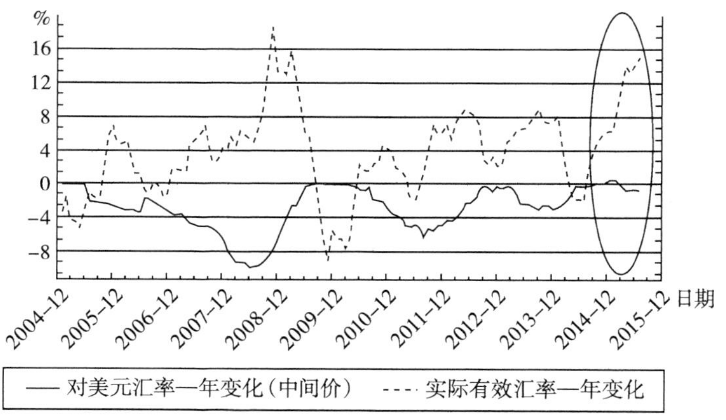

图3-94 人民币对美元汇价和实际有效汇率出现长时间背离

资料来源：根据Wind资讯数据计算。

三、国际货币汇率变动趋势及对人民币的影响

各国汇率走势取决于其经济基本面。美国经济强劲复苏带动美元进入新一轮升值周期，欧日经济增长不确定性增强，欧元和日元仍将处于贬值通道，新兴经济体面临整体经济减速，经济下行压力使新兴经济体货币承受进一步贬值的压力，中国经济下行压力加大，进入中高速增长新常态，人民币汇率承受贬值压力。国际金融市场联动性增强，国际汇率变动对人民币的影响加大，在美元强势升值、非美货币大幅贬值的压力下，人民币汇率短期内出现贬值状态。维护人民币汇率稳定

对中国自身发展和维护全球经济金融稳定具有重要意义，我们应利用国际上逐步把人民币作为“锚货币”的机遇，进一步加快人民币汇率制度改革，使人民币尽快成为国际货币；建立全球汇率协调和监管机制，形成对全球资本有序流动、合理流动的市场预期；征收“托宾税”，防范跨境资本流动冲击，维护币值稳定和金融环境安全；央行逐步退出对汇率市场的常态化干预，处理好“市场化”与“汇率稳定”的关系；高度关注美联储加息风险，防范其货币政策变化的“溢出风险”；对加入 SDR 保持平常心，顺势而为，水到渠成；深度融合人民币国际化与“一带一路”战略，使人民币国际化能够落地生根。

（一）国际货币汇率变动趋势

1. 美国经济复苏较为强劲，美元汇率进入新一轮升值周期

美国经济复苏较为强劲，带动美元指数持续走强。2008 年全球金融危机之后，美国通过实施“制造业复兴计划”和“出口倍增计划”等措施，刺激恢复美国经济活力。2012 年起，美国经济开始复苏。2012—2014 年美国经济增长率分别为 2.3%、2.2% 和 2.3%，明显高于同期其他主要发达国家。2015 年美国经济复苏转为强劲，IMF 预期 2015 年美国经济增速将达到 3.1%。从实际经济增长情况来看，2015 年第一季度，美国经济受极端天气、美元走强及亚洲需求不旺等因素影响，第一季度国内生产总值（GDP）环比折年率增长 0.6%，低于市场预期。第二季度，美国经济在内需和外需的共同拉动下增长 2.3%。由于美国 GDP 增长的 70% 由消费拉动，强劲的就业增长、家庭财务状况改善以及汽油价格下跌都有利于消费上升。经济数据表明，第二季度人均个人消费支出同比增长 2.9%，高于第一季度 1.8% 的增速；6 月新建住房销售同比增长 18.1%，7 月已开工新建住宅同比增长 10.1%。同时，美国就业状况也持续改善，2015 年 7 月，美国失业率保持在 5.6%，为 2008 年金融危机以来的较低水平，新增非农就业人数 6 月为 21.5 万人。此外，出口恢复增长对第二季度美国经济增长的贡献也较大。第二季度美国出口增长 5.3%，而第一季度则大幅下降 6%。因此，随着国内需求上升，尤其是消费支出上升，以及投资增长和出口的恢复，美国经济将领跑发达经济体。

随着美国经济强劲复苏，2012 年以来，美元汇率再次进入上行通道，特别是 2014 年 11 月美联储正式退出量化宽松货币政策之后，美元指数大幅走强，截至 2015 年 7 月，一年内累计升值幅度高达 20%。从美元指数来看，实际美元指数（对主要货币）从 2012 年的 82.6 上升至 2015 年 7 月的 103.7。从双边汇率来看，欧元

汇率从 1. 32 美元/欧元贬至 1. 10 美元/欧元，日元汇率从 86. 3 日元/美元贬至 124. 2 日元/美元。

良好的经济基本面将推动美元进入新一轮升值周期。根据 IMF 的最新预测，未来 5 年（2016—2020 年），美国经济增长率分别为 3. 1%、2. 7%、2. 4%、2. 0% 和 2%，远高于欧元区的 1. 5%、1. 8%、1. 9%、1. 9% 和 1. 9% 以及日本的 1. 2%、0. 4%、0. 7%、0. 7% 和 0. 7%，并高于同期发达经济体的平均增速 2. 4%、2. 2%、2. 1%、2. 0% 和 1. 9%。未来 5 年，美国失业率分别为 5. 1%、5. 0%、4. 9%、4. 9% 和 4. 8%。同期，欧元区失业率分别为 10. 6%、10. 2%、9. 8%、9. 5% 和 9. 1%。因此，中期内，美国经济基本面有利于支撑美元汇率继续上行，预计 2015 年底美元指数可能突破 105，2020 年美元指数可能达到 120 ~ 140。

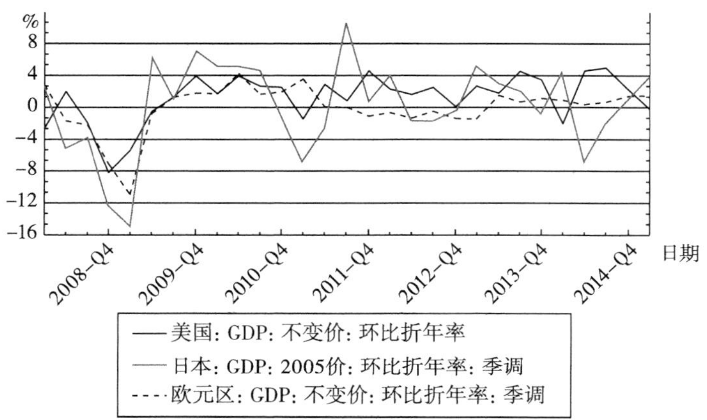

图 3 - 95　美国经济领跑欧元区和日本经济复苏进程

资料来源：Wind 资讯。

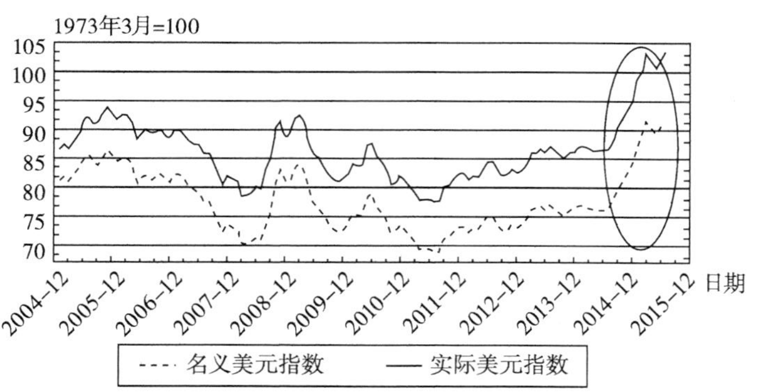

图 3 - 96　名义美元指数和实际美元指数：对主要货币

资料来源：Wind 资讯。

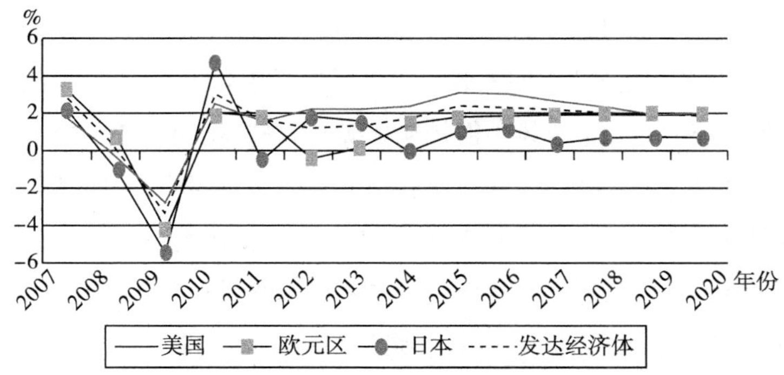

图 3－97　主要发达国家经济增速及预测

注：2015—2020 年为预测值。

资料来源：IMF.

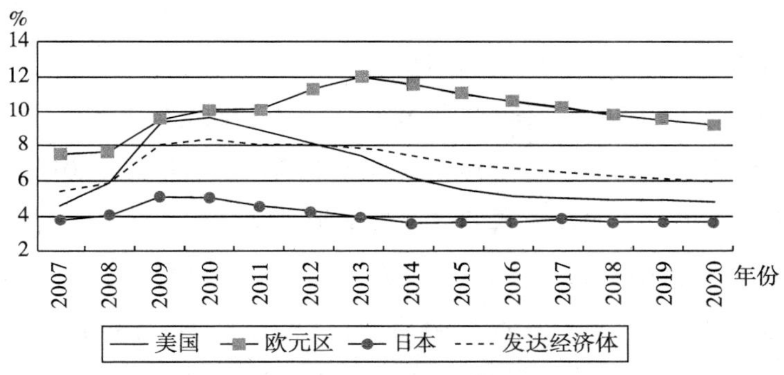

图 3－98　主要发达国家失业率及预测

注：2015—2020 年为预测值。

资料来源：IMF.

2. 欧日继续实施 QE 政策，欧元和日元仍将处于贬值通道

日本央行和欧洲央行继续推行宽松货币政策以刺激经济增长并使通胀达到目标水平，欧元和日元仍将处于贬值通道。

欧洲经济逐步复苏，通缩有所缓解，但希腊问题成为最大的不确定因素。2014 年以来，欧元区在低油价、低利率和低汇率环境下实现复苏，2015 年第一季度欧元区 GDP 同比增长 1.1%，第二季度同比增长 1.2%。随着 QE 政策效果显现，欧洲通缩现象有所缓解，欧元区通胀率已经从 1 月的 －0.6% 回升至 7 月的 0.2%，较低的通货膨胀率有助于促进欧洲经济增长。IMF 预测 2015 年欧元区经济增速为 1.5%。然而，希腊危机将拖累欧元区下半年的复苏进程。尽管新协议的达成暂缓了“希腊退欧”危机，但是欧盟其他国家对希腊紧缩政策可能导致希腊进一步萧条并出现第二次“希腊退欧”风波的担忧加大，未来希腊危机如何演化将对欧元区和世界经济产生较大影响。希腊债务危机的根源是欧元区的货币政策与财政政策的协调机制不完善，欧元区具有统一的货币政策，但是缺乏统一的财政政策，导致区域经济发展失衡。如未来希腊选择债务违约并形成事实性“退欧”，将影响欧元区甚至世界金融稳定，并对全球信用体系产生深远的负面影响，可能拖累发达经济体货币政策正常化进程，并进一步加深欧日等国家对宽松货币政策的依赖，欧元和日元将继续贬值。

欧版 QE 政策重挫欧元汇率，未来欧元仍将持续贬值。2015 年欧元区步入全面宽松货币政策，以刺激经济，缓解通缩风险。2015 年 1 月欧央行推出了新的量化宽松货币政策，启动欧版 QE，实施更大规模资产购买计划以扩大资产负债表，并从 3 月起每个月购买 600 亿欧元债券，持续到 2016 年 9 月，总规模预计 1. 08 万亿欧元。在推出欧版 QE 之后，欧元对美元汇率重挫至近 11 年来低点。预计 2015 年欧元汇率达到 1 美元/欧元，2020 年达到 0. 9 美元/欧元。

日本经济复苏好于预期，但复苏基础脆弱，中长期前景不明朗。日本 2015 年第一季度 GDP 环比增长 2. 17%，为近 15 年来的第二高涨幅（2011 年第三季度为 2. 22%）。但由于出口疲弱和内需低迷，日本第二季度 GDP 增速仅为 0. 02%。2015 年 7 月日本出口环比增长 2. 43%，出口增速低于 6 月的 13. 33%，但扭转了此前的出口萎缩状况。2014 年 4 月日本上调消费税以来，日本家庭消费支出持续萎缩，2015 年 3 月日本家庭消费支出同比下滑 10. 6%，为 2005 年以来最大下滑幅度。由于家庭消费支出占日本 GDP 的比重约为 60%，内需的持续低迷拖累了日本经济的复苏进程。随着外需温和复苏，特别是美国经济的强劲复苏和中国经济大幅放缓的可能性较小，日本经济在第三季度可能好转。同时，内需增长也释放出了积极信号。5 月家庭消费支出实际同比增长 4. 8%，为上调消费税以来的首次增长；6 月消费者信心指数为 42. 4，连续 7 个月增长。需要指出的是，消费复苏势头并不强，物价上涨可能是食品价格上涨导致而并非是需求强劲所致；消费者信心指数仍处于 50 以下，表明消费者对本国经济前景悲观多过乐观，内需疲弱态势并未彻底转变，日本经济复苏基础仍然脆弱。IMF 预测 2015 年日本经济增速为 1. 0%。鉴于日本仍面临包括外需依赖型经济结构、产业空心化、人口老龄化和不断增长的国债负担等长期结构性难题，日本中长期前景仍不明朗。根据 IMF 的预测，未来 5 年（2016—2020 年）日本平均增速仅为 0. 7%。

日元在超级量化宽松货币政策下大幅贬值，未来仍将持续贬值态势。日本央行在 2013 年 4 月启动量化宽松，并在 2014 年 10 月扩大了规模，希望通过“超级量化宽松政策”来实现2%的通货膨胀率。日本超级量化宽松货币政策导致日元大幅贬值，2013年4月—2015年7月，日元汇率由94.0日元/美元贬至124.2日元/美元，累计贬值高达24%。2015年6月，日本核心消费通货膨胀率再次放缓至0.0%，市场预期日本央行将进一步实施货币宽松，日元仍将持续贬值趋势。预计2015年日元汇率可能达到130日元/美元，2020年日元汇率可能达到140日元/美元。

3. 部分新兴经济体采取宽松货币政策，汇率贬值或将成为常态

新兴市场整体面临经济减速，印度经济表现突出。2015年以来新兴经济体经济增长继续呈分化趋势。中国经济下行压力加大，2015年上半年中国GDP增速7%，为6年来最低点，中国经济步入由高速增长转为中高速增长的经济新常态。印度经济表现突出，第一季度GDP同比增长7.5%，超过中国成为增长最快的“金砖国家”。IMF预测2015年印度经济增长将超过中国6.8%的增速，达到7.5%。2015年，巴西和俄罗斯两国将陷入衰退。在大宗商品和能源价格大幅下挫的影响下，巴西经济陷入困境。2015年第一季度巴西GDP同比下降1.6%，已连续4个季度同比下降，且下降幅度不断扩大，巴西面临经济失速风险。俄罗斯受西方制裁和国际油价大幅波动的影响，经济下行压力加大。2015年第一季度俄罗斯GDP同比下降2.2%，预计第二季度降幅将达到4.4%，将为连续第三个季度下降，陷入2009年以来最严重的衰退。南非经济保持低速增长，第一季度GDP同比增长2.1%，第二季度同比增长1.2%。

美元升值直接引发新兴经济体货币整体贬值，新兴经济体汇率贬值或将成为常态。近期，新兴经济体24种主要交易货币中，20种出现不同程度的贬值。印度卢比跌至17年来最低水平，南非兰特降到13年来最低水平，巴西雷亚尔创下12年来最低纪录。俄罗斯卢布在2014年受油价暴跌和乌克兰危机引发西方制裁的双重打击，卢布对美元汇率贬值幅度一度超过50%，成为1998年俄罗斯债务危机以来最大的年度跌幅，卢布成为全球表现最差货币。2015年以来，受国际油价反弹、俄罗斯外债负担和经济运行压力减轻的影响，卢布汇率筑底反弹，并在2015年2—5月出现升值小高潮，成为同期升值最快的世界主要币种。然而，随着国际油价再度下跌和外汇市场投机行为等因素影响，5月中旬卢布又开始大幅贬值。截至8月22日，卢布汇率达到68.1卢布/美元，3个月内卢布对美元贬值幅度高达27%。

受国际大宗商品价格下跌、资本外逃、自身结构性瓶颈、中国经济的再平衡以及地缘政治等因素的影响，新兴经济体整体面临经济减速，经济下行压力使新兴经济体货币承受进一步贬值的压力，新兴经济体货币贬值或将成为常态。

表 3－48　2013—2016 年主要新兴经济体经济增速（%）

国家	2013 年	2014 年	2015 年	2016 年
俄罗斯	1.3	0.6	－3.4	0.2
中国	7.7	7.4	6.8	6.3
印度	6.9	7.3	7.5	7.5
东盟五国	5.1	4.6	4.7	5.1
巴西	2.7	0.1	－1.5	0.7
墨西哥	1.4	2.1	2.4	3.0
沙特阿拉伯	2.7	3.5	2.8	2.4
南非	2.2	1.5	2.0	2.1

资料来源：WEO Update，IMF. 2015 年和 2016 年为预测值，东盟五国包括印度尼西亚、马来西亚、菲律宾、泰国和越南。

4. 人民币国际化程度显著提高，正在成为全球贸易、投资和金融的“锚货币”

随着全球经济一体化进程的加快，中国作为世界第二大经济体、第一大货物贸易国，人民币在国际舞台上扮演着越来越重要的角色。环球银行间金融通信协会（SWIFT）数据显示，截至 2014 年底，人民币成为全球第二大贸易融资货币、第五大支付货币、第六大外汇交易货币。中国人民大学国际货币研究所发布的《人民币国际化报告（2015）》预测，人民币国际化程度有望在两年内赶超日元，届时人民币将成为第四大国际货币。该研究发布的人民币国际化指数（RII）显示，2009 年 RII 指数仅为 0.02%，2014 年达到 2.47%，5 年间增长了 120 余倍；2015 年第二季度预计达到 2.9，与日元的差距已经不足一个百分点，与英镑的差距大约两个百分点，这表明人民币国际使用份额大幅上升，人民币国际化水平显著提高。

人民币被国际市场接受的程度大幅提升，在跨境贸易和金融交易中的使用规模稳步上升。2014 年跨境贸易人民币结算量达 6.55 万亿元，同比增长 41.6%；全球贸易中的人民币结算份额提高至 2.96%。2014 年人民币直接投资达 1.05 万亿元，同比增长 96.5%；人民币国际债券市场日趋繁荣，在亚欧的人民币离岸金融市场也取得重大进展，全球资本和金融交易中的人民币份额达到 2.8%。人民币在官方层面得到更多认可。据央行统计，截至 2015 年 7 月，我国已与 32 家中央银行或货币当局签署双边本币互换协议，总额度达到 3.1 万亿元人民币，通过签订互换协议，人民币正在大规模走向海外，并在 17 个国家和地区建立人民币清算安排，人民币清算系统已覆盖亚洲、欧洲、美洲、大洋洲、非洲等主要地区，全球清算网络已初步建立，有效支持了人民币成为区域计价结算货币，进一步促进了贸易投资便利化。

人民币在国际化进程中保持汇率相对稳定，增强了国际社会对人民币的信心。人民币已在亚洲地区内被广泛应用于贸易结算，并成为一些国家的储备货币，实质上已成为亚洲地区一些货币的“锚货币”。随着人民币在国际贸易、国际金融和国际投资中的广泛应用，更多的国家将有更大的积极性将人民币用于贸易结算，并将人民币作为储备货币。截至2015年4月末，境外中央银行或货币当局持有人民币资产余额约6667亿元。人民币将逐步成为全球贸易、投资和金融的锚定货币。

（二）国际汇率变动对人民币的影响

1. 即使美元汇率保持不变，全球竞争性货币贬值等同于推动美元升值

美元进入新一轮升值周期。2012年以来，美国经济强劲复苏推动美元进入强势升值周期，导致非美货币几乎全部贬值。2012—2015年7月，实际美元指数（对主要货币）大幅升值26%，特别是2014年7月—2015年7月，一年内实际美元指数（对主要货币）大幅升值20%。包括新兴市场国家和发达经济体在内的几乎所有非美货币对美元汇率都出现显著贬值，卢布、日元、欧元、英镑等对美元汇率都创出近年来的新低。

全球竞争性货币贬值加速推动美元升值。2015年以来，在全球经济发展动能不足、增长前景趋弱、各国通缩风险日益升温等因素的影响下，各国央行相继采取宽松货币政策，国际金融市场剧烈动荡，多国货币开启竞争性贬值进程。2015年初，瑞士、新加坡、俄罗斯、中国等10多个央行实施降息和其他宽松政策，欧洲央行更是启动了欧版QE政策；6月以来，全球多家央行宣布降息，包括韩国、新西兰、印度等国家；7月，日本央行表示继续维持量化宽松货币政策，维持货币基础年增80万亿日元的计划不变；8月，人民币汇率一次性贬值2%，对与中国贸易关联度较高的亚洲货币影响较大，其他国家随后开始贬值本国货币，例如，8月19日，越南央行调整越南盾对美元参考汇率，贬值1%，为年内第三次贬值，同时将越南盾交易区间从2%扩大至3%。8月20日，哈萨克斯坦宣布采取自由浮动汇率，哈萨克斯坦货币坚戈对美元汇率一日之内大幅贬值逾20%。因此，在全球竞争性货币贬值愈演愈烈的背景下，即使美元汇率保持不变，全球竞争性货币贬值等同于推动美元升值。

2. 人民币汇率在对美元升值的同时，对其他主要货币则大幅升值

从人民币对国际主要货币汇率的总体走势来看，2005年7月重启汇改至2015年7月10年间，人民币对美元累计升值35%，对欧元累计升值49%，对日元累计

升值52%，人民币实际有效汇率升值58%。

从人民币汇率对美元汇率走势来看，第一阶段，2005—2013年，人民币对美元汇率基本处于单边升值状态。人民币汇率由8.28元/美元升至6.1元/美元，升值幅度高达35.7%，实际有效汇率指数也由83.53升至118.75，升值幅度高达42.2%。第二阶段，2014年以来，人民币对美元汇率打破单边升值趋势，呈现升贬交替、波幅加宽的双向波动走势。2014年以来，随着美国经济持续复苏及退出量化宽松货币政策的步伐加快，美元持续走强。特别是2014年7月以来持续上涨，名义美元指数（对主要货币）7—12月累计升值幅度约为10%。在此期间，包括新兴市场国家和发达经济体在内的几乎所有非美货币对美元汇率都显著贬值，卢布、日元、欧元、英镑等对美元汇率都创出近年来新低。2014年下半年，卢布对美元汇率贬值幅度一度超过50%。在此背景下，2014年人民币对美元汇率出现两轮大幅贬值周期。第一轮是从1月开始持续到6月长达半年的贬值周期，人民币即期汇率一度达到6.26元/美元，贬值幅度约为3%，此后人民币汇率小幅升值。第二轮是11月以来，人民币再次出现贬值，贬值幅度约为1%。

然而，从人民币对美元汇率的总体变动情况来看，2014年1月—2015年7月，在美元指数升值19%的情况下，人民币对美元汇率仅小幅贬值0.2%，而同期日元贬值18%，欧元贬值19%，巴西雷亚尔贬值29%，墨西哥比索贬值17%，导致人民币对其他主要货币出现了大幅升值，人民币实际有效汇率升值9.0%。即使“8·11”人民币汇率贬值2%，截至8月21日人民币对美元汇率贬值近5%的情况下，从实际有效汇率和其他主要货币对美元贬值幅度来看，人民币对其他主要货币汇率仍处于高估状态。

表3-49　人民币对美元汇率中间价、实际有效汇率指数和名义有效汇率指数波动幅度

时间	中间价		实际有效汇率指数		名义有效汇率指数	
	数值	波动幅度	指数	波动幅度	指数	波动幅度
2005年6月	8.28	35.7%	83.53	42.2%	86.49	32.0%
2013年12月	6.10		118.75		114.21	
2014年1月	6.11	-0.2%	121.20	9.0%	115.62	10.2%
2015年7月	6.12		132.13		127.46	
2015年8月21日	6.39	-4.5%	—	—	—	—

资料来源：根据Wind资讯数据计算。

表 3－50 美元对主要货币汇率及美元指数波动幅度

	美元对墨西哥比索	美元对巴西雷亚尔	美元对印度卢比
2014 年 1 月	13.36	2.41	62.63
2015 年 7 月	16.06	3.41	63.87
波动幅度	－16.8%	－29.2%	－1.9%
	名义美元指数：对主要货币	实际美元指数：对主要货币	名义美元指数：广义
2014 年 1 月	77.11	87.41	102.78
2015 年 7 月	91.65	103.66	117.12
波动幅度	18.8%	18.6%	14.0%
	实际美元指数：广义	美元对日元	欧元对美元
2014 年 1 月	85.61	102.49	1.35
2015 年 7 月	95.52	124.22	1.10
波动幅度	11.6%	－17.5%	－18.9%

资料来源：根据 Wind 资讯数据计算。

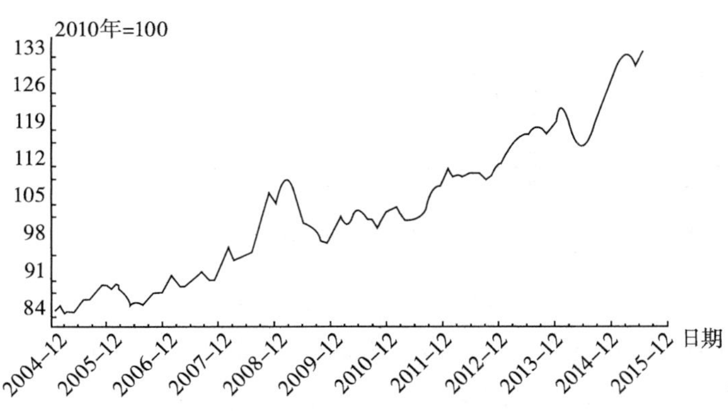

图 3－99 人民币实际有效汇率指数走势图

3. 人民币国际化有利于建立合理的国际货币体系，美元汇率走势与人民币国际化没有必然联系

国际货币体系改革是国际金融体系改革的核心内容，以美元为主导的国际货币体系越来越需要改革。1971 年布雷顿森林体系解体，1976 年建立的牙买加体系成为新的国际货币体系，从此，美元不再与黄金挂钩，黄金不再充当货币的角色，国际货币体系过渡到信用货币制度之下。货币的发行主要依靠国家信用而不再受到黄金储量和开采水平的限制，从而导致各国根据本国利益实行货币政策，货币发行量不受限制。然而，当前国际货币体系对美元过度依赖，全球外汇储备中美元比重约为

60%，美元无约束的供给已经成为国际货币体系与世界经济不稳定的重要来源。由于现阶段美元既是美国本币，又是全球最重要的储备货币，当这两种功能发生矛盾时，美国政府必然从美国利益出发实行货币政策，从而带来国际资本非正常流动，引发国际金融市场震荡。这是导致1997年东南亚金融危机和2008年全球金融危机的重要原因。鉴于新兴市场国家外汇储备中美元占比较大，美元贬值将造成这些国家外汇储备的大幅缩水，因此，有必要对现行以美元为主导的国际货币体系进行改革，促进国际货币体系多元化。在承认美元主导地位的基础上，发挥欧元作用，增加新的国际货币，包括人民币国际化。

人民币国际化的核心是使人民币成为与其经济实力及国际市场需求相适应的国际化货币之一。人民币国际化的目标是通过建立健全人民币在国际市场上的贸易、投融资和资本市场循环流通机制，解决人民币在国际货币体系中的地位和中国经济在世界经济中的地位不相匹配、不相协调的问题。因此，人民币国际化是对美元的补充而不是代替，美元走势与人民币国际化没有必然联系。

四、推进人民币国际化进程

（一）利用国际上逐步把人民币作为“锚货币”的机遇，加快人民币汇率制度改革，稳步推动人民币成为国际货币

近年来，随着中国经济实力的提升和人民币国际化程度的不断提高，周边国家逐步将人民币纳入储备货币，人民币逐步发挥“锚货币”的作用。中国应抓住这一机遇，进一步加快人民币汇率体制改革，推动人民币加快成为国际货币。一方面，通过贸易和金融双驱动，进一步提升人民币跨境结算业务。目前，人民币跨境结算规模稳定增长，但占比仍然较低。央行公布的数据显示，当前人民币跨境贸易结算金额占中国全球贸易结算总额的比重仅为25%，人民币直接投资（外商直接投资和对外直接投资）在跨境人民币结算总额中的比重也仅达15%。整体来看，人民币跨境使用仍“任重道远”。建议加快建设覆盖全球的人民币清算网络体系，支持人民币成为区域计价结算货币，进一步提升人民币跨境收支占本外币跨境收支的比重，力争5年内（截至2020年）实现占比50%。要大力推动金融领域跨境人民币的使用，使资本驱动成为重要引擎。另一方面，进一步完善汇率市场定价机制，增强汇率弹性。近年来，人民币汇率市场定价空间不断扩大，人民币汇率弹性不断增强，但离市场决定汇率价格还有一定距离。建议保持人民币汇率在合理、均衡水平上基

本稳定的前提下，逐渐放宽人民币汇率双向波动幅度，最终形成市场化定价机制。此外，要稳步推进资本项目可兑换，深入推进利率和汇率市场化改革，加快发展人民币离岸市场，不断扩大人民币对外直接投资，稳步推动人民币成为国际货币。

（二）推动建立全球汇率协调和监管机制，形成对全球资本有序流动、合理流动的市场预期

当前，全球经济一体化越来越紧密，各国金融市场联动性不断增强，世界主要经济体的汇率调整对全球经济金融会产生较大影响，特别是在浮动汇率体制下，缺乏制度化的汇率协调机制，容易引发竞争性贬值，甚至引发货币战争。因此，有必要建立全球性的汇率协调和监管机制，形成对全球资本有序流动、合理流动的市场预期，防范汇率过度波动引发系统性风险。

然而，建立全球性汇率协调机制是有难度的。如欧元作为欧盟统一货币建立至今，暴露了很多问题，最大的问题是财政不统一，导致区域经济发展失衡。所以在各国完全独立的情况下，建立统一的汇率协调机制是有难度的，这需要国际组织的协调。例如，《清迈倡议》作为亚洲金融融合最重要的制度性成果，对防范金融危机、推动进一步的区域货币合作具有深远意义。清迈倡议多边机制（CMIM）成员国包括东盟 10 国全部成员，以及中日韩和中国香港，共 14 个经济体，目前共同储备基金规模达到 2400 亿美元，旨在对有关国家出现短期资金困难时进行援助，以防范金融危机的发生，在区域层面确保全球金融稳定，现已成为国际金融体系改革的重要组成部分。

借鉴国际经验，建立全球汇率协调和监管机制可以进行如下设计：一是在区域层面签署《CMIM 2.0》，将东盟“10 + 3”财长会议扩充为财长和央行行长会议，进一步加强《清迈倡议》在信息交流、政策协调与资本流动监管方面的功能。二是在全球范围内，可充分利用 G20 平台，加强全球汇率协调和国际资本流动监管。同时，加快推动人民币国际化进程，发挥人民币汇率在亚洲区域金融稳定器的作用以及在国际货币体系中的影响力，为维护全球金融稳定做出贡献。三是进一步加强国际金融监管合作。建立国际资本流动监测预警机制，包括资本流动预警信息收集体系、预警分析决策体系、预警信息发布体系、预警专家体系、示范推广应用体系等，加强对国际资本流动的监测和预警，共同建立监管渠道，交换预警信息，制定应对预案，主动防范“热钱”的冲击。此外，大力支持《巴塞尔协议Ⅲ》，进一步严格银行资本金和流动资金标准，对有系统性风险的金融机构严加监管。

（三）征收“托宾税”，防范跨境资本流动冲击，维护币值基本稳定和金融环境安全

近年来，作为加快人民币国际化核心部分的资本项目可兑换步伐加快。特别是2013年建立上海自贸区，2014年推出沪港通，都是中国加快资本市场自由化的重要尝试。当前，中国只有少数资本账户项目完全不可自由兑换。根据IMF对资本账户交易的分类，40个子项中只有5项不可兑换，中国资本项目的开放度接近90%。这5项主要涉及个人跨境投资以及非居民在本国市场发行股票和其他金融工具。2015年是SDR审查年，也是“十二五”规划的最后一年，中国将继续推进人民币可兑换，以达到基本实现资本项目开放的政策目标。然而，随着我国金融市场开放、资本项目开放和人民币国际化步伐的加快，国际资本双向流动频繁，汇率波动幅度加大，国际资本流动冲击国内金融稳定风险加大。既要保持汇率弹性，促进国际资本有序流动，但总体上也要可控，防范汇率过度波动，防止资本大进大出给我国金融市场带来冲击，防止出现系统性金融风险。

需要注意的是，资本账户开放并不意味着实现100%的资本跨境流动无限制，在一定条件下，政府会对跨境资本流动实施必要的管制。据IMF统计，70%货币可自由兑换的IMF成员国，对直接投资、房地产交易和资本市场等领域内的资金流动仍设有种种限制。IMF也承认各国对资本项目进行一定程度的管制或采取临时性的管制措施是合理的。因此，中国在实现人民币资本账户可兑换之后，有必要在防范跨境资本流动冲击以及维护币值稳定和金融环境安全等方面保留资本项目管制。

建议完善调控工具，实施“托宾税”并进行必要的资本管制。通过对跨境资本流动征收“托宾税”，进行暂时性资本管制来抑制短期资本异常流动，减少市场波动。“托宾税”的实施应配合其他宏观经济政策，更加注重宏观政策在保持经济金融稳定、引导资本流动中的调控作用。要加强跨境资金流动双向监测预警，防范跨境资本双向流动冲击。稳步推进人民币资本项目可兑换，促进贸易投资便利化。

（四）处理好“市场化”与“汇率稳定”的关系，保持汇率基本稳定

2014年第二季度以来，央行已基本退出了常态化的市场干预，央行的角色从“价格制定者”转变为“价格监督者”，市场效率得到显著提高。人民币汇率水平交由市场决定，汇率出现升贬交替、双向波动走势。但是市场化并不应该简单地理解为放开管制，在特殊情况下央行应采取干预措施。当汇率受到市场冲击过度波动时，央行应通过外汇市场干预来熨平过度偏离基本面的短期波动。例如，日本央行为稳

定日元汇率多次在外汇市场进行干预。

近期，中国央行为强化汇率定价的市场化程度，对人民币兑美元中间价定价机制进行了修正，这也是为了保持汇率的基本稳定而进行的有效干预。更进一步，2015 年 8 月 24 日，央行首次公布人民币兑美元的参考汇率，并每天分 4 次发布参考汇率，这也是为了符合 IMF 对申请加入 SDR 货币的相关定时披露要求，推动人民币汇率形成机制市场化的重要举措。随着人民币汇率定价机制市场化程度的提高，汇率弹性也将大幅增强，这将有助于避免汇率出现剧烈波动，大幅降低未来出现跳跃式调整的可能。

（五）坚守不发生区域性系统性金融风险的底线，确保金融市场稳定

改革开放以来，我国金融发展取得了显著成绩。传统性金融机构与互联网金融等新兴业态融合发展，金融市场协调发展，现代金融监管体系初步建立，较好地防范了 2008 年金融危机。2014 年，我国金融业增加值占 GDP 比重达到 7. 38%，中国的银行占据全球前十大银行中的四席，债券发行量居全球第二位。

金融业改革也取得了重大进展，实行了专业银行分设改革、专业银行商业化改革、商业银行股份制改革、利率市场化改革、金融市场双向开放、金融宏观调控体系改革、金融监管体系改革等，形成了多层次资本市场体系和多样化的金融机构体系。

但总体来看，中国金融市场尚未成熟，相对于发达经济体金融业几百年的发展历史而言，目前中国金融业仍处于起步阶段，金融体系不健全、监管水平和技术条件与发达国家相差甚远，国际竞争优势不足，应对国际金融风险经验不足。国际经验表明，金融市场不成熟和金融市场剧烈动荡，容易遭受国际游资冲击并引发金融危机；监管能力与经验不足可能导致战略资源流失，影响一国经济的发展；虚拟经济扩张严重背离实体经济的需求，将导致金融风险不断积累，成为金融危机爆发的导火线。维护金融稳定已经成为促进经济增长的关键因素。

维护金融稳定，要稳步推进金融体制改革，进一步完善金融市场体系，不断增强服务实体经济的能力。要推进金融机构的改革，放宽市场准入，建立多种所有制金融机构并存的金融体系，健全多层次资本市场体系；加快推进利率市场化改革，完善人民币汇率市场化形成机制，稳步推进资本市场双向开放；要加强金融监管，防范资本市场风险，审慎开放中国金融市场，坚守不发生区域性系统性金融风险的底线，确保金融市场稳定。

（六）高度关注美联储加息风险，防范其货币政策变化将产生的“溢出风险”

随着美元进入强势周期和加息周期，以美元计价的新兴经济体的海外债务违约风险加大，这将大大增加全球经济金融的“溢出风险”。应该看到，美国货币正常化过程，正好与中国经济放缓和金融改革加快推进相叠加，这一结构性矛盾将加剧中国经济金融风险。

美国从宽松周期转向紧缩周期，资本流出形成对中国实体经济的“抽血”。近期出现的资本出逃等一系列问题，直接对中国实体经济形成“抽血”，使得实体经济运行风险进一步暴露。目前，中国经济在一定程度上仍存在房地产价格高企、部分产能过剩、资金在金融部门空转、地方债务需集中偿还等诸多问题，如果不能及时有效处理，将会存在资产泡沫破灭、资金大幅流出的隐忧。

资本外流通过汇率渠道传导，影响中国金融稳定。中美货币政策分化背景下，美元强势升值、美联储加息预期明显，导致人民币汇率出现阶段性贬值趋势；而中国受经济下行影响，采取宽松货币政策、降低利率等手段刺激经济增长，导致中美利差收窄，其结果将导致中国资本外流，特别是近期中国股市大幅波动，加剧了资本外流的压力，进而进一步加剧人民币贬值预期。由于“羊群效应”，可能形成恶性循环，使中国经济金融形势更加复杂化。若央行为稳定汇率而大规模干预，可能释放出人民币汇率市场已经形成了系统性市场风险的不利信号，将造成境内汇率贬值预期增强，从而进一步推动资金的流出。若对冲不及时，则有可能触发中国楼市和影子银行资金链断裂的问题，从而影响到中国的金融稳定。

对此，中国应提前做好应对预案。应采取疏堵结合的方式防范国际资本快速流出对我国的冲击，在加强对热钱流入监管的同时，重视疏导作用，吸引中长期国际资本。同时，应主动应对全球竞争性货币贬值，维持汇率的长期稳定，降低维稳成本，减少外储损失，保护央行的资产负债表。

（七）不必刻意加入 SDR，应顺势而为，水到渠成

人民币加入 SDR 是双赢选择。一方面，人民币加入 SDR，有利于增强 SDR 的代表性和稳定性，推动国际货币体系改革。目前 SDR 在国际储备资产中所占比重仅为 4%，是由美元、欧元、英镑和日元组成的一篮子储备货币，货币种类全部来自发达经济体，不具备代表性，不能反映全球经济和金融格局的真实情况。若人民币作为新兴经济体货币加入 SDR，有助于提高 SDR 的代表性，起到推动国际货币体系

改革，进而推动全球治理格局改革的作用。近期，现有的 SDR 4 种货币中，因美元加息临近、欧日量化宽松货币政策导致欧元和日元持续大幅贬值，使多数国家外汇储备缩水，严重影响了国际金融市场的稳定。而人民币保持了相对稳定，在国际市场上的地位和影响力得到大幅提升。因此，人民币加入 SDR 将有助于降低 SDR 汇率的波动性，从而提高其作为国际储备资产的吸引力，减少储备货币波动对世界经济金融的影响，有利于增强 SDR 的稳定性。

另一方面，人民币加入 SDR 有利于推动人民币国际化，倒逼中国深化金融改革。人民币加入 SDR，能够加速人民币国际地位的提升，有利于人民币成为真正意义上的世界货币，通过充分发挥国际货币的功能并承担应有的国际责任。同时，人民币加入 SDR，有助于改变中国“大经济、小金融”的局面，进一步促进中国金融业的改革开放，推动中国对外直接投资和金融企业“走出去”；降低非居民持有人民币的成本，增强外界使用人民币的信心；密切我国与全球经济金融体系的关系，有利于改善中国经济发展的外部环境，更好地维护自身利益，更多地参与国际货币体系改革和规则制定。

人民币加入 SDR 得到了广泛的国际支持。IMF 现任总裁拉加德表示，人民币加入 SDR 没有其他阻碍，只是时间问题。德国、法国、俄罗斯等国家表示支持人民币加入 SDR。目前，中国已具备加入 SDR 的条件。加入 SDR 要满足两个标准，一是货币发行国货物和服务出口量位居世界前列，这个条件中国已经达到。截至 2013 年底，中国跃居世界第一大货物贸易国，并保持了世界第三大服务贸易国地位，中国货物出口占世界市场份额超过 11%，服务出口占世界总额的 4.6%。二是“可自由使用”，人民币距现有 SDR 货币尚有差距，但也已比较接近。目前，人民币已成为全球第二大贸易融资货币、第五大支付货币、第六大外汇交易货币，人民币国际化已经得到了国际社会的接纳和认可，这一切为人民币加入 SDR 奠定了坚实基础。

不必刻意加入 SDR，应顺势而为，水到渠成。要理性看待人民币加入 SDR 货币篮子。尽管 2015 年是 SDR 审查年，中国也应积极推动人民币加入 SDR，但不能为此而调整我国既定的改革时间表和路线图。以平常心面对，面临政治上的讨价还价时，我们博弈的空间可能更大。同时，应该明确中国的底线是什么，需要列清楚能够妥协、能够接受、坚决不能接受的内容，这样在谈判中才能保持一贯性。

（八）深度融合人民币国际化与“一带一路”战略，推动人民币国际化落地生根

人民币国际化要与“一带一路”战略深度融合，达到相辅相成的效果：一方面，人民币国际化可为“一带一路”战略保驾护航；另一方面，“一带一路”战略则可推动人民币国际化落地生根，进一步夯实人民币国际化的基础。

“一带一路”战略为人民币国际化提供了落地生根的可能。“逐渐将人民币变为可自由兑换货币”是中国“十二五”规划的目标。5 年中，人民币国际化在政府的推进下取得了巨大成果，在国际上得到了广泛的应用。但人民币国际化的措施尚未真正支持当地实体经济，人民币国际化的离岸市场仍缺乏深耕细作。“一带一路”战略则为人民币国际化提供了落地生根的可能。“一带一路”沿线拥有 65 个国家，44 亿人口，人口占全球的 65%，GDP 占全球的 29%，贸易也占全球的 60% 多，中国是“一带一路”沿线多数国家的第一大贸易伙伴。由于目前沿线许多国家对基础设施建设和推进工业化的需求强劲，而中国的一些产业已经具有输出能力，如中国的高铁、核电、对外工程承包、智能电网、大型装备、建材生产线等已经具备国际竞争力，中国的装备制造质优价廉，综合配套能力强，与这些国家的需求高度契合。因此，在“一带一路”战略的带领下，通过基础设施互联互通，可以推动跨境人民币业务与这些国家实体经济深度融合，进一步夯实人民币国际化稳步推进的基础。

在“一带一路”战略推进过程中，中国将步入主动资本输出的新阶段。这有利于推动中国资本项目开放的进程和人民币国际化进程。随着“一带一路”战略的持续推进，随着丝路基金、亚洲基础设施投资银行的启动，中国将步入主动资本输出的新阶段。2014 年中国已成为资本净输出国，全年累计实现非金融类对外直接投资 1029 亿美元，同比增长 14.1%。随着中国企业“走出去”步伐加快，中国资本输出规模在今后几年将继续较快增长。这对中国资本账户开放提出更高的要求，需要进一步放松资本项目的管制。一般来讲，实现资本项目可兑换需满足四项基本条件：稳定的宏观经济环境、完善的金融监管、充足的外汇储备和稳健的金融机构。国际经验表明，这些前提条件是相对的，并不能完全决定资本账户开放的成败。目前，中国宏观经济环境稳定，外汇储备充足，然而中国的金融监管水平与发达国家相距甚远，金融业开放也正处于初期阶段，金融体系尚未健全，应对国际金融风险经验不足。因此，在“一带一路”为人民币国际化提供新的广阔空间的条件下，应在加强金融监管、完善金融体系两方面“短板”上加大力度，推进人民币国际化。

第九节　资产价格波动预警指数

近年来，资产泡沫成为世界经济危机的肇始因素和危机传导的重要媒介之一，对实体经济产生较大负面影响，对货币政策的有效性形成了巨大冲击。尽早开展资产价格波动预警研究，建立预警机制，针对各种可能出现的情况，科学前瞻资产价格波动对宏观政策的影响，对于选择合理的宏观经济政策，最大限度地实现我国经济的平稳较快发展，创造加快转变经济发展方式的良好环境，为我国经济进一步拓展国际空间创造条件具有重要意义。

股票价格波动是资产价格波动的重要组成部分。目前，国际上尚未有成熟的股票价格波动预警指数，关于股票价格波动预警指数的研究还处于摸索阶段。我国尚未建有股票价格波动预警指数，国内关于股票价格波动预警方面的研究较少，研究内容也多侧重于理论方法的探讨上，缺少实际可操作性。发挥股市对宏观经济的“晴雨表”功能，有必要保持股市大体稳定发展，避免股市剧烈波动形成破坏性影响，对实体经济产生较大冲击，对国民经济带来负面影响。股票价格波动预警模型的意义在于及时向有关部门甚至整个金融体系发出预警信号，提醒各金融机构及监管部门予以高度警惕，必要时采取相应措施以控制和防范风险。

本节研究股票市场价格波动预警指数的指导思想是，为建立规范透明的股票市场提供预警工具。研究股票市场价格波动预警指数的主要任务是，通过建立预警指数，及时发现股票市场运行中的不健康因素，揭示危险，给广大投资者提出预警，为决策者提供决策参考，保持股市健康发展。研究股票市场价格波动预警指数的目标定位，一是充分发挥股票市场价格波动预警指数服务于资本市场三大功能：即企业优选功能、资本筹集功能和收入分配功能。通过股票市场的信息纰漏和机构投资者理性投资与一般投资者的跟风投资，把具有发展前途、管理最好的企业优选出来；运用股市资本筹集功能把资本向战略性新兴产业的骨干企业聚集，培养产业龙头以带动经济发展；发挥股市收入分配功能，通过股市使广大居民不仅成为消费者而且成为投资者，实现社会主义投资主体多元化的要求，使广大居民拥有多种资产，尽快富起来，增加消费支出。二是充分发挥股票价格波动预警指数的三大用途：揭示市场运行总体情况和泡沫程度，为宏观经济决策提供参考；为投资者提供投资参考；在指数基础上开发衍生品种，创建新的指数。

本节在我国股票价格波动预警研究方面的创新点：一是首创性，创建了能够充分反映我国股票市场波动特征的股票价格波动预警指标体系。二是指标体系的系统化设计思路，不仅考虑股票市场行情状况，而且综合考虑了国内外宏观经济背景因素，指标体系更具系统性。三是引入信号分析方法，将股票价格波动预警指数与信号分析法相结合，能够给出清楚直观的预警信号，具有较强的可操作性。四是该指标体系具有预测股票价格波动趋势的作用，根据指数的走势能够判断股票市场潜在的波动趋势，预测效果显著。

本节结构安排如下：一是股市泡沫理论文献综述，二是股票价格波动预警指数构建，三是结果分析，四是结论与政策建议，五是实证应用。

一、国内外股票价格泡沫理论文献综述

（一）股票价格泡沫概念释义

1. 股票价格泡沫定义

资产价格泡沫是指资产的市场价格持续偏离其基本价值的过程，资产价格泡沫可以是正向的，也可以是负向的。关于泡沫的定义有很多，该项研究将泡沫视作“价格对基本面的偏离”。

查尔斯·金德尔伯格（Charles Kindleberger，1987）在《新帕尔格雷夫经济学大辞典》① 中将泡沫界定为产生、膨胀和破裂三个过程。他认为泡沫状态是指资产价格在一个连续过程中陡然上升，最初的上升使人们产生进一步上升的预期，于是又吸引了新的买主，这些投机者只是想通过买卖获得利润，而不是对这些资产本身的使用和产生盈利的能力感兴趣。也就是说，资产价格较高并持续上涨时，投资者买入的唯一目的是为了以更高的价格快速卖出获得利润，并未考虑该资产的盈利能力等因素，由此而产生的价格不断上升的过程称为泡沫。随着价格上升预期的逆转，价格迅速暴跌，最后以金融危机告终。通常，“繁荣”（Boom）的时间要比泡沫状态长些，价格、生产和利润的上升也比较温和，以后也许以暴跌或恐慌的形式出现危机，也许以繁荣逐渐消退告终而不发生危机。金德尔伯格认为，泡沫的核心是“价格在今天高于其基本价值，仅仅是因为投资者认为明天的价格会更高”，认为泡沫主要是由于投机造成的。

---

① Edited by John Eatwell, Murray Milgate, Peter Newman. *The New Palgrave: A dictionary of Economics*. New York: Stockton Press, 1987: 281.

金德尔伯格揭示了泡沫的演变过程——资产价格暴涨到暴跌；投资者行为——适应性预期、惯性交易策略、从众心理与羊群效应、投机、搏傻；形成机理——价格波动与投资者行为的正反馈；外在条件——（宽裕的资金环境）使新的买主不断加入；内在特征——投资者脱离基本面的投机行为使资产价格严重偏离基础价值；泡沫破裂的关键——预期的逆转，以及泡沫破裂的后果——金融危机①。

Garber（2000）认为，泡沫是“资产价格变动中有一部分无法用基本面来解释”②，Rosser（2000）认为，投机泡沫是“在一段时间内并非由于随机冲击造成的价格偏离基本价值的现象”③。这些定义与金德尔伯格不同之处在于，指出泡沫的产生未必是由于投机造成的。但是由于这些定义并没有明确泡沫产生的原因，然而历史经验却表明泡沫是由投机造成的，因此这些定义具有一定的局限性。1993 年度日本经济白皮书将泡沫定义为资产价格背离经济基础条件而上升的过程。日本金融学会会长三木谷良一（1999）认为，泡沫经济就是资产价格（具体指股票与不动产价格）严重偏离实体经济（生产、流通、雇用和增长率等）而暴涨，然后暴跌的过程④。

2. 股票价格泡沫的分类

从不同的角度，股票价格泡沫可以分为不同的类型⑤。Blanchard 和 Watson（1982）从理性预期出发，将股票价格泡沫分为理性泡沫和非理性泡沫两类。理性泡沫是活跃股票市场的必需品，也是虚拟资产交易不可避免的产物；非理性泡沫是指系统的金融风险以及推波助澜的狂热，如果急剧膨胀而得不到控制，最终必然破裂而导致股价急挫，甚至引发金融危机。这是理论界对资产价格泡沫的首次类别划分，奠定了资产价格泡沫类别划分的基础⑥。

Hamilton 将泡沫分为两种：确定性泡沫和随机性泡沫。在确定性泡沫中，由于所有投资者都认为股票会上涨，因而股价会以一定的比率增长，而股价一旦上涨，投资者都能得到预期的利润，就又引起股票的进一步上涨。确定性泡沫只不过是一种理论上的特例，人们通常所说的泡沫几乎都是随机性泡沫。

---

① 纪晓宇．国外股市泡沫理论文献述评［J］．山西广播电视大学学报，2010，7（4）：78－80.

② Garber，Peter. *Famous First Bubbles.* MIT Press，2000.

③ Rosser，J.，Barley. *From Catastrophe to Chaos：A general Theory of Economic Discontinuities.* Kluwer Academic Publications，2000.

④ 三木谷良．日本泡沫经济的产生、崩溃与金融改革［J］．金融研究，1998.

⑤ 纪晓宇．国外股市泡沫理论文献述评［J］．山西广播电视大学学报，2010，7（4）：78－80.

⑥ Blanchard，Olivier，Mark Waston. *Bubbles，Rational Expectations and Financial Markets*，In Paul Wachtel（ed.），Crises in the Economic and Financial Structure，Lexing MA：Lexington Books，1982.

Blanchard 和 Fisher（1989）从泡沫发展演化的过程出发，将泡沫分为永恒扩张型、爆炸型和可消除型三种。永恒扩张型泡沫是一种研究中的特例，以无限期界和人的完全理性为假定，通常用来描述泡沫在产生初期能以比较平稳的速度逐渐扩张，但由于人是有限期界和有限理性的，实际上这种扩张过程不可能持久，随着泡沫膨胀速度的加快，最终变成爆炸型泡沫。通常情况下，一旦泡沫产生，如果没有政府干预或金融政策的变化，泡沫就不会自我消失。所谓的可消除型泡沫，更多意义上是指应当采取何种措施以消灭已产生的泡沫[①]。

Froot 和 Obstfeld（1991）从泡沫形成原因的角度，将泡沫分为内生泡沫和外生泡沫。内生泡沫是一种特殊的理性泡沫，其产生仅仅取决于资产价格基本决定因素，如果基本决定因素给定，那么泡沫将维持不变。相对于内生泡沫，那些由于受到外来因素的影响而产生的泡沫被称为外生泡沫[②]。

“泡沫过程”和“泡沫成分”是不同的。“泡沫成分”是一个静态概念，是指隐含在价格中、对基本价值的偏离部分。“泡沫过程”是一个动态概念，是指由于泡沫成分变化（通常是指泡沫膨胀）引起的价格变动过程。结合这两点，泡沫可以分成以下几种情形：

——小而不扩张的泡沫。只要资产价格不严格地等于理论价值，就存在泡沫。因此，这种泡沫存在于任何一个资本市场，随时可能消失，也可能随时再次出现。由于泡沫成分较小，其变动对价格波动的影响不大，不会引起实务界的关注，通常仅在学术研究中对其进行讨论。

——大而不扩张的泡沫。当资产价格被严重高估或严重低估，同时泡沫成分没有发生巨大变化，就会出现这种泡沫。对于这种情形，理论界有不同看法，认为大而不变的泡沫必须来自某种支撑，如果这种支撑能够在宏观或微观层面解释，如市场被分割等，那么这就不属于泡沫。换言之，“价格高估”与“泡沫”之间存在差别。

——扩张的泡沫。泡沫成分在投机作用下不断扩张，推动资产价格越来越高，最终无法支撑而发生破裂。这就是金德尔伯格定义的投机泡沫[③]。

---

① Blanchard Olivier, Stanley Fisshher. *Lectures on Macroeconomics*. Cambridge MA: MIT Press, 1989.

② Froot K., M. Obstfeld. Intrinsic Bubble: The Case of Stock Price. *American Economic Review*, 1991 (81): 1189－1214.

③ 张晓蓉．资产价格泡沫［M］．上海：上海财经大学出版社，2007.

3. 股票价格泡沫共同特征

历史泡沫事件通常指的是第三种泡沫，即投机泡沫。

人们对泡沫的关注由来已久。苏格兰学者查尔斯·马凯（Charles Mackay，1841）在《惊人的幻觉与大众的疯狂》（*Extraordinary Popular Delusions and the Madness of Crowds*）一书中，对17—18世纪的三大著名资产价格泡沫事件进行了详细的描述和分析，包括1634—1637年的荷兰郁金香狂热（Tulip Mania），1717—1720年的法国密西西比股票价格泡沫（Mississippi Bubble），1720年的英国南海股票价格泡沫（South Sea Bubble），指出大众的过度投机心理必然会引起股价疯狂上涨和最后的崩溃。近代股票价格泡沫事件，包括1929年美国股灾、1987年全球股灾、1990年台湾股市大崩盘、2000年末美国互联网泡沫。这些泡沫事件的共同特点是，股价指数走势表现为大幅上涨随后迅速下跌，存在明显的尖峰现象。

股票价格泡沫事件虽然出现在不同的时期、不同的国家和地区，但其发展和破裂的过程却有着惊人的相似性。结合以上事件，可以得出股票价格泡沫具有以下共同特征（表3－51）。

表3－51　股票价格泡沫的典型特征

序号	典型特征
1	价格快速上涨
2	对价格持续上升抱很高期望
3	相对于历史平均值估价过高
4	超越理性范围的价格
5	存在价格上升的潜在原因
6	新元素的出现，如创业板、股指期货、融资融券等新制度的引入
7	主观思维的“范式改变”
8	新投资者不断加入
9	公众和传媒的高度关注
10	信贷大幅增长
11	债务增长
12	通货膨胀长期处于低位
13	持续宽松的货币政策
14	家庭储蓄率下降
15	汇率保持坚挺
16	股票分析师队伍的扩大和市场影响力增强

资料来源：胡月晓，《上证A股泡沫指数编制说明》，上海证券研究所，2009年。

首先，泡沫事件的起源均来自真实的利好消息。如美国20世纪初的经济繁荣。这些消息影响了投资者对资产未来收益的预期，激发了大众的乐观情绪，引发资产价格上涨，成为投机的导火索。

其次，在每一个泡沫事件中的价格上升阶段，都有来自权威方面明显的或隐含的肯定，包括政府、王室以及专家的口头推荐或行为示范等。由于社会大众获得信息的途径有限，普通投资者将这些推荐或行为解释为内部信息并纷纷效仿，造成泡沫进一步膨胀。当市场前景不甚明朗或“投资”项目本身神秘莫测时，这种“名人效应”尤其有效。

再次，银行信贷大量扩张，或出现新的杠杆工具，如期货市场、股票保证金交易等。信贷扩张为投资者提供了有力的支持，进入资产市场的资金规模不断扩大。

最后，泡沫形成过程中有后续投资者不断加入，使得资产价格越来越高，最终完全偏离基本价值。这一过程中最早的投资者能得到丰厚利润，而最后的投资者则损失惨重①。

4. 股票价格泡沫基本模式——庞氏骗局

庞氏骗局（Ponzi Scheme）得名于查尔斯·庞氏（Charles Ponzi），庞氏骗局是一种金字塔式传销，是一种非法集资。庞氏1920年开始从事投资欺诈，宣称90天40%的高收益率吸引了大量投资者。庞氏用后一轮投资者的资金给付前一轮投资者的本息，由于前期投资者获得了丰厚的投资回报，诱使更多的新投资者加入。这样在7个月内庞氏成功吸引了3万名投资者，直到1920年8月警方宣布庞氏的投机活动为非法时，庞氏骗局才结束。

自庞氏之后，在不到100年的时间里，世界各地出现了各种形式的庞氏骗局。其中，美国麦道夫案影响最大。2008年12月，美国纳斯达克股票市场公司前董事会主席伯纳德·麦道夫因证券欺诈遭警方逮捕，其操作的庞氏骗局诈骗金额超过600亿美元，成为美国历史上最大的诈骗案，2009年6月被纽约联邦法院判处150年监禁。随着中国改革开放，庞氏骗局也大量出现在中国。2007年的吴英案，是庞氏骗局的再现；2007年的蚁力神事件，也是类似的骗局。

庞氏骗局的重要特征：

——投资回报率较高。庞氏的40%，麦道夫的10%，吴英的30%～80%，正是基于较高投资回报率的吸引，大量投资者蜂拥而至。

① 张晓蓉．资产价格泡沫［M］．上海：上海财经大学出版社，2007：103－104.

——让早期投资者深信确实存在盈利机会。早期投资者拿到本金和利息的事实，让更多的投资者不断加入。

——盈利模式复杂。庞氏和麦道夫都故意把盈利模式设计得很复杂，让投资者很难弄清楚是如何操作的。

从庞氏骗局中可以看出，庞氏骗局中不存在理性投资者与非理性投资者之分，庞氏骗局只与投机有关。尽管理性投资者知道庞氏骗局最终会破灭，但是理性投资者认为目前的收益足以抵消其所承担的风险，因此会继续投资。对于不知情的非理性投资者，由于前面的投资者已经获取了收益，使他们深信庞氏骗局能够带来收益而继续投资。因此，投机形成的泡沫都是理性泡沫和非理性泡沫的混合。

庞氏骗局是一个零和博弈，前期投资者的所有收益来自最后一轮投资者的损失，投资者人数越多，最后投资者的亏损也就越大。英国学者爱德华·钱塞勒（Edward Chancellor，1999）在《投机狂潮》[①]（*Devil Take the Hindmost*：*A History of Financial Speculation*）一书中指出，所有的投机事件都以“最后一只老鼠”成为牺牲者而告终。该书以大量的历史事件为例分析了投机在资产价格泡沫形成中的作用。该书名为“魔鬼专抓跑在最后的人”，深刻揭示了庞氏骗局的本质。这一阶段研究的主要贡献在于发现金融领域广泛存在信息不对称性、道德风险和投机心理等现象，为下一阶段通过数学建模来分析资产价格波动奠定了基础。

（二）国内外股票价格泡沫研究综述

真正从经济学角度对泡沫现象进行研究分析始于20世纪60年代。随着经济增长理论的繁荣，一些学者对资本市场的投机活动和泡沫现象进行了早期的理论研究。直到20世纪80年代，随着“市场是否有效”这一命题日益深入的研究，关于资本市场泡沫的问题才开始得到学者们的重点关注。

1. 国际上关于股票价格泡沫理论研究的文献综述

——在理性泡沫研究方面，Hahn（1966）、Samuelson（1967）、Shell和Stiglitz（1967）证明，在期限是无限的期货市场条件下，没有一种市场力量能够保证经济不产生泡沫并且破裂。这从理性预期的角度证明了在某些条件下经济系统可能产生

① Edward Chancellor. *Devil Take the Hindmost*: *A History of Financial Speculation*, Penguin Group USA, 1999.

泡沫并最终破裂[①②③]。Flood 和 Garber（1980）首次引入理性预期模型作为检验泡沫的理论基础[④]。Blanchard 和 Watson（1982）从理性预期出发，将股票价格泡沫分为理性泡沫和非理性泡沫两类，建立了一个动态预测模型来讨论泡沫经济的形成过程。以股票价格理性预期模型为基础，在套利均衡的条件下，求解出了理性泡沫解[⑤]。Santoni（1987）提出了理性泡沫的 3 个特征，即理性泡沫具有连续性、连续膨胀性和非负性[⑥]。Blanehard 和 Fisher（1989）从泡沫发展演化的过程出发，将股票价格泡沫分为 3 类[⑦]。Froot 和 Obstfeld（1991）提出内生泡沫概念，简化了实证检验，并用 1900—1998 年的标准普尔综合指数进行实证研究，指出泡沫能够用来解释美国股市的过度波动现象[⑧]。Evans（1991）通过修正的 Blanehard 模型，得到了周期性破裂泡沫[⑨]。Granger 和 Swanson（1994）通过“一般化随机鞅过程模型”求解出的理性泡沫解集。这几乎囊括了目前常见的所有理性泡沫解，为泡沫的实证研究做了重要的函数设定方面的准备[⑩]。至此，经过 20 多年的发展，理性泡沫理论已经建立了一套相对成熟的研究体系，以理论为依托的实证分析方法也日益完善。随着行为金融学等其他学科领域的发展，以这些新兴学科为依托的股票价格泡沫理论的研究也得到了长足的发展。

——在非理性泡沫研究方面，Tirole（1982）证明了有限界或有限代理人条件下的泡沫，其中资产价格是由基本因素衍生出的[⑪]，这与理性行为不一致。①行为金

---

① Hahn F. H. Equilibrium Dynamics with Heteroeneous Capital Goods. *The Quarterly Journal of Economics*, 1966, 80 (4): 633 - 646.

② Samuelson P. A. *Indeterminacy of Development in a Heterogeneous Capital Model with Constant Savings Propensity, in Essays on the Theory of Optimal Growth, ed. K. Shell.* Cambridge: MIT Press, 1967: 219 - 321.

③ Shell K., Stigliz J. The Allocation of Investment in a Dynamic Economy. *Quarterly Journal of Economics*, 1976, 81 (4): 592 - 609.

④ Flood R., P. Garber. Market Fundamentals versus Price - Level Bubbles. *The First Test, Journal of Political Economy*, 1980: 745 - 770.

⑤ Blanchard, Olivier, Mark Waston. *Bubbles, Rational Expectations and Financial Markets, In Paul Wachtel (ed.), Crises in the Economic and Financial Structure.* Lexing MA: Lexington Books, 1982.

⑥ Santoni, D. J. The Great Bull Markets 1924 - 1929 and 1982 - 1987: Speculative Bubbles or Economic Fundamentals. *Review of Federal Rerserve Bank of St. Louis*, 1987, 69 (9): 16 - 30.

⑦ Blanchard Olivier, Stanley Fischer. *Lectures on Macroeconomics.* Cambridge MA: MIT Press, 1989.

⑧ Froot K., M. Obstfeld. Intrinsic Bubble: The Case of Stock Price. *American Economic Review*, 1991 (51): 1189 - 1214.

⑨ Evans, George W. Pitafalls in Testing for Explosive Bubbles in Asset Prices. *American Economic Review Sept*, 1991, 81 (4): 922 - 30.

⑩ Granger C., N. Swanson. An Introduction to Stochastic Unit Root Process. *Working Paper, University of California*, 1994.

⑪ Tirole J. On the possibility of Speculation under Rational Expectations. *Econometriea*, 1982, 50: 1163 - 1181.

融学方面。随着行为金融学的发展，依托人类心理学研究成果，对股票价格泡沫理论的研究日益深入。Shiller（1984，1990）建立了时尚模型[①]。Black（1986）首先将噪声概念引入泡沫理论中，把市场有效性和噪声结合起来研究，认为噪声交易者不断通过交易将噪声累加到股票价格中，使股票价格偏离其内在价值，形成股票价格泡沫[②]。Delong、Shleifer、Summers 和 Waldmann（1990a）建立了噪声交易模型[③]（Noise Trader Model）。Delong、Shleifer、Summers 和 Waldmann（1990b）建立了正反馈交易模型[④]（Positive Feedback Trading Model）。Lux（1995）提出的传染模型，描述了市场上投资者的从众行为和相互模仿的传染现象，很好地解释了股票价格泡沫的形成和破灭[⑤]。Barberis、Shleifer 和 Vishny（1998）提出了投资者情绪模型[⑥]（BSV）。Seheinkman 和 Wei Xiong（2002）建立了过度自信模型，认为过度自信心理导致投资者对资产的基础价格的判断发生分歧，导致泡沫产生[⑦]。②非线性理论方面。Brock 和 Hommes（1997，1998）引入"适应性理性均衡动力学（Adaptive Rational Equilibrium Dynamics，ARED）"的概念研究了预期形成的异质性[⑧]。Hong 和 Stein（1999）首次利用异质信念，建立了反应过度和反应不足统一模型（HS），利用动量交易方式研究了股票价格持续偏离基本价值的现象[⑨]。之后，Hong 和 Stein（2003）研究了一个基于投资者异质信念的市场崩溃模型[⑩]。Barbarino 和 Jovanovic（2007）从异质信念的角度，用 Zeira - Rob 模型对股市崩溃进行了研究[⑪]。③金融物理学方面。近 10 年来，物理学者对金融市场产生了广泛的兴趣，许多学者利用金融物理学对资产价格泡沫进行了研究。Johansen（2000）运用统计物理学的旋转模型描述了泡沫的破灭点（Critical Points），区分了泡沫的增长结束点和泡沫的破灭点，

---

① Shiller R. Stock Prices and Social Dynamics. *Brookings Papers on Economic Activity*, 1984, 2: 457 - 510.

② Black, Fisher. Noise. *Journal of Finance*, 1986, 41: 529 - 43.

③ Delong Bradford, Andrew Shleifer, Lawrence Summers, Robert Waldmann. Noise Trader Risk in Financial Markets. *Journal of Political Economy*, 1990a, 98: 70338.

④ Delong Bradford, Andrew Shleifer. Lawrence Summers, Robert Waldmann. Positive Feedback Investment Strategies and Destabilizing Rational Speculation. *Journal of Finance*, 1990b, 45: 379 - 95.

⑤ Lux T. Herd Behavior. Bubbles and Crashes. *The Economic Journal*, 1995, 105 (431): 881 - 896.

⑥ Barberis Nicholas, Andrei Shleifer, Robert Vishny. A Model of Investor Sentiment. *NBER working paper*, No. 5926, Washington DC, 1998.

⑦ Jose Scheinkman, Wei Xiong. Asset Float and Speculative Bubbles. *Working Paper*, August 19, 2004.

⑧ Brock W., Hommes C. A Rational Route to Randomness. *Econometrica*, 1997, 65: 1059 - 1095.

⑨ Hong H., Stein J. C. A Unified Theory of Underreaction, Momentum Trading, and Overreaction in Asset Markets. *Journal of Finance*, 1999, 54.

⑩ Hong H., Stein J. C. Differences of Opinion, Short - Sales Constraints, and Market. Crashes. *Review of Financial Studies*, 2003, 16 (2): 487 - 525.

⑪ Barbarino A., Jovanovic B. Shakeouts and Market Crashes. *lnternational Economic Review*, 2007, 1: 48.

证明了泡沫破灭的可预测性[①]。Kapopoulos 和 Siokis（2005）对股市崩溃的动态发展进行了研究，认为股市崩溃前泡沫的增加就像地震前能量的积聚，如果泡沫能在股市崩溃前不断消化，则不会导致股市崩溃，反之如果泡沫不断增长而不能释放，最终会导致严重的股市崩溃。而崩溃后的证券市场的动态发展，就像地震后的余震，服从地球物理学中的古藤堡—里克特规则[②③]。

2. 国内关于股票价格泡沫的研究综述

——关于中国股市是否存在泡沫的问题。吴作斌、赵晓梅（2004）在综合考虑当前盈利状况和盈利前景两个因素下分析股票价格泡沫，即分析市场价格与其实际价格的关系。结果表明，我国股市长期以来整体股价一直偏高，存在很大的泡沫成分。林楠、张应才（2002）从讨论中国证券市场是否存在泡沫谈起，围绕泡沫的成因、泡沫的适度性、泡沫的理性抑制展开讨论，最后得出结论：中国证券市场存在泡沫，引发原因多种多样，中国证券市场存在适度泡沫空间，应该尽量采用市场化方法抑制泡沫。文章从市盈率状况、同股不同价、上市公司过低的红利率、换手率过高等方面的分析中得出结论：中国股票市场存在泡沫[④]。廖旗平（2006）用上市首日回报率来度量中国股市的泡沫，通过与国际比较，得出中国股市存在较高泡沫的结论[⑤]。

——股票价格泡沫危害。林楠、张应才（2002）认为股票价格泡沫过大，会危害股市的稳定和健康发展，扰乱正常的金融秩序，引起社会动荡。具体的危害是：削弱证券市场功能，影响经济和金融环境，削弱实业投资。丁昊（2002）认为，股票价格泡沫延迟了消费，不利于拉动内需，同时股票价格泡沫同房地产泡沫一样是产生经济泡沫、诱发金融危机的一个重要诱因[⑥]。王军波、邓述慧（1999）认为，中国的证券市场是非有效的，可能存在市场信息的不公平性，从而少数市场信息操纵者可能以牺牲大多数市场参与者的利益，长期地获取超额利润，而扭曲的财富再分配则会进一步恶化市场运作机制并加剧股价波动。这种状况发展下去，其严重后

① Johansen A., Ledoit O., Sormette D. Crashes and Critical Points. *International Journal of Theoretical and Applied Finance*, 2000, 3 (2): 219-255.

② Kapopoulos P., Siokis F. Stock Market Crashes and Dynamics of Aftershocks. *Economics Letters*, 2005: 89.

③ 纪晓宇．国外股市泡沫理论文献述评［J］．山西广播电视大学学报，2010，7（4）：78-80.

④ 林楠，张应才．股市泡沫及其抑制研究［J］．经济体制改革，2002（2）．

⑤ 廖旗平．对股权分置与股市泡沫关系的实证分析［J］．河北经贸大学学报，2006（3）：63-68.

⑥ 丁昊．我国股市泡沫的成因及对策透析［J］．理论前沿，2002（6）．

果则是损害公众信心，诱发金融危机①。

——泡沫形成原因。①综合因素方面。林楠、张应才（2002）认为由证券市场信息不对称和超常规发展导致的非理性主体的大量存在，中国股市的政策性风险导致中国股票市场泡沫的存在，宽松的货币政策也是股票市场泡沫的诱因，上市公司利润操纵导致股票市场泡沫。张震（2001）认为，影响金融市场波动的经济因素有三类：一是实际经济因素，主要指与实际经济运行直接关联的因素。这类因素包括宏观经济形势、宏观经济规划、产业发展前景、行业变化现状、企业经营业绩、公司投资回报等。二是市场主体行为，主要指经济主体在金融市场上的群体行为、重要机构或人物的行为。理性的行为可能异化为盲目从众、蓄意投机行为。三是货币供给量的变动直接影响金融市场的波动，其他一切因素对金融市场的影响都要通过金融市场中货币量的变动体现出来。股市上涨的根本原因是由于股市中资金量的增加引起的。根据资金特别是短期投机资金流入的速度不同，股市呈现两种不同的上涨形式。第一种是资金拉动型上涨，第二种是结构型上涨②。邹辉文、谢胜强、汤兵勇（2005）对股票价格异常波动的统计规律以及投资者对股票价格异常波动原因的认识进行了论述，认为股票价格异常波动的原因有：国家有关股市的政策问题被放在首位，其次是股市的管理问题，然后是上市公司的有关问题，最后才是投资者本身的问题。特别值得注意的是，投资者认为宏观经济形势影响、上市公司经营不善不是什么重要的问题，说明投资者对股票的内在价值并不在乎，这从另一个侧面反映了投资者热衷于股票的短期投机收益。文章在此基础上，分析股票价格波动及其影响因素，认为股票价格波动的直接决定因素是：股票的内在价值、股票的短期投机供求关系和股票的货币供求关系，它们分别决定着股票价格的长期波动和短期波动，并将影响股票价格波动的因素分为两大类：一类主要影响股票的内在价值，另一类主要影响股票的短期投机供求关系和货币供求关系，两类之间通过宏观经济与政策以及货币供求关系发生着联系；在长期波动与短期波动之间，还存在一种内在传导与自我增强机制，并对其中一个最特殊、最直接的因素——股市政策对股价波动的影响进行了讨论。所得结论可为制定更完善的股市政策提供理论依据③。马向前、万帼荣（2001）从经济因素、政策因素、市场因素、非经济因素 4 个方面，

---

① 王军波，邓述慧．中国利率政策和证券市场的关系的分析［J］．系统工程理论与实践，1999，8（8）．

② 张震．股票市场价格波动分析［J］．发展论谈，2001（12）．

③ 邹辉文，谢胜强，汤兵勇．股票价格的波动机理与股市政策对股价波动的影响［J］．东华大学学报（社会科学版），2005（9）：5－3．

全面地考察影响我国股票市场价格波动的基本因素。经济因素既包括宏观经济因素，即经济周期波动、通货变动、国际收支和国际金融市场影响，又包括微观经济因素，即公司业绩及成长性、资产重组与收购和行业周期影响。政策因素包括货币政策、财政政策、产业政策和监管政策影响。市场因素包括市场的供求、市场投资者的构成、市场总体价格波动、交易制度、工具和市场心理因素影响①。丁昊（2002）分析了股票价格泡沫对我国国民经济的影响，以及我国股票价格泡沫形成的内在原因和深层次原因。文章指出我国股票价格泡沫现象产生的内在原因有：市盈率及换手率过高，股市受政策影响过于明显，股市为机构投资者所操纵，不符合上市条件的企业“包装”上市。我国股票价格泡沫形成的深层原因是：微观经济状况不佳是股票价格泡沫产生的经济背景，银行资金直接或间接进入股市是股票价格泡沫膨胀的最根本原因，信息披露不规范和市场监督不严格加剧了股市过度投机和股票价格泡沫的膨胀。杨筱燕、刘延冰（2002）认为股票价格泡沫产生，直接原因是股市供求失衡，间接因素如体制的缺陷、政策失误、货币供应量过大等。股票价格泡沫过大，不仅会对股市的稳定和健康发展造成危害，而且会危及经济整体，导致全面危机②。王琦、刘锡标（2008）认为，泡沫形成的原因有：政府行为发生扭曲，表现在股票发行管制、股票交易管制、股票市场分割；经济长期繁荣与股市长期繁荣之间存在一种正反馈效应；股市中信息不充分、不对称，使非理性主体大量产生；股市的不规范和股票价格泡沫的泛起，在很大程度上是由所谓“庄家”的机构主力哄抬拉起的③。

②本币升值影响。高祥宝、蔡晓婧（2009）讨论了本币升值背景下股票价格泡沫的测量问题，采用市盈率作为衡量股票价格泡沫的指标，将汇率升值因素与市盈率相结合来建立数学模型，给出了在本币升值预期条件下，零泡沫状态的理论市盈率的测算方法。然后利用日经 225 指数对日本股票价格泡沫进行了实证分析。实证研究表明，文章提出的股票价格泡沫测量方法更适用于本币大幅度连续升值背景下的泡沫测量。本币升值预期是影响股价的重要因素。文章认为，只要升值的预期存在，股价水平就会被高估。尤其在开放的经济制度下，资本可以跨国界自由流动。当一国货币存在升值预期时，国际资本就可以获得该国资产价格上涨和货币升值的双重收益。从实证结果来看，1985 年以前日本股市的资产价值是基本被低估的。如

① 马向前，万幗荣．影响我国股票市场价格波动的基本因素［J］．山西统计，2001（1）．
② 杨筱燕，刘延冰．股市泡沫的形成、危害及对策［J］．经济论坛，2002（14）．
③ 王琦，刘锡标．股市泡沫产生原因及对策浅论［J］．沿海企业与科技，2008（3）．

果用20倍的市盈率来衡量，日本在1985年前就出现了一定程度的泡沫，这种对股票价格泡沫的测度并不合理。在本币大幅升值的背景下，资产价格理应获得一部分溢价，采用文章提出的“动态零泡沫理论市盈率”的泡沫测量方法更合理。但从长远来说，市场的价值水平还主要由利率和国民经济增长率等因素决定。利率的本质是资金的价格，国民经济增长率则代表了上市公司的业绩增长能力。相比而言，汇率均衡后，汇率对股市的影响会减弱①。

③利率影响。曾志坚、谢赤（2006）对利率与股票价格波动的长期与短期关系进行理论分析，并利用上海证券交易所7天国债回购利率与上证指数数据进行了实证研究。研究结果表明：从长期来看，中国的股票价格与利率之间存在一种稳定的长期均衡关系（股票价格和实际利率之间具有显著的协整关系）；从短期来看，利率的日度波动领先股票日收益率的变动3天，再次表明利率是影响股票价格的重要原因。他们对此现象给出了一些相应的经济学解释和政策建议。他们认为，利率确实是影响股票价格的重要因素，但利率变动影响股票价格的资本增值效应和投资替代效应的发挥受企业经济效益、宏观经济形势以及投资者预期等因素的制约②。王军波、邓述慧（1999）根据现值理论，利用事件分析和协整与误差校正模型方法研究了当前中国利率政策对证券市场的短期影响和长期影响，发现利率政策对证券市场的短期影响有反常现象；而利率政策对证券市场的长期影响是稳定的。他们通过对中国中央银行的利率政策对证券市场的短期和长期影响的分析表明，央行的利率政策在短期和长期对证券市场都有显著的影响，将对股价波动幅度、股票成交量等产生巨大的影响；过去的股价变动对股价的未来变动有强烈的影响；股价变动有明显的周期现象，并对未来股价波动有一定的解释作用。唐齐鸣（2000）通过研究1996年以来7次降息前后上海与深圳股票指数的变化情况，得出虽然影响中国股市的诸多因素在一定程度上削弱了降息效应，但中国股市对利率的反应正在逐步趋于敏感的结论。这主要是由于中国股市处于初级阶段，市场机制还不健全，许多因素影响着股市的健康发展，使中国股市对降息的反应还不是太明显，股市波动呈现随机性，从一定程度上削弱了中央银行货币政策的有效实施。但也应看到，随着市场的逐步规范化，利率手段对股市的影响力度正在加强③。

④通货膨胀对股市的影响。丁培荣（2009）运用事件研究法将1992年9月—

---

① 高祥宝，蔡晓婧．本币升值背景下股市泡沫的测量［J］．统计与决策，2009（13）．

② 曾志坚，谢赤．利率波动对股票价格影响的实证研究［J］．科学技术与工程，2006（1）：98－103．

③ 唐齐鸣．降息对中国股市的影响分析［J］．华中理工大学学报，2000（3）：69－73．

2008年7月的月度数据划分为3个阶段，对股票价格与通货膨胀的关系进行检验。结果表明，不同阶段股票波动冲击来源不尽相同，股票市场波动与通货膨胀负相关的体现有一定时滞性。防止股票价格的剧烈波动应尽量减少对股票市场进行突然的冲击，防止通货膨胀压力，注意人们对通货膨胀的预期①。

⑤银行信贷的影响。单春红、刘付国（2008）分析了股票价格的剧烈波动和银行脆弱性之间存在紧密的联系，分析了股票价格上涨对银行经营的影响和股票价格下跌使银行脆弱性加剧的机制。结果表明，我国银行资金与股市资金存在较强的关联度，这说明我国银行资金易受到上述机制影响②。段军山（2006）分析了由于商业银行直接或间接地参与股票市场，就会因股票价格的波动影响银行资产质量进而影响银行资产负债表和银行稳定。理论和实践证明，股票价格的急剧波动和银行部门不稳定性扩散之间存在紧密的联系，银行信贷的扩张对股票价格的波动有很大影响。对我国的经验分析表明，银行间信贷市场与股票市场的资金连通存在较强的相关性，上市银行脆弱度与上证综合指数的相关性在5%水平上显著③。刘萍萍（2010）提出了银行信贷与股票价格波动关系的理论，同时分析了我国银行信贷与股票价格波动的总趋势以及我国股票价格在大幅上涨期间和大幅下跌期间与银行信贷的趋势联动，并通过变量VAR模型对我国银行信贷与股票价格的关联性进行了实证分析。研究结果表明，我国银行信贷与股票价格存在长期稳定关系，银行信贷与股票价格呈正相关关系，我国银行信贷扩张是股票价格波动的格兰杰原因，但股票价格波动不是银行信贷扩张的格兰杰原因④。周京奎（2006）利用1998—2005年的数据对我国资产价格波动状况进行了实证研究。研究结果表明，房地产价格的变动将导致股票价格产生波动。随后对资产价格传导机制进行了研究，提出了货币—信用—资产价格之间的相互关系，认为银行拆借利率和贷款额在资产价格波动中扮演着重要角色，对于政府制定正确的货币政策具有积极参考意义。由于货币供应量对银行拆借利率和贷款额都有显著影响，因此可以认为它是引起资产价格波动的发动机。研究结论进一步印证了资产价格波动理论的正确性，并认为当前我国实行稳健

---

① 丁培荣．通货膨胀不确定条件下我国股票价格波动研究——基于VAR模型的实证分析［J］．云南财经大学学报，2009（3）．

② 单春红，刘付国．股票价格波动对银行脆弱性影响的机理分析［J］．石家庄经济学院学报，2008（4）：11－15．

③ 段军山．股票价格波动对银行稳定影响的理论及经验分析［J］．上海金融，2006（6）．

④ 刘萍萍．我国股票价格波动与银行信贷的关联性研究［J］．财经问题研究，2010，5（5）．

的货币政策对资产价格稳定将起到积极的作用①。

⑥信息对股价波动的影响。刘金全、于冬、崔畅（2006）认为，股票价格波动对于市场信息的反应过程具有非对称性。通过利用多种非对称性模型，描述和检验了沪市股票日收益率序列的条件波动性，并通过对股票市场信息影响曲线的分析，发现沪市股票价格波动中存在显著的非对称性反应。这说明股市波动对于不同的政策干预和信息冲击具有不同程度的反应，“利好消息”对股市的刺激作用仍然需要其他市场干预的配合才能发挥出来②。李翔、林树（2007）从信息披露的幅度、频率和结构角度对其提高公司透明度的贡献进行了验证。结果表明：上市公司信息披露的幅度越大、频率越快，越有助于降低市场关于公司的信息不对称水平；管理会计信息披露是投资者迫切需要的，在统计上显示出其能显著降低公司的信息不对称水平③。李梦军、陆静（2001）根据沪深两市的样本，实证研究我国资本市场增发新股信息对股价债的影响。结论是目前增发新股办法尚有许多值得改进之处。研究结果表明，在公告期间平均超额收益率基本围绕零波动，公告日的负超额收益不太明显，但从累计超额收益率来看，从相对日期的 -19 日开始就步入负值，并从公告日起，其累计负超额收益加速下跌迹象明显。对二级市场投资者来说，在公告日卖出该类组合不失为明智之举，因为第 0 日卖空后，在第 20 日将获得 3.14% 的超额收益率（ -0.02823 ，0.06537）。他们认为，针对现行的增发新股办法，市场认同度较小。虽然《上市公司向社会公开募集股份暂行办法》对增发新股有一定限制，但这些限制仅是原则性的，灵活度较大，难以避免增发新股的公司质地良莠不齐。并且由于现有的监管制度不能对盈利等硬性指标加以限制以及募资后缺乏有效的监控措施，使得广大投资者对其所募巨额资金的投向以及众多不确定性因素心存疑虑④。

⑦投机影响。史永东等（2004）以中国证券市场和中国经济为背景，以投机泡沫为主线，系统地研究了投机泡沫产生、发展和破灭的过程以及对经济的影响，深入地探讨了价格操纵、投资者心理和行为对投机泡沫产生的作用，分析了我国股票

① 周京奎．1998—2005 年我国资产价格波动机制研究——以房地产价格与股票价格互动关系为例［J］．上海经济研究，2006（4）．

② 刘金全，于冬，崔畅．中国股票市场的信息反应曲线和股票价格波动的非对称性［J］．管理学报，2006（5）：3．

③ 李翔，林树．信息不对称、信息披露与股票价格波动——兼论管理会计信息披露的市场效应［J］．山西财经大学学报，2007（6）：112 -117．

④ 李梦军，陆静．上市公司增发新股信息与股票价格波动的实证研究［J］．财经理论与实践，2001（6）：22 -112．

市场投机泡沫以及与之生成密切相关的价格操纵、“羊群行为”的存在性及其特征。在此基础上，提出了控制和化解投机泡沫与价格操纵行为、提高市场效率、促进资本市场发展的政策建议①。

⑧资金炒作影响。于志武（2004）认为，股票价格泡沫的产生主要是因为大量资金的持续涌入和炒作题材的烘托，使得股票价格严重偏离价值，从而产生股票价格泡沫；而支撑泡沫的支点在于庄家与散户的信息不对称；治理办法是提高上市公司业绩、完善市场内部结构、调控利率。②

⑨行为金融学解释。20 世纪 70 年代开始，行为金融学的兴起与发展为确认现实世界中投资者的有限理性提供了大量的心理实验和解释。在心理学研究成果基础上形成的前景理论、行为组合理论和行为资产定价模型是行为金融学的三大理论基础。行为金融理论认为，股票的市场价格并不仅仅由股票自身包含的一些内在因素所决定，而在很大程度上受到各参与主体行为的影响，即投资者心理与行为对股票市场的价格决定及其变动具有重大影响。行为金融理论在风险决策、股票回报率的时间序列、投资者心理会计、股票价格的异常波动、股市中的“羊群效应”（Herd Behavior）、投机价格、流行心态、趋向性效应等方面进行了一系列开创性研究，建立了对股票价格泡沫的形成有一定的解释力的相关理论与模型。江振华（2010）认为，行为金融学建立了相关理论与模型，并对股票价格泡沫的形成原因有一定的解释力。我国证券市场起步晚，但发展很快，市场规模迅速扩大，证券市场发展过程中存在股价大起大落、泡沫化严重等问题，可以从行为金融学中找到的合理的解释，并据此得出治理对策。要加强对机构投资者的监督，增强投资者的理性程度。要规范市场管理机制，调节市场情绪③。刘学军、马越（2009）认为，决定股价短期波动的因素是所有参与的投资者的心理因素的综合，包括理性和非理性的心理因素。非理性是人类难以克服的弱点。个体非理性的累加造成了整体市场的非理性波动。文章运用行为金融学从个体和群体的心理角度分析了股票价格的波动和发展，试图解释投资者在决策过程中，情绪和认知错误如何对其投资产生作用④。刘洁（2009）针对 2006 年 8 月—2007 年 8 月我国股票市场存在泡沫、非理性交易比重较大，应用行为金融学中的理论——噪声交易、锚定效应和羊群效应，解释中国股票价格泡沫

① 史永东．股市泡沫和操纵行为——理论研究与计量分析［C］．辽宁省哲学社会科学获奖成果汇编，2003—2004.

② 于志武．股市泡沫的成因分析［J］．克山师专学报，2004（1）.

③ 江振华．我国股市泡沫的成因及治理——基于行为金融学的角度［J］．大众商务，2010（1）.

④ 刘学军，马越．行为金融学视角下的股票价格波动探析［J］．世纪桥，2009（3）.

形成的原因，并提出建议以促使投资理念日趋理性化。文章指出，中国股票市场的噪声交易在持续时间及表现程度上体现了噪声交易所占的比重显然已经超过了“适度”的标准。我国部分投资者为非理性投资者，他们无论学历水平、知识结构，还是投资动机，都还没有达到理性证券市场“理性人”的要求，特别是缺乏长期投资理念。对投资者而言，当前最迫切的任务是树立正确的投资理念，这样既可以获得比较高的投资收益，也可以增加我国证券市场的投资价值，增进市场效率。在市场操作中，投资者还应深刻理解“羊群效应”产生的心理机制，在自己的投资活动中，独立地做出判断，并且合理地选择投资工具。这不只是通过监管制度建设和交易机制完善就可以解决的，治标还需治本，切不可忽视投资者心理因素对中国股市的影响。只有各参与者共同规范自己的行为才能构建规范有序有效的市场①。王连华、吕学梁（2004）认为股票价格泡沫是理论界争论较多的问题，行为金融学理论基于投资者非完全理性假设对此问题给出诸多解释，提供了从投资者非理性心理和行为角度分析股票价格泡沫的新思路。文章对解释股票价格泡沫现象的行为金融学研究成果进行了综述②。

⑩博弈论角度。钟立灿（2007）运用博弈论的观点来解释股票价格泡沫的成因。从对股票市场投资者博弈行为的研究中，我们可以清晰地发现股票市场泡沫现象产生的微观机制。一般来讲，证券市场包括股票市场是最有可能成为接近于完全竞争的市场，在完全竞争的市场里，股票价格泡沫不会形成。而在远离完全竞争的市场里，股票价格泡沫会在下列三种情况下发生：一是由于信息不完善，投资者的行为普遍具有博弈行为特征；二是由于信息和管理上的缺陷，股票市场存在寡头垄断行为，在这样的市场里，寡头与中小投资者、寡头与寡头的博弈在一定的经济气候里，会导致股票价格泡沫化；三是上述两种情况的综合③。

⑪机构投资者角度。徐龙炳、赵娜（2006）研究了国内外机构投资者的偏好、作用、投资策略、交易策略、交易规模及机构投资者持有量与股票收益波动的关系，综述了机构投资者对股票价格波动的影响。这将为提高我国机构投资者的业务创新、投资管理等能力，促进我国机构投资者的国际化、本土化、规范化提供理论依据和支持④。王建强（2010）认为，机构投资者是现代资本市场的重要参与者，与一般

---

① 刘洁．基于行为金融学的视角对中国股市泡沫的分析［J］．大众商务，2009（44）．

② 王连华，吕学梁．股市泡沫的行为金融学解释综述［J］．湖北经济学院学报（人文社会科学版），2004（4）：1－2．

③ 钟立灿．对股市泡沫成因的博弈分析［J］．贵州民族学院学报（哲学社会科学版），2007，12（6）．

④ 徐龙炳，赵娜．机构投资者与股票价格波动研究综述［J］．上海财经大学学报，2006（5）：91－97．

的中小投资者有着显著的差别，其投资行为对股市稳定性的影响也不同于小投资者。通常的观点，小投资者入市更多是一种投机心理，容易导致市场的大起大落，不利于股票市场的稳定，而机构投资者对股票市场稳定性的影响就有更多的可能。文章认为当前我国机构投资者对股票市场价格波动的影响是不对称的，即在股票市场处于牛市时和熊市时的影响是不同的，牛市时可以加剧波动，熊市时可以减小波动①。

⑫非效率市场。郑振龙、林海（2004）指出，价格波动率是风险管理的一个核心概念，一个科学系统的风险管理行为只有在一个相对有效的市场上才能发挥作用。文章通过对我国股票市场价格波动率的“波动源”的理论和实证分析，证实了我国股票市场上存在的主力操纵行为，从而验证了我国股票市场不是一个效率市场，存在极不稳定的系统性风险。因此，要想发展我国的风险管理和投资事业，首先要改变市场环境。文章提出两点建议，即大力培育机构投资者和大力发展衍生证券市场②。

⑬权证影响。张妮（2008）认为，在国外的证券市场上，权证发行一般会对股价的波动性产生一致性的影响。我国的权证是在股权分置改革这一特殊背景下发行的股改权证，股权分置改革将权证作为对价的支付方式，与权证本身调节标的股票风险的功能之间存在冲突。创设制度的足额保证金要求限制了权证的供给，可能增加标的股票的价格波动。文章以我国权证上市前后的正股收益率为研究对象，运用GARCH－M模型，检验标的股票的收益率、系统性风险和总风险，即收益率的波动性是否有显著差异。实证结果表明，权证降低标的股票价格波动性的作用并不明显。具体来讲，我国权证上市对标的股票风险的影响较小，无论是从收益率的水平还是从收益率的波动性上看，权证都没有发挥金融衍生品所应具有的稳定标的资产市场价格的作用。我国的权证是在股权分置改革这一特殊背景下发行的股改权证，是由上市公司非流通股股东为获得非流通股的流通权，而无偿派发给流通股股东作为对价的支付方式，这是导致权证难以发挥调节标的股票风险功能的根本原因。我国权证从诞生开始就被赋予了两方面的职能，而现实情况决定了这两个职能是相互冲突的。股改对价功能限制了权证的流通规模，并进一步造成套利和套期保值效用的减弱，权证作为一种金融衍生品本身应具有的价格发现功能和风险管理功能未能完全

---

① 王建强．机构投资者投资行为与股票价格波动相关性分析［J］．现代商贸工业，2010（2）．

② 郑振龙，林海．风险管理、效率市场和我国股票市场价格波动率［C］．中国风险投资与资本市场会议论文集，2004．

发挥出来①。

⑭制度层面。王峰虎、贾明德（2003）根据信息经济学和制度经济学的一般原理，从制度层面分析我国股市体制性泡沫的制度成因、作用机理及影响。对股票价格泡沫有重大影响的正式制度主要包括：明晰的产权制度，完善的中介机构制度，完备的法律体系和市场监管制度。我国股市体制性泡沫的形成机理具体表现在：政府行为、监管部门行为、市场中介行为、上市公司行为和投资者行为发生扭曲②。

⑮限制机制对股票价格波动的影响。李广川、刘善存、孙盛盛（2009）分析了实行价格涨跌幅限制后股票价格的变化特征，研究了价格限制机制对股票价格波动的影响，并在考虑两阶段延续冲击效应因素的基础上，通过对投资者总成本的考察，研究价格限制机制对市场流动性的影响。进一步的仿真试验结果表明，股票价格涨跌幅限制机制的引入，将增加股票市场的波动性，并且会导致投资者心理所能承受的潜在收益、损失量减小，使投资者更加频繁地买卖股票，增加市场换手率，进而提高整个市场的流动性③。

⑯企业并购对股价波动的影响。潘思谕（2006）通过分析企业并购的类型及其动因，剖析了不同类型的企业并购的效益与风险，并对企业并购导致其股票价格波动进行研究。研究结果表明，由于企业并购按照并购双方所属的行业可以分为横向并购、纵向并购、混合并购三种基本类型，不同类型的企业并购的并购动因不同，所获得的效益、面临的风险以及对其股票价格波动的影响也不同。尽管在三种类型的并购中，横向并购的效益明显优于另外两种类型的并购，但是，企业并购的效益及风险与其股票价格之间没有必然的联系，更多是市场炒作的结果。因此，在我国沪、深股市投资股票的策略应该是：当有并购的朦胧消息时，果断买入该公司股票；当并购公告发布后，卖出该公司股票④。

⑰其他观点。肖卫国、袁威（2011）在开放经济条件下考察了1999年1月—2010年5月中国货币需求函数的特征。研究结果表明，通胀预期、股票价格波动和人民币汇率是影响长期货币需求的重要因素。股票收益率和通胀预期都是衡量企业和居民持有货币的重要机会成本变量，但通胀预期占主导地位。人民币升值和升值

---

① 张妮．我国权证上市前后标的股票价格波动的实证研究［J］．世界经济情况，2008（8）．

② 王峰虎，贾明德．我国股市泡沫的制度分析［J］．四川大学学报（哲学社会科学版），2003（1）．

③ 李广川，刘善存，孙盛盛．价格限制机制对股票价格波动及流动性的影响［J］．北京航空航天大学学报（社会科学版），2009（3）：1－5．

④ 潘思谕．论企业并购的效益与风险及对其股票价格波动的影响［J］．工业技术经济，2006（4）：145－149．

预期通过货币替代效应和国际资本流动效应增加了长期实际货币余额需求。研究结果还表明，在样本期间人民币汇率波动的短期国际资本流动效应是造成中国 A 股市场动荡加剧的重要原因之一。这意味着中国货币政策的制定与实施应该至少关注资产价格波动和考虑人民币汇率因素，尤其是当前应特别注重稳定人民币升值预期①。王佳佳、郭红玉（2012）分析认为，2005 年汇率体制改革以来，我国股票价格和房地产价格对人民币汇率、广义货币供应量和预期收益率的弹性都在逐渐增大。我国应通过积极推进人民币汇率形成机制改革、继续实施稳健的货币政策和完善房地产调控政策等措施，有效地避免人民币升值过程中资产价格大幅波动对实体经济造成的损害，促进我国经济的平稳健康发展②。唐佳祺（2012）对我国股票价格与货币供应量之间的相关关系进行理论研究，并进一步用普通最小二乘法对其进行验证。结果显示，在月度数据的层面，货币供应量 M1 与代表我国股票价格指数的上证指数之间存在相关关系，货币供给量 M1 可以引起上证指数变化；同时，也反映出我国股票市场缺乏机构投资者的问题③。唐文丽、曾月明（2012）在对国内外相关文献综述的基础上，对调整指数成分股的价格效应进行分析，对国内的上证 180 指数调整成分股事件对股票价格的影响进行进一步实证研究。排除了一系列特殊停牌的样本后，选取后经济危机时期的数据（2009 年 6 月—2011 年 6 月）进行实证检验。研究表明，近年来的成分股调整的价格效应更加显著，调出指数与调入指数反应模式具有不对称性，虽然该结论较前些年我国资本市场上的指数效应的研究结论略有差异，但充分体现了我国的新兴资本市场的效率性正在逐步提高。随着我国资本市场制度的完善和健全，股票指数的衍生产品在不断地创新，未来需要对不同投资者类型对信息的关注程度、证券市场信息的透明度以及异常收益率定量变化进行进一步研究④。周威宁（2012）认为，21 世纪的头 11 年，我国股市经历了剧烈的波动，从 21 世纪初的熊市发展到 2005—2007 年巨大的牛市，再慢慢回落。如此大的震动，除了与中国股市的制度不完善、监管不到位等问题有关外，是否与我国的流动性变化趋势有关呢？从流动性过剩的定义出发，分析流动性过剩的成因以及度量，再进一步考察我国流动性过剩的现状。然后通过实证检验发现，流动性过剩与股票价格

---

① 肖卫国，袁威．股票市场、人民币汇率与中国货币需求［J］．金融研究，2011（4）．

② 王佳佳，郭红玉．人民币汇率对中国资产价格的影响——基于状态空间模型的实证分析［J］．当代经济研究，2012（9）．

③ 唐佳祺．货币供应量对我国股票价格指数影响的相关性分析［J］．中国证券期货，2012（8）．

④ 唐文丽，曾月明．上证 180 指数成分股调整价格效应的实证研究——基于后经济危机时期的市场数据［J］．金融理论与教学，2012（4）．

有一定的正相关关系，最后从政策角度提出一些建议来缓解流动性过剩①。潘荣翠等（2012）认为，国际分散化投资决策中投资者应考虑空间相关性因素，这对准确有效地判断全球宏观经济变化、把握各国市场的投资价值、指导资产全球分散化配置、提高投资效益具有重要意义。文章对存在空间效应的截面数据进行分析，基于全球41个地区2008—2010年的数据，建立各地区股票指数与经济增长、通货膨胀、货币供应量、利率水平、汇率、国际储备、贸易总额之间的空间计量经济模型，从全球视角对影响股票价格指数的宏观影响因素进行了实证分析。研究表明，股票指数具有显著空间集聚作用，与制度空间因素具有显著相关关系②。王立民等（2012）以全球75个国家的股票市场指数为研究样本，采用变化率方法计算指数，分别编制亚太地区、美洲地区、欧洲地区的股票价格指数，并以此为基础编制世界股票市场统一指数。实证分析表明，长期来看，世界股价指数变动与全球GDP的变化趋势基本吻合，二者存在单向格兰杰因果关系，表明随着世界证券市场的快速发展，股价指数已经具备领先指标的特征，虽然短期内股价指数同经济增长会发生偏离，但从长期来看，股票指数可以充当国民经济的“晴雨表”，得出“世界股市是世界国民经济的‘晴雨表’”的结论③。

（三）股票价格泡沫检验方法研究综述

泡沫的检验和测度是泡沫研究的重要内容之一。理性泡沫的检验具有相对成熟的模型体系，可以通过计量方法进行检验，主要是通过资产价格或收益率偏离基本面的程度来鉴别是否存在泡沫。非理性泡沫由于缺乏时间序列，难以用计量模型检验。泡沫的形成难以离开投机，因此，可以通过投机指标与历史数据进行纵向比较，或者与其他国家市场进行横向比较，可以帮助判别泡沫是否存在。

股票价格泡沫的检验方法分为直接检验方法和间接检验方法。直接检验方法是指针对泡沫成分进行检验，包括资产收益率的基本统计特征检验、游程检验、体制转换检验、内生型泡沫检验等。一般来说，资产价格波动是一个随机游走序列。资产收益率的基本统计特征检验原理是，通过检验资产收益率是否出现与随机游走不同的统计特征，以此来判断价格中是否存在泡沫。游程检验原理与收益率随机游走检验相同，

---

① 周威宁．货币流动性过剩对我国股票价格的影响［J］．金融理论与教学，2012（4）．

② 潘荣翠，张鑫，韩跃红，等．基于空间计量分析的全球股票价格指数宏观影响因素［J］．云南师范大学学报（哲学社会科学版），2012（1）．

③ 王立民，薛雅嘉，朱晓慧．世界股票市场统一指数设计与应用研究——对亚、美、欧三地区股票价格指数为样本的分析［J］．北京科技大学学报（社会科学版），2012（1）．

正超常收益率为“正游程”，负超常收益率为“负游程”，收益率样本数为游程长度，通过比较游程分布与随机游走假设下的样本分布是否有显著差异来判断泡沫是否存在。体制转换检验原理是，体制转换前后或泡沫破裂前后的两段时间序列的波动特征不同，用于描述波动特征的模型也会不同（出现构造变化），通过判断两段时间序列参数是否一致可以判断是否出现了泡沫，如果不一致表示出现了泡沫，反之则反。内生型泡沫检验原理是，在给定的基本价值下，泡沫成分是基本价值的确定性函数，泡沫变动与基本价值变动间存在正向关系①。

间接检验方法的本质是联合检验，通过检验模型最优估计值序列（基本价值部分，理论值）与实际值的统计关系来判断是否存在泡沫，主要包括方差边界检验、设定性检验、单位根检验、协整检验和状态空间方程检验等。方差边界检验原理是，当实际值序列方差大于基本价值序列方差时，可以判断存在泡沫。设定性检验原理是，比较两组序列的参数估计值是否相同，来判断是否存在泡沫。单位根检验原理是，通过检验股价序列的平稳性来检验泡沫，如果股价序列在有限次差分后（大部分经济变量一阶平稳）没能得到一个平稳序列，则表明泡沫存在。协整检验原理是，两个或两个以上单位根过程的线性组合是平稳的随机过程，通常采用 Johansen（1988）协整检验或 Engle 和 Granger（1987）两步法进行协整关系检验。状态空间方程检验原理是，将一些无法观测到的变量（如泡沫）建模，写成状态空间方程形式进行估计，根据估计参数计算泡沫大小。常用方法有卡曼滤波方法，常用模型有 ARMA 模型、多指标和多因素模型（MIMIC）、Markov 转换模型和随机参数模型等。

国内股票价格泡沫理论的研究思路和实证方法大多是延续国外的研究路线。

——统计分析角度。卢方元（2004）应用修正 Weibull 分布对上海综合指数收益率和深圳成分指数收益率的分布状况进行研究。结果表明，经过简单的移位变换后，上证综指收益率和深成指收益率可完全用修正 Weibull 分布来刻画；大收益率服从次指数分布，小收益率服从超指数分布；两股指收益率的概率分布存在一些差异，上证综指的波动性大于深成指的波动性；沪深股市收益率的分布在 1996 年以后发生了较大的变化，其中沪市变化更大②。卢方元（2004）对沪深股市收益率的相关性、正态性以及厚尾性进行了实证分析。结果表明，沪深股市收益率序列不独立而具有长期的相关性、不服从正态分布而具有明显的尖峰厚尾性，因此基于收益率

① Froot and Obstfeld（1991）提出了内生型泡沫的检验方法，认为如果 $C_0=k$ 且 $C>0$，表明泡沫存在。

② 卢方元．中国股市收益率分布特征研究［J］．中国管理科学，2004（6）：18－22.

序列独立、同服从正态分布而建立起的有关金融理论和方法不能直接应用于中国股市，需要修正和创新[①]。郝军红、高丽峰、李平、叶巍（2007）以上海股票市场为研究背景，选择相关行业具有代表性的上市公司股票为样本进行研究，在研究期内对样本数据按规则进行筛选，应用统计分析比较的方法，在不同条件下对股票的收益率、累积超额收益率进行比较分析，并具体分析论证引起股票价格异常波动的主要原因，从理论和实际上了解中国股票市场在社会主义市场经济不断发展的过程中，宏观外部因素、上市公司内部因素对股票价格波动的重要影响作用[②]。

——模型角度。柳松（2004）将协整模型与 ARCH 模型和 GARCH 模型相结合，研究亏损股板块的价格波动特征，采用脉冲响应函数和方差分解法计算亏损指数波动和市场指数波动的相互冲击效应和相互影响程度。结果表明，市场指数和亏损指数互为因果关系，市场指数引起亏损指数波动的效应较大，市场指数波动对亏损指数波动的脉冲响应和亏损指数对市场指数波动的脉冲响应均在一天后达到最大，然后迅速衰减趋于零[③]。李存行（2005）应用自回归条件异方差（GARCH）模型对上海股市 2000 年—2004 年 4 月上证指数收益率进行建模分析。结果表明，上证指数收益率具有明显的群集聚集性、波动性、尖峰厚尾的特征，可以采用GARCH（1，1）模型对时间序列的波动性进行拟和与解释。这说明上证指数收益率的波动大小即总体风险都与其各自过去的波动大小有明显关系，也就是说，上证指数收益率的波动，即其条件方差序列都是“长记忆”型的。GARCH（1，1）模型的两个参数 α 和 β 之和小于 1，这说明沪市波动对外部冲击的反应函数以一个相对较慢的速度递减，表明上证指数收益率的持续特征非常明显，收益率条件方差序列是平稳的，模型具有可预测性[④]。

——具体指标角度。王亮、叶育甫（2010）介绍了几种度量中国股票价格泡沫的方法，并通过实证分析对近几年中国股市的泡沫程度进行了检验。结果表明，2007 年中国股市的泡沫现象严重，具体表现为平均市盈率高，股指波动较大。在泡沫度量上，通过市盈率法和托宾 Q 比率法对 2002—2008 年的股票价格泡沫度进行了分析，得出中国股市长期内存在泡沫，大部分为理性泡沫，小部分为非理性泡沫，

---

① 卢方元．沪深股市收益率的统计特性分析［J］．理论新探，2004（12）．

② 郝军红，高丽峰，李平，等．上海证券市场股票价格波动的因素分析［J］．沈阳工业大学学报，2007（3）：355 –360．

③ 柳松．中国股票市场亏损股价格波动的统计分析［J］．韶关学院学报（社会科学版），2004（1）：43 –46．

④ 李存行．沪市股票价格的波动性研究［J］．统计与决策，2005（1）．

但也存在像 2007 年那样出现严重的股票价格泡沫的情况①。

黄建兵、唐国兴（2003）研究了证券交易中存在的成交量与价格变化的联系，发现在一个连续交易时间段内，在开始交易的一段时间和即将结束前的一段时间，成交量与价格变化都比其他时间大，这种现象按照连续交易时间段定义为天内效应和周内效应。笔者对有关交易数据进行了回归，在包含表明交易时间的逻辑变量的回归方程有更强的解释能力，证明交易时间在股票成交量对股票价格波动的影响中起了一定的作用②。刘桂荣、孙翊伦（2008）从判断成交量变动能否影响股票指数波动为根本出发点，分析了影响股价波动的相关要素。实证研究结果表明“价走量先行”。成交是交易的目的和实质，是市场存在的根本意义，成交量是股票市场的原动力，没有成交量配合的股价形同无本之木。因此，成交量是投资者分析判断市场行情并做出投资决策的重要依据，是各种技术分析指标应用时不可或缺的参照。成交量的变化最能反映股市的大趋势。上升行情中，做长线和短线都可获利，因此股票换手频繁，成交量放大；在下跌行情中，人气日趋散淡，成交量缩小③。

罗茜、陶亚民（2009）以市盈率为指标对股票价格泡沫破裂做出预警。在美国 FED 模型（联邦模型）的基础上，结合我国 A 股市场历年来的发展状况，构建符合我国国情的模型，并检验模型的有效性。研究结果表明，市盈率的绝对值无法对股市的泡沫破灭提出警示，而 FED 模型通过回归方法可以对其做出有效预警。比较美国与中国的情况，修正后的 FED 模型可以解释美国股市所有的 P/E 变化，其经验回归值与实际 P/E 值基本吻合，且模型所得理论 P/E 都先于实际 P/E 做出转向调整。通过 FED 模型判断我国的泡沫程度，发现修正方法下我国 P/E 与国债回购收益率呈负相关关系，但回归所得的理论 P/E 基本与实际 P/E 吻合，理论 P/E 与实际 P/E 的背离程度能在一定程度上提前预警股票价格泡沫的破裂。由于我国债券市场流动性问题，还不存在真正的无风险利率，该模型的准确性不及美国那么高。虽然上海银行间拆借市场已经建立，但时间较短，影响力仍不足。他们认为随着我国金融体系的完善以及债券市场流动性的增强，模型的准确性还能进一步得到提高④。韩露、唐元虎（2003）在 EBO（Edwards – Bell – Ohlson）模型的基础上建立了与实体经济

---

① 王亮，叶育甫．中国股市泡沫的度量及实证分析［J］．经济纵横，2010（3）．

② 黄建兵，唐国兴．股票价格波动与成交量的天内效应和周内效应［J］．数量经济技术经济研究，2003（4）．

③ 刘桂荣，孙翊伦．成交量变动对股票价格波动影响的实证研究［J］．上海商业，2008（9）．

④ 罗茜，陶亚民．市盈率对股市泡沫破裂的预警作用［J］．东华大学学报（自然科学版），2009，35（2）：229 – 232．

发展相对应的理论市盈率模型，通过对模型中各项指标关系的分析判断股市是否存在泡沫。进而，利用实际的经济数值就可以测度股票价格泡沫。研究结果表明，1997—2000 年中国股票价格泡沫比率较高①。蒋丽君（2002）提出了“合理市盈率”是以等于价值的价格交换时的股票市盈率，它是人们对经济行为看法与评价的总体平均数，是人们价值观的总体特征以数值表达出来的形式。它对所有的经济行为具有监测与参考价值。该研究论证了股票价格波动规律——市盈率围绕合理市盈率波动，市盈率向合理市盈率回归，并提出了股票价格波动规律的公式②。卜嘉音（2008）根据“股票的理论价格应该是未来各期红利的贴现之和”这一传统金融理论，导出用以衡量股票价格泡沫成分的基准——合理市盈率的计算方法。通过分析发现市盈率的合理值是一个动态值，据此测量出的上海 A 股市场泡沫成分 1993 年以来呈明显下降趋势，说明我国股票市场上的投资者日趋成熟，投资行为日趋理性③。

——指标体系角度。杨世信、曾鹏（2002）认为，衡量股票价格泡沫，可以用一个指标体系来进行监测。衡量中国股票价格泡沫的指标体系应由以下几个方面指标来构成，如反映股市价格运行趋势的股价指数，反映股市交易活跃程度的换手率，反映股票投资回报水平的市盈率和反映股市与国民经济关系的股市市值占 GDP 的比率。之所以由这四大指标构成，主要在于股价指数和股票市值占 GDP 的比率可以宏观层次上反映股市的泡沫程度，换手率和市盈率则属于既可以得出宏观层面的监测结果，也可以作为微观层面的监测指标。也就是说，这四个指标可以让我们同时从宏观和微观上来监测股票价格泡沫的运行状况。同时指出，中国股票价格泡沫主要集中在微利亏损股和次新股两类特殊板块上④。

二、构建股票价格波动预警指数

（一）编制股票价格波动预警指数的重大意义

随着中国股市制度的健全，2006 年以后的中国股市与宏观经济关联性增强，股市作为宏观经济“晴雨表”的功能逐步显著。研究股票市场波动对宏观经济的影

① 韩露，唐元虎．利用市盈率长期增长预期测度股市泡沫［J］．技术经济与管理研究，2003（1）．

② 蒋丽君．论合理市盈率与股票价格波动的规律［J］．数量经济技术经济研究，2002（4）．

③ 卜嘉音．基于市盈率的我国股市泡沫分析［J］．商业经济，2008（7）．

④ 杨世信，曾鹏．股市泡沫的动态分析［J］．广西财政高等专科学校学报，2002（4）．

响，防止股市过热对宏观经济的冲击，充分发挥股市三大主要功能，即融资筹资功能、资源配置功能和财富再分配功能，事前做好预警工作很重要。目前，中国尚未有股票价格波动预警指数，因此，创建股票价格波动预警指数具有重大意义。

目前，国际上尚未有成熟的股票价格波动预警指数，关于股票价格波动预警指数的研究还处于摸索阶段。国内关于股票价格波动预警方面的研究较少，研究内容也多侧重于理论方法的探讨上，缺少实际可操作性。有关研究在指标的选择上，仅局限在反映股票市场波动的行情指标，没有考虑国内宏观金融政策的影响以及国际市场因素的影响。股价波动不是孤立存在的，研究股价波动不能脱离国内宏观经济金融政策和国际股票市场的联动影响。在中国股票市场日趋国际化的大趋势下，国际市场影响因素变动对我国股市的影响不可小觑，国际市场动荡对我国股票市场影响加大，国际国内市场的联动性日趋紧密。本书在设计股票价格波动预警指标体系的过程中，在充分考虑国内宏观金融政策和国际市场影响因素的基础上，创建了能够充分反映我国股票市场波动特征的股票价格波动预警指标体系。

股票市场是金融市场的重要组成部分，本研究通过构建股票价格波动预警指数反映股票市场价格的总趋势和波动水平，并结合信号分析法给出股市泡沫程度预警信号。预警信号分为 5 个级别，分别以“红灯”“黄灯”“绿灯”“浅蓝灯”“蓝灯”表示，分别对应股市“过热”“偏热”“稳定”“偏冷”和“过冷”的 5 个状态。泡沫预警模型的意义就在于及时给有关部门甚至整个金融体系发出预警信号，提醒各金融机构及监管部门高度警惕，必要时采取相应措施以控制和防范风险。股票价格波动预警指数三大用途：一是揭示市场运行总体情况和泡沫程度，可作为宏观经济决策参考；二是作为投资者的投资参考指标；三是可以在指数基础上开发衍生品种，创建新的指数。

本书在中国股票价格波动预警方面的创新在于，一是指标体系的系统化设计思路，不仅能够反映股票市场行情状况，而且综合考虑了国内宏观金融政策和国际市场的影响因素，指标体系更具系统性。二是引入信号分析方法，将股票价格波动预警指数与信号分析法相结合，能够给出清楚直观的预警信号，具有较强的可操作性。三是该指标体系具有预测股票价格波动趋势的作用，根据指数的走势能够判断股票市场潜在的波动趋势，预测效果显著。

（二）股票价格波动预警指数编制原则

客观性和科学性。预警指数的编制必须从客观实际出发，全面准确地反映股票价格波动的状况，尽量避免主观评价的影响，力求客观真实地反映股票价格波动水平。在编制股票价格波动预警指数过程中，我们综合考虑宏观背景和股票市场行情，从系统整体出发，选取那些能够真实反映股票市场价格波动的方面及其主要特征的指标；同时，各指标间既相互独立又相互联系，共同构成一个有机整体。编制评价指数的方法有很多种，包括主成分分析法、因子分析法、层次分析法、物元分析法、数据包络分析法和模糊综合分析法等。在编制方法的选取上，我们采用了国际上最为通用的综合指数评价法。综合指数评价法具有直观性、透明性和易操作的特征，联合国的人类发展指数及达沃斯论坛的全球国家竞争力指数等国际上著名的评价指数都是采用该方法①。

代表性和可操作性。股票价格波动预警指数必须具有可操作性，既能够及时准确地反映股票市场泡沫程度，又要让金融机构和监管部门有切实抓手，作为宏观经济分析的参考依据。这就要求指标体系不能过于复杂，应简单客观，易于理解，能够用较少的指标客观地反映股票市场的总体情况；设计的指标具有普遍代表性，能够反映和解释股票市场运行和发展的总体特征；采用的指标要易于收集和量化，扩大指标体系在实际工作中的应用；指标体系应具有实用性，在实践中接受市场的检验。

可比性。设置的指标应既便于纵向比较，又便于横向比较。指标定义应尽量采用国际、国内标准或确认的概念，便于理解。

（三）预警指标选取

1. 构建思路

构建股票价格波动预警指数，主要涵盖数据获取、模型设计和结果发布 3 个基本过程，包括 7 项具体步骤（见图 3－100）。第一，筛选重点预警指标的初始数据，计算股票价格波动预警指标初始值，定期观察各个单一指标的变化；第二，选取指标并构建预警指标体系；第三，确定权重判定标准和警示度标准；第四，计算分项指数和综合预警指数；第五，发布股票价格波动预警信号；第六，分析股票价格波动原因；第七，评估分析股票价格波动对经济运行的影响，提出政策调整建议。

---

① 张焕波，张永军．加快转变经济发展方式研究（2010—2011）［M］．北京：社会科学文献出版社，2011：251－293.

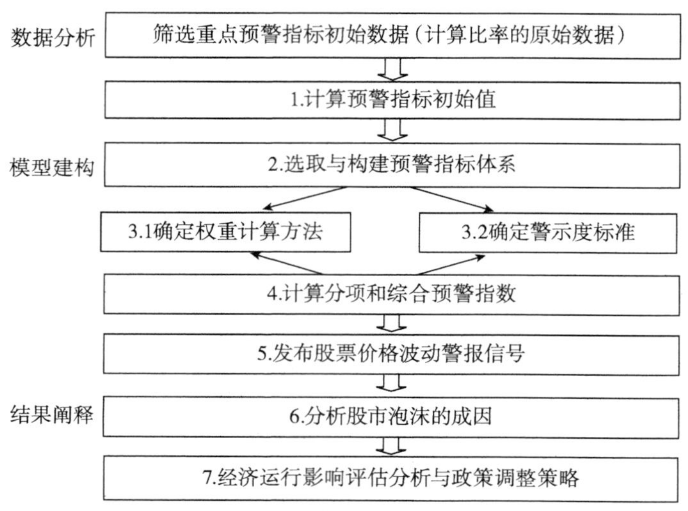

图 3－100　股票价格波动预警指数构建步骤

2. 数据说明

综合国内外文献，该项研究选取 3 个一级指标构成股票价格波动预警指数，即宏观背景指标、泡沫指标和投机性指标；二级指标有 6 个，三级指标有 17 个（表 3－52）。这些指标的选取充分考虑了客观性和科学性、代表性和可操作性、可比性的原则。其中，宏观背景指标由国内宏观金融指标和国际市场影响指标合成。国内宏观金融指标反映国内宏观金融政策对股票价格波动的影响。尤其是利率提高和本币升值的过程将导致国际短期套利套汇资本大量流入，形成对本国资本市场的冲击，助推资产价格泡沫的形成。货币发行量和贷款大幅增长也将导致国内流动性过剩，催生股票价格泡沫。国际市场影响指标包括投资者信心指标、国际主要股指影响指标和国际大宗商品市场影响指标，主要反映国际市场波动对中国股市波动产生的影响。泡沫指标直观反映股票价格泡沫形成、膨胀、破裂的波动过程。投机性指标主要反映市场行情的波动情况，特别是投资者的市场行为。

股票价格波动预警指数（WI）分为广义股票价格波动预警指数（以下简称“广义预警指数”，GI）和狭义股票价格波动预警指数（以下简称“狭义预警指数”，NI）。狭义预警指数反映股票市场波动状况，由泡沫指标和投机性指标合成；广义预警指数反映宏观背景影响下股指波动情况，在狭义预警指数的基础上考虑国内宏观金融影响和国际市场影响。狭义预警指数能够迅速反映股市波动情况，相比广义预警指数预警信号更加明显，波动也更加剧烈。根据数据发布频率，狭义预警指数可以做到月度更新，广义预警指数只能做到季度更新。

表 3 -52　股票价格波动预警指标体系

<table>
<tr><th>一级指标</th><th>二级指标</th><th>三级指标</th></tr>
<tr><td rowspan="7">宏观背景指标</td><td rowspan="4">国内宏观金融指标</td><td>利率</td></tr>
<tr><td>汇率升值速度</td></tr>
<tr><td>M2 货币供应量增速</td></tr>
<tr><td>贷款增速</td></tr>
<tr><td rowspan="3">国际市场影响指标</td><td>国际投资者信心</td></tr>
<tr><td>国际主要股指</td></tr>
<tr><td>国际大宗商品价格指数</td></tr>
<tr><td rowspan="2">泡沫指标</td><td>股指增长率指标</td><td>国内综合股指</td></tr>
<tr><td>泡沫系数指标</td><td>—</td></tr>
<tr><td rowspan="9">投机性指标</td><td rowspan="5">波动性指标</td><td>涨跌幅</td></tr>
<tr><td>成交量增长率</td></tr>
<tr><td>成交金额增长率</td></tr>
<tr><td>换手率</td></tr>
<tr><td>投资者增长率</td></tr>
<tr><td rowspan="4">估值指标</td><td>市盈率</td></tr>
<tr><td>市净率</td></tr>
<tr><td>总市值/国内生产总值的比重</td></tr>
<tr><td>总市值/居民存款的比重</td></tr>
</table>

各分项指标意义如下：

——利率。利率提高过程是股票价格泡沫形成的重要因素之一。利率是反映一国对内资金成本价格的指标，根据国内外文献和市场经验，名义利率的提高过程是股票价格泡沫形成的重要因素。根据本研究测算，2003 年 1 月—2011 年 6 月，道琼斯指数与中国利率相关度为 55%，上证综指与利率相关度高达 60%。可见中国利率的提高，对国内外股市波动具有正向冲击作用。

——汇率。本币升值的过程是股票价格泡沫形成的重要因素之一。汇率是反映一国对外资金成本价格的指标，根据国内外文献和市场经验，本币升值过程是股票价格泡沫形成的重要因素。

——M2 货币供应量增速。M2 大小表明市场流动性的强弱。货币供应量的 3 个层次是：M0 = 流通中的现金，M1 = M0 + 企业活期存款 + 机关团体部队存款 + 农村存款 + 个人持有的信用卡类存款，M2 = M1 + 城乡居民储蓄存款 + 企业存款中具有定期性质的存款 + 信托类存款 + 其他存款。M1 反映居民和企业资金松紧变化，是经济周期波动的先行指标。M2 反映的是社会总需求的变化和未来通货膨胀的压力状况，在货币供应量增长明显偏快的情况下，将增加中长期通货膨胀的压力。2001 年后股指走势和货币供应量变动发生偏离，原因是股改改变了中国股市发展历程，但两者间长期联动关系没变。本研究结果表明，2003—2011 年的 M2 增速与泡沫系数的相关系数为 18%，2007—2011 年两者的相关性系数为 22%，两者的相关性进一步增强，表明市场流动性的增强推升股票价格泡沫形成（图 3 - 101）。

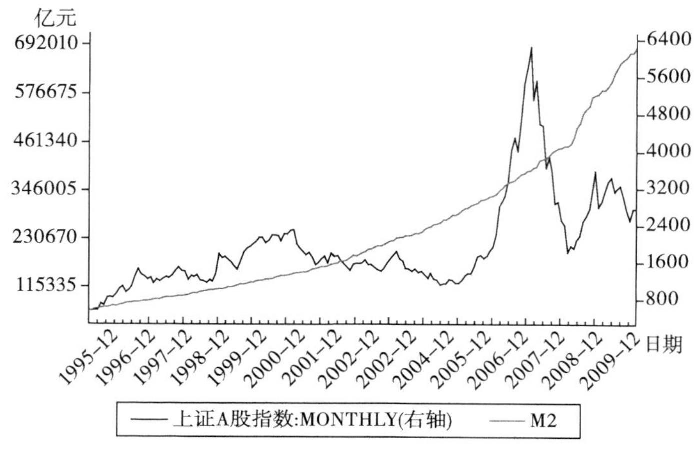

图 3 - 101　M2 与上证指数的关系

资料来源：Wind 资讯。

——贷款增速。信贷资金增加将使市场流动性宽裕，过剩的流动性部分会流向股市，引发股票价格波动，推动资产价格泡沫形成和膨胀。

——国内综合股指。国内综合股指是由上证综合指数、深圳成分指数和沪深 300 指数等权重合成的指数。

——股指增长率。股指增长是指国内综合股指增长率，反映股市的稳定性，波动越大，表明股市越不稳定。

——泡沫系数。泡沫系数 = 股指增长率/GDP 增长率，直接反映股指偏离国民经济的程度，也可以作为反映股市相对成长性的指标。大于 1 说明可能存在泡沫。成熟股票市场，泡沫系数为 2 ~4 比较合理。目前，泡沫系数为负，负泡沫较正泡沫更值得警惕，在负泡沫状态下，中国股市将成为国际热钱狙击对象，这将对中国金融防线构成严重威胁，应谨防国际热钱对中国资本市场的冲击（图 3 - 102）。

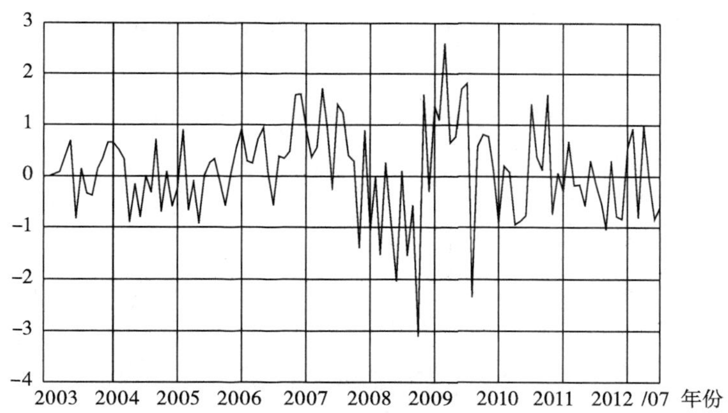

图 3-102　泡沫系数

资料来源：Wind 资讯。

——涨跌幅。全部上市公司收盘价（流通股本加权平均）的涨跌幅，反映价格波动状况和市场稳定性。

——成交量增长率。全部上市公司成交量的变动，是形成大盘上涨或下跌的动力，是重要的量能指标。成交量是价格变化的重要因素之一，根据量价关系原理，成交量增长和股价增长持续性间有较强相关性。股指的上涨，必须要有量能的配合，如果是升量增加，则表示上涨动能充足，预示个股或股指将继续上涨；反之，如果缩量上涨，则视为无量空涨，量价配合不理想，预示个股或股指不会有较大的上升空间或难以持续上行。一般情况下，成交量大且价格上涨的股票，趋势向好。成交量持续低迷时，一般出现在熊市或股票整理阶段，市场交投不活跃。成交量是判断股票走势的重要依据，对分析主力行为提供了重要依据。成交量增长率反映市场冷热程度，市场过热表明可能存在非理性投机行为。

——成交金额增长率。全部上市公司的成交金额增长率，反映市场冷热程度。

——换手率。换手率是指在一定时间内市场中股票转手买卖的频率，换手率的倒数是投资者平均持股的时间。全部上市公司整体换手率 = 流通股成交量/流通总股本。换手率能够反映股票流通性强弱和股市活跃程度，同时也反映股价变动的量能关系，是股票量价分析的基础。根据量价理论，换手率高股价上升。其取值区间为［0%，100%］，指标值越趋向于 100%，说明流动性越强；反之，指标值越趋向于 0%，说明股市流动性越差。一般来讲，换手率高，反映资金进出频繁。如果换手率高且伴随股价上涨，说明资金进入意愿强于退出意愿；而换手率高伴随股价下跌，则说明资金退出意愿强烈（图 3-103）。换手率过高的确需要加以关注。小盘股换手率在 10% 以上

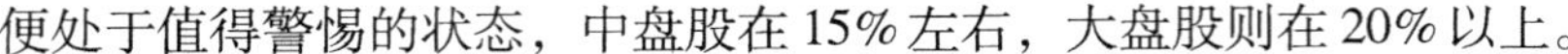
便处于值得警惕的状态，中盘股在15%左右，大盘股则在20%以上。

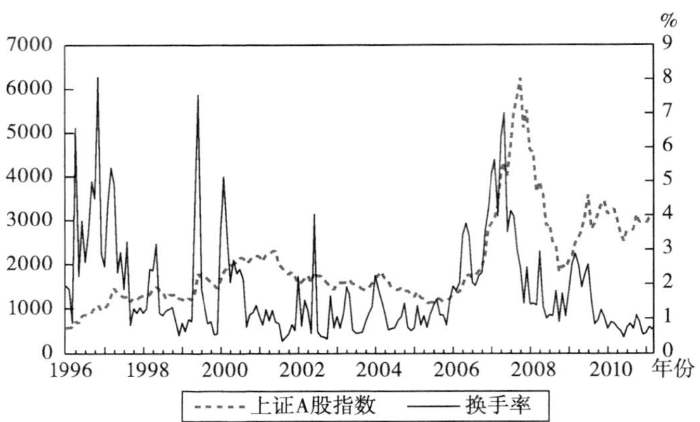

图 3－103　上证 A 股指数和换手率变动

资料来源：Wind 资讯。

——投资者增长率。上交所和深交所开户数增长率加权平均。该指标过高表明参与投资或投机人数增加，股票价格泡沫膨胀的可能性越大。

——市盈率。市盈率＝股价/每股收益，反映股票价格偏离盈利水平的程度，是判断股票价格合理性的重要指标，成为投资者衡量股票投资价值的重要指标。成熟市场市盈率不高于1.5，新兴市场市盈率比成熟市场偏高。我国属于新兴市场，比国外的成熟市场市盈率偏高，大盘市盈率高，说明估值高，缺乏投资价值，参与股票交易的投机气氛大于投资气氛，容易催生泡沫（图3－104）。

一般认为新兴市场市盈率保持在10～20是正常的。过小说明股价低，风险小，值得购买；过大则说明股价高，风险大，购买时应谨慎。但从股市实际情况看，市盈率高的股票多为热门股，市盈率低的股票可能为冷门股，购入也未必一定有利。具体来讲，市盈率小于0是指该公司盈利为负（因盈利为负，计算市盈率没有意义），市盈率在0～13表明价值被低估，14～20为正常水平，21～28表示价值被高估，28以上则反映股市出现投机性泡沫。市盈率同时也反映投资回收时间。一般来说，市盈率极高（如大于100倍）的股票，其股息收益率为零。因为当市盈率大于100倍，表示投资者要超过100年的时间才能回本，股票价值被高估，没有股息派发①。

——市净率。市净率＝股价/每股净资产，反映投资价值。一般来说，市净率越小，意味着风险越低，投资价值较高，相反，则投资价值较低。新兴市场合理市净

① 市盈率［EB/OL］. 百度百科，http：//baike. baidu. com/view/287. html.

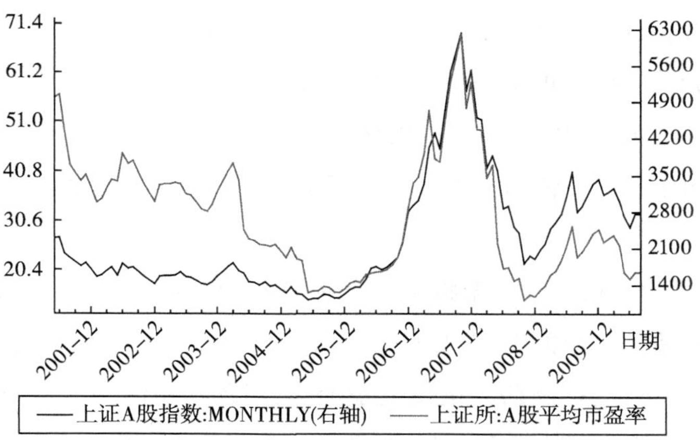

图 3－104　上证 A 股平均市盈率

资料来源：Wind 资讯。

率股指区间为 1.5～3 倍，目前新兴市场平均市净率为 2 倍。从横向比较，现阶段中国全部上市公司整体市净率指标在 2.6 倍左右，比大部分成熟市场的市净率都要高。从纵向比较，月度数据 2005 年 5 月最低点时，市净率水平在 1.74 倍左右，当大盘在 2007 年 10 月上冲到高点时，市净率达到 8.41 倍。现阶段的市净率水平尚未达到历史低位，但平均水平处于相对低位（图 3－105）。

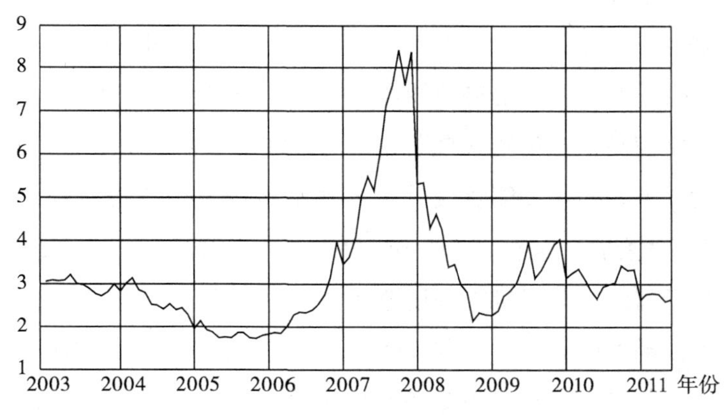

图 3－105　全部上市公司市净率

——总市值占年度国内生产总值比例，是反映股票价格泡沫程度的指标之一，也称作证券化率。从总体上看，经济发达程度与股票总市值占 GDP 的比例之间呈高度的正相关关系，即股票总市值占 GDP 的比例越高的国家经济发达程度越高。

——总市值占居民存款的比例，反映股票资产在国民财富中的重要程度。

——投资者信心指标。由于国内尚无完善的相关数据，本书采用美国道富全球投资者信心指数，反映投资者较长时间内对股市的预期心理。道富投资者信心指数追踪的投资组合约占全球可交易资产的15%，每个月底发布一次，包括全球指数、北美指数、欧洲指数和亚太指数。一般认为，当股价上涨时，说明投资者对股市有信心，而当股价下跌时，说明投资者信心不足，这种主观感受难以量化，通常以问卷调查的形式获取数据。

“道富投资者信心指数”的创始人是哈佛大学教授肯·弗鲁特（Ken Froot）和道富银行的副总监保罗·奥康奈尔（Paul O'Connell），是通过调查机构投资者投资组合中的实际风险水平来衡量投资者信心，也就是以投资者持有的股票变化来评估投资者的信心，而不是单纯调查投资者对未来的态度。他们认为，很多投资经理人都没有时间填写问卷调查，而且态度不太容易量化，因此直接测量他们投资组合的变化是更为可靠的方法。如果机构投资者投资组合中的高风险资产越多，则说明投资者对未来的信心越大，他们相信投资高风险的产品会带来更大的回报；如果投资组合中债券和现金比例越高，则说明投资者信心越低，他们宁愿选择更为安全的投资产品①。

——国际主要股指影响指标。将国际综合股指纳入指标体系，用来反映国际股市波动对中国股市的影响。国际综合股指由纽约道琼斯指数、伦敦金融时报指数、东京日经225指数和中国香港恒生指数的加权平均得到。

——大宗商品价格指数。本研究采用CRB（Commodity Research Bureau）期货价格指数作为反映商品期货价格的指数。由于CRB期货价格指数涵盖的商品都是原材料性质的大宗商品，其价格来自期货市场，能够及时、准确地反映国际大宗商品价格总体波动动态。它不仅能够较好地反映出生产者物价指数（PPI）和消费者物价指数（CPI）的变化，甚至比CPI和PPI的指示作用更为超前和敏感，可以看作是通货膨胀的指示器，它与通货膨胀指数在同一个方向波动，同时，与债券收益率也在同一方向上波动。因此，在一定程度上，反映了经济发展的趋势。

最近几年，大宗商品与股市呈正相关关系，标普GSCI商品指数和斯托克欧洲指数2008—2009年的相关性为80%②。本研究结果表明，2003年1月—2011年6月，道琼斯指数与国际大宗商品价格指数相关度为52%，上证综指与国际大宗商品价格指数相关度高达61%，表明国际大宗商品价格走势对国内外股指波动具有正向冲击作用，可以作为股市价格波动的正向指标。

① http：//www. usa101. cn/Dictionary/053_ investor_ confidence. asp.

② 高华研究报告，《大宗商品价格和股票价格的关系》，2010年11月。

（四）指标标准化

为了保持评价体系的完整性和客观性，在具体设立评价指标的时候，需要同时考虑定性和定量的因素，这就产生各个指标的单位不同、量纲不同、数量级不同，不能同时进行分析比较的问题。另外，各个指标的取值大小和方向，分别代表和说明了不同的问题。因此，在进行综合评价之前，为消除不同指标间量纲的差异，需要对评价指标做标准化处理，然后进行分析评价。通过适当的转换，将不同量纲的指标化为无量纲的标准化指标，称为指标的标准化。多指标综合评价一般遵循以下步骤：一是建立评价指标体系；二是制定评价标准；三是指标标准化；四是确定各指标权重；五是进行综合与评价。在多指标综合评价中，关键是指标标准化方法，目的是消除指标之间的量纲差异。

评价指标根据指标变化方向，大致可以分为两类：一类是正向指标，正向指标具有越大越好的性质，指标值越大表明现象发展或存在的状态越好，如效益、产出等指标属于正向指标。另一类是逆向指标，逆向指标的取值越小越好，指标值越小表明现象发展或存在的状态越好，如单位产品成本、产品（服务）投诉率等。为了使逆向指标能够与正向指标综合结合起来，需要对逆向指标实施正向化变换。常用的指标标准化方法有极差变换法、线性比例变化法、向量归一化法、标准样本变化法、归一化法、取倒数法等，指标标准化方法不同，会产生不同的分析结果，指标标准化处理非常重要。

该项研究所使用的指标既包括绝对量指标，又包括比率指标，为了能够反映各类不同指标对指数的影响，需要对指标做标准化处理。首先将逆向指标转换为正向指标，然后采用极差变化法，对各个指标进行标准化处理。单个指标的标准化公式如下：

$$Y_i = \frac{X_i - X_{iN}}{X_{iU} - X_{iN}} \times 100 \text{（构成指标的标准化）}$$

Y_i ——极差变换标准化矩阵；X_i ——第 i 个指标的测度值（实际值）；X_{iN} ——该指标的最小值；X_{iU} ——该指标的最大值。经过极差变换标准化处理之后，所有指标均在 0 ~ 1 之间变动，最优值为 1，最劣值为 0，指标值能够客观地反映原始指标之间的相互关系。

（五）权重设定

在多指标综合评价体系中，各个评价指标在整体评价中的相对重要程度不同，因此，确定各指标权重具有重要意义。指标权重的选择，实际也是对评价指标进行排序的过程。指标权重确定的方法一般有专家咨询法和层次分析法。

专家咨询法。聘请同行业的一批专家，请其利用自己的专业知识、实践经验和分析判断能力直接给出指标设定权重，在对专家意见进行分析处理后，将第一轮的赋权结果反馈给各位专家，并进行第二轮评估，如此反复几次，直至专家们的评定意见比较一致时为止。专家咨询法是由同行专家共同评定的，因而得到的指标权重一般比较客观。实践证明，专家咨询法是一种简单易行、应用方便的方法，在社会问题综合评价中，专家咨询法使用比较广泛。然而，采用专家咨询法也存在明显的缺点和不足，由于专家咨询法受人的主观因素影响比较大，可能影响结论的准确程度。

层次分析法（Analytic Hierarchy Process，AHP）。层次分析法是美国运筹学家匹茨堡大学教授萨缔于20世纪70年代初，应用网络系统理论和多目标综合评价方法，提出的一种层次权重决策分析方法。层次分析法是将决策中有关的元素分解成目标、准则、方案等层次，在此基础上进行定性和定量分析，可以得出不同方案的权重，为最佳方案的选择提供依据的决策方法。运用层次分析法确定评价指标权数，一般要经过几个步骤：第一，建立系统的递阶层次结构。将问题包含的因素分层：最高层：解决问题的目的；中间层：实现总目标而采取的各种措施、必须考虑的准则等，也可称策略层、约束层、准则层等；最低层：用于解决问题的各种措施、方案等。把各种所要考虑的因素放在适当的层次内，用层次结构图清晰地表达这些因素的关系。第二，构造两两比较判断矩阵（正互反矩阵）。判断矩阵是指位于同一层次的各个指标的相对重要性的判断值。对各指标之间进行两两对比之后，然后按9分位比率排定各评价指标的相对优劣顺序，依次构造出评价指标的判断矩阵。第三，计算单一准则下各个指标的相对重要性，并进行一致性检查。根据判断矩阵，计算对于目标而言各个指标的相对重要性次序的权值。由于客观事物的复杂性和人的主观认识的偏好的差异，判断矩阵很难会有严格的一致性，需要进行一致性检验。对于每一个成对比较阵计算最大特征根及对应特征向量，利用一致性指标、随机一致性指标和一致性比率做一致性检验。若检验通过，特征向量（归一化后）即为权向量；若不通过，则重新构造成对比较阵。第四，计算各层次对于系统的总排序权重，并进行排序。第四，得到各方案对于总目标的总排序。应用层次分析法应注意所选要素的合理性，如果要素间的关系不正确，则会降低AHP法的决策质量。

该项研究在选择指标权重时，采用等指标权重、每一级指标的合成采用等权重方法。权重是否合适，还要根据历史数据进行统计检验。需要说明的是，指标体系并不是一成不变的，可以随着经济发展、技术发展、金融创新等的发展进行修正。

（六）状态区域划分和临界点确定

1. 临界状态理论

状态区域临界点的确定是判断股票价格波动状态的数量标准，是决定预警系统科学性的重要因素。临界状态理论认为，各个变量之间的互动决定事态的发展，整个过程非常复杂，没有简单的模型可以预言何时市场走向将会反转。

由于泡沫是一个不断累积的过程，最终会由于过于巨大而破裂。但是多数市场参与者在这一过程中并没有意识到市场已经达到“临界状态”，不断跟进，导致泡沫进一步膨胀，经济变得越来越不稳定。这是投资者、市场和经济之间积极反馈的过程，但这个反馈过程不断地促使经济变得越来越不稳定。临界点可以用来解释泡沫顶峰时期的表现，但实际上，市场的“临界状态”和临界点时刻是无法观察和预知的。不过，通过科学计算，仍然可以估计泡沫破裂风险的概率。本研究致力于通过概率计算确定临界点，以此判断股票价格波动预警指数所处的状态区域。

2. 状态区域划分

股票价格波动预警系统将股票价格波动状况划分为 5 个状态区域，反映股市“过冷”“偏冷”“稳定”“偏热”“过热”的 5 个状态，分别对应预警信号的 5 个级别，“蓝灯”“浅蓝灯”“绿灯”“黄灯”“红灯”。一般情况下，①“绿灯”区居中，代表常态区域或稳定区域，表示股市运行正常。根据监测理论，指数出现在稳定区域的概率应为 50% 左右。②“红灯”区域和“蓝灯”区域为极端区域，表示经济的“过热”和“过冷”，指数出现的概率一般为 5% ~ 10%。③“黄灯”区域和“浅蓝灯”区域为警告区域，表示经济的“偏热”和“偏冷”，落点概率应大于极端区域，指数出现的概率一般为 40% 左右。

3. 状态区域临界点的确定

本研究状态区域临界点的确定步骤如下：

（1）根据预警指数的统计频数直方图确定临界点。

①广义预警指数的统计频数直方图。我们计算了 2003—2011 年的股票价格波动预警指数 GI（以下简称“广义预警指数”），根据广义预警指数 GI 的统计频数直方图（见图 3 - 106），将指数划分成 5 个区间，区间 1 ~ 区间 5 指数分布情况如下：

区间 1，0≤GI < 20. 80，5 个。

区间 2，20. 80≤GI < 31. 15，31 个。

区间 3，31.15≤GI<41.50，49 个。

区间 4，41.50≤GI<51.85，13 个。

区间 5，51.85≤GI<62.20，6 个。

广义预警指数 GI 落在区间 1 的概率是 4.81%，落在区间 2 的概率是 29.81%，落在区间 3 的概率是 47.12%，落在区间 4 的概率是 12.50%，落在区间 5 的概率是 5.77%。落在区间 1 和区间 5 的概率合计为 10.58%，区间 2 和区间 4 的概率合计为 42.31%。

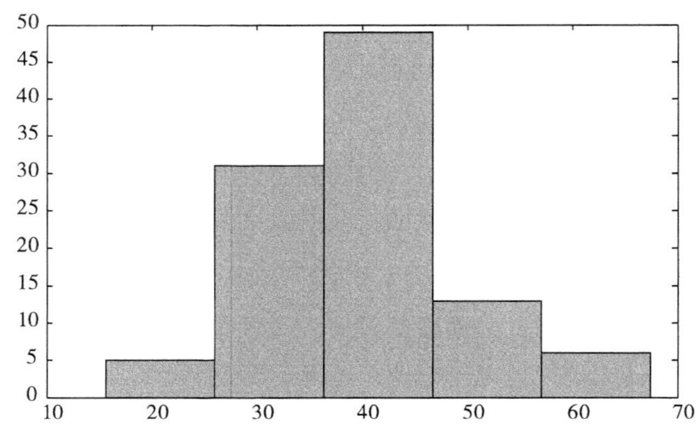

图 3－106　广义预警指数统计频数直方图

②狭义预警指数的统计频数直方图。同时，我们计算了市场独立波动指数，以泡沫指标和投机性指标合成市场行情指数（以下简称“狭义预警指数 NI”），根据狭义预警指数 NI 的统计频数直方图（见图 3－107），将指数划分成 5 个区间，区间 1～区间 5 指数分布情况如下：

区间 1，0≤NI<12.92，5 个。

区间 2，12.92≤NI<26.89，28 个。

区间 3，26.89≤NI<40.86，50 个。

区间 4，40.86≤NI<54.83，14 个。

区间 5，54.83≤NI<68.80，7 个。

狭义预警指数 NI 落在区间 1 的概率是 4.81%，落在区间 2 的概率是 26.92%，落在区间 3 的概率是 48.08%，落在区间 4 的概率是 13.46%，落在区间 5 的概率是 6.73%。落在区间 1 和区间 5 的概率合计为 11.54%，区间 2 和区间 4 的概率合计为 40.38%。

③确定状态区域临界点。根据状态区域的概率确定临界点。综合广义指数和狭

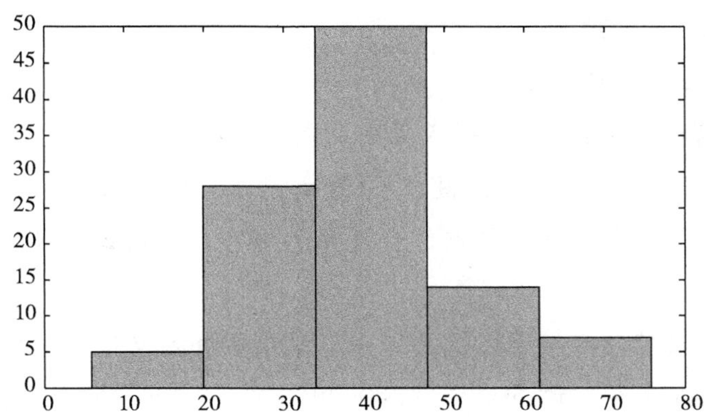

图 3 - 107　狭义预警指数统计频数直方图

义指数的概率区间，确定指数的状态区域临界点为 25、35、55、70 和 100，由此划分指数的 5 个状态区间如下：

区间 1，$0 \leqslant WI < 25$。

区间 2，$25 \leqslant WI < 35$。

区间 3，$35 \leqslant WI < 55$。

区间 4，$55 \leqslant WI < 70$。

区间 5，$70 \leqslant WI < 100$。

（2）上述状态区域临界点验证。

①广义指数的概率分布情况。根据上述区间划分，广义指数的概率分布为：

区间 1，$0 \leqslant GI < 25$，3 个。

区间 2，$25 \leqslant GI < 35$，30 个。

区间 3，$35 \leqslant GI < 55$，63 个。

区间 4，$55 \leqslant GI < 70$，8 个。

区间 5，$70 \leqslant GI < 100$，0 个。

广义指数落在区间 1 的概率是 2.88%，落在区间 2 的概率是 28.85%，落在区间 3 的概率是 60.58%，落在区间 4 的概率是 7.69%，落在区间 5 的概率是 0%。落在区间 1 和区间 5 的概率合计为 2.88%，区间 2 和区间 4 的概率合计为 36.54%。

②狭义指数的概率分布情况。根据上述区间划分，狭义指数的概率分布为：

区间 1，$0 \leqslant NI < 25$，6 个。

区间 2，$25 \leqslant NI < 35$，30 个。

区间 3，$35 \leqslant NI < 55$，53 个。

区间4，55≤NI<70，13个。

区间5，70≤NI<100，2个。

狭义指数落在区间1的概率是5.77%，落在区间2的概率是28.85%，落在区间3的概率是50.96%，落在区间4的概率是12.50%，落在区间5的概率是1.92%。落在区间1和区间5的概率合计为7.69%，区间2和区间4的概率合计为41.35%。

③预警指数概率分布情况。统筹考虑广义指数和狭义指数的概率分布，预警指数WI处于区间1和区间5（“过冷”和“过热”）极端情况的概率为8%～12%，基本符合极端事件出现概率为5%～10%的情况，鉴于中国股票市场发展尚不充分，与国际上成熟发达的股票市场相比抗风险能力较弱，更容易受到外界冲击，因此股价波动幅度较大，出现极端情况的概率也相应较大。预警指数WI处于区间3（“正常”）的概率为51%～61%，符合稳定区域出现概率为50%左右的情况，预警指数WI处于区间2和区间4（“偏冷”和“偏热”）的概率为40%～41%（见表3－53）。可见，本研究的状态临界点的确定符合临界理论。

表3－53　状态区域临界点确定

泡沫指数落点范围	广义泡沫指数		狭义泡沫指数		临界点确定	信号系统
	个数	概率	个数	概率		
0～25	3	2.88%	6	5.77%	25	蓝灯
25～35	30	28.85%	30	28.85%	35	浅蓝灯
35～55	63	60.58%	53	50.96%	55	绿灯
55～70	8	7.69%	13	12.50%	70	黄灯
70～100	0	0.00%	2	1.92%	100	红灯
合计	104	100%	104	100%		

（七）股票价格波动预警系统

根据上述分析，确定股票价格波动预警系统（见表3－54）。预警指数在［0，25）区间时，预警信号为“蓝灯”，警示股市处于“过冷”状态。预警指数在［25，35）区间时，预警信号为“浅蓝灯”，警示股市处于“偏冷”状态。预警指数在［35，55）区间时，预警信号为“绿灯”，表明股市处于“正常”状态。预警指数在［55，70）区间时，预警信号为“黄灯”，警示股市处于“偏热”状态。预警指数在［70，100］区间时，预警信号为“红灯”，警示股市处于“过热”状态。

表 3 – 54　股票价格波动预警系统

预警指数	信号系统	警示度
0 ~ 25	蓝灯	过冷
25 ~ 35	浅蓝灯	偏冷
35 ~ 55	绿灯	正常
55 ~ 70	黄灯	偏热
70 ~ 100	红灯	过热

注：预警区间的划分是依据百分制标准化结果人为划定，决策者可以根据实际的经验知识和决策需求适当调整修正，设置五级警灯的目的是更符合使用者的预警判断习惯。

三、股票价格波动预警指数结果与分析

（一）股票价格波动预警指数结果

我们计算了 2003—2011 年的广义股票价格波动预警指数和狭义股票价格波动预警指数（图 3 – 108、图 3 – 109），股票价格波动预警指数反映了中国资本市场成长 21 年的历程（图 3 – 110）。目前中国股市自身仍处于成长阶段，需要不断地调整。随着中国资本市场的日益开放，中国股市受国际因素的影响加大，中国股市的波动性逐步与国际市场影响因素的联动性增强。狭义股票价格波动预警指数反映了中国股票市场波动状况，股市对市场因素的反应强烈，市场影响因素能够迅速传导到股市，体现在股市的剧烈波动上。因此，狭义股票价格波动预警指数的波动情况相比广义股票价格波动预警指数剧烈。总体来看，2003 年以来股票价格波动预警指数波动幅度较大，中国股市大致经历了“偏冷—过热转过冷—震荡偏冷”三个阶段（图 3 – 111）。

第一阶段，2003—2005 年，偏冷阶段。2000 年美国网络经济泡沫破灭，全球股市由牛转熊。纳斯达克指数从 2000 年 3 月的 5048.62 点下降到 2002 年 9 月的 1172 点，跌幅达到 76.79%（图 3 – 112）。在国际资本市场普遍不景气的情况下，国内股市又受到国有股减持等事件的影响，2001 年 6 月 14 日上证综指在创下 2245 点最高历史纪录之后，反转直下，中国股市开始进入漫长的熊市，直到 2005 年 6 月 6 日上证综指跌破千点大关（998 点），本轮熊市才终于止跌（图 3 – 113）。在此期间，广义股票价格波动预警指数在 20 ~ 40 的区间波动，基本处于偏冷阶段，并一度陷入过冷区间；狭义指数波动范围相比广义指数扩大至 15 ~ 45 的区间内波动，低点跌过了 20，说明这一阶段中国股市处于偏冷甚至过冷状态。

第二阶段，2006—2008 年，过热转过冷阶段。2004 年 1 月国务院出台“国九条”①。2004 年 5 月中小板设立和 2005 年 4 月股权分置改革启动，推动了中国资本市场的新发展，新一轮大牛市在2006 年初开始启动。2006 年 12 月 14 日，上证综指创下新高收于 2249 点，首次超过上一轮牛市峰值。并在 10 个月后，于 2007 年 10 月 16 日，上证综指暴涨到 6124 点，创下历史最高纪录，同时也标志着本轮大牛市的终结。此后，股指一路暴跌，也是在仅仅 10 个月后，于 2008 年 9 月 4 日，上证综指重新回到 2249 点，在以 2008 年 9 月 15 日雷曼兄弟公司破产为标志的国际金融危机的进一步影响下，10 月 28 日股指下探到 1664 点。2006—2008 年，中国股市经历了一次较大起伏的牛熊转换。以 2007 年 10 月为此轮牛熊市分界线，2006 年 1 月—2007 年 10 月，股票价格波动预警指数在高位运行，广义指数在偏热区域高位运行，狭义指数更是两次突破过热临界值，这说明当时中国股市处于过热阶段。2007 年 11 月—2008 年 12 月，股票价格波动预警指数下行，2008 年末，广义指数和狭义指数双双跌破过冷临界值，这说明当时中国股市处于过冷阶段。

第三阶段，2009—2011 年，震荡偏冷阶段。2009 年二季度，世界经济探底回升，资本市场也逐步回暖，中国上证综指也在 2009 年 8 月上扬至 3463 点。但是，由于金融危机的影响并未消除，发达国家爆发主权债务危机的风险加大，世界金融市场再次出现动荡。2009 年末欧债危机爆发并迅速蔓延，2011 年以来，美国主权信用评级被下调，欧债危机也由欧元区外围向核心蔓延，法国银行机构面临信用评级下调。在实体经济方面，美国经济复苏乏力，失业、通胀等新老问题交织，无论是发达国家还是新兴经济体，都在担忧自身是否面临“二次探底”的风险。因此，目前在金融市场和实体经济震荡下行风险加大的情况下，全球股市波动基本处于震荡下行阶段。中国股指也在 2009 年 8 月后开始震荡下行，上证综指目前（2011 年 8 月）跌至 2500 点左右。从指数来看，2009—2011 年这一时期，广义指数基本位于 25 ~ 55 的区间，狭义指数基本位于 15 ~ 60 的区间，股票价格波动预警指数基本处于震荡偏冷阶段。目前，广义指数 2011 年 8 月得分为 36.49，已经非常接近过冷临界点，狭义指数 2011 年 8 月得分为 30.72，已经突破过冷临界

① 2004 年 1 月 31 日，国务院颁发了《关于推进资本市场改革开放和稳定发展的若干意见》，共九条，所以称为“国九条”。一、充分认识大力发展资本市场的重要意义；二、推进资本市场改革开放和稳定发展的指导思想和任务；三、进一步完善相关政策，促进资本市场稳定发展；四、健全资本市场体系，丰富证券投资品种；五、进一步提高上市公司质量，推进上市公司规范运作；六、促进资本市场中介服务机构规范发展，提高执业水平；七、加强法制和诚信建设，提高资本市场监管水平；八、加强协调配合，防范和化解市场风险；九、认真总结经验，积极稳妥地推进对外开放。

点，这表明目前中国股市已处于过冷阶段。

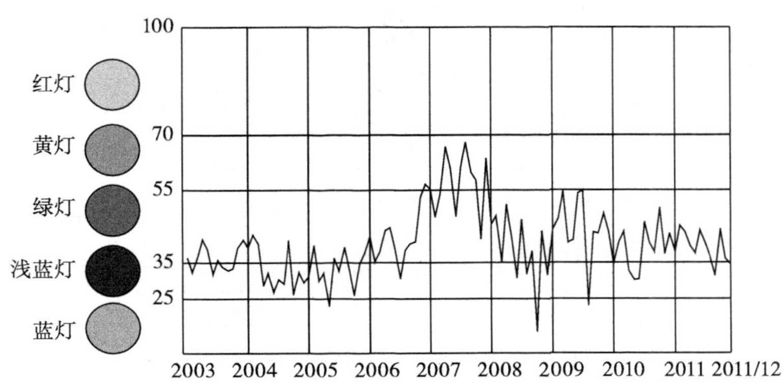

图 3－108　广义股票价格波动预警指数

资料来源：Wind 资讯。

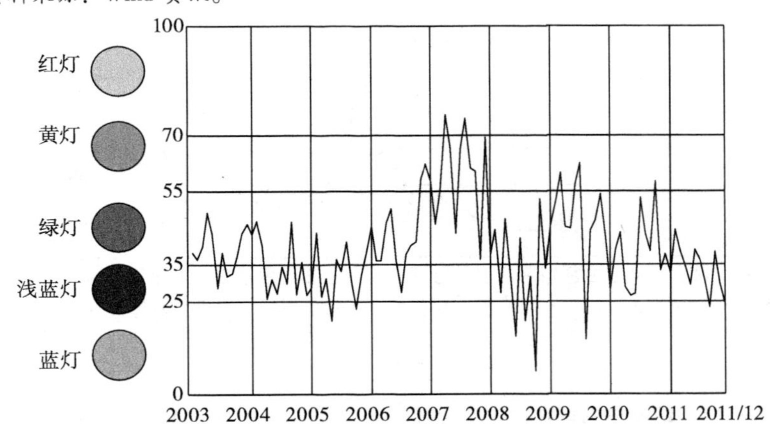

图 3－109　狭义股票价格波动预警指数

资料来源：Wind 资讯。

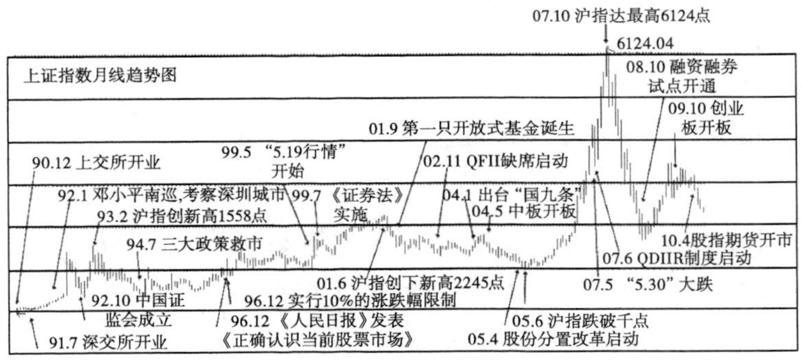

图 3－110　中国资本市场 20 年

资料来源：http：//topic. eastmoney. com/market20/.

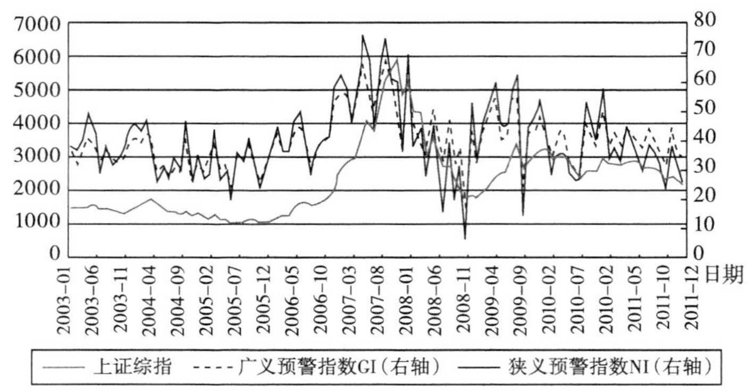

图 3－111　上证综指、广义指数和狭义指数

资料来源：Wind 资讯。

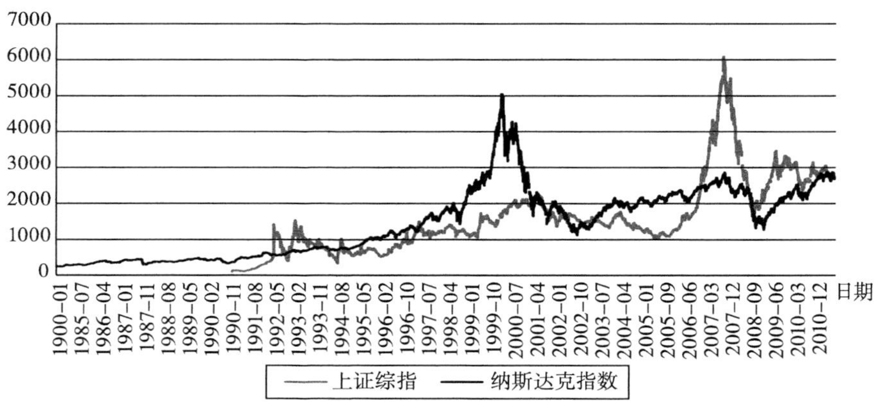

图 3－112　纳斯达克综合指数与上证综指（1900 年 1 月—2011 年 8 月）

资料来源：Wind 资讯。

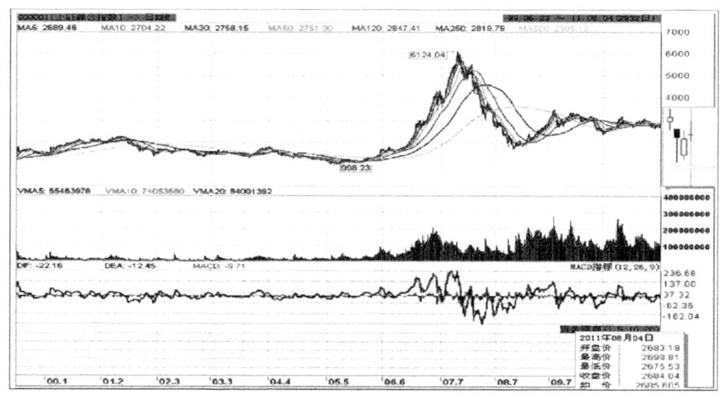

图 3－113　上证综合指数日 K 线

资料来源：Wind 资讯。

（二）典型案例分析

——2003 年 6 月，998 点。2003 年 6 月 6 日，上证综指跌破千点大关，盘中触及 998 点。广义预警指数和狭义预警指数分别为 31.87 和 28.74，接近过冷临界点 25，警示当时中国股市处于偏冷甚至过冷阶段。

——2007 年 10 月，6124 点。2007 年 10 月 16 日，上证综指盘中触及历史最高 6124 点。广义预警指数和狭义预警指数分别为 56.95 和 60.38，广义指数和狭义指数双双突破偏热临界点，警示当时中国股市处于偏热阶段。实际上，在上证综指达到历史高点之前，狭义指数早在 2007 年 4 月突破了过热临界点，并在此后的几个月内持续高位运行，指数警示作用显著。

——2008 年 10 月，1664 点。2008 年 10 月 28 日，上证综指从一年前的峰顶跌至谷底 1664 点。广义预警指数和狭义预警指数分别为 15.62 和 5.94，广义预警指数和狭义预警指数已经远远跌破过冷临界点，警示当时中国股市处于过冷阶段。实际上，在上证综指跌至这一阶段低点之前，广义预警指数和狭义预警指数早在 2008 年 3 月即已跌破过冷临界点，并连续几个月发出股市过冷警告，指数警示作用显著。

——2009 年 8 月，2668 点。2009 年 8 月 31 日，上证综指暴跌近 6.75%，使得 8 月股指相比 7 月暴跌 21.81%，成为历史上第二大单月暴跌月份。股指不但跌破了半年线，也跌破了 2761 点前期反弹低点，同时还跌破了 30 周线。这是由于当时市场上存在影响股市走势基本面的诸多不利因素，如信贷增速回落、银行盈利未超预期、二套房贷收紧、油价上调预期落空、钢价走势不明、新股 IPO 密集发行等。

——2010 年 5 月，2592 点。2010 年 5 月 31 日，国务院同意发改委 2010 年深化经济体制改革意见，意见中指出“逐步改革房地产税”。虽然关于房地产税改革仅仅只是一个非常笼统的表述，并且具体规则及细则还未明朗，但也总算是有了一个最官方的文件。在这一利空消息的打压下，当日上证综指放量下跌，跌破 2600 点，收于 2592 点，进一步打压股市持续走低。从股票价格波动预警指数来看，2010 年 5 月广义预警指数和狭义预警指数分别为 29.65 和 26.59，处于偏冷阶段，并已经非常接近过冷临界点，表明当时股市处于偏冷接近过冷阶段。

——2011 年 8 月，2567 点。2011 年以来，从国际经济金融环境来看，欧债美债危机加剧，欧债危机也由欧元区外围向核心蔓延，美国主权信用评级被下调，世界经济二次探底风险加大。从国内经济金融环境来看，中国通货膨胀高企，上半年 CPI 同比增长 5.4%；7 月 CPI 上涨 6.5%，创 3 年高峰；8 月 CPI 上涨 6.2%。上半年我国外贸出口增长24%，但增速呈明显回落趋势，且增速连续4个月下滑，贸易顺差收窄。8月新增人民币贷款5485亿元，广义货币供应量（M2）同比增长13.5%。8月新增人民币贷款远高于此前机构普遍预测的5000亿元，但货币供应量M2和M1增速仍继续走低，显示政策紧缩效应仍在持续显现。因此，在通货膨胀、紧缩的货币政策、股市扩容、国际板推出的预期以及欧债危机的多重利空因素影响下，股指不断走低。从股票价格波动预警指数来看，2010年8月广义预警指数和狭义预警指数分别为36.49和30.72，广义指数接近偏冷临界点，狭义指数已经跌破“偏冷”临界点，预警指数表明目前股市处于偏冷阶段。

——2011年11月，2333点。近期，国际经济形势动荡不安。又一轮全球性宽松货币政策呈凶猛之势，导致黄金价格、石油价格大涨，大宗商品进入强势上涨周期，对全球经济的影响加剧，全球经济复苏变数进一步增加。欧洲债务危机愈演愈烈，欧债务危机出现了向意大利、西班牙等核心国家蔓延、从公共部门领域向银行体系蔓延的趋势，可能会对世界经济带来新的更大冲击。美国和日本的债务形势也都不容乐观。从经济增长形势看，主要发达国家经济增长均比较疲弱，世界经济下行风险加大。国内影响因素方面，我国经济持续下滑势头明显，国际板传闻和新股发行压力等利空因素，对股市造成更大的打击，11月股市暴跌收盘。从股票价格波动预警指数来看，2011年11月广义预警指数和狭义预警指数分别为36.52和29.86，广义指数接近偏冷临界点，狭义指数已经跌破偏冷临界点，预警指数表明目前股市处于偏冷阶段，并呈过冷趋势发展。

——2011年全年股市分析。2011年国际经济形势动荡不安。新一轮全球性宽松货币政策呈凶猛之势，导致黄金价格、石油价格大涨，大宗商品进入强势上涨周期，对全球经济的影响加剧，全球经济复苏变数进一步增加。欧洲债务危机愈演愈烈，欧债务危机出现了向意大利、西班牙等核心国家蔓延、从公共部门领域向银行体系蔓延的趋势，可能会对世界经济带来新的更大冲击。美国和日本的债务形势也都不容乐观。从经济增长形势看，主要发达国家经济增长均比较疲弱，世界经济下行风险加大。国内影响因素方面，我国经济持续下滑势头明显，国际板传闻和新股发行压力等利空因素，对股市造成更大的打击。2011年底，A股市场看空情绪加重，股指连创新低，沪指报收于2199点，较1月收盘点位2791点下跌21%。股指跌破10年前的2001年6月14日高点2245点，A股市10年零涨幅。创业板和中小板跌幅更大，创业板指数收于730点，较1月收盘点位1029点下跌29%。中小板收于4921点，较1月收盘点位6768点下跌27%。股票总市值下降。截至2011年12月底，全部上市公司股票总市值为25

万亿元，较2010年末的35万亿元下跌18%，其中流通市值为16万亿元，较2010年末的19万亿元下跌14%。市场估值水平大幅下降。受股价大幅下跌的影响，2011年全部上市公司整体市盈率水平大幅下降。2011年12月末，全部上市公司整体市盈率为14.8，较2010年12月底的25.8下降43%。担忧经济下滑成为股指下跌的主要因素，年末资金紧张也起到了推波助澜的作用。从股票价格波动预警指数来看，2011年12月广义预警指数和狭义预警指数分别为34.58和24.78，广义指数跌破偏冷临界点，狭义指数跌破过冷临界点，预警指数表明目前股市呈过冷趋势。

——2012年1月，2293点。股票价格波动预警指数由2011年12月的过冷状态

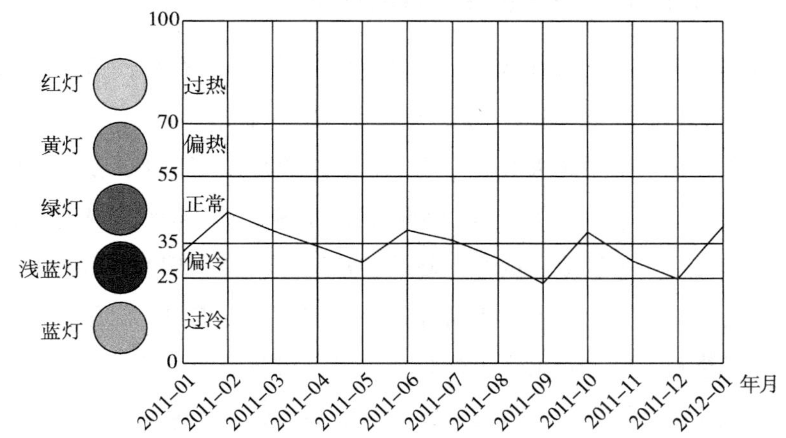

图3-114　狭义股票价格波动预警指数（2011/01—2012/01）

资料来源：Wind资讯。

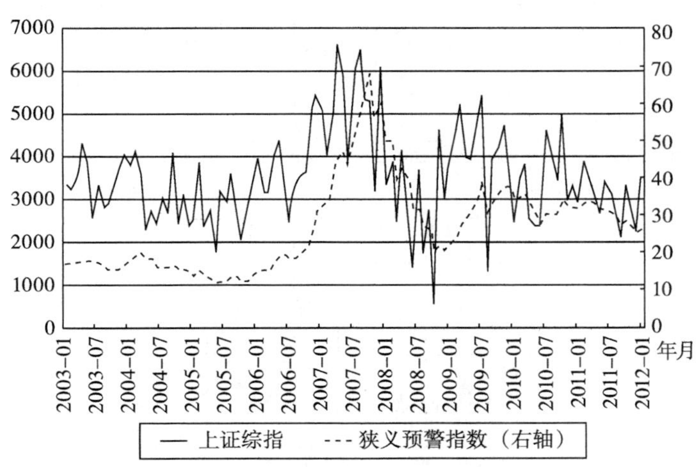

图3-115　上证综指和狭义预警指数（2003/01—2012/01）

资料来源：Wind资讯。

（24.8）迅速反弹至40.1（见图3－114和图3－115）。预警指数表明目前股市有所回暖，处于正常区间，预示未来经济具有趋稳迹象，但仍接近偏冷临界点，可能会出现波动。1月股市走势受到受春节因素的影响。其中春节前，因技术超跌、政策利好及流动性的改善预期，市场在探底2132.63点之后，在资源股的带动下，出现了一波震荡上行行情。节后，两市未能延续节前的强势，股指遭遇获利盘的疯狂打压，快速下行，沪指击穿2300点整数关口，最终收于2292.61。1月，国内国际环境、市场环境、政策因素等对股市走势具有重要影响。

（三）股票价格波动预警指数分项指标分析

从3个一级指标来看，宏观背景指标、泡沫指标和投机性指标的波动特征基本与股票价格波动预警指数的走势趋同，可以分为3个阶段。第一阶段，2003—2005年，三大指标走势平稳，并未出现较大波动。第二阶段，2006—2008年，新一轮的牛熊市转换过程中，三大指标基本在2007年末达到峰值后急转直下，特别是从泡沫指标可以看出，股票价格泡沫经历了形成—成长—破裂的过程。2009—2011年，三大指标基本为震荡走势。值得注意的是，宏观背景指标整体呈震荡上行趋势，但是，目前在国内外经济金融形势的影响下已开始出现下行趋势，成为对股市的不利因素。目前，在股市偏冷的情况下泡沫指标下行，表明当前股市并未形成成长型泡沫；投机性指标震荡

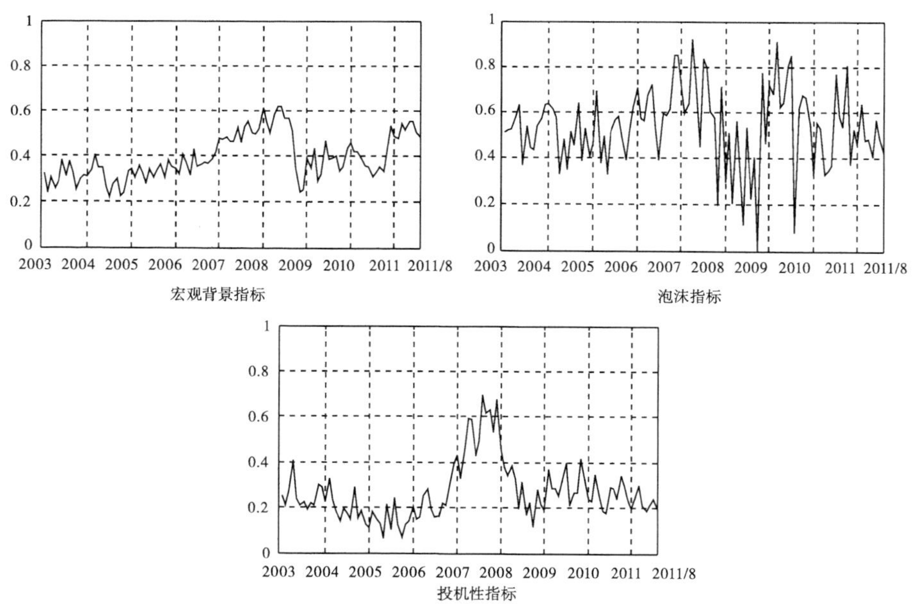

图3－116　一级指标走势（2003/01—2011/08）

资料来源：Wind资讯。

下行，基本处于2003年的水平，表明目前股市中投机因素影响不大（见图3-116）。

从6个二级指标来看，国内宏观金融指标、国际市场影响指标、股指增长率指标、泡沫系数指标、波动性指标和估值指标走势也基本符合上述三个阶段特征（见图3-117）。不同的是，从国内来看，目前的国内宏观金融指标高于2003—2005年的水平，表明当前国内宏观金融政策对股市影响大于2003—2005年的影响水平；从国际上看，国际市场影响指标虽然震荡下行，但是国际市场冲击对中国股市的影响在加强，表明国内市场与国际市场的联动性增强。目前，股指增长率指标、泡沫系数指标、波动性指标和估值指标这4个二级指标的波动水平与2003—2005年基本相同。一级指标中，宏观背景指标主要是受国内宏观金融指标和国际市场影响指标的综合影响，泡沫指标主要是受股指增长率指标和泡沫系数指标的综合影响，投机性指标主要是受波动性指标和估值指标的综合影响。

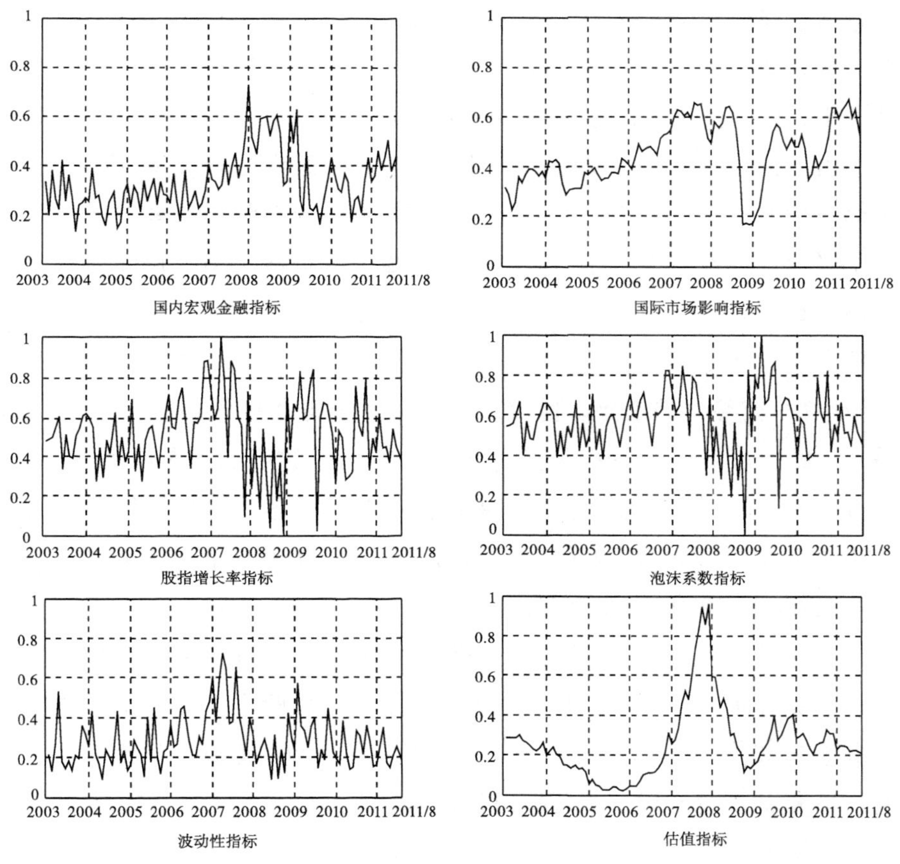

图3-117　二级指标走势（2003/01—2011/08）

资料来源：Wind资讯。

从 17 个三级指标来看（图 3 - 118 ~ 图 3 - 121），首先，整体特征分析。2003—2011 年的多数指标波动特征基本与股票价格波动预警指数的走势趋同，可以分为 3 个阶段，即 2003—2005 年的偏冷阶段，2006—2008 年的过热转偏冷阶段，2009—2011 年的震荡偏冷阶段。其次，分指标分析。①利率、汇率升值幅度、M2 增速和贷款增速，这 4 个三级指标构成对二级指标国内宏观金融指标的影响。利率提高和汇率升值过程是吸引国际资本进入股市成为推升股票价格泡沫的重要因素，货币供应量和贷款增加则成为助推国内过剩的流动性涌入股市推升股票价格泡沫的重要因素，2007 年上证综指 6124 点时，利率标准值位于历史高位、汇率升值幅度较大、M2 增速和贷款增速较快。②国际投资者信心、国际综合股指和国际大宗商品价格指数这 3 个三级指标构成对二级指标国际市场影响指标的影响。尤其是，国际大宗商品价格指数不同于上述的三大阶段划分特征，大宗商品价格指数在经历了 2008 年金融危机的震荡之后，一路上扬，虽然在 2011 年出现下跌，但是长期上涨趋势没有改变。目前，在世界经济下行和国际金融市场动荡的背景下，国际投资者信心下降，国际综合股指下行，表明国际市场利空因素较多。③由上证综指、深证成指和沪深 300 合成的国内综合股指，其波动反映了二级指标股指增长率指标的变动情况。④涨跌幅、成交量增长率、成交金额增长率、换手率和投资者增长率这 5 个三级指标是二级指标波动性指标的重要影响因素。整体来看，2003—2011 年的涨跌幅、成交量增长率和成交金额增长率基本都处于震荡走势，换手率和投资者增长率则符合上述的三大阶段划分特征，出现“波谷—波峰—波谷”的走势。目前，换手率处于样本区间最低点，表明目前市场交易不活跃，市场处于偏冷甚至有陷入过冷趋势的可能。⑤市盈率、市净率、总市值占国内生产总值比重、总市值占居民存款比重各指标的总体特征是在经历 2005—2006 年的低谷之后，2007—2008 年受国际金融危机影响大幅攀升至顶峰之后又回落至谷底，2009—2011 年出现反复震荡。目前，市盈率、市净率、换手率等均接近或低于历次熊市底部指标，表明当前的市场十分低迷。市盈率是衡量股市涨跌的重要指标，可以根据市盈率指标判断股市风险大小。根据历史经验，中国股市市盈率 20 倍左右时走势比较平稳，过高的市盈率必然会导致股市下跌，也就是说，20 倍的市盈率对于中国来说是较为合理的。目前，市盈率基本处于历史低点，并且低于 20 倍，市盈率低点与 2005 年、2008 年等几个历史低点基本处于同一水平，这说明目前的股票价格估值偏低。

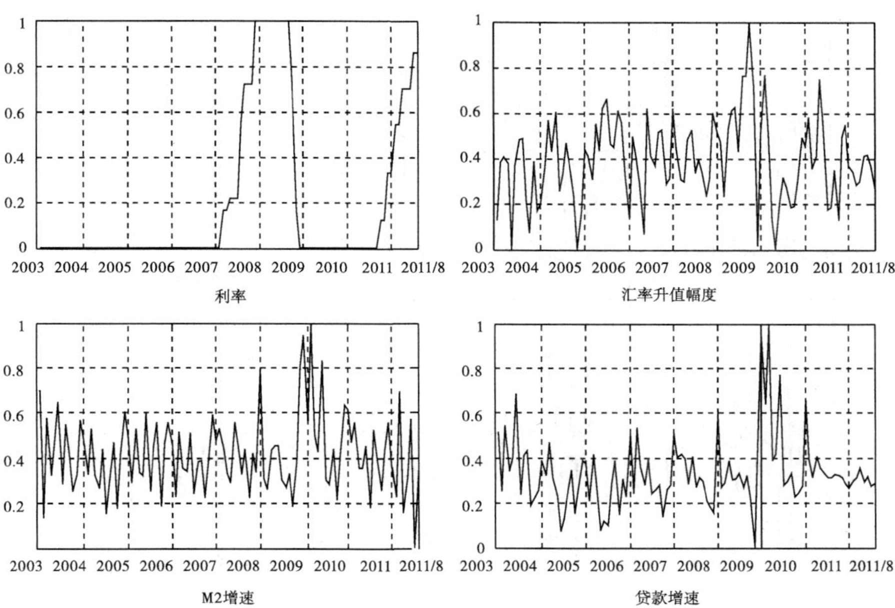

图 3－118　三级指标走势（1）（2003/01—2011/08）

资料来源：Wind 资讯。

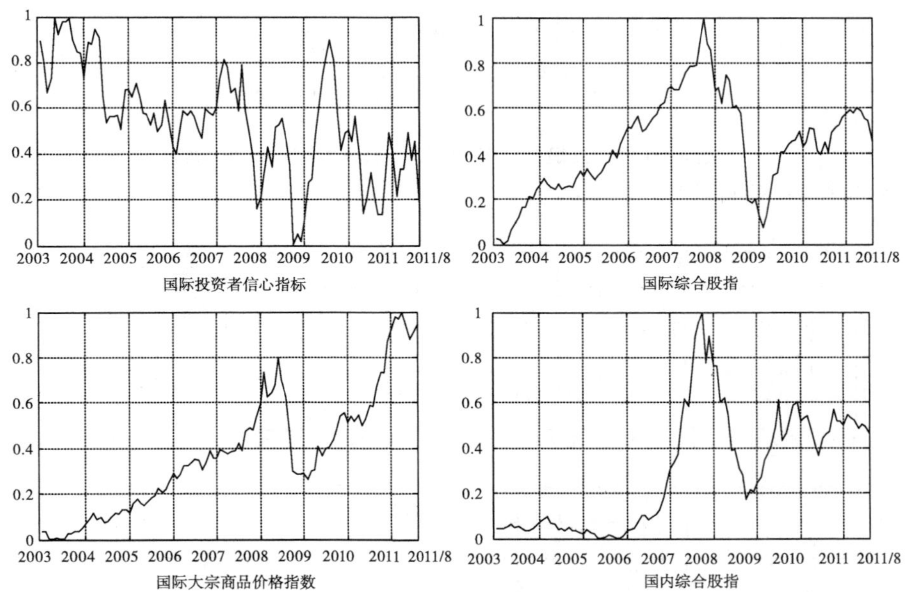

图 3－119　三级指标走势（2）（2003/01—2011/08）

资料来源：Wind 资讯。

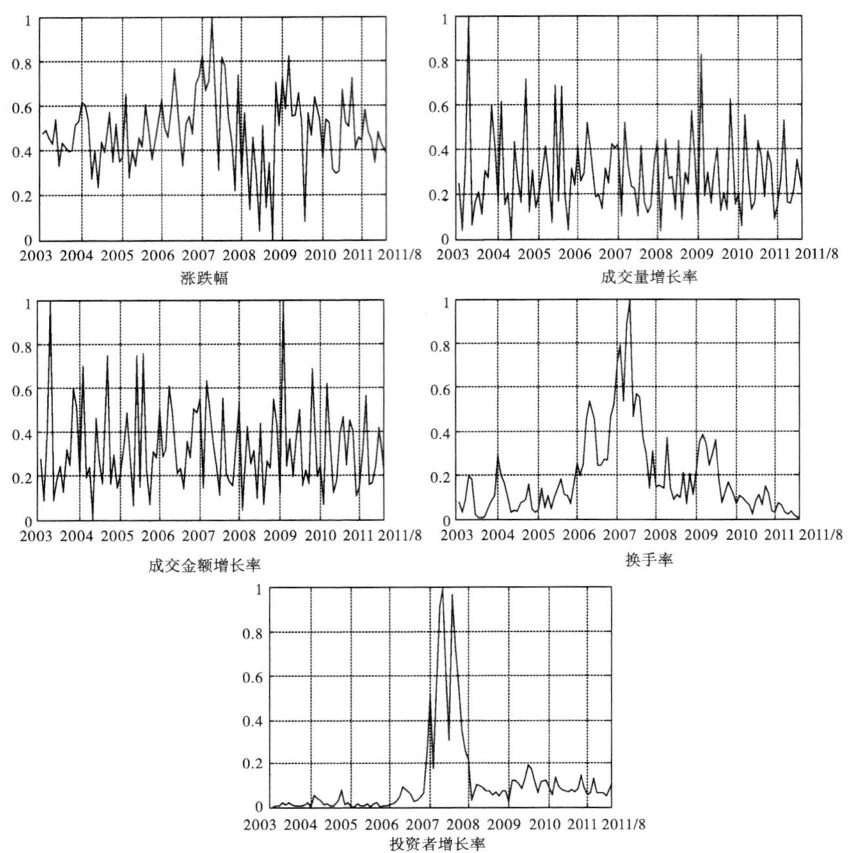

图 3－120　三级指标走势（3）（2003/01—2011/08）

资料来源：Wind 资讯。

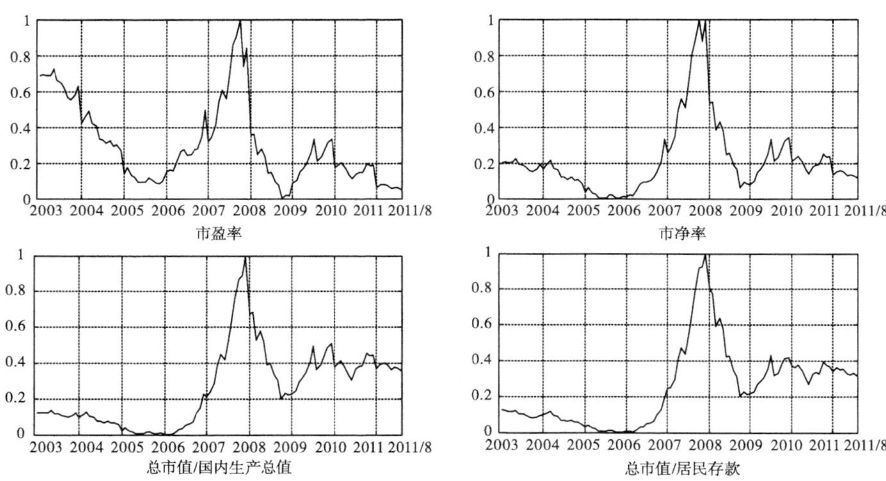

图 3－121　三级指标走势（4）（2003/01—2011/08）

资料来源：Wind 资讯。

四、货币政策应关注股票价格波动的几点建议

货币政策作为两大宏观经济政策之一，在国民经济中占有举足轻重的地位，对于货币政策是通过何途径传导到股票市场、有何影响，并且货币政策是否应该关注股市、是否应该将股市的稳定发展作为目标之一，一直是理论界争论的热点。随着我国股市的不断发展，货币政策对股票价格泡沫是否应该关注、如何关注也逐渐为人们所重视。在货币政策是否应干预股票价格泡沫的问题上，Greenspan（1999）提出，想通过市场干预来戳破泡沫，有个根本性的问题不能解决，就是必须比市场本身更了解市场泡沫一般只在事实出现后才是可观察的。要想提前发觉泡沫就需要判断成千上万个信息。与市场打赌的结果是靠不住的。所有这些导致的结论就是货币政策最好主要关注一般商品和服务价格的稳定性，作为最值得信任的举措以达到可持续的经济增长。Bernanke 和 Gertler（2000）指出，主流经济学的理论范式认为资本市场是有效的、不应该受到管制的，资产价格的波动仅仅反映经济的基本面变化。在这样的情况下，货币政策当局没有理由干预资产价格的波动，资产价格在政策中的作用仅仅体现在它是经济运行状态的“晴雨表”上。但是当以下两个方面的条件都满足时，资产价格在货币政策中的重要性就会上升：第一，存在着非基本面因素推动资产价格的波动；第二，与基本面无关的资产价格波动对真实经济有着潜在的显著影响。如果上述两个条件得到满足，那么资产价格波动就在某种程度上成为经济不稳定的独立因素，货币政策对此当然不能视而不见。而 Bordo 和 Jeanne（2002）通过建立一个标准化的新凯恩斯主义动态模型，得出的结论是货币当局应当在资产价格上升阶段采取预先防范的货币政策，适当限制国内私人信贷，以避免资产价格暴涨后暴跌带来的金融危机，而不是目前许多央行采取的反应性的货币政策。Goodhart（2001）则试图构造出一种广义价格指数，即将商品、服务价格与股票、房地产等金融资产价格整合在一起的统一指数，然后将这种广义价格指数作为央行唯一的政策目标①。

（一）金融资产价格尚未成为我国货币政策的重要经济变量

秦艳梅、黄东石（2008）通过实证分析金融资产价格是否已经成为我国央行制

① 秦艳梅，黄东石．我国货币政策对股市泡沫响应的实证分析——基于泰勒规则扩展应用的视角［J］．投资研究，2008（7）．

定货币政策的重要经济变量。本节结合 F－O 模型（Feltham 和 Ohlson，1995，基于账面价值和未来收益的内在投资价值模型）对市场的相对泡沫度进行测量，进而使其成为扩展的 Taylor 规则的重要参数。结果表明，金融资产价格尚未成为我国货币当局制定货币政策的重要经济变量。但是，随着我国资本市场的逐步扩容以及股权分置改革的全部完成，上述情况肯定会有所改变[①]。杨继红、王浣尘（2006）针对我国的实际情况，对泰勒规则进行了扩展，用货币供应量代替利率，同时在规则中引入股票价格泡沫，用于以探讨货币政策是否对股票价格泡沫进行响应。结果表明，我国的货币政策未将股票价格泡沫纳入视野，中央银行对 1996—2005 年股票价格泡沫的急剧膨胀及随后的泡沫破裂，都采取了容忍和观望的态度[②]。

股票价格是货币供给与流动的重要渠道和影响因素。刘澜飚、马英（2004）在货币供给内在机制的分析框架下，研究了股票价格水平的波动对货币供给的影响，认为股票价格是货币供给与流动的重要渠道和影响因素。它的变动是经济社会货币流与人们预期变动的综合体现，同时股票价格的变动又通过影响货币流和人们的预期，成为影响社会总收入的重要变量。修正后的 Dalziel 模型结果表明，股票价格起到了调整货币市场和股票市场均衡的作用，形成了对利率的替代。文章对股票价格对存量货币的调节以及对信用货币增量的贡献进行深入研究[③]。于长秋（2005）在介绍标准的 C－CAPM 模型和 M－CAPM 模型的基础上，从随机贴现因子、时期效用函数、参数的 GMM 估计、设定检验和定价误差检验等方面对 C－CAPM 模型与 M－CAPM模型进行对比分析。分析结果表明：M－CAPM 模型优于C－CAPM模型，货币在股票等资产定价中发挥着重要作用，是股票等资产价格波动的一个重要因素[④]。向楠（2008）分析了近年来中国经济出现流动性过剩问题，中国股市价格指数不断创出新高，国家多次运用财政政策和货币政策对宏观经济进行调控，对股价指数影响较大的因素有：财政政策工具印花税、货币政策工具实际利率、货币政策中介变量、货币供给量。文章通过建立这些变量模型，发现股价指数与印花税呈正相关，与货币供给量呈负相关，实际利率对股价指数的影响不显著，而且股价指数

---

① 秦艳梅，黄东石．我国货币政策对股市泡沫响应的实证分析——基于泰勒规则扩展应用的视角［J］．投资研究，2008（7）．

② 杨继红，王浣尘．我国货币政策是否响应股市泡沫的实证分析［J］．财贸经济，2006（3）．

③ 刘澜飚，马英．股票价格波动对货币供给的作用［J］．南开经济研究，2004（2）．

④ 于长秋．C－CAPM 与 M－CAPM 模型对比分析：货币在股票价格波动中的作用［J］．辽东学院学报，2005（7）．

与印花税、货币供给量不存在稳定的协整关系①。

（二）政府层面仅限于关注态度

2004 年 11 月，中国人民银行行长周小川在接受《财经》杂志采访时曾表示，资本市场并非中央银行进行货币政策调整的主要参考因素（胡舒立、张继伟，2004）。周小川指出，从当前上市公司所属行业、总市值、新增筹资的规模等指标来看，中国资本市场对宏观经济的代表性还不够高，资本市场的起落和宏观经济的联动关系也不是那么紧密。另外，资本市场有自身的规律，一些历史包袱和内在问题还需要解决。货币政策的调整当然要考虑资本市场，但鉴于上述原因，当前在政策制定中，宏观经济层面的因素会考虑得更多一些。中国人民银行副行长易纲在一次专访②时曾谈到："货币政策是关注资产价格的，但是货币政策调控的决定或者说调控的主要依据应当是以我们的货币政策目标，也就是说是以保持币值稳定为依据的。对资产价格只是关注，也只到关注这个程度。"谢平（2000）认为货币政策过多地顾及证券市场不仅丧失了货币政策的独立性，而且会影响正常市场秩序的建立，中央银行决不能以股票价格指数作为决策的参照指标，货币政策对股票市场的作用应该是中性的。如果货币政策意在刺激股票市场，则会造成道德风险问题，使货币政策和证券市场都受到损害。

（三）学者层面的不同态度

1. 应该干预

于长秋（2006）在阐述中国股票价格波动情况及成因的基础上，分析了中国股票价格的信息功能，并对中国的股票价格与各层次货币供应量进行协整和格兰杰因果检验。结果表明，总体上看，中国的股票价格在 1995 年之后，具备一定的信息功能；股票价格与各层次货币供应量之间存在协整、因果关系。在格兰杰意义上，货币供应量与股票价格互为因果关系，相互影响，形成一个复杂的循环。即一方面，货币供应量的变化会引致股市走势的变化，另一方面，股市走势的变化也会引起货币供应量的变化。这表明货币政策与股市之间存在一定的互动关系。文章采用同业拆借利率，运用 IS – PC – AP 模型，采用 GMM 法估计出中国包含股票价格因素的货币政策反应函数，结果表明股票价格因素已经包含在货币政策反应函数之内。由此，

---

① 向楠．财政政策和货币政策对股票价格波动性影响的实证分析［J］．中国市场，2008（39）：40 – 41.

② http：//www. pbc. gov. cn/publish/bangongting/85/1804/18045/18045_ . html.

货币当局应对股票价格波动做出反应①。马改云（2008）建立了股票价格与经济波动之间的相互关联模型，并在此基础上构建了货币政策对股票价格的反应模型。文章采用向量自回归修正模型、协整关系检验和 Granger 因果关系检验等计量学工具对模型的结论进行实证检验分析，并进一步探讨了股票价格、经济波动与货币政策三者之间的内在关联机制。结果表明，股票价格与经济波动之间存在着长期稳定的协整关系，两者相互影响。所以，股票价格应该进入货币政策最终目标函数的解释变量范畴。米传民、刘思峰、党耀国（2004）根据灰色系统的特点，以灰色系统中的灰色关联度作为研究工具，研究货币政策和股票价格之间的相关关系。实证结果表明，在我国证券市场上货币政策变量尤其是 M0 和银行间同业拆借利率对股价指数的影响较大。这说明，近年来，随着资本市场和货币市场的不断发展和完善，我国中央银行所控制的货币政策与股票市场价格之间具有较强的相关关系。中央银行作为宏观经济调控的重要部门，特别是货币政策制定和决策的金融当局，应密切关注股市变动。健全中央银行宏观金融政策调控机制，灵活多样地调控货币和证券市场，以促使两者协调地发展，保证金融系统的稳定和国民经济的发展②。于长秋（2004）分析了在资本市场发展及股票等金融资产急剧膨胀的情况下，股票价格波动对中央银行货币政策最终目标、中间目标、工具、传导机制及外部环境的挑战，得出货币政策必须与时俱进，中央银行在制定货币政策时应关注股票价格波动的结论③。虞红宾（2005）指出中央银行货币政策决策必须考虑防范股票价格泡沫风险，关注股票市场价格波动，正确处理信贷资金进入股市的问题，建立对股票价格泡沫风险预测模型和预警机制，运用公开市场操作和利率调节为主的政策工具控制泡沫风险，规范货币市场与资本市场的联系，减少违规操作的泡沫风险④。吕珊娟（2005）通过分析货币政策对股市的传导机制，并分析了央行对待股票价格泡沫的 5 种观点，得出货币政策应当关注股票价格泡沫的结论。文章认为，随着股票市场规模的扩大、品种的丰富、结构的优化、功能的发挥，股票市场对经济的影响会越来越大，因此，应该将以股票价格为代表的金融资产价格纳入货币政策的视野，作为辅助的监测指标，建立相关的预测模型和监控指标体系，并根据市场走向和股票价格泡沫的变化做出相应的判断，进而实施必要的调控行动⑤。段进、曾令华、朱静

① 于长秋．中国的股票价格波动及货币政策反应［J］．中央财经大学学报，2006（3）．

② 米传民，刘思峰，党耀国．货币政策与股票价格波动的灰色关联度［J］．统计与决策，2004（12）．

③ 于长秋．股票价格波动对货币政策的挑战［J］．海南金融，2004（4）．

④ 虞红宾．完善货币政策，控制股市泡沫［J］．审计与理财，2005（8）．

⑤ 吕珊娟．货币政策应当关注股市泡沫［J］．浙江统计，2005（12）．

平（2007）通过实证研究发现，我国货币供给量对股票价格的影响力度较小且影响的方向不确定，而利率对股票价格的影响力度相对较大且是单一的负向影响，不过两者均不是股票价格的格兰杰原因。当前我国货币政策不具备调控股票价格的能力，我国应该注重培育“运用货币政策工具来影响股票价格”的能力，并密切关注股票价格波动。同时，我国要加快利率市场化步伐，合理运用证券市场信用控制，完善股票质押贷款管理办法，运用窗口指导，将股票价格作为辅助监测指标①。

2. 不应干预

吴作斌、赵晓梅（2004）认为始于2001年的下跌是一种泡沫破裂后价格本身价值的回归，这种回归是理性的，不应干预，并且我国应采取一系列措施，避免股市再次泡沫泛滥，以保证股市的健康发展②。蔡辉明，曹文娟（2008）从货币政策传导机制的角度，结合我国的实际运行情况，分析了我国股票市场泡沫产生的原理，并结合当前央行应对资产价格泡沫所采取相应的货币政策，分析了货币政策干预对股票价格泡沫的影响，并进一步论述我国的货币政策不应干预股票价格泡沫。文章认为，在完善、有效的资本市场中，资产价格的变化反映了基础经济状况的变化，因而常常被人们称为宏观经济的“晴雨表”，即通过股价的变化能反映出未来经济运行的状况。但根据不少学者的研究，我国股票市场综合指数与实际GDP的关联度弱，股票市场上普遍存在的监管不力、投资者的非理性行为（如羊群行为、过度乐观和短期行为等）等非基础性因素的影响在我国尤其突出，加上我国股票市场自身不完善，“政策市”“投机市”明显，在我国通过货币政策来干预股票价格的难度相当大，效果也并不明显。因此，目前我国还不宜用货币政策来干预股票价格泡沫，货币政策的目标仍然应该定位在保持物价的稳定上，货币政策对于股票价格没有直接的作用，盲目地用货币政策来干预只会导致股票价格进一步膨胀③。

3. 应该关注

李鹏、张磊（2004）认为在信息比较完全、投资者对股票要求较低风险补偿的条件下，货币政策可以通过调整利率对股票价格泡沫进行有效干预。但是，目前我国存在的股市效率低下、信息不对称现象，传统的货币政策很难对股市做出有效干

① 段进，曾令华，朱静平．货币政策应对股票价格波动的策略研究［J］．财经理论与实践，2007：28－146.

② 吴作斌，赵晓梅．浅析中国股市泡沫问题［J］．哈尔滨金融高等专科学校学报，2004（2）.

③ 蔡辉明，曹文娟．我国货币政策干预对股市泡沫的影响——基于货币政策传导机制在我国的运行分析［J］．消费导刊，2008（3）.

预。文章指出，伴随全球经济与股市的发展，股价波动日益成为影响宏观经济稳定的重要因素。尤其是近些年来诸多国家股票价格泡沫破灭带来的金融与经济危机引起了经济学家的广泛关注，许多学者也针对货币政策对股票价格泡沫干预这一课题展开了深入探讨。如果货币政策应该对股票价格泡沫做出反应，那么这种干预是否是有效的呢？Bernanke 和 Gertler 在一个新凯恩斯主义框架内进行了一项模拟试验，认为除非资产价格变动可以改变人们的通货膨胀预期，否则将难以对股票价格泡沫做出有效反应。而 Ceccheth 的研究则认为货币政策可以对股票价格泡沫进行有效干预。国内学者中翟强、易刚也分别在凯恩斯宏观经济框架基础上对该问题进行了分析，得出了货币政策应该做出适应调整而对股票价格泡沫做出反应或至少应该关注的结论。冯用富在考虑中国股市特定约束条件的前提下得出货币政策干预股市无效的结论。总体来看，国内对我国货币政策有效性的研究往往缺乏对我国股市与经济约束条件的考虑或把货币政策局限在一个比较小的范围内，来探讨我国货币政策能否对股票价格泡沫做出有效反应[①]。

4. 由政策组合效果决定

陆维新（2009）使用 1998 年 1 月到 2009 年 9 月的月度数据分析了通货膨胀预期和货币政策对股票价格的影响。研究结果表明：我国的股票价格和通货膨胀之间具有微弱的负相关关系，通货膨胀预期并不会推高股票价格，相反，未预期的通货膨胀才会推高股票价格。股票市场对货币政策的反应是不一致的：股票价格会对预期利率的改变和未预期广义货币供应量的改变做出积极的反应。因而，中央银行在使用货币政策干预股票市场的运行时，需要考虑不同货币政策的效果是不一致的。廖旗平（2006）的实证分析表明股票价格泡沫与股权分置有较密切的关系，进行股权分置改革有利于股票价格泡沫的降低，但不能从根源上治理股票价格泡沫，防止股票价格泡沫的发生还需要从宏观和微观综合治理才能达到目的。

（四）货币政策应关注股票价格波动的几点建议

1. 货币政策应关注股票价格波动

央行长期以来都以 CPI 目标为货币政策取向，并没有把资产价格作为政策目标。但是，随着以股票市场为核心的资本市场在我国经济体系的中作用显著增强，中国股票价格与宏观经济的相关性逐步增强。由于股价的波动具有财富效应，能够带来

① 李鹏，张磊．我国货币政策干预股市泡沫有效性分析［J］．经济论坛，2005（5）．

消费效应和投资效应，可以影响社会的商品需求和货币需求，并且股价波动本身也蕴含着相关的经济运行信息，因此，股价波动会对实体经济运行情况产生影响，股票价格作为宏观经济的先行指标和“晴雨表”，已经成为影响货币政策的重要外部因素之一。

可见，央行的货币政策应当关注股票价格波动，并把其纳入影响决策的因素范畴。特别是当资产价格变动改变了人们的通货膨胀预期时，央行应对股票价格泡沫做出有效反应，也就是说，货币政策可以对股票价格泡沫进行有效干预。为此，央行应进一步疏通货币传导机制，改善货币市场与资本市场分割状况，让货币政策走向市场化，保证股票市场的健康发展。

2. 建立预警指标体系

由于股票价格泡沫无法预测和度量，泡沫的破裂也无法预期，这是认为货币政策不应考虑资产价格波动的主要原因之一。因此，寻找可以预警泡沫程度的指标显得更有实际意义，通过建立完善的股票价格波动预警指标体系对股票价格波动进行测度，对股票价格泡沫程度发出预警，及时调整货币政策，防范泡沫的形成与破裂。本研究所开创的股票价格波动预警指数，综合考虑了宏观金融影响因素、泡沫因素、投机因素和国际市场影响因素，体系完善，预警效果突出，可以作为股票价格波动预警的重要参考指标。

3. 深化利率市场化改革

利率是影响股票价格的重要原因。在利率自由化的环境中，持续上涨的股价将加大货币市场上的资金需求量，从而带动利率升高，加大投资成本，抑制投资欲望，在这种情况下，货币政策是可以通过调整利率对股票价格泡沫进行有效干预的。与发达国家资本市场相比，“中国资本市场还很不成熟”，利率还没有完全市场化，利率受到管制无法自动提高，不能起到阻止资金持续流入股市进而抑制泡沫的作用。也就是说，在利率没有完全市场化之前，传统的货币政策很难对股市做出有效干预。

国际上，美联储、英格兰银行和加拿大银行等利率市场化程度高的国家，将泰勒规则作为货币政策的理论依据，即通过改变名义短期利率来稳定产出与价格，把利率作为货币政策的中介目标。但是，当前我国的利率市场化程度低、管制较为严格，利率形成机制尚不完善，因此不能将利率作为货币政策中介目标，而只是将货币供应量作为货币政策的中介目标。但是，由于币供应量的目标值无法实现，其测量口径引起了许多争议，而且货币供应量的变动与物价、经济增长率的变动趋势也出现了不一致，即货币供应量在指标可控性、可测性和与最终目标关联度上，都能不令人满意，货币供应量是否适宜作为我国货币政策的中介目标仍存在诸多争议[①]。鉴于国际通用的货币政策规则和成功经验，我国利率市场化改革逐步提上日程。

这就要求加快利率市场化改革的步伐，把利率市场化作为深化我国金融改革的重要组成部分，建立以市场资金供求为基础，以央行基准利率为调控核心的利率体制。通过利率水平的市场调节，保持间接融资和直接融资的适当比例，促使资金流动的均衡分布，充分发挥股票市场的货币政策传导功能。通过利率市场化改革，增强泰勒规则对我国货币政策的指导性，提高利率政策的效用，减小宏观调控的代价。

4. 重点放在泡沫破灭后的治理

股市是虚拟经济，存在泡沫是正常的，但是当泡沫膨胀到一定程度时就会破灭，泡沫破裂会给国民经济带来严重的负面影响，一些国家因股票价格泡沫破灭引发金融危机和经济危机，日本到现在还没有完全从 20 世纪 80 年代的经济危机中恢复过来。鉴于股票价格泡沫破灭的危害性，央行的货币政策如何干预股票价格泡沫才能使宏观经济因此所付出的代价减小到最低，是央行面临的最主要问题。

首先，泡沫破裂时，央行要及时救助，防止股市崩盘和冲击的进一步扩大。其次，加强对金融系统的日常监管，严格控制信贷资金入市。由于银行信贷资金与股票的相互结合和相互转化会带来银行资金安全性的问题，而过量的信贷资金违规进入股市，可能会形成高风险的股票价格泡沫，加剧国民经济的波动，影响国家金融体系安全，增加货币政策的操作难度。为此，应完善股票质押贷款管理办法，对质押率、平仓线等予以弹性控制；对企业尤其是上市公司持有证券资产的数量实行比例限制，对其交易和投资收益加大征税力度；进一步推进利率市场化改革。最后，提高银行业整体的抗冲击能力，避免银行系统遭受股票价格泡沫带来的毁灭性冲击，隔绝股票价格泡沫对实体经济的负面影响。

5. 完善市场基础设施建设

防范股票价格泡沫，需要从根源上治理股票价格泡沫，完善资本市场基础设施建设有利于预防股票价格泡沫的形成与破裂。

---

① 李征，伟林，徐冰．我国现行货币政策框架的五个缺陷［J］．当代金融家，2009（3）．

有效市场假说认为，证券的市场价格能充分及时地反映全部有价值的信息，市场价格代表着证券的真实价值，参与市场的投资者有足够的理性，能够迅速对所有市场信息做出合理反应，因此，不存在非正常报酬，只能获得风险调整的平均市场报酬率。目前，中国股市并非是有效市场，证券市场信息不对称现象严重，部分投资者（特别是机构投资者）有更加广泛的信息来源，广大投资者处于信息劣势之中。具体体现在重大信息公告之前，如利率调整消息公布之前，股指大幅上涨，而公布之后，股指反而大幅下跌；还体现在上市公司为获取短期高收益，采取隐瞒公司业绩、发布虚假信息等手段欺骗投资者，而投资者无法判断这些信息的真伪，难以做出合理预期。证券市场信息不对称和超常规发展，导致非理性主体的大量存在，股票市场投机盛行，扭曲了财富再分配，恶化了市场运作机制，损害了公众对股市的信心，成为催生中国股市内在泡沫的主要原因，大大加剧了股市风险，容易诱发金融危机。

改变这种状况，第一，要加大监管力度，提高上市公司信息的透明度。充分发挥证监会等证券监管部门的职责，严格执行强制性信息披露制度，保证上市公司全面、准确、及时地披露信息，严肃查处市场操纵者和信息披露不真实的公司，杜绝内幕交易，降低系统风险。第二，要维护资本市场“公开、公平、公正”的原则，对所有市场参与者一律平等对待，保护投资者的合法权益。第三，要增强投资者的风险意识，建立健全相应的法律法规。只有在建立“法制、监管、自律、规范”的市场秩序的前提下，才能推动我国资本市场的健康发展。

6. 积极培育机构投资者

机构投资者在交易规模、投资策略以及技术方面都有着个人投资者无可比拟的专业优势，在成熟的资本市场中，机构投资者多是以获取长期稳定投资收益为目的，其投资行为对股市稳定性的影响较大。

深交所发布的《2010 年度股票市场绩效报告》① 显示，2010 年机构投资者持有市值稳步上升，全年机构投资者大幅增持中小板和创业板股票，中小板和创业板机构持股由 2010 年 1 月的 46.72% 和 19.94% 分别上升到 12 月底的 53.49% 和 33.07%。机构投资者持有主板股票比例也从 1 月的 54.06% 上升至 56.88%。深市 A 股主板、中小板和创业板的成交金额中机构投资者分别占 12.92%、10.73% 和 8.45%，其中机构投资者在中小板和创业板交易份额中的占比有较大提高（2009 年

① 深圳证券交易所 2010 年度股票市场绩效报告［N］. 证券日报，2011－02－26.

分别为8.29%和2.24%），而在主板则有所降低（2009年为13.35%）。机构投资者中基金所占比例最重，三个板块分别为6.72%、5.27%和3.75%。目前，我国证券市场正经历新的发展时期，股改后限售股和IPO限售股大量解禁、二级市场流通规模持续扩大、融资融券和股指期货等新业务的推出，给市场的进一步发展带来新的挑战，亟须专业机构投资者的引领作用。

可见，我国应积极培育机构投资者，提高我国机构投资者的业务创新、投资管理等能力，促进我国机构投资者的国际化、本土化和规范化。同时，要加强对机构投资者的监督，增强投资者的理性程度。培育机构投资者有利于重塑股市理性投资理念，抑制股市过度投机，减少股价剧烈波动，特别是机构投资者之间的相互制约更是有利于资本市场的长期稳定。

五、股票价格波动预警指数应用

（一）2012年股票价格波动预警指数分析

在充分考虑国内宏观金融政策和国际市场影响因素的基础上，为反映股票市场价格的总趋势和波动水平，创建了能够充分反映我国股票市场波动特征的股票价格波动预警指数，并结合信号分析法给出股市泡沫程度预警信号，及时向整个金融体系发出预警信号，提醒各金融机构、监管部门和投资者予以高度警惕，必要时采取相应的措施控制和防范风险。预警信号分为5个级别，分别以“红灯”“黄灯”“绿灯”“浅蓝灯”“蓝灯”表示，分别对应股市“过热”“偏热”“正常”“偏冷”和“过冷”的5个状态。股票价格波动预警指数体系由三级指标构成，其中，一级指标3个，即宏观背景指标、泡沫指标和投机性指标；二级指标6个，三级指标17个。

股票价格波动预警指数WI分为广义股票价格波动预警指数GI（以下简称“广义预警指数”）和狭义股票价格波动预警指数NI（以下简称“狭义预警指数”）。狭义预警指数反映股票市场波动状况，由泡沫指标和投机性指标合成；广义预警指数反映宏观背景影响下的股指波动情况，在狭义指数的基础上考虑国内宏观金融影响和国际市场影响。狭义指数能够迅速反映股市波动情况，相比广义指数预警信号更加明显，波动也更加剧烈。

1.2012年上半年股票价格波动预警指数分析

股价波动会对实体经济运行情况产生影响，是宏观经济运行的先行指标和

“晴雨表”。2012 年上半年，预警指数表明我国股市大致经历了“正常—偏冷”两个阶段，预示经济运行由平稳向放慢转变，可能会出现波动。1 月 GI 指数处于正常区间内，但该指数已经与上证综指出现了明显的背离，未来市场可能会出现震荡回升。2 月 GI 指数处于正常区间内，相比 1 月小幅上升，印证了 1 月预警指数的预警效果明显；虽然 2 月 A 股市场不断创出此轮反弹以来的新高，但预警指数反弹幅度不大，表明市场存在自我修复的需要，预示未来股指震荡概率较大。3 月 GI 指数大幅下降到偏冷阶段，已接近过冷临界点；沪指跌穿 2300 点，预警指数表明投资者对经济增长动力不足的担忧加剧。4 月 GI 指数反弹至正常状态，为阶段第二高点；虽然 4 月股市以接近 2400 点水平报收，但是预警指数并未反弹至 1 月的水平，预示市场对未来中国经济进一步下滑的担忧，表明股市仍有反复波动的可能。5 月 GI 指数滑落至偏冷临界点；股指走出先抑后扬走势，预警指数表明宏观经济仍然处于下行过程之中，未来经济缺乏企稳回升的足够动力。6 月 GI 指数大幅滑落至过冷临界点；市场跌破 2200 点整数关口，股市运行十分低迷；预警指数表明未来经济前景不容乐观。7 月 GI 指数小幅反弹，但仍处于偏冷区间，并接近过冷临界点；股指大幅下跌，报收 2132 点；NI 指数与上证指数出现了底部背离，预示着未来股市并不完全悲观，可能触底之后反弹；GI 指数则持续下探，处于偏冷状态，预示股市整体仍将处于低迷状态。

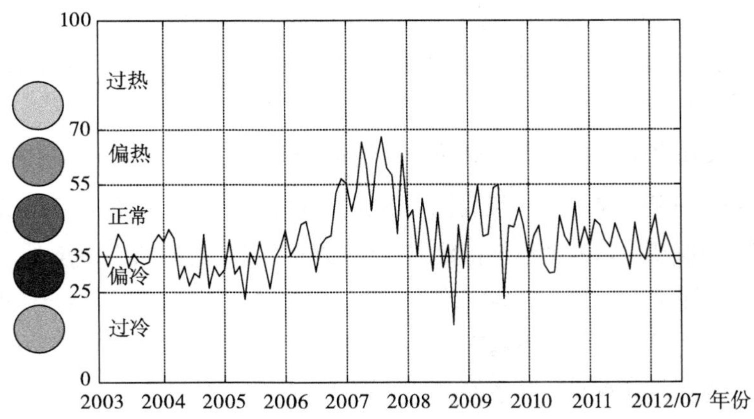

图 3-122　广义股票价格波动预警指数 GI（2003/01—2012/07）

资料来源：Wind 资讯。

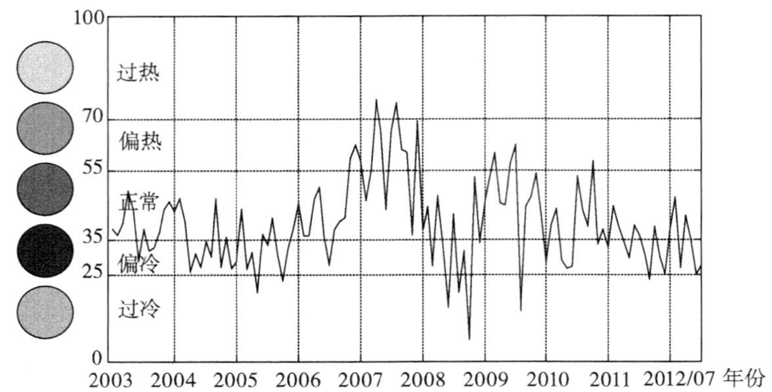

图 3－123　狭义股票价格波动预警指数 NI（2003/01—2012/07）

资料来源：Wind 资讯。

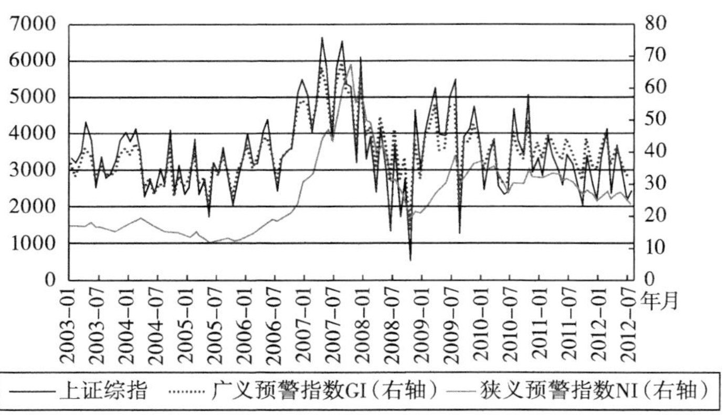

图 3－124　上证综指、广义预警指数和狭义预警指数（2003/01—2012/07）

资料来源：Wind 资讯。

2. 股票价格波动预警指数分项指标分析

一级指标分析。从 3 个一级指标来看，宏观背景指标、泡沫指标和投机性指标的波动特征基本与股票价格波动预警指数的走势趋同：1 月反弹，2 月达到阶段性高点，3 月大幅下滑，4 月反弹至第二高点，5 月下滑，6 月继续下滑，7 月小幅回升。不同的是，宏观背景指标 7 月相比 6 月小幅下降，表明国内外金融形势出现下行趋势，形成对股市不利因素。泡沫指标直观反映了股市泡沫形成、膨胀、破裂的波动过程，泡沫指标表明在 2 月和 4 月股市出现泡沫，目前在股市偏冷的情况下泡沫指标下行，表明当前股市并未形成泡沫。投机性指标主要反映市场行情的波动情况，特别是投资者的市场行为。投机性指标震荡下行，基本处于历史低位，表明目前股市中投机因素不大（图 3－125）。

二级指标分析。根据指数构成，一级指标主要受 6 个二级指标的影响，二级指标主要受 17 个三级指标的影响。其中，宏观背景指标主要受国内宏观金融指标和国际市场影响指标的综合影响，泡沫指标主要受股指增长率指标和泡沫系数指标的综合影响，投机性指标主要受波动性指标和估值指标的综合影响。

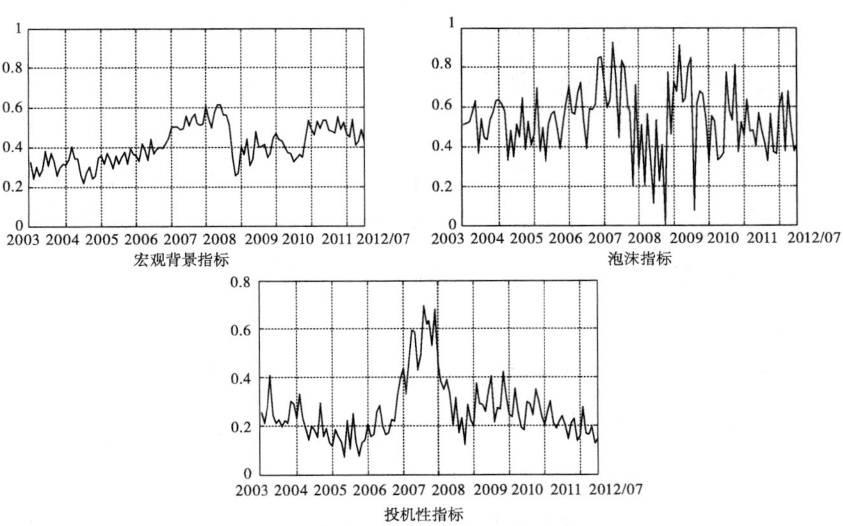

图 3－125　一级指标（2003/01—2012/07）

资料来源：Wind 资讯。

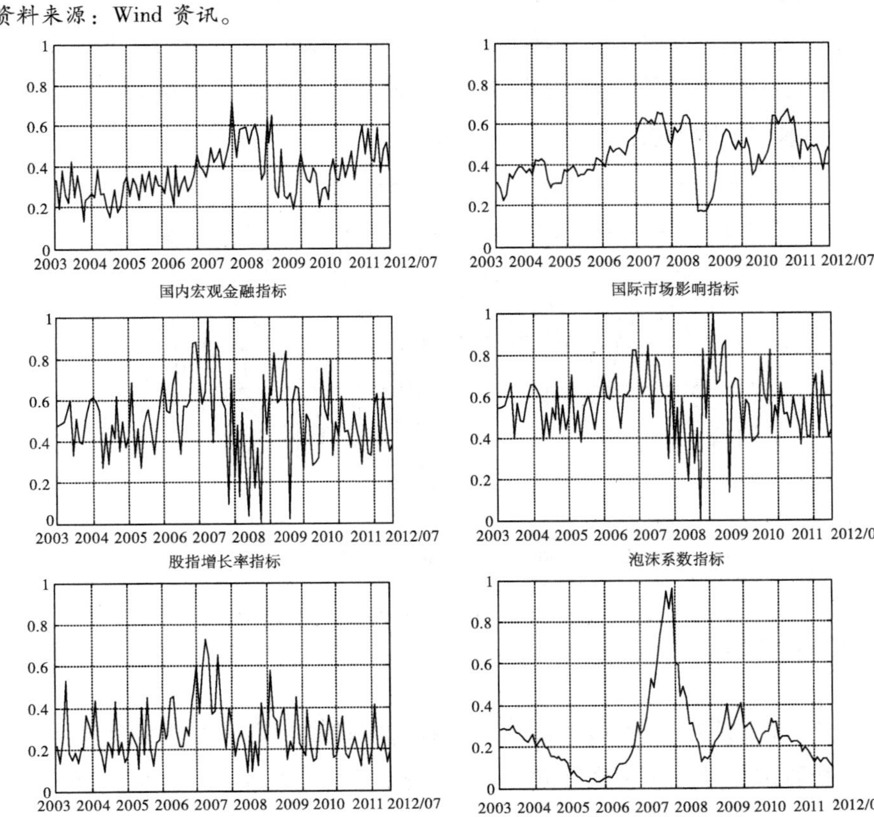

图 3－126　二级指标（2003/01—2012/07）

资料来源：Wind 资讯。

——国内宏观金融指标，反映国内宏观金融政策对股票价格波动的影响。2012年上半年国内宏观金融指标波动较大，7 月继续下滑，表明目前国内宏观金融因素对股市产生负面影响，我国经济连续 2 个季度下滑，加重了市场对未来经济下行的担忧。

——国际市场影响指标，主要反映国际市场波动对中国股市波动产生的影响。2012 年上半年国际市场影响指标小幅震荡，国际市场影响指标基本与我国股市波动同步，表明国际市场波动对我国股市的传导作用增强，未来股市走势受国际环境的影响将加大。

——股指增长率指标，是指国内综合股指增长率，反映股市的稳定性，波动越大表明股市越不稳定。2012 年上半年股指增长率波动幅度较大，股市处于明显不稳定的状态。

——泡沫系数指标，直接反映股指偏离国民经济的程度，也可以作为反映股市相对成长性的指标。泡沫系数 = 股指增长率/GDP 增长率，大于 1 说明可能存在泡沫。目前，泡沫系数为负，负泡沫较正泡沫更值得警惕，在负泡沫状态下，中国股市将成为国际热钱狙击的对象，这将对中国金融防线构成严重威胁，应谨防国际热钱对中国资本市场的冲击。

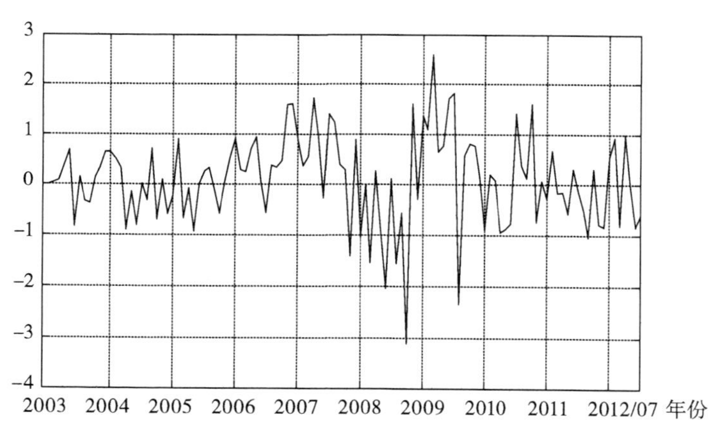

图 3 - 127　泡沫系数（2003/01—2012/07）

资料来源：Wind 资讯。

——波动性指标，反映市场行情，代表股市趋势。2012 年上半年股市波动由强转弱，年初股市波动位于正常区间，此后一路下行，虽在 4 月小幅反弹，此后仍持续下跌，6 月接近历史性低位，7 月小幅反弹，预示未来股市波动可能出现反转，股市可能由弱转强。

——估值指标用于分析股票的投资价值。2012 年上半年估值指标持续下行，低于 2008 年 10 月 1664 点时的估值水平，表明目前股价低估、股市投资价值较高。

三级指标分析。17 个三级指标分析如下（图 3－128 至图 3－132）。

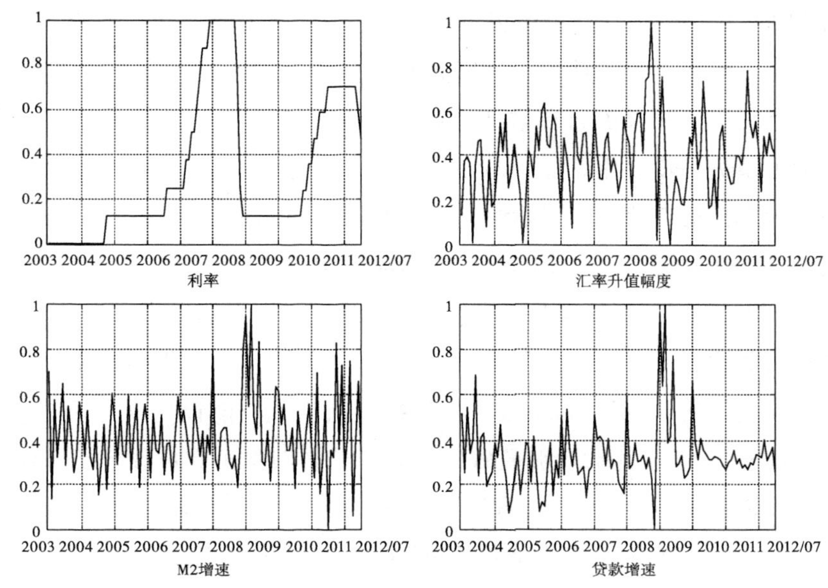

图 3－128　三级指标走势（1）（2003/01—2012/07）

资料来源：Wind 资讯。

——利率、汇率升值幅度、M2 增速和贷款增速，这 4 个三级指标构成对二级指标国内宏观金融指标的影响。利率提高和汇率升值过程是吸引国际资本进入股市推升股市泡沫的重要因素，货币供应量和贷款增加则成为助推国内过剩的流动性涌入股市推升股市泡沫的重要因素，2007 年上证综指 6124 点时，利率标准值位于历史高位、汇率升值幅度较大、M2 增速和贷款增速较快。2012 年上半年，我国两次降低利率，由 3.5% 降至 3.0%。6 月央行宣布扩大存贷款利率的浮动区间，首次扩大存款利率的浮动上限，将金融机构存款利率浮动区间的上限调整为基准利率的 1.1 倍，将金融机构贷款利率浮动区间的下限调整为基准利率的 0.8 倍，这标志着利率市场化改革迈出了突破性的一步。7 月央行进一步下调金融机构人民币存贷款基准利率，一年期存款基准利率下调 0.25 个百分点，一年期贷款基准利率下调 0.31 个百分点；其他各档次存贷款基准利率及个人住房公共基金存贷款利率相应地调整；此次降息是央行 2012 年首次非对称降息。在物价持续走低、国内外需求明显不足的大背景下，央行 2 个月内连续两次降息凸显了稳定经济增长的愿望，显示出政府力挽经济下滑、激发实体经济活力的政策意图；非对称降息以及再次扩大贷款利率浮动区间，对于降低企业融资成本，提振企业信贷需求具有重要意义。然而，这些利好政策并未扭转投资者对经济下滑预期的悲观情绪，股指仍持续跌势。随着利率下调，人民币汇率升值幅度放缓，广义货币（M2）增速放缓，贷款增速放缓；股指相应地由2400点跌至2100点，预警指数由“正常”阶段下滑至“偏冷”阶段；在宏观经济减速，股市弱势的情况下，股市扩容压力加剧，IPO筹资、增发、配股和可转债再筹资在内的股票供给在增加，弱市之下“大小非”趋于套现抽走大量资金，市场供求关系进一步恶化。

——国际投资者信心、国际综合股指和国际大宗商品价格指数，这3个三级指标构成对二级指标国际市场影响指标的影响。2012年上半年，国际大宗商品价格指数延续了2011年的下跌趋势，6月和7月小幅反弹。目前在世界经济下行和国际金融市场动荡的背景下，国际投资者信心①尚未恢复到上一年平均水平。7月达到94，为阶段性高点，表明国际投资者信心正在逐渐恢复；然而前7个月的平均水平为90.2，仍低于2011年的平均水平96.7。国际综合股指虽有反弹但仍持续下行趋势，国际综合股指在2月、4月和5月达到阶段性高点，7月为阶段性低点，股指下滑幅度较大。7月，东京日经225指数8695点，相比3月高点下跌1389点，跌幅达14%；香港恒生指数19797点，相比2月高点下跌1883点，跌幅达9%；伦敦金融时报100指数5635点，相比2月高点下跌236点，跌幅为4%；道琼斯工业平均指数13009点，相比4月份高点下跌205点，跌幅为2%。国际投资者信心、国际综合股指和国际大宗商品价格指数3大指标总体呈下降趋势，表明国际市场利空因素较多。

——国内综合股指由上证综指、深证成指和沪深300指数合成，其波动反映了二级指标股指增长率指标的变动情况。2012年上半年，国内综合股指在2月和4月走出了2个阶段高点之后掉头向下，7月为阶段低点，股指大幅下跌。7月，上证综指2104点，相比2月高点2428点下跌325点，跌幅达13%；深证成指9059点，相

① 美国道富全球投资者信心指数，反映投资者较长时间内对股市的预期心理。道富投资者信心指数追踪的投资组合占全球可交易资产的约15%，每个月底发布一次，包括全球指数、北美指数、欧洲指数和亚太指数。一般认为，当股价上涨时，说明投资者对股市有信心，而当股价下跌时，说明投资者信心不足，这种主观感受难以量化，通常以问卷调查的形式获取数据。“道富投资者信心指数”的创始人是哈佛大学教授肯·弗鲁特（Ken Froot）和道富银行的副总监保罗·奥康奈尔（Paul O'Connell），是通过调查机构投资者投资组合中的实际风险水平来衡量投资者信心，也就是以投资者持有的股票变化来评估投资者的信心，而不是单纯调查投资者对未来的态度。他们认为，很多投资经理人都没有时间填写问卷调查，而且态度不太容易量化，因此直接测量他们投资组合的变化是更为可靠的方法。如果机构投资者投资组合中的高风险资产越多，则说明投资者对未来的信心越大，他们相信投资高风险的产品会带来更大的回报；如果投资组合中债券和现金比例越高，则说明投资者信心越低，他们宁愿选择更为安全的投资产品。资料来源：http：//www. usa101. cn/Dictionary/053_ investor_ confidence. asp.

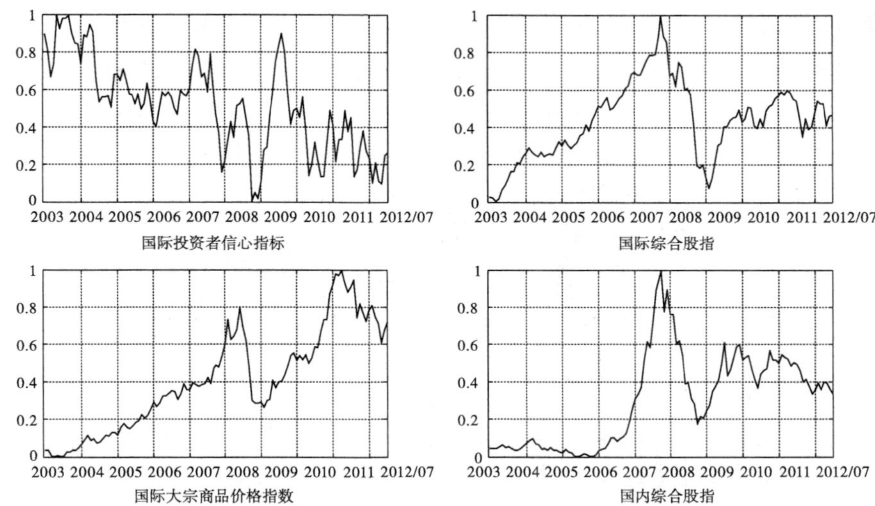

图 3－129　三级指标走势（2）（2003/01—2012/07）

资料来源：Wind 资讯。

比 4 月高点 10180 点下跌 1121 点，跌幅达 11%；沪深 300 指数 2333 点，相比 2 月高点下跌 301 点，跌幅达 11%。比较国内综合股指与国际综合股指，二者的联动性显著增强，反映出国内股指受国际股指波动的影响加大。

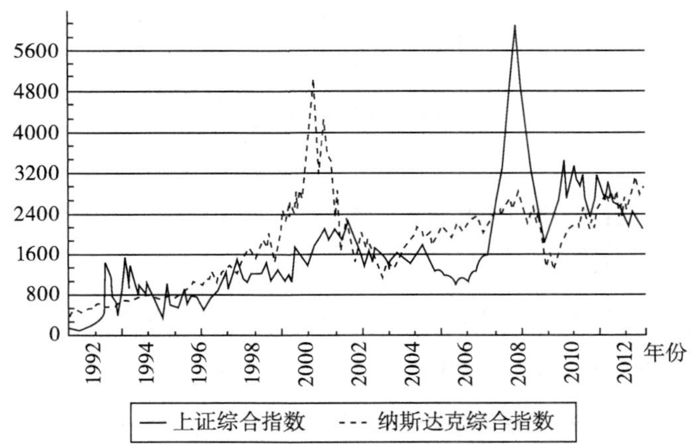

图 3－130　纳斯达克综合指数与上证综指（1991/01—2012/07）

资料来源：Wind 资讯。

——涨跌幅、成交量增长率、成交金额增长率、换手率和投资者增长率，这 5 个三级指标是二级指标波动性指标的重要影响因素。7 月股价为 2009 年以来最低，连续 3 个月下跌。换手率指标达到历史低点，表明目前市场交易不活跃，市场处于偏冷、甚至有陷入过冷趋势的可能。然而，7 月的成交量增长率、成交金额增长率和投资者增长率 3 个指标则出现与股指背离走势，相比6月出现小幅上涨，表明市场认为股指已达到阶段性底部，部分抄底资金进入市场，成交量和成交金额有所放大，投资者小幅增长。

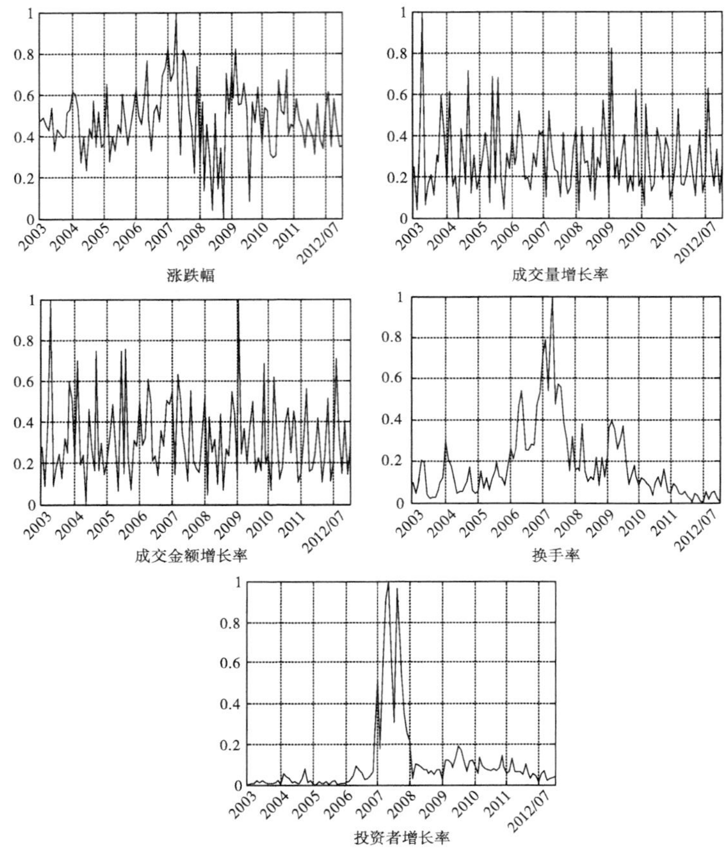

图3-131　三级指标走势（3）（2003/01—2012/07）

资料来源：Wind 资讯。

——市盈率、市净率、总市值占国内生产总值比例、总市值占居民存款比重，这4个三级指标是二级指标估值指标的重要影响因素。市盈率 = 股价/每股收益，反映股票价格偏离盈利水平的程度，是判断股票价格合理性的重要指标，成为投资者衡量股票投资价值的重要指标。市净率 = 股价/每股净资产，反映投资价值。2012年上半年，市盈率持续2011年以来的下跌趋势，7月跌至历史最低12.7倍，远低于20倍左右的合理市盈率①，表明目

① 根据历史经验，中国股市市盈率20倍左右时走势比较平稳，过高的市盈率必然导致股市下跌，也就是说，20倍的市盈率对于中国来说是较为合理的。具体来讲，市盈率小于0是指该公司盈利为负（因盈利为负，计算市盈率没有意义），市盈率在0~13之间表明价值被低估，14~20为正常水平，21~28表示价值被高估，28以上则反映股市出现投机性泡沫。

前股价被严重低估。2012 年上半年平均市净率为 1.9，远低于 2011 年的平均水平 2.5，7 月市净率 1.8，基本处于历史最低水平，表明当前股市投资价值较高[①]。由于市盈率、市净率、换手率等均接近或低于历次熊市底部指标，表明当前市场十分低迷。

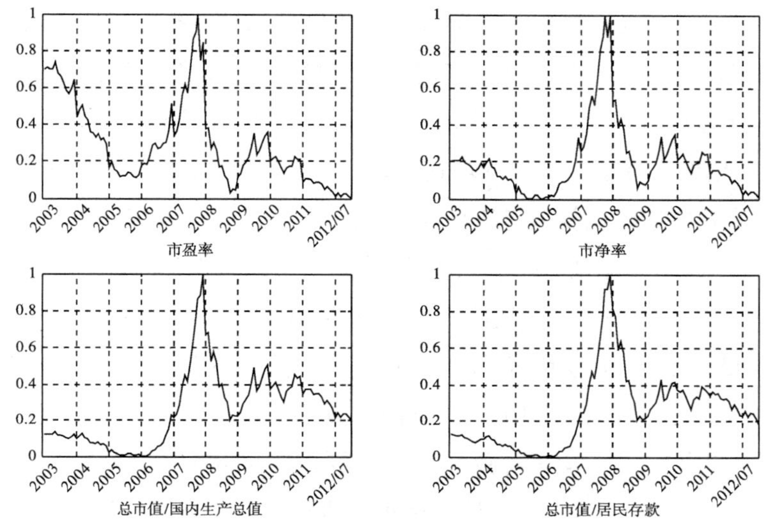

图 3－132　三级指标走势（4）（2003/01—2012/07）

资料来源：Wind 资讯。

总市值占年度国内生产总值比例，是反映股市泡沫程度的指标之一，也称作证券化率。总体上看，经济发达程度与股票总市值占 GDP 比例之间呈高度的正相关关系，即股票总市值占 GDP 比例越高的国家经济发达程度越高。总市值占居民存款的比例，反映股票资产在国民财富中的重要程度。2012 年上半年，2 个指标都呈下跌趋势并于 7 月触底，相当于 2008 年泡沫破裂之后的水平，反映了目前我国经济的低迷状态。

（二）重振股市仍需较强实质性利好支持

1. 2012 年以来我国股市反复震荡主要影响因素分析

股市是宏观经济运行的“晴雨表”，股市稳定对推动经济稳定增长具有重要意义。在目前经济需要提振的情况下，股市的稳定，股价在一定程度上的稳定和上涨，

① 一般来说，市净率越小意味着风险越低，投资价值较高，相反，则投资价值较低。新兴市场合理市净率股指区间为 1.5～3 倍，目前新兴市场平均市净率为 2 倍。

是提振股市信心、推动需求、稳定经济的重要方面。扭转当前股市的低迷状态，2012 年下半年市场发展需要较强的实质性利好支持。

全球经济增长放缓，国际主要股指由此反复震荡。2012 年上半年，欧债危机持续发酵、美国经济复苏乏力以及新兴市场增长放缓导致全球经济复苏步伐明显放缓。

美国经济增速放缓。美国商务部公布的数据显示，一季度美国 GDP（按年率计算）增长 2.0%，二季度 GDP 增长 1.7%，增幅创自 2011 年第三季度以来最低水平，但高于市场预期的 1.4%。美国经济二季度消费支出增长 1.5%，增速低于一季度的 2.4%，创四个季度以来最低增速。消费支出占美国经济总量的 70%，受到实际消费增长疲软的拖累，美国经济增速放缓。

欧元区和欧盟经济出现衰退。欧盟统计局公布的数据显示，一季度欧元区和欧盟 GDP 环比均为零增长，二季度欧元区和欧盟 GDP 环比均下跌 0.2%。一季度欧元区和欧盟 GDP 同比分别零增长和增长 0.1%，而二季度两区 GDP 同比分别下跌 0.4% 和 0.2%。主要成员国中，仅德国二季度 GDP 环比实现正增长，增速为 0.3%；法国 GDP 环比零增长；英国、意大利、西班牙 GDP 环比分别下跌 0.7%、0.7% 和 0.4%。此外，2012 年 6 月，欧元区和欧盟工业生产环比分别下降 0.6% 和 0.9%，同比下降 2.1% 和 2.2%；西班牙和意大利的工业生产环比均呈现较大跌幅，同比分别下降 6.3% 和 8.2%。

日本经济在重建复兴需求的拉动下缓慢复苏，但仍面临长期通缩和日元升值的压力。日本内阁府公布的数据显示，一季度日本 GDP 环比增长 1.4%，二季度环比下降 0.1%；两季度同比分别增长 1.3% 和 2.6%。内需成为经济复苏的主要动力，外需小幅回升。但是，日本仍面临长期通缩和日元升值的压力。

国际金融市场剧烈波动。截至 7 月，美元实际有效汇率相比年初升值 2.0%，欧元贬值幅度达到 3.1%，日元实际有效汇率贬值 2.5%。国际黄金价格大幅下跌，COMEX 黄金期货价格由年初的 1735 美元/盎司降至 7 月的 1611 美元/盎司，降幅达 7.2%，5 月曾一度降至 1560 美元/盎司。

全球股市反复震荡。全球经济增长放缓，国际金融市场剧烈波动，美元等避险资产走强，欧元及新兴市场货币大幅走弱，全球股市由此反复震荡。截至 2012 年 7 月，道琼斯工业平均指数收于 13009 点，伦敦金融时报 100 指数收于 5635 点，东京日经 225 指数收于 8695 点，恒生指数收于 19797 点；相比各自的低点，国际股指波幅达到 2% ~14%（见图 3-133 至图 3-136）。

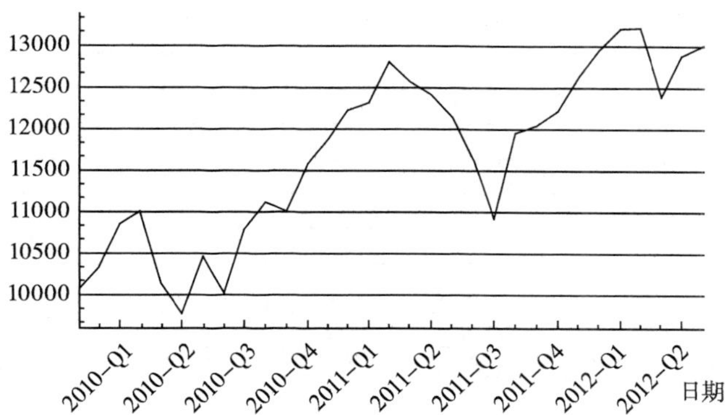

图 3-133　道琼斯工业平均指数（2010/01—2012/07）

资料来源：Wind 资讯。

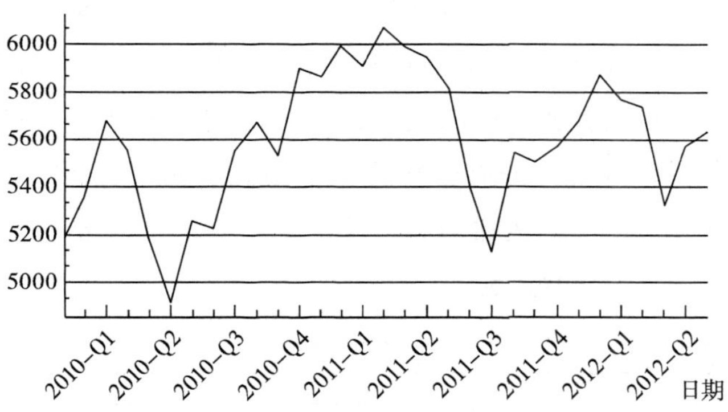

图 3-134　伦敦金融时报 100 指数（2010/01—2012/07）

资料来源：Wind 资讯。

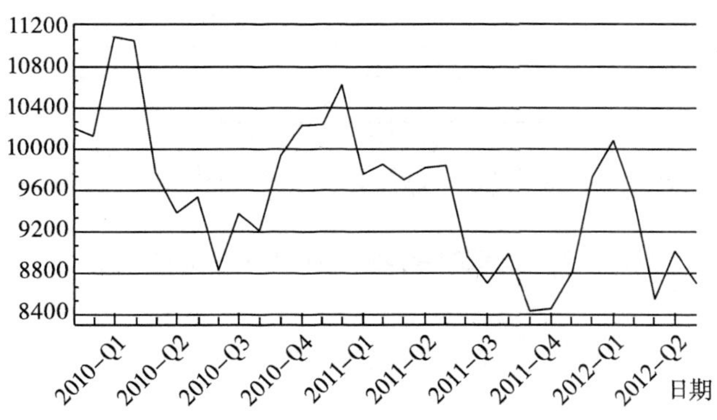

图 3-135　东京日经 225 指数（2010/01—2012/07）

资料来源：Wind 资讯。

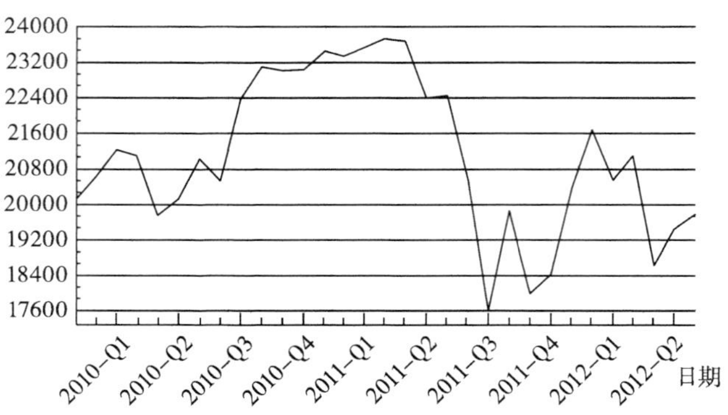

图 3-136　香港恒生指数（2010/01—2012/07）

资料来源：Wind 资讯。

我国经济增速放缓趋势明显。2012 年上半年，我国 GDP 同比增长 7.8%，相比上年同期回落 1.8 个百分点，3 年来首次跌破 8%。其中，一季度增长 8.1%，二季度增长 7.6%，二季度增速创下 3 年来新低。我国股市由此大幅走低。截至 2012 年 7 月，上证综指收于 2104 点，深成指收于 9059 点，沪深 300 指数收于 2333 点；相比各自最低点，主要股指降幅达到 11% ~12%（见图 3-137 至图 3-139）。面对惨淡的股市，A 股上半年销户数达到 22.2 万。

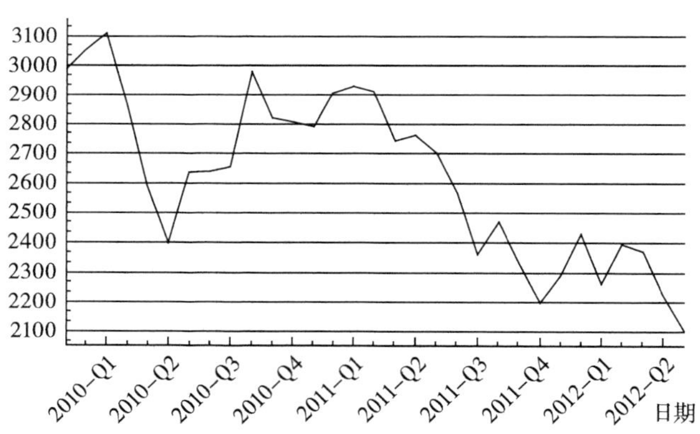

图 3-137　上证综合指数（2010/01—2012/07）

资料来源：Wind 资讯。

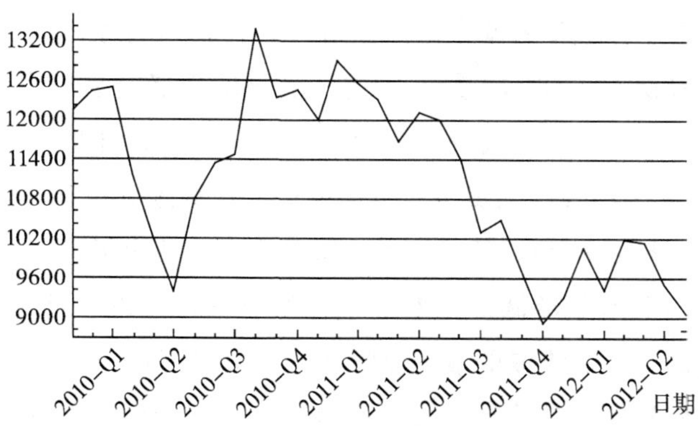

图 3-138　深证成分指数（2010/01—2012/07）

资料来源：Wind 资讯。

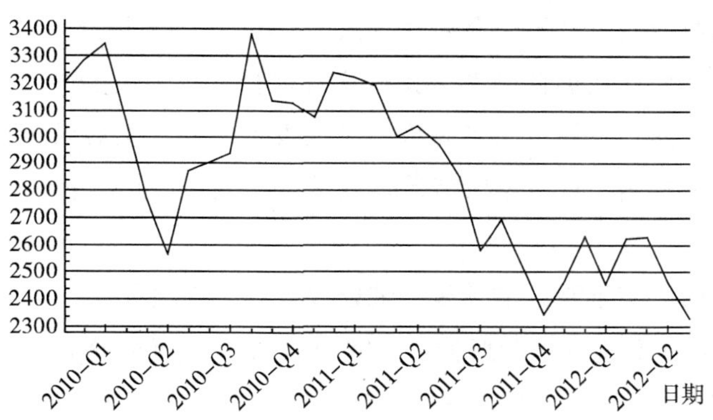

图 3-139　沪深 300 指数（2010/01—2012/07）

资料来源：Wind 资讯。

投资者期待对宏观政策和股市政策的解读过于悲观。股市见底，政策先行。概括来讲，2012 年上半年，我国股市基本回到了 3 年前。2012 年 7 月上证综指收于 2104 点，股市回到 2009 年初的点位。2012 年 1—2 月的上涨行情并未持续下去，3—4 月出现波动，5—7 月持续下跌，上半年股市可以简单地总结为“回到三年前的原点”。为稳增长和提振投资者的信心，股市利好政策不断出台。一是降低证券公司风险资本准备标准。4 月，证监会发布实施《关于修改〈关于证券公司风险资本准备计算标准的规定〉的决定》，降低券商自营、资管、经纪业务风险资本准备标准，拓展证券公司创新空间。如将自营权益类证券、固定收益类证券的风险资本准备基准计算比例从 20%、10% 降低到 15%、8%；将专项、集合、限额特定、定向资产管理业务风险资本准备基准计算比例从 8%、5%、5%、5% 降低到 4%、3%、2%、2%；将以客户交易结算资金为基础的风险资本准备基准计算比例从 3%

降低到2%；将证券营业部的风险资本准备计算比例从每家500万元降低到300万元。二是进一步降低市场成本。其一，进一步降低期货交易成本。4月，中国证监会宣布，国内4家期货交易所将降低所有期货交易品种的手续费标准，各品种降费比例从12.5%到50%不等，期货交易所手续费水平整体下降30%左右，调整后的手续费标准从6月1日起执行。其二，大幅降低证券、期货市场监管费。7月，发改委、财政部已原则上同意降低证券期货市场监管费用标准。从2012年开始，以股票、期货年交易额为基数收取的市场监管费收费标准降低50%；以证券投资基金年交易额和债券年交易额为基数收取的市场监管费全部减免。下调监管和交易费用不仅短期内利好市场，从长远来看，更是一个重要的市场信号，表明了有关部门维护市场发展的决心和倾向。

市场走势与政策初衷并不完全吻合。虽然2012年上半年频频出台的政策利好股市，但是市场的反应往往昙花一现，股指乏力难有突破。主要原因有：一是市场对宏观经济预期过于悲观，导致市场弱势；二是投资者对于宏观政策的负面解读，直接影响股市投资者的信心；三是股市治理政策从出台到发酵仍需一个过程，提振股市信心也需要一个过程。

上市公司业绩不容乐观，市场弱势难以改变。上市公司上半年业绩增速或将低于2%，将创国际金融危机之后新低。2009年上半年，受到金融危机的冲击，可比上市公司净利润增幅降至-12.97%。此后，在4万亿投资的带动下，2010年上半年可比上市公司净利润增幅迅速回升至44.31%，2011年上半年可比上市公司净利润增幅为24.06%①。据统计，截至8月26日，沪、深两市共有1861家公司披露2012年半年报。这些公司上半年实现营业收入7.06万亿元，同比增长11.48%；实现归属母公司股东的净利润6126.67亿元，同比增长0.37%。预计2467家可比公司2012年上半年实现净利润1.04万亿元，同比增长1.34%，这将创下国际金融危机之后的新低，上市公司业绩不容乐观，市场弱势难以改变。

2. 重振股市需较强的实质性利好支持

股市反弹幅度与政策调整力度相关。历史经验表明，我国股市趋势与政策调整方向有关，股市反弹幅度与政策调整力度相关。2005年6月6日，沪指跌至998点。管理层出台的政策包括下调交易印花税税率、出台保险资金入市政策、正式启动沪深两市资本市场股改，股权分置得到解决；出台汇改政策，人民币升值，热钱涌入；

① 上市公司上半年业绩增速或将低于2%［N］. 中国证券报，2012-08-28.

在这些利好政策的推动下，股指开始企稳并强势反弹。2008 年 10 月 28 日，沪指跌至 1664 点。管理层出台的政策包括再次下调交易印花税税率，此后改印花税双边征收为单边征收；汇金增持 3 大国有银行；鼓励上市公司回购及暂停新股发行，出台 4 万亿投资计划，成功稳定了投资者的信心。

未来政策力度将决定市场反弹高度。2012 年以来，大盘处于弱势阶段。由于投资者对经济持续下滑、市场扩容和上市公司中报业绩预期低迷等因素的担忧，导致投资者信心不足，市场持续下跌。5 月以来，大盘持续下跌，市场情绪低迷。2012 年 6 月上证综指收于 2225 点，7 月下跌至 2104 点，8 月跌至 2048 点，并曾一度跌至 2033 点，可以说基本回到了 3 年前。国内实质性利好政策刺激是后市大盘止跌回升的关键。为鼓励长期投资、提振股市信心，需要强有力的实质性利好政策刺激。

未来市场发展需较强的实质性利好支持。一是放松管制，鼓励创新。私募债、新三板等市场创新，保证金管理、融资融券转融通等业务创新，集合理财、衍生金融产品等产品创新，都已基本酝酿成熟，三季度内可望随时出台或加快试点及扩容力度。二是进一步降低市场成本，降低监管和交易费用。目前交易费用虽有大幅下调，但整体下降幅度有限，仍有下调空间。持续降低交易成本带来的累积效应将会显现，有助于提升市场活跃度，对市场和证券行业具有长期积极的影响。三是实施资本市场税收优惠政策，减免红利涉及的税负。在当前股市大幅下跌的背景下，应尽快减免红利税，以消除重复征税和税负不公的影响，有利于培养长期投资者；应减免或取消印花税，印花税是股市调控的重要工具，前 7 个月印花税为 198 亿元，仅占同期全国财政收入的 0. 26%，减免或取消印花税对税收收入的影响不大，但对投资者将产生重大影响，有利于提振当前股市、保护中小投资者利益。四是强化上市公司分红。8 月，上海证券交易所发布《上海证券交易所上市公司现金分红指引（征求意见稿）》，要求上市公司公开披露现金分红政策，表明了监管机构和上市公司积极回报投资者的观念转变。应进一步强化上市公司制定分红政策，切实执行分红方案，履行分红信息披露义务。五是大力发展机构投资者。我国机构投资者仍处于发展初期，普遍存在规模偏小、投资结构不平衡、创新能力不强等问题。由于机构投资者相比个人投资者在专业能力、投资策略、防范和规避风险的能力和资金拥有量等方面具有明显优势，大力发展机构投资者，进一步加强机构多元化业务发展，对稳定资本市场具有重要作用。随着退市制度、分红指引等规则的出台，市场环境和监管环境得到逐步改善，为机构投资者的发展提供了良好机遇。大力培育机构投资者应统一机构投资者的标准，对从业人员进行充分的资格认定；扩大投资范围，完善相关法规和监管制度；提供多层次的服务，满足机构投资者多元化的投资需求；加大对外开放力度，引进各种专业化机构投资者，完善和发展我国资本市场。

需外围经济环境利好因素支持。近期全球经济仍将难以摆脱“弱增长”格局，全球股市可能会继续下探。根据国际货币基金组织（IMF）最新预测，2012 年全球经济增长率为 3.5%，较上年增速明显放缓，其中发达经济体增长率为 1.4%，新兴及发展中经济体的增长率为 5.6%。受主权债务危机加剧、全球经济减速等因素的影响，世界贸易组织预计 2012 年世界贸易额仅增长 3.7%，低于过去 20 年的平均水平。在财政政策空间几乎不存在的情况下，主要经济体为促进经济增长将采取宽松的货币政策，但由于市场预期经济刺激效果有限，2012 年下半年全球股市可能会继续下探。因此，在我国股市受到外围经济环境变化影响日益加大的情况下，2012 年下半年我国股市发展还需要外围经济环境利好因素的支持。

第十节　粤港澳大湾区金融核心区

2017 年政府工作报告明确提出：要推动内地与港澳深化合作，研究制定粤港澳大湾区城市群发展规划，发挥港澳独特优势，提升在国家经济发展和对外开放中的地位与功能。“粤港澳大湾区”上升为国家战略受到世界瞩目，粤港澳大湾区金融合作是其中的关键一环。实际上，近年来在各方的共同努力下，粤港澳大湾区金融合作已具备坚实的基础，金融合作水平不断提高，合作领域逐步拓展，合作机制日益健全。新形势下进一步深化粤港澳大湾区金融合作，有利于构建开放型经济金融新体制，打造中国国际竞争新优势；有利于更好地发挥港澳尤其是香港国际金融中心的作用，助力“一带一路”建设；有利于推进内地与港澳更紧密的金融合作，提升粤港澳大湾区的整体竞争力。

一、粤港澳大湾区金融合作发展的背景分析

（一）经济全球化的新趋势

国际金融危机以来，全球经济金融中长期发展出现新趋势。受全球经济长期停滞、国际贸易萎缩、贸易摩擦增多、全球投资动能下行、资本市场和外汇市场震荡加剧等消极因素的冲击，西方民众反全球化思潮高涨，全球化进程遭遇强劲逆风。全球化发展处于十字路口，其未来趋势可能会继续，也可能逆转。

再全球化和逆全球化的较量。将现代经济全球化分 3 个阶段来看，第一个阶段是 1990—2001 年，全球人均 GDP 年均增速 2.7%；第二个阶段是从 2002—2008 年，全球人均 GDP 增速 8.8%；第三个阶段是 2009—2015 年，全球人均 GDP 增速下降到 1.1%。这一轮全球化是经历过全球开放红利普遍享有，转变到全球性繁荣，然后转变到现在全球化红利明显大幅下降的新时期。国际贸易作为世界经济增长的引擎面临熄火，全球投资规模仍未恢复到危机前的水平，全球资本流动出现从新兴市场国家流向发达国家的拐点性变化，很多国家都出现了货币贬值、美元债务上升、经济结构性风险加大、新科技革命的增长效应一再延迟等现象，这意味着全球经济进入新一轮调整的阶段。与此同时，英国“脱欧”、特朗普新政、钢铁贸易反倾销等事件反映出一些国家民粹主义、贸易保护主义抬头，经济问题被政治绑架，政策越来越“内向化”。在外需普遍不足的情况下，逆全球化将使世界经济复苏蒙上阴影。

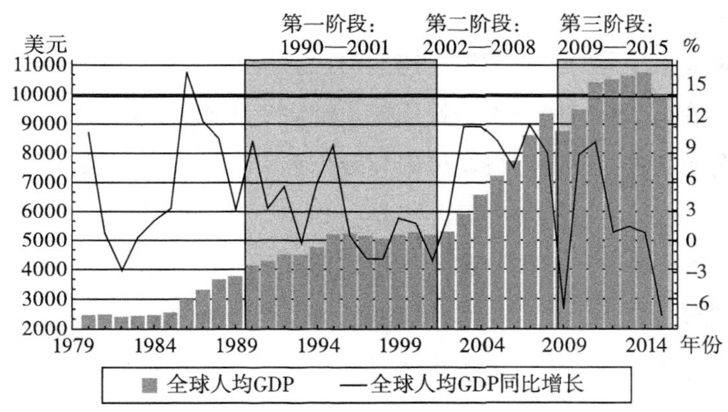

图 3-140 经济全球化时期全球人均 GDP 高速增长

资料来源：Wind 资讯，世界银行。

传统全球化向新型全球化转型。传统全球化是发达国家跨国公司推动，它垄断了全球生产的 60% 和全球贸易的 80%，以及国际直接投资的 90%。传统全球化的受益者是跨国公司，受损者是发达国家中的普通民众，导致西方民众反全球化思潮涌起。随着上一轮科技革命推动国际分工的深化、细化已经接近尾声，以及作为经济全球化最大加速器的中国经济进入新常态，全球经济贸易增速放缓。根据 WTO 数据，2017 年全球贸易增速预计为 1.8% ~3.1%，IMF 预测 2017 年全球经济增速为 3.4%，这意味着全球贸易增速将连续 6 年低于世界经济增速，全球经济增长动力削弱。与此同时，新型全球化正在兴起。以互联网技术为核心的新技术革命不断拓展网络经济新空间，新型跨国公司形成新的国际分工体系，经济全球化的新型微观组织互联网平台企业正在形成，这些因素共同推动传统全球化向新型全球化转型。

未来全球化发展趋势。现代经济全球化存在的重大缺陷是缺乏普惠性、共享性，利益分配不均衡，全球化发展成果并没有惠及所有国家、所有地区和所有人群。未来全球化还会继续前行，发展方向应走向包容，走向普惠贸易和共享经济。

（二）湾区经济的兴起

湾区经济是当今世界重要的滨海经济形态。综观全球经济发展进程，最发达的区域往往集中于湾区周边，湾区金融业发达，形成了特色的金融湾区。湾区金融发展具有较强的产业带动能力、财富集聚功能和资源配置能力，成为引领全球技术变革、带动世界经济金融发展的重要增长极和核心动力源。准确把握国际金融湾区的共性经验，对于将粤港澳大湾区打造成为世界一流金融湾区，更好地服务“一带一路”战略，具有重要意义。

国际金融湾区发展的经验教训。纽约湾区、旧金山湾区、东京湾区是当今全球发展最成熟、最具影响力的三大金融湾区。综观三大金融湾区经济发展，主要有以下几方面的发展经验：**一是**港口城市聚集效应显著。湾区经济发展主要倚重多个发达的港口城市，链接本国市场和国际市场。如东京湾沿岸由横滨港、东京港、千叶港、川崎港、木更津港、横须贺港 6 个港口首尾相连，形成了马蹄形港口群。旧金山湾区包括东湾、北湾、南湾等多个湾区，每个湾区中都分布着大小不同的城市。**二是**金融产业空间布局优化。三大湾区第三产业增加值比重均在 80% 以上，特别是金融服务业发达。三大湾区汇聚了纽约证券交易所、纳斯达克证券交易所和东京证券交易所世界三大证券交易所，科技金融高度发达。**三是**科技创新成为发展引擎。如东京湾区内的京滨工业区集聚了众多大企业、高校和科研院所，如佳能、三菱、丰田、索尼、东芝、庆应大学、武藏工业大学、横滨国立大学等，通过产学研合作平台促进研究成果转化，赋予大学和科研院所更大的行政权力，加大对企业的研发投入，打造区域创新体系。**四是**营造良好的金融生态环境。三大湾区建立了完善的金融法制、透明的商业制度和规范的商业纠纷解决机制，营造出有利于国际金融、法律、会计等高端金融专业人才聚集的工作、生活和文化环境。如美国旧金山湾区环境优美，气候宜人，交通便捷高效。**五是**强调区域协同发展。如东京湾区将多个港口整合成为“广域港湾”，东京主营内贸，千叶负责原料输入，川崎是原材料和制成品所在地，横滨专攻对外贸易，港口城市对内与湾区腹地实现产业互补、独立经营、分工明确，对外则形成统一整体，实现城市群港口群巨大的规模经济。**六是**形成开放包容的多元文化氛围。如纽约湾区汇聚了150多个国家和地区的外籍居民，旧金山湾区堪称美国的“民族大熔炉”，世界不同文化、不同文明在此相互碰撞和融合。

同时，国外湾区经济发展过程中也存在一些问题，主要表现在湾区相对有限的资源环境承载能力与长期发展过程之间的矛盾。如东京湾区在发展过程中出现了人口密集、交通拥堵、环境污染等“大城市病”；大规模的填海造地严重破坏了生态环境；企业竞相扩建，出现了发展无序等问题。

国际金融湾区发展启示。一是市场作用和政府支持指导相结合。政府对国土资源进行科学规划整治，市场在国土资源的开发利用上发挥资源配置作用，共同合理规划开发湾区金融优势。如1956—1999年的43年间，日本政府先后5次修改对东京湾区的规划和开发方针。**二是**重视资源环境承载力与可持续发展的关系。在资源环境承载力的允许范围内推进经济的可持续发展，避免“大城市病”和环境污染等问题。**三是**形成分工明确的港口城市群。主要港口城市应以金融业为核心、根据自身优势承担不同功能，形成强大的集聚外溢效应，起到对内、对外的链接作用。**四是**推动金融要素市场融合发展。推动大湾区金融要素资源优化配置，深化金融机构和金融人才领域的合作。**五是**完善金融基础设施建设。建立完善的支付体系、社会信用体系和金融后台服务等金融基础设施。**六是**建立健全金融市场规则。主动建立与国际金融规则、标准相适应的体制机制，努力构建规范化、国际化的金融市场环境。

（三）国际金融体系的新变革

国际金融危机之后，国际金融体系出现新变革。国际金融危机凸显了国际金融体系的内在缺陷，改革国际金融体系、完善金融监管、构建国际金融新秩序至关重要。当前全球金融治理体系还没有像WTO这样的机制性框架，当出现问题时难以有效地进行风险管理和危机治理。首先，以美元为主导的国际货币体系和资本体系存在着明显的缺陷，发达国家实施宽松货币政策时，资本出于逐利的目的，从发达国家流向发展中国家，引发发展中国家资产价格的上涨和跨境资本大规模流入；而当发达国家收紧货币流动性，提高利率时，又出现资本的逆流和资本大规模的流出，这就是所谓的全球金融周期。其次，在2008年国际金融危机中那些“大而不能倒”的金融机构受到了救助，但这会进一步滋生“道德风险”。再次，主权债务重组问题。目前，全球主权债务风险上升，但是全球并没有一个针对主权债务重组的有效方案和治理模式。最后，长期融资问题。一方面，全球处于流动性过剩的局面，资本要寻求投资回报；另一方面，全球又缺乏为长期基础设施融资提供有效的融资渠道，导致长期资产结构的错配，全球对长期发展融资和公共产品融资并没有一个有效的金融制度设计。

（四）中国金融改革深化

粤港澳大湾区金融发展面临中国金融改革全面深化的重大历史机遇。“十三五”期间，中国将进一步加快金融体制改革。**一是**丰富金融机构体系。为满足金融支持实体经济发展的需要，要健全以商业性金融、开发性金融、政策性金融、合作性金融分工合理、相互补充的金融机构体系，形成银行机构、民间资本、中小微金融组织、互联网金融等多层次金融体系。**二是**健全金融市场体系。加快发展资本市场，鼓励股权投资，减少企业对借贷杠杆的依赖。**三是**深化金融监管机制。加强金融宏观审慎管理制度建设，构建货币政策与审慎管理相协调的金融管理体制，健全符合我国国情和国际标准的监管规则。**四是**加强外汇储备经营管理，优化外汇储备运用。**五是**支持绿色金融发展。

二、粤港澳大湾区金融合作发展的战略意义

（一）构建开放型经济金融新体制，打造中国国际竞争新优势的战略需要

改革开放40年来，中国金融业对内、对外开放取得了显著成绩。我国有序开放银行、证券、保险等金融部门，通过引入国际一流金融机构和民间资本，形成了国有金融股权为主、多种所有制并存的金融机构体系。传统性金融机构与互联网金融等新兴业态融合发展，金融市场协调发展，现代金融监管体系初步建立，较好地防范了2008年金融危机。2015年，我国金融业增加值占GDP比重达到8.5%，全球10大银行中国包揽前4席，债券发行量居全球第二位。金融业改革也取得了巨大进展，实行了专业银行分设改革、专业银行商业化改革、商业银行股份制改革、利率市场化改革、金融市场双向开放、金融宏观调控体系改革、金融监管体系改革等，形成了多层次的资本市场体系和多样化的金融机构体系。

但总体来看，中国金融业开放程度相对较低，在“引进来”方面，外资银行在

中国银行业市场份额占比不到2.0%；在“走出去”方面，中国对外直接投资存量全球占比仅4.4%，屈居全球第8位。中国金融市场尚未成熟，相对于发达经济体金融业几百年的发展历史而言，目前中国金融业仍处于起步阶段，金融体系不健全、监管水平和技术条件与发达国家相去甚远，在国际竞争中处于不利地位。

新形势下，扩大金融业对内对外开放，有利于在更高水平上引入竞争机制，有利于充分利用两个市场、两种资源提升我国金融业的整体竞争力，有利于建设与开放型大国经济相匹配的金融体系，是提高中国国际影响力的必然选择，也是全面深化改革开放、金融更好地服务实体经济的迫切需要。香港、广州、深圳是排名全国前列的金融中心，三地金融总量超过伦敦、纽约等任何一个全球金融中心，粤港澳大湾区金融合作对中国金融业改革开放具有重要的影响力。因此，推动粤港澳大湾区金融合作，充分发挥粤港澳大湾区金融资源集聚的优势，着力解决突出问题，化挑战为机遇，加快推动粤港澳大湾区金融合作，既是进一步发挥粤港澳大湾区金融“窗口”作用、推动对内对外金融双向开放的必然选择，也是我国当前构建开放型经济金融新体制、打造中国国际竞争新优势的战略需要。

（二）发挥港澳尤其是香港国际金融中心的作用，加快“一带一路”战略实施的客观要求

香港的金融市场稳健成熟，信用体系完备，同时凭借法制完备、金融专业人才聚集等优势，一直在国际金融市场占有重要席位。香港连续22年获选为世界最自由的经济体系，香港背靠内陆，使其成为众多企业拓展全球市场的选择。香港作为最大的人民币离岸中心，随着人民币国际化进程的加快，将进一步巩固其国际金融中心的地位。

长期以来，由于香港偏重股票市场发展，债券市场、大宗商品市场和外汇市场发展较慢，影响了国际金融市场体系的多元化发展，导致国际金融中心的排名一度落后。香港若想保持竞争力，需不断拓展金融市场的深度和广度。特别是应借助“一带一路”和内地经济转型机遇，进一步加强香港的国际竞争优势。“一带一路”地区占全球人口的63%、全球贸易额的35%、全球生产总值的30%，在全球经济中举足轻重。香港作为国际枢纽，可于5小时飞行距离内接触“一带一路”沿线48%的人口，具有得天独厚的地缘优势①。

---

① 张盼．香港服务业不可错过“一带一路”［N］．人民日报海外版，2016－06－07．

在此背景下，粤港澳大湾区金融合作迎来了新的历史机遇。粤港澳大湾区充分整合三方优势资源，全面推动金融合作，有利于支持港澳提升经济金融竞争力，支持香港巩固和提升国际金融中心地位，支持澳门提升区域性特色金融中心地位。有利于充分发挥港澳尤其是香港的独特优势，将香港建成比肩纽约和伦敦的国际金融中心、“一带一路”金融服务中心、离岸人民币定价中心和亚洲财富管理中心。因此，推进粤港澳大湾区金融合作，是巩固香港国际金融中心地位、加快“一带一路”战略实施的客观要求。

（三）推进内地与港澳更紧密的金融合作，提升粤港澳大湾区整体竞争力的现实需要

近年来，粤港澳金融合作步伐加快，为进一步推动粤港澳大湾区金融合作奠定了坚实的基础。金融机构互设步伐加快，截至2016年6月末，港资银行机构在广东设立营业性机构170家，实现了港资银行对广东省的全覆盖；广东银行机构纷纷在港设立分行或代表处，广东证券期货经营机构在港设立7家证券公司、9家基金公司、3家期货公司、1家股权管理公司。跨境人民业务创新发展，截至2016年6月末，广东跨境人民币结算金额累计达到10.31万亿元；相关企业赴港发行人民币债券55亿元，香港企业在内地交易所市场发行人民币债券105亿元；南沙、前海、横琴跨境人民币设定业务累计备案金额超过1100亿元。RQFII、RQDII、QFLP、QDIE等跨境投资业务试点有序推进，“深港通”顺利开通。与港澳投资业务更加便利化，金融基础设施实现互联互通，横琴推进同城化清算系统的建设、打造金融IC卡“一卡通”示范区、实现香港电子支票的跨境托收务。

然而，粤港澳金融合作仍存在一些问题。港澳金融机构进入广东的门槛仍然偏高，由于港澳资金融机构大部分有国际资本背景，纯粹的港澳资金融机构比例少、资金规模小，其进入广东不仅受门槛限制，也受成本限制。粤港澳金融合作在融资安排、业务创新、资源共享等方面的合作还不够深入，金融专业人才缺乏，金融事权集中在中央，地方政府的主动性受到限制。这些因素制约了粤港澳大湾区整体金融竞争力的提升。

在此背景下，建立更加紧密的粤港澳金融合作机制，推进内地与港澳更紧的密金融合作，深化粤、港、澳三地金融业在市场、机构、业务、监管和智力等方面的合作，是提升区域金融合作水平和粤港澳大湾区整体竞争力、进一步加强金融服务实体经济力度的现实需要。

三、关于粤港澳大湾区金融监管合作的几点思考

随着粤港澳大湾区上升为国家战略，进一步深化粤港澳大湾区金融合作，对于促进粤港澳大湾区金融监管一体化，维护区域金融安全与稳定具有重要意义。

（一）支持国家金融管理部门研究探索将部分贴近市场、便利产品创新的监管职能下放至在粤金融监管机构和金融市场组织机构，加强跨部门、跨行业、跨市场的金融业务监管协调和信息共享

在新的金融形势下，中央与地方金融监管不一致问题所带来的系统性金融风险凸显。近年来，地方金融发展成为我国金融体系的重要组成部分，地方政府在推动地方金融发展、防范化解地方金融风险上发挥了重要作用，但也普遍存在一些问题。一是地方金融监管职责不清，相关监管缺位。现有的分业监管体制造成了交叉金融风险监管缺位，银行、证券、保险三者交叉的创新产品基本不会被批准。地方金融监管主体职责权限不清，出现重复监管或监管真空现象。大部分省市的金融办主要协助中央开展金融监管，执行金融法律法规，制定区域金融发展规划，统筹协调金融机构和企业融资，对区域金融风险的监管则散落于不同部门。例如，有的地方典当行业由商务委负责，私募股权基金由证监局监管，小额贷款公司和融资性担保机构由银监局负责，有的地方网络贷款公司则尚未明确监管机构①。二是地方金融监管资源、监管权限、监管能力和监管手段有限。近年来，互联网金融等新型金融业态快速发展，然而相关领域的金融监管人才、技术储备等资源匮乏，导致金融监管能力有限；同时由于国家层面对新型金融监管的法律法规尚不完善，地方政府缺乏国家层面的法律依据，只能依靠现有的规章制度进行监管，监管手段严重不足。另外，地方政府没有相关执法权，只能采取准入限制和行政监管。三是地方政府出于对本地经济发展的考虑，存在干预金融监管的现象。金融资源作为地区经济发展的重要因素，地方政府为稳增长对金融具有强烈的主导动机，在“办金融”与“管金融”的利益冲突面前②，地方政府更重视金融对经济的支持作用，忽视了长期金融风险，导致地方金融发展目标与中央监管部门不同，难以发挥事前监管和事中监管

① 周师迅．防控风险倒逼地方金融监管体制改革［N/OL］．上海证券报，（2016－09－14）［2017－01－08］．http：//finance．ifeng．com/a/20160914/14879448_ 0．shtml．

② 赵洋．如何完善中央和地方金融监管体系［N/OL］．金融时报，（2015－09－24）［2017－01－08］．http：//www．chinabond．com．cn/Info/21989241．

的作用，导致金融监管有效性不足，不能很好地控金融风险，不利于金融服务实体经济。

完善地方金融管理体制是中国金融改革的重要内容，要正确处理好中央监管和地方监管的关系。中共十八届三中全会和2014年国务院印发《关于界定中央和地方金融监管职责和风险处置责任的意见》提出，深化金融体制改革，完善监管协调机制，需要明确中央和地方金融监管职责和风险处置责任。中央金融管理部门应加强对金融业的监管，减少行政干预，引导地方政府遵循“区域性”原则履行好相关职能。

粤港澳大湾区作为我国对内、对外金融开放，构建开放型经济金融新体制的金融“窗口”，在全球金融风险加大和我国金融监管能力与经验不足的背景下，进一步加强粤港澳金融监管合作，是促进三地监管政策有序放开、进一步协调中央和地方的金融监管、不断提高地方金融监管的有效性、促进粤港澳大湾区金融监管一体化的现实需求，具有重要的战略意义。在中央与地方的组织协调方面，中国人民银行广州分行会同深圳市中心支行，加强与地方人民政府和其他金融监管部门驻粤机构的沟通，完善区域金融监管协调机制，提升风险联合防范和处置能力，建立和完善系统性风险预警、防范和化解体系，守住不发生系统性、区域性金融风险的底线。加强对粤港澳大湾区内金融机构信息安全管理，加强跨部门、跨行业、跨市场的金融业务监管协调和信息共享，明确管理部门和管理职责。按照金融条块监管相结合的要求，加强中央和地方金融监管协调机制，理顺地方金融监管部门的职责，将监管权限下放到地方金融监管机构，将部分贴近市场、便利产品创新的监管职能下放至在粤金融监管机构和金融市场组织机构，及时沟通政策需求，共同推动政策落地，为粤、港、澳三地金融市场对接、金融业务创新合作、金融人才流动等方面持续深化合作提供支持。

（二）转变金融创新监管方式，支持金融机构自主创新。精简行政审批，简化事前准入事项，加强事中、事后分析评估和事后备案管理

近年来，国际金融创新监管呈现出由合规性监管向导向性监管、直接监管向间接监管、被动监管向互动监管转变的趋势特征，相比之下，中国金融创新产品金融监管尚不完善，政府监管部门事无巨细、大包大揽，行政成本高企和监管缺位并存。尤其是随着中国金融混业经营时代的到来以及金融创新和以互联网为核心的第4次科技革命的发展，互联网金融、准金融机构、地方金融机构等新型金融机构快速发展，中国金融创新产品高速发展，然而传统的金融监管采取分业监管体制，阻碍了金融创新发展，金融监管理念趋于保守，重安全轻效率，金融创新监管手段不完善，对金融创新产品的监管落后于金融创新产品的发展，相关金融监管方式未能跟上时代发展的步伐，金融机构自主创新能力不足，需要进一步更新调整中国的金融监管理念，推动金融创新发展。例如，联网金融创新产品具有复杂、高风险、高收益的特征，由于相关金融监管手段和法律缺乏，若干投资者钻法律的空子，逃避金融监管，加大了中国系统性金融风险，危害了中国金融稳定。

中国创新金融监管方式滞后的主要原因，一方面是中国金融监管体制不够灵活，对金融机构的产品创新的容忍度较小，政府过度监管导致金融创新成本较高。另一方面，分业监管自身的风险厌恶特征决定了监管机构对银、证、保交叉的创新型金融产品的抵制。这些因素阻碍了金融机构的创新积极性，不利于金融市场的发展。因此，转变金融创新监管方式，健全中国的金融创新产品监管机制，简政放权，让渡监管权限给市场机构，支持金融机构自主创新，对于维护中国金融市场稳定具有重大意义。

粤港澳大湾区具有转变金融创新监管方式的天然优势，特别是可以借鉴香港金融创新监管方式的经验和相关法律体系①，在粤港澳大湾区内进行试点，探索适合中国国情的金融创新产品监管制度，确立适合中国的金融创新产品监管模式，完善金融创新产品的监管主体，完善对信用评级机构的监管，建立金融风险预警机制，待成熟后可进一步推广试点范围并向全国普及。同时，要减少行政审批，向服务型政府转变。金融监管委员会实施行政监管职能，行政审批等职能应让渡给市场机构，包括中国银行业协会、中国证券业协会、中国保险业协会、信托业协会、融资租赁协会、三大证券交易所、代办股份转让系统以及金融交易所，等等②，这样可以避免政府大包大揽的越位和缺位的现象。

（三）支持在大湾区开展金融综合监管机制创新试点，组建大湾区金融综合监管合作理事会

近年来，随着中国金融业的迅速发展，金融机构以外的大量金融活动，包括各类金融机构和非金融机构，如互联网金融、P2P 也出现野蛮式生长，需要实现全方

---

① 冉学东．金融监管构架改革的前提是精简，具体改革方案存争议［N/OL］．华夏时报，（2016－06－18）［2017－04－20］．http：//finance. sina. com. cn/roll/2016－06－18/doc－ifxtfrrc3801790. shtml.

② 关于加强金融消费者权益保护工作的指导意见［N/OL］．中国政府网，（2015－11－13）［2017－01－20］．http：//www. csrc. gov. cn/pub/newsite/zjhxwfb/xwdd/201511/t20151113_ 286624. html.

位的金融监管予以规范，然而现行的金融监管规则、监管体系的改革并未跟上，某些金融业态处于监管真空、交叉地带，游离于监管体系之外，带来重大金融隐患。特别是大数据、云计算等新兴信息技术推动了以互联网金融为代表的金融创新蓬勃发展，各类互联网金融业态竞争激烈，如支付宝、微信支付等网络支付金融快速发展，不同于传统金融领域的货币结算，除现金结算之外的所有结算都是通过银行体系进行，监管部门可以通过央行的清算系统和商业银行的结算网络实现反洗钱、资金流向监管等目标，建立在网络支付基础上的各种互联网金融的结算体系是第三方支付平台，使得大量资金脱离银行体系和央行清算体系，削弱了央行的货币监管能力，导致互联网金融风险案件频发，加大了金融系统性风险。与此同时，金融混业趋势明显，当前的分业监管模式出现了很多不适应的地方，容易产生监管真空和监管套利，导致重复监管，增加监管成本，无法满足金融混业经营监管的需要。

金融业的快速发展所带来的问题对提高金融综合监管能力提出了要求。“十三五”规划明确要求“健全符合我国国情和国际标准的监管规则，实现金融风险监管全覆盖”。创新金融综合监管机制，加强金融综合监管合作，对于加强混业经营监管、规范各类互联网金融业态、遏制互联网金融风险频发、优化市场竞争环境、提高投资者风险防范意识、实现规范与发展并举、创新与风险防范并建立和完善适应金融业创新发展新趋势的监管长效机制、推动金融业快速健康发展具有重要意义。

支持在粤港澳大湾区开展金融综合监管机制创新试点，探索金融综合监管创新，组建综合监管联席会议，开展粤港澳金融监管交流与合作，有利于加强广东省地方各级政府金融工作部门与驻粤金融监管机构的沟通协调，加强信息通报，建立责权对等的地方金融工作机制；有利于加强跨部门、跨行业、跨市场的金融业务监管协调和信息共享，进而组建大湾区金融综合监管合作理事会；有利于推动建立粤港澳的政府部门、金融监管机构、三地金融企业以及学者专家的智库平台，聚集丰富的金融智慧资源为大湾区建设提供智力支持；有利于创新粤、港、澳三地金融监管合作方式，在海峡两岸经济合作框架协议（ECFA）框架下，逐步深化粤台金融合作，开展两岸金融合作试点，深化粤港澳大湾区金融合作，增强对全球的金融辐射能力。

（四）加强湾区金融法律法规衔接，密切粤港澳司法合作，探索金融消费者权益跨境保护机制

随着中国金融改革的深入，金融监管面临更为复杂的环境和挑战，为适应中国金融业发展和经济社会发展的需要，持续加强新常态下的金融法制建设，实现金融

监管立法与金融改革决策相衔接，做到重大金融改革有法可依，切实提高运用法治思维和法治方式推进金融改革、解决实际问题的能力，要深入推进金融监管法治建设，加快金融监管立法步伐。

当前，中央与地方金融监管法律法规衔接不畅。由于金融业的快速发展，国家层面相关业态的金融监管法律法规尚不完善，导致地方金融部门只能以部门规章、规范性文件的形式进行监管，地方金融监管缺乏国家层面的法律依据和授权，无法有效界定地方金融监管职责和风险防范处置责任。由于地方金融监管部门职责不明确，导致多头监管和监管不足问题同时存在，相关金融部门存在监管壁垒，地方金融监管缺乏主动性，无法合理有效地处置风险和维护区域性金融稳定。

金融消费者作为金融市场的重要参与者和金融业发展的推动者，其合法权益一直被金融业经营者和消费者本身忽视，金融消费者存在对自身合法权益保护意识不强、风险识别能力差等问题，导致其金融消费风险上升。因此，加强金融消费者权益保护工作，进一步规范和引导金融机构提供金融产品和服务的行为，构建公平、公正的市场环境，对于提升金融消费者信心、维护金融安全与稳定具有重要意义①。

粤港澳大湾区金融法律法规衔接是三地金融合作的根本性保障，同时可探索金融消费者权益跨境保护机制。香港作为国际重要的金融中心之一，其金融监管法制比较健全和完善。相较而言，中国内地市场金融法律起步较晚，法律法规之间缺乏衔接性，尚未建立起与国际金融监管法律法规接轨的法律体系。因此，要不断完善我国的金融监管法律法规体系，尽快使我国金融监管标准与国际金融监管法律法规体系接轨。同时要加强消费者权益保护工作，探索金融消费者权益跨境保护机制对于维护消费者权益、提升消费者信心、维护金融更稳定具有重要意义。

（五）积极推动大湾区内金融监管信息系统的对接和数据交换，支持湾区金融机构在韶关建设金融数据灾备中心

推进信息互联共享既是提高金融综合监管水平的重要基础，也是难点所在。推进信息互联共享需要平台、数据库、信息员的支撑，如建立金融综合检测预警平台，实现金融信息的集聚、预测、预警等功能；构建机构信息数据库、产品信息数据库和从业人员信息数据库，增强信息的透明度，构建动态监管资源，建设专业性金融人才队伍；稳定拓展信息源，包括金融管理与市场运行信息、社会公共信用信息、

---

① 关于加强金融消费者权益保护工作的指导意见［N/OL］. 中国政府网，（2015－11－13）［2017－01－20］. http：//www.csrc.gov.cn/pub/newsite/zjhxwfb/xwdd/201511/t20151113_286624.html.

行业协会自律信息、媒体舆情与投诉举报信息。这些举措对于进一步丰富信息共享内容，优化共同参与机制，提高分析预警能力具有重要的意义。

近年来，为避免由于自然灾害或其他不可抗力因素导致信息系统崩溃、数据丢失的现象，以同城双中心加异地灾备中心的“两地三中心”的灾备模式也随之出现，用于数据备份，当双中心发生故障时，启用灾备中心进行数据恢复，保持业务的连续运行，对于提高信息系统的安全性和稳定性具有重要的现实意义。灾备中心的选址至关重要，需要综合考虑当地的自然灾害情况、温度、基础设施等情况。近年来，韶关在灾备中心的建设上取得了较好的成绩。韶关建设大数据中心在安全、节能、网络、区位和电力等方面优势明显，黄沙坪“互联网 +小镇建设”取得了初步进展，韶关将进一步完善园区互联网基础设施，加快推进数据中心建设，把韶关打造成为“华南数谷”，为打造金融数据灾备中心奠定了坚实基础。

支持粤港澳大湾区建立信息交流和共享机制，积极推动大湾区内金融监管信息系统的对接和数据交换，依托金融管理、监管部门统计职能分工，完善区域金融业综合统计体系、经济金融调查统计体系和分析监测及风险预警体系，健全金融突发事件应急处置机制，有利于加强跨境资金流动的监测分析和风险防控；有利于粤港澳大湾区内机构办理跨境创新业务，增加交易的真实合法性，杜绝使用虚假合同等凭证或虚构交易办理业务的事件发生；有利于促进金融机构遵循“展业三原则”，建立健全内控制度，完善业务真实性、合规性审查机制，及时报告可疑交易；有利于全面监测分析跨境资金流动，防止跨境资金大进大出，健全和落实单证留存制度，探索主体监管，实施分类管理，采取有效措施防范风险。支持湾区金融机构在韶关建设金融数据灾备中心，支持韶关建设华南（粤港澳）大数据谷和大数据中心产业联盟，有利于带动大数据相关产业的发展。

（六）完善跨境资金流动的监测分析机制，加强粤港澳合作反洗钱、反恐怖融资和反逃税的“三反”工作机制

2015 年中国跨境资金流动呈现出银行结售汇和代客涉外收付款双逆差、跨境资金流动波幅较大、企业积极偿还境内外汇贷款和跨境融资等特点①。跨境资金管理难主要表现在：跨境资金流动方向难以识别，主要受各国的经济增长情况和其采取的经济政策及货币政策取向的影响，一般趋于流向经济增长情况良好的经济体。此

① 丁萌．外管局：2015 年我国跨境资金流动总体呈现净流出态势［N/OL］．中国保险报，(2016 - 01 - 21)［2017 - 02 - 03］．http：//finance. chinanews. com/cj/2016/01 - 21/7726938. shtml.

外，跨境资金易受地缘政治、油价波动、货币政策等因素的影响，对国际金融市场反应敏感，短期波动剧烈；与此同时，跨境资金流动渠道难以识别，企业通过价格转移、资本项目资金借道货物贸易、金融创新等方式逃避金融监管[①]。

密切关注跨境异常资金流动，建立跨境资金检测预警体系，对于检测预警跨境资金流动趋势，防范热钱对我国的冲击，维护金融系统稳定具有重要意义。对于跨境资本流动管理，外管局采取了一些措施，主要是加强监测、规范业务、打击投机和违法违规等，今后将加大对金融监管要求落实情况的监督，重点监测银行办理外汇业务的合规性，开展反洗钱、反恐怖融资和反逃税的“三反”行动，严厉打击虚假外汇交易，整顿外汇管理秩序。

完善跨境资金流动的监测分析机制，加强粤港澳合作开展“三反”行动的工作机制，有利于加强粤港澳大湾区金融合作，促进大湾区金融机构和特定非金融机构按照法律法规要求切实履行“三反”义务；有利于加强跨境资金监测与管理；有利于建立粤港澳金融监管合作和信息共享机制。

（七）遵循“金融审慎例外”的原则，掌握金融开放主动权，建立和完善系统性风险预警、防范和化解体系，守住不发生系统性、区域性风险的金融风险防范底线

审慎例外（Prudential Cave－out）是《服务贸易总协定》（General Agreement on Trade in Service，GATS）中《金融服务附件》的中心条款，在平衡金融监管与金融自由化、金融全球化与金融主权之间的矛盾中起到了重要作用。根据其规定，“审慎例外”是指 WTO 允许成员方政府出于审慎的原因——包括保护金融体系的完整和稳定，保护存款人、投资者、投保人等的利益——采取背离 GATS 其他条款所规定的成员方的承诺和义务的措施。成员方援引审慎例外而采取的金融监管措施就是审慎措施[②]。例如，2006 年我国出台《中华人民共和国外资银行管理条例》，条例明确了“法人导向原则”，即要求全面开展人民币业务的外资银行是在中国注册的法人银行，这是出于审慎监管的需要，目的在于保护存款人利益并维护我国金融体系稳定，符合国际惯例和世贸组织的要求。

粤港澳大湾区金融合作发展应遵循“金融审慎例外”的原则，掌握金融开放主

---

① 陈咏晖．新常态下跨境资金流动管理的难点及对策［N/OL］．中国债券信息网，（2015－08－03）［2017－02－03］．http：//www. chinabond. com. cn/Info/21513387.

② 刘天姿，李谷硕．论 GATS 框架下的“审慎例外”原则［J］．法制与社会，2007（5）：382－383.

动权，建立和完善系统性风险预警、防范和化解体系，守住不发生系统性、区域性风险的金融风险防范底线。一是要协调好金融开放与审慎监管之间的关系，确保金融体系稳定。二是积极参与 WTO 关于审慎例外规则的制定，争取有利于我国和发展中国家的审慎监管规则。三是积极加强国际金融监管合作，提高金融监管水平。四是进一步完善我国金融监管标准，使之与国际金融监管标准接轨。

参考文献

[1]邓成功. 中欧投资协定再获推进[N]. 中国产经新闻报,2016-07-19.

[2]耿明英."一带一路"战略下加快构建多边金融市场体系的思考——兼论中欧金融合作的契机[J]. 对外经贸实务,2016(11).

[3]李罡. 社科院专家:深化金融合作是中欧发展新亮点[N]. 经济网-中国经济周刊,2015-11-09.

[4]梁建武. 访欧观察:中欧金融合作进入深化新格局[J]. 中国银行业,2016(6).

[5]梁淋淋,帅蓉,等. 综述:欧洲期待 G20 峰会完善全球金融治理[EB/OL]. 新华网,2016-08-28.

[6]刘翔峰. 欧债危机下的中欧金融合作前景[N]. 第一财经日报,2013-03-26.

[7]刘翔峰. 中欧金融合作的前景分析[J]. 国际贸易,2013(4).

[8]推进中欧金融合作　共克时艰实现共赢——中国人民银行副行长易纲谈中欧金融合作[EB/OL]. 新华网,2011-01-06.

[9]张茉楠. 拓展中欧金融合作,助推人民币进入 SDR[N]. 中国证券报,2014-06-27.

[10]赵柯. 中欧金融合作:动因、路径与前景——从贸易伙伴迈向全球合伙人[J]. 国际政治经济评论,2016(2).

[11]中德经济合作联委会第 16 次会议在北京举行[EB/OL]. 商务部网站,2016-11.

[12]中华人民共和国商务部与德意志联邦共和国经济和能源部在中德经济合作联委会框架下的联合意向声明(全文)[EB/OL]. 中华人民共和国商务部欧洲司网站,2016-06-17.

[13]邹宗森. 欧盟金融体制镜鉴与引申[J]. 改革,2016(8).

[14]Aït-Sahalia, Yacine, Per A. Mykland, Lan Zhang. How Often to Sample a Continuous time Process in the Presence of Market Microstructure Noise. *Review of Finan-*

cial Studies,2005;18(2):351 -416.

[15]Andersen, Torben G. ,Tim Bollerslev. Answering the Skeptics: Yes, Standard Volatility Models Do Provide Accurate Forecasts. *International Economic Review*,1998,39(4):885 -905.

[16]Andersen, Torben G. , Tim Bollerslev, Francis X. Diebold,Paul Labys. Modeling and Forecasting Realized Volatility. *Econometrica*,2003,71(2):579 -625.

[17]Avramov D. , Chordia T. ,Goyal A. The Impact of Trades on Daily Volatility. *Review of Financial Studies*,2006,19:1241 -1277.

[18]Bandi, Federico M. ,Jeffrey R. Russell. Separating Microstructure Noise from Volatility. *Journal of Financial Economics*, 2004, forthcoming.

[19]Bandi, Federico M. ,Jeffrey R. Russell. *Microstructure Noise, Realized Variance, and Optimal Sampling*. Working Paper, Graduate School of Business, University of Chicago, 2005.

[20]Barndorff - Nielsen, OB and N Shephard. *Variation, Jumps, Market Frictions and High Frequency Data in Financial Econometrics*. Invited Paper Presented at the World congress of Econometric Society 2005 in London.

[21]Bekaert G. ,Wu G. J. Asymmetric Volatility and Risk in Equity Markets. *The Review of Financial Studies*,13:1 -42, 2000.

[22]Bollerslev, T. Generalized Autoregressive Conditional Heteroskedasticity. *Journal of Econometrics*,31:307 -327, 1986.

[23]Chan, W. H. A Correlated Bivariate Poisson Jump Model for Foreign Exchange. *Empirical Economics*,28:669 -685, 2003.

[24]Engle, R. F. , K. F. Kroner. Multivariate Simultaneous Generalized ARCH. *Econometric Theory*,11:122 -150,1995.

[25]Giot, Pierre,Se'bastien, Laurent. Modelling Daily Value - at - Risk Using Realized Volatility and ARCH Type Models. *Journal of Empirical Finance*, 11(3):379 -398, 2004.

[26]Granger, C. ,R. Joyeux. An Introduction to Long - Memory Time Series Models and Fractional Differencing. *Journal of Time Series Analysis*,1:15 -29, 1980.

[27]Hansen, Peter. R. , Asger Lunde. Consistent Ranking of Volatility Models. *Journal of Econometrics*, 131(1 -2):97 -121, 2006.

[28] Hatanaka M. , Yamada K. *A unit Root Test in the Presence of Structural Changes in I(1) and I(0) models*. In: Engle R. , White H. (Eds.), Cointegration, Causality, and Forecasting, 256 – 282, 1999.

[29] He Z. L. , Maekawa K. On Spurious Granger Causality. *Economics Letters*, 73: 307 – 313, 2001.

[30] He Z. L. , Maekawa K. , McAleer M. Asymptotic Properties of the Estimator of the Long – run Coefficient in a Dynamic Model with the Integrated Regressors and Serially Correlated errors. *The Journal of Japanese Economic Association*, 54: 420 – 438, 2003.

[31] Hillebrand E. , Schnabl G. *The Effects of Japanese Foreign Exchange Intervention: GARCH Estimation and Change Point Detection*. Working Paper, Aug. 29, 2003 of Louisiana State University.

[32] Ito T. *Is Foreign Exchange Intervention Effective?: the Japanese Experiences in the 1990s*. NBER working paper no. 8914. http://www.e.u – tokyo.ac.jp/ ~ tito/j_most_recent_work.htm, 2002.

[33] Kocherlakota, S. , K. Kocherlakota. *Bivariate Discrete Distributions*. Marcel Dekker, Inc. New York.

[34] Koopman, Siem Jan, Borus Jungbacker and Eugenie Hol. Forecasting Daily Variability of the S&P 100 Stock Index using Historical, Realized and Implied Volatility Measurements. *Journal of Empirical Finance*, 12(3): 445 – 475, 2005.

[35] Kupiec, Paul. Techniques for Verifying the Accuracy of Risk Measurement Models. *Journal of Derivatives*, 3(2): 73 – 84, 1995.

[36] Lee S. , Ha J. , Na O. , Na S. The Cusum Test for Parameter Change in Time Series Models. *Scandinavian Journal of Statistics*, 30: 781 – 796, 2003.

[37] Lee S. , Tokutsu Y. , Maekawa K. The Cusum Test for Parameter Change in Regression Models with ARCH Errors. *Journal of the Japan Statistical Society*, 34: 173 – 188, 2004.

[38] Lu Xinhong. 経済時系列における構造変化の検定— CUSUM テストを中心にして, 2005.

[39] Lu Xinhong. *Analysis of Financial Time Series by Econometric Models*. Doctorial thesis in Economics. Hiroshima University, Hiroshima, Japan. 2007.

[40] Lu Xinhong, Tee Kian Heng, Ken – ichi Kawai, Koichi Maekawa. *Modeling RV*

in the Exchange Rate. The Annual Meeting of the Japan Statistical Association held at Kobe University in 2007.

[41] Maekawa K., Lee S., Morimoto T., Kawai K. *Jump Diffusion Model with Application to the Japanese Stock Market*. Mathematics and Computers in Simulation, 78: 223 – 236, 2008.

[42] Maekawa K., Yamamoto T., Takeuchi Y., Hatanaka M. Estimation in Dynamic Regression with an Integrated Process. *Journal of Statistical Planning and Inference*, 49: 279 – 303, 1996.

[43] Maheu, J. M. News Arrival, Jump Dynamics, and Volatility Components for Individual Stock Returns. *Journal of Finance*, LIX(2): 755 – 973, 2004.

[44] McKenzie M. The Economics of Exchange Rate Volatility Asymmetry. *International Journal of Finance an Economics*, 7: 247 – 260, 2002.

[45] Ploberger W. The Cusum Test with OLS Residuals. *Econometrica*, 60: 271 – 285, 1992.

[46] Sheppard, K. K. *UCSD GARCH Toolbox*, 2005.

[47] Tasaki A. *Effect of Intervension by Japanese Monetary Authority on Yen/Dollar Exchange Market*. Tokyo University, 2002.

[48] Ubukata, Masato, Toshiaki, Watanabe. *Pricing Nikkei 225 Options using Realized Volatility*. Mimeo, 2005.

[49] Watanabe, Toshiaki. Excess Kurtosis of Conditional Distribution for Daily Stock Returns: The Case of Japan. *Applied Economics Letters*, 7(6): 353 – 355, 2000.

[50] Watanabe, Toshiaki, Keiko Yamaguchi. *Measuring, Modeling and Forecasting Realized Volatility in the Nikkei 225 Stock Index Futures Market*. Mimeo, 2005.

[51] Watanabe T., Harada K. Effects of the Bank of Japan's Intervention on Yen/Dollar Exchange Rate Volatility. *Journal of the Japanese and International Economies*, 20: 99 – 111, 2006.

[52] Watanabe T., Sasaki K. *Forecasting Volatility and Value – at – Risk in ARCH – type Models*. IMES Discussion Paper Series. Institute for Moneytary and Economic Studies (IMES). http: www.imes.boj.or.jp, 2006.

[53] Wright, J. H. The CUSUM Test Based on Least Squares Residuals in Regressions with Integrated Variables. *Economics Letters*, 41: 353 – 358, 1993.

[54] Wu G. J. The Determinants of Asymmetric Volatility. *The Review of Financial Studies*, 14: 837 - 859, 2001.

[55]渡部敏明・佐々木浩二.「ARCH型モデルとRealized Volatilityによるボラティリティ予測とValue - at - risk」, discussion Paper No. 2006 - J - 13, 日本銀行金融研究所, 2006.

[56] http://www. e. u - tokyo. ac. jp/cirje/research/workshops/macro/macro2002. html.

[57]The Web site of Ministry of Finance Japan, Foreign Exchange Intervention Operations: http://www. mof. go. jp/1c021. htm.

[58]杜琼. 日本政府债务现状及中长期风险分析[J]. 宏观经济管理,2011(9).

[59]冯武勇. 稳字当头,日本养老金重债轻股[N]. 中国证券报,2012 - 03 - 14.

[60]郭秀珍. 日本财政的可持续性研究——基于1946—2009年经验分析[D]. 上海:华东师范大学硕士学位论文,2011.

[61]金融调查委员会. 日本国债市场的可持续性,2012 - 02.

[62]杨铮,尹晓琳. 日本野田内阁今日换将推消费税,四名大臣被革职[N]. 法制晚报,2012 - 06 - 04.

[63]日本内阁府. 日本经济2011—2012[EB/OL]. http://www5. cao. go. jp/keizai3/2011/1221nk/n11_3/n11_3_2. html.

[64]张茉楠. 日本债务危机警报再次拉响[N]. 中国证券报,2012 - 05 - 23.

[65]周炳林,林松立,崔嵘. 日本财政赤字真相:国债与赤字的游戏[J]. 资本市场,2011(5).

[66]胡晓炼副行长在《财经》年会上的讲话[EB/OL]. 财经网,2014 - 11 - 27.

[67]连平. 利率市场化,风险如影随形[N]. 中国证券报,2014 - 03 - 03.

[68]连平. 利率市场化:谁主沉浮[M]. 北京:中国经济出版社,2014.

[69]廉薇. 商业银行需应对好经济下行、利率市场化和互联网金融三大挑战[N]. 21世纪经济报道,2013 - 07 - 19.

[70]逯新红. 增强人民币汇率弹性[J]. 中国金融,2014,5(9).

[71]逯新红. 中短期内人民币汇率仍有贬值空间[J]. 中国经贸导刊,2014,6(6).

[72]徐晟. 人民币汇率市场化变革:走向双向波动[N]. 长江商报,2014 - 04 - 14.

[73]审计署. 全国政府性债务审计结果[EB/OL]. 审计署网站,2013 - 12 - 30.

[74]严学军．商业银行如何应对房地产信贷风险[EB/OL]．中国金融网,2014－06－18.

[75]赵庆明．人民币急跌凸显汇率市场化提升[N]．经济参考报,2014－12－11.

[76]外管局．2014年四季度外汇局例行新闻发布会文字实录[EB/OL]．外管局网站,2014－12－18.

[77]中国人民银行．2014年11月金融统计数据报告[EB/OL]．中国人民银行网站,2014－12－12.

[78]中国人民银行．2014年金融市场运行情况[EB/OL]．中国人民银行网站,2015－01－20.

[79]中国人民银行．货币政策执行报告,2013年第四季度、2014年第一季度、第二季度、第三季度报告[EB/OL]．中国人民银行网站．

[80]中国人民银行．中国金融稳定报告(2014)[M]．北京:中国金融出版社,2014.

[81]中央结算公司．2014年中国债券市场统计分析报告[EB/OL]．中国债券信息网,2015－01－04.

[82]“十二五”外汇管理改革面临的挑战点评[EB/OL]．中国行业研究网,2011－01－19.

[83]董少鹏．中国股市处在“阳光灿烂”前的胶着期[N]．证券日报,2012－07－03.

[84]段进,曾令华,朱静平．货币政策应对股票价格波动的策略研究[J]．财经理论与实践,2007:28－146.

[85]高祥宝,蔡晓婧．本币升值背景下股市泡沫的测量[J]．统计与决策,2009(13).

[86]郭树清．改善资本市场结构,促实体经济成长[N]．中国证券报,2012－02－02.

[87]韩露,唐元虎．利用市盈率长期增长预期测度股市泡沫[J]．技术经济与管理研究,2003(1).

[88]郝军红,高丽峰,李平,叶巍．上海证券市场股票价格波动的因素分析[J]．沈阳工业大学学报,2007(3).

[89]黄建兵,唐国兴．股票价格波动与成交量的天内效应和周内效应[J]．数量经济技术经济研究,2003(4).

[90]姬利,张琦.2012年上半年大盘点:上市与并购十大事件[N].世界财经报道,2012-07-12.

[91]纪晓宇.国外股市泡沫理论文献述评[J].山西广播电视大学学报,2010,4(7):78-80.

[92]蒋丽君.论合理市盈率与股票价格波动的规律[J].数量经济技术经济研究,2002(4).

[93]李存行.沪市股票价格的波动性研究[J].统计与决策,2005(1).

[94]李丹丹.央行一周两提货币政策"有效性"[N].上海证券报,2012-08-06.

[95]李鹏,张磊.我国货币政策干预股市泡沫有效性分析[J].经济论坛,2005(5).

[96]林楠,张应才.股市泡沫及其抑制研究[J].经济体制改革,2002(2).

[97]卢方元.中国股市收益率分布特征研究[J].中国管理科学,2004(12).

[98]吕珊娟.货币政策应当关注股市泡沫[J].浙江统计,2005(12).

[99]马婧妤,浦泓毅.资本市场系列改革给A股带来制度红利[N].上海证券报,2012-06-29.

[100]马向前,万帼荣.影响我国股票市场价格波动的基本因素[J].山西统计,2001(1).

[101]祁斌.中国将进一步推动资本市场改革[EB/OL].新华网,2012-06-14.

[102]秦艳梅,黄东石.我国货币政策对股市泡沫响应的实证分析——基于泰勒规则扩展应用的视角[J].投资研究,2008(7).

[103]唐齐鸣.降息对中国股市的影响分析[J].华中理工大学学报,2000(3).

[104]尚福林.推动我国机构投资者又好又快发展[EB/OL].新华网,2007-12-03.

[105]2008—2012年证券业创新发展大事记[N].上海证券报,2012-05-02.

[106]王建强.机构投资者投资行为与股票价格波动相关性分析[J].现代商贸工业,2010(2).

[107]王亮,叶育甫.中国股市泡沫的度量及实证分析[J].经济纵横,2010(3).

[108]王子建.股市还有多少利好可期?[N].武汉晚报,2012-07-15.

[109]徐龙炳,赵娜.机构投资者与股票价格波动研究综述[J].上海财经大学学报,2006(10).

[110]杨继红,王浣尘.我国货币政策是否响应股市泡沫的实证分析[J].财贸经济,2006(3).

[111]杨筱燕,刘延冰．股市泡沫的形成、危害及对策[J]．经济论坛,2002(14).

[112]虞红宾．完善货币政策,控制股市泡沫[J]．审计与理财,2005(8).

[113]2012 年 1 月资本市场大事记[EB/OL]．新华网,2012 -02 -01.

[114]2012 年 4 月资本市场大事记[EB/OL]．新华网,2012 -05 -02.

[115]央行:继续加强货币政策预调微调[EB/OL]．新华网,2012 -08 -06.

[116]证监会:大力发展机构投资者[N]．证券日报,2012 -07 -05.

[117]2012:资本市场助力经济发展重任在肩[N]．证券日报,2011 -12 -07.

[118]中国人民银行《2012 年上半年金融统计数据表》。

[119]中国人民银行《2012 年第二季度中国货币政策执行报告》。

[120]中国人民银行《2012 年 6 月份金融市场运行情况》。

[121]上市公司上半年业绩增速或将低于 2%[N]．中国证券报,2012 -08 -28.

[122]Barbarino A. ,Jovanovic B. ,2007,Shakeouts and Market Crashes,*International Economic Review*. vol. 48.

[123]Barberis,Nicholas,Andrei Sbleifer,Robert Vishny,1998, A Model of Investor Sentiment. NBER working paper,No. 5926,Washington DC.

[124]Black,Fisher. Noise. *Journal of Finance*,41:529 -543,1986.

[125]Blanchard,Olivier,Mark Waston. *Bubbles,Rational Expectations and Financial Markets*,In Paul Wachtel(ed.),Crises in the Economic and Financial Structure. Lexing MA:Lexington Books,1982.

[126]Blanchard Olivier,Stanley Fissher,*Lectures on Macroeconomics*. Cambridge MA: MIT Press.

[127]Brock W. ,Hommes C. A Rational Route to Randomness. *Econometrica*, 65: 1059 -1095,1997.

[128]Delong,Bradford,Andrew Shleifer. Lawrence Summers,Robert Waldmann. Noise Trader Risk in Financial Markets. *Journal of Political Economy*,98:70338,1990a.

[129]Delong,Bradford,Andrew Shleifer. Summers,Robert Waldmann. Positive Feedback Investment Stratgies and Destabilizing Rational Speculation. *Journal of Finance*,45: 379 -395,1990b.

[130]Edward Chancellor. Devil Take the Hindmost: A History of Financial Speculation. Penguin Group USA,1999.

[131]Evans,George W. Pitafalls in Testing for Explosive Bubbles in Asset Prices. *A-*

merican Economic Review Sept. 81(4):922 – 930,1991.

[132] Flood. R. ,P. Garber. Market Fundamentals Versus Price – Level Bubbles,The First Test. *Journal of Political Economy*. No. 88:745 – 770,1980.

[133] Froot. K. ,M. Obstfeld. Intrinsic Bubble:The Case of Stock Price. *American Economic Review*,No. 81:1189 – 1214,1991.

[134] Garber, Peter. ,*Famous First Bubbles*. MIT Press,2000.

[135] Granger C. ,N. Swanson. *An Introduction to Stochastic Unit Root Process*. Working Paper,University of California,1994.

[136] Hahn F. H. Equilibrium Dynamics with Heteroeneous Capital Goods. *The Quarterly Journal of Economics*,80 (4):633 – 646,1966.

[137] Hong H. ,Stein,J. C. A Unified Theory of Underreaction,Momentum Trading, and Overreaction in Asset Markets. *Journal of Finance*,Vol. 54,1999.

[138] Hong H. ,Stein,J. C. Differences of Opinion,Short – Sales Constraints,and Market. Crashes. *Review of Financial Studies*,16 (2):487 – 525,2003.

[139] Johansen A. ,Ledoit O. ,Sormette D. Crashes Critical Points. *International Journal of Theoretical and Applied Finance*,3(2):219 – 255,2000.

[140] Jose Scheinkman,Wei Xiong. *Asset Float and Speculative Bubbles*. Working Paper,August 19,2004.

[141] Kapopoulos P. ,Siokis F. Stock Market Crashes and Dynamics of Aftershocks. *Economics Letters*,Vol. 89,2005.

[142] Lux T. Herd Behavior. Bubbles and Crashes. *The Economic Journal*,105 (431): 881 – 896,1995.

[143] Rosser,J. ,Barley. *From Catastrophe to Chaos: A general Theory of Economic Discontinuities*. Kluwer Academic Publications,2000.

[144] Samuelson P. A. *Indeterminacy of Development in a Heterogeneous Capital Model with Constant Savings Propensity*,in Essays on the Theory of Optimal Growth,ed. K. Shell. Cambridge:MIT Press,219 – 321,1967.

[145] Santoni,D. J. The Great Bull Markets 1924 – 1929 and 1982 – 1987:Speculative Bubbles or Economic Fundamentals. *Review of Federal Rerserve Bank of St. Louis*,69(9):16 – 30,1987.

[146] Shell K. ,Stigliz J. The Allocation of Investment in a Dynamic Economy. *Quar-*

terly Journal of Economics, 81 (4):592 - 609, 1976.

[147] Shiller. R. Stock Prices and Social Dynamics. *Brookings Papers on Economic Activity*, 2:457 - 510, 1984.

[148] *The New Palgrave: A Dictionary of Economics*, Edited by John Eatwell, Murray Milgate and Peter Newman, New York, Stockton Press, 1987:281.

[149] Tirole J. On the Possibility of Speculation under Rational Expectations. *Econometriea*, Vol. 50, 1163 - 1181, 1982.

[150]刘艳霞. 国内外湾区经济发展研究与启示[J]. 城市观察,2014(3).

[151]逯新红. 2016年全球经济:低迷与脆弱并存[J]. 金融博览(财富),2016(3).

[152]逯新红. 关于粤港澳大湾区金融监管合作的几点思考[J]. 特区经济,2017(5).

[153]逯新红. 经济全球化步入关键的十字路口[J]. 金融博览(财富),2016(9).

[154]鲁志国,潘凤,等. 全球湾区经济比较与综合评价研究[J]. 科技进步与对策,2015(11).

[155]熊国平. 创新与融合——珠三角金融发展研究[M]. 北京:新华出版社,2010.

[156]俞少奇. 国内外发展湾区经济的经验与启示[J]. 福建金融,2016(6).

[157]张盼. 港服务业不可错过"一带一路"[N]. 人民日报(海外版),2016-06-07.

[158]中共中央国务院关于构建开放型经济新体制的若干意见[EB/OL]. 新华网,2015-09-17.

[159]中华人民共和国国民经济和社会发展第十三个五年规划纲要[EB/OL]. 新华网,2016-03-17.

[160]周师迅. 防控风险倒逼地方金融监管体制改革[EB/OL]. 上海证券报,(2016-09-14)[2017-01-08]. http://finance.ifeng.com/a/20160914/14879448_0.shtml.

[161]赵洋. 如何完善中央和地方金融监管体系[EB/OL]. 金融时报,(2015-09-24)[2017-01-08]. http://www.chinabond.com.cn/Info/21989241.

[162]任健. 香港与内地银行业监管体系比较[J]. 河北金融,2004(6):7-8.

[163]冉学东．金融监管构架改革的前提是精简，具体改革方案存争议[EB/OL]．华夏时报，(2016－06－18)[2017－04－20]．http://finance.sina.com.cn/roll/2016－06－18/doc－ifxtfrrc3801790.shtml.

[164]关于加强金融消费者权益保护工作的指导意见[EB/OL]．中国政府网，(2015－11－13)[2017－01－20]．http://www.csrc.gov.cn/pub/newsite/zjhxwfb/xwdd/201511/t20151113_286624.html.

[165]丁萌．外管局：2015年我国跨境资金流动总体呈现净流出态势[EB/OL]．中国保险报，(2016－01－21)[2017－02－03]．http://finance.chinanews.com/cj/2016/01－21/7726938.shtml.

[166]陈咏晖．新常态下跨境资金流动管理的难点及对策[EB/OL]．中国债券信息网，(2015－08－03)[2017－02－03]．http://www.chinabond.com.cn/Info/21513387.

[167]刘天姿，李谷硕．论GATS框架下的"审慎例外"原则[J]．法制与社会，2007(5)：382－383.

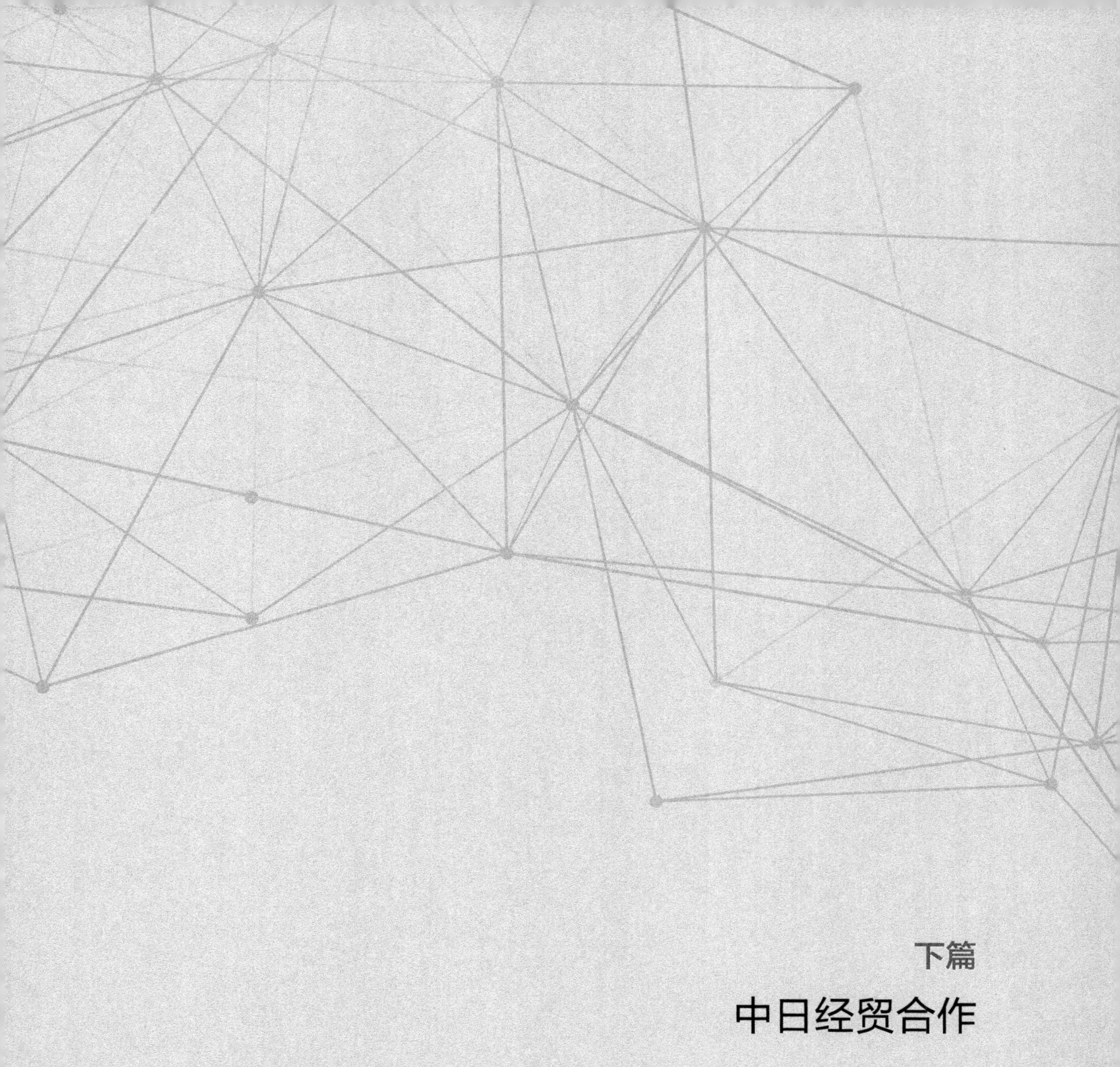

下篇

中日经贸合作

第四章　日本经贸治理经验及对中国的启示

第一节　日本《前川报告》及其对中国的启示

20 世纪 80 年代中期，日美贸易摩擦达到顶峰，要求日本汇率升值和开放市场的外部压力越来越大。屈服于美国扩大内需以减少贸易顺差的压力，1986 年，日本推出《前川报告》，确定了日本经济转型的中期计划。《前川报告》之后，日本政府推行扩张性财政政策，并且在美国的压力下过急地开放金融与资本市场，实施低利率的金融政策。日本国内经济和产业结构调整一时无法到位。汇率升值导致热钱大量流入，加上宏观经济政策和金融政策上的失误，为泡沫经济的进一步膨胀创造了宏观经济环境。日本国内资产升值最终失去理智，完全脱离了实体经济基础，经济转型的最初阶段以泡沫的形成与破裂宣告失败。中国现在所面临的国际环境和经济发展所遇到的问题，与 20 世纪 80 年代的日本很相似，《前川报告》及其实施的经验教训值得我们借鉴。

一、1986 年《前川报告》主要内容

1986 年 4 月 7 日，首相中曾根康弘的私人咨询机构向政府提交了以该机构负责人、日本银行原总裁前川春雄的姓氏命名的《前川报告》，描绘了日本经济转型的蓝图。

（一）《前川报告》提出的背景和目标

20 世纪 80 年代，日本巨额贸易顺差备受国际指责，尤其是与美国的贸易摩擦不断。1985 年“广场协议”之后，虽然日元大幅升值，但并没有根本扭转日美之间的贸易失衡问题。美国认识到日元升值解决不了日美贸易收支不平衡问题，转而干预日本宏观经济政策的制定和实施，要求日本改变出口主导的外向型经济发展方式，

扩大内需，改革经济结构，逼迫日本开放金融和资本市场，实行所谓真正意义上的市场经济，也就是美国式的市场经济。迫于美国的压力，日本政府调整经济发展政策，把解决经常项目不平衡作为中期目标，于1986年推出“为实现国际协调的经济结构调整”“依靠内需提振经济”的《前川报告》，并得到时任首相中曾根康弘的全面支持，在之后的东京峰会上发表，成为日本经济政策的基本指导方针。

（二）《前川报告》的主要建议

《前川报告》以减少贸易顺差为目标，认为解决日本对外贸易失衡的根本办法是改变日本的经济发展结构。具体建议包括：

一是扩大内需，推进住房改革和城市化进程，充实消费者生活，推进地方社会资本整合，增强地方政府的融资能力，促进基础设施建设。二是调整产业结构，使之成为国际协调型产业结构，促进直接投资，实施与国际化时代相适应的农业政策。三是改善市场准入环境，扩大进口，实行有节制的企业行为，希望企业自觉承担国际责任。四是国际通货币值稳定和金融的自由化、国际化，实现日元的国际化，规范资金运用市场，促进投资资产多样化，扩大资金流通市场。五是推进国际合作，为世界经济做出与日本国际地位相符的贡献，推进与发展中国家的合作，推进新品牌战略，积极参加服务贸易、知识产权问题等新领域的国际规则制定。六是推进财政金融税制改革，重新评估储蓄优惠税。

（三）《前川报告》的实施效果

《前川报告》对当时日本经济发展起到的指引作用值得肯定。报告主张住房改革、城市再开发、推进地方社会资本整合、充实消费者生活，部分措施得到了切实推进，一定程度上提高了国民生活水平。

《前川报告》主张通过鼓励海外投资、实行农业改革、淘汰低效率国内工业、进行结构性调整，来改变日本产业结构。但是，这种结构性调整过程是痛苦的，涉及日本的各种利益团体。迫于政治压力，《前川报告》的部分内容并没有得到很好的贯彻执行。

在《前川报告》的指引下，日本开始实施扩张性财政政策和宽松的货币政策。日本经济出现了日元升值、高投资率和低利率的“两高一低”现象，为日本经济泡沫化营造了宏观经济环境，导致日本经济转型最初阶段的失败。

二、《前川报告》对中国的启示

中国目前所处的国际环境与1986年的日本《前川报告》时期相似：面临对欧美的巨额贸易顺差和本币升值压力；国内面临经济发展战略转型，处在扩大内需和加快调整产业结构阶段。因此，借鉴20世纪80年代日本在经济转型过程中的经验教训有着较强的现实意义。

（一）避免使人民币过快升值

日本汇率改革失误，“广场协议”导致日元大幅升值。日元兑美元汇率由1985年9月的240:1升值到1987年的120:1，不到3年的时间里，日元升值了1倍。日元升值之后，在一系列扩张性政策的刺激下，日本经济增长不仅没有出现停滞，反而在信心膨胀、投资膨胀和消费膨胀的带动下出现了长达7年的高速增长。1988年甚至出现了6.4%的高增长，大大超越了日本潜在经济增长率。日本贸易顺差的态势并没有改变。在日元强劲升值的最初2年，日本贸易顺差还在持续扩大；日本对美出口不仅没有减少，反而在持续增加。

“广场协议”之前，日本并没有测算日元究竟升值多少才能解决日美经济失衡问题，也没有分析日本经济对日元升值压力的承受程度是多少，只是屈服于美国的压力而进行日元升值。结果，日本汇率政策失误加剧致使日元短期内大幅升值，导致国内流动性过剩，大量资金流向股市和房地产市场，推升资产价格。此外，为刺激经济而进行的基础设施投资等政策，也进一步促成了泡沫的形成与膨胀。

目前，美国施压人民币大幅升值，以解决所谓中美贸易不平衡问题的手段和做法，与当时逼迫日元升值的手法如出一辙，不能不引起我们的警惕。我们决不能迫于压力而使人民币过快升值。

（二）谨防房地产泡沫，避免宏观经济政策失误

在《前川报告》的指引下，日本采取了一系列扩张性财政措施。1986年制定“综合经济对策”，1987年制定“紧急经济对策”，提出高达数兆日元的扩大内需对策，同年制订“第四次全国综合开发计划”，将东京定位为国际大都市。“综合疗养地区整备法”促进了地方土地开发，将扩大内需的效果扩展到全国各地。在金融系统“流动性过剩”的推波助澜下，全国性土地开发将日本推向了经济泡沫顶峰。

目前，中国存在流动性过剩和房地产泡沫倾向。2009年70个大中城市房价几

乎全部快速上涨。我们应警惕房地产泡沫，避免重蹈日本的覆辙。

(三) 开放国内金融市场要适度，避免金融政策失误

日本在美国的金融自由化和日元国际化要求下过急地开放了国内金融市场。日本在《前川报告》出台后加速了金融自由化进程。在利率自由化方面加快步伐，有多种新的金融衍生品问世。在金融业务管制自由化方面，撤销了外汇交易的“实际需要原则”，为投资者进行投机对冲提供了方便，允许海外存款证和商业支票在国内销售，可以自由发放日元对外贷款，外国证券公司开始取得东京证券交易所会员资格等。在国际资本流动自由化方面，1986 年 12 月创设了东京离岸金融市场。金融自由化为欧美企业和日本企业从事金融投机创造了时机和条件。

在全球化的背景下，中国金融自由化进程在加快。但是，由于国内金融体系还不健全，应避免过急开放国内金融市场。目前中国要保持经济的平稳较快增长，需要币值基本稳定和金融系统稳定。因此，应该尽可能避免日本在金融自由化过程中所出现的问题。

(四) 选择合理的货币政策目标，避免利率政策失误

日本央行在要求降低利率和扩大内需的压力下，不断下调利率，将贴现率由 1986 年初的 5% 降至 1987 年 2 月的 2.5%，为战后最低水准。之后，对经济过热认识太晚，延迟了利率上调。低利率和扩张性财政政策为泡沫的形成创造了宏观环境，以致资产价格的膨胀脱离了实体经济基础，最终导致日本经济泡沫破灭，引发了长达 12 年的不良债权问题，致使日本一直陷入通缩之中。中国目前的货币流通已经过度宽松，应该关注未来银行的不良债权问题。

此外，1986 年《前川报告》提出调整产业结构，在日元大幅度升值的背景下，导致产业转向国外，国内出现产业空洞化，并带来相关的社会问题。这些经验教训在中国加快经济发展方式转变，调整产业结构的过程中值得参考。

第二节　日本《国民收入倍增计划》及效果

1960 年日本池田内阁为推动日本经济发展，采纳经济学家下村治的建议，实施《国民收入倍增计划》。5 年后，日本国民收入增加 1 倍，提前达到了预期目标。同时，日本经济实现了高速增长，1968 年，成为仅次于美国的第二大经济强国。日本也由此诞生和形成了一个稳定的中产阶层。这一计划使日本实现了国民经济和国民

生活水平均衡发展，缩小了各阶层收入差距，对于促进消费需求增长、提高国民收入起到了很大的作用。但是，也引发了环境问题和城市集中化问题。总体来说，《国民收入倍增计划》是一个成功的经济社会发展计划，成为日本经济起飞的政策基础和关键转折点。

一、《国民收入倍增计划》出台背景

1945—1955 年的 10 年间，日本经济完成战后复兴的高速增长，经济恢复到了战前平均水平。1956 年日本政府发表的《经济白皮书》中写道，日本“已经不是战后”，表明战后制约经济发展的各种因素已经理顺，日本经济将开始进入实质性增长期。1955—1960 年日本经济持续繁荣，在贸易自由化压力增大、劳动力价格上涨的情况下，提高国民生活水平、扩大国内需求成为经济继续保持稳定发展的主要动力。在这一共识下，池田内阁采纳经济学家下村治的建议，于 1960 年 12 月 27 日出台了《国民收入倍增计划》。

二、《国民收入倍增计划》的目标和内容

《国民收入倍增计划》的最终目的是极大地提高国民生活水平和实现充分就业，为此，必须极大限度地谋求经济的稳定增长。该计划的数字目标是在 1961—1970 年 10 年间，使人均国民收入达到基准水平的 2. 3 倍，人均工资达到 1. 94 倍，即人均国民收入倍增到 20. 8 万日元，当时约合 579 美元，人均工资增长到 40. 9 万日元。计划确定前 3 年的经济增长率为 9%，10 年间的平均增长率为 7. 2%。为达到此目标，10 年后的国民经济总产值 GDP 达到 26 兆日元，相当于 1960 年 GDP 的 2 倍。

《国民收入倍增计划》包括 5 个方面：第一，充实社会公共资本。通过充实社会公共资本加强生产和生活基础，扩大就业和收入，以此促进经济增长。第二，引导产业结构走向现代化。提高每个企业和每个产业部门的生产率，同时将产业结构比重从生产率低的部门转向高的部门。第三，促进对外贸易和国际合作。完成这个计划的关键是扩大出口增加外汇收入。同时，加强与发展中国家的经济合作以增加资源供给。第四，培训人才和振兴科技。教育、培训、研究等人力资源开发应适应经济发展需要，技术创新应渗入经济的所有部门，用于提高国民生活水平。第五，缓和双重结构和确保社会稳定，促进产业间劳动力转移以适应产业结构变化，增加

就业，积极消除低收入阶层。充实社会保障和提高社会福利是确保社会稳定的重要前提。

三、《国民收入倍增计划》实施效果及影响

（一）《国民收入倍增计划》取得了巨大成功

一是实现了国民经济增长目标。1961—1970 年的 10 年间，日本经济年均增长率达 10.9%，远远超出了计划的 7.2%，被称为“日本奇迹”。1961 年经济增长率超过了 10%，超出计划 9% 的目标。1968 年日本崛起为仅次于美国的第二大经济强国。二是实现了国民收入增长目标。倍增计划实施后，日本仅用 5 年时间就实现了人均国民收入倍增目标。此后，国民收入继续保持快速增长趋势。

（二）居民消费支出增长

日本人均消费支出在 1961—1970 年 10 年增长 2.64 倍。居民消费支出比例大幅上升，在 20 世纪 60 年代和 70 年代，个人消费支出在总需求中所占比例约为 63%，对经济增长的贡献度达 57.1%。日本的消费理念也经历了由 20 世纪 50 年代末期的“生活合理化”，向 70 年代的“更加舒适化”，再到 80 年代追求“实现物质需求欲望”的转变。

20 世纪 50 年代中期到 60 年代末是日本的消费革命时期，这与 1956—1973 年日本经济高速增长时期大体重合。国民收入提高刺激了国民消费的积极性，引发了消费革命，进而促进了日本产业升级。各种家庭耐用消费品的普及率达到 90% 以上。截至 1970 年，90% 的家庭拥有 3 种电器，即黑白电视、洗衣机、冰箱；1973 年，80% 的家庭普及“3C”之一的彩电，“3C”是指彩电、汽车和空调，之后又普及了汽车和空调。彩电、空调当时的平均价格为 20 万～25 万日元，约为当时职工 2～3 个月的工资；小汽车的普及则是在 20 世纪 70 年代后半期，当时的平均价格为 100 万日元，大约等于一般工人 5 个月的工资。日本的电器、汽车等企业正是在国民需求扩大这一背景下快速发展，并进一步向海外扩张，成为世界巨头。

（三）劳动者收入明显增长

城镇人员工资在 1970 年基本达到了 20 世纪 60 年代的 2 倍，并在此后呈快速上涨趋势。各个阶层普遍享受到经济高速增长带来的收益，基尼系数显著降低。从 1964 年到 20 世纪 80 年代中期，日本的基尼系数一直保持在 0.26 的低水平。日本从此诞生和形成了一个稳定的中产阶层，劳资关系和社会矛盾趋向缓和。

（四）就业增加，实现农村劳动力转移

倍增计划的首要内容就是“全民就业”问题。战后日本农业生产处于合理化调整时期，出现了大量农村剩余劳动力。倍增计划的实施，以及当时日本高速发展的城市经济较好地吸收了这些劳动力。劳动力转移增加了就业，1970 年的就业人数比 1960 年增长了 14.8%。随着经济的发展和产业结构的调整，非农业部门劳动力需求急剧扩大，企业用工需求急增。1960—1970 年的 10 年间，农业和林业就业人数下降了 33.4%，而非农业增长了 34.3%，其中制造业劳动力需求增长较快。工业部门对劳动力的大量需求，导致了农业劳动力大量流出。20 世纪 60 年代，日本实现了劳动力由农村向城市的转移，完成了产业间劳动力供给转换，逐渐消除了经济中的“二元经济结构”。

（五）社会保障体系得到完善

《国民收入倍增计划》强调完善社会保障体系和提高社会福利是促进经济发展的重要前提，并将其作为一个现代福利国家所应尽的义务。倍增计划指出，为达到增加就业，促进产业间劳动力转移，积极消除低收入阶层的目标，必须充实社会保障、提高社会福利，以减轻居民消费的后顾之忧，减少储蓄，进而增加消费支出的比重；同时应避免扩大收入差别的可能性。为此，日本政府增加对公共基础设施建设和推进社会保障方面的财政金融支持。

日本政府增加公共基础设施建设，扩充住宅、生活环境设施等生活基础。在完善社会保障体系上，将社会保障目标定为尽可能减少收入低于一定水平的人数，旨在“防贫”而不是“救贫”。为实现这一目标，日本政府积极发展社会保险服务，实行全民保险，实现医疗机会均等；提高国民健康保险标准，以有利于低收入者阶层享受此种保险；扩大失业保险使用范围；提高养老金支付金额等。在提高社会福利措施上，增加福利金拨款，并以年率 8.9% 的速度增长；扩充现行的最低工资制度，并非最低生活费标准，在国民收入初次分配上，不扩大现行的收入差别。

第三节　日本对外援助经验

日本开展对外援助历经 61 年，其对外援助改革措施、有效整合资源发挥最大协同效应的成功经验，值得中国借鉴。中国应提升对外援助的决策与实施能力，保持政策的一贯性；以国家安全和利益为目标确定对外援助战略，将外交部作为对外援

助协调的核心机构；在发挥政策性金融机构作用的同时，重视引进社会资本；充分发挥亚投行的作用，带动中国对外援助发展；充分整合各方优势，提高对外援助的协同效应。

日本通过资源整合，有效协调国际协力机构（JICA）、国际协力银行（JBIC）和亚洲开发银行（ADB）三大机构，民营企业、非政府组织、地方政府、大学和科研机构以及国际援助组织，积极开展对外援助（ODA），提高援助效率，保证项目质量。同时，在对外援助过程中，实现了对受援国从政府到民间的逐层交流与合作，间接将日本对外援助理念、日本的科技与文化等渗透受援国的各个层面，扩大了日本对受援国的影响。日本对外援助改革措施及其资源整合与协同效应为中国开展对外援助提供了重要借鉴。

一、日本对外援助情况

（一）日本是世界第二大援助国家

外务省发布《2014 年度日本 ODA 白皮书》的数据显示，2013 年日本对外援助支出总额为 225.27 亿美元，同比增长 20.7%，仅次于美国位居世界第二位；支出净额 115.82 亿美元，同比增长 9.2%，位居世界第四位，前三位分别为美国、英国、德国；对外援助支出占国民总收入（GNI）的比例为 0.23%，2012 年度为 0.17%。**从援助总额来看**，2013 年日本双边援助额占 ODA 总额的 86.8%，对国际机构的捐赠占 13.2%。**从援助净额来看**，双边援助占 74.4%，对国际机构捐赠占 25.6%。日本通过双边援助，加强与受援国之间的关系，通过对国际机构的捐赠，支持具有专业水准并保持政治中立的国际机构，使其援助范围拓展到日本援助不到的国家和地区。

（二）援助形势以日元贷款、无偿援助和技术援助为主，援助范围广泛

日本对外援助主要包括有偿资金援助（日元贷款）、无偿资金援助、技术援助、紧急援助（包括大规模自然灾害援助）和对国际机构捐款等五种形式。**从援助形势来看**，2013 年日本双边援助支出总额中，无偿资金援助约 70.32 亿美元，占比约 31.2%。其中，通过国际机构进行的援助额约为 16.36 亿美元，占比约 7.3%。技术合作援助 28.04 亿美元，占比 12.5%，日元贷款 97.21 亿美元，占比 43.2%。**从援助范围来看**，至今日本对 190 个国家或地区实施了双边援助，其中援助国家 169

个；2013 年日本为 160 个国家或地区提供了援助，其中援助国家为 154 个。

表 4－1　2013 年日本政府对外援助情况　　单位：百万美元

	援助形势	2013 年	2012 年	同比（%）
双边援助	无偿资金援助	7031. 92	3117. 46	125. 6
	技术援助	2803. 60	3641. 07	－23. 0
	日元贷款净额	－1224. 09	－356. 33	－243. 5
	日元贷款援助	9721. 31	7701. 31	26. 2
	支出总额合计	19556. 83	14459. 86	35. 2
	支出净额合计	8611. 43	6402. 21	34. 5
国际机构捐款		2970. 16	4202. 30	－29. 3
ODA 支出总额		22526. 99	18662. 16	20. 7
ODA 支出净额		11581. 59	10604. 51	9. 2
支出净额占 GNI 比重（%）		0. 23	0. 17	—

注：不包括对毕业国的援助。
资料来源：根据日本外务省发布的《2014 年度日本 ODA 白皮书》数据整理。

表 4－2　日本提供援助的国家或地区（截至 2013 年）　　单位：个

区域	总计	受援国家
东亚	17	14
南亚	7	7
中亚及高加索	8	8
中东北非	21	20
非洲	51	49
中南美	41	33
大洋洲	20	13
欧洲	25	25
总计	190	169

资料来源：根据日本外务省发布的《2014 年度日本 ODA 白皮书》数据整理。

二、日本对外援助体系

（一）日本对外援助政策与时俱进，配合其外交战略，从“开发援助”向“战略援助”变迁

日本对外援助政策与其外交战略相配合，从“开发援助”向“战略援助”变迁。日本对外援助是日本战后回归国际社会，并为世界发展做出贡献的最大的外交

工具。日本通过对外援助为发展中国家提供日元贷款、无偿资金援助和技术援助，帮助其改善基础设施、发展当地经济，同时通过扩大日本的成套设备出口，帮助日本企业“走出去”，促进日本经济发展。从日本对外援助政策的演变过程来看，日本对外援助政策与其外交战略相配合，经历了从“开发援助”向“战略援助”的变迁。

20世纪50年代，日本加入“科伦坡计划”，初步形成对外援助体系，战争赔款与经济援助并行。50年代是日本经济外交和对外援助起步与初创时期，对外援助形势与对亚洲各国的战争赔款和经济合作相并行。这一时期，ODA为日本重返国际社会、改善日本与亚洲各国的关系、促进战后日本经济复兴与发展起到了重要作用。1954年，日本加入“科伦坡计划”，开始实施对外技术援助与合作，1958年，日本对印度、巴基斯坦等国提供日元贷款，标志着日本正式从受援国转变为援助国。

60—80年代，扩大援助规模，从“开发援助”为主向“战略援助”为主转换。随着日本经济高速增长，日本外交战略由“经济外交”向“大国外交”转变，对外援助成为其谋求政治大国地位的手段。其间，援助规模不断扩大，1989年日本成为世界第一大援助国，并在1991—2000年连续10年保持世界第一大援助国的地位；援助质量大幅提升，援助内容和方式多样化，在注重经济援助的同时，兼顾环境保护和人权；援助对象由亚洲扩展至中东、非洲、拉丁美洲和太平洋地区；扩大民众的参与度，争取民众的理解与支持。特别是两次“石油危机”之后，日本政府加强对中东产油国的援助，全力开展“能源外交”“石油外交”，日本对外援助政策理念从“开发援助”向“战略援助”转换。此后，日本把配合美国全球战略和实现本国国家战略作为ODA决策的重要参数。

90年代，形成援助政策，主导国际援助规则制定。随着冷战结束和全球化进展带来的新问题，日本对外援助的出发点由经济利益转向政治利益。1992年日本出台《官方发展援助大纲》（《ODA大纲》），标志着日本ODA政策法制化，日本ODA政策从“贸易、投资、技术”三位一体的“开发援助”向突出“政治安全”的“战略援助”转型，这是日本由经济大国走向政治大国的重要标志。20世纪90年代以后，日本通过提高ODA的综合效应，谋求在国际援助体系中的主导权，加强环保ODA，重视人权ODA，主导了包括柬埔寨重建和非洲开发会议以及气候变化、传染病问题、削减贫困等领域的国际规则制定。

2000年以来，由于各地恐怖主义和纷争频繁，日本对外援助动机加入了安全战略因素。2003年日本首次修改《ODA大纲》，改革ODA行政管理体制，增加ODA的透明度，提高援助效率，增强大众参与意愿。大纲明确指出，进入21世纪后援助更要兼顾世界和平、环境保护和人道主义，日本继续主导国际援助规则的制定。此后，日本借助“反恐”的名义，实现了除联合国维和活动之外长期在海外驻兵的目的。

2015年，对外援助开始注入军事因素。2015年日本通过第二轮修订的《ODA大纲》，将《官方发展援助大纲》更名为《发展合作大纲》，旨在将援助概念从单纯的ODA向更广义、更多元的国际发展合作转变，将援助意图从减少贫困向维护和平、安保和经济增长转变。新大纲明确提出日本对外援助服务于本国利益，解除对支援他国军队的限制，首次突破日本长期坚持的非军援的援外本质。日本对外援助的质变实际上是与放宽武器出口禁令、行使集体自卫权、通过新安保法案，冲破《和平宪法》直接相关。

日本实施“战略制定、政策制定、政策实施”三位一体的对外援助体制，有效保持政策连贯性。日本ODA行政改革逐步确立了由日本内阁召开“经济合作基础设施战略会议”讨论海外经济合作的基本战略、由外务省负责对外援助政策制定但由独立的日本国际协力机构负责对外援助政策实施的行政管理框架与模式，形成“战略制定、政策制定、政策实施”三位一体的对外援助体制，以确保能够制定并实施长期援助战略，保持政策的连贯性。2013年3月启动的“经济合作基础设施战略会议”，旨在促进官民合作，推进基础设施输出海外。会长为官房长官，成员包括副总理兼财务大臣、总务大臣、外务大臣、经济产业大臣、国土交通大臣和经济再生担当大臣。日本加强外务省的规划组织能力，将其作为官方发展援助的核心协调机构。日本外务大臣担任该委员会主席，下设国际协力企划立案本部，包括国际协力局（2006年8月成立），综合外交政策局和地域局。日本明确将日本国际协力机构作为援助政策的实施机构，负责日本官方对外援助的具体实施。

（二）机制引领，政银共赢，提高对外援助效率

JICA是日本对外援助的综合实施机构，全面负责实施日元借款、无偿资金援助和技术援助。2008年日本政府实行对外援助执行机构一元化改革，确立日本国际协力机构作为日本政府开发援助的唯一实施机构，综合实施日元贷款、无偿资金援助和技术合作三种援助方式，提高了对外援助效率，JICA成为世界上最大的双边援助机构。

加强本地化合作，成立ODA特别工作组。为加强与发展中国家的政策协商，增进共识与理解，JICA通过驻外使馆和设置JICA当地事务所，构建当地ODA特别工作组。其主要职能包括：加强与当地政府的政策沟通，充分了解受援国的开发政策

和援助需求，加强与其他援助国或相关机构、当地的日本企业和 NGO 的合作，参与国别援助计划制订，建议援助候选项目，提出援助建议。ODA 特别工作组在明确受援国的现实需求，进而实施高质量的 ODA 方面，发挥了重要作用。

日本国际协力银行（JBIC）是日本对外援助的主要政策性金融机构。政策性金融机构在日本的对外援助中起到了重要作用。21 世纪以来，日本经济进入稳定发展阶段，产业政策以产业内部调整为主，金融政策则全面进入金融市场化改革阶段，日本政策性金融体系进入精简重组新阶段。2005 年 10 月，日本通过了邮政民营化改革法案，邮政改革使政策性金融资金来源失去保障，政策性金融体系改革势在必行。[①] 2006 年 6 月，《行政改革推进法》在国会获得通过，确定了政策性金融机构改革的最终方案，按照该方案，2 家民营化，1 家移交地方管理，5 家合并。日本政策投资银行和商工组合中央金库于 2008 年 10 月实行股份公司化，并于 2016 年 3 月前将政府拥有的股份全部卖出，以最终实现民营化。废除公营企业金融公库，将其业务移交地方管理。国际协力银行被分解为国际金融部门和日元贷款部门，将国际金融部门（新 JBIC）与国民生活金融公库、中小企业金融公库和农林渔业金融公库统一合并为日本政策金融机构（JFC），将日元贷款部门并入日本国际协力机构（JICA），组成新的开发援助机构。冲绳振兴开发金融公库保持现状至 2012 年度。

表 4 - 3　2006 年日本政策性金融机构改革方案

机构名称	设立时间	贷款对象	改革后的状况
住宅金融公库	1950 年	个人	2006 年未废止
商工组合中央金库	1936 年	中小企业	2008 年 10 月实行股份公司化并最终民营化
日本政策投资银行	1999 年	基础设施建设	
国民生活金融公库	1999 年	小企业、个人	2008 年度统一为日本政策金融公库，包括国际协力银行的国际金融部门
中小企业金融公库	1953 年	中小企业	
农林渔业金融公库	1999 年	农林水产业	
国际协力银行	1957 年	涉外经济活动	
公营企业金融公库	1957 年	地方公共团体	废止后交地方管理
冲绳振兴开发银行	1972 年	冲绳产业开发	保持现状至 2012 年度

资料来源：赵放．日本政策性金融机构改革评析［J］．现代日本经济，2008（5）．

日本国际协力银行（JBIC）作为政策性银行在日本经济发展中发挥着重要作用，自成立以来，结合不同阶段国情进行改革，以补充民间金融机构信贷为宗旨，

① 赵放．日本政策性金融机构改革评析［J］．现代日本经济，2008（5）．

成为“海外金融”的支柱。JBIC 成立于 1999 年 10 月，是由原日本输出入银行（JEXIM，1950 年）和海外经济协力基金（OECF，1961 年）合并成立，是当时日本官方出口信贷机构和对外援助的主要执行机构。2008 年 10 月，为缩减政策职能范围、充分发挥民间金融机构的作用，日本政府将 ODA 业务又从 JBIC 分离出来交由日本国际协力机构承办，并将 JBIC 并入日本政策金融公库（JFC）。2008 年国际金融危机爆发期间，日本政府为了更好地发挥政策性金融的作用，将 JBIC 从 JFC 中独立出来，2012 年 4 月成立新 JBIC。**新 JBIC 的使命**，旨在“促进日本在海外重要资源的开发和获取、维持并提高日本产业的国际竞争力、促进开展以防止全球变暖等保护环境为目的的海外事业、应对国际金融秩序的混乱”四个领域中，通过多种金融手段提供支持，帮助日本企业开拓海外市场，稳定发展中国家的经济金融体系，为日本经济创造良好的外部环境或减轻外部因素对日本经济的不利冲击，促进日本和国际经济社会的健全发展。**主要业务领域**包括：向发达国家提供出口信贷，为所有日本企业提供海外收购贷款、短期搭桥贷款，经由日本民间金融机构实施“中间信贷”，为货币互换、应收账款、企业债券和出口信贷提供担保等。

JBIC 数据显示，截至 2014 年 3 月末，JBIC 出资、融资累计承诺项目和金额如下：亚洲和大洋洲，11957 件，24.6011 万亿日元；欧洲、中东和非洲，6896 件，18.6730 万亿日元；北美洲和中南美洲 7033 件，16.8753 万亿日元。2013 年度，JBIC 出资和融资担保余额累计 15.3046 万亿日元。其中，亚洲 2.7554 万亿日元，占比 18%；大洋洲 1.5771 万亿日元，占比 10%；欧洲 1.6054 万亿日元，占比 11%；中东 2.1108 万亿日元，占比 14%；非洲 3553 亿日元，占比 2%；北美洲 1.8959 万亿日元，占比 12%；中南美洲 3.2432 万亿日元，占比 21%；其他地区 1.7820 万亿日元，占比 12%。

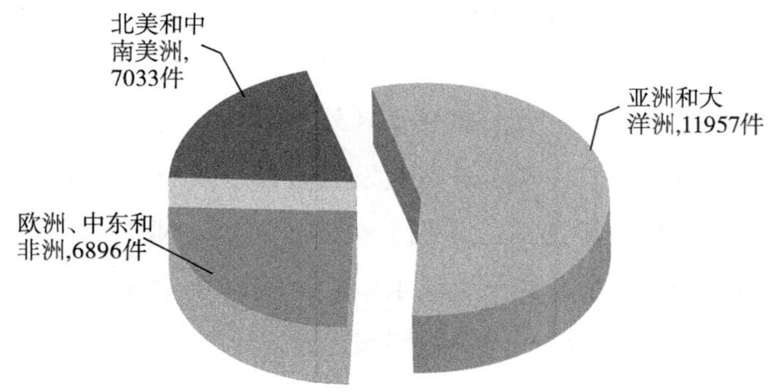

图 4－1　JBIC 出资、融资累计承诺项目（截至 2014 年 3 月）

资料来源：日本国际协力银行网站，《本国际协力银行的作用和职能》。

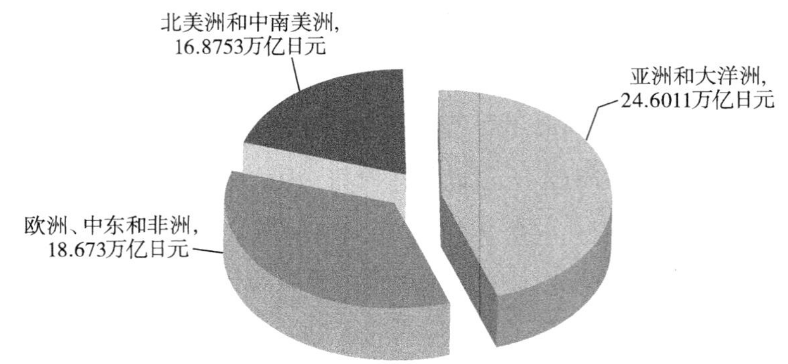

图 4－2　JBIC 出资、融资累计金额（截至 2014 年 3 月）

资料来源：日本国际协力银行网站，《日本国际协力银行的作用和职能》。

（三）通过内外配套资金支持，形成以亚行为牵头的对外援助体系

亚洲开发银行是亚洲地区主要的国际金融机构，长期为日方所主导。亚洲开发银行（以下简称“亚行”）成立于 1966 年，是亚洲和太平洋地区的区域性金融机构，总部设在菲律宾首都马尼拉。亚行的宗旨是帮助亚太地区脱离贫困，主要通过货款、赠款、政策对话、技术援助和股权投资等援助形式，帮助协调会员国或地区成员在经济、贸易和发展方面的政策，同时与联合国及其专门机构合作，促进亚太地区的经济发展。1966 年成立之初仅有 31 个成员，目前已经发展到 67 个，其中 48 个来自于亚太地区，19 个来自其他地区。

亚行通过众多基金项目追加投资，通过内外配套，形成以亚行为牵头的援助体系。日本是亚行最大的出资国和主导国。尽管日本与美国持股比例相同，但日本通过与亚行合作设立“日本特别基金”“日本扶贫基金”等项目追加投资，成为亚行的主导国，其标志之一就是历任亚行行长的人选都来自日本。长期以来，亚行成为日本对外援助特别是对亚太地区援助的主要机构，通过内外配套，实际上形成了以亚行为牵头的对外援助体系，大大提升了其外交战略的影响力。亚行帮助亚洲国家发展社会经济的时期，正值日本经济高速发展阶段，亚行的援助项目优先与日本企业合作，选用日本的产品和技术，客观上帮助了日本企业进入整个亚太地区市场。此外，自从 20 世纪 80 年代日本开始谋求联合国安理会常任理事国地位之后，亚行给予亚洲的安理会非常任理事国的贷款明显上升。

（四）从政府主导向官民合作或民间主导转变，建立政府与企业间的协调机制，重视国民的支持与理解

重视社会资本的作用。20 世纪 80 年代以后，日本对外援助模式从政府投资、

运营主导向官民合作（PPP）或民间主导转变，更加重视社会资本的作用。在对外援助项目的调研阶段就充分听取民间企业的意见，例如，基础设施的对外援助过程中，政府和企业分担不同的角色，政府负责战略和政策制定，企业承担项目的投资和运营管理，使民间技术、经验和资金得到充分运用，提高了开发效率。PPP 领域的案例包括上下水道建设、机场建设、高速公路、铁路建设等。

重视国民的理解与支持。外务省和国际协力机构采取多种措施增加对外援助的透明度，鼓励国民在更广范围内直接参与对发展中国家的援助。

派遣青年海外协力队、资深海外志愿者直接参与对发展中国家的援助。为推进年轻人和有丰富经验与技术的国民作为志愿者参加对外援助，JICA 向海外派遣青年海外协力队员和资深海外志愿者。青年海外协力队是派遣 20～39 岁的青年到发展中国家，与当地人民共同生活劳动 2 年，进行经济社会开发援助。青年海外协力队始于 1965 年，至今已有 50 年的历史，获得了国际社会的高度评价。资深海外志愿者是选派 40～69 岁拥有高超技术和丰富经验的国民参与对发展中国家的援助，与青年海外协力队形成梯次协同、错位发展的格局。

积极参与对 NGO 的支援与活动。日本 NGO 主要从事"人才培养""生活援助""救灾""环保""产业帮扶""维护和平"和"人权"等活动。由于 NGO 能够直接进入当地社会，对政府间的援助起到了补充和拓展的作用。外务省重视与日本 NGO 合作开展对外援助，鼓励国民积极参与国际援助中对 NGO 的支援与活动，为参与对外援助的日本 NGO 提供一定的财政补助，如无偿贷款等，促进 NGO 积极开展对外援助。

提供 ODA 现场体验机会，建立 ODA 交流机制。为扩大国民对 ODA 的理解与支持，提升 ODA 信息透明度，日本提供 ODA 现场体验机会，组织国民与具有 ODA 经验的企业、组织、个人以演讲或学会的形式进行讨论和对话；推进开发教育，培养开发领域人才，推动 ODA 研究，加强国际社会的理解与支持；注重与日本驻外使馆和 JCIA 当地事务所合作，加强 ODA 宣传，增进受援国对日本援助的了解。

（五）有效协调三大机构、社会资本及国际援助组织，整合对外援助资源，提升协同效应

案例一：亚洲基础设施投资计划。2015 年，日本宣布要在未来 5 年为亚洲基础设施投资 1100 亿美元。日本计划以日本国际协力机构、日本国际协力银行以及亚行这 3 个主要渠道来实现 1100 亿美元的投资。其中，亚行的贷款额度达 530 亿美元，

国际协力机构和国际协力银行分别为 335 亿美元和 200 亿美元。这一计划由日本外务省、经济产业省、财务省和国土交通省联合制订，包括“四个支柱”：通过全面动员日本的经济合作工具来扩大援助，日本与亚行之间的合作，对相对高风险项目的资助翻倍，促进高质量基础设施投资成为国际标准。日本政府将与民间进行合作，扩大对正在进行基础设施建设的亚洲各国的支援，计划在今后 5 年内提供 4 万亿日元以上的援助。私营部门的参与将主要通过 PPP 的模式来实现，其中包括在国际协力机构和亚行之间建立一个新的合作机制，促进公私合营的基础设施投资；通过提供 ODA 贷款，支持发展中国家为 PPP 项目提供资金、可行性缺口补助和担保。

案例二：日本对华援助 30 年，总额近 2900 亿元人民币。日本通过多种方式对华开展援助。日本本外务省官方发展援助（ODA）的数据显示，1979—2010 年，中国共获得日本 33164. 86 亿日元（约 2638 亿元人民币）的开发优惠贷款、1557. 86 亿日元（约 124 亿元人民币）的无偿援助以及 1739. 16 亿日元（约 138 亿元人民币）的技术合作资金，总金额高达 36461. 88 亿日元（约 2900 亿元人民币），涉及项目 200 多个。即便是在 2005—2010 年，日本对华援助有所减少，2008 年起终止了对华开发优惠贷款项目，加起来也达到 2101. 98 亿日元（约 167 亿元人民币）。30 多年来，日本是中国最大的援助国，而中国是日本最大的受援国，中国的外来援助中有 60% 以上来自日本。

中国的两大机场枢纽上海浦东国际机场和北京首都国际机场就分别接受了日本 31. 7 亿元和 23. 8 亿元人民币的优惠贷款援助，除此之外，兰州、武汉、西安等地机场的建设也都接受了日本的援助。中国铁路约 5200 千米的电气化改造、470 个大型港口泊位中约 60 个等均由日元贷款建成或正在建设。北京到秦皇岛的铁路扩建工程、北京污水处理厂建设项目、大同到秦皇岛铁路、中日友好医院、北京地铁 1 号线、上海宝山钢铁厂改造、重庆城市铁路建设、青岛港扩建工程、天生桥一级水电站发电项目、杭州到衢州高速公路、深圳盐田港一期工程、大窑湾大连港一期工程等，都有日本资金的注入。

案例三：亚行和日本向菲律宾提供 4 亿美元贷款援助。2012 年，为提升菲律宾在东盟的竞争力，亚行和日本国际协力机构决定向菲提供 4 亿美元援助性质的贷款。亚行和日本分别提供 3 亿美元和 1 亿美元贷款，包括政策贷款和项目贷款。贷款将主要用于改善政府行政管理、法治以及基础设施，包括灌溉系统和 PPP 项目。

案例四：日本政府与国际货币基金组织相配合，通过国际协力银行向东南亚国家提供不附加条件贷款。在亚洲金融危机期间，日本政府与国际货币基金组织相配合，通过国际协力银行大量增加向泰国、马来西亚等受金融风暴冲击较大的东南亚国家提供不附加条件贷款，稳定亚太国家的金融体系和经济状况，从而减轻了对日本经济造成的冲击。

案例五：日本国营铁路对外技术援助。20 世纪 70 年代，日本国营铁路开展对外技术援助，主要通过日本国际协力机构、日本国外铁路技术服务协会（JARTS）、国外经济合作基金（OECF）和日本青年海外协力队等机构进行。日本国外铁路技术服务协会于 1975 年 7 月成立，由国铁、铁路建设公司、地下铁经营财团、各种协会顾问、制造厂、银行和商行等组成。日本国铁对国外的主要技术援助项目有：美国东北走廊高速电气化铁路、伊朗高速电气化铁路、扎伊尔共和国马塔迪桥的建设等。

三、对中国援外的启示

（一）提升援助政策的决策与实施能力，保持政策的一贯性

目前，中国商务部是中国对外援助的主管部门。商务部援外司（下设 14 处 1 室）负责拟订并组织实施对外援助的政策和方案，推进对外援助方式改革，组织对外援助谈判并签署协议，处理政府间援助事务，编制对外援助计划并组织实施，监督检查对外援助项目的实施。借鉴日本的经验，建议国务院设立海外发展合作委员会，直接由总理负责，包括负责外事工作的国务委员、外交部长、商务部长、财政部长，以充分讨论与统筹规划海外发展合作的基本战略与政策。

（二）以国家安全和利益为目标确定对外援助战略，将外交部作为对外援助协调的核心机构

对外援助是以国家安全和利益为目标，是具有长期性、连贯性的国家战略。战略集中意味着中国对外援助的战略方向与资源分配必须有适当的轻重缓急次序，否则会导致战略分散与过度伸展，增加援助的政治成本和经济成本。当前，商务部在中国对外援助中的主导作用是历史形成的，这种对外援助管理机制已不能充分满足对外援助战略的现实需要。建议改革对外援助行政管理体制，改变商务部作为对外援助主管部门的角色，将外交部作为对外援助协调的核心机构，负责对外援助政策规划、制定与评估，保留商务部对外援助司作为对外援助的实施机构。

（三）发挥政策性金融机构作用的同时，重视社会资本的参与

国家开发银行（以下简称“国开行”）是中国对外援助的政策性金融机构，主要通过开展中长期信贷与投资等金融业务，支持国家“走出去”战略，拓展国际合作业务。主要业绩包括：推进基础设施、清洁能源、中小企业等领域的国际合作，推动五矿联合体收购秘鲁拉斯邦巴斯铜矿等一批重大项目实施；服务“一带一路”建设，参与设立丝路基金，发挥上合银联体和中国—东盟银联体的平台支持作用，促进沿线项目取得进展。截至 2014 年末，外币贷款余额为 2670 亿美元。在发挥政策性金融机构对外援助作用的同时，还应积极引进社会资本，实现对外援助模式从政府投资、运营主导向 PPP 模式或民间主导模式转变。

（四）充分发挥亚投行的作用，带动中国对外援助发展

日本成功通过亚行实施对外援助，实现其外交战略。借鉴日本的经验，中国可利用亚投行推动中国对外援助，对亚投行进行配套资金支持，助力中国企业“走出去”，为世界发展做出贡献。亚投行的建设，将为亚太地区国家的基础设施建设提供融资支持，带动区域内各国的经济发展，对拉动这些国家的经济复苏，促进全球经济的可持续发展起到重要作用。同时，亚投行作为“一带一路”的投融资平台，能够帮助“一带一路”不断深化互联互通建设，提高“一带一路”区域的投资能力和分散投资风险，并平衡多个国家在该地区的利益。由于目前许多国家对基础设施建设和推进工业化的需求强劲，而中国很多装备和产能质优价廉，综合配套能力强，与这些国家有很高的契合度。中国装备“走出去”、推动国际产能合作，不仅有利于盘活存量资产，推动经济从中低端向中高端迈进，也有利于其他国家加快工业化进程、扩大就业，还可以为中国与发达国家合作开拓第三方市场创造更多的机遇，这是“各得其所、互利共赢”的好事。

（五）充分整合各方优势，提高对外援助协同效应

中国应充分整合政府机构、国开行、亚投行、民间企业、NGO 与科研院所、民间智库等资源，提高对外援助的协同效应。目前，中国 NGO 尚处于起步阶段，中国政府可以通过扶持、资助、指导和协调来培育自己的 NGO，充分发挥 NGO 的作用，促进 NGO 参与对外援助。通过与高校和科研院所合作，培养对外援助人才，派遣海外志愿者和高技术人才，加大对外技术援助。增强大众对对外援助的理解与参与，定期出版《中国的对外援助》白皮书以提高对外援助项目与政策的透明度。

第四节　日本国土规划改革经验

一、日本国土规划改革历史回顾

二战以后，日本国土综合开发规划经历了 5 次改革，有力地促进了日本的城市化进程。1950 年，日本颁布《国土综合开发法》，首次提出编制各级国土开发规划，此后共制定了 5 次全国综合性开发规划。

（一）第一次改革：注重开发和地区均衡发展

战后，随着日本经济的高速增长和城市化进程加快，出现了大城市人口过密、地方农村人口过疏、城乡收入差距拉大的问题。为此，1962 年日本制定了“全国综合开发规划”（即“一全综”），旨在均衡地区间发展，以产业基础建设为核心建立沿海工业区。“一全综”在原有东京等大型工业城市周边布局开发基地，形成由点到线的工业布局，以期实现地区均衡发展，并防止城市过大化。由此，太平洋工业带集中了包括三大圈在内的众多大城市，形成城市群。

（二）第二次改革：推动大型项目建设和创造良好的生活环境

20 世纪 60 年代末期，随着经济高速发展，大城市病凸显。1969 年日本制定了“新全国综合开发规划”（即“二全综”），旨在创造良好的生活环境，构建全国范围内的交通网络、推进新干线、高速公路等大型项目的建设，缓解城市化发展中的问题。

（三）第三次改革：建设宜居综合环境

20 世纪 70 年代后半期，日本经济结束高增长态势，进入稳定增长时期。日本出现了人口、产业向地方分散的趋势，国土资源趋于紧张。1977 年制定的第三次全国综合开发规划（即“三全综”），提出了重视生活环境建设的构想，建设示范定居圈和技术聚集城市，提倡人与自然和谐相处，抑制大城市进一步扩大，同时促进地方城市发展。

（四）第四次改革：构建交流网络和多级分散国土框架

20 世纪 80 年代后半期，《广场协议》之后，日本经济开始走向国际化，人口、产业再次向三大圈，特别是向东京圈一级化集中，各项功能也开始向东京一级化集中。为了避免一级化现象，1987 年日本制定了第四次全国综合开发规划（即“四全综”），以构建多级分散型国土框架为基本目标，力图构建以核心业务城市为中心的多级结构，并提出了交流网络的构想。“四全综”通过建设“全国一日交通圈”，实现主要城市之间能够一日往返，交通网络的完善促进了工厂向地方的搬迁，推进了地方建设，增强了政府、地方和民间团体的交流与合作，缩小了区域经济差距。

（五）第五次改革：由国土开发转向由多种主体参与和地区合作的国土管理

20 世纪 90 年代末期，日本与亚洲各国竞争和交流日益密切。1998 年制定《21 世纪国土宏伟规划——促进区域自立与创造美丽的国土》（即“五全综”），其中已不包含“开发”的字样，表明日本国土规划已由注重国土开发转向注重国土管理。“五全综”提出了建设多种主体参与的多中心型国土结构，直接与亚洲等海外国家开展交流，形成广域国际交流圈；并提出大城市再开发战略，着眼于大城市修复、更新和有效利用；开展中心城市周边地区合作；创建多样性居住城镇。但由于日本人口减少和老龄化比率上升，大城市的医疗条件和基础设施等资源更加完备，日本再次出现了人口向大城市集中的现象。

目前，日本正在实施国土可持续发展战略。2005 年，日本制定《国土形成规划法》，取代了《国土综合开发法》，并从 2006 年开始编制《日本国土可持续发展规划》。

二、日本国土规划改革促进了城市化进程

日本通过国土规划改革推动了经济发展与城市化建设，逐步构建起城市立体开发框架，解决城市发展中出现的问题，并进一步完善城市职能，提高城市效率，同时促进了城乡均衡发展，增强了区域合作。“一全综”在原有旧工业区之外重点建设新工业城市和工业建设特别地区，形成了国土开发的“点”；“二全综”推动了大型交通网络建设，将工业区和地方圈连接起来，形成了“线”；“三全综”提出了建设示范定居圈和技术聚集城市，形成了“面”；“四全综”通过构建“全国一日交通圈”的交通网络以及多级分散的国土框架，最终形成了立体开发结构；“五全综”则是由国土开发转向国土治理，提高了城市效率。

按照城市人口占总人口比率计算得到的城市化率数据显示，“一全综”和“二

全综”时期，日本的城市化率达到了76%（1975年），表明日本城市化基本完成。“三全综”至“五全综”时期，日本城市化进程较为缓慢，城市化水平达到了79%（2000年）。2005年日本出台《国土形成规划法》之后，当年城市化率大幅提高至86.3%，城市效率大大提高。

三、日本城市化过程中存在的问题及其政策措施

日本国土规划改革促进了城市化与工业化发展，随之出现的是城市化进程中的人口流动、产业布局、大城市病、城乡均衡发展和环境污染等问题。日本政府采取以下五大措施进行规划和治理。

一是实施大城市化战略，实现区域均衡发展。日本城市化与工业化相互促进，在转移农村劳动力过程中，采取大城市战略，形成东京、大阪和名古屋3大城市圈，成为人口聚集中心；以中心城市为主体，发挥大城市的辐射作用，发展周边卫星城镇，形成城市带；城市带再向外扩展和辐射，实现区域均衡发展。

二是城市布局、产业布局和人口布局相结合，形成高度一体化区域。城市化和工业化发展，加速了劳动力由第一产业向第二、第三产业转移。城市、产业和人口均衡的布局、统筹安排与合理分工，增强了大城市功能，加强了大城市与周边地区的有机联系，逐渐形成了高度一体化区域，阻止了区域间经济差距扩大。

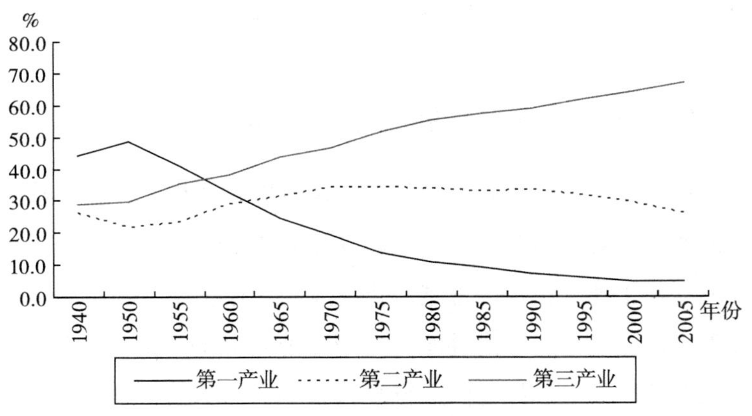

图4－3　日本三大产业人口比重

由图4－3可以看出，二战以来日本第一产业就业人口迅速下降，第二产业和第三产业就业人口大幅上升，特别是第三产业上升幅度较大。第一产业就业人口由1940年的44.3%下降至2005年的4.8%。其中，农业就业人口比例由1940年的

41.7%下降至2005年的4.4%，降幅达89.4%。第二产业就业人口则由1940年的26%上升至1975年的34.1%，此后基本维持在这一水平且有所下降。其中，制造业就业人口比重在1970年达到高点26.1%之后，开始呈下降趋势，这与日本工业化基本完成、第三产业发展有关。第三产业就业人口比重由1940年的29%提高至2005年的67.2%，且仍然呈上升趋势。其中，服务业比重大幅提高，由1940年的8.9%持续上升至2005年的28.5%。

三是通过完善城市基础设施和公共服务建设，提高城市综合承载能力。公共服务和基础设施建设主要依靠政府财政投入，在“三全综”至“五全综”的土地政策中，通过实施“定居圈”“宜居城市”“人与自然和谐发展”“提高城市效率”等政策措施，极大地提高了城市综合承载能力。

四是注重发展城市周边地区，统筹城乡发展。日本通过大城市的辐射作用形成相互联系的城乡发展网络。大城市功能也由工业中心向管理中枢和金融服务中心转变，而公共服务、基础设施的建设等也不局限于大城市，基本上是均衡布局的，地区差别不大。

五是出台环保法律，加大对环境的保护。日本城市化初期处理环境问题是典型的“先发展后治理”，未充分注重环境问题，导致了严重的环境污染。20世纪50年代后期开始，日本已经非常注重环境问题，并通过环境立法加大对环境的保护。60—70年代，先后出台了一系列环保法律，基本形成了环境保护法规体系。

四、对中国制定城市化发展战略的启示

日本国土规划改革与城市化建设和工业化发展相辅相成，其经验值得中国借鉴：

一是发挥政府的规划指导作用，推动城市化进程。根据经济发展状况和土地资源状况，合理开发土地资源、促进城市化建设和产业发展，均衡全国产业布局。

二是合理规划国土使用，促进城市化与工业化共同发展。按照全国经济和人口布局要求，在资源环境承载能力内进行总体规划和合理开发，形成可持续的国土发展，在此基础上推进城市化建设和工业化。

三是发挥大城市的带动作用，促成区域优势形成。将城市规划纳入区域经济协调发展之中，发挥大城市的辐射作用，带动周边中小城镇；整合本区域优势经济、优势产业，形成区域经济优势。通过地区资源优化配置和经济融合，实现地区均衡发展。

四是打破城乡二元结构，实现统筹发展。统筹考虑城乡发展，打破城市之间的行

政分割，将同一地域的城市和农村作为整体统筹发展。公共基础设施等服务功能设置不限于城市，应辐射农村地区，实现区域公共服务均等化，并将部分城市职能分散到周边地区，建立功能不同的卫星城镇，如产业城市、居住城市、大型购物中心等。

五是构建全国交通网络。大力发展交通基础设施建设，构建交通网络，缓解城市交通拥挤问题，加强城市内部、城市之间、城乡之间的交通联系，更好地连接产业城市与大城市，促进城市周边地区与城市的协调发展。

六是注重“三农”发展，保护耕地。借鉴日本城市化过程中的农业政策，节约耕地，保护绿地，加大对“三农”的保护与支持力度，缩小城乡收入差别。产业政策向农村倾斜，解放农村劳动力，发展现代农业。

七是边发展边治理环境问题。汲取日本在城市化发展过程中环境污染的教训，采取“边发展、边治理”的方针，在城市化发展的同时，加大对环境的治理。

第五节　从日美贸易摩擦看中美贸易摩擦

20 世纪 60—90 年代，日美贸易摩擦不断，从纤维制品、钢铁、家电到汽车、半导体、通信器材，日本应对策略既有可取之处也有剜心之痛。回顾总结日本当年应对日美贸易争端的经验教训，来应对中美贸易摩擦。

一、日美贸易摩擦前车之鉴

20 世纪 60 年代开始，日美先后围绕纤维制品、钢铁、彩电、汽车、半导体、通信器材等领域发生贸易争端。其中，日美贸易摩擦尤为激烈的时期是 20 世纪 80 年代末，美国对日本采取了超级“301”调查，日本几乎所有商品都处于美国贸易制裁风险之中。在长达 40 年的对美贸易摩擦中，日本积累了丰富的应对经验，但也有屈服接受后的惨痛教训。

（一）日本曾依据国际规则据理力争

日本遵守《关贸总协定》（GATT）规则，以此为依据应对美国的非难，请美方提出日美贸易对其产业造成损害的证据，即是否因日本的原因使美国产业受到了损害，若确有损害，日本会做出相应调整。在早期纤维制品贸易摩擦上，当时日本通产省提出日方派调查团进行调查，结果是没有对美产业造成损害，因此日本没有接受美国的自主规制要求。

（二）日本采取忍让避让措施化解争端

日美贸易摩擦不单纯是经济问题，有些谈判涉及政治交易。日本外务省解密的外交文书揭示，当时日本首相佐藤荣作与美国总统尼克松达成秘密协定，美国单方面将冲绳的“施政权”交还日本作为交换，日本调整纤维制品贸易政策。可见，日美纤维制品贸易摩擦谈判并不是正常的谈判过程，而是政治交易的结果。日美贸易摩擦还牵扯到产业调整和金融自由化问题。在美国贸易摩擦的压力下，日本采取出口自主规制、加大海外投资、扩大内需市场、扩大金融开放以及强推日元汇率升值等措施。此后日本宏观经济政策制定失当，造成房地产泡沫破裂。日本其后经济调整的惨痛教训值得我们警惕。

二、日美、中美贸易摩擦的比较分析

中美贸易摩擦以来，很多专家都以当年日美摩擦为例，担心中国可能会像日本一样陷入经济失速的境地。当前中美贸易争端暂时达成谅解，双方发表联合声明，但两国的结构性矛盾仍然存在，不排除贸易摩擦继续发生的可能性。日美、中美贸易摩擦外部环境原因有相似之处，但中日应对条件有很大的不同，中国完全可以采取以静制动、以战促和的策略。

（一）相似点

一是经济开放进程相似。20 世纪 50 年代起，日本经济迅速发展，与以美国为首的西方国家产生矛盾。美国要求日本加快推进投资自由化、金融自由化。这是日本与西方国家发生摩擦的起因。20 世纪 60 年代，日本加入经济与合作组织（OECD）时，OECD 专门为日本保留了一些暂时性例外条款，这与中国加入世界贸易组织（WTO）保留一些例外条款，在规定时间内达到条款要求是类似的。

二是对美贸易出现大量顺差。20 世纪 70 年代日本对美贸易出现大幅顺差状况，1985 年日本签订《广场协议》迫使日元大幅升值。日元大幅升值既有美国的压力要求，也有日本国内产业结构升级的要求。中国当前对美贸易也出现大幅顺差，这是美国对华启动“301”调查的原因。

三是国内产业面临升级阻力。日美摩擦激烈时期，美国非难日本流通市场，认为日本流通市场有看不见的管制手段，强迫日本改变法律，扩大进口美国商品。虽然日本对美国的这一要求不满，但日本认为可以借此疏通拥堵环节。这与当时中国主动加入 WTO 的选择相似，以开放促改革。

四是实施扩大海外投资战略。中国倡议推进“一带一路”建设是正确的，这也是日本当时走过的道路，在贸易顺差时，推进建立海外投资银行，加快实施企业“走出去”战略和推进对外援助战略。

（二）不同点

一是发展阶段不同。日美是发达国家之间的贸易摩擦，中美是发展中国家与发达国家之间的摩擦。

二是产品结构不同。日美贸易摩擦对象主要为同质竞争产品，中美贸易摩擦对象主要是高科技产业，而目前高科技产业仍是美国主导，中国尚未形成有效竞争力。

三是经济体制不同。日本是市场经济、自由贸易国家，日美贸易摩擦可根据市场和企业行为来解决，而中国尚未被承认市场经济地位，透明度不够，容易引发国际社会猜疑，不能有效解决贸易摩擦。

四是问题性质不同。日美贸易战是经济问题，当前的中美贸易战主要是政治问题。关志雄认为，中美贸易摩擦不是贸易问题，而是技术转移问题。

五是海外投资对象不同。日本海外投资很多是绿地投资，不是兼并，因此受美国欢迎。中国企业为了获得先进技术，并购比自身发达的企业，往往会受到发达国家的抵制。

三、应对建议

（一）采取以静制动、以战促和的策略

美国对华贸易政策应分两部分理解，一是特朗普本身的考虑，解决美中贸易逆差问题；二是美国智囊机构官僚的考虑，遏制中国高科技产业发展，两者叠加就是美国的政策。京都大学经营管理大学院客座教授杉本孝认为，中美贸易摩擦博弈中，应注重特朗普的三个特点：一是特朗普的商人特质，将商业谈判用于政治谈判，进行价格交涉；二是特朗普的性格，就问题解决问题，并不考虑政策的联动性；三是没有长期战略视野。

审时度势以静制动。中国应对中美贸易摩擦问题可以先等一等，待特朗普降价之后再做对应。中国也可以找特朗普周边的朋友去影响特朗普。

快速反击以战促和。美国“232”条款并没有把同盟国日本排除在外，这让日

本很震惊。日本政府不应一直采取避让态度，应该做些报复，否则美国单方面先打日本，日本也应该抬高门槛，双方抬高门槛后才有商谈妥协的余地。中国采取报复措施是很恰当的，否则只能等美国下一步的制裁措施。

（二）以规则为基础，以证据为准绳

一是敦促美国遵守 WTO 框架下的多边贸易规则。坚持反对贸易保护主义，维护国际经济秩序。处理与美贸易摩擦时，所有国家都应坚持以 WTO 框架下的贸易规则为标准与美磋商交涉。

二是敦促美国拿出国际认定的证据。中国对美贸易顺差导致产业危害要有论据，技术窃取问题涉及司法程序，要依法进行彻底追究，摸清事情的来龙去脉，为商贸谈判和政治谈判做好准备。特朗普认为中国政府强制外方企业转让技术给中国企业，指责中国军工企业进行网络盗窃转给中国企业，有则改之，无则拿出证据澄清。

三是增强谈判技巧。中国应增加谈判技巧，不要去商谈高价购买技术，而应从造福人类的角度与对方交涉，请其将成熟的造福人类的技术转给中国，对方可以继续研发更先进的技术。

（三）强化阐述和宣传共赢理念

加强对共赢理念的思想沟通。共赢理念是个思想理念。美国认为中国只关注本国利益，不关注别国利益。特朗普指责“中国制造 2025”和中国政府强制百姓购买电动汽车。在中国这被认为是理所当然的事情，但别国都不认同。从别的国家看，这不是一个共赢战略。中国提倡共赢的概念时，要与世界有效沟通，阐释共赢的内容，形成一致认识后，才能进行共赢对话。

将共赢思想贯彻到中长期规划中。中国的“十四五”规划及未来国家规划，应制定更加开放的合作共赢政策，让外界认为中国有决心与世界共赢。因此，将共赢思想贯彻到中长期规划非常重要。

坚持对等开放与和谐共存。贸易战只能带来双输的结果，最好的选择是双方对等开放。希望中国进一步开放，如解除互联网的限制。中国与其他国家在技术上各有差距是客观的，在某些方面中国可以做到世界第一，但希望也给其他国家留有发展余地，中国与世界其他国家应加强分工，相互依赖，形成“你中有我、我中有你”的开放型经济新格局。

（四）增加宣传中国主张的透明度

中国很多问题产生的根源都是因为缺乏透明度。日本参加 OECD 的前提条件是保证信息公开。中国向世界宣传自己时缺乏透明度，使世界对中国的信任度降低，原因有可能是语言障碍，也可能是国内体制问题。要让其他国家理解中国，一定要在透明性上做出改善。缺乏透明性使得中国在很多场合不断被怀疑。中国应积极与他国进行沟通交流，遵守国际规则，增加信息透明度，取得国际信任，才会成为国际规则的建设者。在环保问题上，中国也应增加透明度，发挥媒体的监督作用，强化环保舆论压力，倒逼供给侧结构性改革。

四、中国应借鉴美、日消除误解的成功经验

目前中美在经济和商业等领域仍存在一定程度的误解，成为影响中美关系的主要因素之一。建议中美通过加强企业、智库、学术机构间的交流，借鉴美、日有效化解分歧和误解的成功经验，化解中美分歧。

（一）中美之间存在的误解成为影响中美关系的主要因素

近年来，中国经济发展取得了巨大成就，综合国力不断增强，社会民生方面取得较大进展。面对 2008—2009 年的金融危机，中国采取务实、有效的举措率先走出困境，对带动全球经济走出危机起到了关键作用。

中美关系是世界最重要的双边关系。目前，中美关系发展势头良好，但双方在经济和商业等领域仍存在一定程度的误解，成为影响中美关系的主要因素之一。长期来看，中美合作成功才能带领全球经济走出低迷状态，中美双方应就此达成共识。未来美国经济增长需要投资拉动，而中国是最大的外汇资金拥有国，具有成为最大投资来源国的条件。2018 年是美国大选年，虽然美国不会公然宣称需要中国的投资，但是美国解决就业、解决经济增长问题确实需要投资拉动，而吸引中国资金到美投资是美国最好的选择。因此，只有增强沟通了解，消除彼此的分歧与误解，才能实现中美互利共赢的局面。

（二）借鉴美、日经验，消除中美误解

中美之间的分歧与误解，原因在于沿用过去的思维看待当前的问题。当今世界形势已与过去不同，需要改变思维方式、创新合作模式。美国人应多到中国看一看，了解中国发展现状，坦诚交流，打消对中国企业的顾虑。

例如，IBM 在全球化过程中积累的丰富的国际交流经验，可以为中国企业“走出去”提供借鉴。IBM 从硬件为主转向软件为主，从制造业为主转向服务业为主，

实现了平稳转型升级。IBM 的国际化过程、处理结构调整问题等方面的经验，值得中国学习。通过分析 IBM 在国际化过程及与中国企业合作进程中美国公司受益的典型案例，可以为美国政客和中国企业家提供很好的启示和教育作用。IBM 在国际企业交流合作方面取得了巨大成功。20 世纪 70—80 年代，日元升值，日本企业大量去国外投资，美国不少人认为日本企业在占领美国，美日关系紧张。IBM 与洛克菲勒公司和日本商业领袖共同组成论坛，通过加强商业企业、智库、学术机构间交流，有效促进了政府间的合作，起到了成功化解美日分歧和误解的作用。

美日成功消除误解、扩大合作的做法行之有效，也有助于化解当前的中美投资合作问题。在中美两国企业、智库、学术机构之间建立紧密的合作关系，可以有效推动建立国家之间的互利共赢关系。企业合作可以消除美国企业对中国企业的误解。通过亲身经历、接触，加强了解，美国企业可能成为中国的支持者，更愿意与中国企业合作。通过合作与沟通，尤其是通过实际案例与真相对比，消除误解，用正确的观点影响政府决策，进一步促进民间合作，形成良性循环。

（三）加强与中国智库合作，总结推广成功经验

一是总结美国跨国公司在中国取得成功的经验，联合美国智库和大学，根据事实做出分析报告，总结美国企业在中国取得成功的经验，探索与中国互利共赢的模式。二是总结美国跨国公司的全球化发展成功经验，通过系列培训与中国企业分享这些经验。

通过推广学习这些成功经验，化解中美误解，对两国具有积极意义。若能实现并落地生根，对中美关系甚至全球发展都有好处。为此，应积极发挥民间智库的作用。充分发挥智库知识高度密集、善于运筹谋划的优势，加强中美合作交流重大问题研究，为推动中美两国增强了解贡献思想与智慧。

第六节　日、美、德房地产改革经验

一、日本房地产泡沫危机回顾及启示

（一）日本房地产泡沫的形成

日本房地产泡沫产生背景：20 世纪 80 年代中期“广场协议”之后，日本过急地实行金融自由化，开放资本市场，却未能及时制定措施有效限制日元升值下的金

融投机活动；在“土地价格会不断上涨”的土地神话支配下，银行以土地为融资担保，为市场输送了大量资金，同时累积了金融风险；放松银根的金融政策和投机行为相结合，催生了日本房地产泡沫。

日本政府的政策性失误为泡沫形成创造了宏观环境。一是延误了利率政策的调整时机。1987—1989 年，日本政府为刺激国内经济应对日元升值，不断下调利率。之后，对于经济过热认识太晚，延迟了利率上调。长期低利率政策是导致房地产泡沫形成的政策条件。二是为扩大内需大量发行货币，却没有考虑对资产价格的影响。1987—1990 年，货币供应量年平均增长率连续 4 年超过 10%，大大高于同期 6.4% 的国内生产总值（GDP）平均增长率，成为引发房地产泡沫的货币条件。三是这一时期消费价格相对稳定，使得日本银行容忍了货币的过快供给，没有充分认识到资产膨胀可能产生的严重影响。1986—1987 年的消费物价指数平均涨幅低于 1%，1989—1991 年虽略有上升，但也维持在年均 3% 以下。过剩的流动性开始涌进股市和房地产市场，为金融投机输送了大量的资金。

金融机构是房地产泡沫的制造者。20 世纪 80 年代后期，急速的金融自由化使得日本大型企业的融资更多地依靠资本市场，而较少地依靠商业银行，银行因此失去了优良的贷款大客户。为确保利润，银行贷款的主要对象逐步转向高风险、高收益的以土地为担保的中小投资者，银行对房地产的依存度急速提高，催生了更大的房地产泡沫。银行向商业贷款公司等金融中介机构的融资也大幅增加。这些商业贷款公司大多归属大银行旗下，这类融资被称为“通过商业贷款公司向泡沫三产业，即建筑业、不动产、金融中介业的迂回融资”。1989 年末，这类融资占商业银行全部融资总额的比例约为 20%，而商业贷款公司向不动产的融资比例高达 40%。此外，银行内部的信用风险管理体制也相当薄弱，以土地等不动产作为担保来覆盖风险的做法流行一时。这些贷款在泡沫破裂后变成了银行的不良债权，并长期困扰着日本金融业的发展。因此，日本经济泡沫的形成，商业银行有着不可推卸的责任。

20 世纪 80 年代后期，在土地神话的诱惑下，日本的企业和个人竞相投资土地和房地产，金融机构又侧重于把土地作为融资担保，导致地价不断上升。特别是日本政府提出把东京打造成为“国际金融中心”和“国际商业中心”的口号，导致东京商圈地价大涨，并波及大阪商圈和名古屋商圈。同时，在扩大内需的支持下，政府主导的一些综合性休闲疗养设施的开发在全国范围内展开，使得房地产投机盛行，最终形成了全国性房地产泡沫。

（二）日本治理房地产泡沫的措施

1989 年，日本政府和金融当局在多次贻误阻止金融投机和防止泡沫形成的战机之后，终于开始联手治理泡沫。通过金融紧缩政策和抑制地价政策的相互作用，共同刺破了房地产泡沫。

日本央行实施金融紧缩政策。日本央行大幅提高央行贴现率，从 1989 年 5 月的 2.5% 提高至 1990 年 8 月的 6%。1990 年初，日本股市开始崩盘，股市泡沫破裂；1992 年，房地产泡沫开始破裂。

日本政府推出一系列抑制地价的政策。第一，加强对土地交易的监管。1989 年实施的“土地基本法”规定土地买卖必须向地方主管机构提出报告，以防止“不正当的高价交易”，东京地价应声下跌。第二，控制金融机构贷款。大藏省推出不动产贷款总量控制政策，规定金融机构对不动产贷款时，每一季度增长率不得高于其贷款总额的增长率，同时要报告其对泡沫三产业的融资情况。该措施于 1991 年 4 月实施。第三，完善土地税制。1992 年创设地价税，同时强化土地保有税、土地转让利益课税和土地取得课税。第四，强化城市用地管制。此外，日本政府还冻结了国有和公有土地买卖。

（三）日本房地产泡沫的破灭

日本的股票总额及土地总额占名义 GDP 的比重从 1986 年开始异常上升，由此可以判断泡沫已经产生。股票总市值与名义 GDP 的比值，1985 年为 75%，1986 年上升到 112%，1989 年鼎盛时期达到 222%；土地价格总值与名义 GDP 的比重在 1987—1990 年泡沫鼎盛时期超过 400%，1990 年达到最高 550%。日经平均股价指数、6 大城市市街地价指数分别在 1989 年和 1990 年达到顶峰。

日本不动产价值主要体现在土地上。日本全国平均地价在泡沫经济期间扩张 2 倍左右。1987 年，东京圈内地价大幅上涨，住宅地公开价格比 1986 年上涨 2.1 倍；1988—1990 年，进一步波及大阪和名古屋地区，两地区住宅地价分别暴涨 2.3 倍和 1.6 倍；随着房地产调控效果显现，以及税制改革的滞后效用，1991 年三大圈平均地价开始下跌，1992 年全国平均地价也开始下跌，日本“土地神话”开始破灭。此后，日本土地价格持续下跌 14 年，直到 2006 年才有所回升。

（四）日本房地产泡沫危机对中国的启示

1. 选择合理的货币政策目标

日本利率政策失误是导致泡沫的一个重要因素。日本央行为刺激经济不断下调利率，将贴现率由1986年初的5%降至1987年2月的2.5%，为战后最低水平；1986年日本央行虽然注意到了房地产和股市的泡沫现象并有所警惕，但是，1987—1988年却错误地判断“流动性过剩”问题已经有所缓解，忽视了资产泡沫动向，未能及时实施金融紧缩，延迟了利率的上调，进一步加深了日本房地产泡沫危机。因此，中国央行应关注房地产泡沫动向，适时出台调控政策，谨防房地产泡沫的形成和扩大。

2. 预防土地价格上涨预期的形成

日本民众在“土地神话”的支持下，形成了地价上涨预期，导致市场参与者行为发生扭曲，银行、企业、普通民众纷纷投身股市和房地产市场，尤其是一贯高储蓄的日本普通民众为了逐利也将大量资金投入两市。目前，中国的房地产市场与当时的日本有些相似，参与者也都一致看好房地产市场的长期前景，地价高涨、地王不断涌现、地产公司囤地、居民囤房、市场均衡被打破，2009年70个大中城市房价几乎全部快速上涨。因此，中国政府应通过房地产宏观调控政策，防范市场形成地价上涨预期。

3. 警惕中国城市化进程中房地产泡沫的形成

1985年日本城市化率已达到76.7%，城市化进程已接近尾声，房地产泡沫是在这一期间形成和破灭的。当前，中国城市化率只有45%，但是随着“十二五”规划的实施，中国城市化进程会进一步加快，城市住房需求处于扩大趋势，中国城市房价总体上仍处于上涨过程。因此，应吸取日本房地产泡沫的教训，警惕中国城市化进程中的房地产泡沫。

4. 完善税收机制

泡沫期间，日本税收制度为投资房地产的企业提供了便利。日本政府征收的土地保有税仅为市场价格的0.8%～1%，远远低于美国4%的水平；而土地转让税则较高。在这种情况下，企业将土地作为资产保有，几乎不用交税，但仍可以享受土地价格上涨给企业带来的好处，如融资成本下降，易于获得贷款等，而不愿出售土地将增值收益交给政府，导致市场上流通的土地越来越少，土地有效供给不足。因此，中国在完善土地税制方面可以吸取日本的教训，加强对用地环节的监管。

二、美国“两房”模式及其对中国的启示

尽管人们对“房利美”和“房地美”的评价可谓褒贬不一，但“两房”机构事实上却推进了美国住房建设。从住房抵押贷款证券化形成机制看，因其基础是次

级抵押贷款，最终使得这一住房融资模式难以为继。若从次贷发放源头上加以整治，“两房”模式则仍然值得借鉴。中国可建立专门的住房抵押贷款融资机构，分散房地产金融风险；加强对现有住房金融体系的监管；建立独立的评估体系。

（一）美国 MBS 的运作模式

房利美和房地美（以下简称“两房”）在美国房贷市场上处于垄断地位，维持着房地产市场运转。“两房”共持有超过 5 万亿美元住房抵押贷款或住房抵押贷款支持证券（Mortgage Backed Security，MBS），差不多是美国房贷市场份额的一半。“两房”通过对 MBS 提供担保，或将 MBS 债券直接出售给美国国内投资机构和外国投资机构来获取资金。

1. 次级抵押贷款是 MBS 的基础

美国房屋抵押贷款按照借款人信用状况分为三个等级：优级、近似优级和次级。次级抵押贷款对象一般是收入较低、信用等级较低的人群，是为了让低收入者能够买得起住房。由于贷款条件宽松，加之美国当时实行的低利率政策和减税措施，鼓励了美国居民大量通过次级贷款购买住房；房价上涨和次级贷款相对于优级贷款的较高收益率，也有力地支持了放贷机构发放次级贷款。因此，次级抵押贷款成为 MBS 的源头。

2. 放贷机构将抵押贷款出售给“两房”获得资金

放贷机构主要为商业银行，将抵押贷款出售给“两房”，然后将获得的资金继续用于次级抵押贷款发放。“两房”是在美国政府支持下建立的，美国政府的隐性担保，提升了“两房”提供担保证券的信用等级。

3. “两房”将 MBS 打包出售再融资

“两房”将住房抵押贷款证券化后向市场发行，进一步融资，其产品即为 MBS。“两房”实际上起到了为住房抵押贷款市场创造流动性的二级市场作用。美国住房抵押贷款的 50% 左右通过发行 MBS 债券来提供。“两房”MBS 债券的发行对象是美国国内投资者和外国投资机构。“两房”向国外发行债券总额合计接近 1.7 万亿美元，成为全球最大发债者之一。中国持有“两房”债券 3576 亿美元，是“两房”最大的债权人。

（二）“两房”模式及其对中国的启示

中国房地产融资过度集中在银行。2009 年，中国金融机构拥有的与房地产相关的资产，包括房地产开发贷款、土地开发贷款和住房抵押贷款余额，总计高达 7.33 万亿元，占各项贷款余额的 19.2%。银行与房地产的这种关系，使得中国房地产金融体系风险过度集中于银行，且难以分散；融资渠道也过于狭窄，限制了银行的资产扩张能力。这将导致房地产市场波动直接加剧银行风险，一旦房地产市场出现问题，将对银行业造成沉重打击。因此，必须警惕房地产市场波动对银行业造成冲击。

从美国次贷危机爆发，到“两房”被美国政府接管，再到目前“两房”退市，究其根源，在于“两房”通过 MBS 融资的基础是次级抵押贷款，从源头上积聚了风险。一旦贷款利率上升，借款人债务负担加重，导致拖欠或无法偿还债务，引发资金供给链条断裂，导致危机爆发，我们应该从中吸取教训。但是，“两房”运行模式为美国普通民众购买住房提供资金支持所发挥的重要作用也应该得到肯定。如果能够控制好贷款源头，对申请人资产、信用和还贷能力等进行严格审查，并对其业务流程进行严格监管，那么“两房”运行模式仍然值得中国借鉴。

1. 建立专门的住房抵押贷款融资机构，分散房地产金融风险

美国以“两房”为主的住房金融体系为住房抵押贷款市场提供了充足的资金供应。长期以来，“两房”参与的抵押证券市场是美国仅次于国债市场的第二大具有较高流动性的长期固定收入的证券市场，“两房”债券因隐含美国政府信用，在某种程度上相当于美国国债。因此，“两房”债券吸引了越来越多海外投资者的参与，并且成功地将美国房地产金融风险分散给了全球投资者。

从发达国家住房金融发展可以看出，发展政府支持企业（Government Sponsored Enterprises，GSE）性质住房金融机构，是综合发挥政府职能和市场机制的一个有效办法。2007 年，日本设立的住宅金融支援机构，其前身为住宅金融公库，主要从事住房融资、保险和证券化业务。住宅金融支援机构与“两房”的性质相似，属于政府支持企业，承担了政府职能，同时从事营利性经营。英国房屋建筑会（Building Society），其前身为占有最大住房贷款份额英国的住房金融协会；1998 年转为普通银行之后，增强了银行住房贷款力度；2009 年，英国新增住房贷款的 80% 由银行发放。在德国住房金融体系中，储蓄银行占有最大的份额，商业银行和信用合作社是主要支撑。法国住房金融由银行和互助银行共同组成，并占有 80% 的市场份额。

目前，中国尚未形成完整有效的住房金融体系，也不存在类似“两房”这样政府支持的、具有住房抵押贷款融资性质的企业。现有住房金融机构主要以营利为目的，属于商业性质。为体现国家住房福利政策，中国也需要建立政府支持企业（GSE）性质的住房金融机构。中国可以将银行现有不良资产剥离，参照“两房”

模式，建立政府出资支持、类似于“两房”的私营公司，发挥其在社会住房融资方面的作用，以便监督管理和分散风险。

2. 加强对现有住房金融体系的监管

目前，中国主要由商业银行承担住房贷款发放业务。中国应吸取“两房”在次贷衍生品交易和住房违约贷款中损失惨重的教训，加强对现有住房金融体系的监管。一是加强住房金融机构业务流程监管，严格监管住房贷款审批和发放程序。二是加强对金融创新的风险监管。作为房贷衍生产品，住房抵押贷款证券化是金融机构增强抵押贷款流动性、获得盈利和分散风险的重要手段之一。因此，为避免金融机构盲目扩张业务而导致的金融创新过度的风险，应增强 MBS 产品设计透明度，加强对抵押贷款信用增级监管，确保基础资产质量。三是加强对住房金融体系的整体监管。住房抵押贷款证券化过程中，投资银行、信用评级机构、担保机构等中介机构游离于传统资本监管约束之外，这些中介机构恰恰是风险传导的主要环节。因此，应加强对住房金融系统整体的监管。

3. 建立独立的评估机构，进行自主评级

“两房”在出售 MBS 的过程中，根据基础抵押资产设计出多种证券品种，形成不同收益和风险的组合，可以满足不同投资者的需求，从而为住房金融市场不断注入资金和流动性。但是，中国在购买此类产品时依据的是标准普尔、穆迪和惠誉三大国际信用评级机构的评级结果，不能自主了解产品内部结构，从而无法避免系统性风险。因此，中国应建立独立的评估体系，自主对国际债券进行信用评级，了解产品资产状况，避免盲目购买带来风险和损失。外汇储备对外投资更应以此为戒，以保证外汇资产安全。

三、德国住房保障体系的成功经验

德国通过实施福利性住房、房租补贴、住房储蓄、政府减税以及优惠贷款制度等以民生为导向的房地产政策大力发展住房保障体系，比较好地解决了住房问题。德国房价 10 年不涨，其成功经验值得我们借鉴。建议我国完善相关法律制度，大力发展租房市场，建立准入退出机制，建立完善的住房金融体系，强化房屋的消费品属性、弱化其资产属性。

（一）德国房地产现状

德国目前有 8200 万人口，是欧洲人口最稠密的国家之一，住房总数约 4000 万套，供需基本平衡；德国房屋租赁市场繁荣，大多数人选择长期租房居住；德国房价 10 年不涨，炒房行为罕见。究其原因，德国完善的住房保障体系以及以民生为导向的房地产政策在这一过程中发挥了重要作用，同时，以市场配置住房资源的方式使得住房社会保障覆盖范围更加广泛。

（二）德国的住房保障体系

福利性社会住房政策。1950 年 4 月颁布的第一部《住宅建设法》推出“社会住房计划”，提出通过政府资助，扩大对中低收入阶层的福利性住房供给，对于解决住房紧缺问题起到了很大的作用。福利性社会住房政策的主要内容：一是政府资助建设，政府对于社会住房建设给予贷款、税收等多方面的优惠；二是控制租金水平，使得低收入者住得起房，由政府弥补经营者的租金损失；三是对福利性住房的准入、租金、面积以及退出标准方面都做了详细规定。

房租补贴政策。房租补贴是德国对低收入居民住房保障的主要方式。低收入家庭可享受住房补贴，补贴金额根据家庭人口、收入及房租支出情况确定，实际租金与可承受租金的差额部分由政府承担，可承受租金为家庭收入的 25%。补贴期限为 15 年，15 年后随着家庭收入的增加减少补贴的金额。对于领取社会救济、收入特别低的家庭的房租补贴则由联邦政府和州政府各承担 50%。

住房储蓄政策。这是德国的一个特色。购房者和银行签订购房储蓄合同，每月往银行存钱，存到需要贷款额的一定比例时，就可以获得低于市场利率的购房贷款，银行贷款时会严格审查贷款者的资信情况，最大限度地将住房金融体系运行产生的大部分风险限制在地产市场和住宅金融机构上。政府对首次参加住房储蓄的购房者，给予储蓄额 10% 的奖金作为鼓励。

减税及优惠贷款政策。德国政府通过税收政策和优惠贷款鼓励福利性社会建房和个人建房、购房。一是对于非营利性建房企业兴建的福利性社会住房政府给予建筑预算 50% 的无息贷款，偿还期限为 25 年；二是对个人建房给予减免税和其他鼓励措施；三是鼓励个人按市场价购房，并可获得政府住房补贴；四是规定自有自用的住宅只征收地基税，但是对地产买卖则征收高额的土地交易税和资本利得税。房屋买卖需缴纳评估价值1% ~1.5% 的不动产税、3.5% 的交易税，如果通过买卖获得盈利，则要缴纳 15% 的差价盈利税。

（三）可供借鉴的经验

1. 完善相关法律制度

德国把保障性住房建设政策法制化，以立法形式确定住房规划和支持政策。1950年颁布的第一部《住宅建设法》提出政府援建福利性住房，政策向中低收入阶层倾斜；1956年颁布的第二部《住宅建设法》规定，对自有住宅建设进行扶持和鼓励；1960年开始实施《终止住宅管制和保证社会租住权法》，逐步放开住宅市场，为商业性住宅开发建设创造了条件；1961年公布的《工人置业促进法》规定，雇主要为工人购置和修建自有住宅提供补助；1965年颁布了《住房补贴法》，规定给低收入家庭发放住房补贴，从经济上保证他们有能力得到基本住房条件；1976年颁布了《住宅现代化促进法》，规定对旧住宅的现代化改造、维修、扩建和重建给予补贴和税收优惠。

关于保障性住房，我国目前并没有相关的统一立法，仅有国务院及相关部委的一些行政法规和部门规章。我国需要通过立法形式建立起完善的社会保障性住房制度，以法律形式确保社会保障性住房政策的实施。

2. 大力发展租房市场，建立准入退出机制

德国租房市场繁荣，德国自有住房率为42%，租赁住房率为58%。租房市场的繁荣受益于德国法律对于房客“一边倒”的利益保障。德国有非常完善的《租房法》，从居住者的利益角度来讲，租房和买房的差别并不是很大，这样有效保证了市场的租房需求。法律对房租做了上限限制：如果房东所定的房租超出合理租价的20%，就构成了违法行为；如果超出50%就构成了犯罪。

建议政府主管部门以提供廉租房为主要形式大力发展租房市场，从而减少投资性购房需求。在规范租房市场的同时，借鉴德国的经验，明确廉租房的准入标准、租金额度以及退出标准，这一政策同样适用于经济适用房。我国从1994年开始推行住房保障制度，针对中低收入家庭现状，重点推出了经济适用房和廉租房政策。目前，我国经济适用房已经初具规模，但是廉租房进展缓慢。廉租房现状是数量不足、一些不具有租房条件的关系户挤占了房源，使得低收入群体得不到住房。社会保障性住房政策应向低收入群体倾斜，廉租房应租给那些需求最紧迫的无房户、低收入家庭、用于房租支出大于家庭月收入30%的困难户以及其他弱势群体，包括失业者、残疾人等；建立住房档案，定期审查保障性住房者的收入情况，避免保障性住房成为个体营利的工具；廉租房不得转租或出借，经济适用房作为社会保障性住房

不得上市交易；当收入增加不满足保障性住房条件时，廉租房和经济适用房应予以收回，同时鼓励其购买商品房，以便让更多符合条件的人住进廉租房和经济适用房，体现社会公平，从而促进住房市场良性循环。

3. 建立完善住房金融体系

德国住房金融体系多样化，包括抵押贷款银行、储蓄银行、建房互助储蓄信贷社等，通过完善的住房金融体系，政府能够有效实施住房公共政策，保证住房市场健康、有序发展，从而有效避免房地产金融泡沫的发生。

当前，我国还没有形成完整有效的住房金融体系，市场不健全，制度不完善，调控功能和基础保障功能薄弱。现有的商业性住房金融主要是以营利为目的，以房贷为主要业务。因此，为体现国家住房福利政策，我国需要建立政策性的住房金融机构。建议改革现有的住房公积金制度，建立住房金融银行，将其纳入银监会的统一监管，鼓励住房储蓄，对住房抵押贷款实行优惠利率。

4. 强化房屋的消费品属性、弱化其资产属性

在德国，房屋的资产属性被相对弱化。德国宪法明确规定保障居民住房是联邦政府首要的政策目标之一。德国相关法律和制度对开发商义务的约束进一步弱化了房屋的资产属性以及开发商的市场主导作用，开发商项目建设受到严格的约束和监督。开发商要严格遵照政府提供的建筑图；其宣传资料、售房计划书是有法律约束力的文件，如果涉嫌虚假宣传，则购房者可以起诉；开发商有义务将一定比例的住房作为社会福利住房，低于成本价在市场上出租或出售，开发商的损失则由政府弥补。

当前，房屋成为我国居民首选的财富储值方式，房地产业是我国经济中的支柱型产业，因此应强化房屋的消费品属性，弱化其资产属性；应强化房地产行业的福利性质，弱化其营利性。

四、借鉴美国经验建立中国政策性住房金融体系的建议

（一）美国政策性住宅金融机构的发展特点

政策性住宅金融机构[①]，是由政府或政府机构发起、出资创立、参股或保证的，不以利润最大化为经营目的，在房地产领域内从事政策性融资活动，以配合政府保

① 美国住房金融系统中机构设置繁多，为便于区分比较和理解，书中相同机构名称及其简写和设置时间会多次出现。

障和改善民生，贯彻住房消费政策的金融机构；其主要职能在于执行国家住房发展政策和住房金融政策，调节住房金融市场的资金融通，办理政策性住房金融业务等；具有政策性、金融性、住宅性三大特点，具备实现政府改善民生的政策目标、稳定房价和保障居民住宅消费需求三大功能。

美国是目前世界上住房金融业最发达的国家，政策性住宅金融机构在解决居民住房问题方面发挥了重大作用。过去近百年来，美国建立起了复杂而庞大的住房金融体系，政策性住宅金融机构在美国住房金融体系与制度建设中发挥了关键作用。主要表现在：美国的住房金融体系以联邦住房银行系统为纽带，连接全美8000多家房贷机构，形成相对独立完整的一级房贷市场；依托政府信用构建以房利美和房地美两大政府性公司为载体的主流（传统）房贷证券化市场；以联邦住房管理局（FHA）等为代表的为中低收入及弱势群体提供政府信用的房贷保险服务；在住房金融监管方面，既有由城市发展与住房部、联邦住房金融局（FHFA）①、财政部、美联储等联邦政府机构组成的中央一级监管体制，也有州政府一级的地方住房金融监管体系等。从美国的政策性住宅金融机构的发展历程来看，其发展具有以下特点，充分体现了政策性住宅金融机构的三大特点与功能。

1. 政策性住宅金融机构服务于政府的住房政策目标

政策性住宅金融机构的政策性表现在，它具有政府的财力支持和信用保证，不以追求利润最大化为目的，而是以贯彻落实国家政策为宗旨。其资金来源，除了国家拨付资金，主要通过发行债券、借款和吸收长期性存款获得，属于高成本负债，而资金运用则主要是长期低息贷款，通常都是商业性金融机构所不愿或无法经营的，这样的负债和资产结构安排是通过由国家进行利息补贴、承担部分不良债权或相关风险等措施来实现的。

美国政策性住宅金融机构服务于政府“居者有其屋”的政策目标。从美国住房金融体系的演化历程可以看出，美国住房金融体系实行以市场机制为主导的住房金融政策，形成了以私有金融机构为主体，以住房抵押贷款市场为基础，多种住房金融机构广泛参与，政府积极调控的住房金融体系。政府的住房金融政策不仅能够起到宏观调控作用，而且直接塑造了美国住房金融体系的架构，建立了庞大的政策性住房金融体系，使其充分服务于联邦政府“居者有其屋”的住房政策目标。在政策

① 2008年联邦住房金融委员会与OFHEO合并，成立联邦住房金融局（FHFA），同时监管FHLBs和“两房”。

性住宅金融机构的推动下，美国住房自有率在 20 世纪 50—70 年代，从 55% 提高到 60% 以上，到 2004 年提升到 69%，其中 55 岁以上美国人的住房自有率达到 81%。

美国政策性住宅金融机构为特定的群体提供住房金融服务。美国住房和城市发展部（HUD）是负责住房发展的主要政府部门，负责制定住房政策。HUD 的主要管理职能体现在监督联邦住房管理局（FHA），指导政府国民抵押贷款协会（吉利美），监察联邦国民抵押贷款协会（房利美）和联邦住房贷款抵押公司（房地美），执行《公平住房法》和《房地产交割程序法》，管理社区开发无限制补助计划及第 8 条款（即租金补贴计划）的实施，管理《印第安人住房法》，管理洲际土地销售登记、城市改造和旧房修缮计划，监督可支付住房项目的执行。HUD 管理下的 FHA、吉利美、“两房”都是美国政策性住房金融体系的重要组成部分。

联邦住房管理局的服务范围广泛，面向中低收入人群提供抵押贷款保险业务。退伍军人管理局通过退伍军人住房贷款项目、农业部通过乡村住房和社区设施项目以及乡村租房项目、住房和城市发展部通过印第安人住房项目直接发放和担保抵押贷款。吉利美的活动范围为抵押贷款二级市场，主要为政府机构所担保或保险的抵押贷款的证券化业务提供担保服务。“两房”则一直是抵押贷款二级市场上最大的参与者。

表 4－4　美国政策性金融机构简介

政策性金融机构	资金来源	业务范围和作用	机构性质和公司治理	风险补偿和税收优惠
联邦住房管理局（FHA）退伍军人管理局（VA）	担保费、财政拨款	为中低收入家庭、第一次购房家庭、退伍军人、商业性保险公司不能或不愿提供服务的边远地区居民等中高风险家庭的住房抵押贷款提供担保；针对中低收入家庭制定和执行政策性公共住房补贴	政府全资所有。隶属于美国住房与城市发展部（HUD）	政府拨款
联邦住房贷款银行体系（FHLB）	会员注资；在资本市场发行债务工具融资（Consolidated Obligations，COs）；政府基金支持	通过向会员银行提供稳定和低成本融资，为住房贷款一级市场提供资金支持，为社区住房建设提供资金，向中低收入家庭提供低息贷款，如可支付住房计划等	政府支持企业。由美国政府划分片区设立的 12 家联邦住房贷款银行和 8000 多家会员银行构成一个体系。由会员银行出资成立。受联邦住房金融局（FHFA）监管	免除所有联邦所得税和州所得税，只缴纳物业税

续表

政策性金融机构	资金来源	业务范围和作用	机构性质和公司治理	风险补偿和税收优惠
美国联邦国民抵押贷款协会（房利美）、美国联邦住房贷款抵押公司（房地美）	资本金、发行住房抵押贷款支持证券	购买住房抵押贷款并发行住房抵押贷款支持证券（MBS）；为其他MBS提供担保；发行担保抵押债券凭证（CMO）；买卖MBS。发挥构建和稳定住房抵押贷款二级市场，提高住房消费融资可得性并降低资金成本的作用	政府支持企业。设立之初为政府全资机构，后为防止政府垄断和避免效率低下逐步私有化为政府特许经营的私营公司，受HUD监管；危机期间被政府接管，重新成为政府全资企业。房利美董事会由15位成员组成，其中10位董事由股东选举产生，5位由美国总统从建筑、房地产和金融业务的各个部门挑选任命。此外，董事会还要听取由住房和抵押贷款业的代表组成的8人咨询委员会的意见，在借贷资本、维持财务流动性、分红等方面的政策必须获得HUD的批准。房地美董事会构成与此类似	每年从国会得到补贴；免除所有联邦所得税；免除SEC的监管要求和信息披露要求；危机时期通过购买“两房”优先股和“两房”债券予以救助。美联储为其担任财务代理银行，允许其进行日间免息透支；财政部给予流动性信贷额度；对商业银行持有“两房”债券给予特殊监管
政府国民抵押贷款协会（吉利美）	财政划拨	收购为具有FHA和VA担保的抵押贷款提供担保；发放政策性住房补贴，直接给低收入阶层提供补贴或者间接地通过地方政府或社区提供补贴	政府全资所有，隶属于HUD	政府担保

资料来源：王文静，林文顺．住宅政策性金融机构发展实践的国际经验及启示［J］．金融发展评论，2014（11）．

2. 政策性住宅金融业务在住房体系中发挥资金融通作用

政策性住宅金融机构的金融性，体现在其融资的基本运作方式是信贷，通常情况下要保证资金的安全运营和金融机构的自我发展能力，在符合国家宏观经济发展和产业政策要求的前提下，行使自主的信贷决策权，独立地进行贷款项目可行性评价和贷款审批，以保证贷款的安全和取得预期的社会经济效益以及相应的直接经济效益。

美国政策性住宅金融机构通过证券市场筹集长期资金。美国政策性住宅金融机构的资金来源主要是证券市场。依托国家信用在金融市场上融资，包括发行抵押贷款证券化债券、信用债券、吸收存款、向金融机构借款和借入外国资金等方式。其中发行债券是最主要的方式，如“两房”等抵押贷款证券化机构都主要依靠发行抵押贷款支持债券（MBS）等金融工具筹集资金。

美国政策性住宅金融机构为住房建设提供金融支持。1937 年，美国设立了公共住房项目。美国立法授予地方公共住房管理局（PHA）发行债券资助公共住房开发，其中债券的本息由联邦政府支付，维修和其他运营费用则从房租收入中支付。1998 年，美国颁布《住房质量和工作责任法案》，允许地方公共住房管理局发行债券或借款来更新或重建新的公共住房，并“用将来的联邦基金拨款偿还债务”。2000 年，芝加哥获得联邦政府的特别批准，发行债券筹集资金，对所有高层家庭型公共住房进行为期 10 年（后延长为 15 年）的改造，利用联邦“将来的拨款”和其他资金来源偿还债券本息。截至 2007 年底，芝加哥住房管理局已经建设或改建了 16172 套住房，完成了计划的 64. 7% 。1961 年肯尼迪政府上台后，着手资助公共住房之外其他类型的住房开发，与私有机构合作，推出第 221（d）3 条款——“低于市场利率项目”，满足“夹心”层住房需求。该项目要求私人开发商向银行申请由 FHA 担保的、低于市场利率（通常为 3%）的贷款，银行可立即将这些贷款卖给房利美。通过这个项目，联邦政府向私人开发商提供了利率为 3% 的贷款，银行只扮演中介的角色。这个项目还将私人开发商的利润限制在 6% 以内，降低住房建设成本，建成房屋出租给收入低于地区平均收入的家庭。1962 年，美国国会通过了针对乡村地区租赁住房的第 515 条款项目，为开发商提供期限 50 年、利率为 1% 的长期贷款。1968 年，约翰逊政府终止了第 221（d）3 条款，设立了新利息补贴项目——第 236 条款，联邦政府不再收购开发贷款，而是每年为开发商提供补贴，使其贷款成本下降到 1% 。

美国政策性住宅金融机构具有较为完善的公司治理结构，董事会成员来自多个部门。美国政策性住宅金融机构借鉴了商业性金融机构的公司治理模式，决策机构董事会（理事会、监事会）成员主要来自政府部门、行业代表和机构自身。例如，美国房利美董事会由 15 名成员组成，其中 10 名董事由股东选举产生，5 名由美国总统从建筑、房地产和金融业务的各个部门挑选任命。此外，董事会还要听取由住房和抵押贷款业的代表组成的 8 人咨询委员会的意见和建议，在借贷资本、维持财务流动性、分红等方面的政策必须获得 HUD 的批准。房地美董事会构成与此类似。

美国政策性住宅金融机构的业务模式多样化。政策性金融机构的业务类型主要包括针对支持公共住房建设和中低收入者住房消费的融资，产品类型多元化，使得参与主体有更多的选择权。主要业务模式包括：一是优惠贷款。政策性住宅金融机构可以为开发企业直接提供优惠贷款，如美国“515 条款”下的农村租赁房贷款，开发企业可以获得实际利率为 1% 的、长达 30 年的优惠贷款；也可以为购房者提供优惠贷款，以提高其购房支付能力，如联邦住房管理局（FHA）也有一些专门针对中低收入家庭的利息和租金补贴项目，但该项目的贷款额度有限制，具体的额度因房产所在地区间的差异而有所不同。二是担保业务，包括抵押贷款担保、抵押贷款证券担保等。担保业务具有“四两拨千斤”的特点，住宅政策性金融机构凭借国家信用（或准国家信用）对借款者还款进行担保，大大增强了借款者的资信水平，使其能够以较低的成本获得商业金融的支持。如美国的联邦住房管理局、退伍军人管理局是专门从事对特定人群住房抵押贷款进行担保业务的机构。其他开展资产证券化的机构也几乎都开展抵押贷款担保和抵押贷款证券担保业务。三是保险业务，包括为符合标准的抵押贷款提供全额或部分保险。如住宅贷款保险公司（FSLIC），为专门从事住宅信贷的储蓄贷款协会提供保险。

3. 政策性住宅金融机构本质上是解决居民住房问题

住宅政策性金融机构的住宅性表现在其服务领域或服务对象是房地产业，不与商业性金融机构进行市场竞争，受国家社会事业发展政策的重点保护，需要给予巨额、长期和低息贷款支持，以实现住有所居的民生目标。

政策性住宅金融机构服务于房地产业。1937 年，联邦政府制定了首个全国住房法案，正式实施公共住房计划。公共住房管理局（PHA）负责低收入家庭的公共住房建设，提供较低的房租，由联邦政府拨款并规定入住者的标准。同一时期美国住房政策的一个重大创新是 1934 年建立的联邦住房管理局（FHA）和 1938 年建立的联邦国民抵押贷款协会（房利美），这两者成为美国住房市场的两大支柱。FHA 负责增加和巩固住房生产和消费资金，主要为住房初级市场的抵押贷款放贷者提供担保，消除针对中低收入阶层贷款的风险。房利美则在住房的二级市场为初级放贷者提供贴现，从而为长期的、流动性差的住房抵押贷款提供了流动的二级抵押市场。这两者使得金融机构的住房抵押贷款首先可以获得 FHA 的担保，然后可以在适当的时候出售给房利美。1949 年美国住宅法制定了全国性住宅政策目标，即让“每个美国家庭都拥有一套体面的住宅和合适的生活环境”。20 世纪 50—60 年代，美国启动了全国性的社区开发工程。60—70 年代，推行租赁公共住房计划和“交钥匙计划”，鼓励私有企业参与公共住房的建设和管理。60 年代以后，美国住房政策转向以中低收入阶层和有色人种为主要对象的补贴住房计划。1968 年的《住房和城市发展法》允许发展商获得低于市场水平的贷款利率，条件是为中低收入者提供低于市场租金水平的住房，利息差额由政府补贴。1974 年制定《住房和社区发展法》，住房保障的重点是直接补贴需求者，提高其支付租金的能力。其中，第 8 条款最具影响力，包括为低收入家庭提供以承租人为基础的补贴以及以开发项目为基础的补贴，房租补贴由 HUD 通过地方机构发放。20 世纪 80 年代以来，美国的住房政策更加明确地指向了低收入阶层，实施租金优惠券计划，提高其租金支付能力。1992 年，联邦政府为“两房”提出了“廉价住宅目标”，2006 年的具体目标如下：收购的住房贷款中至少有 53% 的借款人家庭收入不高于其所在地区的平均收入；收购的住房贷款中至少有 23% 为极低收入家庭或低收入家庭所有；收购的住房贷款中至少有 38% 的住房位于中心城市、农村地区和其他贷款供给不足的地区。“廉价住宅目标”使得美国住房金融体系给过多信用等级较差的穷人发放了购房贷款，形成所谓的“次贷”。2006 年以来，随着利率不断提高，还款压力逐渐加大，信用较差购房者的违约情况增加，导致以“次贷”为基础的衍生证券价格暴跌，由此蔓延成全球性经济危机。2008 年，美国联邦政府接管“两房”，通过向其注资维持住房抵押贷款体系的运转。

享有政府注资、税收优惠、风险分担等显性或隐性支持。如美国“两房”享有的特殊政策有：每年从国会得到补贴；免除所有联邦所得税和州所得税，只缴纳物业税；免除美国证监会的监管要求和信息披露要求；美联储为其担任财务代理银行，负责结算和现金管理，允许其进行日间免息透支；财政部给予流动性信贷额度；对商业银行持有两房债券给予特殊监管；危机时期美国财政部通过购买“两房”优先股和“两房”债券予以救助的做法也表明其享有隐性财政担保。

（二）美国政策性住宅金融机构发展的经验教训

1. 建立与社会发展目标相一致的政策性住房金融体系，保证政府目标和市场效率相结合

“居者有其屋”是美国政府的住房政策目标。20 世纪 30 年代开始，联邦政府就高度重视住房问题。共和党和民主党都把解决住房问题，特别是解决中低收入家庭的住房问题，作为增加选票获得执政地位的重要措施，主要通过立法、设立住房政府机构、提供补助等措施，解决中低收入群体的住房问题，以实现“居者有其屋”的美国梦。政策性住宅金融机构在推动政府实现其住房政策目标的过程中起到了关键作用。

美国政策性住宅金融机构是美国金融领域的重要基础设施，成为美国政府实施住房金融政策的重要工具。美国政府推动住房金融体系结构的形成，并建立多家政策性住宅金融机构，这些政策性金融机构成为美国金融领域的重要基础设施，它们的触角渗透到住房抵押贷款一级和二级市场，是“大萧条”以来联邦政府实施住房政策的重要工具，对维护住房抵押贷款的稳定性和流动性具有不可或缺的主导作用。目前，美国在住房领域已经有 14 家政府发起企业（12 家联邦住房信贷银行、房利美、房地美）以及吉利美（政府全资所有公司）、联邦住房管理局、退伍军人管理局、住房与城市发展部等若干政府机构从事政策性融资活动，它们在政府明确担保或隐性担保下开展业务，实力迅速扩大，形成了系统化的住房政策性金融运作载体，该系统广泛地吸引全美及全球资金流向住房领域，服务于可负担得起住房的目标，尤其是中低收入人群“居者有其屋”的政策目标。各种住房政策性金融机构业务规模和种类的变化直接影响着美国住房金融市场的运转情况，成为美国政府实施住房金融政策的重要工具。

2. 推行资本市场模式，获得长期、稳定、低成本的资金来源，维护住房抵押贷款的稳定性和流动性

美国住房金融的证券化市场高度发达，被视为“资本市场融资模式”的典型代表。房地产抵押贷款市场是美国住房金融体系的核心，政策性住宅金融机构通过高度发达的抵押贷款证券化市场，通过发行抵押贷款支持债券（MBS）获得长期、稳定、低成本的资金来源，解决住房金融长期资金来源的核心问题。特别是 2008 年的国际金融危机起源于次贷危机，对全球经济金融产生了巨大冲击，反映出抵押贷款证券化市场在美国经济和住房体系中“牵一发而动全身”的影响力。通过住房金融市场解决资金来源的途径包括：一是税收优惠，家庭用于抵押贷款的利息支出，不纳入个人所得税税基，鼓励家庭使用抵押贷款购房，增加抵押贷款市场需求。二是政府担保，FHA 和 VA 向一级市场抵押贷款提供担保，吉利美向二级市场以 FHA 和 VA 担保抵押贷款为基础发行的 MBS 和 CDO 提供担保，化解金融机构风险，增加抵押贷款市场供应。三是组建“两房”，连接抵押贷款市场和资本市场，提供融资来源和流动性支持，满足抵押贷款一级市场资金需求。

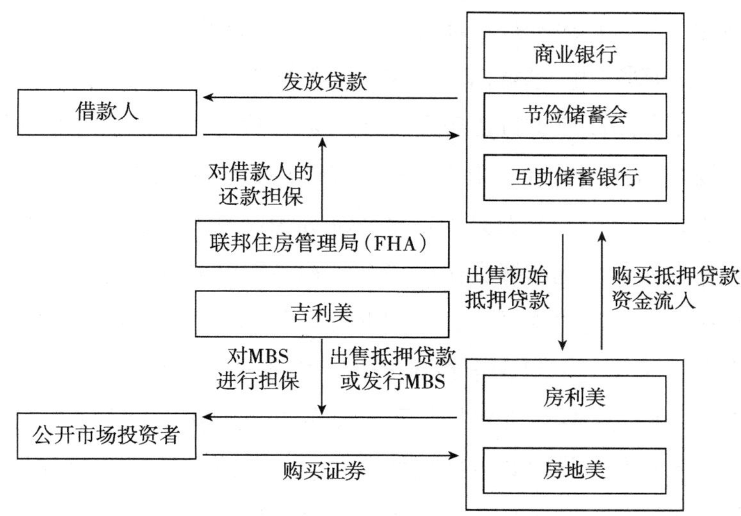

图 4-4　美国住房抵押贷款市场基本运作框架

资料来源：住房和城乡建设部住房保障司，住房公积金监管司编．国外住房金融研究汇编［M］．北京：中国城市出版社，2009.

3. 促进形成住房抵押贷款市场标准，引导其他金融机构的标准化，形成住房金融市场的长效调控机制

政策性住宅金融机构在促进美国住房金融体系的运转中发挥了关键作用。

美国政策性住宅金融机构是住房金融一级市场的保证机构。为了降低民营金融机构的风险，促成政府某些政策目标，如特殊群体的贷款，美国成立了联邦住房管理局、退伍军人管理局、乡村住房系统等机构，分别对特定的个人包括低收入者、退伍军人和乡村居民提供住房贷款的保险或保证，一旦购房者违约，则由这些机构承担金融机构的损失，这样就使金融机构避免了逆向选择的问题，从而愿意为他们提供贷款。此外，经过这些机构的担保，可以降低贷款人首付款比例（通常是 20% ~ 30%），比如只需付 5% 的首付款，即可得到全部住房贷款。这样既保护了金融机构的利益，又刺激了中低收入家庭的住房需求。

联邦住房贷款银行系统是 20 世纪 30—70 年代美国住房贷款的最重要来源。该系统是从事住房抵押贷款的储蓄银行的一个中央银行储备体系，由 12 家联邦住房贷款银行组成，由联邦政府充当保证人，吸收私人资金，作为住房开发和住房购买的资金来源，为互助储蓄银行、社区银行、信用联盟、保险公司、社区开发融资机构等 8000 多家会员的住房贷款、社区开发等项目提供资金，是美国政府调节和管理住房金融市场的主要工具。联邦住房贷款银行系统在稳定住房金融系统，促进住房抵

押资金的流动性、保证住房抵押资金的供应和调节二级市场等方面发挥了重要作用。

促进形成住房抵押贷款市场标准，并以此引导其他金融机构的标准化。二级住房抵押贷款市场是美国政府支持住房金融系统最具特色也是最成功的方面。二级住房抵押贷款市场是指建立在个人住房贷款市场（称为初级或一级住房抵押贷款市场）上，以个人住房抵押贷款及其衍生金融证券为交易对象的资本市场。为了解决抵押贷款的利息收入最大化和解决住房资金结构不对称及流动性差的问题，美国政府于20世纪60年代中期建立了“二级抵押市场”和“二级抵押机构”，它不仅使资金流动更安全，而且使住房资金在更大范围内流动，使住房金融机构日趋完善。美国政府对二级市场的金融中介机构做了精细的制度安排，建立了以市场为导向的并能体现政府住房福利目标的政策性机构，它们与非政府的证券发行机构共同促成了迅速增长的二级市场，并成为二级市场的基准和一级市场的重要引导者。例如，吉利美对所担保的住房抵押证券（MBS）的发行机构在抵押贷款质量、发行资格、金融产品和监管等方面的要求，“两房”在住房抵押贷款市场的标准，成为其他金融机构开展住房抵押贷款证券化的模板。从1997年美国二级市场上MBS发行余额看，两个政府支持机构——房利美和房地美发行的MBS分别占该市场总余额的33.7%和28.7%，而政府全资公司——吉利美担保的MBS余额占总余额的26.6%，三者合计占市场的89%，非政府机构只占11%。

表4－5　美国主要机构发行抵押贷款证券的比例（%）

年份	机构（“两房”和吉利美）抵押贷款支持证券	机构（“两房”和吉利美）担保抵押责任债券	机构（联邦存款保险公司、国家信用社管理局）抵押贷款相关证券发行额	非机构：商业性抵押贷款支持证券	非机构：住房抵押贷款支持证券	合计
1996	74.07	15.32	—	2.58	8.03	100
1997	59.43	29.37	—	2.28	8.95	100
1998	63.16	20.26	—	5.75	11.18	100
1999	66.19	20.25	—	4.71	8.87	100
2000	69.3	15.9	—	6.41	8.44	100
2001	64.15	23.28	—	3.76	8.82	100
2002	61.78	25.51	—	2.14	10.57	100
2003	67.01	19.7	—	2.27	11.01	100
2004	52.73	19.64	—	4.86	22.78	100
2005	43.81	16.23	—	6.98	32.98	100

续表

年份	机构（“两房”和吉利美）抵押贷款支持证券	机构（“两房”和吉利美）担保抵押责任债券	机构（联邦存款保险公司、国家信用社管理局）抵押贷款相关证券发行额	非机构：商业性抵押贷款支持证券	非机构：住房抵押贷款支持证券	合计
2006	42.96	14.71	—	8.55	33.77	100
2007	53.28	12.4	—	10.27	24.05	100
2008	83.34	14.04	—	0.31	2.31	100
2009	84.96	14.14	—	0.44	0.45	100
2010	71.78	26.13	1.08	0.68	0.09	100
2011	72.94	22.93	0.66	1.83	0.64	99
2012	81.44	15.07	0.02	2.09	0.16	99
2013	78.68	14.9	0.03	4.17	0.68	98
2014	72.72	19.06	0	7.38	0.73	100
2015	79.83	11.36	—	5.1	0.85	97

资料来源：根据Wind数据计算。

4. 具有政府明确担保或隐性担保，大幅降低市场风险

政策性金融机构具有政府显性担保，为中低收入者提供住房抵押贷款担保。联邦政府设立大量公共机构，这些政策性金融机构具有政府的显性担保。如联邦住房管理局（FHA）专门为中低收入家庭提供住宅抵押信贷保险，住宅贷款保险公司（FSLIC）专门为从事住宅信贷的储蓄贷款协会提供保险；退伍军人管理局专门为军人购房抵押贷款提供担保。

政府支持企业具有政府隐性担保，承担部分公共服务职能，推动住房金融二级市场的发展。如“两房”等都是政府设立的准政府机构，其功能主要是在二级市场上直接买卖抵押贷款并发行抵押贷款证券，或为住房抵押贷款证券化提供担保，从而大力推动住房金融二级市场的发展。由于吉利美是政府全资机构，为了防止其直接参与市场竞争，以及由此引发的市场机构不健全和不公平竞争问题，吉利美的作用被严格限制在为二级市场提供担保上。同时，吉利美通过与一级市场的前向联系，间接影响了贷款机构的贷款条件和贷款对象，其贷款标准对二级市场也产生了影响。房利美和房地美最初是政府拥有，后来私有化成为企业，但通过制度安排，这两家公司在经营目标、公司治理结构和经营活动中受到联邦政府的影响和监管，成为政

府支持的企业（GSE），具有政府的隐性担保[①]。

采取政府机构保险担保与私营抵押保险相结合的混合保险模式，构建住房抵押贷款一级市场信用风险防范机制。美国采用政府保险和商业保险相结合的保险方式，建立住房金融的风险抵御机制，以此规避由于社会经济环境变动所造成的系统外风险以及由于借款人违约、抵押物处置、提前还款、资金期限结构不匹配等造成的系统内风险，这种一级市场上信用风险防范机制使美国住宅金融业的发展独具特色。其中，政府担保大幅降低了抵押贷款风险。美国政府为住房抵押贷款一级市场提供担保和保险，如联邦住房管理局（FHA）、退伍军人管理局、联邦农场主管理局（FHMA）等政府机构，为符合标准的抵押贷款提供全额或部分保险和担保，由于其具有政府信用支撑，资信度高，在很大程度上降低了抵押贷款的风险，大幅增强了一般市场上金融机构的信心。同时，私营抵押保险机构在美国一级抵押市场上也发挥了积极作用，为庞大的非政府担保抵押贷款提供保险。从1970—1997年美国各类保险和担保的发展情况看，私营住宅抵押贷款保险几乎可以和美国政府机构的抵押保险担保平分秋色，两种形式共同介入抵押一级市场，相得益彰。

5. 建立有效的机构间合作机制，提高住房金融政策的协同效应

美国政策性住房金融体系是一个多层次、既分工又协作的住房金融体系。美国政策性住房金融体系的基本构架是：联邦住房与城市发展部（HUD），负责所有的住房与城市发展计划及相关政策的制定；下属联邦住房管理局（FHA），负责住房标准的制定和为中、低收入阶层提供按揭担保；吉利美是HUD的下属公司，但不属于FHA，主要是收购政府担保的抵押贷款以及将其证券化；“两房”以及退伍军人管理局等可以归属于政府性住房金融体系；由此组成了一个多层次、既分工又协作的住房金融体系。

吉利美和“两房”是三大政府信用机构，吉利美具有完全政府担保，“两房”则已从最初的政府控制转变为私营公司，具有政府的隐性担保。吉利美是最典型的政策性机构，主要收购由FHA和VA发放或担保的贷款，为特定的中低收入者提供帮助。由于有美国政府的担保，吉利美本身担保的证券被市场广为持有，吉利美除了按照市场方式收购抵押贷款，还直接或者间接地通过地方政府或社区给低收入阶层提供补贴，这样的资金则来源于国会拨款。房利美的业务范围比吉利美要广泛得多，它可以收购任何金融机构发放的住房抵押贷款。由于房利美成立时的政府背景，

---

① GSE具有政府隐性担保，指的是GSE在陷入财务危机时，政府会挽救其债权人和股东。

在收购抵押贷款时也具有政策倾向性，协助中低收入阶层进行融资。

由于政府性公司都有自己特定的业务要求，在政府性公司不能覆盖的领域，商业性机构如雷曼兄弟公司[①]（Lehman Brothers）、所罗门兄弟公司（Solomen Brothers）和美林证券公司成为二级市场的主角。这些商业性机构除了作为发起人参与二级市场，还是政府性公司重要的承销商和技术伙伴。

通过有效的机构间合作机制，提高住房金融政策的协同效应。当同一类政策措施由多家部门分散实施时，容易出现各自为政的弊病，出现政策支持漏洞或重复支持的问题，尤其是各不相同的金融服务要求会增加支持对象的实际成本。美国住房金融政策是由多个联邦政府部门和多家政策性金融机构共同实施，这些部门和机构有着不同的任务分工，通过有效发挥各部门的协同作用，使各项措施相互配合、相互衔接，发挥政策合力。金融危机之后，为提高政策效率，美国的金融改革强调了各部门和各机构在信息披露、业务要求和市场标准等方面的沟通协调。

6. 完善住房立法，确立住房金融业务发展的制度基础

完善住房立法，保证民众住房权利。据初步统计，1932—2008 年，美国国会共颁布住房方面的法案及修正案 70 多部，对住房问题建立了一套较为完善的法律体系，涉及放款机构和政府支持企业的经营与社会责任、借款人利益保护、中低收入家庭住房保障等三类，涵盖住房开发、租赁、融资、补贴、税收优惠、贷款担保、社区发展和监管等各个方面，通过法律保证民众的住房权利。其中，在解决中低收入家庭住房问题方面，通过立法、机构设置和法规约束所形成的鼓励银行持续向中低收入家庭放款的机制值得我国借鉴。

出台《联邦住房贷款银行法》，设立联邦住房贷款银行体系（FHLB）以及监管 FHLB 体系的联邦住房贷款银行委员会（FHLBB），为抵押市场注入流动性。为解决 20 世纪 30 年代大危机所导致的金融机构坏账和抵押市场流动性严重不足问题，1932 年美国制定了《联邦住房贷款银行法》，设立 FHLB 以及监管 FHLB 体系的 FHLBB[②]。FHLB 是美国住房领域第一家政府支持的私人企业（GSE），FHLB 通过发行债券筹集低成本资金向抵押贷款、放款机构发放贷款，或购买抵押贷款放款机构的抵押资产，从而为低抵押机构注入流动性。

---

① 2008 年倒闭。

② 1989 年《金融机构改革、复兴与实施法》取消联邦住房贷款银行委员会，新设立联邦住房金融委员会（FHLB）。

表 4-6　美国住房金融相关主要法律法规一览（1932—2010）

年份	法律法规名称
1932	联邦住房贷款银行法（the Federal Home Loan Bank Act）
1933	住房所有者贷款公司法（the Home Owner's Loan Corporation Act）
1934	全国住房法（the National Housing Act）
1937	住宅法（the Housing Act）
1948	全国住房法修正案（ National Housing Act amendment）
1949	全国可承受住房法（National Affordable Housing Act）
1965	住房与城市发展法（Housing and Urban Development Act）
1968	开放住房法（“民权法案”）（Civil Rights Bill）
1968	民权法案（其中Ⅷ称为公平住房法，Fair Housing Act）
1968	公平信贷机会法（the Equal Credit Opportunity Act）
1968	诚实信贷法（the Truth in Lending Act）
1970	紧急住房融资法（Emergency Home Finance Act）
1970	公平信用报告法（Fair Credit Reporting Act）
1974	住房和社区发展法案（Housing and Community Development Act）
1974	房地产交割程序法（the Real Estate Settlement Procedures Act）
1974	紧急住房购买援助法
1975	住房信息披露法（the Home Mortgage Disclosure Act）
1977	社区再投资法（Community Reinvestment Act）
1980	放松对存款机构管制和货币控制法案（the Depository Institutions Deregulation and Monetary Control Act）
1982	加恩—圣杰曼存款式机构法（the St. Germain Depository Institutions Act）
1986	税收改革法（the Tax Reform Act）
1988	巴塞尔协议（Basel Accord）
1989	金融机构改革、复兴与实施法（the Financial Institutions Reform，Recovery and Enforcement Act）
1992	联邦住房企业金融安全和稳健法（the Federal Housing Enterprises Financial Safety and Soundness Act）
1994	住房所有者与净值保护法（Home Ownership and Equity Protection Act）
1997	减轻税赋法（Taxpayer Relief Act）
1999	金融服务现代化法（the Gramm Leach Bliley Act）
2003	美国首付款法案（American Downpayment Act）
2008	住房与经济复兴法（the Housing and Economic Recovery Act）
2010	华尔街改革与消费者保护法（the Wall Street Reform and Consumer Protection Act）

资料来源：张桥云．完善我国住房金融制度研究——基于美国的经验与教训［M］．成都：西南财经大学出版社，2013.

7. 政府对住房市场进行必要的干预，为解决中低收入群体的住房问题提供制度与机制保证

“FHA/VA + 房利美”模式提高了银行等放款机构向中低收入家庭发放住房抵押贷款的积极性，为解决中低收入家庭住房问题提供了制度与机制保证。一是通过联邦住房管理局（FHA）和退伍军人管理局专门为特定人群申请的住房抵押贷款提供担保，从而转移银行等放款机构的信用风险，进一步提高银行等持续放款的意愿。二是1938年设立房利美，专门从事抵押贷款收购业务，并通过住房抵押贷款买卖向抵押市场注入流动性，扩大放款机构的资金来源。设立之初，按照法律规定，房利美可以购买由FHA担保的住房抵押贷款，而银行发放的一般住房抵押贷款并不属于房利美的合法购买对象。事实上，这种规定对银行等放款机构的放款对象具有明显的导向作用，引导银行等向中低收入家庭发放住房抵押贷款。因为银行向中低收入家庭放款越多，卖给房利美并获得流动性的机会才会越多。1944年房利美购买住房抵押贷款的范围扩大到有VA担保的贷款。如今“两房”主要对传统贷款（非政府担保贷款）中的合规贷款提供信用担保和证券化；吉利美主要对政府贷款（VA和FHA担保贷款）等提供担保。

形成较为完善的住房抵押贷款二级市场，向住房一级市场特别是中低收入家庭抵押市场注入资金。1968年设立吉利美，使得房利美完全市场化，并成为第二家政府支持的住房企业（SGE）；1970年设立第三家政府支持的住房企业——房地美，在住房二级市场引入竞争机制。至此，美国形成较为完善的住房抵押贷款二级市场，并源源不断地向住房一级市场特别是中低收入家庭抵押市场注入资金。

HUD为“两房”制定特定目标，为中低收入群体提供信贷支持，解决中低收入群体的住房问题。1968年设立住房与城市发展部（HUD），作为美国住房领域最重要的管理机构，其主要职责：一是制定全国住房政策，监督“两房”作为私人公司能够实现政府赋予它们的公共目标；二是通过下属的联邦住房企业监督管理办公室（OFHEO）[①] 对“两房”实施监管。1992年美国国会通过了《联邦住房企业金融安全和稳健法》和《联邦政府支持企业法》，这两项法案奠定了对“两房”的公共政策目标和经营安全进行监管的法律框架。HUD为“两房”制定了三个目标：第一，支持中低收入家庭购房计划，主要支持中等以下收入的家庭；第二，向特定地区提

① 2008年OFHEO与FHFB合并，成立联邦住房金融管理局（FHFA），监管FHLBs和“两房”，以解决多头监管的问题。

供信贷支持计划，主要针对住房信贷资金不充足地区的住宅购买，如低收入地区和少数民族聚集的地区；第三，特殊房屋购买支持计划，专门向收入极低的家庭提供住宅信贷支持。2004 年，HUD 在上述三个大类中分别增加了一个“购房目标”（Home Purchase Subgoal），旨在鼓励“两房”向上述三个目标所针对的群体扩大融资支持规模。2008 年，在向特定地区提供信贷支持的计划上，房利美都超额完成指标，房地美没有达到要求；而其他各个计划目标，“两房”都没有达到要求。

表 4－7　2008 年“两房”公共目标的实施情况

住房项目	目标	房利美实现情况	房地美实现情况
中低收入项目	56%	53.61%	51.50%
服务不足地区项目	39%	39.38%	37.73%
特别可承受住房项目	27%	26.01%	23.03%

资料来源：《房利美和房地美的年度房地产会场融资活动报告》，2008 年。张桥云．完善我国住房金融制度研究——基于美国的经验与教训［M］．成都：西南财经大学出版社，2013.

表 4－8　联邦住房领域机构演变一览（1932—1989）

年份	事件
1932	颁布《联邦住房贷款银行法》，全国设立 12 家联邦住房贷款银行，其主要任务是为住房抵押放款机构增加资金供给
1934	设立联邦住房管理局（FHA）
1938	设立联邦国民抵押贷款协会（房利美），为 FHA 担保的抵押贷款建立二级市场
1944	设立退伍军人管理局（VA）
1948	房利美购买抵押贷款范围扩大到 VA 担保的住房抵押贷款
1968	设立住房与城市发展部（HUD）和吉利美，房利美成为政府支持的私人企业
1970	设立联邦住房抵押公司（房地美）
1981	储蓄和贷款协会提供可调利率抵押贷款（ARM）
1982	储蓄和贷款协会证券化，发放低于市场利率的住房抵押贷款
1986	1986 年税法取消贷款利息税前抵扣，只允许住房抵押贷款和住房净值贷款利息税前抵扣
1989	房地美成为上市企业

资料来源：张桥云．完善我国住房金融制度研究——基于美国的经验与教训［M］．成都：西南财经大学出版社，2013.

8. 形成全面完善的监管体系，防范金融风险

政策性住宅金融机构道德风险难以根除，需加强有效监管。美国政策性住房金融机构通过资本市场融资，为抵押贷款市场提供了丰富的流动性支持。由于政策性住房金融机构兼具市场化经营和住房保障目标，其道德风险难以根除，一旦缺乏有效监管，机构自身的经营风险就会迅速传导为系统性风险。美国 2008 年金融危机，正是监管体

系落后于金融创新的重要例证。

建立中央和州政府级别监管体制，加强住房金融监管。美国建立以城市发展与住房部、联邦住房金融委员会、财政部、美联储等联邦政府机构的中央一级监管体制，同时建立州政府一级的地方住房金融监管体系等。

监管模式由“分头监管”向“统一监管”转变，设立联邦住房金融局。2008年以前，美国对政策性住宅金融机构实行“分头监管”。由联邦住房金融委员会（FHFB）监管联邦住房贷款银行系统（FHLB），联邦住房企业监察办公室（OFHEO）监管“两房”。“分头监管”模式导致诸多问题，一是每家监管部门的权责有限，缺乏部门沟通协调，最终形成“监管缺位”。二是监管部门过度强调机构的公共住房职责，间接导致了机构以扩大风险为代价实现住房目标。金融危机爆发后，美国重构住房金融监管机制，一是建立独立的监管机构，将 FHFB 和 OFHEO 合并为联邦住房金融局（FHFA），统一监管三家政策性住宅金融机构（FHLB 和“两房”），FHFA 同时也是“两房”的托管人。二是监管核心目标由公共住房向稳健运营转变，保证了“两房”等机构在后危机时代的平稳过渡。

表 4－9　美国住房金融监管机构一览

金融机构	英文全称	缩写	主要职能
联邦储备委员会	Federal Reserve Board	FRB	常规监管
货币监理署	Office of Comptroller of Currency	OCC	
储蓄监督署	Office of Thrift Supervision	OTS	
联邦存款保险公司	Federal Deposit Insurance Corporation	FDIC	
住房与城市建设部	Department of Housing and Urban Development	HUD	提高住房拥有率、支持社区发展、增加可承受住房可获得性、减少住房市场歧视
联邦住房管理局	Federal Housing Authority	FHA	为中低收入家庭购买住房提供担保
退伍军人管理局	United States Department of Veterans Affairs	VA	为现役或退伍军人购买住房提供担保
联邦住房贷款银行体系	Federal Home Loan Banks	FHLB	以低成本资金为成员单位提供流动性，扩大房贷资金来源
联邦住房金融委员会	Federal Housing Finance Board	FHFB	管理 FHLB
联邦住房企业监管办公室	Office of Federal Housing Enterprise Oversight	OFHEO	监管“两房”及其政府“可承受住房计划”的实现情况

续表

金融机构	英文全称	缩写	主要职能
联邦住房金融局	Federal Housing Finance Agency	FHFA	2008年由FHFB与OFHEO合并建立。监管“两房”和联邦住房贷款银行体系12个成员，支持住房金融、“可承受住房计划”，建立稳定和有流动性的住房市场
金融稳定监督委员会	Financial Stability Oversight Council	FSOC	财政部牵头，其成员包括10家监管机构。在此框架下，现有的货币监理署（OCC）和储蓄机构监理署（OTS）合并，以监管全国性的银行机构，由美联储负责监管金融各控股公司和一些地方银行，同时保持联邦储蓄保险公司（FDIC）的监管职能。监管重点是银行的资本充足率、杠杆比例、流动性限制
消费者金融保护署	Consumer Financial Protection Agency	CFPA	银行和非银行机构，包括所有资产规模在100亿美元以上的信贷机构和各类金融中介，而且可以独立定制监管条例并监督实施。包括房屋按揭、车贷、信用卡贷款、各种消费者保险等各种金融产品，CFPA将成为混业监管格局中的主力之一

资料来源：张桥云．完善我国住房金融制度研究——基于美国的经验与教训［M］．成都：西南财经大学出版社，2013.

9. 过度宽松的住房金融政策助推住房市场的泡沫化，使其成为经济波动的放大器，危害经济的健康发展

过度宽松的住房金融政策助推了住房市场的泡沫化，危害经济的健康发展。为实现“居者有其屋”的住房政策目标，美国一直采取宽松的住房金融政策，降低购房者的成本，提升购房者的购买能力，使得美国住房自有率稳步上升，从1950年的55%上升到2004年69%的峰值水平（见图4－5）。但是，购房能力最终仍取决于购房者的收入水平，一旦大量的购房者超出自身的偿债能力，住房金融市场的运转就缺乏可持续性。

2001年以后，过度宽松的住房金融环境导致次级贷款迅速增加，住房金融市场泡沫不断膨胀，并最终爆发次贷危机，美国住房金融市场和金融体系受到严重冲击，次贷危机引发了各界对提高住房自有率的美国住房政策的反思。2006年之后，很多家庭的住房市场价值明显低于待还的贷款数额，于是选择放弃住房，或者由于欠款

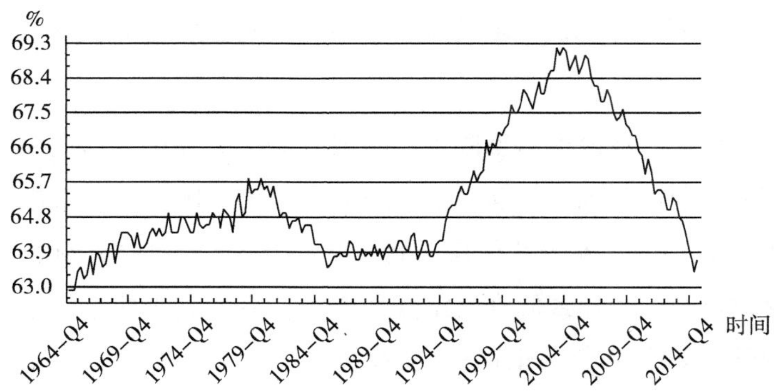

图 4－5　美国住房自有率

资料来源：Wind 资讯。

不还而被金融机构收回住房。2008 年，美国住房没收案例为 45.7 万件，2009 年为 54.7 万件，2010 年高达 80.9 万件（见图 4－6）。2006 年以后，美国住房自有率指标改变了 20 世纪 50 年代以来持续提升的态势，转而向下，2015 年 9 月，降至 63.7%，对此，过度宽松的住房金融政策难辞其咎。

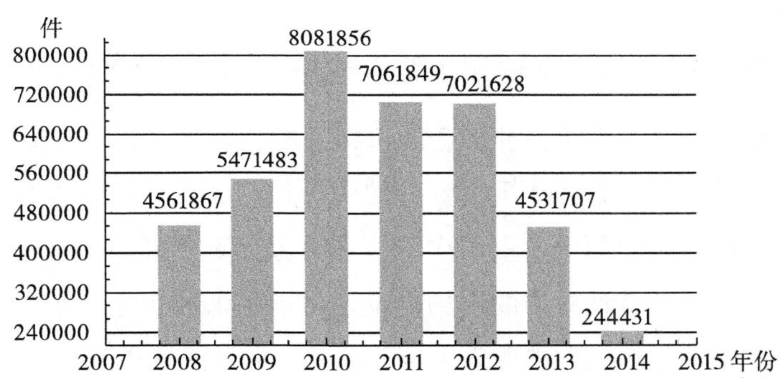

图 4－6　美国住房没收案例（2008—2014）

资料来源：根据 Wind 数据计算。

政府监管缺位，金融机构放松风险管理，导致次贷危机爆发并蔓延形成全球性金融危机。房地产业和金融业是高风险行业，住房金融与这两个行业密切相关，风险更高，一旦出现风险，便会迅速蔓延到经济社会的各个方面，最终酿成金融危机和经济危机。始于 2007 年的次贷危机的主要原因之一是政府监管缺位，金融机构放松风险管理，导致各种风险不断积累，并相互影响转化，使风险逐步放大，最终无法控制，形成危机。

10. 美国公共住房政策面临困境，住房金融政策重心由鼓励购房转向支持租房者

鼓励购房的公共住房政策亟须调整。美国政府过分强调住房自有率目标，中低收入群体的租房问题得不到保障等一系列问题暴露了美国住房金融政策的漏洞和缺陷。1937 年开始，美国实施公共住房项目，直接建造公共住房提供给低收入家庭，不仅加重了财政负担，也导致低收入家庭集中居住带来高犯罪率、设施维护不足等一系列社会问题。即使目前美国住房自有率处于历史较高水平，也仍有上亿的美国人是租房居住。这些因素促使联邦政府调整公共住房政策，政策重心从鼓励购房开始转向支持租房者。

改革住房金融体系，推行审慎住房金融政策，政策重心转向支持租房者。一是改革住房金融体系，推行更为审慎的住房金融政策，减少政府对住房金融市场的过多介入。二是住房金融的政策重心由鼓励购房转向支持租房者，改变政府补贴方式，转为向低收入家庭发放租金券，依靠租赁市场解决住房问题。三是逐步完善为租房者提供的金融服务。

（三）借鉴美国经验建立中国政策性住房金融体系的建议

我国应积极借鉴美国政策性住宅金融机构的成功经验，完善我国住房金融政策，改善居民的居住条件。一方面要重视政府的引导作用，发挥政策性住宅金融机构在解决中低收入家庭住房问题中的重要作用；另一方面要提高市场效率，利用市场机制，以较少的政府资源带动更多的市场力量，帮助中低收入家庭解决住房问题。同时，要加强对政策性金融机构的监管力度，防范金融风险于未然。

1. 从战略高度重视住房问题，研究建立更多支持保障房建设的政策性金融机构

从战略高度重视住房问题。借鉴美国政府住房政策的成功经验，我国应从战略高度重视住房问题。首先，建立有效的宏观决策机制，在现有房地产市场调控部际联席会议的基础上，组建国务院住房委员会，作为国务院研究制定住房政策的决策机构。其次，建立全国统一的住房信息系统，准确、及时、全面地发布市场信息，增强公信力和透明度，防止房地产市场出现大的起伏。最后，建立有效的考核和监督机制，督促地方政府和有关部门严格执行中央政策，进一步增强政策执行力。

研究建立更多支持保障房建设的政策性金融机构。目前，国开行已经成立了住宅金融事业部，采取市场化的方式发行专项债券，支持棚改等项目。应继续完善相

关支持政策，成立更多支持保障建设的政策性金融机构，真正体现其“优惠”性，降低保障房建设融资成本。

2. 大力发展二级市场，推进住房抵押贷款证券化工作，保证政府目标和市场效率相结合

美国政府通过支持住房金融二级市场的发展促进了整个住房金融的发展，以美国为代表的抵押贷款体系，能为居民提供数额大、期限长的住房抵押贷款，这种市场体系是以其雄厚的资金来源和完善的二级抵押市场作保障的，因此，大力发展二级市场是一个较好的保证政府目标和市场效率的方式。目前中国的住房抵押贷款尽管发展速度较快，但总体贷款规模与美国相比还较小；资本市场正处于成长初期，住房抵押贷款二级市场刚刚起步，有待不断发展和完善。

3. 合理运用政府信用，构建政府信用担保与市场保险相结合的全国性住房贷款风险担保与化解机制

合理运用政府信用。政府在机构安排中应注意不参与市场竞争，通过合理运用政府信用，引入民间资金，实现既能减轻政府财政负担又能达到同样的政策效果、同时避免政策性机构官僚化等多重目标。特别是在二级市场初期，为住房抵押证券提供国家或准国家信用担保，是保证证券信用等级、提高证券流动性的重要措施，是启动市场的关键因素。随着市场的发展，要防止国家信用被滥用，酿成新的金融风险。

构建政府信用担保与市场保险相结合的全国性住房贷款风险担保与化解机制。推动住房贷款保险改革是美国应对次贷危机的重要措施之一。美国通过 FHA 保险、提高“两房”的信用额度等措施为住房金融市场注入政府信用，增强各种投资资金和金融机构高度参与住房信贷金融活动的信心基础；保险业通过广泛提供各类信用保险，为庞大的住房借贷融资构筑风险防火墙。目前，我国保险业对住房信贷风险承保几乎为零，政府信用担保体系尚未建立，广大民众对进入住房市场缺少长远的信心，房地产信贷风险高度暴露。现有各地的住房置业保险模式存在比较严重的重复担保、强制担保、垄断担保等问题。因此，我国迫切需要构建政府信用担保与市场信用保险相结合的住房贷款风险担保体系。

4. 切实防范住房金融风险，完善信用体系建设

住房市场既是消费市场，也是投资市场，住房金融市场具有广泛的影响力，这些因素导致住房金融市场容易成为一个滋生泡沫、爆发金融危机的市场，美国次贷

危机就是一个很好的例证。因此，我国应对住房金融市场保持警惕，适时进行动态调整，避免因风险累积而引发危机，抓紧建立和完善风险防范机制，防止和化解住房金融风险。借鉴美国的经验，应加强对抵押物真实性的审查，防止虚假抵押和重复抵押；同时建立个人信用评分系统，加强对借款人的还贷约束。

5. 政府在构建住房金融体系中应发挥重要的支持和推动作用，在危机中有所作为

政府在构建住房金融体系中应发挥重要的支持和推动作用。一是加强立法和监管方面的基础制度建设。二是在资金支持、信用增级、税收优惠等方面发挥重要作用，尤其是在市场起步和发育阶段，政府的作用无可替代。实际上，美国住房金融体系是在政府的支持下构建起来的。在过去的80多年里，美国政府一直致力于通过成立政府发起企业、发展抵押贷款证券化业务等诸多措施为住房金融体系注入流动性，联通货币市场与资本市场，满足住房金融业务对长期资金的需求，使居民可以获得可负担得起的住房抵押贷款。三是政府应积极防范化解住房金融市场危机。例如，20世纪30年代的大萧条、80年代的储贷协会危机、21世纪初期的次贷危机，美国政府对住房金融市场都进行了救助和干预，包括投入资金支持、成立新机构等，积极地化危为机。国际金融危机期间和其后的大衰退时期，私人金融机构几乎完全退出了抵押贷款二级市场，新增抵押贷款的九成以上是由联邦住房管理局、房利美、房地美、吉利美来提供担保或保险的。因此，一旦危机发生，政府应及时采取有力的措施救助，避免危机扩散，影响整个金融体系和宏观经济的正常运行，并修补住房金融体系的漏洞或缺陷，考虑住房金融市场的长远发展。四是避免政府支持可能引起市场垄断，在提供支持的同时应当设定“日落条款”（Sunset Provision）①，明确政府支持的退出期限。

6. 进一步加强房贷发放管理，加强信用资格的贷前审查和贷后风险跟踪管理

美国由于证券化的信贷资产表外化，使放贷机构放松了勤勉责任，而MBS投资者也受评级机构宽松评级的误导，导致借款人的平均信用水平下移。目前，我国商业银行和住房公积金发放的个人房贷，并没有像美国一样区分为主级优贷和次级贷款，但却和美国一样，在房价持续上升的环境中，商业银行放松风险警惕

① “日落条款”的目的是对政府提供的特殊支持划定期限，以免受益人过度依赖这些特权，防止公共利益受损，减少市场扭曲。

并出于营利性考虑，房贷发放在执行有关信贷标准中存在放松倾向，购房贷款者群体也出现比较显著的由中高收入向中低收入转移的趋势，住房金融市场的潜在风险巨大。建议我国商业银行和住房公积金机构，严格执行有关房贷借款人信用审核政策，加强对抵押物估价和对借款人还款能力等信用资格的贷前审查和贷后风险跟踪管理。

7. 推进住房公积金制度改革，提高家庭住房支付能力

美国次贷危机表明，借助商业金融体系的住房金融创新来传递公共住房金融服务，难以从根本上解决中低收入家庭的住房问题，解决中低收入家庭住房问题的关键，是提高家庭住房支付能力。住房公积金制度实行强制缴存，长期积累，定向使用，低存低贷，是提高住房支付能力的有效措施。目前，巴西、墨西哥、菲律宾、尼日利亚等国家都推行住房公积金制度，证明在经济发展水平较低、收入差距较大的人口大国，住房公积金制度具有较强的生命力。我国应推进住房公积金制度改革，改进住房公积金缴存、提取、使用、管理、监管机制，充分发挥其互助金融的根本功能，增加使用住房公积金的便利性，研究国家财政对缴存住房公积金进行补贴的可行性。

8. 大力发展公共租赁住房，满足中低收入家庭居住需求

20 世纪 60—70 年代，随着居民支付能力的增强，美国政府建设的公共住房逐渐减少，到 80 年代基本停止，同时减少贴息补贴，对“社会住房”提供的低息贷款由 40 年代的 60% 下降到 80 年代的 40%，进入 90 年代更少，公共住房建设在住房政策中的核心地位淡化。1974 年，美国国会通过《住房与社区发展法案》，提出以租房补贴为代表的新型住房援助政策，通过发放租金券鼓励租房。政府补贴的房租额度为家庭收入的 30%。与公共住房相比，租金券计划更灵活、成本更低。次贷危机之后，美国住房金融的政策重心由鼓励购房转向支持租房者，通过发放租金券等方式直接补贴租房者，大力发展租赁市场，依靠租赁市场解决住房问题。近年来，我国住房价格持续上涨，已远远超出中低收入家庭的支付能力，北京、上海等大城市的房价，已经接近美国的价格水平，家庭住房支付能力与住房市场价格的矛盾十分突出。除继续控制住房价格外，还必须采取有效措施，大力发展公共租赁住房，满足中低收入家庭的居住需求。

参考文献

[1]白云真.21世纪日本对外援助变革及其对中国的启示[J].教学与研究,2014(7).

[2]曹岳.日本为什么视亚投行是对手[EB/OL].国际在线网,2015-03-26.

[3]姚帅.透视日本对外援助新政策[J].国际经济合作,2015(5).

[4]方齐胜.日本国营铁路对外的技术援助(编译)[J].铁道科技动态,1980(11).

[5]赵放.日本政策性金融机构改革评析[J].现代日本经济,2008(5).

[6]黄梅波,蒙婷凤.新世纪日本的对外援助及其管理[J].国际经济合作,2011(2).

[7]江玮.日本加紧出击亚洲基础设施投资,金额或超亚投行[EB/OL].财经网,2015-06-22.

[8]逯新红.中国经济运行新特点、新趋势、新机会[N].上海证券报,2015-06-18.

[8]杨爽.日本政策性金融体系发展改革的经验、教训及启示[J].北方经济,2013(4).

[10]日本外务省.政府开发援助(ODA)白皮书2014.2015-03.

[11]日本30多年对华援助近2900亿人民币[EB/OL].网易新闻,2012-07-02.

[12]日本国际协力银行营运特点[N].人民日报,2004-05-18.

[13]亚行和日本向菲律宾提供4亿美元贷款援助[EB/OL].中华人民共和国驻菲律宾共和国大使馆经济商务参赞处,2012-05-09.

第五章　中日经济合作领域探索

第一节　中日政经关系明显改善

2018 年以李克强总理访日为契机，中日关系重回正常轨道。2018 年是《中日和平友好条约》缔结 40 周年。在中日双方的共同努力下，中日关系改善发展的势头持续增强。当前，世界经济整体复苏，但仍面临许多不确定的因素。特别是单边主义和贸易保护主义抬头，贸易争端分歧打断了全球贸易体制，对现有产业链造成了冲击。中、日两国是世界主要经济体，在全球产业链上各有优势，环环相扣，应携手努力，应对当前全球贸易保护主义挑战，共同维护国际经济秩序和地区的稳定繁荣。今后 3～5 年，将是中日关系发展的一个关键窗口期，中日两国应抓住机遇，继续加强中日经贸合作。“他山之石，可以攻玉”，中国经济发展所面临的国际环境和遇到的问题，与日本相似，日本的很多经验教训值得我们借鉴。

一、中日政治关系明显改善

2016 年下半年以来，中日关系正面互动增多。2017 年 7 月和 11 月，习近平主席先后在 G20 汉堡峰会和越南岘港 APEC 会议上与首相安倍晋三会见，为增进高层相互理解，不断积累有利条件，进一步推动中日关系持续改善向好发展。2018 年 5 月，习近平主席应约同首相安倍晋三首次通电话，李克强总理赴日本出席中日韩领导人会议并正式访日。在双方的共同努力下，中日关系重回正常轨道。9 月，习近平主席在俄罗斯东方经济论坛期间会见首相安倍晋三，强调要推动中日关系稳中有进，得到新的更大发展。10 月，安倍晋三首相访华。在两国高层的互访带动下，近期中日两国省部级官员交流频繁，恢复经济、财金、农业、文化等多领域高层级对话，双方还就共建“一带一路”和开展第三方市场合作达成共识。

中日是重要的近邻。中方一贯重视中日关系，主张本着以史为鉴、面向未来的精神，恪守中日四个政治文件以及四点原则共识，发展睦邻友好合作关系。近一个时期以来，在双方的共同努力下，中日关系保持着改善势头。2018 年是《中日和平友好条约》缔结 40 周年，是第三个政治文件发表 20 周年，是第四个政治文件签署并发表 10 周年，具有重要的纪念意义。前不久，李克强总理同首相安倍晋三互致贺电庆祝缔约 40 周年，双方共同认为应当继续秉持缔约精神，推动中日关系长期健康稳定发展。中方愿同日方相向而行，在中日之间四个政治文件的基础上，以史为鉴，面向未来，深化互利合作，促进共同发展，维护繁荣稳定。

下一阶段，双方还有一系列重要交往安排。中日两国领导人将实现互访，首相安倍普三即将正式访华，2019 年 G20 大阪峰会，习近平主席参会时完成正式访日；双方正就此保持着沟通。希望双方共同努力，为互访创造良好的氛围和条件。此后的 2020 年东京奥运会，2022 年北京冬奥会和杭州亚运会，2023 年中日邦交正常化 50 周年，可以预期今后 5 年中日关系仍将保持持续改善、稳定向好的势头，两国关系正处于重要的历史节点，面临改善发展机遇。希望日方同中方继续相向而行，落实两国领导人共识，维护两国关系政治基础，深化各领域务实交流合作，推动中日关系长期健康稳定发展。

二、中日经贸回暖势头持续

中、日作为世界第二、第三大经济体，亚洲第一、第二大经济体，两国经贸合作对亚洲各国的发展甚至世界的发展都具有重要的意义。经贸合作是中日关系的“压舱石”和“推进器”。近年来，受政治安全因素的影响，中日关系经历了一段复杂的焦虑期，政治互信程度走低，经贸关系因此受挫。中日贸易连续 5 年下降（2012—2016 年），日本在华投资改变连续 4 年下降（2013—2016 年）。2017 年是中日邦交正常化 45 周年，中日经贸关系出现回暖势头，从过去 5 年的贸易萎缩转向贸易增长。2017 年，中日贸易总额 3029. 9 亿美元，同比增长 10. 1%。其中，中国对日本出口 1373. 3 亿美元，同比增长 6. 1%；中国自日本进口 1656. 5 亿美元，同比增长 13. 7%。中方逆差 283. 2 亿美元。按国别排名，日本是我国第二大贸易对象国、第二大出口对象国和第二大进口来源国。2018 年以来，随着中日关系的进一步改善，经贸关系回暖趋势得以持续。据中国海关统计，2018 年 1—8 月，中日双边货物进出口额为 2141. 6 亿美元，同比增长 11. 2%；我国对日出口和自日进口同比增长分别为8.0%和13.9%；中日贸易逆差251.1亿美元，逆差规模同比扩大46.7%。截至8月，中国是日本第一大出口贸易伙伴和第一大进口贸易伙伴。

三、中日相互投资稳定增加

日本是中国第三大外资来源国，中国是日本第二对外投资对象国。2017年，日本在华新设企业590家，比上年增长2.4%，实际使用金额32.6亿美元，同比增长5.3%。2018年1—7月，日本在华新设企业454件，比上年同期增加38.0%，实际使用金额24.9亿美元，增加35.5%。截至2018年7月，日本累计在华投资设立企业51460家，实际使用金额1106.7亿美元，在我国利用外资总额国别排名中居首。

我国对日投资稳步发展。2017年，我国对日本全行业直接投资2.6亿美元。2018年1—7月，我国对日本全行业直接投资1.8亿美元。截至2018年7月，我国对日本全行业直接投资累计36.2亿美元，主要涉及制造业、金融服务、电气、通信、软件等领域。

我国对日承包工程整体保持平稳发展态势。2018年1—7月，我国企业在日本承包工程新签合同额3.3亿美元，完成营业额1.8亿美元。截至2018年7月，累计合同额43.9亿美元，累计完成营业额43.5亿美元。

双方加强对日技能实习生合作。日本是中国重要的海外劳务市场。2018年1—7月，中国向日新派出技能实习生17663人，比上年同期下降11.1%。截至2018年7月，中国在日技能实习生总数14.3万人，主要分布在日本的中小企业，涉及制造业、农林牧渔和建筑业等。

四、中日金融合作前景值得期待

中、日两国是亚洲和世界重要的经济体，人民币与日元同属SDR篮子货币，两国加强金融合作有利于促进两国金融市场的进一步融合发展，为两国贸易投资提供有力支撑，有利于促进亚洲和全球经济持续增长。随着中日经贸合作不断扩大和两国贸易投资规模不断扩大，近期中日双方在金融领域达成一系列合作共识，包括给予日方2000亿元人民币合格境外机构投资者（RQFII）额度，就双边本币互换协议达成原则共识，以及在东京设立人民币清算行等。随着中国金融业新一轮的对外开放，将为日方积极参与中国金融业改革与开放进程，为双方金融机构开展合作提供广阔的空间。

第二节　中日经贸合作重点领域

中、日两国要落实好两国领导人在经贸领域达成的重要共识，扩大互利务实合作，促进中日经济关系提质升级。深挖中日贸易潜力，进一步提高贸易便利化水平，扩大服务贸易合作。进一步增进相互了解，准确把握市场方向及两国合作大势，抓住中国市场开放及中国投资带来的机会，不断做大合作的“蛋糕”，分享中国改革开放的红利。充分发挥日方企业优势，扩大优势商品、高端装备、优质服务对华出口。扩大双向投资，为对方企业来本国投资提供公平透明、可预期的投资环境。加强创新合作，在信息化和新一轮技术革命不断更新升级的时代，双方应以更加自信、开放的心态看待技术合作。加强创新发展战略对接，加强在数字经济、先进制造、海洋经济、智慧城市、新能源汽车、自动驾驶等新兴产业领域的深度合作，推动更多合作项目落地。期待两国科学家和创新人才合作开展前沿和基础研究，开展政府、高校、科研机构和企业之间的产业创新合作。严格保护知识产权，不强制外国企业转让技术。

一、瞄准数字经济，推动中高端产业合作

近年来，随着互联网技术的普及发展，数字经济已成为经济发展的新形态和重要驱动力，也是全球新一轮产业合作的主要内容。现在中、日两国都致力于经济转型和产业升级，中国提出建设现代化经济体系，发展实体经济，推动工业化和信息化融合，契合两国发展的重点，为两国产业合作提供了难得的机遇。两国在数字产业领域可以开展合作，推动日本超智能“社会 5.0”战略与“中国制造 2025”和“互联网 +”战略对接，在机器人、人工智能、移动支付、共享经济、跨境电商等领域实现协同创新、互利合作。2016 年日本机器人产量 15.3 万台，中国机器人产量 7.2 万台，中日在机器人生产研发等领域合作空间巨大。2017 年的中国“双十一”支付宝交易总额高达 1682 亿元，同比增长 39%。日本也兴起了“双十一”，日本市场也为“双十一”做了积极准备，可以说获利不小。

二、开拓中国巨大服务市场，满足高质量消费需求

中国经济转型升级蕴藏着巨大的服务贸易需求。保守估计，到 2020 年中国的服务贸易总额至少将达到 1 万亿美元以上，占全球服务贸易的比重达到 10% 左右，

到 2030 年，中国会成为全球最大的服务进口国。随着中国个性化、高质量服务需求的快速增长，双方可以推动现代服务业的合作，推进政策制度的互学互鉴，开展具体项目的务实合作，特别是在医疗服务、健康管理、养老看护、现代旅游、节能环保等领域，有广阔的合作空间。2016 年，中国访日游客超过 630 万人次，在日消费额超过 1.4 万亿日元，据估算，能拉高日本经济增速 0.2 ~ 0.3 个百分点。2017 年这一规模突破 700 万人次，2025 年有可能达到 2000 万人次，对日本经济的贡献会越来越大。

三、抛弃零和博弈思维，加强第三方市场合作

近些年来，中日企业在国际市场上更多地展现出竞争的一面，一定程度上削弱了双方的收益。开拓国际市场，我们需要竞争，但更需要合作。市场竞争能带来效率提升，而合作更能扩大市场蛋糕。从目前来看，中日产业仍存在互补性，有合作互利的可能。在第三方市场，我们应摒弃零和博弈的思维，在竞争中寻求合作空间，共同开拓国际市场。“一带一路”建设提供了中日互利合作和共同发展的新平台和“试验田”，亚投行、亚开行等多边金融机构为双方提供了融资合作的新机会。在这些方面，如果两国企业合作，发挥在工程技术、投资经验、承包能力等方面的比较优势，开展更广泛的务实合作，便会形成“1 + 1 > 2”的效果，能促进全球化更加包容发展和发展中国家工业化进程。

四、着眼区域经济一体化，推动贸易投资自由化、便利化安排

近年来，东亚共同大市场的成长越来越受到世人的关注，区域经济一体化是亚太地区经贸合作的趋势和方向。但是，地区多边贸易安排存在碎片化的倾向。当前 RCEP、TPP 谈判取得了进展。中、日两国作为东亚最大的两个经济体，应在其中发挥重要的建设性作用，统筹这些多边经贸协定安排，考虑不同国家发展阶段的实际，探索实事求是的过渡性方案，并逐步向高水平的经贸规则靠拢。从路径上讲，先推动 RCEP，在此基础上推动中日 FTA，作为 RCEP 和 TPP 对接的桥梁，最后达成高水平的 TPP。

第三节 加强双边合作应对贸易保护主义

一、中日两国加强双边合作应对贸易保护主义

当前，国际形势正在发生深刻复杂变化，不稳定、不确定因素增多。美国贸易保护政策引发全球市场的不稳定，造成全球经济增长前景面临的风险增加；地缘政治风险加剧抑制私人投资、削弱经济活动和引发通胀上行；主要经济体货币政策正常化引发全球紧缩效应，新兴经济体经济发展的脆弱性增强。特别是面对美国挑起的贸易战，中、日两国都是对美贸易摩擦的受害者。中日作为世界主要经济体和地区重要国家，应该共同担负起责任，应对当前全球贸易保护主义挑战，共同维护国际经济秩序和地区的稳定繁荣。双方共同维护以世界贸易组织为核心的基于规则的多边贸易体制，遵守现行世界贸易组织规则和履行做出的所有承诺，支持开放市场和自由贸易，坚决反对单边主义和保护主义。支持通过世界贸易组织现有机制解决贸易争端。支持世界贸易组织的现代化改革，促进公平竞争条件并尽快填补争端解决机制上诉机构成员空缺。遵守并探讨继续发展世界贸易组织补贴规则。

二、中日两国加强区域合作抵御不确定性风险冲击

在美国发起贸易争端的背景下，东亚乃至亚太区域内更应进一步增强合作，抵御不确定性风险的冲击。中日两国在深化双边经贸关系的同时，还要进一步加快推进包括中日韩自贸协定（FTA）和“区域全面经济伙伴关系协定”（RCEP）在内的区域一体化进程。中日韩内部贸易合作潜力巨大，中日韩 FTA 合作前景广阔。中韩自贸协定 2015 年底生效以来，实施情况总体顺利，目前已进行了 4 次降税，落实情况令人满意。目前中韩正在进行服务业开放的后续谈判。2018 年 5 月的中日韩领导人峰会达成了一系列成果，包括加快中日韩 FTA 和 RCEP 谈判，引领东亚经济共同体建设，推动区域经济一体化，为世界经济增长注入信心和动力。李克强总理提出建立“中日韩 + X”合作机制，联合拓展第四方市场，并使合作方受益，提高三国的国际竞争力。为响应中日韩领导人达成的共识，未来不管以什么样的优先顺序，在中韩双边 FTA 的基础上，都应尽快启动中日韩 FTA 谈判，加快推动中日韩 FTA、RCEP、“全面与进步跨太平洋伙伴关系协定”（CPTPP）以及亚太自由贸易区（FTAAP）。

三、适时启动加入 CPTPP 谈判，全面推动我国高水平开放

随着中美贸易战的不断升级，欧盟与日本签署经济伙伴关系协定，欧美领导人达成通过谈判减少欧美间贸易壁垒等妥协，美日开始磋商推动两国开启双边自贸谈判，美国总统特朗普又在西方七国峰会上提出发达国家实行零关税、零壁垒、零补贴的说法。美欧日拟重塑国际贸易体系，对世界贸易组织（WTO）提出改革要求，可能会在 WTO 框架内抱团推进针对中国的国际经贸规则改革，迫使我国接受新一轮规则重构。西方发达国家有对华形成“合围”之势，值得警惕。我国在坚定支持多边贸易体制的同时，应对当前国际自贸区战略的总体格局和发展趋势做出新的判断，提升合纵连横的能力，及时调整部署，确保党的十九大提出的对外开放一系列重大目标任务的实现。当前中日关系呈现良性互动态势，为两国加强多边领域合作提供了契机。日本积极推动的“全面与进步跨太平洋伙伴关系协定”（CPTPP）仍是高水平的贸易协定，可为我国高标准推进自贸区战略提供新的尝试，提高对 CPTPP 的重视程度，适时申请加入，拓展国际贸易发展空间。

四、积极推动中日韩 FTA 谈判，推动区域经济一体化

中日韩内部贸易合作潜力巨大，中日韩 FTA 合作前景广阔，并能为世界经济增长注入信心和动力。中韩自贸协定 2015 年底生效以来，实施情况总体顺利，目前已进行四次降税，落实情况令人满意。2018 年 3 月，中国商务部与韩国产业通商资源部在首尔举行了双边自贸协定第二阶段首轮谈判，实现了预期目标。这是中国首次使用负面清单方式开展的自贸协定谈判，体现了中方对中韩经贸关系的高度重视。希望双方彼此照顾对方利益，尽快达成互利共赢的协定，为推动中韩经贸合作取得更大发展注入新的动力。2018 年 5 月，李克强总理在中日韩领导人峰会期间会见了总统文在寅，就双方加强合作达成共识。峰会达成了一系列成果，包括加快中日韩自贸区、“区域全面经济伙伴关系协定”（RCEP）谈判，引领东亚经济共同体建设，推动区域经济一体化，为世界经济增长注入信心和动力。提出建立“中日韩 + X”合作机制，联合拓展第四方市场，并使合作方受益，提高三国的国际竞争力。

五、推动中日“一带一路”框架下的第三方市场合作

促进中日“一带一路”框架下的合作，有助于发挥亚太价值链的优势，更好地延伸现有的产业链，共享发展成果。在全球贸易保护主义盛行和多边贸易体制受到冲击的背景下，亚洲经济体仍保持了较高增速，亚洲经济前景成为世界关注焦点，这为亚洲二大经济体中日的经贸合作提供了重要战略机遇。“一带一路”倡议带来的市场合作前景广阔，中日应抓住“一带一路”倡议带来的重大发展机遇，大力开展基础设施合作，共同开拓第三方市场。

第四节　加强“一带一路”和第三方市场合作

一、“一带一路”倡议为中日开展第三方合作提供共同发展空间

第三方市场合作是深化中日互利合作的试验田和新平台。当前，中国积极推进贸易自由化、便利化发展，正在积极推动区域合作和全球合作。“一带一路”倡议为各国开展第三方合作提供了共同的发展空间，是共同建设人类命运共同体的伟大实践和探索。“一带一路”倡议实施 4 年多来，取得了很多实实在在的成果。在政策沟通上，与 40 多个国家和国际组织签订了合作协议。中国企业沿线国家的投资持续增长，创造了 20 万个就业岗位。重要合作项目取得成果，如巴基斯坦的电力基础设施开始建设，将在缓解巴电力瓶颈上发挥重要作用。在货物贸易方面，2017 年中国贸易顺差同比收窄 14.2%，而对“一带一路”的贸易增长了 17.8%。2018 年 1—8 月，中国企业在“一带一路”沿线对 55 个国家非金融类直接投资 95.8 亿美元，同比增长 12%。中国作为最大的发展中国家，国内发展水平在提高，开放程度也在大幅提高，中国的市场向全世界开放，机会提供给大家，欢迎包括日本在内的各个国家和地区参与“一带一路”建设，积极探讨互利共赢、共同发展的合作模式。“一带一路”建设为中日互利合作和共同发展提供了新的平台和“试验田”，亚投行等多边金融机构为双方提供了融资合作的新机会。

二、中日双方在“一带一路”和第三方市场开展紧密合作

当前，中日双方在“一带一路”和第三方市场有了紧密的合作。随着对中国“一带一路”倡议的理解加深，越来越多的日本企业参与到“一带一路”国际合作

当中，有的借助中欧班列提供日本经中国通往欧洲的运输服务，帮助日企将更多的产品销往欧洲。在波兰等“一带一路”沿线国家，日本企业也通过中标和实施基础设施项目扩大了技术和设备出口。特别是在共同开辟第三方市场方面，中日互补优势明显，双方开展相关合作不仅有利于拓展中日经贸合作，也有利于第三方的经济发展。2018 年 5 月，李克强总理访日期间，中国国家发改委、商务部与日本外务省、经济产业省签署了《关于中日第三方市场合作事项的备忘录》，决定设立跨部门的“推进中日第三方市场合作工作机制”，相信这将为两国企业开展第三方市场合作提供更好的制度保障和有效的合作平台。

三、推动“一带一路”具体项目落地

日本企业家展现出对“一带一路”强烈的合作意愿。日本企业借助中欧班列提供由日本通往欧洲的运输服务，将日本的产品通过陆路销往欧洲。有些日本企业通过在“一带一路”沿线国家中实施基础设施项目，扩大了技术和设备出口。中日双方可以寻求具体合作项目，特别是“一带一路”基础设施建设，充分发挥各自的优势开展合作，推动具体项目落地。中日可以在加强推动东南亚地区基础设施建设上加强合作。

四、相互借鉴经验积极开展合作

日本企业开展海外业要比中国企业早，日本企业在海外建立了各种关系网，建立了当地信誉，获得了海外顾客的信赖，积累了丰富的经验，中国企业在“走出去”的过程中，可借鉴日本企业的经验，也可以通过中日企业合作，分享这些经验。中日企业在海外市场并不是竞争对立关系，而应是优势互补的。中国企业深耕非洲等市场，在非洲的经验值得日本借鉴。通过互学互鉴，中日两国可以在“一带一路”沿线国家开展第三方合作，在实现双方利益的基础上，推动当地经济社会发展，实现互利多赢。

第五节　加强中日韩经贸合作

2017 年以来，中、日、韩三国贸易走出了持续萎缩的阴霾，呈现出明显改善的迹象。新形势下，这种改善的势头能否得以巩固和持续？还存在哪些负面影响因素？突破口又在哪里？

一、政经良性互动促进中日韩关系改善出现机会“窗口”

亚太地区地缘政治关系变化是中日韩经贸关系的主要变量。近期，得益于中日韩高层释放出的改善意愿，中日韩经济关系出现明显改善。事实再次证明，中日韩经贸合作仍然是推动三国关系稳定发展的“压舱石”。

政治关系改善推动中日韩经贸关系回暖。除受全球经贸回暖的影响外，中日、中韩政治关系回暖有力促进了中日韩经贸关系改善，将会对深化三国经济合作产生积极的推动作用。值得注意的是，韩国经济总量远小于日本，但中韩贸易额接近中日贸易额，说明政治关系对经济合作的影响较大。倘若不受萨德问题的影响，近年中韩贸易额有望超过中日贸易额。中国社会科学院亚太与全球战略研究院院长李向阳认为，中日韩经贸合作出现新的变化特点，即和政治外交的联系越来越紧密，经济外交的色彩越来越重。

经贸合作仍是中日韩关系的“压舱石”。随着中日韩经贸关系回暖，日韩对华贸易依存度有所上升，更加依赖中国庞大的消费市场。2017 年中国赴日旅游人数超过 750 万人次，在日消费 1.7 万亿日元，拉动日本国内生产总值（GDP）0.2～0.3 个百分点，到 2020 年预计将超过 1000 万人次，在日消费额超过 2 万亿～2.5 万亿日元。中国现代国际关系研究院世界经济研究所原所长陈凤英认为，如同中美关系，经贸合作仍是中日韩关系的“压舱石”，但要发挥好积极作用，也必须有良好的政治关系，才能实现经贸合作的稳定发展。

经济实力此消彼长强化了经济依存。中日政治互信不足的一个重要原因在于经济实力对比关系的变化。30 多年来，中日经济总量对比经历了从 1/8 到 3 倍的此消彼长。国家经济实力的相对变化强化了经济互利依存，中日韩三国在经济上谁也离不开谁。随着中国维持中高速增长态势，中美欧是引领世界经济发展的大型经济体，而日韩将会成为中等的发达国家经济体，因此在经济上需要更加依赖大型经济体。不同量级经济体的具体功能合作将会成为新时代区域发展的基本态势，中、日、韩三国在新技术、新经济等领域开展互利合作，有助于形成区域性的新规则。

二、区域不稳定因素制约中日韩经贸关系改善

中日韩经贸关系虽转暖，但还不稳固，随时面临着历史领土纠葛、朝鲜半岛核危机、美国亚太政策干扰及逆全球化思潮的负面影响。

中日韩之间的政治安全脆弱性犹在。中日历来存在三大摩擦点：台湾问题、历史问题和钓鱼岛争端。现在中日关系有所改善，这三大问题得到控制，但会长期存在。从目前来看，历史问题相对好一点，海上争端已由钓鱼岛争端扩大到包括防空识别区、国际水道等，而台湾问题随着蔡英文执政而变数增多。萨德问题恶化了中韩政治关系，造成两国经贸大幅下滑，且对双方的民意影响较大。

朝鲜半岛局势不稳威胁地区稳定。朝鲜半岛局势相当微妙，在朝核问题上中美日坚持半岛无核化，而韩国则把南北统一摆在优先位置，甚至把朝核视为朝鲜民族的共同资产，这种形势不利于中国东北吸引投资和实现振兴。朝核问题当前出现缓和是暂时的，美、朝都有意愿开展对话，但朝鲜希望以有核国家身份谈判，在这一点上美朝还有分歧，因而不排除发生局部冲突和战争的可能性。

美国因素是影响东北亚区域合作的干扰变量。美国对华立场正在影响着整个东北亚地区的政经格局。作为同盟，日、韩两国是紧跟美国立场的，奉行战略优先，经济合作是第二位的，如韩国部署美国萨德系统，日本联美共推“印太战略”。美国因素的影响体现在区域格局的变化上，很长时期都是东南亚超前，东北亚滞后。美国因素对中日、中韩关系的影响都是双重的，一重影响是日韩对华所做的一切都要看美国眼色，同时美国对华所做的事情也会波及日韩本身。在对待美国特朗普贸易保护政策上，中日韩有共同利益，也有不同的政治诉求。

美欧主导的逆全球化是一把“双刃剑”。到目前为止，逆全球化思潮主要是在美欧。美国特朗普保护主义和英国“脱欧”的民粹主义对全球经济的影响显著，并将给中日韩经贸合作带来诸多挑战，但也会给三国推进区域自由贸易安排带来回旋的余地。例如，日本抓住美国退出跨太平洋伙伴关系协定（TPP）和跨大西洋贸易与投资伙伴协议（TTIP）的机遇，引领推进达成跨太平洋伙伴关系全面进展协定（CPTPP）和日欧经济伙伴关系协定（EPA），而且，日本现在已经腾出手来推动区域全面经济伙伴关系（RCEP）谈判进程。

三、新时期中日韩经贸合作亟须寻找新的突破口

眼下推进中日韩经济合作升级，需要抓住全球环境变化的有利因素和中日韩关系明显改善的机会“窗口”，在加强政治安全领域沟通对话的基础上，加快寻找中日韩经贸合作的新突破口，在能源环境、健康养老、文化旅游、“一带一路”建设等诸多领域开展务实合作。

抓住关键时点全方位恢复中日韩三国对话渠道。中日韩三国应抓住政经全面回暖的重要机遇以及2018年《中日和平友好条约》缔结40周年、2019年二十国集团（G20）大阪峰会、2020年东京奥运会、2022年北京冬奥会、2023年中日邦交正常化50周年等重要时间节点，推动中日韩政治、外交、经济、军事等领域的沟通对话机制，包括加快恢复中日韩领导人峰会、高层经济对话、安全或防卫对话、海空联络机制等，同时充分意识到“合则两利，斗则俱损”，避免贸易战，对于涉及共同利益的合作与对话，不要轻易停掉，对话渠道不要断，对于分歧摩擦，该斗就斗，如涉海争端，但要建立危机管控机制，不走向军事冲突，不要破局。

积极开展“一带一路”框架下的中日韩合作。“一带一路”建设更多以周边为主，可以与东北亚经济合作紧密结合起来，如将中日韩合作纳入中蒙俄经济走廊合作，将东北亚地区“一带一路”合作机制化。在政府的引导下，加快推进中日韩在“一带一路”框架下的第三方或第四方市场合作，包括引导三国企业共同开发非洲市场。中日韩合作应着力推动东亚经济共同体建设，可考虑开展“一带一路”与“印太战略”对接研究，跳出竞争激烈或争议较大的地区，探讨中日韩在非洲等地区开展优势产业合作。只要在经济上互利，就可以推动“一带一路”与“印太战略”的对接合作。

积极寻找互补性强的新兴产业合作的突破口。可优先选择受政治影响小一点、可行性大一点且符合三国共同利益的行业领域开展合作，包括能源、环保、养老、旅游等有关产业。中日韩三国都是能源消费大国，日韩能源基本靠进口，中国石油进口依存度达70%左右，三国应联合起来争取亚洲能源定价权；中日韩三国可在推动数字经济领域开展合作，包括新一代移动通信网络、移动支付、云计算、机器人、人工智能、量子科学、共享经济等领域开展新的合作；三国还可加强国际金融领域的合作；如扩大人民币与日元、韩元的互换规模和双边与多边贸易投资中的本币结算规模。

充分发挥中日韩三国合作秘书处的积极作用。中日韩三国自贸协定谈判起步较晚，但2011年在韩国首尔设立了中日韩三国合作秘书处，意味着中日韩合作是具有内生动力的。因此，可充分发挥三国合作秘书处在推动东亚经济共同体建设和亚洲区域一体化进程中的积极作用，围绕三国共同关注的重大课题深入开展合作研究，引导中日韩关系健康稳定向前发展。

第六节　适时启动加入 CPTPP 谈判

当前，国际贸易格局出现新变化。随着中美贸易摩擦升级，反经济全球化现象日益明显，国际贸易体系受到严重挑战。一方面美国退出 TPP 谈判，特朗普释放出“退出世界贸易组织（WTO）、退出北美自由贸易协定（NAFTA）”的信号，同时加快构建美日欧高标准自由贸易体系，对 WTO 改革提出了新的要求。另一方面，美欧日及东南亚等各大经济体都有自己的自贸区战略布局，日欧加快落实自贸安排。国际贸易新格局对中国全球化战略提出挑战，新格局下需要新的判断。战略上要纵横捭阖，在坚持自由贸易多边安排的同时更多参与经济全球化、国际改革，统筹考虑我国的自贸区战略，实现自己的战略目标。党的十九大报告提出，要推动形成全面开放新格局，实行高水平的贸易和投资自由化便利化政策，逐步健全开放型经济新体制。2018 年政府工作报告强调，要加强与国际通行经贸规则对接，建设国际一流营商环境，以高水平开放推动高质量发展。推动自贸区战略是适应经济全球化新趋势的客观要求，是全面深化改革、构建开放型经济新体制的必然选择。

中国坚定不移地推进经济全球化，维护自由贸易，愿同有关方推动多边贸易谈判进程，形成面向全球的高标准自由贸易区网络。面对世贸组织规则重构和贸易规则高水平发展，我国有必要积极与国际贸易规则对接，适应新时代高水平开放的要求。日本积极推动的“全面与进步跨太平洋伙伴关系协定”（CPTPP）仍是高水平的贸易协定，对推进我国自由贸易区战略不失为一次很好的尝试，应采取积极的态度看待。我国有必要提高对 CPTPP 的重视程度，关注新规则对国际贸易规则的影响。

一、中国加入 CPTPP 的时机和条件成熟

面对世贸组织（WTO）规则重构和贸易规则高水平发展，中国有必要积极与国际贸易规则对接，适应新时代高水平开放的要求。日本积极推动的 CPTPP 仍是高水平的贸易协定，对推进我国自由贸易区战略不失为一次很好的尝试，应采取积极的态度看待。我国有必要提高对 CPTPP 的重视程度，关注新规则对国际贸易规则的影响。当前正是主动对接 CPTPP 的最好机会窗口，这既符合中国未来改革开放的新要求，又能帮助中国尽早适应全球价值链分工对于国际经贸规则的改变。

（一）中国提出加入 CPTPP 的时机成熟

美国退出 CPTPP 为中国开启了加入 CPTPP 的空间，同时中日关系向好，部分 CPTPP 成员国的支持，CPTPP 门槛降低，都为我国提出加入 CPTPP 创造了有利条件。

1. 美国退出 TPP 且短期难返，为中国提出加入 CPTPP 提供了契机

当年美国推动 TPP，一方面是为了推动所谓的“公平贸易和对等开放”，是为了推行美国标准、美国规则，希望通过 TPP 为全球建章立制，而不是自由贸易。另一方面是为了重返亚太，重返亚太实质上是为了遏制中国，TPP 将中国排除在外。2017 年初，特朗普总统上任伊始即宣布美国退出“跨太平洋伙伴关系协定”（TPP），以实现其竞选承诺，他认为与其通过区域化手段推动公平贸易和对等开放，不如通过双边手段推动更有效率。目前来看，美国虽后有重返迹象，但意愿并不强烈。特朗普表示，如果美国未来回归 TPP，将需要增加额外谈判。从特朗普执政风格看，在其任期内敲定一个比之前好得多的 TPP 协议极为困难，意味着未来两年内或六年（特朗普获得连任）美国都不太可能重返 TPP。这为中国开启了加入 CPTPP 的空间，现在是中国加入 CPTPP 的最好时间窗口。同时，美国退出 TPP 后，中国和韩国曾受邀作为观察员参加 TPP 成员会议，这为中国重新考虑加入 CPTPP 提供了可能。

CPTPP 于 2018 年底生效后将启动扩容。根据 CPTPP 生效条件，CPTPP 在 6 个以上国家完成国内程序的 60 天后生效。截至 2018 年 10 月 31 日，日本、澳洲、墨西哥、新加坡、纽西兰及加拿大六国已完成国内审批程序，CPTPP 将于 2018 年 12 月 30 日生效。作为 CPTPP 的主要推动者，日本正在加紧双边和多边 FTA 部署，目前已与欧盟签署经济合作协定（EPA），成为全球最大规模的自由贸易圈。日本坚持以自由公平贸易为基础的国际经济治理体系，将会力推 CPTPP 的扩容，提升其影响力。2018 年 7 月 19 日，CPTPP 首席谈判代表会议上就协定生效后迅速启动参加国扩容谈判达成一致。日本拟于 2019 年初在日本召开首次部长级委员会①会议，讨论未来希望加入国家的相关手续。中国对此应积极呼应，借力打力，借助日本之力实现我国战略目标，推动内部改革，于内倒逼高质量发展，于外提升全球影响力。当前，包括泰国、印度尼西亚、哥伦比亚、英国、韩国、中国台湾地区表达了加入的

① 委员会是 CPTPP 运作的最高裁决机关，负责成员纠纷处理的手续、新成员国加入的受理等，可视情况必要修正协定的内容。

兴趣和开展合作的意愿。中国应充分准备，抓住适当机会，争取在 CPTPP 扩容之时宣布申请加入。

2. 中日关系向好，为中国加入 CPTPP 创造了有利条件

近来，中日关系持续改善，高层互动正常化，为两国深化多边经贸合作提供了便利。我国应充分准备，抓住适当机会，争取在 CPTPP 扩容之时提出加入。

中日政经关系呈现明显改善。2016 年下半年以来，中日关系正面互动增多。2017 年 7 月和 11 月，习近平主席先后在 G20 汉堡峰会和越南岘港 APEC 会议上与安倍晋三首相会见，这为增进高层相互理解，不断积累有利条件，进一步推动中日关系持续改善向好发展打下了基础。2018 年 5 月，习近平主席应约同安倍首相首次通电话，李克强总理赴日本出席中日韩领导人会议并正式访日。在双方的共同努力下，中日关系重回正常轨道。9 月，习近平主席在俄罗斯东方经济论坛期间会见安倍首相，强调要推动中日关系稳中有进，得到新的更大发展。10 月，安倍晋三首相访华。在两国高层互访带动下，近期中日两国省部级官员交流频繁，恢复经济、财金、农业、文化等多领域高层级对话，双方还就共建“一带一路”和开展第三方市场合作达成共识。中日是重要近邻。中方一贯重视两国关系，主张本着以史为鉴、面向未来的精神，恪守中日四个政治文件以及四点原则共识，发展睦邻友好合作关系。近一个时期以来，在双方共同努力下，中日关系保持着改善势头。2018 年是《中日和平友好条约》缔结 40 周年，是第三个政治文件发表 20 周年，是第四个政治文件签署并发表 10 周年，具有重要的纪念意义。前不久，李克强总理同安倍晋三首相互致贺电庆祝缔约 40 周年，双方共同认为应当继续秉持缔约精神，推动中日关系长期健康稳定发展。下一阶段，双方还有一系列重要交往安排。2019 年 G20 大阪峰会，习近平主席参会时将正式访日。双方正在共同努力，为互访创造良好氛围和条件。此后的 2020 年东京奥运会，2022 年北京冬奥会和杭州亚运会，2023 年中日邦交正常化 50 周年，可以预期今后 5 年中日关系仍将保持持续改善、稳定向好的势头，两国关系处于重要历史节点，面临改善发展机遇。

中日经贸回暖势头持续。中日作为世界第二、第三大经济体，亚洲第一、第二大经济体，两国经贸合作对亚洲各国的发展，甚至世界的发展都具有重要的意义。经贸合作是中日关系的“压舱石”和“推进器”。近年来，受政治安全因素影响，中日关系经历了一段复杂的焦虑期，政治互信程度走低，经贸关系因此受挫。中日贸易连续 5 年下降（2012—2016 年），日本在华投资改变连续 4 年下降（2013—2016 年）。2017 年是中日邦交正常化 45 周年，中日经贸关系出现回暖势头，从过去

5 年的贸易萎缩转向贸易增长。2017 年，中日贸易总额 3029. 9 亿美元，同比增长 10. 1%。其中，中国对日本出口 1373. 3 亿美元，同比增长 6. 1%；中国自日本进口 1656. 5 亿美元，同比增长 13. 7%。中方逆差 283. 2 亿美元。按国别排名，日本是我国第二大贸易对象国、第二大出口对象国和第二大进口来源国。2018 年以来，随着中日关系的进一步改善，经贸关系回暖趋势得以持续。据中国海关统计，2018 年 1—10 月，中日双边货物进出口额为 2715. 9 亿美元，同比增长 10. 6%；我国对日出口和自日进口同比增长分别为 8. 5% 和 12. 5%；中日贸易逆差 307. 0 亿美元，逆差规模同比扩大 31. 4%。截至 10 月，中国是日本第一大出口贸易伙伴和第一大进口贸易伙伴。

日本主导国际自贸规则影响力提升。在美国的缺席下，日本推动的 CPTPP 将于 2018 年底生效，与欧盟签订的自贸协定（EPA）将于 2019 年 2 月生效。可见，日本的谈判能力较强。日欧自贸协定生效后，将创造出全球最大自由贸易区，日欧 GDP 占全球 GDP 的 1/3。日欧自贸协定也是巩固国际自由贸易制度，反对贸易保护主义的讯号。目前，日本正在协同中国积极推动 RCEP 尽快达成协议。2019 年初，日本将与美国开展双边谈判，鉴于美墨加协定中的“毒丸”条款，日本担心美国也会让其吞下一颗“毒丸”，日本在政治上难以拒绝，届时将极大限制日本与中国的贸易及 RCEP 的可作为空间。因此，日本希望加快 RCEP 谈判进程，这与中国有着共同利益。如果 RCEP 能够尽快达成，CPTPP 和 RCEP 将带来巨大经济利益，有利于维护国际自由贸易秩序，有利于发达国家与发展中国家的合作，有利于高标准自贸规则的提升。

日本寻求与中国合作。特朗普政策的率意多变和对既有制度框架的阻碍让日本产生危机感，日本开始寻求与中国的合作。日本是自由贸易的受益者，是以出口立国为导向的外向型经济国家。面对贸易保护主义日趋强化的美国，日本为减少对美国的经济依赖，开始解决自贸区问题。日本先后与欧盟达成自贸协定，主导 CPTPP 的达成，并积极推动 RCEP 谈判，积极推动亚洲区域经济一体化。同时开始寻求同中国建立更加深入的经济往来关系，中日积极开展第三方市场合作。在 2017 年北京“一带一路”国际合作高峰论坛上，自民党干事长二阶俊博率团出席并表示出对“一带一路”的积极态度，这标志着日本对华政策的调整。此后，日本政府对“一带一路”建设的态度由最初的怀疑、消极逐渐转向客观、积极。安倍晋三也在公开场合多次表示，“期待‘一带一路’为地区和世界的繁荣、稳定做出积极贡献”。2018 年 5 月，在李克强总理和安倍晋三首相的共同见证下，中国国家发展改革委、商务部与日本外务省、经济产业省共同签署了《关于中日第三方市场合作的备忘录》。2018 年 10 月安倍晋三首相访华期间，中日召开第一届第三方市场合作论坛，推动企业间务实合作与项目对接，来自中日两国政府、经济团体、企业代表 1000 多人出席，双方就交通物流、能源环保、产业升级和金融支持、地区开发 4 个议题展开讨论。中日就第三方市场合作签署了 52 项协议，总额逾 180 亿美元，且涵盖范围极广，涉及能源、基建、物流、医疗、金融、互联网等广泛领域。论坛期间，中投公司与野村证券集团、大和证券集团、三菱日联金融集团、三井住友金融集团、瑞穗金融集团等 5 家日本金融机构联合签署了《中日产业合作基金谅解备忘录》，成立中日产业合作基金，用于投资中日两国及第三方国家的制造业、通信传媒、医疗、消费等行业企业。同日，中日两国央行签订了有效期 3 年、规模 300 亿美元的本币互换协议。这些实质性的协议将进一步深化中日两国经贸投资合作。在海外投资方面，中日各自具备优势，中国有较完备的资金和政策支持体系，具备价格、高效等竞争优势，而日企海外投资早、积累经验多，具备项目管理、服务、核心技术等优势。"一带一路"第三方市场合作可以成为双方发挥优势、深化合作的平台。中日关系的改善有利于减少中国加入 CPTPP 的阻力。

3. 部分 CPTPP 成员国支持，为中国提出加入 CPTPP 奠定了良好基础

美国宣布退出 TPP 后，澳大利亚和智利等成员国曾邀请中国加入。随着特朗普政府推行单边主义和贸易保护主义愈演愈烈，以日本为主的 TPP 原有成员国坚持继续推动调整后的 TPP 协议达成，以维护亚太区域多边贸易体制。在此背景下，中国与 CPTPP 成员国有共同利益诉求，都期望深化双边多边经贸合作降低外部不确定性风险。相比于美国所主导的 TPP，CPTPP 将中国排除在外的概率降低。按照 CPTPP 谈判要求，新进入者要与每个成员国开展一对一谈判，并征求它们的同意。CPTPP 十一成员国中，与中国签有双边 FTA 的国家 5 个（澳大利亚、智利、新西兰、秘鲁、新加坡），正在谈的 1 个（加拿大），与中国没有签订双边 FTA 但同属中国—东盟自由贸易区的国家 3 个（马来西亚、越南、文莱），没有签订双边 FTA 的国家 2 个（日本和墨西哥），而近期中日关系改善令中日韩 FTA 谈判呈现加速态势，中墨全面战略伙伴关系也在不断走深走实，这些积极因素都为中国加入 CPTPP 增加了助力。

表 5-1　CPTPP 十一成员国与中国的贸易协定情况

CPTPP 十一成员国	中国 - 东盟自由贸易区成员国	中国已签协议的自贸区
日本	中国	中国—马尔代夫
加拿大 *	马来西亚	中国—格鲁吉亚
澳大利亚 **	印度尼西亚	中国—澳大利亚
智利 **	泰国	中国—韩国
新西兰 **	菲律宾	中国—瑞士
新加坡 **	新加坡	中国—冰岛
文莱 ***	文莱	中国—哥斯达黎加
马来西亚 ***	越南	中国—秘鲁
越南 ***	老挝	中国—新加坡
墨西哥	缅甸	中国—新西兰
秘鲁 **	柬埔寨	中国—智利
		中国—巴基斯坦
		中国—东盟
		内地与港澳更紧密经贸关系安排
		中国—东盟（“10+1”）升级
		中国—智利升级

注：*：正在谈的国家；**：与中国签有双边 FTA 的国家；***：与中国没有签订双边 FTA 但同属于中国—东盟自由贸易区的国家。完全没交集的：日本和墨西哥。

4. CPTPP 降低谈判标准门槛，为中国提出加入 CPTPP 提供了便利条件

原 TPP 条款对于发展中国家高不可攀，目前 CPTPP 留存了 TPP 的 95% 协议条款，基本延续了原 TPP 协议内容的完整性，关税减让和市场准入、数据跨境自由流动、国有企业、环保等核心条款全部保留。但 CPTPP 通过冻结原 TPP 的部分条款，降低标准，更符合发展中经济体的贸易环境，更接“地气”，提升了该协定的吸引力。CPTPP 冻结了美国曾极力坚持的知识产权保护、劳工标准等“最 TPP 的元素”，降低了部分标准，让一些经济体经过努力可达标，给我国对接高标准国际经贸规则提供了现实可能。随着全面推进高水平开放，我国在关税减让、知识产权、劳工标准等领域将逐步适应并符合 CPTPP 的标准规则。因此，CPTPP 门槛降低对我国来讲也是申请加入的一个有利条件。

（二）中国加入 CPTPP 的战略意义

1. 有利于推动国内高水平开放

无论是最初的 TPP 还是现在的 CPTPP，中国一直都持开放的态度，在不损害国

家利益的前提下不排除加入这一协定。当时美国主导的 TPP 条款在关税减让、知识产权、国有企业等方面制定了严苛的标准，有些条款对中国的针对性很强，涉及中国的基本经济制度，有些条款当时条件不具备，考虑到不能为加入而加入，脱离中国改革开放的节奏，做出一些不利于自身的承诺，因此当时并没有申请加入。近年来，中国及时调整经济结构和相关制度，主动扩大各行业对外开放力度，在中国的积极努力下，某些标准接近 CPTPP 水平或较之前有了很大提升。现在在中国全面对外开放的要求下，十九大提出促进中国产业迈向全球价值链中高端的要求，这种情况下，中国积极参与脱胎于 TPP 的高标准的 CPTPP 协定，有利于参照 CPTPP 高标准要求倒逼国内改革，在力所能及的条件下，该改革的地方要加快一些，有利于推动国内高水平开放。

2. 大国战略博弈的需要

国际贸易多边体制推动全球经济繁荣发展。国际货币基金组织（IMF）、世界银行（WB）和世界贸易组织（WTO）是多边经济体系中三大国际机构，为推动经济全球化、促进全球经济繁荣做出了巨大贡献。特别是以 WTO 为核心的多边贸易体制是国际贸易的基石，为推动全球贸易发展、建设开放型世界经济发挥了中流砥柱的作用。维护 WTO 框架下建立的多边贸易体制，既是支持多边主义的具体举措，也是实现全球经济增长的重要保障。

当前，逆全球化的单边主义、孤立主义和贸易保护主义甚嚣尘上，严重冲击了多边贸易体制，加剧了世界经济的不确定性。随着中美贸易战的不断升级，欧盟与日本签署经济伙伴关系协定，欧美领导人达成通过谈判减低欧美间贸易壁垒等妥协，美日开始磋商推动两国开启双边自贸谈判，美国总统特朗普又在西方七国峰会上提出发达国家实行零关税、零壁垒、零补贴的说法。美欧日拟重塑国际贸易体系，对世界贸易组织提出改革要求，可能会在 WTO 框架内抱团推进针对中国的国际经贸规则改革，迫使我国接受新一轮规则重构。西方发达国家有对华形成“合围”之势，值得警惕。

大型自贸协定成为发达国家重塑全球多边贸易体制、抢夺制定国际贸易新规则主导权的重要平台和路径。CPTPP 生效后，将成为亚太地区第一大型经济一体化组织，将以其庞大的经济总量和活跃的经济、贸易与投资增长态势，进一步强化国际经贸区域化、集团化的势头，CPTPP 将与欧盟、北美自贸区形成三足鼎立的世界经贸格局。

在目前情况下，我国应认清大国战略博弈现状，在坚定支持多边贸易体制的同时，应对当前国际自贸区战略的总体格局和发展趋势做出新的判断，提升合纵连横的能力，及时调整部署，确保十九大提出的对外开放一系列重大目标任务的实现。当前中日关系呈现良性互动态势，为两国加强多边领域合作提供了契机。中国应提高对CPTPP的重视程度，适时申请加入，积极参与全球治理，推动中国持续发展，参与国际竞争，取得战略先机。

3. 积极参与全球治理的需要

中国主动加入CPTPP，有利于积极参与全球贸易规则制定，变被动为主动，积极参与全球经济治理体系改革。

CPTPP成员国横跨亚太地区，总体经济辐射力较强。根据世界银行的数据计算，2017年，CPTPP成员国总计人口规模达到5.05亿人，经济规模（GDP总量）高达10.57万亿美元，占世界经济总量的13.1%。CPTPP全体成员国均来自充满经济活力和发展潜力的亚太地区。包括经贸实力较强的日本、经济开放度高的澳大利亚、加拿大、新西兰等发达国家和经济成长性较好的智利、马来西亚、墨西哥和越南等新兴经济体。根据世界贸易组织（WTO）和联合国贸发会议（UNCTAD）公布的统计数据计算，CPTPP11国的进出口总额占世界进出口总额的比重为28.77%，对外直接投资流出与流入规模占世界总规模的34.81%。庞大的经济总量、巨额的对外贸易和投资规模，为CPTPP增强经济辐射力奠定了基础。

中国与CPTPP很多国家是第一第二贸易伙伴，中国与CPTPP国家贸易合作发展潜力巨大，应积极引导。以中国加入WTO为例，尽管中国“入世”条件比较严苛，但对于中国来说，“入世”已成为国内改革的动力，极大促进了中国融入经济全球化、融入全球价值链分工体系，提高产品标准，有效提高了市场竞争力。同样，中国应将加入CPTPP作为第二次“入世”，顺应国际高标准贸易制度规则的安排，破除过去被动接受规则的心理和长期形成的跟随机制，从积极融入到参与引领，积极参与全球治理，推动中国发展战略有效衔接，提升国际规则话语权和国际竞争力。

4. 推进中国高标准自由贸易区战略的有益尝试

全球自贸区战略的调整对全球贸易格局的调整产生深刻影响。当前，以区域贸易安排（RTA）为主要形式的区域经济合作蓬勃发展，全球区域经济一体化进入新一轮快速发展时期，全球自贸区战略的调整对全球贸易格局的调整产生深刻影响。美欧日及东南亚等各大经济体都有自己的自贸区战略布局，美欧日加快构建高标准自由贸易体系，美加墨达成新的三国贸易协定《美墨加协定》（USMCA，其中的“毒丸条款”对中国的危害参见专栏二）替代北美自由贸易协定（NAFTA），日欧加快落实自贸安排。

国际贸易新格局对中国全球化战略提出挑战，新格局下需要新的判断。战略上要纵横捭阖，坚持自由贸易多边安排的同时更多参与经济全球化和国际改革，统筹考虑我国的自贸区战略，实现中国自己的战略目标。推动自贸区战略是中国适应经济全球化新趋势的客观要求，是全面深化改革、构建开放型经济新体制的必然选择。

中国坚定不移推进经济全球化，维护自由贸易，推动多边贸易谈判进程，形成面向全球的高标准自由贸易区网络。面对世贸组织规则重构和贸易规则高水平发展，中国有必要积极与国际贸易规则对接，关注新规则对国际贸易规则的影响，适应新时代高水平开放的要求。日本积极推动的 CPTPP 仍是高水平的贸易协定，应采取积极态度看待。适时启动加入 CPTPP 谈判，为我国高标准推进自贸区战略提供新的尝试，积极拓展国际贸易发展空间。

专栏一　WTO 改革势在必行

WTO 上诉机构面临停摆危机。特朗普上台以来，多次口头威胁要退出 WTO，并为了满足自身关切阻止 WTO 上诉机构成员的重新任命。WTO 上诉机构由七名法官组成，由于美国的否决，目前仅余三名法官，其中两名的任期将在 2019 年 12 月届满。在此之前，如果 WTO 成员仍无法就法官任命案达成共识，WTO 上诉机构将面临停摆危机。

主要经济体推动 WTO 改革。2018 年 10 月 24—25 日，加拿大召开 13 国贸易部长会议，邀请欧盟及 12 个国家的贸易部长商议 WTO 改革的议题，澳大利亚、巴西、智利、日本、肯尼亚、墨西哥、新西兰、挪威、新加坡、韩国与瑞士出席，覆盖了来自六大洲发展水平各不相同的国家①，WTO 总干事阿泽维多也出席了会议，美国和中国没有被邀请出席此次会议。会议的四大主题是：提高世贸组织透明度、维系争端解决机制、制定 21 世纪贸易规则、WTO 的下一步改革。会议达成 WTO 改革共识，包括维护争端解决机制、重振 WTO 谈判职能、加强对成员贸易政策的监督等。在国际贸易摩擦特别是中美贸易摩擦不断升级的背景下，欧日加澳等主要发达经济体已着手推动 WTO 改革，欧盟 9 月发布了关于 WTO 现代化的概念文件，美欧日先后举行了多次贸易部长会议，推动 WTO 改革是重要议题之一。此外，欧盟和中国也同意建立 WTO 改革联合工作

① 叶桢．拯救 WTO！12 国代表集体呼吁：改革势在必行［EB/OL］．华尔街见闻网，2018－10－26.

小组，二十国集团（G20）贸易部长阿根廷会议就 WTO 改革达成了初步的共识。WTO 改革已正式列入各主要经济体的议事日程，并通过多双边会议取得了一定共识。然而，美国对 WTO 改革的态度和举动呈现矛盾状态，发达经济体和发展中经济体之间也存在复杂的利益纷争，WTO 改革能否挽救贸易多边主义，WTO 又将何去何从？

中国支持对世贸组织进行必要的改革，推动多边贸易体制与时俱进。中方认为，世贸组织改革应坚持三条原则：一是不能改变世贸组织的基本原则，即最惠国待遇、国民待遇、关税约束、透明度、特殊与差别待遇等，以及贸易自由化的总体方向，不能另起炉灶，推倒重来；二是应该以发展为核心，照顾发展中成员的合理诉求；三是应该在相互尊重、平等互利的基础上，循序渐进，优先解决危及世贸组织生存的问题。

WTO 改革共识逐步确立①。作为二战以来美国主导的国际贸易机构，WTO 以及它的前身关贸总协定（GATT）承担了贸易谈判、贸易监督以及争端解决三大职能，通过 GATT 八轮关税减让谈判维护了多边贸易自由化体制，为促进世界经济增长和贸易繁荣奠定了坚实基础。但是由于各种原因，WTO 几乎陷于瘫痪状态。在特朗普政府挑起全球范围内“贸易战”的背景下，部分成员国迫切希望通过 WTO 改革恢复自由有序的多边贸易体系，根据美欧日召开的多次贸易部长会议、欧盟发布的关于 WTO 现代化的概念文件以及加拿大世贸组织改革部长级会议联合公报等，可以看出 WTO 改革的共识正在逐步确立，成员国对 WTO 改革的共同诉求包括以下方面：

第一，重振 WTO 争端解决机制。WTO 争端解决机制是 WTO 的核心支柱，对维护以 WTO 为核心的多边贸易体系发挥了积极作用。然而，当前争端解决机制存在诸多问题，主要包括上诉法庭审案效率低下，案件审理期限一再延长；争端解决机构采取“反向一致同意”原则，导致实际裁决取决于专家组程序和上诉机构程序；除此之外，上诉机构瘫痪危机是 WTO 目前面临的棘手难题，WTO 争端解决机构上诉机构大法官七个席位中仅剩三个，这是审理案件所需法官数量的最低要求，到 2019 年 12 月，另有两位法官的任期即将届满。美国一直通过行使否决权阻挠上诉机构大法官甄选程序，阻止新法官任命，大大削弱了

① 张玉环．首轮 WTO 改革：能否挽贸易多边主义于即倒？［EB/OL］．参考消息网，2018－10－31．

上诉机构运营能力，甚至可能使 WTO 走向瘫痪。恢复 WTO 争端解决机制是 WTO 改革的当务之急，欧盟、日本、加拿大等国对采取措施使 WTO 争端解决机制重回正轨存在共识。

第二，重启 WTO 的谈判职能。WTO 多哈回合谈判自 2001 年启动以来长期停滞不前，到 2013 年才达成“巴厘一揽子协定”，随后又陷入停滞状态。此次加拿大世贸组织改革部长级会议强调，必须重振世贸组织的谈判职能。此外，美欧日加等都希望 WTO 新规则需反映 21 世纪国际贸易发展的新状况，美欧日贸易部长会议均聚焦于非市场主导政策、产业补贴、国有企业和强制技术转让等规则，试图解决第三国扭曲的贸易政策带来的产能过剩、不公平竞争、阻碍对创新技术的发展和使用等问题，希望推动 WTO 改革促进各经济体公平竞争。

第三，强化 WTO 贸易政策监督职能，提高透明度。WTO 的基本职能之一是监督成员国是否履行 WTO 协定及审议成员国贸易政策，这是 WTO 透明性原则的制约机制之一。然而，WTO 的贸易政策审议报告缺乏必要的强制约束力，无法减少贸易争端隐患，审议机制的作用大打折扣，贸易政策审议沦为“走过场”。欧盟的 WTO 现代化概念文件及加拿大 13 国贸易部长会议均提到要提高 WTO 的透明度，完善 WTO 监督审议贸易政策职能。

自 1994 年最后一轮多边贸易谈判结束以来，WTO 的规则便再未更新过。在全球贸易保护主义盛行之下，WTO 沉疴难起，需要对其进行一场深度改革现在已经逐渐地形成共识，但要在 164 个成员国中达成如何改革的共识，依然任重道远。

专栏二 “毒丸条款”对中国影响

根据《美墨加协定》（USMCA）第 32 条规定，若三国中有一国与某个“非市场经济国家”签署自贸协定，则其他协议伙伴有权在 6 个月内退出 USMCA 协议。这一条款被美国商务部部长罗斯直言不讳地称为“毒丸条款”，并称“毒丸条款”可以复制①。尽管该条款没有点名中国，但是普遍认为是“排华”条款。《华盛顿邮报》在报道中则认为这一条款目的就是“团结美墨加、

① 他在路透社专访中表示，该条款是试图填补贸易协议“漏洞”的另一项措施，旨在使中国在贸易、知识产权和工业补贴方面的举措“遵守法律”。

孤立中国"[1]。如果美国将这一条款复制到其他国家的贸易协定中，其他国家将面临选择与中国合作还是与美国合作的问题，中国面临被孤立的压力加大。

特朗普政府奉行"美国优先"原则，从加征钢铝关税到"毒丸条款"，意在消减贸易赤字，逼迫其他国家让步，进而让美国得利。加拿大与墨西哥都表示新协议不会影响其与中国的经贸关系。据加拿大《环球邮报》报道，加拿大总理特鲁多表示，《美墨加协定》不会影响加中贸易，其条款"不能阻止加拿大与重要的对象做生意"，加拿大联邦政府仍会按照原定计划与中国展开自贸谈判，继续采取各种方式加强与中国的贸易关系。据路透社报道，墨西哥外交部长维德加雷近日致电中国外长王毅称，"(《美墨加协定》) 不会阻碍与其他国家的经济关系。他强调，作为一个主权国家，墨西哥与其他国家保持双边关系或经济交流不会受到限制。"欧盟前经济顾问安德里·萨皮尔表示[2]，美国正在打"强权牌"，欧洲想要的是平衡协议，不会达成此类协议。法国外交与欧洲事务部国务秘书勒穆瓦纳表示，欧盟是世界上最大的贸易伙伴，"我们不会在威胁下谈判"。英国《金融时报》文章强调了美国与中国全面对抗不可行的一大原因：中国的实力。文章称，以购买力平价衡量，中国经济早已超过美国。它是亚洲所有主要国家的最大贸易伙伴。2008 年金融危机以来，中国一直是全球无可争议的增长引擎，而且孤立政策难以得到盟友的响应。文章称[3]，"美国能否联合其他力量一起驯服中国？如果美国带头，谁会跟随？澳大利亚和日本等盟友已告诉美国：不要让我们在与中国的经济关系和与你们的安全关系之间二选一。"

"毒丸条款"明显违反了世贸组织的"非歧视原则"和"自由流动原则"。在世贸组织多边贸易规则中，没有关于"非市场经济国家"的条款，其仅存在于个别成员的国内法中。这是一种将一国国内法凌驾于国际法之上、将一国意愿强加于人的做法。建立自贸区应该秉持开放包容的原则，不应限制其他成员的对外关系能力，也不应搞排他主义。每个经济体都有对外发展经贸关系的自主权，也会根据互利共赢的合作需要，重视与中国的经贸关系。

---

① 倪浩．商务部批美"毒丸条款"：不应搞排他主义［EB/OL］．环球网，2018－10－11．

② 贾平凡．"毒丸条款"想孤立中国？没门儿！［EB/OL］．人民网，2018－10－20．

③ 李勇，李珍，等．美高官扬言对中国更强硬［N］．环球时报，2018－10－15．

（三）中国加入 CPTPP 的条件成熟

当前，中国主动对外开放迈出较大步伐，积极对接国际标准，相关领域取得长足进展，为申请加入 CPTPP 增加了现实可能性。

1. 中国主动对外开放迈出较大步伐

改革开放是中国的既定国策。2017 年以来，我国密集出台扩大开放的政策措施，放宽一些行业外资股比限制、降低关税促进进口、营造良好市场环境、开展高水平投资贸易协定谈判、加强与国际高标准经贸规则对接，深入推进关税减让和知识产权保护，与原 TPP 条款高标准要求的差距明显缩小。具体措施包括：大幅度放宽汽车、银证保等行业外资股比限制，全面实行准入前国民待遇加负面清单管理制度，2018 年版负面清单缩减至 48 项，推动金融、基础设施等 22 个领域的开放；凸显市场化作用，营造公平竞争的市场环境，凡是在我国境内注册的企业，都要一视同仁、平等对待；加强知识产权保护，严厉打击侵权假冒违法犯罪行为，在市场化的基础上，进一步凸显法治化、国际化、便利化；支持海南全岛建设自由贸易试验区，支持海南逐步探索、稳步推进中国特色自由贸易港建设；主动扩大进口，大幅度降低汽车、日用消费品等进口关税，加快推进加入 WTO《政府采购协定》进程；主动加强同国际高标准经贸规则对接，增强公平性和透明度，如同欧盟、美国已在开展高水平的投资协定（BIT）谈判等。我国主动加大全面开放的步伐，已经具备更高水平开放的基础条件。这些成效表明我国的进一步开放缩小了与国际高标准的距离，并为申请加入更高标准的 CPTPP 创造了有利条件。

2. 中国积极对接国际高标准

中国积极对接国际高标准。近年来，通过新一轮改革开放，中国在关税和知识产权等方面取得长足进展。今后，中国将继续推进高水平开放，坚持自由贸易方向，充分利用十余个自贸试验区尝试更大程度的开放，对接更高标准的经贸规则，对标国际自由贸易港，探索世界最高水平的开放形态。

CPTPP 的高标准经贸规则与中国改革开放方向总体一致，为中国加入 CPTPP 奠定了基础。一方面，CPTPP 暂停 TPP 的 22 项条款（有 11 条与知识产权相关），将美国曾极力坚持的知识产权保护、劳工标准等“最 TPP 的元素”予以冻结，意味着 CPTPP 主动降低部分标准，让包括中国在内的更多发展中经济体通过自身努力能够达到其设定的要求，给中国对接高标准国际经贸规则提供了现实可能性，同时也提升了该协定扩容的吸引力。另一方面，CPTPP 留存了 TPP 的 95% 协议条款，关税减让和市场准入、数据跨境自由流动、国有企业、劳工和环保的条款全部得到保留，基本延续了原 TPP 协议内容的完整性。可以说，CPTPP 仍是当前世界水平最高的多边自贸协定（FTA），具有“高标准、高质量、高层次、面向 21 世纪”的突出特点。CPTPP 的这些高标准也是中国今后改革的重点方向。

3. 中国积极推动面向全球的高标准自贸区建设

党的十八届三中全会提出的“以周边为基础加快实施自贸区战略，形成面向全球的高标准自贸区网络”和十九大提出的“促进自由贸易区建设，推动建设开放型世界经济”的要求正在得到全面落实。党的十九大报告提出，要推动形成全面开放新格局，实行高水平的贸易和投资自由化便利化政策，逐步健全开放型经济新体制。2018 年政府工作报告强调，要加强与国际通行经贸规则对接，建设国际一流营商环境，以高水平开放推动高质量发展。

近年来，中国在推进自贸区战略方面取得了显著成绩。截至 2017 年底，中国已与 24 个国家和地区签署了 16 个自贸协定。中国积极推进 RCEP 谈判，推进中日韩自贸协定谈判，积极促动中国与英国、中国与加拿大等发达国家的自贸协定谈判，努力构建高质量的自贸协定和面向全球的自贸协定网络。

中国优化区域开放布局。一是加大西部开放力度。坚持以开放促开发的思路，完善口岸、跨境运输等开放基础设施，实施更加灵活的政策，建设好自贸试验区、国家级开发区、边境经济合作区、跨境经济合作区等开放平台，打造一批贸易投资区域枢纽城市，扶持特色产业开放发展，在西部地区形成若干开放型经济新增长极。二是赋予自贸试验区更大改革自主权。进一步提高自贸试验区建设质量，对标国际先进规则，强化改革举措系统集成，鼓励地方大胆试、大胆闯、自主改，形成更多制度创新成果，进一步彰显全面深化改革和扩大开放的试验田作用。三是继续推进建设自由贸易港，打造开放层次更高、营商环境更优、辐射作用更强的开放新高地，促进开放型经济创新发展。作为一个世界经贸大国，中国在推进自贸区建设方面还有很大的潜力。

中国“一带一路”倡议取得重大成就，推动了政策沟通、设施联通、贸易畅通、资金融通、民心相通（即“五通”）。“一带一路”倡议经过五年的实践，已从理念、愿景转化为现实行动，取得了重大进展。截至目前，已有 103 个国家和国际组织同中国签署 118 份“一带一路”方面的合作协议，2017 年在北京成功举办的首届“一带一路”国际合作高峰论坛 279 项成果中，到目前为止已有 265 项完成或转为常态工作，落实率达 95%。中欧班列累计开行数量突破 1 万列，到达欧洲 15 个国家43个城市。五年来，中国同“一带一路”相关国家的货物贸易额累计超过5万亿美元，对外直接投资超过600亿美元，为当地创造20多万个就业岗位，中国对外投资成为拉动全球对外直接投资增长的重要引擎。

二、加入CPTPP需要处理好四个问题

（一）处理好推进CPTPP与RCEP谈判的关系

16个RCEP谈判国中有7个是CPTPP成员国，而中国是绝大多数RCEP参与国的第一大贸易伙伴。之前以美国主导的TPP将中国排除在外，为此我国自贸区战略的路线图是早日结束推动区域全面经济伙伴关系协定（RCEP）谈判，加快亚太自贸区（FTAAP）和东亚经济共同体建设。如果中国同时主动申请加入CPTPP，则可能会拖慢RCEP谈判进程，甚至引发东盟等成员国的不满。所以，宣布申请加入CPTPP之前，我国应处理好多边自贸区谈判的优先时序，统筹考虑CPTPP和RCEP谈判成员国的积极性。

（二）处理好与WTO的关系

近日，随着美欧发表零关税联合声明和日欧签署零关税自贸协定，占全球经济总量55%以上的美、欧、日三大经济体致力于达成零关税同盟，形成了一个新的高标准自由贸易体系，让中国从中受益的WTO规则体系边缘化，而且美欧还打算共同努力改革WTO规则，解决不公平贸易行为。面对新一轮国际贸易体系和国际贸易规则重塑，我国应坚持推动以WTO为核心、以规则为基础的多边贸易体制，与欧盟共同推动WTO规则的升级更新，同时顺应国际贸易高标准发展方向，积极参与CPTPP等区域自贸协定谈判，使两者并行不悖。

（三）处理好与日本的关系

美国退出TPP后，日本成为CPTPP事实上的主要推动者。对于我国申请加入CPTPP，日本的态度比较模糊和纠结。例如，二阶俊博对此持欢迎开放态度；新加坡原总理吴作栋曾表示，日本应率先邀请中国加入CPTPP。另据媒体报道称，日本主要担心中国加入会搅局争夺领导权，提高中国的影响力。如在RCEP谈判上，日本就认为中国、印度等发展中经济体为保护本国产业会采取自由化水平较低的方式参与谈判。日本可能会以不适应CPTPP的高标准要求为由拒绝我国加入。表达加入CPTPP意愿之前，我国应积极做好与日本的沟通和交流，摸清日本的态度和要价，

努力获得日本的理解和支持。

（四）处理好国内改革提速与高水平开放对接问题

中国加入 CPTPP 首先要求国内各行业做好准备。CPTPP 标准虽然有所降低，但核心条款仍是竞争性政策、服务业开放、知识产权、电子商务等条款，保持了原有的高标准、高质量、高层次的总基调。日本已先走一步，关于知识产权、技术转移方面是有技术诉求的，环保、劳工、数据流通、政府采购、国企歧视性等条款反映的是发达国家的利益。满足这些条款需要中国改革开放整体步伐与之相匹配，加快国内改革以适应高水平开放的要求，做好第二次“入世”谈判的准备。

三、政策建议

（一）加快推动 RCEP 谈判，为 CPTPP 谈判打好基础

在申请加入 CPTPP 之前，应加快推动 RCEP 谈判进程，争取 2018 年底达成协议。一旦 RCEP 谈判成功，中国就要争取开启加入 CPTPP 谈判，预计在 2019 年 CPTPP 生效时宣布主动申请加入。同时，以 RCEP 为本底，积极联合东盟、日本、澳大利亚、新西兰等贸易伙伴，吸引 CPTPP 的加拿大、墨西哥、智利、秘鲁等成员国加入，推动 RCEP 的扩围升级。

（二）做好加入 CPTPP 谈判的前期准备

积极和 CPTPP 11 国交涉沟通，适时表达加入 CPTPP 的兴趣和意愿，支持研究机构加强对 CPTPP 等新规则的研究，与日本等相关国家开展前瞻性联合研究，充分做好申请加入 CPTPP 谈判的前期准备，鼓励企业研究分析 CPTPP 的实施生效对自己在海外业务的影响，适时增强企业的合规意识。

（三）参照 CPTPP 高标准要求深化国内改革

参照 CPTPP 标准要求，深化国内改革，及时调整经济结构和相关制度，主动扩大各行业对外开放力度，使其尽快与 CPTPP 高标准规则相适应；深入分析 CPTPP 核心条款，对电子商务、服务业开放、金融自由化等通过深化改革能进一步达到的，可主动对标加快调整，但对涉及我国基本经济制度（如自主创新权利、国企私有化）等核心利益的，可通过加强商讨作为例外章节保留。

（四）争取日本的理解和支持

中日关系明显改善增加了我国与日本密切沟通的空间，可在高层领导人会晤期间，视 RCEP 谈判进展情况和前期关于加入 CPTPP 的沟通情况，适时提出加入 CPTPP 的意愿，探讨日本的态度，争取日本的理解和支持，择机可作为领导人互访发布联合声明的一项实质性成果。

（五）积极参与推动 WTO 现代化改革

借助加入 CPTPP 的谈判时机，我国应积极参与 WTO 规则改革，重点通过与日本和欧盟在经贸规则谈判上的合作，就 WTO 规则修改问题做好美国的工作，让 WTO 新规则在制定中反映出我国发展权益和共建人类利益共同体的诉求。

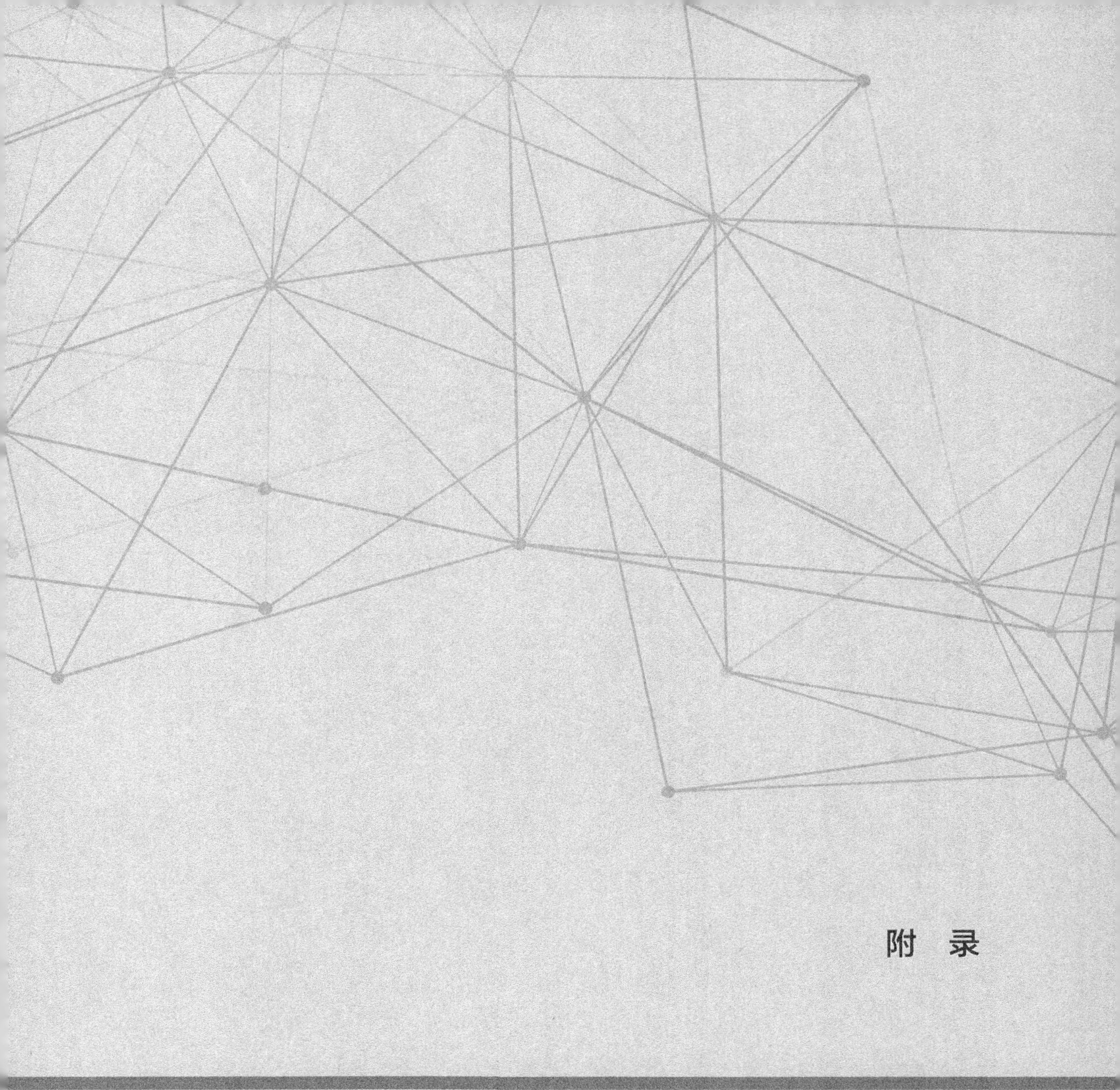

附　录

附录一　2017—2018 年全球经济形势分析与展望

2017 年世界经济企稳向好，国际贸易、金融、制造业的增长态势出现了普遍向好的趋势。但恢复到长期均衡状况可能还需要数年。当前，世界经济呈现出诸多亮点：新兴经济体快速崛起，推动世界经济再平衡；中美经济关系一波三折，构建超越零和博弈的大国关系在艰难中前行；“脱欧”背景下的中欧和中英关系稳定发展，但“脱欧”谈判过程本身有很多的不确定性；金砖合作机制日益完善，开启“金砖 +”的第二个“黄金十年”；APEC 机制下推动东亚经济合作机制不断深化，2018 年预计完成区域全面经济伙伴关系协定（RCEP）谈判；“一带一路”共商共建共享的合作机制日趋成熟，朋友圈不断扩大；全球经济治理变革和人类命运共同体建设举世瞩目，助推基于开放包容的全球化向前发展；新工业革命技术和成果正缓慢渗入生产端和供给侧，形成全球生产率增长的新动力；“小而美”、定制、普惠、绿色、共享正成为新时尚，形成全方位合作新格局。

2018 年的世界经济形势总体将继续向好。同时，不确定性仍不容忽视：“黑天鹅”“灰犀牛”事件的预测清单在不断拉长；全球经济恢复性增长的基础仍很薄弱；贸易保护主义呈上升趋势；全球宏观政策调整的外溢性将加大金融市场的脆弱性；国际油价和大宗商品价格的震荡幅度加大；世界不公平和贫富分化在持续扩大；全球劳动生产率减速的态势仍未改变；产能过剩和失业压力矛盾在继续累积；人口结构尤其是在一些国家日趋恶化的局面没有得到有效控制。

2018 年，中国要在逆全球化和保护主义抬头的国际环境中把握发展的重要战略机遇期。一是继续推进“一带一路”建设，为实现世界经济再平衡注入新动力。二是研究制定经济外交的顶层设计，构建全球新型合作伙伴关系的朋友圈。三是扩大对外开放的深度和广度，加快形成全面开放新格局。四是参与和完善全球经济治理，建设开放型世界经济体系。

一、2017 年世界经济形势

2017 年，世界经济企稳向好。无论是全球贸易、金融、大宗商品、服务贸易和实体经济，还是全球不同国家和地区经济，都是 6 年来显著向好的一年。然而，要化解全球产能过剩和失业压力，达到长期均衡状况可能还需数年。

（一）2017 年全球经济进入上行通道[①]

——全球经济企稳向好。随着 2016 年下半年全球经济日趋活跃，2017 年全球经济向好的趋势得到进一步增强，2017 年全球经济增长 3.7%，进入上行通道。国际货币基金组织（以下简称“IMF”）最新发布的《世界经济展望报告》中，将 2018—2019 年全球经济增长预期都上调至 3.9%。

——主要发达经济体同步回暖，美国经济保持稳步增长。在个人消费和私人库存投资的拉动下，美国经济 2017 年二季度和三季度增速分别为 3.1% 和 3.2%，2014 年以来首次实现连续 2 个季度的 GDP 增长达到或超过 3%，四季度为 2.6%。特朗普提出的减税和放松金融监管等政策，获得金融市场的积极反应。欧洲经济也趋于好转，2017 年欧元区经济增长 2.5%，为 2007 年以来最快增速。欧元区综合采购经理人指数（PMI）维持在 60%，接近历史最高水平。2017 年以来，欧元区消费价格指数同比增速为 1.5%，远高于 2016 年 0.2% 的增速。目前，欧元区失业率为 8.7%，为 2009 年以来的最低水平。2017 年 6 月英国“脱欧”谈判正式启动，预计将经历数年艰苦的谈判。日本通缩压力减缓。三季度日本实际 GDP 环比增长 2.5%，连续 7 个季度实现增长；出口保持了 13 个月的正增长（2016 年 12 月—2017 年 12 月）；核心 CPI 连续 12 个月为正，扭转了 2015 年 8 月以来持续为负或零水平的局面，目前为 0.9%。发达经济体经济结构调整展现成效。全球经济经历了历史上最缓慢的一次复苏。金融危机爆发 10 年后，发达经济体结构调整开始展现成效。IMF 数据显示，2017 年发达经济体经济增长率平均为 2.3%，其中，美、欧、日、德、英的经济增速将分别达到 2.3%、2.4%、1.8%、2.5% 和 1.7%。

——新兴市场和发展中国家经济提速，中国仍是拉动世界经济增长的最大贡献者。2010—2016 年，新兴经济体经济增速从 7.4% 放缓至 4.4%。2017 年新兴经济体经济增长开始提速，经济增速为 4.7%。2017 年中国经济增长 6.9%。印度三季度同比增长 6.3%。资源输出国经济状况好转，俄罗斯和巴西从衰退中走出，南非三季度经济增长 0.8%。IMF 预测 2018 年新兴市场和发展中国家经济增速为 4.9%。其中中国、印度、俄罗斯、巴西、南非的经济增速将分别达到 6.6%、7.4%、1.7%、1.9% 和 0.9%。危机爆发以来，中国对世界经济增长的贡献率年均达到 39%。

---

① 经合组织（OECD）警告，市场过于乐观，全球经济将于 2018 年见顶，2019 年回落。OECD 预测，2018 年全球经济增速达到数年来的高峰 3.7%，2019 年将回落至 3.6%。

附表 1－1　主要发达经济体宏观经济金融指标

国别	指标	2016 年第四季度			2017 年第一季度			2017 年第二季度			2017 年第三季度			2017 年第四季度		
		10 月	11 月	12 月	1 月	2 月	3 月	4 月	5 月	6 月	7 月	8 月	9 月	10 月	11 月	12 月
美国	实际 GDP 增速（环比折年率）	1.8			1.2			3.1			3.2			2.6		
	失业率	4.9	4.6	4.7	4.8	4.7	4.5	4.4	4.3	4.3	4.3	4.4	4.2	4.1	4.1	4.1
	CPI（同比，%）	1.6	1.7	2.1	2.5	2.7	2.4	2.2	1.9	1.6	1.7	1.9	2.2	2	2.2	2.1
	DJ 工业平均指数（期末）	18142	19124	19763	19864	20812	20663	20941	21009	21350	21891	21948	22405	23377	24272	24719
欧元区	实际 GDP 增速（当季同比）	1.9			2.1			2.4			2.8			2.7		
	失业率（%）	9.8	9.7	9.6	9.6	9.5	9.4	9.2	9.2	9.1	9	9	8.9	8.8	8.7	8.7
	HICP 综合物价指数（同比，%）	0.5	0.6	1.1	1.8	2	1.5	1.9	1.4	1.3	1.3	1.5	1.5	1.4	1.5	1.4
	EUROSTOXX 50（期末）	3055	3052	3291	3231	3320	3501	3560	3555	3442	3449	3421	3595	3674	3570	3504
日本	实际 GDP 增速（环比折年率，%）	1.4			1.5			2.9			2.5			—		
	失业率（%）	2.9	3	2.9	3	2.8	2.8	2.9	3.1	2.8	2.8	2.8	2.8	2.7	2.6	2.6
	CPI（同比，%）	0.1	0.5	0.3	0.4	0.3	0.2	0.4	0.4	0.4	0.4	0.7	0.7	0.2	0.6	1
	日经 225 指数（期末）	17425	18308	19114	19041	19119	18909	19197	19651	20033	19925	19646	20356	22012	22725	22765

资料来源：中国人民银行《2017 年第四季度中国货币政策执行报告》，2018 年 2 月 14 日。各经济体相关统计部门及中央银行。

附表 1－2　2015—2018 年世界经济增长趋势（%）

国家	2015 年	2016 年	2017 年	2018 年
世界经济	3.4	3.2	3.7	3.9
发达经济体	2.1	1.7	2.3	2.3
美国	2.6	1.5	2.3	2.7
欧元区	2.0	1.8	2.4	2.2
德国	1.5	1.9	2.5	2.3
英国	2.2	1.9	1.7	1.5
日本	1.1	0.9	1.8	1.2
新兴市场和发展中经济体	4.3	4.4	4.7	4.9
俄罗斯	-2.8	-0.2	1.8	1.7
中国	6.9	6.7	6.8	6.6
印度	8.0	7.1	6.7	7.4
巴西	-3.8	-3.5	1.1	1.9
南非	1.3	0.3	0.9	0.9

注：印度的数据和预测按财年列示，2011 年以后的 GDP 按市场价格计算，将 2011—2012 财年作为基年。

资料来源：IMF《世界经济展望》，2018 年 1 月。

（二）国际贸易对世界经济增长的贡献由负转正

——国际贸易实物量增长加速。世界经济史表明，凡是全球化发展时期，国际贸易都充当了世界经济增长的引擎。例如 20 世纪 50—70 年代初，国际贸易增速是世界 GDP 增速的 1.5 倍；1990—2008 年，提高到 2 倍。然而，2011—2016 年，全球贸易增速连续 5 年低于全球经济增速。2017 年全球贸易复苏步伐明显加快。9 月，世界贸易组织将 2017 年全球货物贸易量增速预测值上调至 3.6%，增长区间上调至 3.2%～3.9%，6 年来首次与世界经济增速持平。在全球贸易市场回暖的带动下，世界经济和贸易形势趋于好转。

——国际海运市场呈现明显的回暖趋势。波罗的海干散货运价指数（BDI）2017 年底为 1366 点，相比 2016 年 2 月 10 日的低点 290 点大幅上涨了 3.7 倍。

——全球制造业加速增长。全球制造业根据联合国工业发展组织（UNIDO）预测，2017 年全球制造业预计增长 3.2%，为过去 6 年来最高。其中，发达经济体制造业产值预计增长 1.8%，新兴市场和发展中国家预计增长 5%。中国制造业预计增长 6.3%。

附表 1－3　全球商品贸易量增速（%）

		2013 年	2014 年	2015 年	2016 年	2017 年	2018 年
全球商品贸易量增速		2.4	2.7	2.6	1.3	3.6（3.2～3.9）	3.2（1.4～4.4）
出口增速	发达经济体	1.7	2.4	2.7	1.4	3.0（2.8～3.2）	2.8（1.6～3.5）
	发展中经济体	4.0	3.0	1.9	1.3	4.7（4.2～5.2）	4.1（2.1～5.7）
	亚洲	5.4	4.3	1.1	1.8	6.4（5.9～7.2）	4.8（1.9～7.5）
进口增速	发达经济体	0.0	3.6	4.7	2.0	3.0（2.5～3.8）	2.9（2.6～3.3）
	发展中经济体	4.7	1.7	0.5	0.2	5.1（3.6～6.0）	3.7（－0.9～7.0）
	亚洲	4.8	3.0	2.9	2.0	5.8（5.0～6.3）	4.0（1.3～6.2）

注：2017 年和 2018 年的数据为预测值。
资料来源：根据 WTO 数据整理。

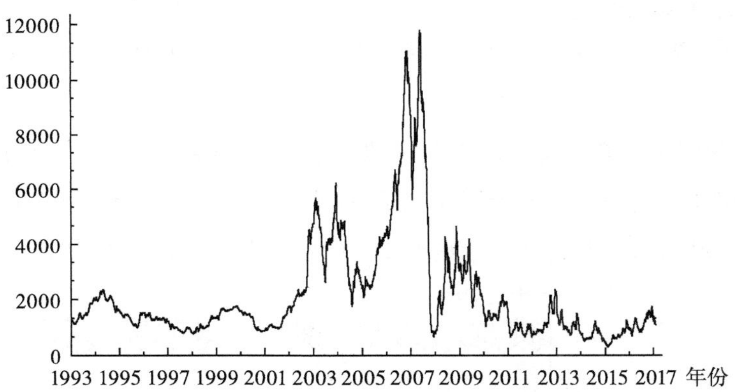

附图 1－1　波罗的海干散货运价指数（BDI）大幅上涨

资料来源：Wind 资讯。

（三）全球投资下降

——**2017 年全球投资下降**。联合国贸易和发展组织（UNCTAD，以下简称“贸发组织”）公布的数据显示，2017 年全球外国直接投资（FDI）下降了 16%，从 2016 年的 1.81 万亿美元下降至约 1.52 万亿美元。发达经济体 FDI 流量下降 27% 是全球 FDI 减少的主要原因。北美和欧洲的 FDI 流量分别下降了 33% 和 27%，主要是由于美国和英国的 FDI 流量在前两年飙升后于 2017 年回调到正常水平。基于全球经济加速增长预期，UNCTAD 预测 2018 年全球 FDI 将增长至 1.8 万亿美元，但仍低于国际金融危机前 2.0 万亿美元的水平。

——**2017 年流入发展中经济体的** FDI **保持稳定**。2017 年流入发展中经济体的 FDI 规模约为 6530 亿美元，同比增长 2%。亚洲重新成为全球最大的 FDI 流入地，中国成为全球第二大外资流入国。

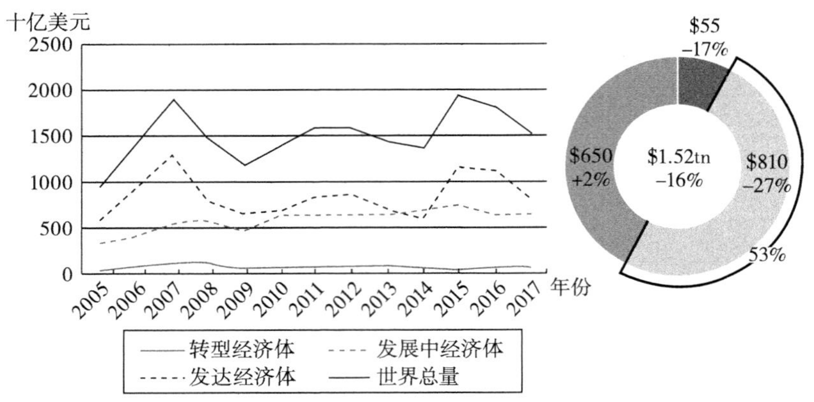

附图 1－2　全球 FDI 流动趋势

注：2017 年为预测值。

资料来源：联合国贸发会议．全球投资趋势监测报告［EB/OL］．联合国网站，2018－01－22.

——全球绿地投资下降。2017 年全球绿地投资下降 32%，约为 5710 亿美元，为 2003 年以来的最低水平。尽管流入发达经济体的绿地投资同比上涨 11%，约为 2820 亿美元，但流入发展中经济体的绿地投资却大幅下降 49%，降至约 2610 亿美元。

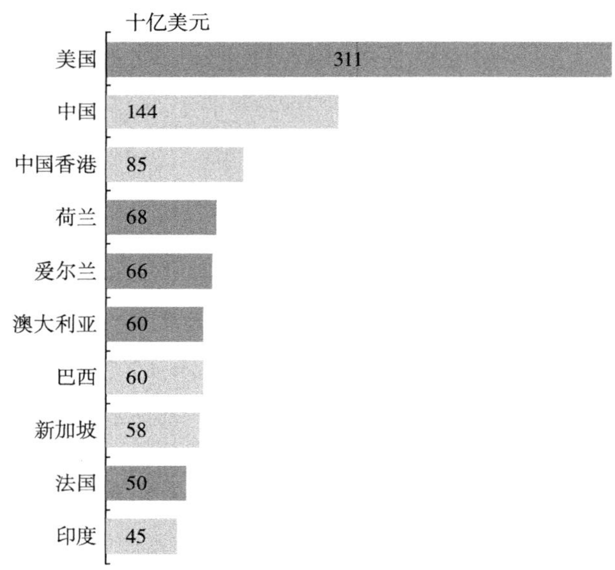

附图 1－3　2017 年全球十大 FDI 流入地

资料来源：联合国贸发会议．全球投资趋势监测报告［EB/OL］．联合国网站，2018－01－22.

附表 1-4　2017 年全球 FDI 和绿地投资走势　　单位：十亿美元

经济体/地区	FDI 流量			绿地投资		
	2016 年	2017 年	增长率	2016 年	2017 年	增长率
世界	1814	1518	-16%	834	571	-32%
发达经济体	1109	810	-27%	254	282	11%
欧洲	500	370	-26%	148	146	-1%
北美	494	330	-33%	69	105	53%
发展中经济体	638	653	2%	515	261	-49%
非洲	50	49	1%	94	41	-57%
亚洲	139	143	3%	74	61	-17%
拉丁美洲和加勒比地区	448	459	2	347	158	-54%
转型经济体	67	55	-17%	65	28	-56%

注：2017 年的数据为预测初值。

资料来源：联合国贸发会议．全球投资趋势监测报告［EB/OL］．联合国网站，2018-01-22.

——新兴市场资本外流压力加大。美联储加息与“缩表”将带动美元持续走强，若新兴市场不加息，新兴市场则面临新一轮资本外流压力，若新兴市场跟风加息，将增加这些国家企业的借贷成本，不利于本国企业的发展和经济复苏。

（四）全球金融环境改善

——随着世界经济显著好转，主要发达经济体的货币政策转向回归正常化。美联储从 2014 年开始退出 QE，2015 年加息 1 次，2016 年加息 1 次，2017 年加息 3 次，10 月启动缩减资产负债表进程，显示出美国经济的增长势头转强。加拿大央行 7 月启动首次加息，并于 9 月再次加息。欧洲央行从 2017 年 4 月开始缩减资产购买规模，11 月英国央行宣布加息，这是英国央行 10 年来的首次加息。

——美元指数小幅走低。2017 年以来，随着美联储加息步伐放缓、人们对特朗普财政刺激政策失去信心、欧元走强，市场开始修正预期，美元指数小幅走弱，但仍处于历史较高水平。从中长期来看，基于美国经济长期预期向好，美元仍是一个强势的货币。①欧元大幅升值。2017 年欧元累计升值 12%，达到 1.18 美元/欧元。随着欧元区经济增长稳健、欧央行开始紧缩货币，市场预期欧元可能继续走强。②日元相对稳定。2017 年底，日元对美元汇率为 114.9 日元/美元。然而由于美联储持续加息，而日本央行维持利率 -0.1% 不变，美日利差持续扩大，日元短期或呈现震荡偏弱走势。③新兴经济体汇率波动加大。新兴市场经济体方面，截至 2017 年底，人民币、印度卢比、墨西哥比索和俄罗斯卢布对美元汇率较 1 月分别升值

4.6%、5.9%、11.5%和4.4%；巴西雷亚尔对美元汇率保持相对稳定；菲律宾比索对美元汇率贬值1.3%，土耳其里拉贬值2.9%。随着新兴经济体经济结构调整压力和国际资本回流发达国家的压力加大，以及美元走势的影响，新兴经济体货币波动将明显加剧。

附图1-4 名义美元指数和实际美元指数

资料来源：Wind资讯。

——主要经济体国债收益率走势继续分化。截至2017年底，美国和英国10年期国债收益率分别收于2.40%和1.25%，较上年末分别下降5个和3个基点；德国和日本10年期国债收益率分别收于0.48%和0.05%，较上年末分别增加26个和1个基点。

附图1-5 主要经济体10年期国债收益率走势继续分化

资料来源：Wind资讯。

——主要经济体股市普遍回暖。截至2017年底，美国道琼斯工业平均指数、日本日经225指数、德国法兰克福DAX指数、伦敦金融时报100指数较2016年底分别上涨了 25.1%、19.1%、22.1% 和 7.6%。中国、印度、印度尼西亚和巴西股市分别较 2016 年底上涨了 6.6%、27.9%、26.9%、20.0%。

附图 1－6　主要经济体股市普遍回暖

资料来源：Wind 资讯。

——全球货币市场利率走势呈现分化。 2017 年，伦敦同业拆借市场美元隔夜 Libor 在美联储加息预期下震荡走高，2017 年底收于 1.43%，较上年末上升 74 个基点。受欧央行宽松货币政策和英国“脱欧”等因素的影响，欧元隔夜 Libor 收于 －0.44%，较上年末下跌 1 个基点。欧元区隔夜 Euribor 继续下行，收于 －0.35%，较上年末下跌 2 个基点。

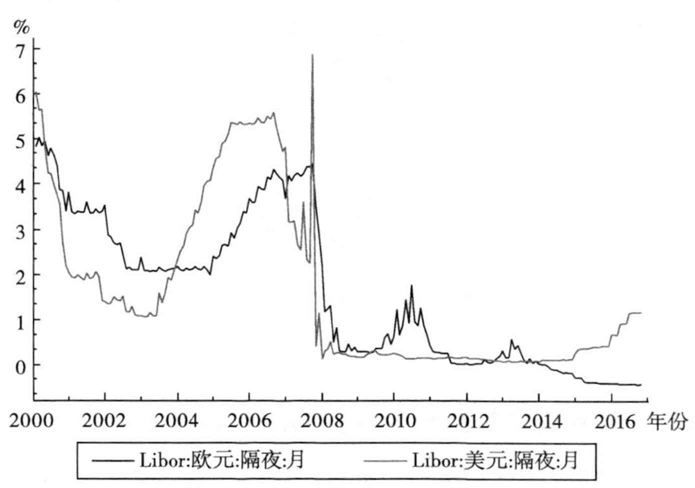

附图 1－7　全球货币市场利率走势呈现分化

资料来源：Wind 资讯。

（五）全球大宗商品价格回升

截至2017年底，涵盖全球主要大宗商品的美国商品调查局（CRB）现货综合指数报收432点。国际油价震荡回升，报收60美元/桶。国际能源署（IEA）预测，2017年布伦特原油平均价格约为54.6美元/桶，2018年为57.2美元/桶。全球天然气供给大幅上升。美国“页岩气革命”之后，全球天然气产量快速增长。IEA预测，未来5年（2017—2022年），美国将成为世界上最大的天然气生产国。天然气需求增长的90%来自发展中国家，其中中国占40%。工业用气需求是天然气需求增长的最大来源，占一半左右。

附图1-8　CRB现货综合指数

资料来源：Wind资讯。

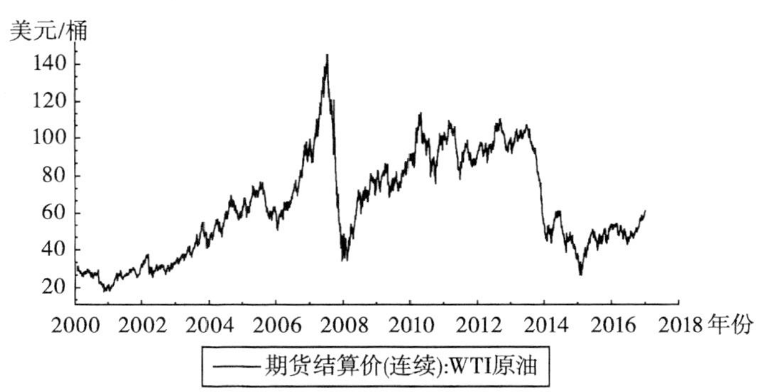

附图1-9　国际油价震荡上升

资料来源：Wind资讯。

（六）服务贸易较快发展推动全球贸易结构转型

——服务贸易较快发展推动全球贸易结构转型。随着全球经济服务化进程的加快，服务贸易推进全球贸易结构转型的作用日益显现。2005—2015年的10年间，全球服务贸易年均增长速度快于同期货物贸易增长速度。服务贸易规模快速扩大，2015 年服务贸易占全球贸易总额比重达到 23%。随着新兴经济体产业结构的调整，将进一步释放服务贸易的发展潜力。

——服务贸易发展有利于推动全球贸易自由化和便利化进程。一是服务贸易正成为多边、诸边和双边贸易协定的重要内容，最新区域贸易协定谈判，相当一部分内容都涉及服务贸易。二是自由贸易进程越来越依赖于服务业市场的开放。当前自由贸易主要障碍已不是，或者主要不是货物贸易领域的关税和非关税措施，而是服务贸易领域的监管、非关税壁垒以及市场准入，这将直接影响全球贸易和投资自由化进程。三是当前服务贸易谈判的核心问题是服务业市场准入。其中的难点之一，是服务领域对等开放还是平等开放、是公平贸易还是自由贸易等问题的分歧。

——中国服务贸易需求大幅上升。世界服务贸易主要集中在欧洲、北美洲和亚洲三大地区，发达经济体服务贸易顺差与发展中经济体服务贸易逆差逐年扩大，双方比较优势差距有扩大趋势。特别是中国服务贸易需求大幅上升。一是中国经济从高速增长阶段转向高质量发展阶段蕴藏了巨大的服务贸易需求。二是中国社会发展的主要矛盾演变带来对现代服务跨境需求的倍增。保守估计到 2020 年，中国服务贸易总额至少将达到 1 万亿美元以上，占全球服务贸易的比重达到 10% 左右，到 2030 年，中国会成为全球最大的服务进口国。三是中国服务贸易发展将成为推动全球贸易转型的重要力量。未来 5 ~ 10 年，中国服务贸易的较快发展，不仅会直接带动国内服务业市场开放，而且将会对全球贸易治理结构产生重要影响。

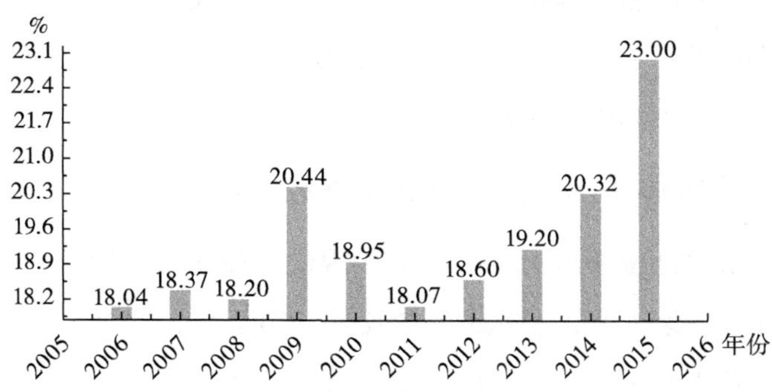

附图 1－10　全球服务贸易占全部贸易总额的比重

资料来源：根据 Wind 资讯和资料数据整理。

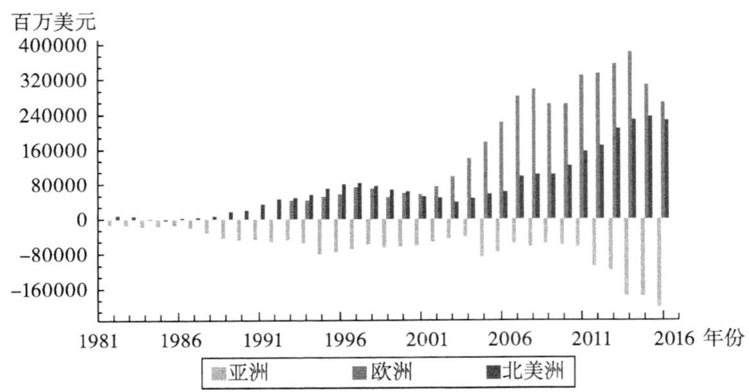

附图 1－11　全球服务贸易顺差和逆差区域

资料来源：Wind 资讯。

二、2017 年世界经济的特点和亮点

2017 年世界经济呈现出诸多特点和亮点，如新兴经济体快速崛起推动全球经济再平衡；中美构建超越零和博弈的大国关系在艰难中前行；“脱欧”背景下的中欧和中英进一步趋向构建战略合作伙伴关系；金砖合作机制开启“金砖＋”的第二个“黄金十年”；APEC 机制下的开放地区主义和东亚区域经济合作机制走向深化；“一带一路”峰会和合作机制正在打造最广泛的朋友圈；全球治理和人类命运共同体正在助推基于开放包容的新全球化；新工业革命技术和成果正在逐步渗入生产端、供给侧形成生产率增长新动力；“小而美”、定制、普惠、绿色、共享正在从微观跨境网络层面构建全方位的国际合作新格局。

（一）新兴经济体快速崛起，推动全球经济再平衡

——新兴经济体地位持续上升。1990 年现代全球化迅速发展以来，新兴经济体在全球经济的比重持续上升，发达国家的比重相对下降，这是全球经济格局演变的一个重要特征。特别是国际金融危机以来，世界经济力量对比发生了此消彼长的变化。新兴市场和发展中国家 GDP 占世界经济的比重由 2007 年的 28.4% 上升到 2016 年的 38.72%，新兴市场和发展中国家对世界经济增长的贡献率（按汇率法计算）2016 年为 65%，明显高于发达经济体对世界经济增长的贡献率。

——新兴经济体的发展促进了全球经济再平衡。2016 年 G20 杭州峰会把 3 个重要议题摆在全球经济治理的框架内，一是发展议题；二是联合国 2030 年全面脱贫的

可持续发展议程实施；三是撒哈拉以南最不发达国家的工业化战略问题。对新兴经济体而言，发展是硬道理，发展是解决所有问题的关键。假设新兴经济体以每年3.8%的速度增长，20年后新兴经济体的经济增速将翻番。2017年，新兴经济体的发展取得新成就，对促进世界经济多元化、推动解决世界财富分配失衡等问题起着重要作用，促进了全球经济再平衡。

——中国经验为解决人类发展问题贡献了中国智慧和中国方案。改革开放以来，中国经过40年的努力，在经济社会发展上取得了巨大进步，使7亿人摆脱了贫困，这为广大发展中国家提供了可参考的发展经验，给世界上那些既希望加快发展又希望保持独立的国家和民族提供了可借鉴的现代化道路选择。

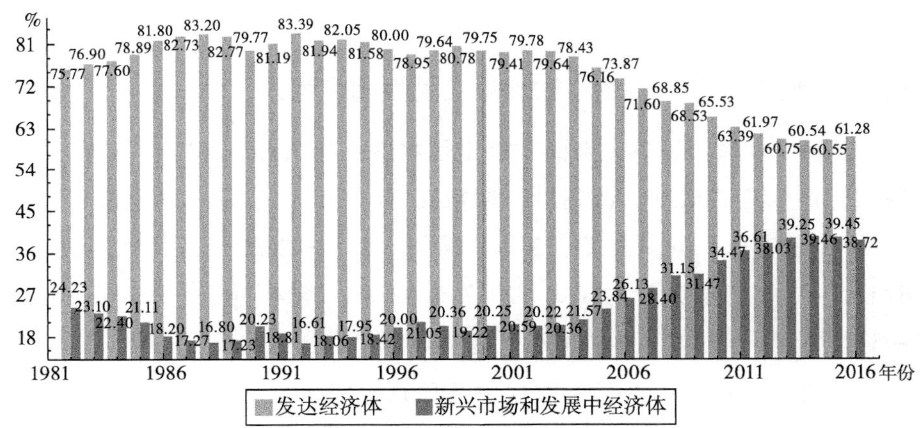

附图1-12　发达经济体、新兴市场和发展中经济体GDP占世界经济的比重

资料来源：Wind资讯。

（二）中美经济关系一波三折，构建超越零和博弈的大国关系在艰难中前行

——当前中美关系依旧是世界上最重要也最复杂的双边关系。美国目前采取的加息、缩表、减税等宏观政策的外溢性将给未来中美经贸关系带来新的不确定性影响。美国在朝核、中东等地所采取的政策将对东亚、西亚地区乃至全球经济格局带来重大影响。中美之间如何构建超越零和博弈的大国关系，具有十分重大的意义。

——中美元首互访为改善两国关系带来了新契机。2017年4月，习近平主席在美国佛罗里达州海湖庄园和美国总统特朗普举行中美元首会晤，双方高度评价中美关系取得的历史性进展，同意在新起点上推动中美关系取得更大的发展，更好地惠及两国人民和各国人民。11月，特朗普在中国共产党十九大闭幕之后访华，在增进战略互信和加强经贸合作上取得新进展。双方签订了涵盖 34 个项目、订单额达 2535 亿美元，中美寻求务实合作，促进两国经贸关系的改善。

——中美贸易摩擦形势严峻。近年来，中美贸易不平衡有所改善，但前景仍不乐观。尤其是当美国采取加息、缩表、减税、增加基础设施投资等政策时，美元将继续走强，美国财政赤字和经常项目赤字将进一步扩大，中美贸易不平衡将进一步扩大。按照美国贸易统计口径，2016 年美国对华贸易逆差为 3470 亿美元，占美国贸易逆差的 47%①。2017 年 1—11 月，美国对华贸易逆差累计 3543 亿美元②。美国长期限制对中国高科技产品出口，收紧外资安全审查程序，对中国开展“301”调查，扩大了美中贸易逆差，造成中美贸易摩擦升级。特朗普访华后，中美之间的贸易摩擦仍会存在。

（三）“脱欧”背景下的中欧和中英关系稳定发展

——英国“脱欧”谈判本身的不确定性将进一步增加。2017 年 6 月 19 日，英国“脱欧”谈判正式启动。谈判最终期限在 2019 年 3 月 29 日，全部谈判计划在 2018 年 10 月前完成，英国设置了 3 年过渡期（2019—2022 年），2022 年英国彻底离开欧盟，双方关系进入新的模式。2017 年 12 月，英国和欧盟就“脱欧”谈判达成第一阶段协议。第二阶段的谈判预计更为艰难。

——英国“脱欧”背景下中欧和中英关系稳定发展。中欧、中英不是竞争对手，而是合作伙伴。但在逆全球化和保护主义上升的背景下，双方存在的各方面差异，很容易引发经济贸易冲突③。由于英国“脱欧”，欧盟可能不再是中国最大的贸易伙伴。鉴于中英经贸之间的连续性，英国“脱欧”将会使中英经贸关系出现新的改善契机。在金融方面，英国“脱欧”对于伦敦城国际金融中心的地位会有较大的影响，人民币离岸市场的发展对伦敦城的重要性明显上升。当欧洲大陆国际金融中心崛起和形成激烈竞争态势时，中国经济和金融发展对伦敦城的意义将更加凸显。

——中欧、中英合作机会将明显增多。随着全球不确定性的上升，中欧、中英深化双边经济合作显得更为重要。中欧作为世界上第三大和第二大经济体，英国作

① 中美贸易逆差的原因，有观点认为主要是中国操纵汇率导致人民币汇率被低估。但实际上人民币对美元汇率已从 2005 年 7 月汇改之前的 8.28 元/美元升值到目前（2017 年 11 月底）的 6.60 元/美元，然而美中贸易逆差并未得到有效改善。

② 源自美国商务部的贸易数据统计。

③ 最明显的案例是欧盟以“市场扭曲”为由正在制定“新 15 条”，对中国实施不公平贸易行动；德、法、意在新制定外资审查条例，并将推向整个欧盟层面；欧洲强调“对等开放”而不是平等开放，这些贸易保护主义倾向正在欧洲大陆抬头，应引起中国和整个国际社会的高度关注。

为世界上名列前茅的国际金融中心，中欧、中英有必要在维护基于规则的自由贸易体系、多边体制和应对气候变化等方面发挥积极的作用。中欧双方将进一步增进在贸易、投资、基础设施、能源环境、气候变化、技术创新、产业合作、金融服务、人员交流及全球治理等领域的合作，带动世界经济强劲、平衡、可持续和包容性发展。

中英直接金融和教育合作成为重点领域。英国有世界一流大学、世界一流直接融资体系、世界一流法治建设，这些领域都是中国下一步发展的重点。此外，英国的全球化产业布局重点之一是在东亚，在“脱欧”背景下，英国可能会更加注重东亚市场，中国与英国的合作不仅机会将增多，而且合作领域将增多，并且质量将提升。中国很多金融企业在英国开展全球和欧洲业务，伦敦人民币离岸市场将继续推进。2010—2015 年英国对中国出口增长 63%，英国吸引中国投资超过其他欧洲主要国家，中国访英游客数量在过去 5 年里增长超过 2 倍，伦敦是中国留学生最多的外国城市①。中英关系“黄金时代”在继续推进。

（四）金砖合作机制日益完善，开启“金砖 +”的第二个“黄金十年”

——金砖合作机制取得巨大成就。10 年来，金砖机制性合作取得巨大成就，金砖经济在世界经济中的比重从 10 年前的 12% 提升到 13%，贸易比重从 11% 提高到 16%，对外投资比重从 7% 提高到 12%，吸引外资的比重上升了 10 个百分点，对世界经济增长的贡献率达 50%。

——金砖合作机制开启第二个“黄金十年”。2017 年厦门金砖峰会推出了“金砖 +”的新合作机制，开启了第二个“黄金十年”。建立了首次外长正式会晤机制以及常驻联合国代表的定期磋商机制，推动建立了电子口岸示范网络、电子商务工作组、博物馆联盟、美术馆联盟、图书馆联盟等合作平台，为金砖国家深化政治、经济、文化领域合作提供有力保障。金砖国家将继续开展经贸市场、金融流通、基础设施联通和人文交流等方面的务实合作，继续开展同其他新兴市场和发展中国家之间的对话合作，在落实 2030 年可持续发展议程、完善全球经济治理等方面发挥更大的作用。金砖国家继续深化南南合作，打造“金砖 +”的模式，“建立广泛的发展伙伴关系，打造开放多元的发展伙伴网络，携手走出一条创新、协调、绿色、开放、共享的可持续发展之路，为促进世界经济增长、实现各国共同发展注入更多正

① 《中英共同举办庆祝中英大使级外交关系 45 周年招待会》，中华人民共和国驻大不列颠及北爱尔兰联合王国大使馆网站，2017 年 3 月 30 日。

能量。”①

（五）APEC 机制下推动东亚经济合作机制不断深化

——区域经济一体化在艰难中前行。多哈回合陷入僵局以来，区域性贸易协定出现了两个不同的发展路径。一是美国在改变区域经济合作的前行方向。奥巴马任总统时，主推 TPP 超大规模的高标准自贸区，用美国标准为全球经贸规则建章立制。特朗普任总统后，从区域经济合作退回到双边合作，退出 TPP，并且重新谈判北美等已经实施的自由贸易协定。美国退出后的 TPP，于 2017 年 11 月更名为“跨太平洋伙伴关系全面进步协定”（CPTPP）。二是东亚区域经济一体化相比欧洲和北美地区起步较晚，但同样取得了举世瞩目的进展。目前，东亚区域合作继续向前推进，预计 2018 年完成“区域全面经济伙伴关系协定”（RCEP）谈判。

——APEC 机制主推开放地区主义。东亚地区长期以来一直秉承开放地区主义，是推动全球贸易投资自由化和便利化的重要力量。APEC 作为亚太地区重要的经济合作论坛，努力构建高级别的政府间经济合作机制，在推动区域贸易投资自由化、区域经济技术合作等方面发挥了主导作用。在 APEC 机制下，东亚经济体大力推进区域经济一体化，东亚区域经济合作秉承开放地区主义，形成了东盟机制、“10 + 3”（东盟—中日韩首脑会议）、“10 + 1”（东盟分别与中日韩合作）、“中日韩”等合作机制，2017 年都取得了程度不同的进展，预计 2018 年完成“区域全面经济伙伴关系协定”（RCEP）谈判。

（六）“一带一路”峰会取得巨大成功

——“一带一路”峰会构建国际合作平台。2017 年 5 月 14 日，中国“一带一路”国际合作高峰论坛召开，成为各方共商共建共享的“一带一路”合作的盛会。来自 29 个国家的国家元首、政府首脑与会，来自 130 多个国家和 70 多个国际组织的 1500 多名代表参会，覆盖了 5 大洲的各大区域②。习近平主席出席开幕式并作《携手推进“一带一路”建设》的主旨演讲。峰会最后取得了 5 大类、76 大项、270 多项具体成果③。

——“一带一路”已建立起多层次国际合作交流框架。一是建立“一带一路”国际合作机制。目前，中国与相关国家和区域合作组织发布对接“一带一路”倡议

① 习近平在金砖国家领导人厦门会晤记者会上的讲话［EB/OL］. 人民网，2017 - 09 - 05.

② 杨洁篪就“一带一路”国际合作高峰论坛接受媒体采访［EB/OL］. 新华网，2017 - 05 - 18.

③ “一带一路”国际合作高峰论坛成果清单［EB/OL］. 新华网，2017 - 05 - 16.

的联合声明，签署了 40 多份共建“一带一路”合作协议，与 20 多个国家开展了机制化的国际产能合作。同时，还与相关国家签署了中哈《“丝绸之路经济带”建设与“光明之路”新经济政策对接合作规划》《建设中蒙俄经济走廊规划纲要》等。此外，中国也在积极探索利用双边联合工作机制，完善和发挥现有联委会、混委会、协委会、指导委员会、管理委员会等多双边机制，协调推动“一带一路”合作项目。二是推动“一带一路”相关国家贸易投资合作。目前中国与“一带一路”相关 11 个国家以及新西兰、澳大利亚和韩国签署了自贸协定，与 56 个相关国家签署了双边投资协定，有力地推动了与这些国家的贸易投资合作。三是推动相关国家的人文交流。目前中国在“一带一路”相关国家建立了 11 个文化中心①。

——“一带一路”建设取得丰硕成果。中国提出“一带一路”倡议以来，取得了丰硕的成果。2017 年，我国企业共对“一带一路”沿线的 59 个国家非金融类直接投资 143.6 亿美元，同比下降 1.2%，主要投向新加坡、马来西亚、老挝、印度尼西亚、巴基斯坦、越南、俄罗斯、阿拉伯联合酋长国和柬埔寨等国家②。

（七）全球经济治理变革和人类命运共同体建设举世瞩目

——全球治理改革面临困境。2017 年，逆全球化、贸易保护主义、民粹主义继续甚嚣尘上，全球治理改革陷入困境。在逆全球化浪潮下，世界三大经济体，美国推进全球治理改革的合作意愿明显下降，转向奉行孤立主义和贸易保护主义。英国“脱欧”明显削弱了欧盟考虑全球治理问题的能力，在今后较长一段时间主要决策资源更多地转向“脱欧”谈判、反恐、防止极右势力上台。中国构建人类命运共同体的倡议获得国际社会越来越多的支持和响应，但中国真正成为全球负责任大国、开放型大国、包容性大国还有很长的路要走。2017 年，全球治理赤字增大。另外，长期主导全球治理执行、完善和变革的国际组织，像 WTO、IMF、世界银行在重塑全球化和全球方面的作用正在减小。如何解决全球治理的赤字、全球治理的民主化和全球治理的发展缺位等问题将是国际社会面临的严峻挑战。G20 汉堡峰会存在的合作与分歧，反映出战后世界秩序正在出现最明显的裂痕。

——人类命运共同体理念引领当前全球治理改革。人类命运共同体理念的核心是合作共赢，基本原则是责任共担与利益共享，目标是实现包容与可持续发展，原则上更加注重开放包容、普惠平衡、公正共赢。人类命运共同体是把每个民族、每

① 张燕生，王海峰，杨坤峰．“一带一路”是多彩之路：机遇和前景［R］．CCIEE 内部报告，2017.
② 商务部合作司．2017 年我对“一带一路”沿线国家投资合作情况［EB/OL］．商务部网站，2018－01－16.

个国家的前途命运都紧紧地联系在一起，通过共同努力“建设一个远离恐惧、普遍安全的世界，”“建设一个远离贫困、共同繁荣的世界，”“建设一个远离封闭、开放包容的世界，”“建设一个山清水秀、清洁美丽的世界”①，将世界建成一个和睦的大家庭，把世界各国人民对美好生活的向往变成现实。在全球治理陷入困境之际，中国提出“一带一路”倡议，就是要实践人类命运共同体理念，体现了中国作为负责任大国的担当，是中国为世界提供的一项重要的公共产品。

（八）全球新工业革命趋于“小而美”

——全球新工业革命趋于“小而美”。新工业革命技术和成果正缓慢渗入各国生产端和供给侧，有望在未来形成全球生产率增长的新动力。与 IT 革命以及以往的新工业革命不同，这次新工业革命更有利于“小而美”、个性化、分散化的新业态发展。

——中国数字经济引领全球新趋势。麦肯锡全球研究院发布的《中国数字经济：全球领先力量》研究报告显示，中国拥有全球最活跃的数字化投资与创业生态系统，拥有全球最大的电子商务市场，成为所造全球数字化格局的重要力量，将从产业投资、商业模式和全球治理等多个领域引领全球新趋势。

——eWTP 促进全球普惠贸易发展。中国在 G20 峰会上提出打造 eWTP（全球电子商务平台）的建议，这个平台将为全球小企业、年轻人和普通民众带来更多参与全球贸易的机会，充分享受普惠贸易发展带来的红利。通过互联网基础设施，在信息时代提供个性化、智能化、定制化的“小而美”的服务，满足不同群体和个人的需要②。

——全球中高技术制造业增长率创 5 年新高。2017 年，全球制造业快速发展。其中，自动化、机器人和数字产品等先进制造业正在全球稳步扩张。新技术的发展和许多行业自动化发展趋势正在促进全球制造业总产量增长。UNIDO 数据显示，2017 年二季度，全球中高技术制造业增长率为 5.3%，是过去 5 年的最高增幅；中等技术制造业增长约为 2%；低技术制造业同比增长 3%。经验研究表明，中高技术制成品的生产过程通常会拆分成不同的环节，由不同的国家分工完成，因而中高技术制造业增长更有利于带动相应中间品贸易的增长。

---

① 习近平在中国共产党与世界政党高层对话会上的主旨讲话［EB/OL］. 新华网，2017-12-01.

② eWTP 的建议，还可能成为自由贸易和公平贸易之间的交换。它可能会为发达经济体创造更多的就业机会，换得这些国家提供推动贸易投资自由化和便利化的条件。

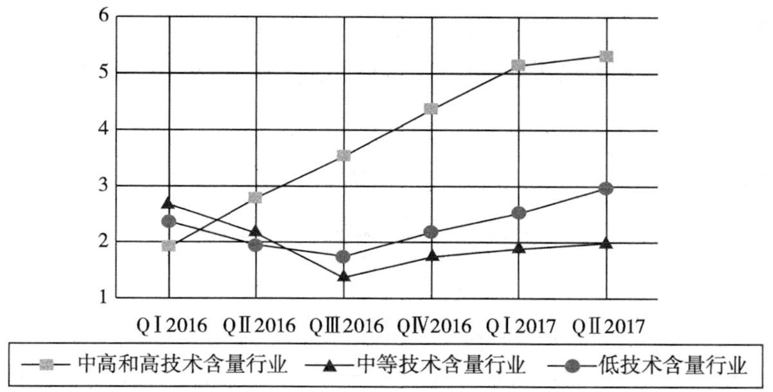

附图 1-13　全球分行业制造业产出同比增速

资料来源：UNIDO.

三、2018 年世界经济展望：增长与不确定性加大

2018 年世界经济、贸易、投资、生产向好的趋势将继续。IMF 预测 2018 年全球经济增长 3.9%，高于 2017 年 3.7% 的经济增速，但达到长期均衡状态可能还需要 4~5 年的持续恢复性增长。WTO 预测 2018 年全球贸易量增速为 3.6%，增长区间在 1.4% ~4.4%。然而，全球不确定性仍不容忽视，预测“黑天鹅”“灰犀牛”事件的清单在拉长。

（一）全球经济恢复性增长的基础仍很薄弱

——全球经济恢复性增长状态仍低于长期均衡水平。 IMF 预测未来 5 年（2018—2022 年）全球经济平均增速将达到 3.7%。然而，目前的全球经济增长水平仍低于国际金融危机前 10 年（1998—2007 年）年均 4.2% 的增速。2018 年全球货物贸易出口将依然低于 1998—2007 年的全球出口量年均增速 5.9%。2018 年全球投资规模也低于金融危机前的水平。全球经济增长态势并不平衡。

——全球全要素生产率增长减速，降低了全球经济增长的动力机制和长期潜力。 当前，世界经济存在着新工业革命加速与全球劳动生产率减速并存的局面。前者主要表现为新工业革命眼花缭乱的新技术、新产品、新业态层出不穷，后者则反映为全球全要素生产率增长减速。2008—2016 年，世界主要发达国家全要素生产率平均呈现下降甚至负增长态势，降低了全球长期增长潜力，这种趋势在 2017 年并没有发生实质性变化。这种新工业革命的“悖论”，本质上反映的是新技术革命主要发生在需求侧而不是供给侧，影响的是消费端而不是生产端，其效应更多的是替代而不是创造。我们仍处于新科技革命的初始阶段，其技术进步和技术革命的影响显现还需要一个较长的时期。

——全球化进入调整期。习近平主席指出："历史上的兴盛期和开放期往往是重合的。"事实上，历史上的风险期和开放期往往也是重合的。这就是习近平主席多次谈的全球化是把"双刃剑"。然而，历史上的全球化往往会因逆全球化趋势而进入调整期，进入全球不确定性增大的时期。在世界近现代经济史上，曾有过两次不确定性增大的时代：一次是20世纪二三十年代，经济出现大萧条，政治上发生了两次世界大战。另一次是20世纪七八十年代，经济上出现了"滞胀"，两次石油危机以及布雷顿森林体系的崩溃，政治上导致苏东解体。在这样的时期，无论英美，还是中国、印度及苏东地区，都经历过剧烈的经济社会和政治动荡。第一个不确定时期，经济理论上产生了凯恩斯革命和宏观经济学，经济政策上产生了"罗斯福新政"。第二个不确定时期，经济理论上出现新自由主义抬头，经济政策上转向严格反通胀的政策组合。当前这一轮不确定时期会发生什么，我们很难预测，但可以确定的是，当今世界保护主义、民粹主义和孤立主义在上升，目前仍有25%左右经济体的经济增长态势不容乐观，全球经济要恢复到均衡水平以上可能仍需4~5年。在这种情况下，各国经济仍承受着全球产能过剩和失业的压力，这些压力仍将可能引发或加剧内部经济社会不稳定性和外部贸易保护主义。未来逆全球化的走向、全球劳动生产率减速对增长的影响、世界金融和经济结构性调整存在着巨大的不确定性风险①。

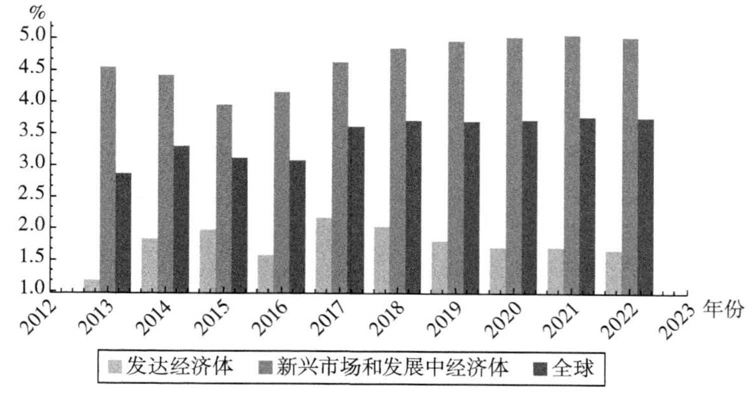

附图1-14　IMF预测全球经济增长

资料来源：Wind资讯。

① 张燕生．全球经济尚未到乐观的时候［N］．环球时报，2017-10-13.

（二）贸易保护主义威胁着世界经济前景

——全球贸易保护主义倾向日益凸显。当前，发达国家由于收入分配失衡、贫富差距加大，助长了保守主义、民粹主义，“逆全球化”思潮泛滥。在 2017 年的 G20 汉堡财长会上，G20 首次未承诺反对贸易保护主义[①]。全球范围内的贸易保护主义升级，损害了国际交换和分工参与国的共同利益，增加了世界经济的不确定性风险。

——美欧贸易保护主义抬头将增大全球的不确定性。过去 10 年，中国一方面是对世界经济复苏贡献最大的国家[②]，另一方面，却成为全球受贸易保护措施伤害最重的国家。例如，美、欧等发达经济体对中国投资进行国家安全审查，拒绝履行《中国加入 WTO 议定书》第 15 条，美国对华发起“301”调查等。特朗普任总统以来，以“美国优先”为准则执行各项贸易保护性措施，以期促进制造业回流、增加就业等国内经济目标。

——全球贸易保护主义呈现新特点。一是贸易保护的实施主体以发达经济体为主。英国经济政策研究中心公布《全球贸易预警》报告显示，2008—2016 年采取贸易保护主义措施最多的是美国，共采取了 600 多项措施，是德国、英国和中国的 2 倍多。2017 年这个贸易保护趋势仍在继续。二是贸易保护从传统货物贸易领域向投资领域扩散。联合国贸发组织的《2017 年世界投资报告》指出，各国加强了对外资的监管和限制。2016 年，约有 58 个国家和经济体采取了至少 124 项投资政策措施，大部分的措施都以投资促进和自由化为目标，但 1/5 的措施引入了新的投资限制。三是 WTO 框架下的多边贸易谈判受阻。四是贸易保护性措施从传统关税和非关税壁垒转向知识产权和其他隐蔽措施。

——全球贸易摩擦高发态势短期内难以缓解。尽管 WTO、IMF、世行、G20 等国际组织都明确表示反对全球贸易保护主义，支持自由贸易，但是全球范围内的贸易保护主义出现了机制化、法治化、高端化趋势，全球贸易摩擦高发态势短期内难以缓解。如欧美出台或收紧外资安全审查条例，要求对等开放；欧美依据国内法出台“市场扭曲”或其他形式的贸易救济措施；美国以贸易不平衡为由推行所谓的公平贸易措施等。这些措施有可能引发贸易摩擦、贸易冲突、贸易战、

---

① 2017 年 G20 汉堡峰会最后发表的声明，在自由贸易和公平贸易之间做出妥协。

② 2009 年，中国 GDP 占世界 GDP 的比重约 10%，对世界经济增长的贡献高达 50%。直到 2017 年，中国 GDP 占世界 GDP 的比重约 15%，对世界经济增长的贡献高达 30% 以上。

货币战、税收战，因而随时可能恶化甚至逆转全球经济和贸易恢复性增长的基本态势。

（三）全球宏观政策调整的外溢性加大国际金融市场的脆弱性

——全球宏观政策调整的外溢效应在显著增大，全球金融体系脆弱性没有根本缓解。随着世界经济的普遍好转，主要国家刺激性宏观经济政策将发生调整，如撤出量化宽松、加息、缩表、减税等，其外溢性将是2018年全球经济不确定性的重大风险点。2017年是美联储加快启动加息和缩表进程的一年。美联储采取货币政策正常化措施，对全球资本流向、货币走向、各国资产负债状况、大宗商品价格波动方向都将产生重大影响，尤其是加大了新兴经济体资本外流的压力。美联储加息、缩表，美国财政部采取减税措施，都将进一步促进美元升值，提高新兴经济体的美元负债成本，加剧了新兴经济体资本外流和国内金融市场的脆弱性。

——全球债务风险加大。IMF的《全球财政监测》报告显示，2017—2018年全球政府财政赤字率将继续恶化，预计全球政府财政赤字率分别为3.4%和3.1%，相比2016年分别恶化0.2个和0.4个百分点，仍高出3%的国际安全警戒线。发达经济体和发展中经济体债务风险在加大，债务累积将加剧资产价格泡沫膨胀，最终可能引发金融危机。下一步美元趋于坚挺，也加大了全球债务风险。

——金融监管在放松和收紧之间徘徊增加了长期不确定性风险。2008年金融危机的深刻教训之一，是简单相信行为人自律和市场机制的作用，放松了金融有效监管。然而，过度金融监管也严重抑制了市场机制的作用和金融创新。目前美国等再次出现放松金融监管的政策取向。在宏观政策调整和退出的外溢性显著增大的阶段，放松金融有效监管，有可能会增大全球金融市场的系统性风险，造成历史教训的再次重演。因此，2018年全球金融监管的放松，可能会为今后埋下金融风险的隐患。

——地缘冲突风险加大国际金融市场的脆弱性。在全球化的调整期，地缘政治风险和冲突会明显加大，特别是中东、北非和东亚地区，随时可能爆发影响和改变世界经济格局的重大事件，掌控不好，随时可能成为引发更大范围内冲突的导火索。全球政治和安全格局的重新调整，无疑会进一步加大国际金融市场的脆弱性。

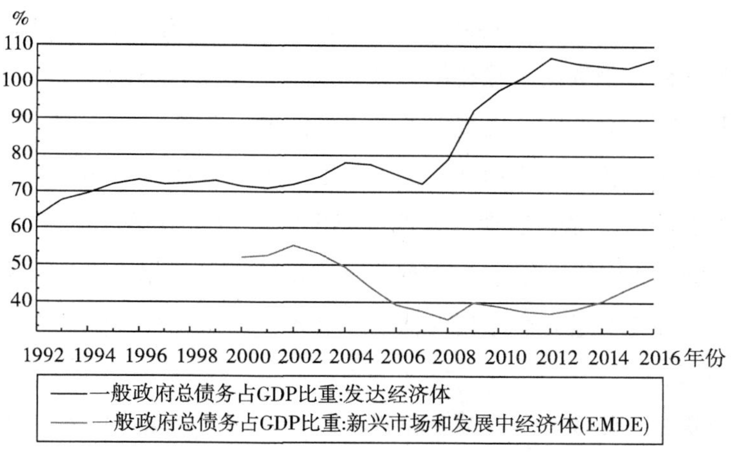

附图 1－15　全球债务风险加大

资料来源：Wind 资讯。

（四）国际油价和大宗商品价格向好基础不牢固

——供需不平衡是影响国际油价波动的主要因素。尽管 2016 年 OPEC 减产协议开启了新一轮油价上涨趋势，但由于 OPEC 减产协调力度不够，新能源开发、化石能源效率提升、美国和利比亚原油产量不断增加、市场份额之争等因素，导致国际石油供给依然过剩，从基本面抑制了国际油价上涨前景。

——美元走势是影响国际油价波动的货币因素。国际油价决定机制受美元汇率波动的影响很大。各国刺激性宏观政策撤出的外溢性，可能会造成美元持续升值，对国际油价产生持续下跌的压力。2018 年国际油价的走势，一方面受全球需求持续增长、和美国页岩油气供给增长的基本面双重拉升的影响；另一方面，受全球资本流向调整和美元汇率持续走强伴随着美国财政赤字、经常项目赤字攀升的货币因素多重打压的影响。最终的结果看哪种力量居于主导地位，将直接影响国际油价波动的未来方向。

（五）全球不公平和贫富分化趋势仍在加剧

——全球不公平和贫富分化进一步加剧。在全球化时代，开放、市场化、科技创新所创造的巨大财富和福利，被华尔街、伦敦城的金融寡头以及房地产、建筑等相关部门瓜分，不仅普通百姓、小青年、小企业未能从增长中得到公平参与和分享成果的机会，连大跨国公司的实体部门、发达国家的中产阶级和公共部门人员从中获取的利益也很有限，全球不公平和贫富分化加剧。联合国调查结果显示，全世界

1%的人占有了50%以上的世界财富。2017—2018年，这种趋势仍将继续。

——基于西方规则的全球化缺乏普惠机制。基于西方规则的全球化①推动了世界经济的开放期、兴盛期，也带来了世界经济的风险期、调整期，但内生的制度弊病是无法解决全球化贫富不均日益扩大、不公平日益严重的问题。从表象上看，全球化总会伴随着反全球化运动，如德国爆发的反对TTIP的数十万人大游行，英国"脱欧"，特朗普现象。本质上，这些事件都反映了全球化无法解决利益分配的不平衡性，制度上注定会进入全球化调整期，进入全球系统性风险高发期，最终建立起新的相对平衡。

——未来全球化应走向开放、包容、共享道路。全球化发展应让发展成果惠及处于全球价值链、供应链、产业链不同位置上的国家，共享发展机遇，其未来趋势应走向普惠贸易和共享经济，而不是过度资本化、虚拟化，应努力缩小贫富差距。然而，在全球化过程中，包括中国在内的多数新兴市场和发展中国家只有有限的参与机会。为此，一方面国际社会应更加重视发展中国家的经济社会发展，向发展中国家提供更多资源用于经济和技术援助，增强发展的能力建设。另一方面，全球治理结构改革和全球规则重构应体现更多的包容、共享、可持续的内容，提高发展利益、责任和命运的代表性和发言权。

（六）全球劳动生产率减速的态势仍未改变

——全球全要素生产率减速的矛盾凸显。从目前来看，新一轮工业革命并未有效提升全要素生产率，并未扩大有效需求，尚未成为世界经济增长动力②。美国大企业联合会研究显示，国际金融危机初期的2008年和2009年，全球分别出现了-1.0%和-2.4%的大幅下降，此后在2010年和2011年出现了恢复性增长，但2012年之后又出现了停滞和下降，尤其是2015年和2016年，又连续出现-0.7%和-0.5%的负增长。据此测算，2016年全球全要素生产率仅相当于2007年的96.9%，远未恢复到危机前的水平。从全球5年平均的全要素生产率增长率看，20世纪90年代初到2005年经历了一个上升周期，2005年达到最高值1.1%，此后进入了一个下降周期，2007年之后近10年的时间基本处于负增长的状态，2008—2016年，全球全要素生产率年均增长率为-0.4%，与1999—2007年年均0.9%的

---

① 基于西方规则的全球化包括1870—1913年、1950—1973年、1990—2007年3个阶段。其特征是基于西方自由贸易制度，国际金本位制、布雷顿森林体系以及后牙买加货币体系，华盛顿共识的自由市场制度等。

② 陈长缨．全球生产率"减速"与新一轮科技产业革命［R］. CCIEE内部报告，2017-10.

增长率形成鲜明的反差。

——全球全要素生产率变化可能存在低估。持全要素生产率减速存在低估原因的观点论据如下：一是统计原因。随着新一轮产业革命的兴起，新经济、新业态等经济发展新模式不断涌现，原有的统计方法不能统计或不能准确统计出其经济产出和服务价值。二是由新一轮产业革命的现阶段特征决定。现阶段，全球“创新加速”尚未出现引领全局的新技术、新产业、新模式，很多科技创新仍处于孕育期和导入期，对生产率的提升作用有限。三是目前新经济是以线上替代线下、机器替代人力的替代效应为主，对生产率的提升作用有限。预计新一轮科技革命进入成熟期后会大幅提升全球生产率。

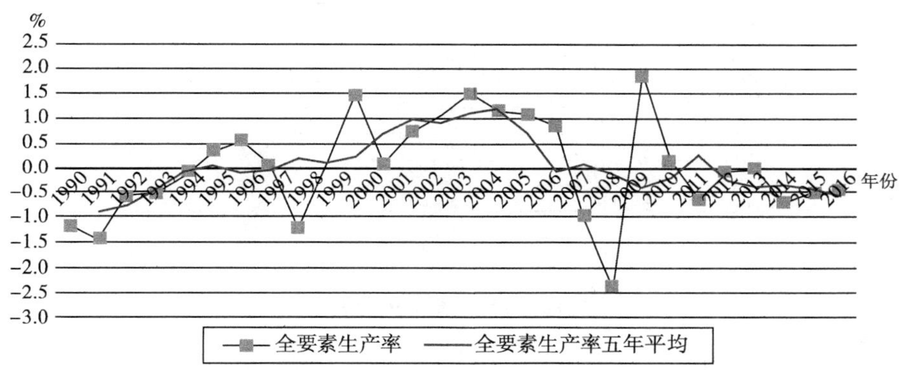

附图 1－16　1990 年以来全球全要素生产率变化

资料来源：美国大企业联合会。

（七）全球产能过剩和失业压力矛盾继续累积

——全球性产能过剩问题还将持续数年。2008 年 9 月爆发的国际金融危机导致了全球需求长期萎缩，2002—2007 年全球非理性繁荣造成全球很多行业出现严重过剩。例如，全球的汽车市场、美国页岩气、澳大利亚铁矿石等制造业和大宗商品领域出现了产能过剩。消化全球性产能过剩，还需要全球恢复性增长持续，预计在 2022 年前后全球供求关系将达到新的平衡。在此期间，全球产能过剩会加大贸易摩擦，导致以邻为壑、贸易保护主义抬头，如果不能有效控制就会引发贸易战、货币战，使疲弱的全球经济形势进一步出现恶化。

——全球结构性失业问题凸显。国际劳工组织（International Labor Organization，ILO）发布的《2017 年世界就业与社会展望》报告显示，2017 年全球失业率将从 5.7% 增长到 5.8%，全球新增失业人口将达到 340 万人，失业总人口将超过 2.01 亿人，创历史新高。2018 年将新增失业人口 270 万人。由于劳动力市场条件恶化，新兴市场和发展中经济体的失业率将大幅攀升，特别是拉丁美洲政治经济动荡将进一步增加失业率。南亚半数劳动者、撒哈拉以南 2/3 的劳动者处于极度贫困或适度贫困中。在欧美，约有半数的欧洲失业者及 1/4 的美国失业者已经 6 个月以上未能找到工作。与此同时，全球薪资增长却停滞不前。在工业机器人、人工智能、工业互联网、云计算迅速发展的环境下，“机器换人”将大幅减少传统制造业对劳动力的需求。解决全球结构性失业问题是当今世界的头等大事之一。

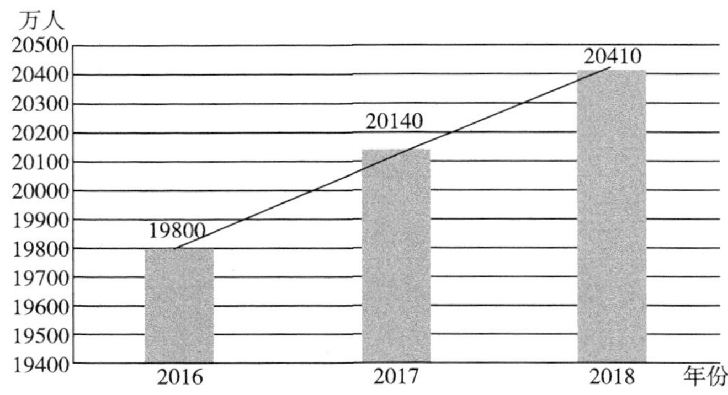

附图 1－17　全球失业人口

资料来源：Wind 资讯。

（八）全球人口结构在一些国家日趋恶化的局面没有得到有效控制

人类社会的现代化困境之一，是人口日益老龄化、生育率日趋下降和严重少子化，导致全球人口结构的扭曲。根据世界卫生组织的定义，65 岁及以上人口占总人口的比例达到 7% 时，为“老龄化社会”，达到 14% 时为“老龄社会”，达到 20% 时为“超老龄社会”。

世界银行的数据显示，全球 65 岁及以上老年人口比重从 1960 年的 5.0% 上升到 2000 年的 6.8%，标志着 21 世纪伊始全球人口已接近老龄化社会水平，2016 年该比例上升到 8.5%，预计 2050 年将达到 16.2%。即使是最不发达国家的老龄化人口比重也从 1960 年的 2.8% 上升至 2016 年的 3.6%。

另外，全球少子化程度加剧，0～14 岁人口比重不同程度地出现下降。全球性的人口困局削弱了经济发展动力，制约了世界经济的可持续发展。老龄少子化将造成劳动力供给不足，弱化社会创新能力，降低社会劳动生产率，制约消费能力和内需增长，加大养老压力和财政负担，降低社会总储蓄和总投资，弱化经济增长动力。

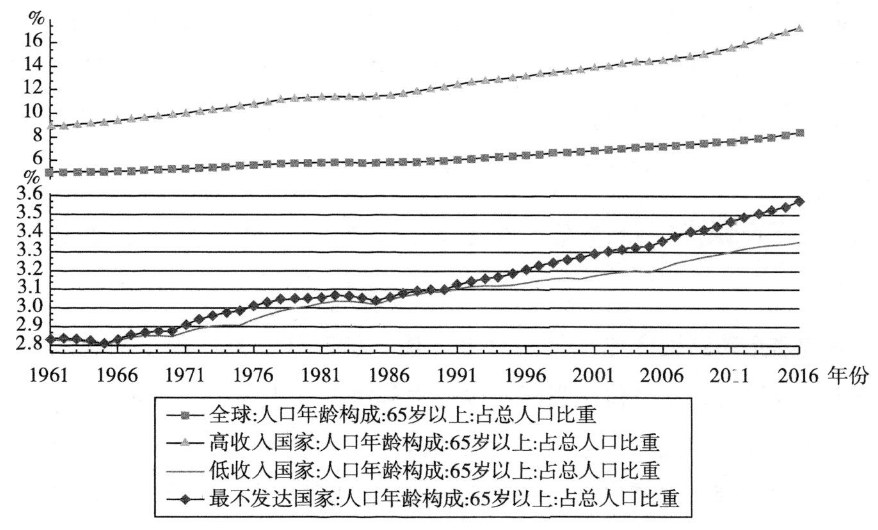

附图 1－18　世界老龄人口比重

资料来源：Wind 资讯。

四、中国的战略选择

2018 年，全球经济复苏的风险和不确定性给中国经济发展带来了挑战，同时也是中国的战略机遇期。中国经济的战略选择包括：一是继续推进“一带一路”建设，为实现世界经济再平衡注入新动力；二是研究制定经济外交的顶层设计，构建全球新型合作伙伴关系的朋友圈；三是推动形成全面开放新格局，建设开放型世界经济体系；四是参与和完善全球经济治理的主动作为，构建人类命运共同体。

（一）继续推进“一带一路”建设，为实现世界经济再平衡注入新动力

习近平主席指出，当前世界经济领域的三大突出矛盾没有得到有效解决。全球增长动能不足，难以支撑世界经济持续、稳定增长；全球经济治理滞后，难以适应世界经济新变化；全球发展失衡，难以满足人们对美好生活的期待。[①]“‘一带一路’源自中国，但属于世界。‘一带一路’建设跨越不同地域、不同发展阶段、不同文明，是一个开放包容的合作平台，是各方共同打造的全球公共产品。它以亚欧

① 习近平主席在世界经济论坛 2017 年年会开幕式上的主旨演讲（全文）［EB/OL］. 新华网，2017－01－18.

大陆为重点，向所有志同道合的朋友开放，不排除、也不针对任何一方。”[①] 在当前复杂多变的国际环境中，中国要以“一带一路”建设为契机，开展跨国互联互通，提高贸易和投资合作水平，推动国际产能和装备制造合作，本质上是通过提高有效供给来催生新的需求，实现世界经济再平衡。[②]

（二）研究制定经济外交的顶层设计，构建全球新型合作伙伴关系的朋友圈

——构建全球新型合作伙伴关系朋友圈。新时代，是中国全面建成小康社会、分两步走建成社会主义现代化强国、实现中华民族伟大复兴大业的进程。围绕全球负责任大国、开放型大国、包容性大国的目标，建立最广泛国际统一战线，团结一切可以团结的力量，与新兴市场和发展中国家交朋友，与欧、美、日和其他发达国家搞合作，完善金砖合作机制，形成“众人拾柴火焰高”的人类命运共同体。

——构建面向未来的经济外交顶层设计。“一带一路”建设的定位是我国扩大对外开放的重大战略举措和经济外交的顶层设计，是我国今后相当长时期对外开放和对外合作的总规划，也是我国推动全球治理体系变革的主动作为。[③] 新时代，经济外交要围绕“一带一路”、构建人类命运共同体的目标推进。设立“一带一路”国际合作高峰论坛后续联络机制，成立“一带一路”财经发展研究中心、“一带一路”建设促进中心，和多边开发银行共同设立多边开发融资合作中心，和国际货币基金组织合作建立能力建设中心。[④]

——构建总体稳定、均衡发展的大国关系框架。[⑤] 中国积极发展全球伙伴关系，扩大同各国的利益交汇点，推进大国协调和合作，构建总体稳定、均衡发展的大国关系框架，按照亲诚惠容的理念和与邻为善、以邻为伴周边外交方针深化同周边国家的关系，秉持正确义利观和真实亲诚理念加强和发展中国家的团结合作。明确中国特色大国外交要推动构建新型国际关系，推动构建人类命运共同体。就中国而言，中美关系的核心问题是如何跨越“修昔底德陷阱”，核心应对策略是如何有效实施超越零和博弈战略，构建中美大国关系，中国的核心利益是最终实现中华民族伟大

---

① 习近平在“一带一路”国际合作高峰论坛圆桌峰会上的开幕辞［EB/OL］. 新华网，2017－05－15.

② 习近平在推进“一带一路”建设工作座谈会上的讲话［EB/OL］. 新华网，2016－08－17.

③ 中共中央文献研究室. 习近平关于社会主义经济建设论述摘编［M］. 北京：中央文献出版社，2017.

④ 习近平出席“一带一路”高峰论坛开幕式并发表主旨演讲［EB/OL］. 新华网，2017－05－14.

⑤ 中共十九大开幕，习近平代表十八届中央委员会作报告（直播全文）［EB/OL］. 中国网，2017－10－18.

复兴和建成现代化强国的既定目标，实现路径是筑牢中美经贸关系这个“压舱石”，做好地方、政党和民间的外交工作，打造求同存异、和而不同的包容对话和交流机制，真正构建中美大国关系，赢得未来30年中国发展的重要战略机遇期。

——深化同周边国家的关系。中欧、中日、中俄、中印等大国关系，是当今世界的重要战略力量，关系到世界和平、发展和合作前景以及政治经济格局的变化方向。中国与这些大国之间是战略合作伙伴关系，而不是竞争对手，要推动与这些国家经济外交的全方位合作。一是创新对话机制，努力进行沟通与宏观经济政策协调。二是有效掌控分歧和风险。例如，在中欧全面战略伙伴关系的背景下，要有理、有利、有节地掌控中欧分歧，把分歧掌控在经贸领域。三是充分利用经济贸易关系作为改善大国关系的“压舱石”。例如，中俄两国积极开展经济外交，有效推动了两国经贸的深入发展，加强了两国的战略依存度。四是通过经济外交加强政治互信和战略互信。政治互信和战略互信是大国之间经贸合作的基础。例如，中日之间的政治信任关系薄弱，制约了两国经贸合作的深化。可以通过经济外交手段及时进行沟通与协调，增加彼此间的信任，为两国经贸合作提供政治支撑。

（三）扩大对外开放深度、广度，加快形成全面开放新格局

——形成开放型经济新格局，创造有利于开放发展的国际环境。按照党的十九大报告的要求，以“一带一路”建设为重点，坚持“引进来”和“走出去”并重，遵循共商共建共享原则，加强创新能力开放合作，形成陆海内外联动、东西双向互济的开放格局。拓展对外贸易，培育贸易新业态新模式，推进贸易强国建设。实行高水平的贸易和投资自由化便利化政策，全面实行准入前国民待遇加负面清单管理制度，大幅度放宽市场准入，扩大服务业对外开放，保护外商投资的合法权益。凡是在我国境内注册的企业，都要一视同仁、平等对待。优化区域开放布局，加大西部开放力度。赋予自由贸易试验区更大的改革自主权，探索建设自由贸易港。创新对外投资方式，促进国际产能合作，形成面向全球的贸易、投融资、生产、服务网络，加快培育国际经济合作和竞争新优势。

——为世界经济增长发掘新动力。金融危机以来，世界主要国家的全要素生产率呈现出低速增长甚至是负增长态势，这是近10年来世界经济始终难以真正走出困境的根本原因。因此，加强全球范围内的科技创新全方位合作，重视跨境创新网络建设，提升新兴市场和发展中国家科技创新、制度创新、文化创新的能力，是世界经济强劲、平衡、可持续和包容性增长的关键。

——使世界经济增长模式更加包容。当今世界，之所以主要发达国家内部民众对现有经济的分配格局不满，主要新兴市场和发展中国家对现有经济的治理结构不满，广大青年人、小企业和边远地区民众对现有世界经济的增长模式不满，是因为这个世界的经济增长模式缺少包容、共享和可持续性发展机制。因此，中国大力推动基于开放包容、共商共享、平衡协调的世界经济增长模式，是为世界提供的一项重要的公共产品。

（四）参与和完善全球经济治理，建设开放型世界经济体系

——推进“一带一路”建设，构建人类命运共同体，是中国为人类社会做出的重要贡献。打造富有活力的世界经济增长模式、打造开放共赢的国际社会合作模式，打造公正合理的全球经济治理模式，打造平衡普惠的人类包容发展模式，牢牢把握建设开放型世界经济大方向不动摇。

——继续完善全球经济治理，构建公正、合理、透明的国际经贸投资规则体系。一是维护多边贸易体制。维护 WTO 多边贸易体制，积极推动多边贸易体系谈判进程，促进全球贸易投资的自由化和便利化，坚决反对各种形式的贸易保护主义。二是大力推动立足周边、辐射“一带一路”、构建面向全球的高标准自由贸易区网络建设。积极同“一带一路”相关国家和地区商签自由贸易区，加快区域全面经济伙伴关系协定（RCEP）、中国—海合会、中日韩自贸区等谈判，推动与以色列、加拿大、欧亚经济联盟和欧盟等建立自贸关系以及亚太自贸区相关工作。全面落实中韩、中澳等自由贸易协定和中国—东盟自贸区升级议定书。继续推进中美、中欧投资协定谈判①。三是积极推动 eWTP 等跨境电商贸易、普惠贸易、绿色贸易等新贸易业态的自由化和便利化。

——继续完善全球经济治理，维护“和平的国际环境和稳定的国际秩序”。首先，维护和平的发展环境，加强全球安全、反恐合作，构建以合作共赢为核心的新型国际关系。其次，构建开放的、基于规则的、有利于发展合作的国际经济新秩序。传统的基于西方规则的全球化一而再、再而三地屡次受挫，其核心矛盾是在市场机制和发展机制之间没有达到平衡。中国提出构建人类命运共同体的倡议，就是希望利益共同体、责任共同体、命运共同体，在效率和发展之间达到某种平衡。最后，构建国际宏观经济政策协调的合作机制。在相互依存度越来越高的“地球村”，协

---

① 中华人民共和国国民经济和社会发展第十三个五年规划纲要［EB/OL］. 新华网，2016-03-18.

调解决财政货币政策的外溢性、贸易投资政策的外溢性、结构性和社会性政策的外溢性，是构建人类命运共同体的重要组成部分。

——继续完善全球经济治理，统筹解决好全球公共产品的供给责任问题。当美国不愿意承担更多全球公共产品供给责任的时候，公共产品赤字将会上升，中国的国际责任将会上升。在这种情况下，如何做到“众人拾柴火焰高”，团结更多人，一道推动全球经济和社会开放，推动全球反恐和安全保障，推动全球合作与可持续发展，是中国要担当的一项重要工作。充分发挥G20等全球经济治理平台的作用，发挥WTO、IMF、世界银行等国际组织的作用，发挥国际社会尤其是民间的作用，是构建人类命运共同体，建设我们美好家园的共同责任。

附录二　2017—2018 年日本经济形势分析与展望

2017 年，中日经贸合作出现新情况，从过去 5 年的贸易萎缩转向贸易增长。随着中国共产党十九大之后稳定开局、日本安倍晋三连任首相，中日两国政治稳定，为推动两国经贸合作带来机遇，未来中日经贸合作前景广阔。中日两国应发挥亚洲经济合作核心作用，推动亚洲区域一体化进程，共同构建人类命运共同体。

一、2017 年日本经济形势分析与 2018 年展望

2017 年，在全球经济企稳复苏、外需扩大的拉动下，日本经济呈持续温和复苏态势。外需成为拉动日本经济的主要动力，内需有所改善但仍显疲弱，日本通胀形势有所改观，仍维持量化宽松的货币政策，日元汇率走势相对平稳，就业状况良好。2018 年日本经济将持续低速增长，受制于结构性因素，日本经济长期增长动力不足。未来日本经济将面临特朗普政策不确定性风险，也面临着中国“一带一路”框架下的竞争与合作机遇。

（一）2017 年日本经济总体情况

——**2017 年日本经济持续温和复苏**。2017 年日本经济保持持续复苏势头，在 2016 年实际 GDP 增长 1.2% 的基础上，前三季度实际 GDP 环比折年率分别增长 1%、2.6% 和 1.4%，经济连续 7 个季度实现增长。

外需成为拉动日本经济的主要动力。2017 年以来，受世界经济企稳复苏需求回升带动，外部需求进一步好转，对日本经济增长起到正面促进作用。2017 年三季度，外需对日本经济增长的贡献率为 2 个百分点。日本对外贸易特别是对中国的贸易强劲回升。2017 年，日本对外贸易总额 153.6 万亿日元，同比增长 12.9%；对中国贸易总额 33.3 万亿日元，同比增长 13.5%。其中，日本出口总额 78.3 万亿日元，同比增长 11.8%；进口总额 75.3 万亿日元，同比增长 14.0%；贸易顺差 3.0 万亿日元。

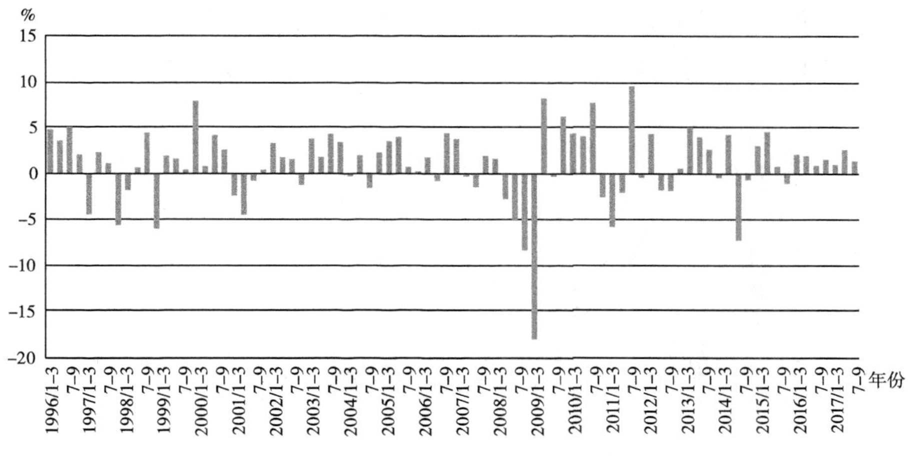

附图 2－1 日本实际 GDP 环比折年率增速

资料来源：Wind 资讯。

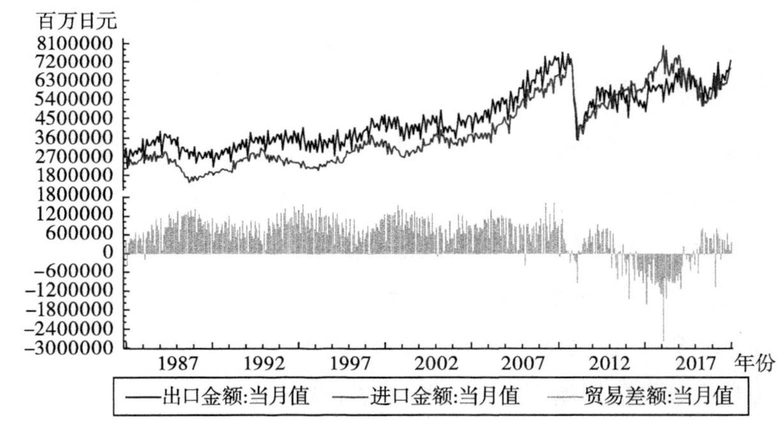

附图 2－2 日本对外贸易稳步回升

资料来源：Wind 资讯。

内需有所改善但仍显疲弱。2017 年三季度内需对日本经济增长的贡献率为 －0.6%，拖累了日本经济增长。其中，只有设备投资环比增长 1%，消费、住宅投资、公共投资均呈下降趋势，反映出日本内需疲软。从环比来看，个人消费下降 1.8%，家庭消费下降 1.9%，住房投资下降 3.5%，政府公共投资下降 9.7%。内需疲弱的主要原因是工资增长停滞。近年来，尽管企业经营效益好转，企业利润增加，但企业对经济增长前景持谨慎观望的态度，导致投资意愿下降，给员工加薪的动力不大，因此，个人消费难以得到有效提升。住房投资和政府公共投资减速，主要是两者仍处于前期投资消化阶段。

——日本通胀形势有所改观。受日本持续宽松货币政策的影响，日本通胀水平有所提升。2017 年 12 月，日本 CPI 同比上涨 1%，为 2015 年 4 月以来最高水平；日本核心 CPI 由年初的 0.1%，提升至 12 月的 0.9%，但与央行 2% 的政策目标仍有一定的差距。

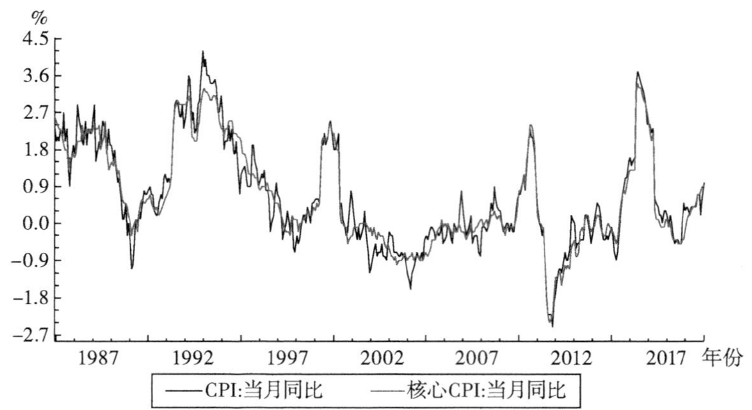

附图 2-3　日本通胀水平温和上升

资料来源：Wind 资讯。

——日本仍维持量化宽松的货币政策。在全球货币政策收紧的环境下，日本仍推行量化宽松的货币政策。日本银行维持原有负利率与资产购买规模不变，维持短期政策利率目标在 -0.1%、10 年期国债收益率目标在 0 左右。

——日元汇率走势相对平稳。2017 年日元汇率走势基本平稳。截至 2017 年底，日元汇率为 114.9 日元/美元。但是，随着美联储进一步收紧货币政策，在加息和缩表带来强势美元预期的影响下，日元汇率将呈偏弱趋势。

附图 2-4　日元汇率走势平稳

资料来源：Wind 资讯。

——日本就业状况良好。日本失业率持续下降。2017 年 12 月，日本失业率为 2.6%，为 1994 年以来的最低水平。第三季度，有效求人倍率为 1.52，远高于 2015 年的 1.20 和 2016 年的 1.36，这意味着每对应 100 个求职者就有 152 个就业岗位，表明用人需求旺盛。

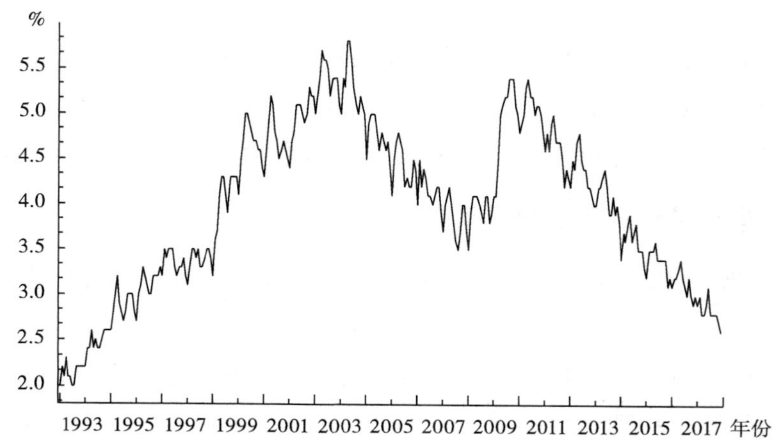

附图 2－5　日本失业率走势

资料来源：Wind 资讯。

（二）未来日本经济展望

——日本经济短期增长可期，长期动力不足。在世界经济企稳复苏带动外需回升和日本量化宽松货币政策的带动下，短期内日本经济将保持缓慢复苏势头。国际货币基金组织（IMF）的数据显示，2017 年日本实际国内生产总值（GDP）增长 1.8%，2018 年预计增长 1.2%。

但是，在全球收紧货币政策的背景下，日本仍然采取"强宽松＋高赤字"组合刺激经济的模式将日益孤立。由于美联储加息和缩表，欧央行宣布减持购债规模，日本的量化宽松难以加码，日本经济刺激政策空间收紧，货币政策和财政政策效果将受到削弱。日本长期增长关键的结构性改革未能得到实质性推进，日本经济长期趋势不容乐观。

——复苏中的日本经济将低速增长。受制于国内市场规模和人口结构变化，日本经济潜在增长率较低，未来日本经济将呈低速增长态势。IMF 预测，2022 年日本经济增速为 0.6%，仍低于 1999—2008 年的平均增速（1%）。

——日本经济面临特朗普政策不确定性风险。特朗普上台后，采取的贸易保护主义、对进口商品征收"过境税"、退出跨太平洋伙伴关系协定（TPP）、收紧货币政策等一系列政策，导致日美贸易摩擦增加、日美利差扩大、日元贬值等一系列反应，特朗普经济政策的不确定性将使日本经济面临较大的风险。

二、2017 年中日经贸关系出现回暖势头

2017 年以来，中日两国经贸关系终于出现了令人欣喜的回暖势头。截至 2017 年底，两国双边贸易以美元计价同比增长 10.1%，日本对华实际投资同比增长 5.1%。中日贸易一改连续 5 年下降态势，日本在华投资改变连续 4 年下降的态势。

（一）中日经贸关系出现回暖势头

20 世纪 90 年代以来，中日经贸关系呈现“高峰期—调整期—回暖期”三大阶段。

第一阶段（1993—2011 年），中日经贸关系处于高峰期。日本是中国主要贸易伙伴和最大的外资来源地之一，中国是日本主要的贸易对象国。2011 年中日贸易总额达到最高峰 3429 亿美元。

第二阶段（2012—2016 年），中日经贸关系处于调整期。其间，受政治、经济等因素的影响，中日贸易基本呈下降趋势。特别是进入 21 世纪后，随着欧盟和美国逐步成为中国第一和第二大贸易伙伴，以及东盟和中国香港的竞争，日本降至第 5 位。据日本海关统计，日本自中国进口连续 4 年下降（2013—2016 年），2016 年相比 2012 年降幅高达 17%；日本对中国出口连续 5 年下降（2012—2016 年），2016 年相比 2011 年降幅高达 29%。2016 年，日本对中国出口 1138.7 亿美元，增长 4.3%；日本自中国进口 1564.4 亿美元，下降 2.5%。中国是日本最大的逆差来源国。日中贸易逆差在 2014 年达到 550 亿美元顶峰后有所收窄，2016 年日中贸易逆差为 426 亿美元。

第三阶段（2017 年至今），中日经贸关系出现回暖势头。2017 年中日贸易一改连续 5 年下降的态势。2017 年，中日两国双边贸易以美元计价同比增长 10.1%，贸易总额 3030 亿美元。其中，中国对日本出口 1373 亿美元，同比增长 6.1%；中国自日本进口 1656 亿美元，同比增长 13.7%。

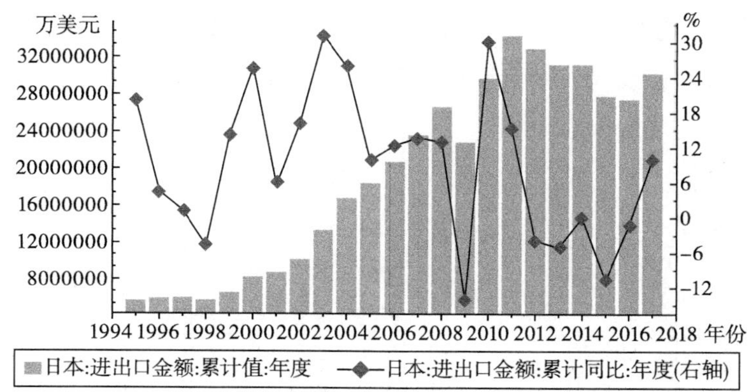

附图 2－6　中日贸易总额与增速

资料来源：Wind 资讯。

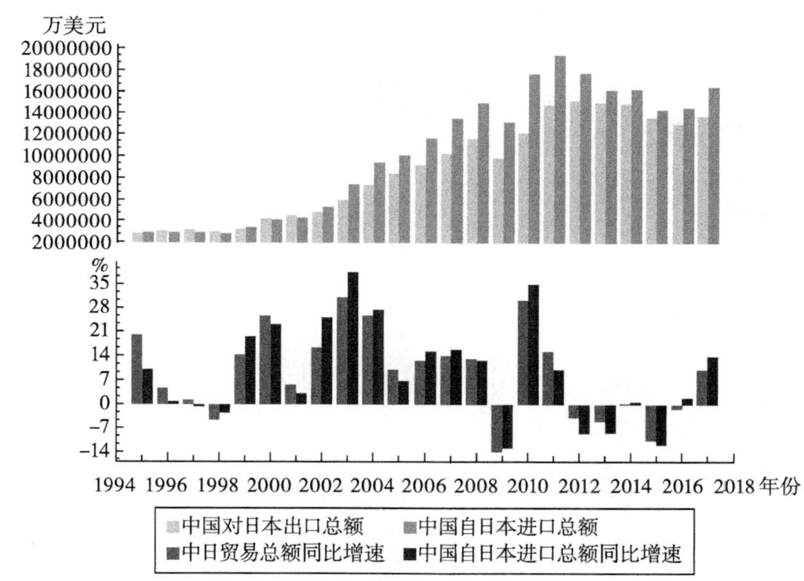

附图 2－7　中日进出口情况

资料来源：Wind 资讯。

（二）中日相互投资快速增长

20 世纪 90 年代以来，中日两国对外直接投资都呈稳步增长态势。近年来，中国对日投资大幅增长，从 2009 年的 0.8 亿美元增长到 2013 年的 4.3 亿美元，增长了 4.4 倍，之后受政治经济关系影响有所下降，2015 年和 2016 年分别为 2.4 亿美元和 3.4 亿美元。日本对中国的投资持续扩大，2012 年达到顶峰 135 亿美元，此后呈下降趋势，2016 年日本对中国直接投资下降至 86 亿美元，这与中日政治经济关系紧张和中国生产成本上升有关，日本企业家对华投资更加谨慎。2017 年日本对华实际投资总额 32.7 亿美元，同比增长 5.1%，一改日本在华投资改变连续 4 年下降的态势。

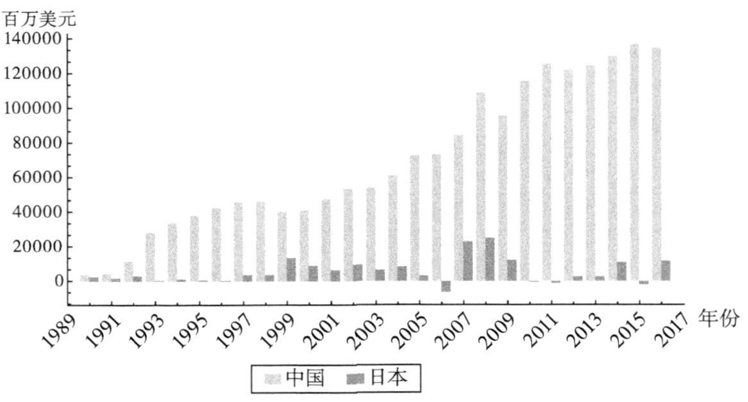

附图 2-8　中日对外直接投资规模

资料来源：Wind 资讯。

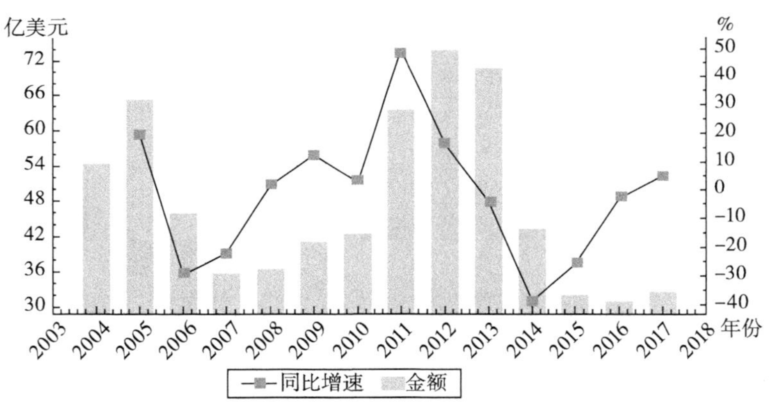

附图 2-9　日本对华实际投资总额与增速

资料来源：Wind 资讯。

三、未来中日经贸合作机遇与挑战

（一）中日经贸合作特点

1. 中日经贸合作互补性与竞争性共存

——中日产业分工格局由垂直分工向水平分工转变。改革开放初期，中日两国经贸合作紧密。由于中国的经济水平和产业结构水平都较低，中国在传统的“技术密集与高附加值产业—资本技术密集产业—劳动密集型产业”的阶梯式产业分工体系的雁行模式中处于“雁尾”地位，日本则处于“领头雁”的地位。随着中国经济水平的提升和产业结构的转型升级，中日两国的产业结构趋同明显，由垂直分工向水平分工转变。

——中日经贸合作互补性与竞争性共存。研究表明，根据中日综合贸易互补性指数 TCI 来看，中日贸易互补性指数（TCI_{CJ}）为 1.21 ~ 1.55，2006—2015 年 TCI 指数平均为 1.35，说明中日贸易具有较强的互补性。日中贸易互补性指数（TCI_{JC}）为 1.19 ~ 2.01，10 年平均 TCI 指数为 1.5，说明日本以中国为出口国市场需求更为强烈。中日贸易的产业分工，在资源型产品和劳动密集型产品的贸易中以垂直分工合作为主，在技术密集型产品贸易和服务贸易中以水平分工为主。中日在 STIC 6、7、8 大类（按原料分类的制成品为主的劳动密集型产品、机械及运输设备以及杂项制品为主的技术和资本密集型产品）上互补性较强。日中在 STIC2、7（不包括燃料的非食用原料为主的资源密集型产品、机械及运输设备为主的技术和资本密集型产品）大类上具有较强的互补性。

附表 2 - 1　中日综合贸易互补性指数

年度	TCI_{CJ}	TCI_{JC}
2006	1.55	1.21
2007	1.40	2.01
2008	1.31	1.44
2009	1.38	1.48
2010	1.31	1.19
2011	1.30	1.23
2012	1.37	1.35
2013	1.39	1.66
2014	1.29	1.79
2015	1.21	1.69

资料来源：①联合国商贸统计数据库，http：//comtrade. un. org/data/. ②陈志恒，甘睿淼. 中日韩贸易互补性与构建“三国自贸区”[J]. 浙江学刊，2017（1）.

——中日贸易互补性逐步削弱。当前，中国与日本的贸易互补性仍然存在，特别是中国纺织品、原料、鞋靴伞和箱包等轻工产品为主的劳动密集型产品在日本进口市场的占有率均在 60% 以上，比较优势明显。然而，随着中国产业结构的转型升级和劳动成本的提升，中国面临来自越南、泰国等亚洲其他国家和地区的低成本竞争，以及美国、欧洲等西方发达国家制造业回归等竞争，中国与日本的贸易互补性呈逐步被削弱趋势。

——中日贸易结构调整趋于平衡。中国贸易结构调整带动部分高附加值机电产品和劳动密集型产品出口增长，机电产品、高新技术出口增长快于劳动密集型机电产品、高新技术出口增长快于劳动密集型机电产品，推动中国贸易结构调整趋于平衡，同时也推动了中日贸易结构趋于平衡。2017 年，中国机电产品出口 8.95 万亿元，增长 12.1%，占中国出口总值的 58.4%。部分高附加值机电产品和装备制造产品出口保持良好增势，如出口汽车增长 27.2%，计算机增长 16.6%，手机出口增长 11.3%，医疗仪器及器械增长 10.3%，表明中国企业的自主创新能力逐渐增强，国际竞争新优势逐渐显现。同期，传统劳动密集型产品合计出口 3.08 万亿元，增长 6.9%，占出口总值的 20.1%。同时，中国积极主动扩大进口，先优化进口结构，先进技术、关键零部件和重要设备等高新产品进口较快增长。2017 年，中国集成电路进口增长 17.3%，发动机增长 17.6%，数控机床增长 13.8%。

2. 中日经贸相对地位处于动态轮换之中

——中日贸易比重下降。中日两国是世界第二、第三大经济体，亚洲第一、第二大经济体，中日经贸合作对亚洲各国甚至世界的发展都具有重要的意义。到 2003 年，日本已经连续 11 年为中国第一大贸易伙伴。此后，中日经贸关系受两国政治关系恶化和内外经济环境变化的影响出现下滑。日本在中国对外贸易合作中的地位有所下降，2012 年开始降为中国第五大贸易伙伴（前 4 位为欧盟、美国、东盟、中国香港）。从近十年来的数据来看，中日贸易占中国对外贸易比重呈下降趋势。从 2008 年的 10.4%降至 2016 年的 7.5%，2015 年一度降至 7.0%。2017 年中日贸易占中国对外贸易比重有所回升，前 3 季度上升至 9.0%。

附表 2－2　2008—2017 年 1—9 月中国与各国贸易占中国对外贸易比重

	2008 年	2009 年	2010 年	2011 年	2012 年	2013 年	2014 年	2015 年	2016 年	2017 年 1—9 月
总值	100.0%	100.0%	100.0%	99.8%	99.8%	99.9%	100.0%	100.0%	100.0%	100.0%
亚洲	53.3%	53.1%	52.7%	52.3%	52.9%	53.5%	52.9%	53.0%	52.9%	55.2%
日本	10.4%	10.4%	10.0%	9.4%	8.5%	7.5%	7.3%	7.0%	7.5%	9.0%
韩国	7.3%	7.1%	7.0%	6.7%	6.6%	6.6%	6.8%	7.0%	6.9%	9.5%
中国香港	7.9%	7.9%	7.8%	7.8%	8.8%	9.6%	8.7%	8.7%	8.3%	0.4%
中国台湾	5.0%	4.8%	4.9%	4.4%	4.4%	4.7%	4.6%	4.8%	4.9%	8.2%
东盟 *	9.0%	9.6%	9.8%	10.0%	10.3%	10.7%	11.2%	11.9%	12.3%	12.5%

续表

	2008 年	2009 年	2010 年	2011 年	2012 年	2013 年	2014 年	2015 年	2016 年	2017 年 1—9 月
新加坡	2.0%	2.2%	1.9%	1.7%	1.8%	1.8%	1.9%	2.0%	1.9%	1.8%
非洲	4.2%	4.1%	4.3%	4.6%	5.1%	5.1%	5.26%	4.5%	4.0%	4.2%
欧洲	20.0%	19.3%	19.3%	19.2%	17.7%	17.6%	18.0%	17.6%	18.4%	17.9%
欧盟＊＊	16.7%	16.5%	16.2%	15.6%	14.2%	13.4%	14.3%	14.3%	14.8%	13.5%
英国	1.8%	1.8%	1.7%	1.6%	1.6%	1.7%	1.9%	2.0%	2.0%	1.2%
德国	4.5%	4.8%	4.8%	4.6%	4.2%	3.9%	4.1%	4.0%	4.1%	5.3%
法国	1.5%	1.6%	1.5%	1.4%	1.3%	1.2%	1.3%	1.3%	1.3%	1.5%
意大利	1.5%	1.4%	1.5%	1.4%	1.1%	1.0%	1.1%	1.1%	1.2%	1.1%
荷兰	2.0%	1.9%	1.9%	1.9%	1.7%	1.7%	1.7%	1.7%	1.8%	0.6%
俄罗斯	2.2%	1.8%	1.9%	2.2%	2.3%	2.1%	2.2%	1.7%	1.9%	2.2%
拉丁美洲	5.6%	5.5%	6.2%	6.6%	6.8%	6.3%	6.1%	6.0%	5.9%	7.1%
北美洲	14.4%	14.9%	14.2%	13.6%	13.9%	13.8%	14.2%	15.5%	15.3%	9.6%
加拿大	1.3%	1.3%	1.2%	1.3%	1.3%	1.3%	1.3%	1.4%	1.2%	1.1%
美国	13.0%	13.5%	13.0%	12.3%	12.5%	12.5%	2.9%	14.1%	14.1%	8.5%
大洋洲	2.6%	3.1%	3.3%	3.6%	3.5%	3.7%	3.6%	3.4%	3.5%	6.0%
澳大利亚	2.3%	2.7%	3.0%	3.2%	3.2%	3.3%	3.2%	2.9%	2.9%	5.3%

注：＊东盟：包括文莱、印度尼西亚、马来西亚、菲律宾、新加坡、泰国，1996 年后增加了越南，1998 年后增加了老挝和缅甸，2000 年后增加了柬埔寨。

＊＊欧盟：1994 年前称欧共体，包括比利时、丹麦、英国、德国、法国、爱尔兰、意大利、卢森堡、荷兰、希腊、葡萄牙、西班牙，1995 年后增加了奥地利、芬兰、瑞典。自 2004 年 5 月起，统计范围增加了塞浦路斯、匈牙利、马耳他、波兰、爱沙尼亚、拉脱维亚、立陶宛、斯洛文尼亚、捷克、斯洛伐克。自 2007 年 1 月起，增加了罗马尼亚、保加利亚。自 2013 年 7 月增加了克罗地亚。

资料来源：根据商务部数据计算。

附表 2－3　各国占中国对外贸易比重地位变化

	2008 年	2009 年	2010 年	2011 年	2012 年	2013 年	2014 年	2015 年	2016 年	2017 年 1—9 月
日本	3	3	3	4	5	5	5	5	5	5
韩国	6	6	6	6	6	6	5	6	6	4
中国香港	5	5	5	5	4	4	4	4	4	6
东盟＊	4	4	4	3	3	3	3	3	3	3
欧盟＊＊	1	1	1	1	1	1	1	1	1	1
美国	2	2	2	2	2	2	2	2	2	2

注：同附表 2－2。

3. 中国经济贸易发展拓展中日经贸合作空间

当前，中日经贸合作正进入一个新阶段。尤其是中国贸易方式和结构继续优化，增加了中日合作的新机遇。2017 年，中国一般贸易进出口为 15.66 万亿元，增长了 16.8%，占中国进出口总值的 56.4%，比 2016 年提升 1.3 个百分点，贸易方式、结构有所优化。跨境电商、市场采购贸易等外贸新业态新模式继续保持较快增长，成为外贸发展的亮点。中国民营企业表现活跃，2017 年民营企业进出口增长 15.3%，对中国进出口总值增长的贡献率最高，达 41.2%，表明中国外贸发展内生动力增强。这些数据说明，各类日本企业都能在中国找到相应的合作伙伴和市场空间。

（二）中日经贸合作面临的机遇

1. 全球经济企稳增长机遇

全球经济企稳增长将带动中日经贸快速发展。2017 年以来，世界经济景气度不断提升，美、欧、日等发达经济体经济指标向好。**美国经济保持稳步增长**。在个人消费和私人库存投资的拉动下，美国二季度和三季度经济增速分别为 3.1% 和 3.2%，这是 2014 年以来首次连续 2 个季度的 GDP 增长达到或超过 3%，四季度增长 2.6%。**欧洲开始企稳向好**。2017 年欧元区经济增长 2.5%，为 2007 年以来最快增速。欧元区综合采购经理人指数（PMI）维持在 60 左右，接近历史最高水平。2017 年，欧元区消费价格指数同比增速为 1.5%，远高于 2016 年 0.2% 的增速，通货紧缩现象有所缓解。欧元区失业率目前在 9% 左右，为 2009 年来最低水平。2017 年 6 月英国“脱欧”谈判正式启动，谈判存在高度的不确定性。**日本经济复苏势头稳固**。截至 2017 年三季度，日本经济连续实现 7 个季度的扩张。2017 **年新兴经济体经济增长开始提速**。2017 年中国经济增长 6.9%。印度三季度同比增长 6.3%。资源输出国经济状况好转，俄罗斯和巴西从衰退中走出，南非三季度经济增长 0.8%。IMF 预测 2018 年新兴市场和发展中国家经济增速为 4.9%。其中中国、印度、俄罗斯、巴西、南非的经济增速将分别达到 6.6%、7.4%、1.7%、1.9% 和 0.9%。金融危机爆发以来，中国对世界经济增长的贡献率年均达到 39%。全球经济整体向好、全球贸易有所回升，为中日经贸合作快速发展创造了有利的外部环境。

2. 全球化调整期机遇

从 20 世纪 90 年代开始的现代经济全球化浪潮，促进全球生产要素流动达到了前所未有的规模，全球经济、金融快速发展，国际分工降低商品价格，促进企业向成本更低的地区投资，增加了当地的就业机会。然而随着全球化的发展，全球化逐渐进入失衡状态。特别是国际金融危机以来，全球经济贸易持续低迷，全球贸易增速连续5年低于全球经济增速，经济增长动力疲弱。2017年以来，全球经济和贸易增长进入新的调整期。根据WTO的数据，2017年全球贸易增速预计在3.2%～3.9%，IMF预测2018年全球经济增速为3.9%，6年来首次高于或与世界经济增速持平。但由于全球新科技革命尚未有效提高供给端效益，全球产能过剩等，未来5～10年全球经济仍处于调整期。总体来看，以互联网技术为核心的新技术革命不断拓展网络经济新空间，新型跨国公司形成新的国际分工体系，中国正在发挥推动经济全球化的重要力量，经济全球化的新型微观组织互联网平台企业正在形成，这些因素共同推动全球经济进入转型调整新阶段。中日经贸合作可以开拓更多的新型合作领域。

附表2－4 全球商品贸易量增速（%）

		2013年	2014年	2015年	2016年	2017年	2018年
全球商品贸易量增速		2.4	2.7	2.6	1.3	3.6（3.2～3.9）	3.2（1.4～4.4）
出口增速	发达经济体	1.7	2.4	2.7	1.4	3.0（2.8～3.2）	2.8（1.6～3.5）
	发展中经济体	4.0	3.0	1.9	1.3	4.7（4.2～5.2）	4.1（2.1～5.7）
	亚洲	5.4	4.3	1.1	1.8	6.4（5.9～7.2）	4.8（1.9～7.5）
进口增速	发达经济体	0.0	3.6	4.7	2.0	3.0（2.5～3.8）	2.9（2.6～3.3）
	发展中经济体	4.7	1.7	0.5	0.2	5.1（3.6～6.0）	3.7（－0.9～0.7）
	亚洲	4.8	3.0	2.9	2.0	5.8（5.0～6.3）	4.0（1.3～6.2）

资料来源：根据WTO数据整理。

3. 区域经济一体化机遇

——全球化多边体系面临改革和调整。国际金融危机之后，现有的全球治理体系不能有效应对全球挑战，出现了一些无序化和碎片化现象。国际货币基金组织和世界银行需要进行调整和改革，世界贸易组织面临停摆，在一定程度上反映了各方利益诉求的不一致，将制约多边贸易体制的快速发展。

——区域化规则对全球性规则的更多替代。多哈回合陷入僵局以来，区域性贸易协定成为大国应对经济全球化的重要手段。以自由贸易区、自贸协定、共同市场、货币联盟等为形式的区域经济合作与一体化发展迅猛，各种区域经济合作与贸易投资一体化机制与安排层出不穷。尤其是在区域性大国的主导之下，超大型区域集团如TPP、TTIP与RCEP正在塑造全球经济一体化格局。联合国贸发会议数据显示，截至2016年，包括双边投资条约（BITs）和载有投资条款的条约（TIPs）的国际投资协定的总数达到3324个。

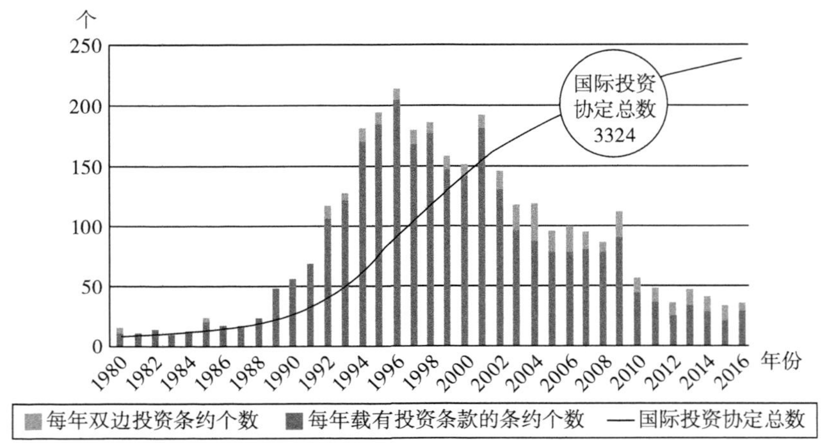

附图 2－10 国际投资协定增长趋势

资料来源：联合国贸易和发展会议《2017 年世界投资报告》，2017 年。

——区域经济一体化是未来全球化发展的推动力。近年来，各大区域一体化进程在加快推进。虽然有英国“脱欧”影响，但欧盟经济一体化进程仍在进一步推进。2016 年东盟共同体建成，成为推动东盟经济一体化的新起点。太平洋联盟和南方共同市场两大拉美区域组织不断加强合作，推动了拉美经济一体化进程。东部和南部非洲共同市场（简称“科迈萨”）作为非洲成立最早、最大的次区域经济组织，在推动非洲区域一体化和成员国发展方面取得了积极进展。海湾合作委员会（简称“海合会”）在推动海湾经一体化方面取得了显著成绩。

4. 已有的合作基础和合作需求

整体来看，东亚区域经济合作相对落后，中日所处的东亚地区尚未形成较大的自由贸易区。作为东亚地区的重要经济体，中日应利用得天独厚的地理条件，充分发挥天然经济合作区的地理优势，在已有的合作基础和合作需求之上，进一步加快经贸合作，推动中日韩 FTA 谈判，进一步推动东亚相互间贸易和投资便利化。

5. 中国大市场机遇

当前，中国正处于经济转型升级的历史关键点，中国在可持续城镇化、大城市功能疏解、地下综合管廊建设、扶贫开发、美丽乡村建设等领域都蕴藏着千亿元或万亿元量级的投资需求，互联网经济、高端制造业等领域发展迅速，为中日拓展合作新领域带来了重大机遇。例如，今后中日可在绿色经济、老年产业、中小企业、现代农业、技术贸易等领域大力开展合作。

（三）中日经贸合作面临的挑战

1. 全球经济面临的不确定性增多

近年来，世界经济形势出现了很多值得重视的新变化。各国经济普遍处于结构深度调整期，经济走势、经济问题及应对措施的分化日益严重；英国“脱欧”、特朗普上台、逆全球化趋势、民粹主义抬头等现象频出，这些都预示着世界经济发展面临的不确定性增强。全球经济发展面临的不确定性增强势必会影响中日经贸合作的推进。

2. 两国之间影响贸易合作发展的不利因素

如前所述，两国相互之间的贸易额大幅下降，其中既有政治方面的原因，也有需求不足的影响因素。这些因素深刻影响着两国之间的经贸往来。

3. 来自外部经济体的竞争

近年来，随着中国经济结构转型升级以及劳动成本上升，两国之间贸易的互补性逐步被削弱。日本开始调整全球产业布局，逐步向越南、泰国等劳动成本较低的其他国家和地区转移产业链。与此同时，美、欧等西方发达国家的“再工业化”、制造业回归，也给两国的制造业发展与合作带来了冲击。

4. 中日贸易互补性逐步削弱

尽管目前中国与日本的贸易互补性仍然存在，特别是中国纺织品、原料、鞋靴伞和箱包等轻工产品为主的劳动密集型产品在日本进口市场的占有率均在60%以上，比较优势明显。然而，随着中国产业结构的转型升级和劳动成本的提升，中国面临来自越南、泰国等亚洲其他国家和地区的低成本竞争，以及美国、欧洲等西方发达国家制造业回归的竞争，中国与日本的贸易互补性将逐步被削弱。

5. 两国间政治互信基础薄弱

两国由于受历史原因、领土争端、安全因素、政治制度差异等因素的影响，政治互信基础薄弱，经济合作也由此受到较大的负面影响。例如，历史问题、钓鱼岛问题等，这些不稳定因素导致投资者的投资合作意愿下降。

6. 中日韩FTA谈判面临很大的不确定性

目前中日韩的谈判形势：一是中韩FTA先行建立，日韩FTA正在谈判之中，中日FTA谈判尚未启动，如果跨越双边FTA直接进入三方FTA谈判，将面临较多障碍。二是日本对中日韩FTA谈判态度消极。美国退出TPP之后，日本开始主导推进

TPP，并想以 TPP 的标准来要求中日韩自贸区[①]，寻求在中日韩 FTA 谈判中的主导权。这种做法可能会分化或取代现行的亚洲经济合作机制，给中日韩 FTA 谈判带来很大的不确定性，制约了中日经贸合作与发展。

四、深化经贸合作的建议

（一）正视历史

实践证明，历史问题是干扰中日经贸合作的关键问题。历史问题对于中日两国是无法回避的，两国比邻而居，因此应处理好历史问题才能理顺中日各方面关系，切实推进经贸合作。日本应承认过去所犯的错误，深刻反省日本的殖民统治和侵略给中国等亚洲国家人民带来的伤害，与那段不光彩的历史决裂，以推动两国合作重回正轨。

（二）加强政治互信

政治互信是国与国之间经贸合作的基础。对于中日来说，由于受到历史问题、冷战遗留问题和区域外大国因素等多重因素的影响，两国的政治信任关系薄弱，制约了两国经贸合作的深化。为此，应加强政府、企业、智库、民间等各个层面的对话与交往，及时进行沟通与协调，增加彼此间的信任，为两国经贸合作提供政治支撑。

（三）传统合作与新型合作齐举

中国在劳动密集型和资源密集型产业具有相对优势，日本在技术密集型和资金密集型产业具有相对优势，但这种比较优势格局正在发生变化。中日应发挥各自的动态比较优势，继续推动两国在贸易、投资等传统领域的合作，继续推动节能减排、环境保护、低碳技术、循环经济等绿色经济领域的合作。

中国是世界上的能源需求大国，目前环境承载能力已达到或接近上限，必须推动形成绿色低碳循环发展新方式；而日本在节约能源、保护环境、发展循环经济方面具有丰富的经验，中、日两国企业可以将环境和能源等方面的合作作为中日经贸发展新的增长点。如日本在治理公害，特别是治理大气污染方面有过深刻的教训，也积累了丰富的经验和先进技术，双方合作互补性强，能互惠互利。

---

① 没有美国参加的 TPP 改名为“全面与进步跨太平洋伙伴关系协定”（CPTPP）。鉴于美国退出，新协定决定冻结旧协定中的 20 个项目，其中许多内容都与知识产权相关。

加强制造业合作。2015 年 5 月，中国出台《中国制造 2025 规划》，着重强调了十大重点领域的突破发展，新一代信息技术产业包括集成电路及专用装备、信息通信设备、操作系统及工业软件；高档数控机床和机器人、航空航天装备、海洋工程装备及高技术船舶、先进轨道交通装备、节能与新能源汽车、电力装备、农机装备、新材料、生物医药及高性能医疗器械等。中国制造业发展，可以与日本精细机械制造和化工产业、IT 等产业接轨，拓展中日制造业合作更广阔的空间。

推动以数字经济为主的产业合作。近年来，随着互联网的发展，数字经济作为一种新的经济形态，正在成为转型升级的重要驱动力，也是全球新一轮产业合作的主要方式。现在中、日两国都致力于经济转型和产业升级，数字经济为两国产业合作提供了难得的机遇。两国可以在数字产业领域合作，推动日本超智能“社会 5.0”战略与“中国制造 2025”和“互联网 +”战略对接，在机器人、人工智能、移动支付、共享经济、跨境电商等领域开展协同合作。2016 年日本机器人产量 15.3 万台，中国机器人产量 7.2 万台，中日在机器人生产研发等领域合作空间巨大。2017 年中国“双十一”支付宝交易总额高达 1682 亿元，同比增长 39%。日本也兴起了“双十一”，日本市场也为“双十一”做了积极准备，可以说获利不小。

（四）开拓中国巨大的服务市场

中国经济转型升级蕴藏着巨大的服务贸易需求。到 2030 年，中国会成为全球最大的服务进口国。随着中国个性化、高质量服务需求的快速增长，双方可以推动现代服务业的合作，推进政策制度的互学互鉴，开展具体项目的务实合作，特别是在医疗服务、健康管理、养老看护、现代旅游、节能环保等领域，有广阔的合作空间。2016 年，中国访日游客超过 630 万人次，在日消费额超过 1.4 万亿日元，据估算，能拉高日本经济增速 0.2 ~ 0.3 个百分点。2017 年这一规模可能突破 700 万人次，2025 年有可能达到 2000 万人次，对日本经济的贡献越来越大。

（五）加强第三方市场合作

2013 年“一带一路”倡议提出以来，“一带一路”建设进展顺利，成果丰硕。2017 年，我国企业共对“一带一路”沿线的 59 个国家非金融类直接投资 143.6 亿美元，占同期总额的 12%①，上缴东道国税费并为当地创造就业岗位，促进了当地

① 商务部合作司. 2017 年我对“一带一路”沿线国家投资合作情况［EB/OL］. 商务部网站，2018 - 01 - 16.

经济的发展和民生的改善。

近年来，中日企业在国际市场上更多地展现出竞争的一面，一定程度上削弱了双方的收益。开拓国际市场，我们需要竞争，但更需要合作。市场竞争能带来效率提升，而合作更能做大市场蛋糕。从目前来看，中日产业仍存在互补性，有合作互利的可能。在第三方市场，我们应摒弃零和博弈的思维，在竞争中寻求合作空间，共同开拓国际市场。“一带一路”建设提供了中日互利合作和共同发展的新平台和“试验田”，亚投行、亚开行等多边金融机构为双方提供了融资合作的新机会。在这些方面，如果两国企业合作，发挥在工程技术、投资经验、承包能力等方面的比较优势，开展更广泛的务实合作，则会形成“1 +1 >2”的效果，能促进全球化更加包容发展和发展中国家工业化进程。

（六）积极构建开放共享的创新网络

近年来，科技和互联网成为全球化新动力。开放共享是互联网精神的重要要素之一。全球化的“开放式创新”正在逐渐成为企业创新的主导模式。中日企业应积极构建开放共享的创新网络，依托优势企业整合创新资源，形成若干产业创新平台，在技术创新、商业模式创新、管理创新等方面共建共享，相互依持。同时要大力推动“双创”。建设各种各样的创新创业平台，推动企业员工积极参与创新创业，吸引国内外创客、极客开展“双创”合作，加大创新投入，转换创新机制，加快科技成果的产业化和商业化。

国之交在于民相亲，中日2000多年的历史，即使在困难时期，民间友好交流也未曾中断过。增进两国民众的双方向交流和往来，有助于加深互相理解。2017年中国赴日本人数超过2800万人次，将连续5年突破纪录。中日在教育、体育、媒体、宗教等各领域交流合作日益活跃。建议发挥民间力量，通过留学、旅游、培训等方式，扩大人员交流，增进相互理解，全方位促进中日合作深入发展。

附录三　2018 年中日经贸合作新趋势

2018 年以来，随着中日关系的进一步改善，中日两国经贸关系回暖趋势得以持续。新时期，中日经济发展与合作前景广阔。中日两国应发挥亚洲经济合作核心作用，推动亚洲区域一体化进程，共同构建人类命运共同体。

一、中日经贸合作现状与特点

（一）中日经贸合作情况

中日经贸回暖势头持续。中、日两国是搬不走的邻居，互学互鉴历史源远流长。中日作为世界第二、第三大经济体，亚洲第一、第二大经济体，两国经贸合作对亚洲各国的发展甚至世界的发展都具有重要的意义。近年来，受政治安全因素的影响，中日关系经历了一段复杂的焦虑期，政治互信程度走低，经贸关系因此受挫。中日贸易连续 5 年下降（2012—2016 年），日本在华投资改变连续 4 年下降（2013—2016 年）。2017 年是中日邦交正常化 45 周年，中日经贸关系出现回暖势头，从过去 5 年的贸易萎缩转向贸易增长。2018 年以来，随着中日关系的进一步改善，经贸关系回暖趋势得以持续。据中国海关统计，2018 年 1—6 月，中日双边货物进出口额为 1574. 8 亿美元，同比增长 10. 7%；我对日出口和自日进口同比增长分别为 8. 0% 和 12. 9%；中日贸易逆差 167. 3 亿美元，逆差规模同比扩大 43. 7%。截至 6 月，中国是日本第一大出口贸易伙伴和第一大进口贸易伙伴。

（二）中日相互投资情况

日本是中国第三大外资来源地，中国是日本第二对外投资对象国。截至 2017 年底，日本累计对华投资额 1081. 8 亿美元，在我国利用外资国别中排名第一。2017 年，我国对日本非金融类直接投资额为 2. 54 亿美元，与上年基本持平。截至 2017 年底，我国对日直接投资存量为 34. 8 亿美元。

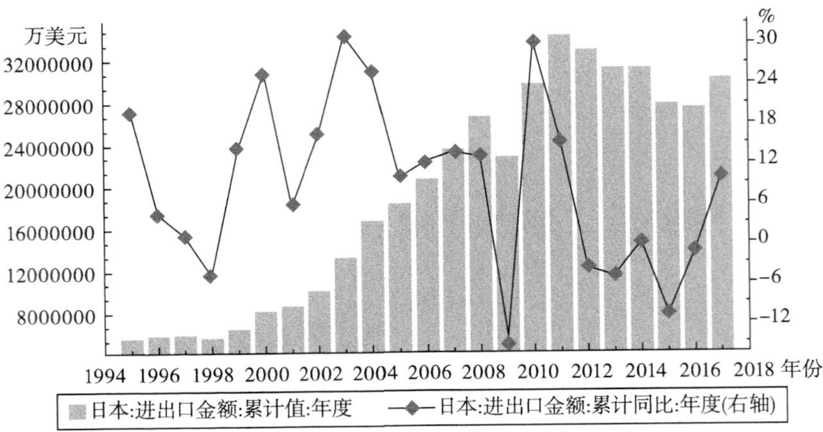

附图 3－1　中日贸易总额与增速

资料来源：Wind 资讯。

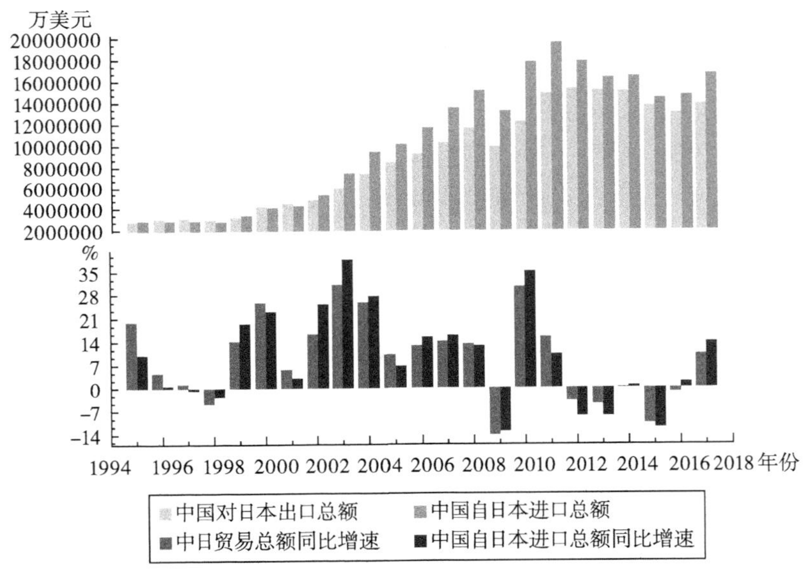

附图 3－2　中日进出口情况

资料来源：Wind 资讯。

二、中日经贸合作形势与境遇

（一）世界经济复苏力度增强

近年来，全球经济呈现出周期性回升和复苏力度显著增强的特点。国际货币基金组织（IMF）最新预测显示，2018 年全球经济将增长 3.9%，这是 2011 年以来最

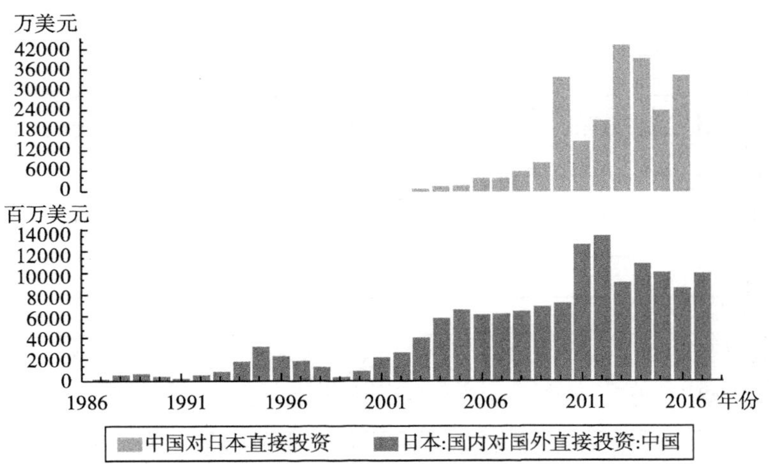

附图 3－3　中日相互投资情况

资料来源：Wind 资讯。

快的增长步伐，各主要经济体将连续第 2 年实现增长。IMF 预测，亚洲将是“全球经济增长的最重要引擎”，中国、印度和许多东南亚国家的经济表现将大大超过全球平均水平。

2018 年二季度美国 GDP 增速为 4.1%，创 2014 年三季度以来最高增速。主要是消费和出口拉动，二季度消费支出对 GDP 的拉动率为 2.7%，出口对 GDP 的拉动率为 1.1%。受益于税改提振作用持续和飓风扰动消退，二季度居民消费明显上升。出口增长的部分原因是，美国贸易商为规避报复性关税生效之前提前出口。欧元区二季度 GDP 环比增长 0.3%，同比增长 2.1%。日本一季度经济萎缩，实际 GDP 环比增速为－0.6%。中国二季度 GDP 同比增长 6.7%，连续 12 个季度保持在 6.7%～6.9% 的区间。印度二季度 GDP 同比增长 7.2%。

在全球经济增长大致稳定的格局下，美、欧等发达经济体逆全球化倾向和贸易保护主义兴起。贸易摩擦正成为影响全球经济前景的最大隐患。美国实施的贸易保护主义将给全球贸易带来冲击。例如，最近美国针对钢材和铝制品根据“232”调查结果进行了全球范围的征税，并对华宣布了“301 调查”结果的制裁措施，导致了全球市场的震荡。中美贸易摩擦不断升级。尽管日本是美国的盟友，但并未取得美国对其钢铁和铝制品的关税豁免。可以预见，这类决策将会把全球贸易引向错误和危险的方向，甚至不可避免地引发一场没有赢家的贸易战，将给全球经济和贸易投资带来严峻的挑战。

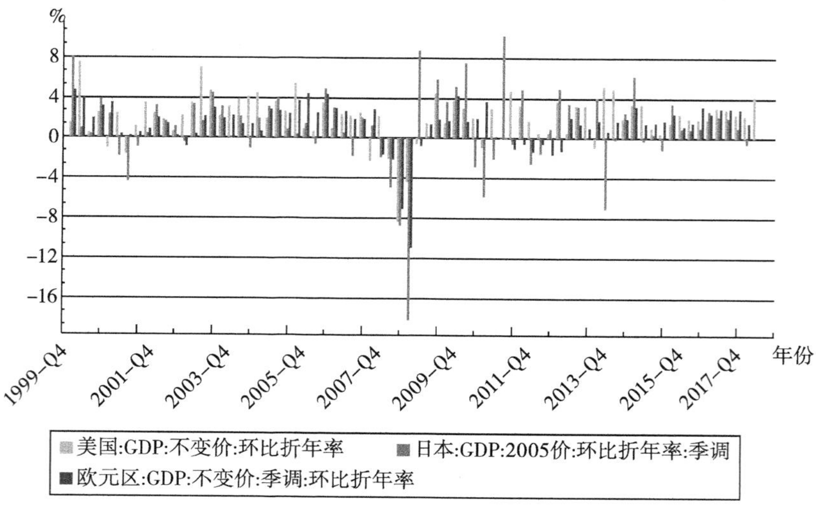

附图 3－4　美欧日经济增速

资料来源：Wind 资讯。

（二）东亚经济合作即将进入快车道

东盟共同体的建成以及中日韩合作的恢复和发展，为推动东亚经济共同体建设提供了有利条件，现在是积极推进东亚经济共同体建设的有利时机。“区域全面经济伙伴关系协定”（RCEP）谈判呈加速态势，有望在 2018 年年底达成协议或取得实质性进展。半岛局势出现缓和，朝核问题重新回到通过对话协商解决的轨道，中韩关系暂时走出了“萨德问题”的阴霾，使得东亚经济合作迎来新的契机。南海局势进一步趋向稳定，中国和东盟国家已就 COC（南海行为准则）单一磋商文本草案达成一致，有利于东亚地区的和平与稳定。

（三）中国形成全面开放新格局

中国形成全面对外开放新格局，为中日经贸合作提供了分享中国改革开放红利的机会。中国积极推动全面对外开放，积极推进贸易自由化、便利化发展。党的十九大报告提出，要推动形成全面开放新格局，实行高水平的贸易和投资自由化便利化政策，逐步健全开放型经济新体制。2018 年政府工作报告强调，要加强与国际通行经贸规则对接，建设国际一流营商环境，以高水平开放推动高质量发展。推动自贸区战略是适应经济全球化新趋势的客观要求，是全面深化改革、构建开放型经济新体制的必然选择。

当前，中国经济发展进入了新时代，基本特征就是我国经济已由高速增长阶段转向高质量发展阶段。2017 年中国共产党十九大报告确定了中国经济发展的核心是贯彻新发展理念，建设现代化经济体系。新发展理念是指 2015 年中共十八届五中全会提出的“创新、协调、绿色、开放、共享”五大理念，2016 年中国人大通过的“十三五”规划是这五大发展理念的具体体现。高质量发展，就是能够很好地满足人民日益增长的美好生活需要的发展，是体现新发展理念的发展，是创新成为第一动力、协调成为内生特点、绿色成为普遍形态、开放成为必由之路、共享成为根本目的的发展。为推动中国经济真正转向高质量发展，2017 年底中央经济工作会议确定重点抓好决胜全面建成小康社会的防范化解重大风险、精准脱贫、污染防治三大攻坚战，同时做好八项重点任务。党的十九大进一步阐述了总要求，要从推进供给侧结构性改革、加快建设创新型国家、实施乡村振兴战略、实施区域协调发展战略、加快完善社会主义市场经济体制、推动形成全面开放新格局等六个方面建设现代化经济体系，推动高质量发展。这些举措的落实将会引领中国经济朝着预期目标发展，同时世界也将共同分享中国更多的改革红利、发展红利和开放红利。

中国积极推进贸易自由化、便利化发展，正在积极推动区域合作和全球合作。“一带一路”倡议为各国开展第三方合作提供了共同的发展空间，是共同建设人类命运共同体的伟大实践和探索。“一带一路”倡议实施 5 年来，取得了很多实实在在的成果。在政策沟通上，我国已与 100 多个国家和国际组织签署了共建“一带一路”合作文件。共建“一带一路”倡议及其核心理念被纳入联合国、二十国集团、亚太经合组织、上合组织等重要国际机制成果文件。中国企业沿线国家的投资持续增长，为当地创造了 24.4 万个就业岗位。重要合作项目取得成果，中白工业园等成为双边合作的典范，中国—老挝跨境经济合作区、中哈霍尔果斯国际边境合作中心等一大批合作园区也在加快建设。在货物贸易方面，2017 年中国贸易顺差同比收窄 14.2%，而对“一带一路”贸易增长 17.8%。2018 年上半年，我国与沿线国家货物贸易进出口额达 6050.2 亿美元，增长 18.8%；对沿线国家非金融类直接投资达 74 亿美元，增长 12%；主要投向新加坡、老挝、马来西亚、越南、巴基斯坦、印度尼西亚、泰国和柬埔寨等国家。在对外承包工程方面，我国企业在“一带一路”沿线的 59 个国家新签对外承包工程项目合同 1922 份，新签合同额 477.9 亿美元，占同期我国对外承包工程新签合同额的 44.8%，同比下降 33.1%；完成营业额 389.5 亿美元，占同期总额的 53.5%，同比增长 17.8%。

（四）中日经贸合作处于重要战略机遇期

在全球贸易保护主义盛行和多边贸易体制受到冲击的背景下，亚洲经济体仍保持了较高增速，亚洲经济前景成为世界关注的焦点，这为亚洲两大经济体中国和日本的经贸合作提供了重要战略机遇。两国在国家经济发展战略上存在共同利益，有利于实现战略对接。例如，在科技创新领域，中日分别实施科技创新发展战略，为两国加强交流对接，探讨在移动互联网、云计算、智慧城市、大数据等领域加强联合研发等合作创造了条件。“一带一路”倡议带来的市场合作前景广阔，中、日两国应抓住“一带一路”倡议带来的重大发展机遇，大力开展基础设施合作，共同开拓第三方市场。

三、中日经贸合作的困难与问题

（一）世界经济面临的不确定性增多

全球经济发展面临的不确定性增强势必会影响中日经贸合作的推进。一是全球宏观经济政策外溢风险。2017 年以来，随着主要经济体实施减税等宽松财政政策，在改善财政赤字的同时可能给世界经济带来过热风险。同时，主要经济体先后开启货币正常化进程，通过加息、缩表、缩减购债规模等方式收紧货币政策，导致全球流动性收紧，国际资本流动加剧，可能会引发新兴经济体资本外流风险。二是全球结构性改革过于缓慢，不利于推动全球经济可持续增长。三是逆全球化和贸易保护主义对多边贸易体系的冲击，加强了世界经济的不确定性。

（二）全球多边贸易体系受到冲击

当前，国际贸易格局出现新变化。随着中美贸易摩擦升级，反经济全球化现象日益明显，国际贸易体系受到严重挑战。美国退出“跨太平洋伙伴关系协定”（TPP）谈判，特朗普退出世界贸易组织（WTO）和北美自由贸易协定（NAFTA）谈判。2018 年 3 月日本推动“全面与进步跨太平洋伙伴关系协定”（CPTPP）正式签署。CPTPP 留存了 TPP 95% 的协议条款，是当前世界水平最高的多边自贸协定（FTA），突出特点为“高标准、高质量、高层次、面向 21 世纪”。7 月，日欧签署零关税自贸协定（EPA），美欧发表零关税联合声明，8 月美日开始磋商推动两国开启双边自贸谈判，美、欧、日三大经济体致力于达成零关税同盟，可能会形成一个新的高标准自由贸易体系，这使得 WTO 规则体系被边缘化。同时美欧推动 WTO 现代化改革，解决不公平贸易行为。中、日都是国际贸易大国，在国际市场开放方面存在共识。两国应加强政策协调，加强合作，共同维护多边贸易体系。

（三）中美贸易摩擦升级

中美关系是当今全球最重要的双边关系，两国合作将使全球经济从中受益，两国出现摩擦，不仅损害自身利益，也会极大地影响全球经济。美国 2018 年 3 月启动了对钢铁和铝的进口限制，以侵犯知识产权为由，决定对每年价值 2500 亿美元的进口中国产品加征 25% 的关税，中美贸易摩擦不断升级。IMF 估算贸易战将使全球 GDP 减少 0.5%，相当于 4300 亿美元；美国 GDP 预计减少 0.8%，日本 GDP 预计减少 0.6%，包括中国在内的亚洲新兴市场国家 GDP 将减少 0.7%，中南美减少 0.6%，欧元区减少 0.3%。

（四）中日合作面临挑战

中国经济增长面临高质量转型的困境。新时期，我国经济已由高速增长阶段转向高质量发展阶段，经济结构出现重大变化，消费需求向高品质升级，科技创新进入活跃期。面临经济增长动力机制转换，需要从要素驱动、投资规模驱动发展为主向以科技创新驱动发展为主转变，面临经济结构的深度调整，面临产品从低端向高端的升级等挑战。

日本经济增长面临通缩和高债务问题。受日本持续宽松货币政策的影响，日本通胀水平有所提升，但日本核心 CPI 与央行 2% 的政策目标仍有一定差距。日本深受其债务可持续问题困扰，日本是发达国家中债务率最高的国家，然而其财政重建仍面临重重困难。日本内阁府制定的中长期财政经济政策，目标是 2027 年实现财政盈余。尽管近年来日本政府债务占 GDP 比例逐渐缩小，但从过去几年的变化来看，这一目标不太可能实现。

中日两国经贸合作存在转型升级之痛。当前，中日经济都面临转型升级、寻找新的经济增长点的压力，都有扩大海外投资和扩大出口的需求。但受贸易保护主义影响，全球贸易萎缩，这对于中、日两个出口大国来说无异于雪上加霜，不利于国内经济的转型升级。同时，内部经济结构性矛盾制约了改革进程，难以在短期内实现转型升级突破。

四、中日经贸合作趋势与目标

（一）中日经贸合作前景广阔

中日经济合作潜力巨大。中日经贸关系联系紧密，中国是日本最大的贸易对象国，日本是中国主要贸易伙伴和最大的外资来源地之一，中日经济合作潜力巨大。

中日经济合作领域宽广。中、日两国都面临经济转型和产业升级的压力，中国具有工业体系完整、装备制造集成和施工建设能力强、性价比高的优势，日本具备高端技术优势，二者应结合，共同开拓第三方市场，重点开展基础设施建设、工程机械、建材、电力等领域的国际产能合作。中日产业结构互补，有益于互惠互利。中国巨大的市场为两国合作提供了合作空间。随着经济转型升级，中国逐步形成了战略性新兴产业和传统制造业并驾齐驱、现代服务业和传统服务业相互促进、信息化和工业化深度融合的经济结构新格局，制造业与服务业的融合发展成为中国经济发展的双引擎。中日经济合作领域也由此从传统的制造业合作开始向高端制造业、制造服务业、现代服务业等转变，合作领域逐步拓展。例如，日本在服务贸易领域具有很强的竞争力，日本在医疗健康产业、养老产业、零售业和流通业多年形成的成熟运行模式可以为中国服务业企业提供经验和借鉴，作为今后经贸合作新的亮点。

（二）中日经贸合作目标

中日两国应本着互利共赢、弥合分歧、加速推进、共同繁荣的原则开展经贸合作。推动中日经贸合作，带动两国经济转型；加强宏观经济政策协调，增进两国对话与交流，增强政治互信；促进地区国家经济的融合发展，共同致力于东亚经济一体化和亚洲的整体振兴，进而为世界经济发展做出贡献。

五、中日经贸合作重点与路径

（一）中日重点合作领域

——**加强高新技术领域合作。**中日应加强在科技创新领域的合作。中国正处于产业升级、向价值链高端迈进的阶段，日本在此方面具有一定的比较优势，双方在技术创新、节能环保等领域有较大的合作空间。例如，日本在新能源汽车、机器人等领域拥有先进的技术，两国在生物技术、医疗、电子商务、软件、文化等方面各具优势，中日可加强在这些领域的科研合作。加强中日科技创新合作。科研合作是最具潜力的合作领域。科技是第一生产力。中日分别将科技创新作为发展战略，中国实施创新驱动发展战略，日本实施科技立国政策，因此，科学研究是两国进行合作和开展联合行动最有潜力的领域。

——加强跨境电商、移动支付、共享经济等新领域合作。中国在跨境电商、移动支付、共享经济等领域具有一定的优势，中日可以加强在这些领域的合作。

——加强服务贸易领域合作。中日服务业合作发展潜力较大。双方今后可在绿色经济、老年产业、中小企业、现代农业、技术贸易、旅游、留学等领域大力开展合作，积极发展电子商务、节能环保、文化创意、健康服务等新兴服务业合作，大力发展金融、软件、现代物流及服务外包等生产性服务业，进一步推动两国经贸合作的转型升级。

——加强在能源、建筑等重点领域开展密切合作。当前，全球能源资源等大宗商品价格大幅波动，对中、日两大能源需求国影响严重。中、日两国是亚洲主要能源消费国，能源需求主要依赖进口，在能源问题上两国利益一致。因此，中日应加强能源合作，抱团取暖。

——加强在“一带一路”框架下的第三方市场合作。加强中日重大战略对接。“一带一路”建设5年来取得了显著成效。目前，中国已与100多个国家和国际组织签署了共建“一带一路”合作文件，已与沿线国家建设了80多个境外经贸合作区，为当地创造了24.4万个就业岗位。随着中国“一带一路”战略的实施，中国与沿线国家和地区在通信、汽车、化工以及装备制造等领域的产能合作不断加强。中、日两国在“一带一路”沿线国家的产能合作大有可为，要积极探讨互利共赢、共同发展的合作模式。

加强“一带一路”框架下的第三方国际产能合作。中国工业化快速发展，目前已逐步形成了技术水平较高的工业体系，日本具有先进的技术和管理经验，广大发展中国家具有工业化发展的迫切需求，因此，中、日在第三方市场开展产能合作大有可为，双方可以发挥各自的比较优势，共同开拓第三方市场，发挥亚太价值链的优势，更好地延伸现有的产业链，实现“1 + 1 > 2”的效果，最终实现多方互利共赢。

（二）中日经贸合作主要路径

充分利用中日韩领导人会议、中日韩部长级会议以及多种交流和对话机制，以及“10+1”“10+3”、东亚峰会等地区的其他机制，同时把中日韩FTA谈判作为促进贸易自由化的重要路径，开展协商合作。

积极推动中日韩FTA谈判，推动区域经济一体化。中日韩内部贸易合作潜力巨大，中日韩FTA合作前景广阔，并能为世界经济增长注入信心和动力。中韩自贸协定2015年底生效以来，实施情况总体顺利，目前已进行4次降税，落实情况令人满意。2018年3月，中国商务部与韩国产业通商资源部在首尔举行了双边自贸协定第二阶段首轮谈判，实现了预期目标。这是中国首次使用负面清单方式开展的自贸协定谈判，体现了中方对中韩经贸关系的高度重视。希望双方彼此照顾对方利益，尽快达成互利共赢的协定，为推动中韩经贸合作取得更大发展注入新的动力。2018年5月，中日韩领导人峰会达成了系列成果，包括加快中日韩自贸区、“区域全面经济伙伴关系协定”（RCEP）谈判，引领东亚经济共同体建设，推动区域经济一体化，为世界经济增长注入信心和动力。李克强总理提出建立“中日韩+X”合作机制，联合拓展第四方市场，并使合作方受益，提高三国的国际竞争力。

六、加强中日经贸合作政策建议

（一）持续积累政治互信，维护区域经济共同利益

政治互信是国与国之间经贸合作的基础。对于中日来说，由于受到历史问题和区域外大国因素等多重因素的影响，两国的政治信任关系薄弱，制约了两国经贸合作的深化。为此，我们应加强政府、企业、智库、民间等各个层面的对话与交往，及时进行沟通与协调，增加彼此间的信任，为两国经贸合作提供政治支撑，维护区域经济共同利益。

（二）全面深化经贸合作，夯实实体经济合作基础

中日经济合作是两国整体关系的“压舱石”。两国互为近邻，两国之间经贸往来关系密切，合作领域不断拓宽，经贸合作为中日关系注入了持久动力。近年来，中国进一步扩大开放，积极改善投资和市场环境，进一步提高贸易便利化水平，扩大服务贸易合作。中日应继续增进相互了解，准确把握市场方向和两国合作大势，抓住中国市场开放及中国投资带来的机会，不断做大合作的“蛋糕”，分享中国改革开放的红利。充分发挥日本企业优势，扩大优势商品、高端装备、优质服务对华出口。扩大双向投资，为对方企业来本国投资提供公平透明、可预期的投资环境。

加强创新合作，加强创新发展战略对接，发挥好电动汽车、智能制造等合作平台的作用，加强在人工智能、新能源汽车、机器人等新兴产业领域合作。加强中日在高新技术、跨境电商、移动支付、共享经济、服务贸易、能源、建筑等重点领域合作。加强在农业、环境保护和气候变化、知识产权、文化教育、医疗健康、体育与旅游、青年交流、地方合作、产品质量与安全等全方位、全领域地开展深度合作。

加强在“一带一路”框架下的第三方市场合作，不断拓展“一带一路”框架下的合作空间，中国将遵循国际规则，坚持开放、透明，致力于高质量、高标准地推进合作项目，实现各国互利共赢。中国作为最大的发展中国家，国内发展水平在提高，开放程度也在大幅提高，中国的市场向全世界开放，欢迎包括日本在内的各个国家和地区参与“一带一路”建设，中方愿意探讨“一带一路”建设与日本高质量基础设施建设战略进行对接的可能性。近年来，中日企业在国际市场上更多地展现出竞争的一面，一定程度上削弱了各自的收益。开拓国际市场，双方需要竞争，但更需要合作。市场竞争能带来效率提升，而合作更能扩大市场蛋糕。目前来看，中日产业仍存在互补性，合作互利的空间仍很大。“一带一路”建设为中日互利合作和共同发展提供了新的平台和“试验田”，亚投行等多边金融机构为双方提供了融资合作的新机会。在这些方面，如果两国企业合作，发挥在工程技术、投资经验、承包能力等方面的比较优势，开展更广泛的务实合作，便会形成“1 + 1 > 2”的效果，能促进全球化更加包容发展和发展中国家工业化进程。

（三）共同维护自由贸易、多边贸易体制，反对保护主义

中、日作为世界重要经济体和贸易、投资大国，应共同应对当前的全球贸易保护主义挑战。双方应共同维护以世界贸易组织为核心的基于规则的多边贸易体制，遵守现行世界贸易组织规则和履行做出的所有承诺，支持开放市场和自由贸易，坚决反对单边主义和保护主义。支持通过世界贸易组织现有机制解决贸易争端。推动世界贸易组织的现代化改革，促进公平竞争条件并尽快填补争端解决机制上诉机构成员空缺，遵守并探讨继续发展世界贸易组织补贴规则。

（四）加强全球治理合作，加强区域经济一体化

共同推动东亚地区经济合作，进一步加强机制化建设，共同协调立场支持全球多边贸易体制，维护世贸组织权威，推动包括二十国集团在内的全球治理方面的合作。积极推动中日韩 FTA 谈判，积极推动 RCEP 谈判年底达成或取得实质性进展，大力推动区域经济一体化。

（五）加强科技和创新合作，共同应对区域性和全球性课题

中日合作的重要支柱是开展科研和创新合作。中日应加强科技和创新合作，提高研发实力，增强产业技术竞争力，共同应对区域性和全球性课题。在信息化和新一轮技术革命不断更新升级的时代，双方应以更加自信、开放的心态看待技术合作。加强中日科技创新对话，开展创新技术交流与合作，推动两国科学家和创新人才合作开展前沿和基础研究，开展政府、高校、科研机构和企业之间的产业创新合作。严格保护知识产权，加大侵犯知识产权惩罚力度。

（六）适时启动加入 CPTPP 谈判，全面推动我国高水平开放

随着中美贸易战的不断升级，欧盟与日本签署经济伙伴关系协定，欧美领导人达成通过谈判减低欧美间贸易壁垒等妥协，美日开始磋商推动两国开启双边自贸谈判，美国总统特朗普又在西方七国峰会上提出发达国家实行零关税、零壁垒、零补贴的说法。美欧日拟重塑国际贸易体系，对世界贸易组织（WTO）提出改革要求，可能会在 WTO 框架内抱团推进针对中国的国际经贸规则改革，迫使我国接受新一轮规则重构。西方发达国家有对华形成“合围”之势，值得警惕。我国在坚定支持多边贸易体制的同时，还应对当前国际自贸区战略的总体格局和发展趋势做出新的判断，提升合纵连横的能力，及时调整部署，确保党的十九大提出的对外开放一系列重大目标任务的实现。当前中日关系呈现良性互动态势，为两国加强多边领域合作提供了契机。日本积极推动的“全面与进步跨太平洋伙伴关系协定”（CPTPP）仍是高水平的贸易协定，可为我国高标准推进自贸区战略提供新的尝试，我国提高对 CPTPP 的重视程度，适时申请加入，拓展国际贸易发展空间。

（七）充分发挥“二轨”平台作用，推动中日经贸合作

当前，中日经贸关系正处于承前启后的关键时期。中日相互之间在政府层面已经建立起不同级别、不同领域的双边对话机制，但作为坦诚务实的民间交流形式，“二轨”的作用是不可替代的，也是非常独特的。中日“二轨”在促进中国与日本经贸关系方面发挥着重要的积极作用。两国企业家和智库都是双方经贸发展的重要参与者、促进者和维护者。应充分发挥“二轨”的特殊优势和影响力，努力把各方面的合作潜力转化为实实在在的合作成果，进一步参与中国新一轮改革开放的进程中，积极努力推进中日韩 FTA 谈判，政策沟通协调以及经贸深度融合，为构建相互平等、互利共赢的中日关系贡献更多的智慧和力量。

（八）扩大人员交流与培训

国之交在于民相亲，中日2000多年的历史，即使在困难时期，民间友好交流也未曾中断过。增进两国民众的双方向交流和往来，有助于加深互相理解。2017年，中日双边人员往来1066.3万人次，较上年增长20.8%。其中我国赴日本公民798万人次，较上年增长28%；日本来华人员268.2万人次，较上年增长3%。两国目前共缔结友好城市251对。中日在教育、体育、媒体、宗教等各领域交流合作日益活跃。建议发挥民间力量，通过留学、旅游、培训等方式，扩大人员交流，增进相互理解。

参考文献

[1]IMF. 全球金融稳定报告[EB/OL]. IMF网站,2017-04.

[2]IMF. 世界经济展望[EB/OL]. IMF网站,2017-10.

[3]“十三五”规划纲要[EB/OL]. 新华网,2016-03-18.

[4]陈长缨. 全球生产率“减速”与新一轮科技产业革命[R]. 内部报告,2017-10.

[5]李向阳. 人类命运共同体理念指引全球治理改革方向[N]. 人民日报,2017-03-08.

[6]联合国贸发会议. 2017年世界投资报告[EB/OL]. 联合国网站,2017-06-07.

[7]逯新红. 哪些不确定因素导致全球经济走势难测[N]. 中国证券报,2017-04-14.

[8]逯新红. 全球不确定条件下的亚洲经济前景[J]. 金融与经济,2017(4).

[9]逯新红. 中欧金融合作[J]. 中国金融,2017(14).

[10]商务部:保持进出口回稳向好势头任务艰巨[EB/OL]. 中国证券网,2017-07-31.

[11]脱欧谈判正式开启　三大变数可能让英国“离婚不成”[EB/OL]. 第一财经网站,2017-06-20.

[12]习近平在金砖国家领导人厦门会晤记者会上的讲话[EB/OL]. 国际在线,2017-09-05.

[13]“一带一路”国际合作高峰论坛成果清单[EB/OL]. 新华网,2017-05-16.

[14]习近平出席“一带一路”高峰论坛开幕式并发表主旨演讲[EB/OL]. 新华网,2017-05-14.

[15]杨洁篪就“一带一路”国际合作高峰论坛接受媒体采访[EB/OL]. 新华网, 2017-05-18.

[16]张二震, 戴翔. 全球贸易保护主义新趋势[EB/OL]. 人民网, 2017-03-16.

[17]张燕生. “一带一路”: 建设有挑战, 专家来支招[EB/OL]. 新华网, 2017-05-16.

[18]张燕生. 全球经济尚未到乐观的时候[N]. 环球时报, 2017-10-13.

[19]张燕生. 转换增长动力是现代化新征程的关键一环[J]. 全球化, 2018(1).

[20]张燕生, 王海峰, 杨坤峰. “一带一路”是多彩之路: 机遇和前景[R]. CCIEE 内部报告, 2017.

[21]中国人民银行. 2017 年第三季度中国货币政策执行报告, 中国人民银行网站, 2017-11-17.

[22]中金策略: 就职半年, 特朗普政策进展如何, 未来有什么可以期待? [EB/OL]. 新浪财经, 2017-07-31.

[23]中英共同举办庆祝中英大使级外交关系 45 周年招待会[EB/OL]. 中华人民共和国驻大不列颠及北爱尔兰联合王国大使馆网站, 2017-03-30.

[24]曹文炼. 中日韩共同开拓第四方合作开启互利共赢新模式[J]. 财经界, 2017:1.

[25]陈志恒, 甘睿淼. 中日韩贸易互补性与构建“三国自贸区”[J]. 浙江学刊, 2017(1).

[26]逯新红. 2015 年日本经济形势分析和展望[A]. 国际经济分析与展望(2015—2016)[C]. 北京: 社会科学文献出版社, 2016.

[27]马骏. 中日经济合作: 新形势、新模式、新愿景[N]. 中国经济时报, 2017-04-24.

[28]其其格. 中日韩启动自贸区第十一轮谈判[N]. 国际商报, 2017-01-12.

[29]中国对外贸易形势报告(2017 年秋季)[EB/OL]. 商务部网站, 2017-11-06.

[30]国别贸易报告——2016 年韩国货物贸易及中韩双边贸易概况[EB/OL]. 中国投资指南, 2017-04-14.

[31]王晶晶. 邓志雄: “三大活力”推动企业转型发展[N]. 中国经济时报, 2016-04-26.

[32]王雪梅. 背景资料: 中日韩经贸关系现状[EB/OL]. 新华网, 2015-10-31.

[33]中国社科院世界经济与政治研究所. 全球宏观经济季度报告[R]. 2017:7.

[34]韩媒:中美贸易摩擦让韩国经济陷入“五面楚歌”[N]. 环球时报,2018－06－09.

[35]国家发改委:“一带一路”五年来取得六方面成效[EB/OL]. 中国发展网,2018－08－08.

[36]刘向东,逯新红. 抓住中日韩关系改善的机会“窗口” 实现中日韩经贸合作新的突破[J]. 智库言论,2018(8).

[37]逯新红. 从日美、中美贸易摩擦比较看中国的应对[J]. 研究报告,2018(26).

[38]逯新红. 日本经济形势分析与展望[A]. 国际经济分析与展望(2017—2018)[C]. 北京:社会科学文献出版社,2018.

[39]逯新红. 未来中日韩经贸合作重点领域在哪里[J]. 中国对外贸易,2018(7).

[40]栾国鋆,刘明. 中日韩合作迎来崭新局面[EB/OL]. 中国商务新闻网,2018－05－11.

[41]日本经济学家:中日韩创新战略方向相同可合作加强城市化及机器人产业[EB/OL]. 环球网,2016－04－09.

[42]收入主导型经济政策实施一年韩贫富差距日益悬殊[EB/OL]. 外交部网站,2018－05－28.

[43]统计:韩国低收入家庭领取转移收入首超劳动收入[EB/OL]. 中新网,2018－05－30.

[44]王欢. 美国在日美贸易磋商中要求进行双边谈判[EB/OL]. 环球网,2018－08－10.

[45]王毅谈出席东亚合作系列外长会情况[EB/OL]. 外交部网站,2018－08－04.

[46]杨斌. 中日韩产能合作互利共赢[EB/OL]. 新浪财经,2016－12－05.

[47]张燕生,逯新红. 2017—2018 年全球经济形势分析与展望[A]. 国际经济分析与展望(2017—2018)[C]. 北京:社会科学文献出版社,2018.

[48]中日韩三国会首,从能源安全看东亚三国能源合作[EB/OL]. 中能网,2018－05－10.